sauerbruch hutton
archive 2

sauerbruch hutton archive 2

Lars Müller Publishers

Contents
Inhalt

2006

1234, Pinakothek der Moderne, Munich – Exhibition

1234, Pinakothek der Moderne, München – Ausstellung

This comprehensive retrospective covered a broad selection of work by Sauerbruch Hutton from the previous fifteen years. It was presented in four sections: besides an overview of the work of recent years and a detailed presentation of the design of the Brandhorst Museum, the exhibition incorporated a filmed interview by Ute Adamczewski and a cabinet exhibition of photographic works by Ola Kolehmainen. This division into four chapters made it possible to approach the body of work from different angles and to present it in a variety of media that ranged from early design sketches to photographs of the completed building. This gave the visitor not only a nuanced insight into Sauerbruch Hutton's work but also an understanding of the methods and mechanisms of architectural planning and design.

At the end of the exhibition, a panoramic window allowed visitors to view the progress of construction work on the adjacent Brandhorst Museum, thereby broadening the discourse to include the unpredictable aspects of architecture in practice.

Diese umfangreiche Werkschau in der Pinakothek der Moderne zeigte Entwürfe aus fünfzehn Jahren Sauerbruch Hutton. Sie bestand aus vier Teilausstellungen: Neben einem Überblick über die Arbeit der letzten Jahre und einer detaillierten Präsentation der Planung des Museum Brandhorst wurde ein Filminterview von Ute Adamczewski sowie eine Kabinettausstellung der Fotoarbeiten von Ola Kolehmainen in die Werkschau integriert. Die vier Kapitel ermöglichten damit unterschiedliche Blicke auf das Thema und zeigten es in unterschiedlichen Medien von der ersten Skizze bis zur Fotografie des fertigen Objekts. Auf diese Weise wurde nicht nur ein differenzierter Einblick in das Werk von Sauerbruch Hutton gewährt, sondern auch ein Verständnis für die Methoden und Mechanismen architektonischer Planung ermöglicht.

Am Ende der Ausstellung eröffnete ein großes Schaufenster die Perspektive auf die aktive Baustelle des in unmittelbarer Nachbarschaft entstehenden Museum Brandhorst und erweiterte damit den relativ überschaubaren musealen Diskurs um die Unabwägbarkeiten der Realität.

1. Form: Models, texts, drawings and diagrams explained the morphogenesis of fourteen buildings: how their sculptural qualities reflect a deliberate balance between the buildings' interior organisation and their external response to the urban context, and how they become urban condensers.

1. Form: Typische Modelle, Texte, Zeichnungen und Diagramme erläuterten die Entstehung von vierzehn Bauten: wie deren skulpturale Qualitäten aus einer wohlüberlegten Balance zwischen innerer Raumorganisation und der Korrespondenz mit der umgebenden Stadt entstanden sind und wie sie zu urbanen Verdichtern werden.

2. Content: Ute Adamczewski's video installation featured views of buildings and a conversation between Aaron Betsky, Louisa Hutton and Matthias Sauerbruch conveying the ideas behind the architecture. These were juxtaposed with statements by the occupants of finished projects. Architecture is thus portrayed as a dense web of varying interpretations and relationships.

2. Inhalt: Ute Adamczewskis Videoinstallation zeigte Aufnahmen von Gebäuden sowie Gespräche zwischen Aaron Betsky, Louisa Hutton und Matthias Sauerbruch, die die Ideen der Projekte erläutern. In der Gegenüberstellung mit Statements von Nutzern realisierter Gebäude wurde Architektur hier als ein dichtes Feld verschiedener Sicht- und Lesweisen kommuniziert.

3. Surface: In Ola Kolehmainen's large-scale photographic works a particular aspect of our buildings emerges, which we call chromotope: a place that is endowed with a unique spatial quality by the application of colour. It may arise from the oscillation between actual and apparent two- or three-dimensionality, when bodily, visual and tactile perceptions compete with each other.

3. Oberfläche: Ola Kolehmainens große Fotoarbeiten machten eine spezifische Qualität unserer Bauten sichtbar, die wir als Chromotope bezeichnen: Orte, die durch Farbsetzung eine eigene Raumqualität erlangen, etwa wenn ein Raum zwischen tatsächlicher und scheinbarer Zwei- und Dreidimensionalität oszilliert, wenn körperliche, haptische und optische Wahrnehmungen miteinander konkurrieren.

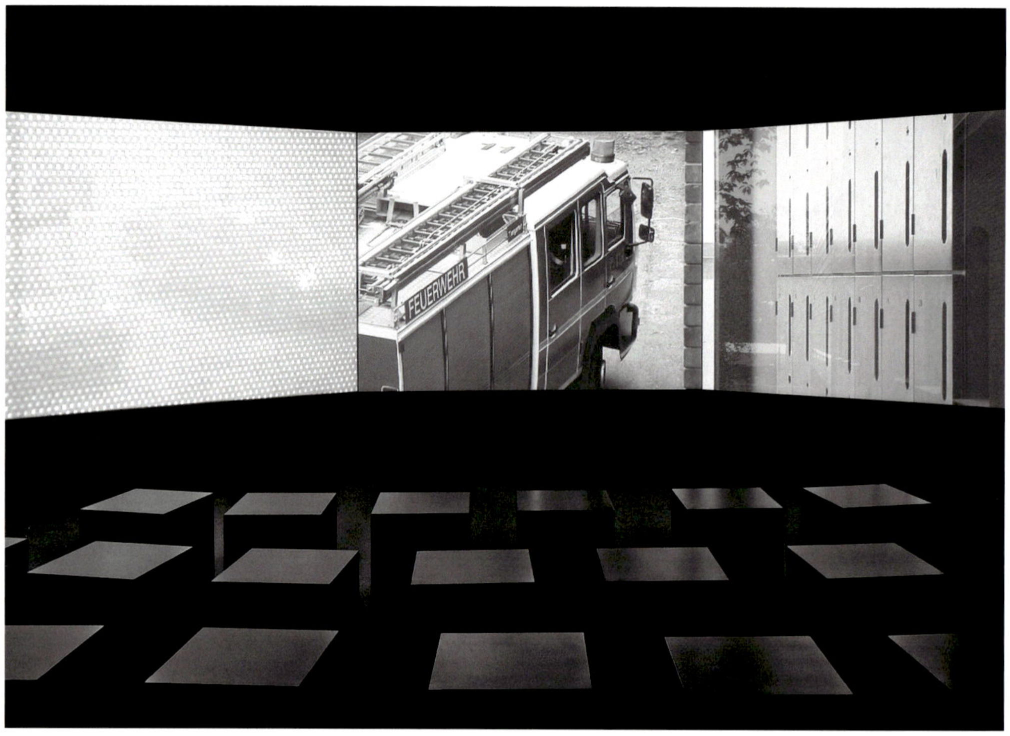

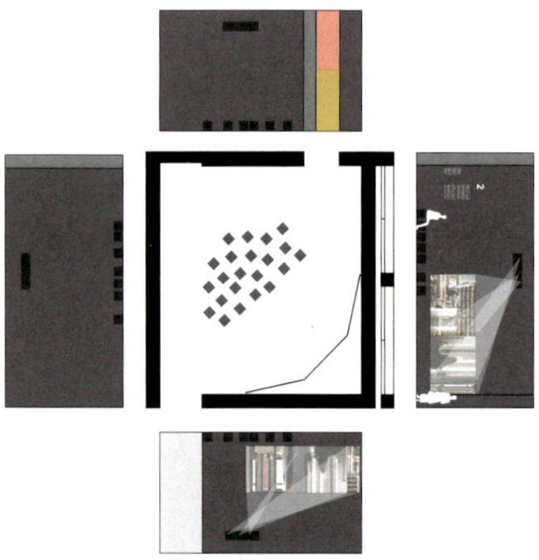

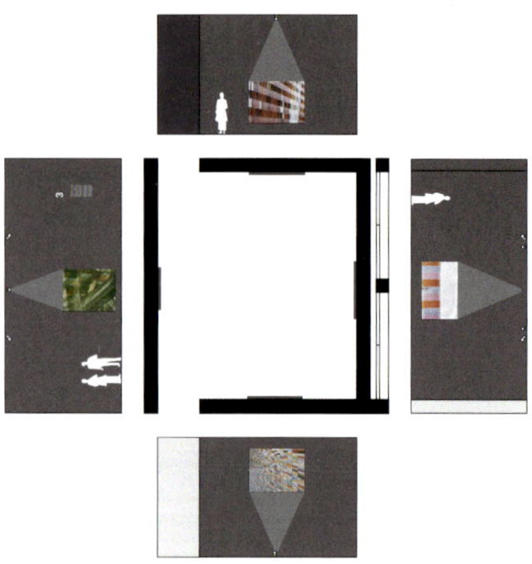

4. Means: The Brandhorst Museum was presented as a case study in the creative application of technology. The innovations introduced by Sauerbruch Hutton do not submit to the fetish of the feasible but aim to provide surprising illustrations of the intelligent and appropriate use of the available resources. While technology is a fundamental part of construction, sustainability only comes into play with the integration of all architectural aspects.

4. Mittel: Anhand des Museum Brandhorst wurde der Umgang mit Technologie erklärt. Dabei unterwerfen sich die Innovationen von Sauerbruch Hutton nicht dem Fetisch des Machbaren, sondern suchen nach überraschenden Lösungen zur intelligenten und angemessenen Nutzung vorhandener Ressourcen. Technologie ist Teil des Bauens, aber Nachhaltigkeit entsteht erst im Zusammenspiel aller architektonischen Mittel.

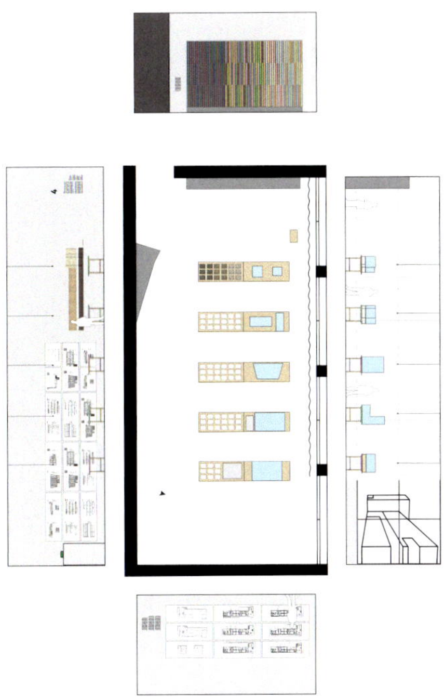

2006

City Dress – Installation

City Dress – Installation

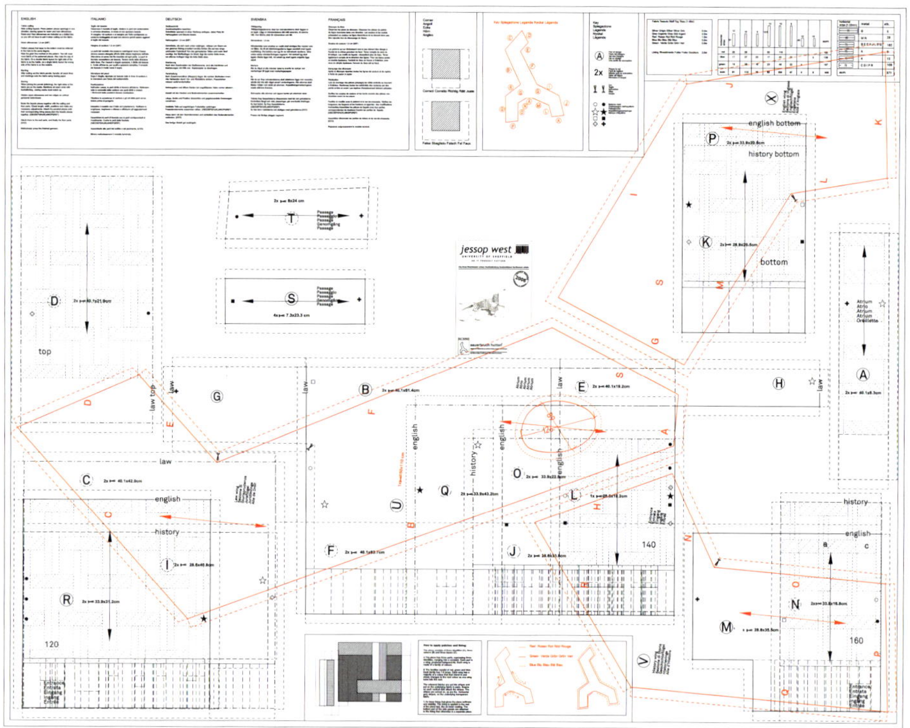

City Dress was made for the exhibition titled *Echo / City – An Urban Register,* which was curated by Jeremy Till and presented in the British pavilion at the Biennale di Venezia in 2006. It is a soft model, sewn from fabric, that represents our Jessop West project in Sheffield (p. 34). A specially made pattern for visitors to sew their own haute couture wear was handed out during the exhibition.

City Dress interprets the façade of the university building as an independent layer that can be worn like an item of clothing.

Clothes keep us warm, protecting us from the environment, from wind, rain and sun. They are also an expression of the person they dress and at the same time form a response to the social environment in which they are displayed, be it to signify membership of a group or to mark a social occasion.

All of the above also applies to the façade shown here: it is a performative skin, tailored to fit the body of the building; it creates a significant flagship for the Jessop campus and generates a unique atmosphere, as a specific urban occasion. The use of the weaving motif refers to the façade's textile character.

City Dress wurde für die Ausstellung im Britischen Pavillon auf der Biennale di Venezia gefertigt, die Jeremy Till 2006 unter dem Titel *Echo/City – An Urban Register* kuratiert hat. Es ist ein aus Stoff genähtes Modell, das unser Projekt Jessop West in Sheffield darstellt (s. S. 34). Ein Schnittmusterbogen zum Nachnähen dieses Produkts der Haute Couture wurde als Teil der Ausstellung kostenlos verteilt.

City Dress zeigt die Fassade des Gebäudes als eine unabhängige Schicht, die diesem wie ein Kleid übergezogen werden kann.

Kleidung bietet Schutz vor der Umwelt, vor Sonne und Wind, und sie wärmt. Kleidung ist auch eine Äußerung der Person, die sie trägt, und zuletzt hat Kleidung auch Auswirkung auf das soziale Umfeld, in dem sie auftritt, indem sie Gruppen-Zugehörigkeiten definieren und Anlässe markieren kann.

All dies trifft auch auf die hier dargestellte Fassade zu. Sie fungiert als performative Haut, die auf den Körper des Gebäudes zugeschnitten ist, sie bildet ein charakteristisches Erkennungsmerkmal für den Jessop-Universitätscampus und sie kreiert eine eigene Atmosphäre, einen spezifischen urbanen Anlass. Die Aufnahme des Gewebemotivs auf der Fassade verweist auf ihren textonischen Charakter.

2007

Energy Dome, City of Environment, Soria

Cúpula de la Energía, Ciudad del Medio Ambiente, Soria

The master plan for the Ciudad del Medio Ambiente by Francisco Mangado aims to enlarge the Spanish city of Soria in an exemplary way. In this context, an education centre will be established to inform residents and visitors alike about the plans for the new 'environmental city'.

The design proposes a down-to-earth structure made of durable and natural materials. It responds not only to the form and scale of the surrounding landscape but also to the extreme climate of the Douro region. The building is divided into two parts: a single-storey, multifunctional events pavilion on the one hand, and an exhibition and information centre on the other. The latter is found within an upward cascade of volumes that culminates in a tower with an observation platform. The two parts are covered by a continuous, sloping roof that not only unifies them within an outer spatial enclosure but also serves as a multifunctional technical envelope and climatic interface with the outdoors. The roof allows daylight to filter through, efficiently supplies the building with water and with electricity from photovoltaics, and ensures that every room is ventilated by the free circulation of air. It thus acts as both a technical demonstration area and a sculptural architectural component. The two parts of the building frame an entrance courtyard that presents a spectacular view of the countryside.

Der Masterplan für die Ciudad del Medio Ambiente von Francisco Mangado beabsichtigt, die spanische Stadt Soria in beispielhafter Weise zu erweitern. Hierbei soll ein Bildungszentrum Bewohner wie Besucher über die Vorhaben der Umweltstadt informieren.

Der Entwurf schlägt ein bodenständiges Gebäude von robuster und natürlicher Materialität vor. Es ist ein Gebäude, das nicht nur auf die Form und den Maßstab der umgebenden Landschaft reagiert, sondern auch auf die extremen klimatischen Bedingungen der Duero-Region. Das Gebäude gliedert sich in einen eingeschossigen multifunktionalen Veranstaltungspavillon sowie ein Ausstellungs- und Informationszentrum, das aus einer aufsteigenden Kaskade von Raumvolumen besteht, deren Abschluss ein Turm mit Aussichtsplattform bildet. Die beiden Bauteile werden von einem gemeinsamen, ansteigenden Dach als verbindendem Element überdeckt, das als oberer Raumabschluss, aber auch als technisch-multifunktionale Außenhaut und Schnittstelle zum umgebenden Klima funktioniert. Das Dach lässt Tageslicht einfallen, versorgt den Bau effektiv mit Strom aus Fotovoltaik sowie mit Wasser, und gewährleistet die Belüftung aller Räume durch freie Luftzirkulation. Es dient gleichermaßen als technische Demonstrationsfläche wie als skulpturales architektonisches Element. Die beiden Bauteile bilden einen Rahmen für den Eingangshof, der einen spektakulären Blick in die Landschaft bietet.

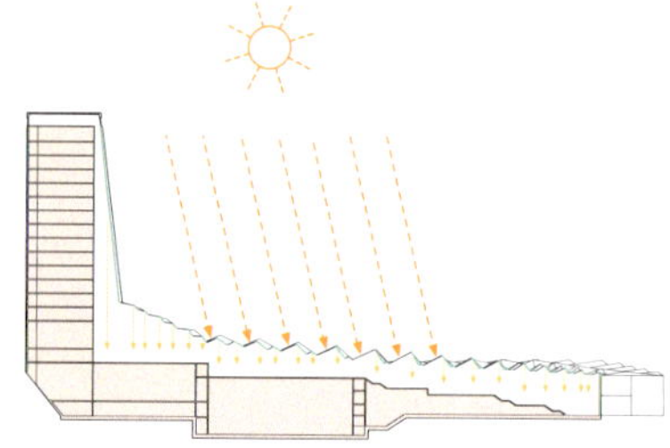

Natural light and solar energy / Tageslicht und Solarenergie

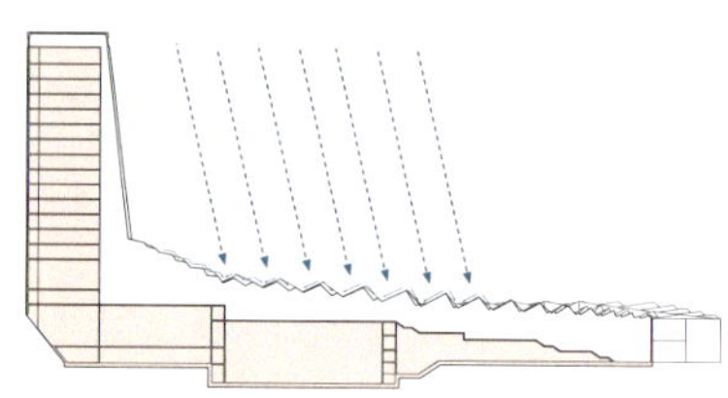

Rainwater harvesting / Regenwassergewinnung

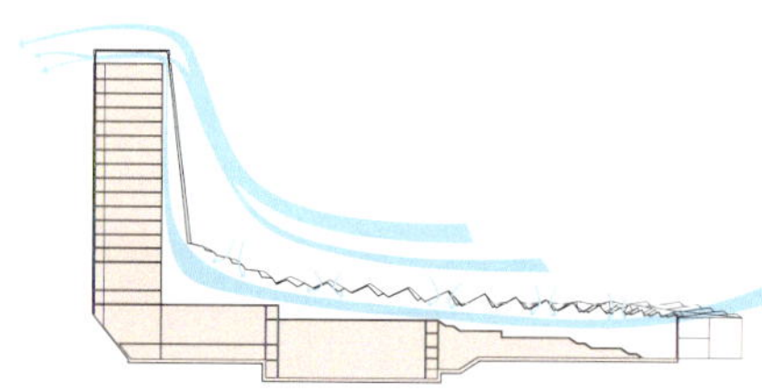

Natural ventilation / Natürliche Belüftung

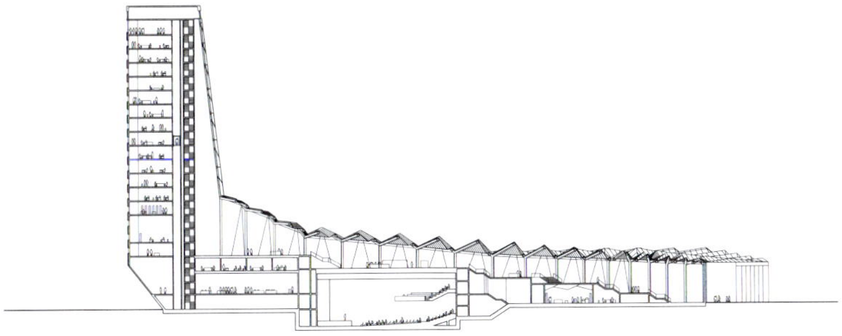

Section A / Schnitt A

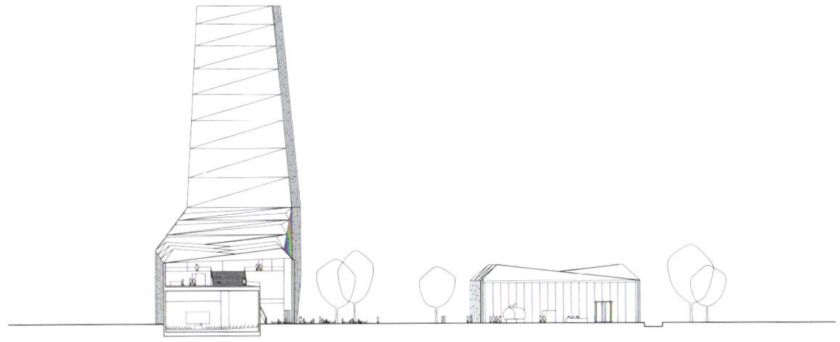

Section B / Schnitt B

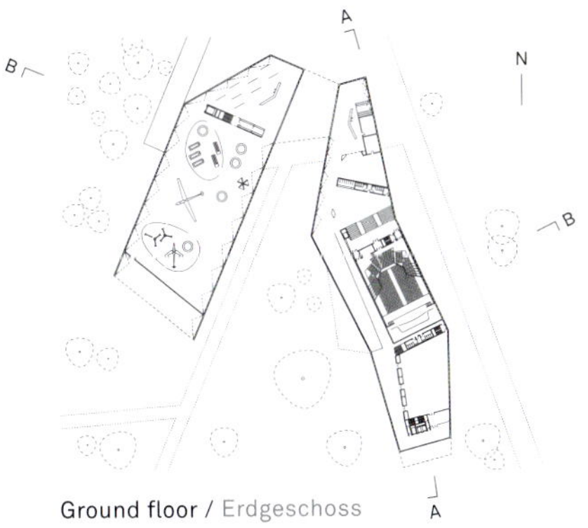

Ground floor / Erdgeschoss

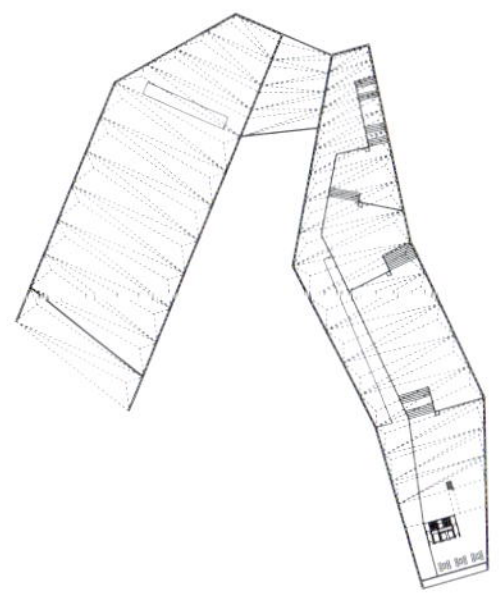

1st floor / 1. Obergeschoss

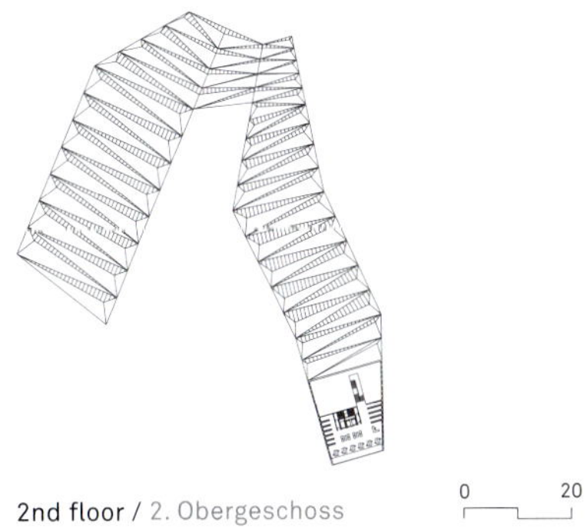

2nd floor / 2. Obergeschoss

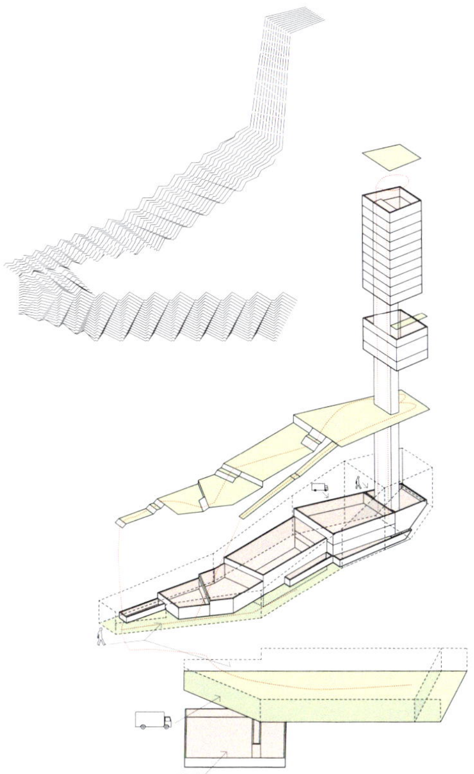

2007
Masséna Bruneseau, Paris
Masséna Bruneseau, Paris

The *ceinture* is a ring of land up to 300 metres wide that separates the City of Paris from its suburbs. This territory is where the city's fortifications once stood, but it is now occupied by the Boulevard Périphérique, whose extreme levels of noise and air pollution render it almost uninhabitable. Nevertheless, as it is just six kilometres away from Notre-Dame and extremely well served by public transport, this girdle of land holds considerable potential for the overcrowded city.

Intelligent densification of the *ceinture* will allow the addition of a contemporary layer to Paris, one that could, moreover, transcend the centuries-old border between the city and its suburbs. In this way, the *ceinture* can truly become a ring city – a *péri-ville* – that sustains the core in accommodating those uses for which the dense historical fabric no longer has space.

The urban design of the Masséna-Bruneseau *péri-ville* is exemplary of 21st-century sustainable development: dense, green, well connected and with a mix of uses. As specified by the master plan, it is located on a plateau overlooking the railway tracks that fan out from the Gare d'Austerlitz. Within the proposal, buildings are used as urban condensers to define intelligible spaces that respond to the natural environment, the city and its inhabitants. Tall buildings as *points de vue* mark significant urban or topographic situations such as the gateway between Paris and Ivry-sur-Seine, at the end of the Avenue de France and at the point at which the *péri-ville* crosses the Seine.

Die sogenannte *ceinture* ist ein ringförmiges Gelände von bis zu 300 Meter Breite, das Paris von seiner Banlieue trennt. Anstelle der ehemaligen Stadtbefestigung befindet sich hier nun der Boulevard Périphérique, dessen extreme Lärmbelastung sowie Luftverschmutzung diesen Gürtel zu einem nur schwer nutzbaren Gebiet machen. Nur sechs Kilometer von der Kathedrale Notre-Dame de Paris entfernt und mit allen Infrastrukturen der Stadt bestens vernetzt, bietet das Gebiet der überfüllten Metropole jedoch auch einzigartige Potenziale.

In der intelligenten Verdichtung der *ceinture* liegt die Chance einer zeitgenössischen Weiterentwicklung und Verdichtung von Paris und einer Auflösung der jahrhundertealten Trennung zwischen Stadt und Banlieue. Als Ringstadt, als *péri-ville,* kann die *ceinture* das Zentrum mit Programmen versorgen, für die in der Dichte der historischen Stadt kein Raum mehr ist.

Leitmotiv der *péri-ville* Masséna-Bruneseau ist die nachhaltige Stadt des 21. Jahrhunderts: dicht, grün, durchmischt und vielfach vernetzt. Sie entsteht – so die Voraussetzung für den Masterplan – auf einem Plateau über dem breiten Gleisvorfeld des Gare d'Austerlitz. Gebäude funktionieren hier als urbane Verdichter, die sowohl auf die natürliche Umgebung als auch auf die Stadt und ihre Bewohner eingehen. Hochhäuser bilden *points de vue* an wichtigen städtischen oder topografischen Situationen: am Tor nach Ivry-sur-Seine, am Ende der Avenue de France und am Übergang der Seine, wo auch ein Gerichtsgebäude verortet wird.

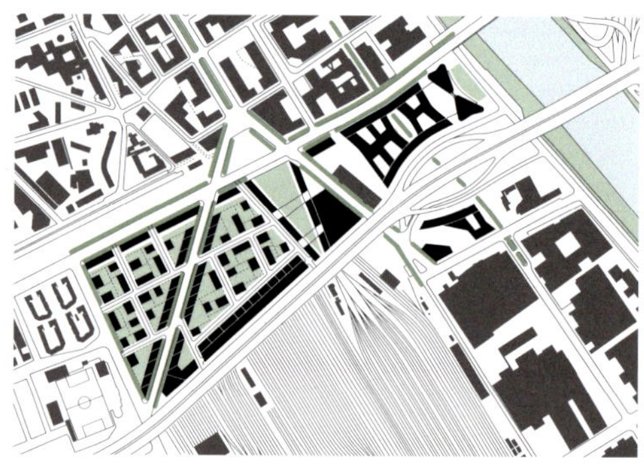

Ceinture and River Seine / *Ceinture* und Seine

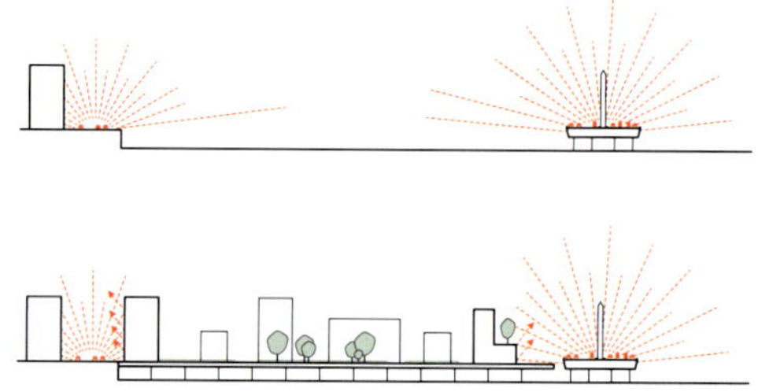

Noise protection / Lärmschutz

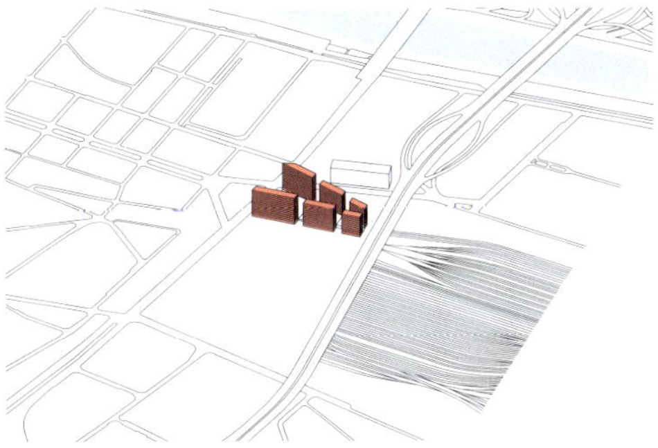

Place sans fin / Place sans fin

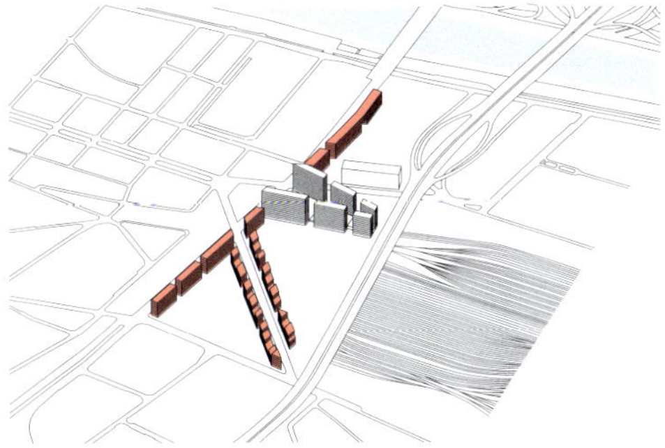

Parisian streets / Pariser Straßen

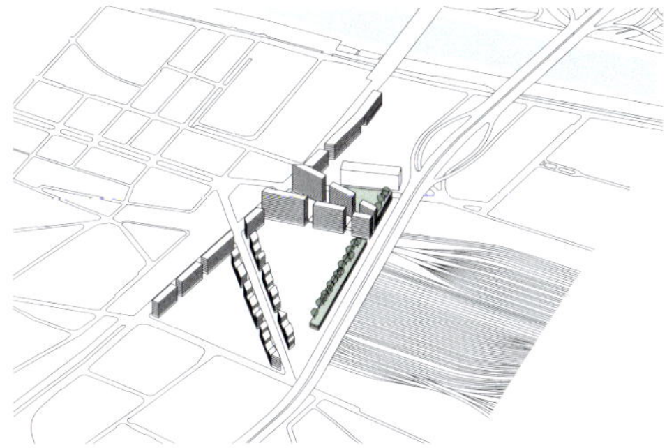

Green 'fortification' / Grüne „Festung“

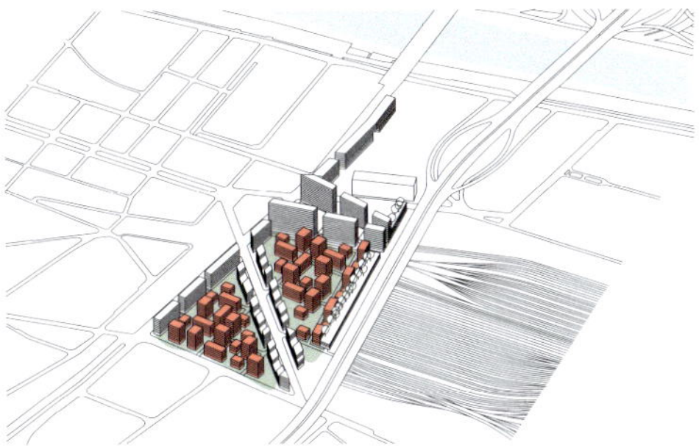

Secret garden / Verborgener Garten

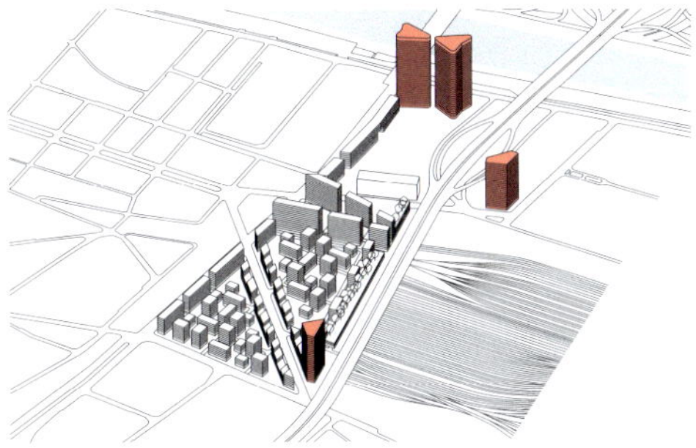

Bridgehead and gate to Ivry / Brückenkopf und Tor nach Ivry

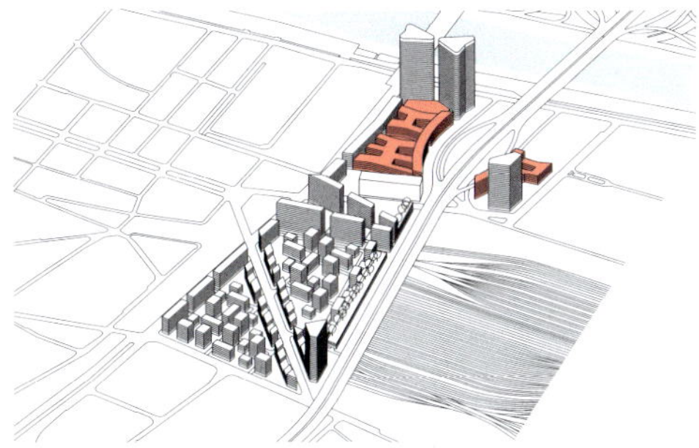

Kasbah / Kasbah

The Avenue de France is given a visual endpoint by the Place sans fin, where two rows of tall buildings frame the rising terrain of the square, using perspective to dramatic effect in the manner of a baroque stage set. The offices that line the streets screen the lower buildings of the residential district behind them, which adopts the scale and urban structure of Ivry.

Towards the Boulevard Périphérique, a multistorey car park forms a protective wall. With its densely planted roof, this serves to filter noise and dust, while at the same time marking the city limits.

Die Magistrale der Avenue de France erhält mit dem Place sans fin einen optischen Endpunkt: Zwei Hochhauszeilen rahmen den ansteigenden Platz, der wie eine barocke Bühne die Perspektive dramatisiert. Entlang der Straßen schirmen höhere Bürogebäude das innere Wohnquartier ab, das bereits die Struktur und den Maßstab von Ivry aufnimmt.

Zum Boulevard Périphérique hin entsteht mit einem Parkhausriegel ein künstlicher Wall mit waldartig begrüntem Dach, der als Lärm- und Staubfilter dient und gleichzeitig die Stadtgrenze markiert.

2007
Het Laar City Entrance, Tilburg
Het Laar, Stadteingang Tilburg

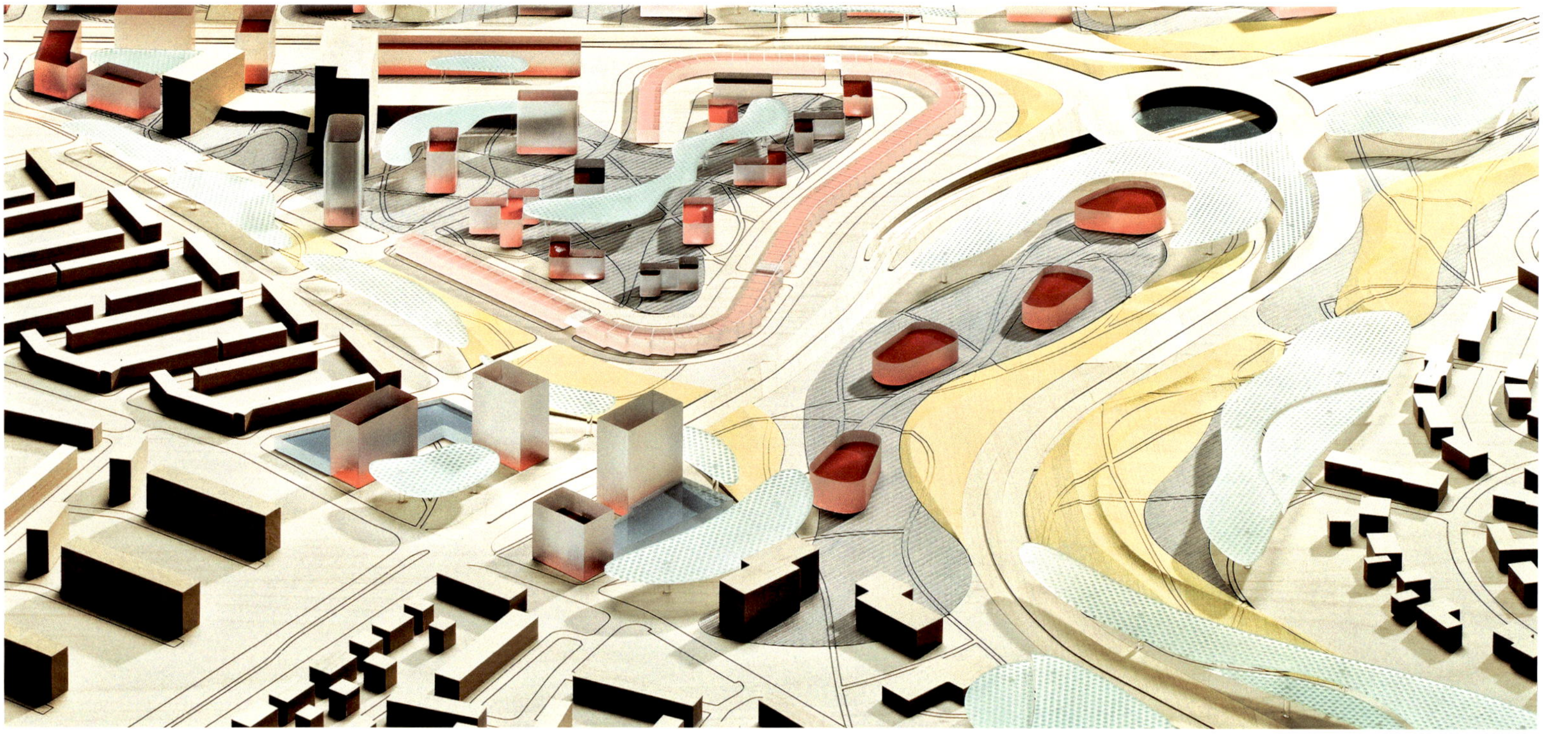

This master plan for the southern entrance to the city of Tilburg proposes a constructed landscape. It integrates commercial, retail and residential programmes with new and existing green areas, as well as with the current road infrastructure.

The pivotal intervention of this urban plan is the conversion of a spaghetti junction into a large, efficient roundabout that forms a gateway to the city. The roads that come together here divide the site into four urban districts, each with a distinct character and programme.

In the southern sector an existing office park is extended, while to the west a new green park forms a buffer between the arterial road and an already established residential area. This adjoins an area of lush greenery to the north containing small business units, beyond which a pair of tall buildings marks the transition to the denser part of Tilburg. In the eastern quadrant an existing senior citizens' home is augmented with urban villas and apartment buildings to create a new village-style neighbourhood, centred on a square that serves its commercial needs. The village is shielded from the road by a long crescent of two-storey town houses that creates a horizon on the scale of the landscape.

The clear territorial definition in this urban fabric allows residential and commercial areas to develop independently, according to their needs.

The infrastructure of the motorway is optimised and integrated into the overall scheme, allowing motorists to experience the area of transition between the outskirts of Tilburg and its centre.

Dieser Masterplan für den südlichen Eingang zur Stadt Tilburg schlägt eine gebaute Landschaft vor. Er verbindet Wohnen, Gewerbe und Einzelhandel mit bestehenden und neuen Grünflächen sowie dem existierenden Straßennetz.

Die Hauptidee ist die Umwandlung einer großen Autobahnschleife in einen effizienten Kreisverkehr, der den Stadteingang markiert. Die anschließenden Straßen dieser Kreuzung definieren vier Quartiere mit spezifischen und eigenständigen Inhalten.

Im südlichen Teil wird ein bestehendes Gewerbegebiet erweitert, im Westen bildet ein neuer Park einen Puffer zwischen Hauptverkehrsstraße und bestehendem Wohngebiet. Im Norden schließen – im üppigen Grün – kleinteilige Büroeinheiten an. Zwei höhere Gebäude markieren den Übergang zu den dichter besiedelten Bereichen Tilburgs. Im Osten entsteht neben einer bestehenden Altenwohnanlage ein neues „Dorf" aus Stadtvillen und Apartmenthäusern sowie ein Platz mit Gewerbe und Einzelhandel. Dieses „Dorf" wird von einer zweigeschossigen Wohnschlange umfasst, die einen landschaftlichen Horizont bildet.

Mit den klar definierten Territorien dieses urbanen Gefüges können sich die Wohn- und Gewerbequartiere eigenständig entwickeln.

Die Infrastruktur der Autobahn wird optimiert, integriert und für Autofahrer als interessanter Übergangsraum zwischen Vor- und Innenstadt erlebbar gemacht.

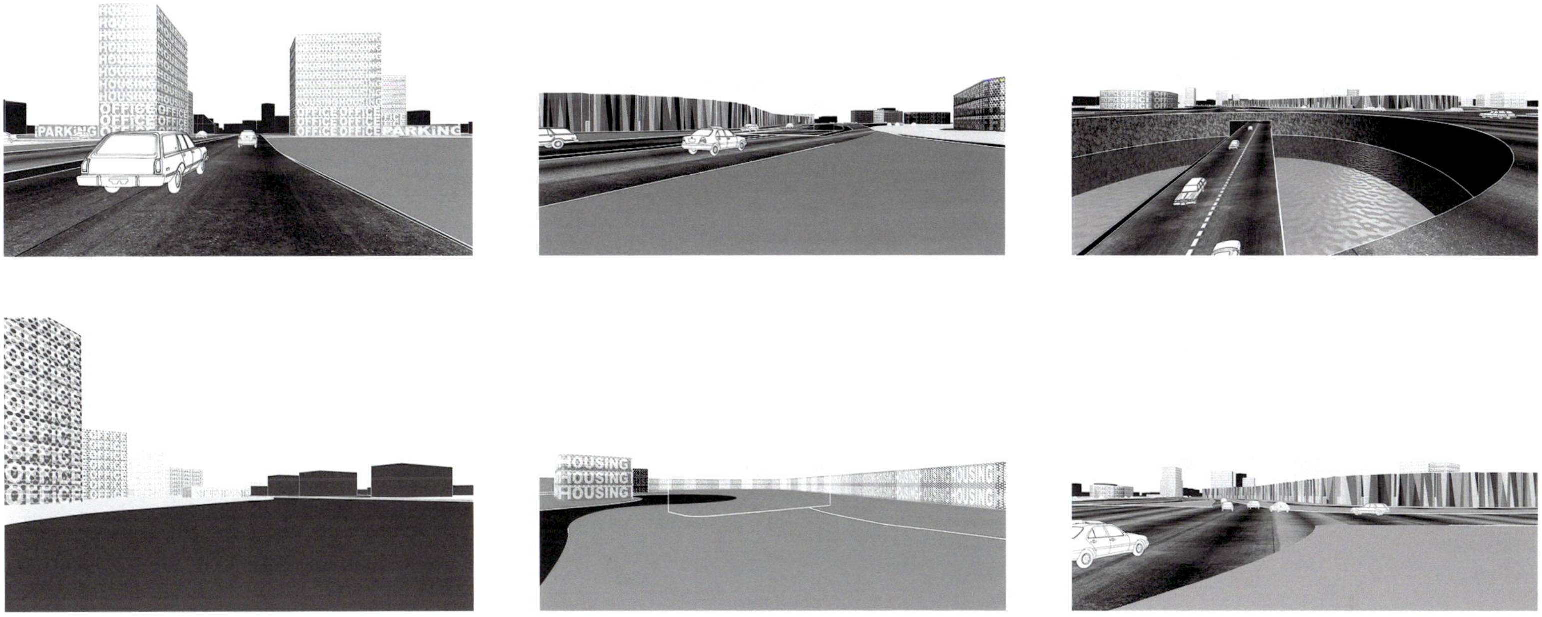

Sequence of urban spaces, film stills

Raumsequenzen, Filmstills

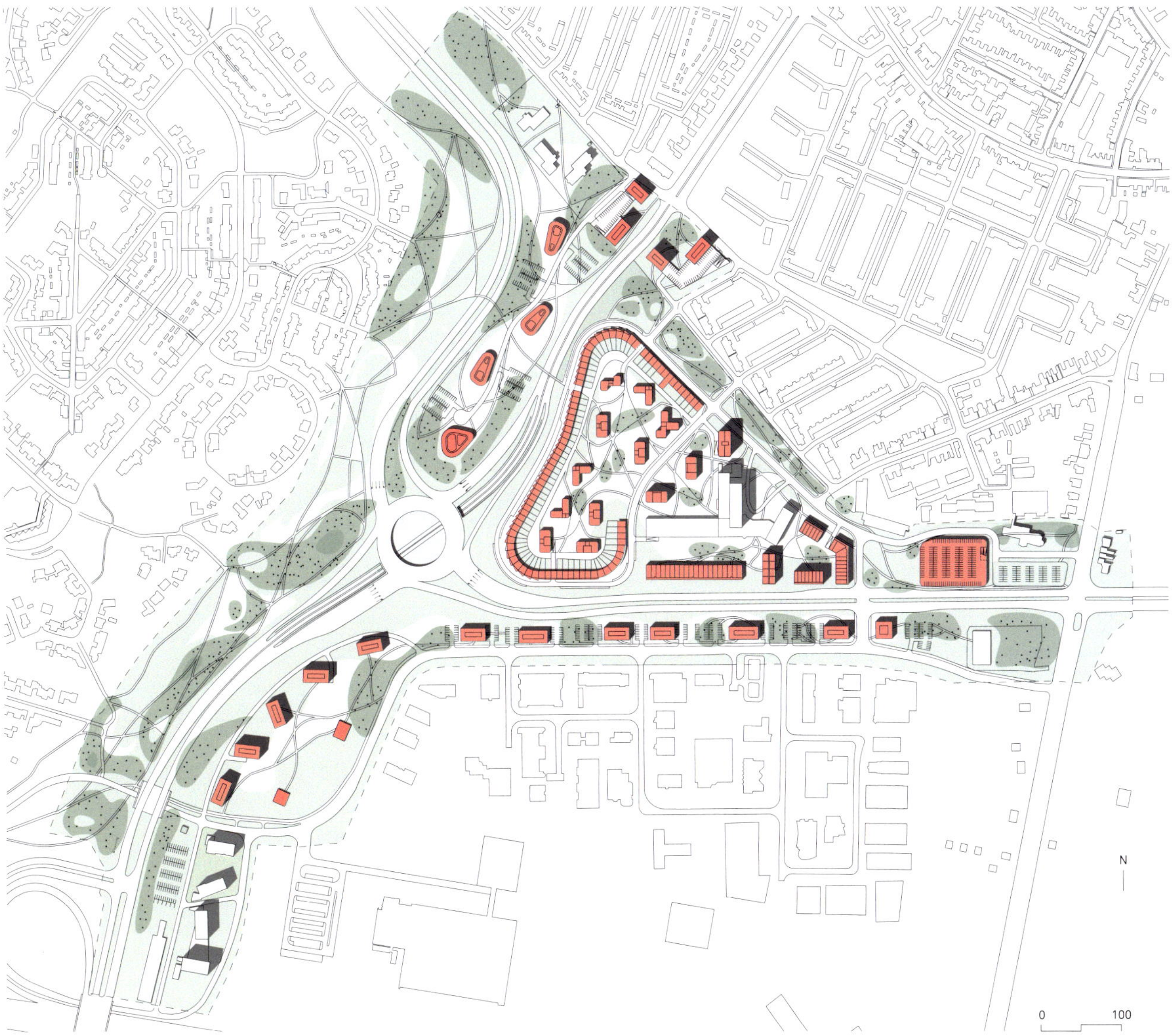

2007

Hardturm Area, Zurich

Hardturm-Areal, Zürich

The concept behind this high-rise is to offer sustainability beyond mere technology. The tower not only fulfils the Swiss Minergie standards but also presents an exceptional degree of interior flexibility for residential or office use, or indeed for other commercial programmes such as hotels, medical practices or conference facilities. The units are grouped around a central core and so can be accessed independently from one another. This opens a unique perspective for the building: over the years it can absorb a continuously changing programmatic variety.

The tower was initially conceived as an extruded rectangle, which was generated by the urban structure of Zurich-West. Without impairing its overall integrity, selected volumes were then cut away from this contour to allow optimal daylighting as well as the possibility of views out in several directions.

The profile thus created lends the tower an elegant, articulated appearance. Along with ever-changing shadows, the colour treatment of the skin supports this sculptural quality. The spandrels are clad in a series of grey tones that deepen as they run up one façade or down another, subtly accentuating the vertical rhythm of the building.

The striking sculptural treatment of the tower creates a recognisable identity, while its functional flexibility ensures that it can remain in use for many generations to come.

Dieses Hochhauskonzept bietet Nachhaltigkeit jenseits bloßer Technologie. Es erfüllt nicht nur die einschlägigen Minergie-Standards. Es bietet auch anpassungsfähige Nutzflächen, die, um einen zentralen Aufzugskern angeordnet, alternativ mit Wohnungen, Büros oder anderen Gewerbenutzungen wie Hotel, Praxen oder Schulungsräumen belegt und getrennt erschlossen werden können. Dies eröffnet die Perspektive eines Gebäudes, das über die Jahre immer wieder unterschiedliche Programme aufnehmen kann.

Die Gebäudekontur wurde zunächst auf einem regelmäßigen Rechteck entwickelt, das aus der Grundanlage des Stadtteils Zürich-West hervorgeht. Aus dieser gedachten Gesamtkontur wurden Volumen herausgeschnitten, um eine optimale Belichtung und Ausblicke in mehrere Richtungen zu ermöglichen, ohne die Grundfigur zu verlieren.

Diese Profilierung gibt dem Baukörper eine elegante und filigrane Plastizität, die durch Schattenwirkung und Farbbehandlung der Oberflächen unterstützt wird: Auf den Brüstungsbändern sind an- und absteigende „Leitern" von Grautönen angeordnet, die den vertikalen Rhythmus des Gebäudes subtil potenzieren.

Der prägnante plastische Gebäudekörper gibt dem Haus Charakter, seine funktionale Vielseitigkeit stellt seine Brauchbarkeit über Generationen sicher.

Unwrapped elevation / Farbabwicklung Fassade

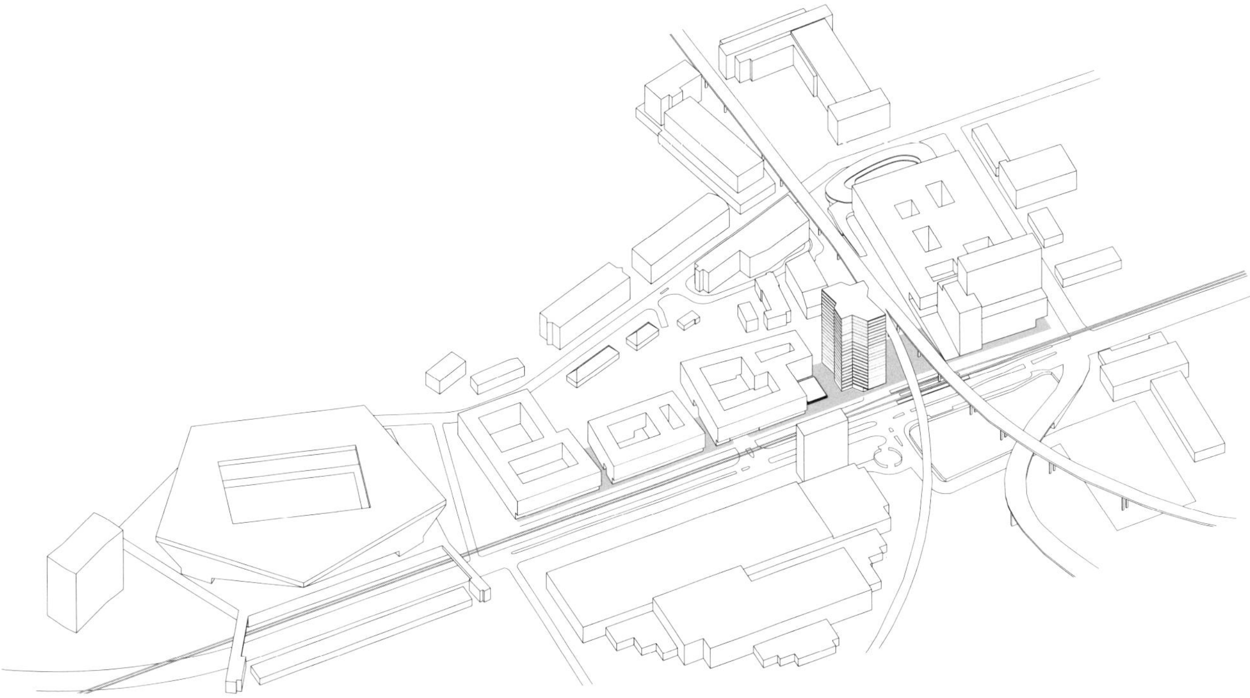

ORION

Ground floor / Erdgeschoss

Typical floor, residential
Regelgeschoss, Wohnen

Typical floor, offices
Regelgeschoss, Büros

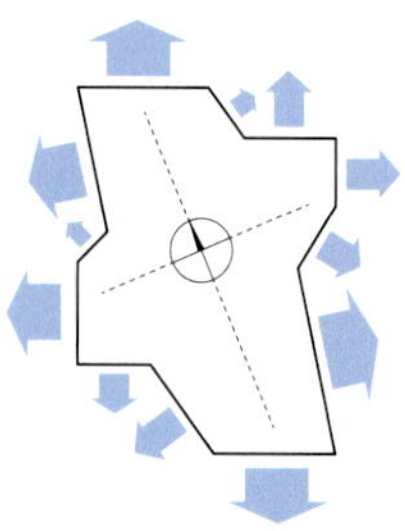

Optimised daylight and views / Optimierte Belichtung und Ausblicke

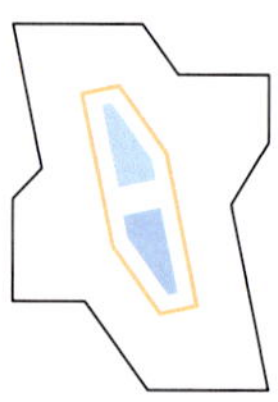

Basic layout / Grundlayout

Layout, office use
Layout Büronutzung

Layout, residential use
Layout Wohnnutzung

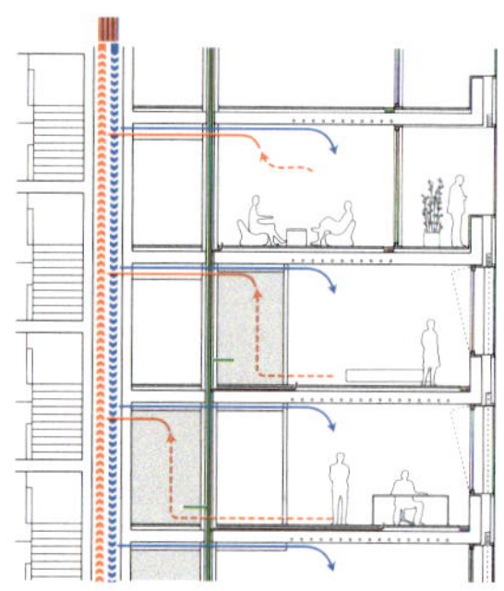

Ventilation / Be- und Entlüftung

Section A / Schnitt A

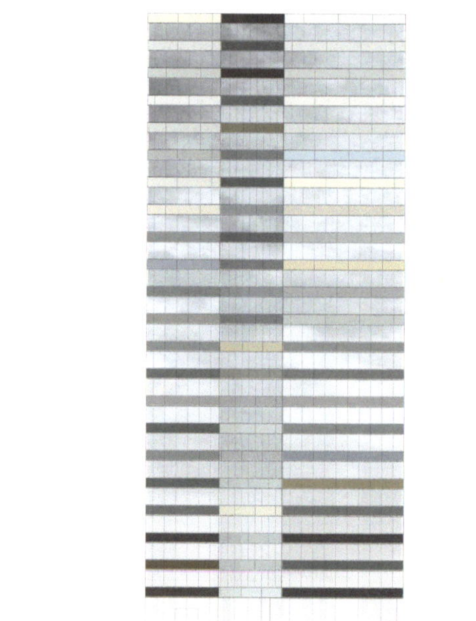

South elevation / Ansicht Süd

2007

Kulturforum Foyer, Berlin – Installation

Foyer des Berliner Kulturforums – Installation

We conceived this proposal together with the curator Andres Lepik as a design for the large foyer that links the museums of the Kulturforum in Berlin. In its current form, the urban space is a fragment of the original design by Rolf Gutbrod, which was never completed and whose idea was finally abandoned. Our intervention seeks to infuse this unloved remnant with new life and transform its seemingly arbitrary elements into an interesting and coherent space.

Although requiring no more material investment than a coat of paint, the intervention would create a completely new spatial experience, markedly different from the present situation in terms of its rhythm, structure and atmosphere. The foyer would become one of our chromotopes: an interior in which visual perception of the coloured space-defining elements overrides the physical facts of the space. The ambiguity between these two modes of reality generates a unique quality of experience that would restore a sense of vitality and identity to an orphaned location.

Dies ist ein Vorschlag, den wir zusammen mit dem Kurator Andres Lepik für das Foyer der am Kulturforum Berlin versammelten Museen konzipiert haben. Der dort bestehende Raum ist ein Bruchstück der originalen Planung von Rolf Gutbrod, die niemals zu Ende gebracht beziehungsweise bewusst unterbrochen wurde. Unsere Intervention würde dieses ungeliebte Fragment mit neuer Kraft versehen und die zufälligen Versatzstücke in einen interessanten und beabsichtigten Raum verwandeln.

Obwohl sich die Einsatzmittel hier lediglich auf Farbanstriche beschränken, wäre ein neuer Chromotop entstanden, der in seinem Rhythmus, seiner Struktur, seiner Ausstrahlung vollkommen anders wirken würde als die vorgefundene Räumlichkeit – ein Innenraum, in dem die visuelle Wahrnehmung der mit Farbe behandelten Raumelemente die physische Wirklichkeit übertrifft. Aus der zweideutigen Disposition zwischen den beiden Polen von Sein und Schein entsteht eine eigene, typische Raumqualität, die diesem eher unglücklichen Ort eine neue Vitalität geben könnte.

2007

University of Music, Karlsruhe

Hochschule für Musik Karlsruhe

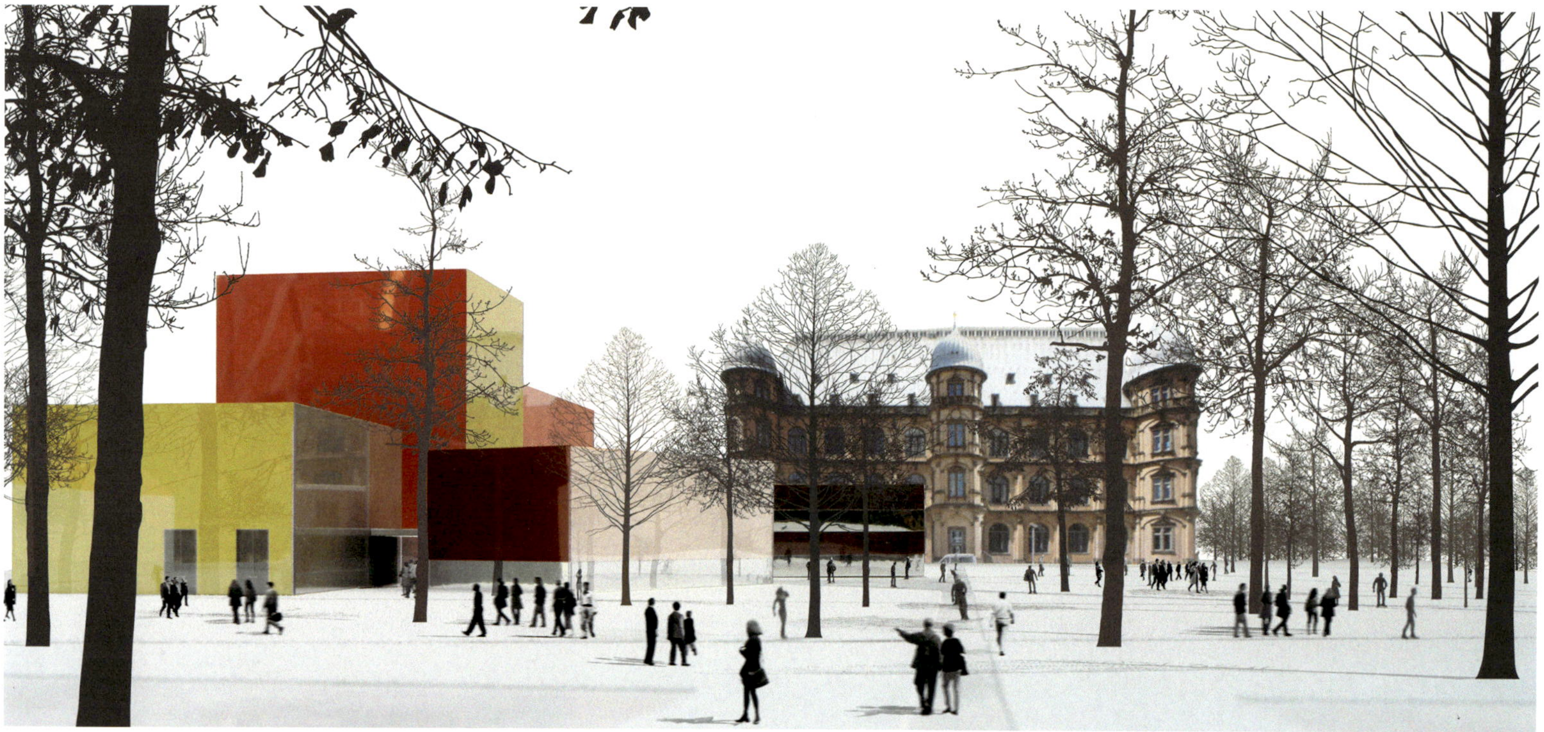

The extension to the University of Music in Karlsruhe forms a new landmark on the western flank of the approach to the reconstructed 16th-century palace of Schloss Gottesaue, the College's current home. The juxtaposition of the new ensemble with the historic building creates a stimulating dialogue: singularity meets multiplicity; static symmetry meets dynamic symmetry; the mattness of the palace's sandstone contrasts with the reflective surfaces of the extension; lastly, the abstraction of the new volumes forms a counterpoint to the classical articulation of their Renaissance companion.

The new building also relates to its parkland setting in a different way than the palace. The various programmatic components of the extension are conceived as a cluster of boxes that congregate loosely around a multipurpose hall. To the north the group abuts the road, while to the south it opens informally towards the park. In contrast to the categorical demarcation between architecture and nature that is evident in the historical building, the project proposes, to a certain extent, the dissolution of architecture into the landscape. Most notably, its interstitial spaces merge with the park's diverse network of pathways and sightlines.

The height of the new development steps down towards its neighbours and the central axis of the palace. Its individual buildings are informed by simple principles of functionality; the design of the multipurpose hall, in particular, is the result of optimising the acoustics for different types of performance.

Der Erweiterungsbau der Hochschule für Musik Karlsruhe bildet einen neuen stadträumlichen Akzent auf dem Vorfeld des wiederaufgebauten Renaissance-Schlosses Gottesaue, dem bestehenden Sitz dieser Institution. Die Gegenüberstellung des neuen Ensembles mit dem historischen Gebäude bietet einen spannenden Dialog: Singularität trifft auf Vielheit, statische auf dynamische Symmetrie, die artikulierte Volumetrie des Renaissance-Baus auf die abstrakten Baukörper der Neubauten, matter Sandstein auf reflektierende Glasoberflächen.

Auch im Verhältnis zum umgebenden Park verhält sich der Neubau grundsätzlich anders als das Schloss, denn die verschiedenen Programmteile der Erweiterung sind als ein Cluster von „Kisten" formuliert, die sich – um einen zentralen Multifunktionssaal gruppiert – in lockerer Anordnung zum Park hin öffnen. Im Gegensatz zu der kategorischen Trennung von Architektur und Natur schlägt das Projekt bis zu einem gewissen Grad die Auflösung der Architektur in die Landschaft vor. Insbesondere die Zwischenräume zwischen den Gebäudevolumen werden Teil des Geflechts vielfältiger Wege- und Sichtverbindungen des bestehenden Parks.

Die Höhe der Gebäudevolumen ist zur Nachbarbebauung sowie zur Mittelachse des Schlosses Gottesaue abgestuft. Die einzelnen Gebäude sind nach einfachen Funktionsprinzipien konzipiert. Insbesondere der Mehrzwecksaal ist das Ergebnis von Optimierungen zur akustischen Flexibilität.

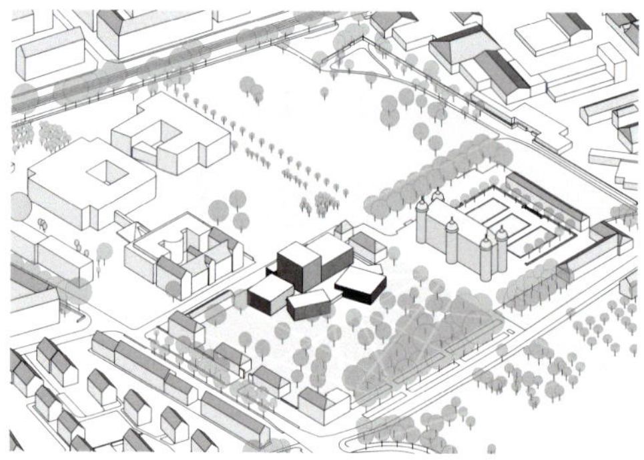

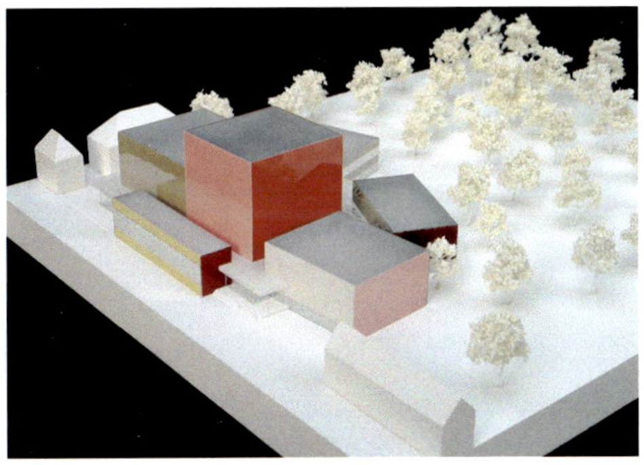

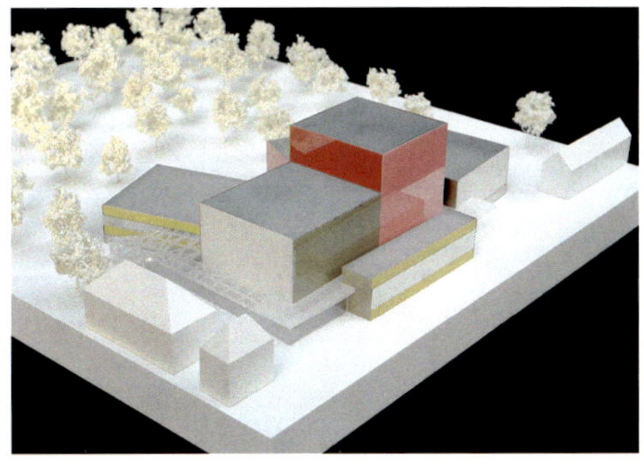

The foyer is conceived as a built continuation of the park, an essentially horizontal space that is lit from above, as though through foliage. In functional as well as spatial terms it forms the connection between the stereometric volumes of the ensemble. During regular college hours, it serves as a common room and an informal extension of the adjacent rooms for students and staff alike.

Das Foyer ist als gebaute Fortsetzung des Parks konzipiert: ein eher horizontaler Raum, wie durch Blattwerk von oben belichtet. Es bildet funktional und räumlich das Bindeglied der stereometrischen Volumen des Gebäudekomplexes. Während des normalen Schulbetriebs dient es als Aufenthaltsfläche und informelle Erweiterung der anliegenden Räume für Studenten und Lehrpersonal.

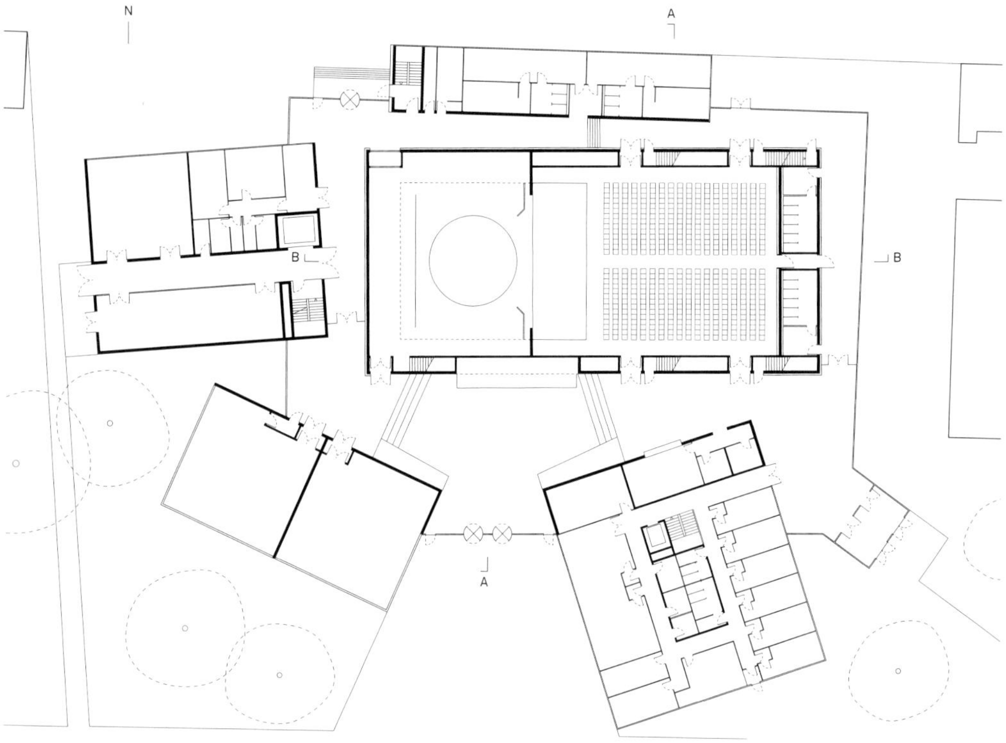

Ground floor / Erdgeschoss

The multifunctional hall provides an interior of great acoustic and scenographic flexibility, a musical black box. The stage can be closed off, while the suspended grid and a perimeter gallery allow the stage, the lighting and the sound equipment to be positioned anywhere in the hall. All kinds of layout are therefore conceivable for performances in this space. In front of the stage is an orchestral area that can be positioned as needed: level with the stage, the auditorium, or – lower still – as an orchestra pit.

Die Multifunktionshalle ist ein Raum von hoher akustischer und szenografischer Flexibilität, eine musikalische Blackbox. Die Bühne kann geschlossen werden und die Technikdecke sowie eine umlaufende Galerie erlauben es, die Halle an jedem Punkt zu bespielen, zu beleuchten und zu beschallen. So sind szenische Anordnungen jeder Art in diesem Raum denkbar. Vor der Bühne befindet sich ein Orchesterbereich, der je nach Bedarf saal-, bühnenbündig oder als Orchestergraben positioniert werden kann.

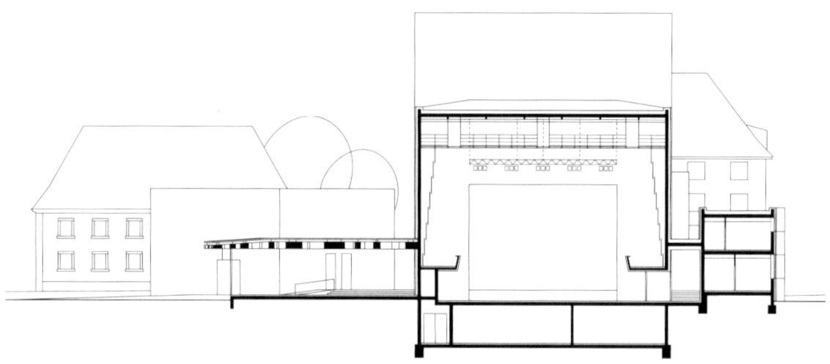

Section A / Schnitt A

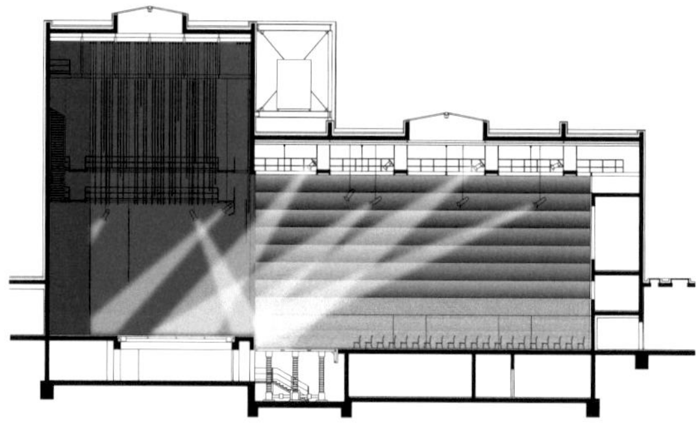

Section B / Schnitt B

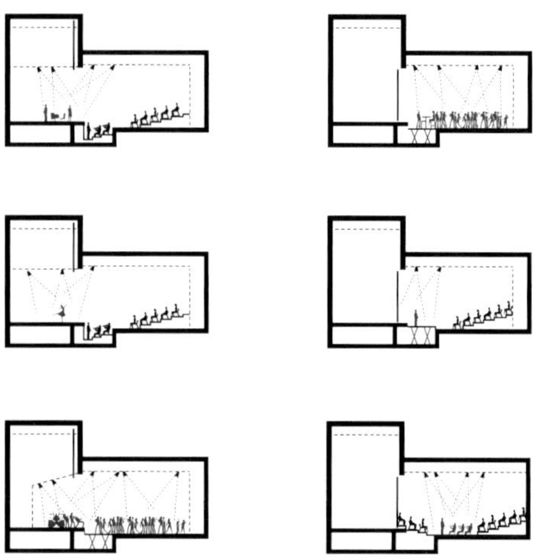

Scenographic flexibility / Szenografische Flexibilität

2007

Plaza de la Cebada, Madrid

Plaza de la Cebada, Madrid

This competition proposal reorganises the hitherto defunct situation at Plaza de la Cebada in the dense centre of Madrid through careful placement of two large new buildings: a market and a sports centre. A new diagonal route links Plaza Humilladero to Calle Lopez Silva and allows an elevated square to be created between the two new volumes. This offers direct access to the market on one side and, on the other, a view into the swimming hall of the sports centre. A second square with the character of a Mediterranean plaza is established on the south-western corner of the site as a welcome meeting point for local residents.

Each of the new public spaces is lined with shops and restaurants on the ground floor. The slowly ramping floors of the market – which follow the natural slope of the site – are accessible on two levels, thus enabling direct entry from all sides. The sloping topography is continued inside the three-storey, helical structure, transforming everyday shopping trips into processions from earth to heaven – with the latter in the form of a generous roof terrace, complete with restaurant.

The sports centre consists of two main floors that contain a swimming pool and a sports hall, which are both accessed via a spacious, shared multilevel entrance foyer.

The two new buildings are urban condensers that jointly articulate four distinct civic spaces in seamless continuity with the existing fabric of the neighbourhood.

Dieser Wettbewerbsvorschlag erneuert eine bis dahin verbaute Situation an der Plaza de la Cebada in der dichten Stadtmitte von Madrid durch die wohlüberlegte Anordnung von zwei neuen Gebäudevolumen, einer Markthalle und einem Sportzentrum. Eine neue Diagonale, die die Plaza Humilladero mit der Calle Lopez Silva verbindet, lässt einen angehobenen Platz entstehen, von dem man zur einen Seite direkten Zugang zum Markt und zur anderen Einblick in das neue Schwimmbad hat. Auf der Südwestseite des Grundstücks wird ein zweiter, typisch mediterraner Platz gebildet, der als Anlaufpunkt für die benachbarten Wohngebiete fungiert.

Alle öffentlichen Räume werden von Läden und Restaurants in den Erdgeschosszonen flankiert. Der Markt, dessen ansteigendes Profil der Topografie des Geländes folgt, ist sogar auf zwei Ebenen von allen Seiten direkt zugänglich. Der Anstieg des Geländes setzt sich in dem dreigeschossigen Spiralgebäude der Markthalle fort, das den Einkauf zu einer Prozession zwischen Himmel und Erde werden lässt. Die Reise endet auf einer großzügigen Dachterrasse mit einem Restaurant.

Das Sportzentrum besteht aus zwei Hauptgeschossen, die ein Schwimmbad und eine Sporthalle beherbergen. Die beiden Einrichtungen werden jeweils von einem großzügigen, mehrgeschossigen Foyer erschlossen.

Zusammen artikulieren die beiden Neubauten vier klar definierte Stadträume in ihrem Umfeld, die sich fugenlos in das bestehende Gewebe des Viertels integrieren.

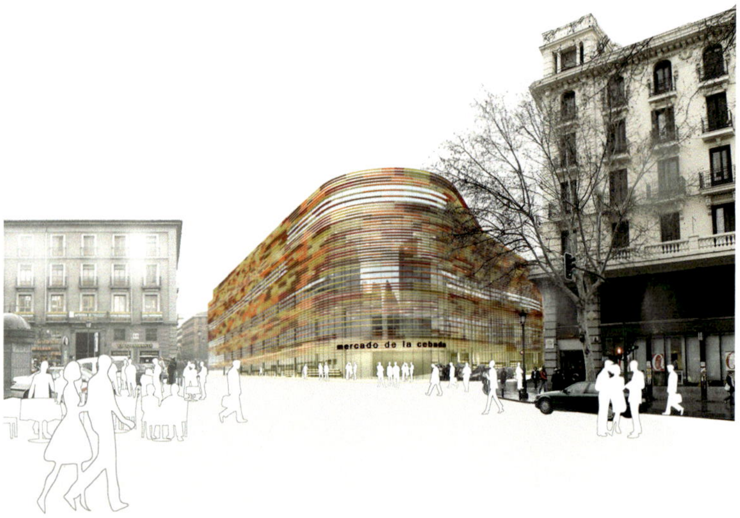

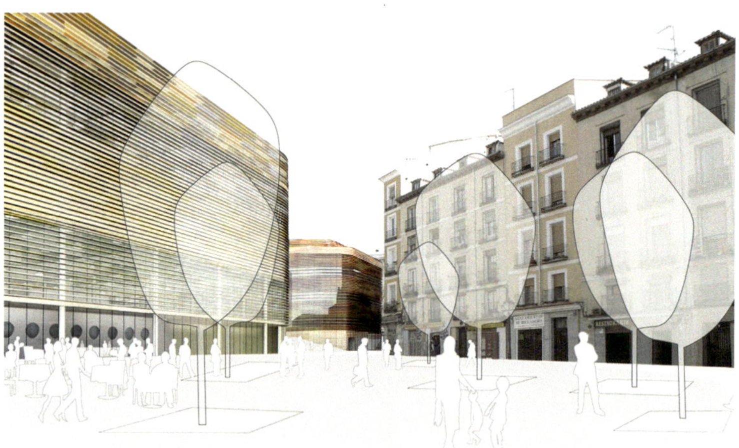

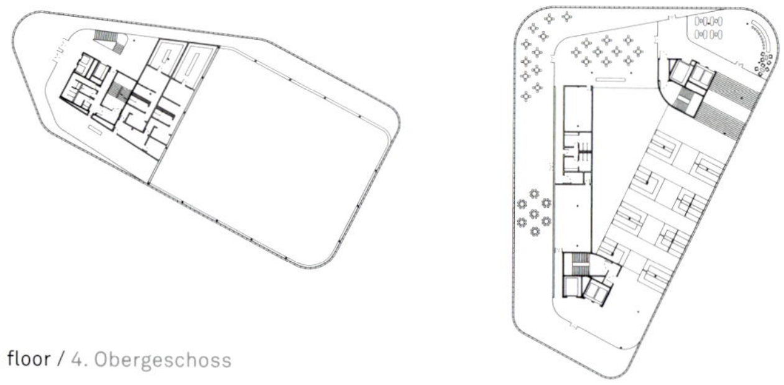

4th floor / 4. Obergeschoss

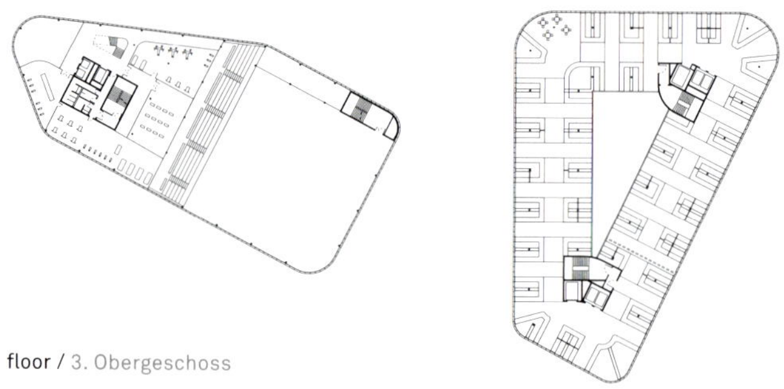

3rd floor / 3. Obergeschoss

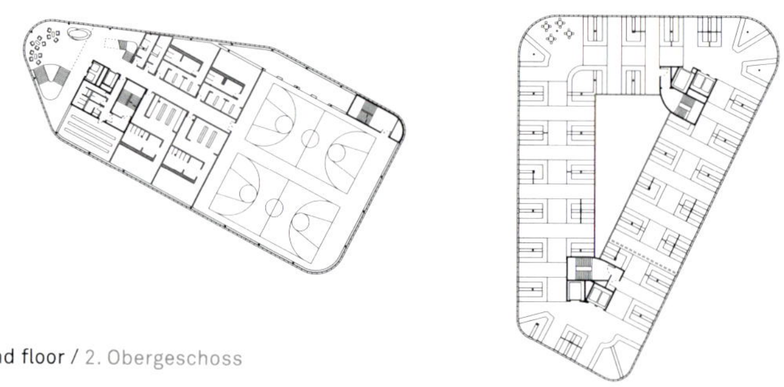

2nd floor / 2. Obergeschoss

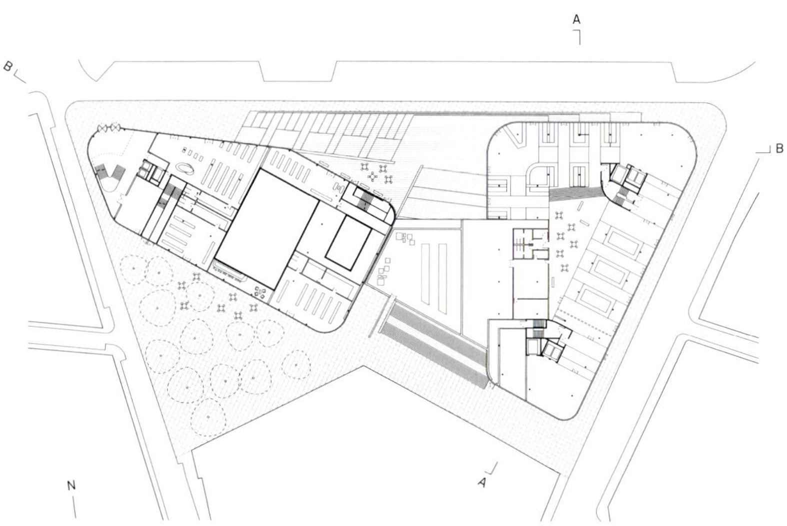

Ground floor, lower level / Erdgeschoss, untere Ebene

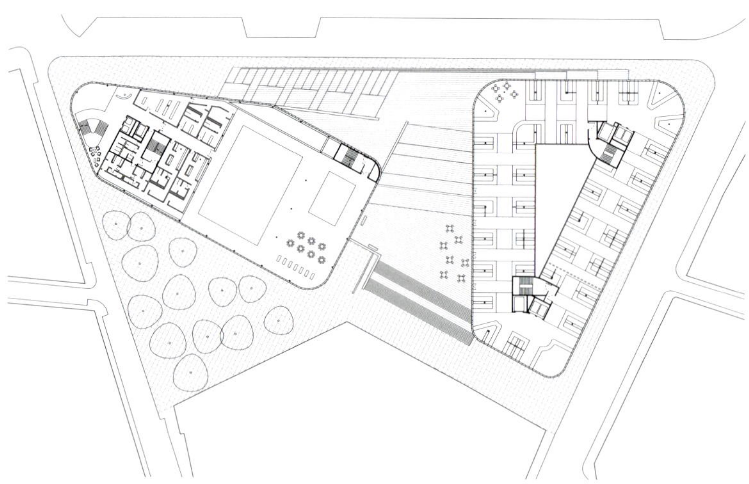

Ground floor, upper level / Erdgeschoss, obere Ebene

0 20

The helical building enjoys natural ventilation and light throughout. Exhaust air is drawn up by convection through the central atrium, which also functions as a light well, allowing daylight to penetrate down to the lowest level of the market hall.

Das Spiralgebäude ist vollkommen natürlich belüftet und belichtet. Ein zentrales Atrium dient als konvektiver Abluftschacht und als Lichthof, der das Tageslicht bis auf die unterste Ebene der Markthalle einfallen lässt.

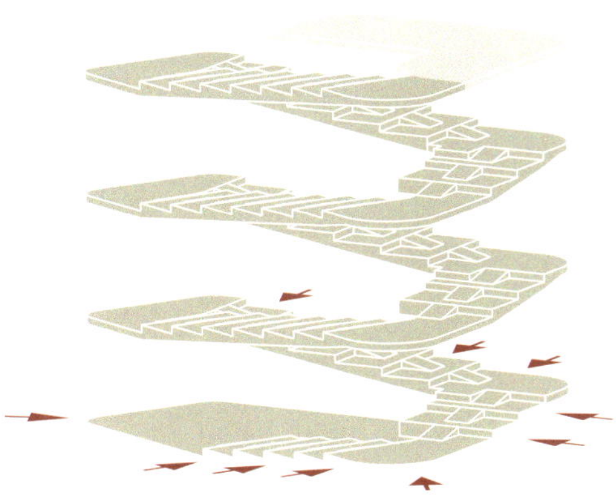

Entrances to market / Eingänge zum Markt

Detailed section, market / Detailschnitt, Markt

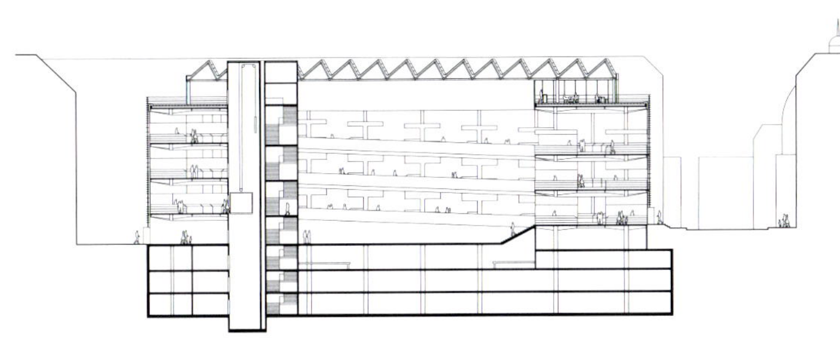

Section A, market / Schnitt A, Markt

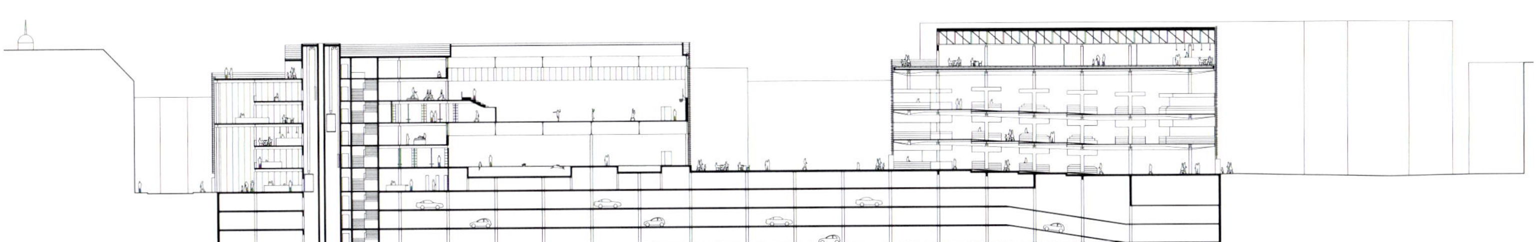

Section B, sports centre and market / Schnitt B, Sportzentrum und Markt

2007

Serralves Foundation, Porto

Fundação de Serralves, Porto

The Ark is an open depot, offering exhibition and event space for the Serralves Foundation on the outskirts of Porto. Inserted among heterogeneous surroundings, the Ark serves as an elegant component of the city fabric. Its particular form responds both to the remnants of a former industrial site and to the practical needs of access and delivery. Inspired by Portuguese building traditions, it is clad in a polychromatic ceramic skin.

The proposed structure allows the interior to be adapted to a broad variety of briefs and room layouts. A generous central entrance hall articulates the building and links its various functions. Large-span halls for exhibitions, storage or events are located on both sides. Each of these is complemented by a triangular zone of smaller-scale spaces: the southern one accommodates the bookshop, a restaurant and educational facilities, while the northern one contains workshops and offices.

The old factory chimney is retained as a key landmark, while part of the former power station is reconstructed in outline at the entrance to the Ark. It is a steel frame structure clad in untreated timber, intended to weather and so to express the passing of time – in contrast to the crystalline volume suspended within, which provides the pavilion with a unique and memorable atmosphere for meetings and events.

Die Arche ist ein Schaulager, ein Ausstellungs- und Veranstaltungsgebäude für die Fundação de Serralves in einem Vorort von Porto. In einer heterogenen Umgebung bildet sie einen eleganten Stadtbaustein, dessen Form auf die ehemalige Industrieanlage eingeht und teilweise aus den Abläufen von Erschließung und Lieferverkehr entstanden ist. Inspiriert von portugiesischen Bautraditionen ist das Gebäude in einer polychromen Keramikhaut verkleidet.

Mit der vorgeschlagenen Gebäudestruktur kann eine Vielzahl unterschiedlicher Programmkonzepte und Raumaufteilungen umgesetzt werden. In der Mitte des Gebäudes liegt eine sehr großzügige Eingangshalle, die als Gelenk alle Funktionen erschließt und verbindet. Links und rechts sind weittragende Hallen für Ausstellung, Lager oder Veranstaltung angelegt, die jeweils durch eine im Grundriss dreieckige Zone ergänzt werden: Diese beherbergt im Südflügel Buchladen, Restaurant und Museumspädagogik und im Nordflügel Werkstätten und Büros.

Der bestehende Fabrikschlot wird als wichtige Landmarke erhalten, ein Teil des ehemaligen Kraftwerks wird in seinen Umrissen vor dem Eingang der Arche mit einer Stahlkonstruktion rekonstruiert, deren Fassaden mit unbehandeltem Holz verkleidet sind, die in ihrem Verwitterungsprozess das Zeitliche verbildlichen. Im Inneren dieser Holzschale bietet ein eingehängter kristalliner Körper einen atmosphärisch einmaligen Raum für besondere Veranstaltungen.

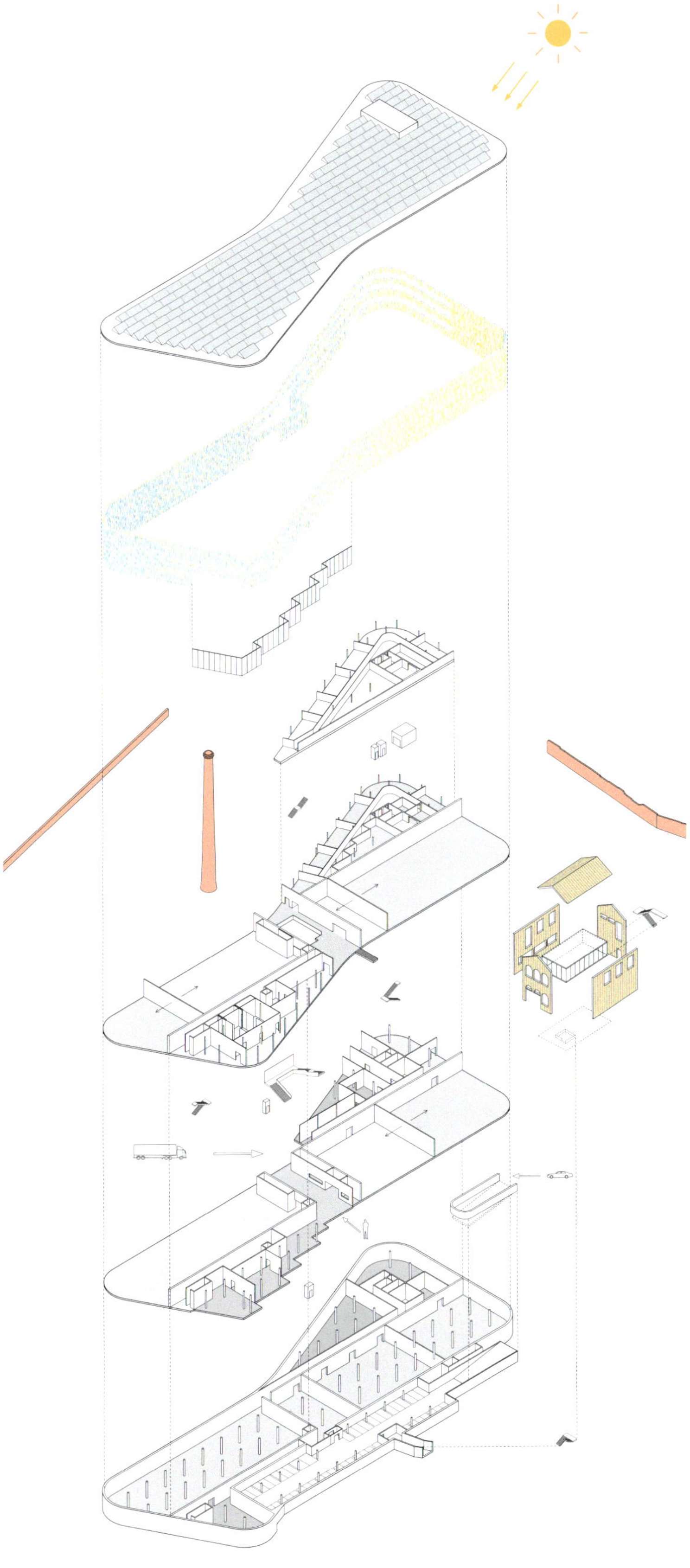

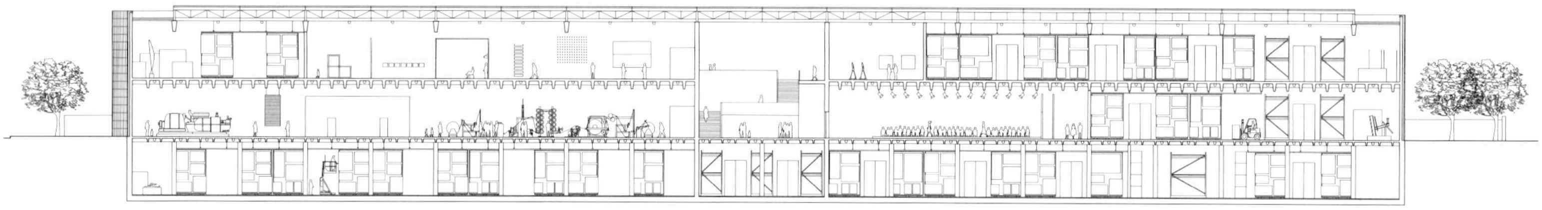

Section A / Schnitt A

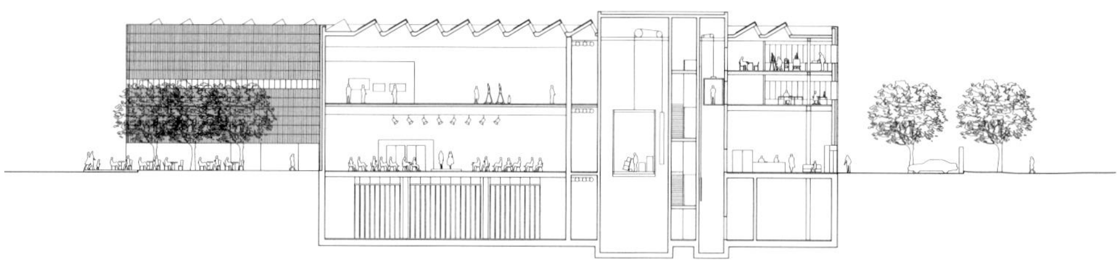

Section B / Schnitt B

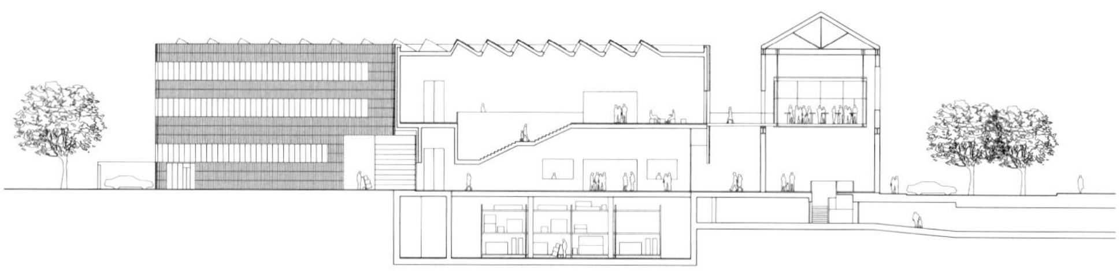

Section C / Schnitt C

Textile museum / Textilmuseum

Serralves exhibition space / Ausstellungsraum Serralves

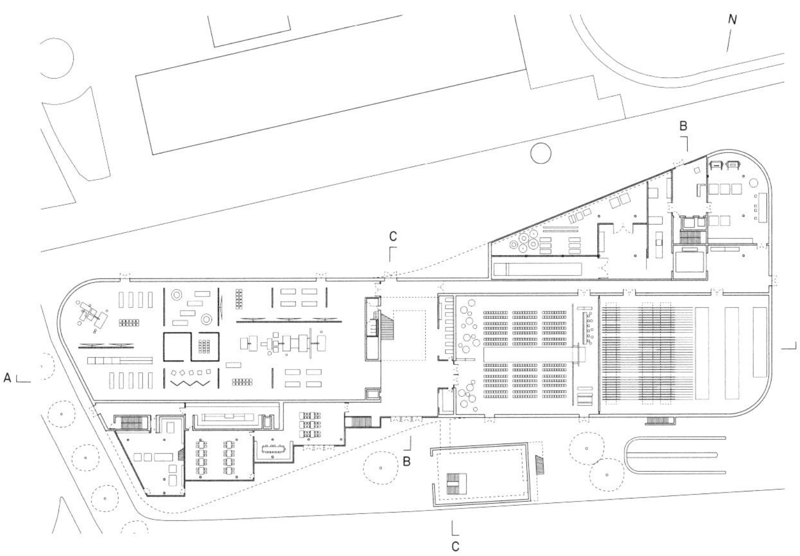

Ground floor / Erdgeschoss

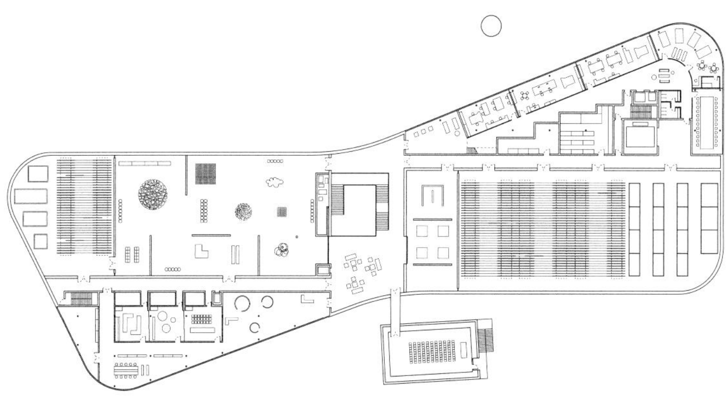

1st floor / 1. Obergeschoss

0 10 20

2008

Jessop West, Sheffield

Jessop West, Sheffield

This faculty building for the University of Sheffield grew out of a master plan that had been drawn up by Sauerbruch Hutton. (→ *Archive,* volume 1) With three cranked wings for the Department of Modern Languages, the School of English and the Department of History, the building responds to a heterogeneous environment between a busy road and roundabout on one side and a quieter campus area on the other. Each of the three wings picks up the height of its neighbouring buildings and defines outdoor spaces of differing character. An atrium forms the spatial and organisational hub of the new building; its location at the intersection of the departments allows it to function as an interdisciplinary meeting point on each floor. The university's visitors' centre is on the ground floor.

The façade, clad in stainless steel and coloured glass, appears as a woven textile that associates each department with a different colour range. The building is naturally ventilated throughout, with reversible solar shading in the double-layered windows. On the elevations that face the noisy road, supply air is drawn into the building via perforations in the stainless steel spandrels and a noise-absorbing chamber, while used air is exhausted via integrated convection shafts behind the bi-coloured vertical ribbons.

The building itself was conceived as a simple and robust structure. The requirement for low operating costs, functionality and sustainability is elevated here to the aesthetic logic of a strategy of sustainability beyond technology.

Dieses Fakultätsgebäude der Universität Sheffield entstand auf Grundlage eines städtebaulichen Masterplans von Sauerbruch Hutton. (→ *Archive*, Band 1) Mit drei abgewinkelten Flügelbauten für die Fachbereiche Moderne Sprachwissenschaften, Englisch und Geschichte reagiert das Gebäude auf ein heterogenes Umfeld zwischen einer viel befahrenen Straße mit Kreisverkehr und einem ruhigeren Campusbereich. Die jeweiligen Gebäudeflügel schließen an die Höhen der Nachbarbauten an und rahmen zu drei Seiten unterschiedliche Raumsituationen. Ein zentrales Atrium bildet das räumliche und ideelle Zentrum des Neubaus und dient auf den Etagen als interdisziplinärer Ort der Begegnung am Schnittpunkt der Fachbereiche. Im Erdgeschoss befindet sich das Besucherzentrum der Universität.

Die Fassade des Baus besteht aus einer Verkleidung aus Edelstahl und farbigem Glas, die wie ein textiles Gewebe erscheint und für jede Fakultät farblich spezifisch akzentuiert ist. Das Gebäude wird natürlich belüftet, reversibler Sonnenschutz ist in den Kastenfenstern vorgesehen. In die Doppelfassade an der Straßenseite wird Zuluft über schallgedämmte Fassadenöffnungen eingebracht. Die Abluft entweicht hier über Konvektionsschächte, die hinter den vertikalen Bändern in die Fassade integriert sind.

Der Bau ist als nüchterne und robuste Struktur konzipiert. Reduktion von Unterhaltskosten, praktische und ökologische Überlegungen werden zur ästhetischen Logik einer Strategie der Nachhaltigkeit jenseits der Technik.

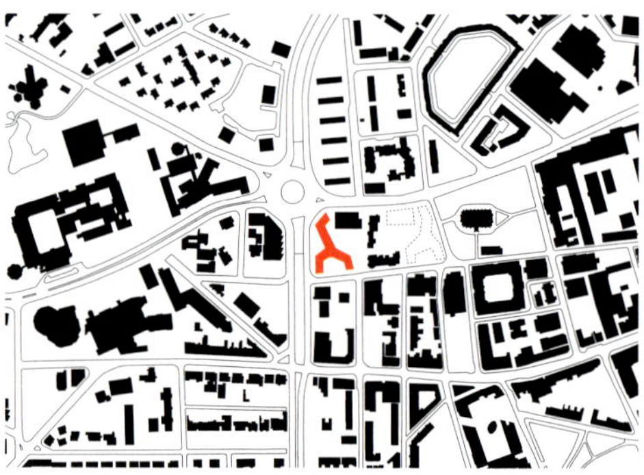

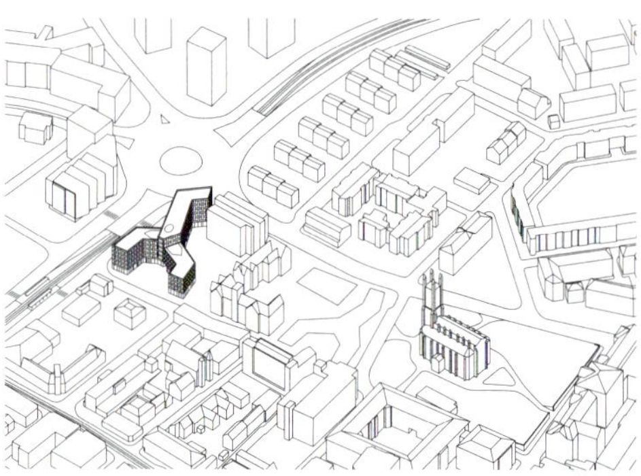

Exit

Exit
Exit

Exit

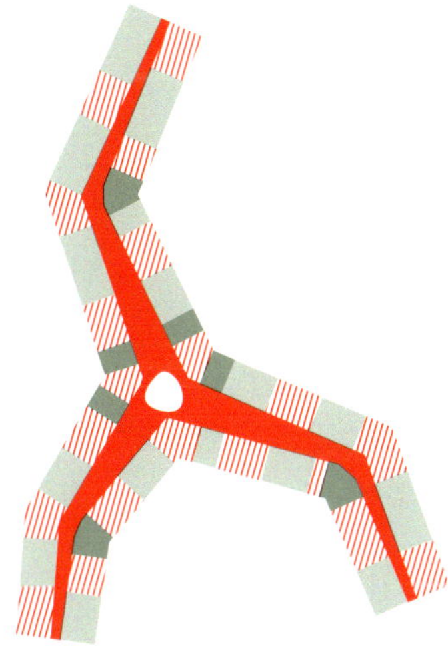

Pepper-potting / Versetzte Flurbereiche

The load-bearing and space-enclosing components are kept clearly distinct, so that the building can be adapted to suit changing future needs with a minimum of effort.

Tragende und raumbildende Bauteile sind klar voneinander getrennt, sodass das Gebäude mit minimalem Aufwand an einen zukünftigen Bedarf angepasst werden kann.

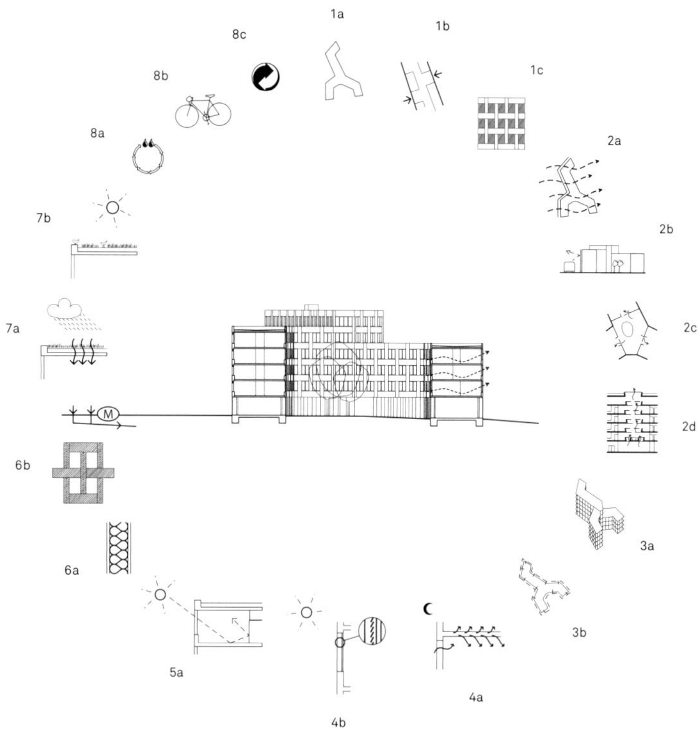

1 Optimised use of daylight:
a narrow building width (10–12 m)
b *pepper-potting:* offset areas of open plan
c variable façade transparency dependent on direction

2 Maximised use of natural ventilation:
a operable windows
b special sound-insulated openings in street façade for natural ventilation despite noise
c natural ventilation of public hub
d natural cross ventilation of corridors and open spaces through atrium's chimney effect

3 Lean design:
a no suspended ceilings or raised floors
b perimeter service ducts for maximal adaptability of floor plan

4 Utilisation of thermal mass of exposed primary structure:
a natural night cooling in summer
b effective solar protection between 2 + 1 glazing in windows

5 Passive use of solar energy:
a flexible solar protection allowing low winter sun to penetrate the offices

6 Minimised heat loss:
a highly insulated façade
b optimised ratio of heat loss/gain and daylight

7 Exploitation of roofs:
a monitoring of effectiveness of roof in attenuating storm water flows
b green roof

8 Further ecological measures:
a use of the local energy-from-waste district heating
b supporting cycling (bike storage, changing rooms, shower, cycling routes)
c choice of materials based on ecological criteria (embodied energy, recyclability, biodegradability)

1 Optimierte Tageslichtnutzung:
a schmaler Grundriss (10–12 m)
b zur Fassade hin versetzte offene Flurbereiche
c an die Himmelsrichtung angepasster Transparenzgrad der Fassade

2 Maximierte natürliche Belüftung:
a natürliche Belüftung über (öffenbare) Fenster
b an der Straßenfassade Zuluft über schallgedämmte Fassadenöffnungen
c natürliche Belüftung des öffentlichen Hub
d Querlüftung der Korridore und offenen Bereiche durch Kamineffekt des Atriums

3 Schlankes Design:
a keine Abhängdecken und Doppelböden
b perimetrische Leitungskanäle für maximale Flexibilität im Inneren des Grundrisses

4 Ausnutzung der thermischen Masse der unbekleideten Primärstruktur:
a sommerliche Nachtkühlung durch natürliche Belüftung
b effizienter Sonnenschutz zwischen Doppelverglasung und Prallscheibe

5 Passive Nutzung von Solarenergie:
a flexibler Sonnenschutz der Büros für winterlichen Solar-Eintrag

6 Minimierte Wärmeverluste:
a hochgedämmte/performative Fassade
b optimiertes Verhältnis zwischen Tageslichteintrag und Wärmeverlust/-gewinn

7 Nutzung des Daches:
a Monitoring der Effizienz des Daches zur Entlastung bei Regenwasseranfall
b Gründach

8 Weitere ökologische Maßnahmen:
a Nutzung des lokalen Fernwärmenetzwerks auf Basis thermischer Abfallverwertung
b Unterstützung des Fahrradverkehrs (Stellplätze, Umkleideräume, Duschen, Fahrradwege)
c Baumaterialauswahl nach ökologischen Kriterien (graue Energie, Rezyklierbarkeit, biologische Abbaubarkeit)

The structural framework has been pared down to a minimum. Concrete columns, soffits and core walls remain exposed to enable nocturnal cooling by utilising their thermal mass. There is no screed, and cable conduits remain visible.

Das Tragwerk ist auf ein Minimum reduziert, Stützen und Kernwände sind unverkleidet, ebenso die Betondecken, welche als Speichermasse zur Nachtkühlung dienen. Auf Estrich wird verzichtet, die Kabeltrassen sind sichtbar.

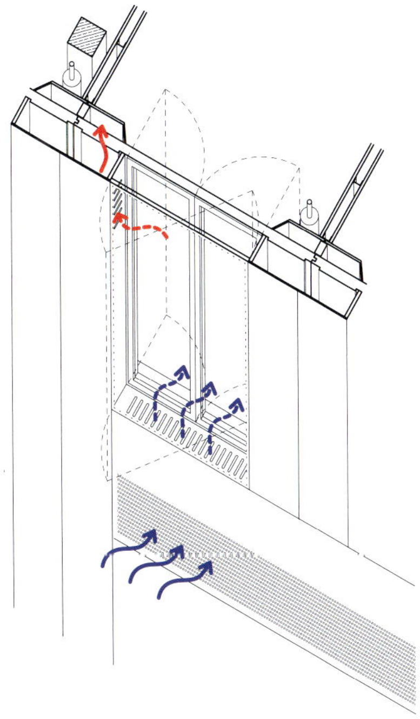

Detail, western façade / Detail, Westfassade

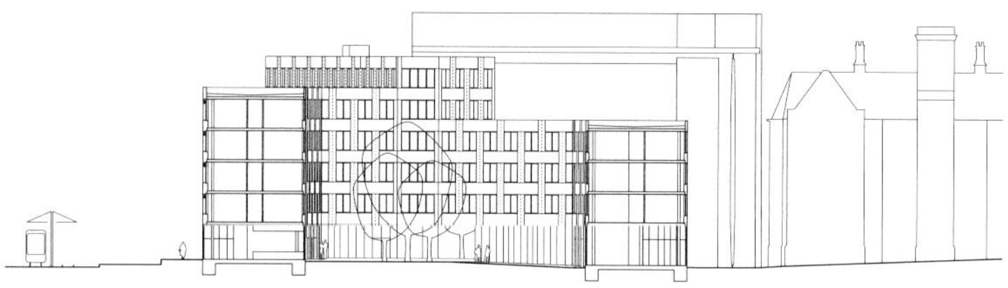

Section A / Schnitt A

Section B / Schnitt B

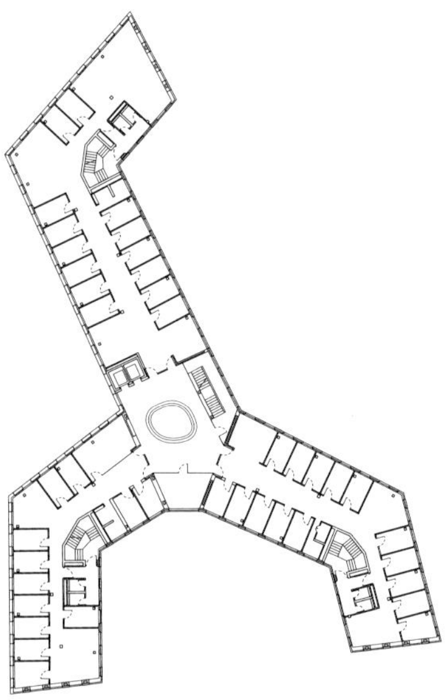

3rd floor / 3. Obergeschoss

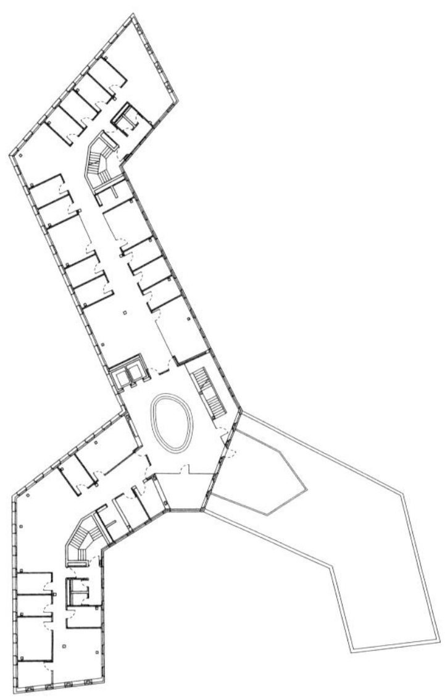

4th floor / 4. Obergeschoss

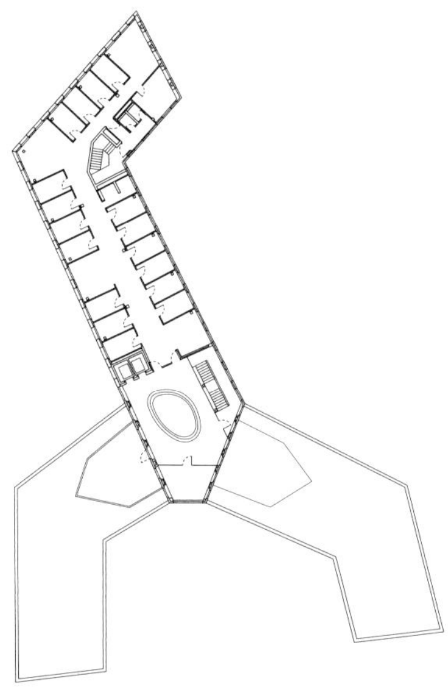

5th floor / 5. Obergeschoss

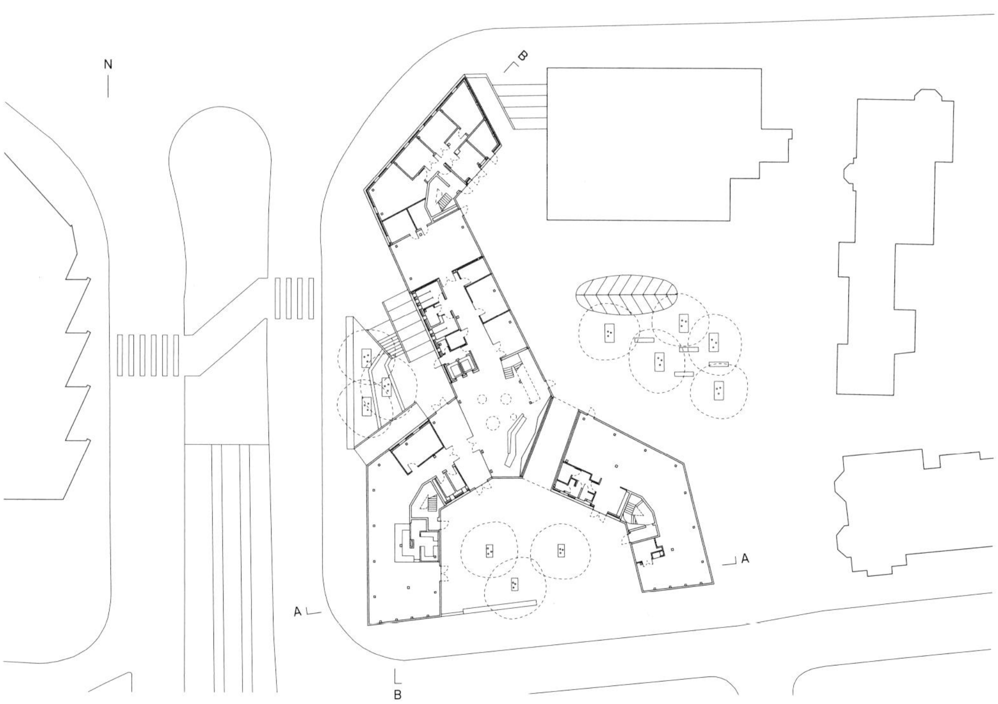

Ground floor / Erdgeschoss

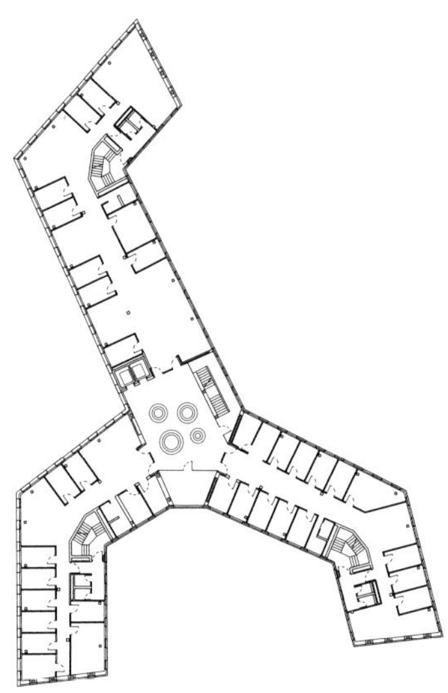

1st floor / 1. Obergeschoss

0 10 20

The Luxury of Reduction: On the Role of Architecture in Ecological Urbanism

Der Luxus des Verzichts: Über die Rolle der Architektur in der Stadtlandschaft der Zukunft

Ecological urbanism is meant to respond to the growing global awareness of limited resources, expanding ecological footprints and climate change caused by excessive carbon emissions. It is intended to provide a discipline in which a new green paradigm can find its application and physical manifestation in the body of the city. It aims to provide answers to the question of how the global population will match its consumption with available resources and how our urban systems will operate in the future, given that at the beginning of the twenty-first century a majority of the planet's population lives in cities. From the perspective of the rich industrialised countries, the task at hand will have to be a drastic reduction in resource depletion, energy consumption and carbon emissions.

In this way, the countries of the so-called first and second worlds – which are largely responsible for the current situation – might not only repay some of their ecological debt but also demonstrate how to avoid the unnecessary repetition of mistakes. To achieve this, huge changes will have to be made: almost every Western government has already committed to some kind of action, mostly in the form of major carbon reductions in the not-too-distant future.

Generally speaking, there are two ways to achieve these ambitious targets: a reduction in demand or an increase in efficiency in the use of all resources, particularly fossil fuels. In pursuit of these strategies, there are again two options: behavioural or instrumental change. In other words, we could leave our cities more or less as they are if we were ready to live less carbon-intensive lifestyles – that is, if we would

Wenn wir über die Stadt der Zukunft nachdenken, assoziieren wir heute quasi reflexiv das Thema der Nachhaltigkeit, den Klimawandel und die Endlichkeit aller Ressourcen; wir denken an den stetig wachsenden ökologischen Fußabdruck und die steigenden Kohlenstoffemissionen unserer Zivilisationen. Wir sind uns bewusst, dass wir in einer Zeit, in der die Mehrheit der globalen Bevölkerung in Städten lebt, ein Zukunftsmodell für unsere Ballungsgebiete brauchen, das ein Gleichgewicht zwischen Verfügbarkeit und Verbrauch herstellt, ein Modell, das die Prinzipien nachhaltiger Entwicklung buchstäblich verkörpert.

Dabei muss man von den reichen Industrieländern erwarten, dass sie mit gutem Beispiel vorangehen und aufzeigen, wie der hohe Lebensstandard, der für uns zur Gewohnheit geworden ist, mit geringem Energie- und Ressourcenverbrauch und entsprechend verringerten Emissionen aufrecht erhalten werden kann. Denn die Gesellschaften der sogenannten ersten (und zweiten) Welt sind für den Schaden verantwortlich, mit dem die gesamte Weltbevölkerung heute umgehen muss, und es ist an der Zeit, diese ökologischen Schulden zu begleichen. Dabei geht es darum, die unsinnige Wiederholung bereits gemachter Fehler zu verhindern, bestehende Systeme kritisch zu betrachten und zu reformieren sowie alternative Wege aufzuzeigen. Fast jede westliche Regierung hat bereits in der einen oder anderen Form eine grundsätzliche Bereitschaft zu solchen Neuerungen erklärt, die angesichts der Größenordnung der Probleme allerdings gewaltig sein müssen.

forego unnecessary air travel, feed ourselves on locally grown food, use a bicycle and our feet to move around within our cities, accept high summer temperatures in our offices, et cetera. If we were ready to prioritise the reduction of energy demand in our lives, not much else would have to be done. This would no doubt be the cheapest, most effective and fastest way to achieve our targets, but it would, however, probably bring our economies to a halt. In addition, such a course of action would require a cultural revolution that at present seems difficult to imagine. We have grown accustomed to the amazing amount of choice that has become part of our everyday lives, and we would undoubtedly read such far-reaching behavioural reform as a reduction of our cherished personal liberties. The second best route is to let technology do the job for us. A German car manufacturer, for example, is working to develop a carbon-neutral car capable of reaching a speed of 300 kilometres per hour, their slogan proclaiming that it is time to replace the 'either-or' with an 'and'. What is meant is that technology is able to offer us the best of both worlds: an ecologically balanced environment and increased personal freedom – together with, by the way, a lucrative business idea for its proponents.

Many aspects of the city could be addressed by this way of thinking. Almost all urban infrastructural systems are capable of significant improvement. Traffic can be rationalised and energy generation can be switched (at least partially) to renewable sources. Every urban process can be optimised and every component made more economical – and at best, all of these processes and components could be controlled by automated systems, so human intervention would no longer prevent the systems from performing to specification.

Such a total systemisation of our lives, however, is not what cities are about. Historically the city has been associated with liberation from the yoke of feudal oppression. In modern times, it has provided an increase in choice and a certain political, economic, social and cultural intensity. The city has always offered more things to do and more people to meet; it beckons with the potential of a place where ambition and ingenuity combine with power and sheer mass to develop its own unforeseeable dynamic.

Today some of these myths are still alive. The city is still the favoured place to live, partly because of its economic pull and partly – and this is particularly true for Western countries – because it is a desirable place to be. Both the social and cultural potential are strong attractors for people who are looking for opportunity and inspiration. And given that most cities do not depend on major industries these days, they have become more of a total habitat than ever before. That is, the traditional distinctions of city versus country, work versus leisure, civilisation versus nature, and even the modern triad of work, leisure and domestic life have merged into one place where everything is potentially happening at the same time.

If anything, the city is about the maximisation of mental and sensual stimuli rather than the spirit of reduction. The city is about the liberation rather than control of people's behaviour and hence may not be the most likely place for ecological correctness. Or to reverse the argument: too much ecological goodwill could easily destroy the essential qualities that make cities so attractive. To implement change in the city is realistically going to require multiple strategies that might well be contradictory at times. A combination of legislation and incentives might bring about new behavioural patterns (as in

Wie kann man diese ehrgeizigen Veränderungen erreichen? Allgemein gesprochen gibt es zwei Wege: Entweder werden insbesondere Prozesse, die Kohlenstoff produzieren, ganz eliminiert oder zumindest in der Anzahl verringert oder sie werden im Sinne geringerer Emission optimiert – und diese unterschiedlichen Strategien können wiederum auf zwei Arten verfolgt werden: entweder durch Verhaltensänderung oder durch technologische Innovation.

Auf die Stadt übertragen hieße das, dass man zunächst rein theoretisch strukturell alles beim Alten belassen könnte, wenn man bereit wäre, sein Verhalten zu ändern. Wenn wir nicht auf unnötige private oder geschäftliche Flugreisen bestehen würden, nur noch Nahrungsmittel aus dem unmittelbaren Umkreis zu uns nähmen, uns in der Stadt mit dem Fahrrad oder zu Fuß fortbewegen, schwankende Raumtemperaturen an unseren Arbeitsplätzen und in unseren Wohnungen akzeptieren würden etc., etc., kurz, wenn wir bereit wären, der Vermeidung von Kohlenstoffemission die höchste Priorität in unseren Leben einzuräumen, wäre die Änderung unserer Lebensgewohnheiten unter diesem Vorzeichen wahrscheinlich der billigste, schnellste und effektivste Weg, um die gewünschten Ziele zu erreichen. Wir würden damit allerdings auch große Teile unserer Wirtschaft lahm legen und müssten eine so gewaltige Kulturrevolution auf den Weg bringen, dass diese Strategie aus heutiger Sicht schwer vorstellbar scheint. Denn wir haben uns an die großen Privilegien unserer Lebensstile gewöhnt, sie sind fester Bestandteil des Alltags geworden. Eine radikale Änderung unserer Verhaltensmöglichkeiten würden wir zweifelsohne als eine Einschränkung unserer persönlichen Freiheit beziehungsweise als einen Angriff auf die Werte interpretieren, die wir und die Generationen unserer Eltern und Großeltern vor uns erkämpft haben.

Wollte man diese Änderungen dennoch auf den Weg bringen, wäre ein gewisser Nachdruck vonnöten. Es ist fraglich, ob wirklich radikale Reformen, wie sie angesichts der Größe und Dringlichkeit der Probleme erforderlich wären, innerhalb demokratischer und marktwirtschaftlicher Systeme überhaupt durchzusetzen sind. Jedenfalls würden die hierfür nötigen Restriktionen, Vorschriften und Gesetzesänderungen etc. entsprechenden Gegendruck hervorrufen.

Man kann diesen politischen Konflikten aber auch aus dem Weg gehen, indem man versucht, auf Technologie auszuweichen. Ein deutscher Autohersteller beispielsweise hat es sich schon 2006 zur Aufgabe gemacht, ein Fahrzeug zu entwickeln, das mit einer Geschwindigkeit von 300 Stundenkilometern fahren kann und keinen Kohlenstoff emittiert. Derselbe Hersteller wirbt heute damit, dass man das „Entweder-oder" mit dem „Und" ersetzen müsse. Gemeint ist, dass die Technologie in der Lage sein müsse, uns beides zu bieten: beinahe unbegrenzte persönliche Freiheiten und eine ökologisch ausgeglichene Umwelt, und – ganz nebenbei – auch eine Geschäftsidee und Einnahmequelle für die vorhersehbare Zukunft.

Natürlich könnte man diese Denkweise auf viele Aspekte der Stadt übertragen. Beinahe alle städtischen Infrastruktursysteme könnten deutlich verbessert werden. Verkehrssysteme können rationalisiert, die Energiegewinnung kann (zumindest teilweise) auf erneuerbare Quellen umgerüstet werden. Jeder Vorgang, jedes System in der Stadt kann optimiert, jedes Element kann ökonomischer und ökologischer werden. Und in letzter Konsequenz würde man im Sinne optimaler Effizienz versuchen wollen, Systeme generell zu automatisieren und

London's congestion charge), and updated technologies (such as wind and solar power) will help to reduce carbon emissions.

At the same time, the city will have to perform as a habitat, developing a combination of ecological efficiency and the qualities of a place one might want to call home. In all of this, architecture has to function like some kind of user interface. Cities are made of buildings that determine the nature of physical contact with visitors and inhabitants alike. So if you want to change the city, you may as well start by changing its architecture.

In this, a building can act like a microcosm, as it can certainly subscribe to the double agenda of reduce and improve. There is a lot of potential efficiency in the way buildings are designed, in terms of both their layout and their construction. As far as the improvement of building services technology is concerned, a whole industry is banking on the increases in energy efficiency it can offer with every new generation of equipment it puts on the market. Most of all, though, buildings must manifest the transformation that they will help to bring about. *MS*

Revised version; previously published in: *Ecological Urbanism*, ed. Mohsen Mostafavi with Gareth Doherty, Baden 2010, pp. 578–583

von Computern steuern und regeln zu lassen, denn menschliche Intervention ist der entscheidende Störfaktor, der sie davon abhält, optimal zu funktionieren.

Andererseits stehen sowohl dominante politische Regulierung als auch die operative Systematisierung unserer Verhaltensweisen – über die üblichen Gesetze und Normen hinaus – für die Antithese dessen, wofür die Stadt in unserer Kultur bisher stand. Denn historisch gesprochen wird städtisches Leben eher mit der Selbstverwirklichung des Individuums assoziiert, von der demokratischen Polis der Antike über die freien Reichsstädte im Mittelalter bis zur sozialen Emanzipation der Landbevölkerung zu Beginn der Industrialisierung. Auch im 20. Jahrhundert wurde die Stadt immer mit einem gewissen Mehr an Freiheit assoziiert. Hier gab es mehr Menschen, mehr Angebot und mehr Potenziale als anderswo, und hier entwickelte sich aus dem Zusammentreffen von Ehrgeiz und Begabung sowie Masse und Macht eine potenzierte Dynamik, die ebenso begeisternd wie unvorhersehbar war. Heute sind diese Mythen durchaus immer noch lebendig und die Stadt ist nach wie vor der bevorzugte Lebensraum der globalen Bevölkerung, teils wegen ihrer Wirtschaftskraft und teils, weil sie einfach den interessanteren Ort bietet. Sowohl das politische wie das soziale und kulturelle Leben in der Stadt ziehen Menschen an, die auf der Suche nach Anregung und Chancen sind. In der Stadt sind die Möglichkeiten immer noch unbegrenzter als anderswo.

Will man also dieses nach wie vor existierende Freiheits- und Qualitätsversprechen mit Leben erfüllen, bedarf es eher der Maximierung mentaler und sinnlicher Stimuli in der gebauten Umwelt als des Verzichts oder der Reduktion. Wenn die Stadt für den Wunsch nach Befreiung und nicht für Verhaltensdisziplin steht, sollte man eigentlich auch nicht erwarten, dass hier die Quelle freiwilliger Zurückhaltung oder *ecological correctness* zu finden ist. Oder umgekehrt zum Ausdruck gebracht: Wir müssen aufpassen, dass wir mit zu viel gutem ökologischem Willen nicht genau die Qualitäten zerstören, die das städtische Leben so attraktiv machen.

Ökologische Reformen werden deshalb wohl drei verschiedenen Strategien gleichzeitig folgen müssen, die möglicherweise teilweise widersprüchlich sind. Eine Kombination von Gesetzgebung und Steueranreizen mag gewisse Verhaltensänderungen auf den Weg bringen (wie zum Beispiel bei der Maut in der Innenstadt von London). Verbesserte Technologien werden zumindest einen gewissen Teil der gegenwärtigen Kohlenstoffemissionen eindämmen (wie bei Solar- und Windkraftanlagen). Und das dritte – gern übersehene – Element dieser Reform müssen die Entwicklung und der Erhalt eines Wohn- und Lebensorts sein, der seine Bewohner auf einer sinnlich instinktiven Ebene „anspricht", den man zu Recht, und nicht nur durch den Zufall der Geburt, als „Heimat" akzeptieren möchte.

Denn das Wohlbefinden der Menschen, denen der ökologische Wandel ja letztlich zugutekommen soll, hängt nicht nur von messbaren Parametern wie Luftqualität und Umgebungstemperatur ab, sondern vor allem von ihrer mentalen und körperlichen Befindlichkeit. Das Messinstrument, das über Wohl oder Wehe entscheidet, ist dabei das Sensorium des Körpers, sind die fünf Sinne. Nur wenn die gebaute Umwelt dieses Grundbedürfnis nach einem instinktiv gefühlten Aufgehobensein erfüllen kann, wird sie nachhaltig akzeptiert werden.

Dabei darf man zusätzlich nicht aus den Augen verlieren, dass sich das, was wir im letzten Jahrhundert als Stadt bezeichnet haben, in seiner Struktur und seiner physischen Manifestation wesentlich geändert hat. Aufgrund der großen Mobilität der Bevölkerung haben sich bebaute Territorien stark ausgeweitet und Siedlungsmodelle von Zentrum und Peripherie sind eher kontinuierlichen Netzwerken gewichen. Die klassische Trennung der Territorien von Stadt und natürlichem Umraum sind in einer kontinuierlichen Stadtlandschaft von wechselnder Dichte, Programmatik und Atmosphäre aufgegangen. In der Folge ist alles, was wir haben, so etwas wie Stadt – kein Raum, keine Fläche ist mehr unberührt; unsere Kinder wachsen in einer ganz und gar von Menschen gebauten Umgebung auf, deren Repertoire dem geistigen Horizont und der kollektiven Fantasie unserer Kulturen entspricht.

Und so tritt bei Berücksichtigung aller Aspekte meines Erachtens die Wichtigkeit des architektonischen Projekts hervor. Denn es sind das einzelne Gebäude, der einzelne Stadtraum, der einzelne Ausstattungsgegenstand und die einzelne Materialoberfläche, die letztlich als Schnittstelle zwischen den Menschen und der sie umgebenden Stadt fungieren und die den Widerspruch vom Minimalismus im Verbrauch und Maximalismus in der sinnlichen Qualität am eigenen Körper manifestieren müssen.

Zweifelsohne gibt es im Entwurf von Häusern viele Effizienzen zu entdecken und zu nutzen, sowohl in ihrer Orientierung und Struktur wie in ihrer Räumlichkeit. Und was die Entwicklung von Haustechnik betrifft, so gibt es eine ganze Industrie, die sich ihren Markt mit jeder schrittweisen Effizienzverbesserung von Produktgeneration zu Produktgeneration jedes Mal von Neuem erarbeitet.

Diese Art der Verbrauchsminimierung passiert heute entweder unter dem diskreten Schleier des „business as usual", dem ostentativen Gestus der technischen Machbarkeit oder der vorwurfsvollen Distanz der Weltverbesserer. Den „Luxus des Verzichts", die Ästhetik des „Mini-Max" gilt es noch zu entdecken und zu kultivieren. Sicher ist dabei, dass der Mensch und seine Wahrnehmung das Maß aller Dinge sind. Am Körper misst sich das Gefühl von Größe und Weite, an der Fortbewegungsart das Gefühl von Rhythmus und Abwechslung. Am eigenen Horizont entscheidet sich der Eindruck von Überschaubarkeit und Orientierung, an der Auffassungsgabe das Gefühl von Ordnung oder Chaos. Der bewusste Umgang mit dem Wahrnehmungsrepertoire unseres sinnlichen Instrumentariums macht schließlich das aus, was wir als abwechslungsreich, interessant und stimulierend empfinden. Dabei bieten Gebäude nicht nur physische Räume, die dieser Anforderung folgen sollen, sondern sie bilden natürlich auch Zeichen und Symbole, die bestimmte Mitteilungen in sich tragen. So sollten sie die neuen Prinzipien in ihrer Funktionalität, Räumlichkeit und Atmosphäre nicht nur verkörpern, sondern auch die Veränderung manifestieren, die sie selbst mit verursachen. Sie sollten den Paradigmenwechsel kommunizieren, der den Beginn dieses Jahrtausends auszeichnet. Sie müssen die Menschen überzeugen, verführen, begeistern, um sie zu Protagonisten des Wandels zu machen und mit der Glaubwürdigkeit architektonisch-ökologischer Projekte eine gewisse Aufbruchstimmung und Machbarkeit demonstrieren. Wenn diese Räume, Häuser, Situationen und Territorien gut funktionieren, wird dies die beste Propaganda für eine entsprechende Reform sein.

Die Technologie ist dabei wahrscheinlich eher ein schwacher Partner, obwohl sie vor allem in Deutschland in der Diskussion und auch ikonografisch so im Vordergrund steht. Denn Haustechnik ist – wie alle Technik – von Menschen gemacht und ebenso fehlbar. Darüber hinaus werden scheinbare Effizienzen im Betrieb von technischen Systemen oftmals durch die notwendigen Herstellungs-, Unterhaltungs- und Reparaturarbeiten stark relativiert, sodass in einer Betrachtung des gesamten Lebenszyklus wirkliche Einsparungen schwer nachzuweisen sind. Drittens – und das ist wahrscheinlich der wichtigste Einwand gegen den Pfad der Technologie – bietet die Technik dem Einzelnen die Gelegenheit, seine oder ihre Verantwortung an entsprechende Apparate weiterzudelegieren. Wenn man sich ein Hybridauto kauft oder Solarpaneele auf das Dach montiert, erleichtert man wohl sein schlechtes Gewissen, aber man hat damit noch nicht wirklich zur Reduktion von Kohlenstoffemission beigetragen. Stattdessen wird das Problem buchstäblich instrumentalisiert, in einen scheinbar quantifizierbaren Rahmen gepresst und von der eigenen Befindlichkeit separiert.

Wenn Gebäude die Vorreiter des Wandels sein sollen, müssen sie ihre Nutzer mit ihrer ganzen körperlichen Existenz ansprechen. Sie müssen einen respektvollen Umgang mit den natürlichen Ressourcen unserer Umwelt demonstrieren und sich in der Ökonomie ihrer Mittel bewähren, aber gleichzeitig müssen sie auch die Freude am Dasein zelebrieren. Nachhaltige Architektur ist – trotz der hohen Ansprüche an Effizienz und Sparsamkeit – als die sinnliche Umgebung zu verstehen, in der wir den größten Teil unseres bewussten Lebens verbringen wollen. Der Widerspruch der Gleichzeitigkeit von operativer Effizienz, sinnlichem Reichtum und gedanklicher Freiheit suggeriert die quasi epikureische Haltung einer intelligenten Bescheidenheit, die das natürliche und logische Ergebnis einer Philosophie ist, die sich ganz dem Leben zuwendet.

Obwohl das einzelne Projekt also eine Schlüsselrolle in der Reform der Stadt hat, ist es auch offensichtlich, dass es nur eines der Werkzeuge darstellt, mit denen wir unsere Wunschziele erreichen können. Die größten Effizienzen liegen nach wie vor bei der Stadt als Ganzes und all ihren Infrastrukturen. Auch der soziale Austausch, der in einer zunehmend virtuellen Welt wichtiger geworden ist als je zuvor, funktioniert erst wirklich, wenn wir den gesamten Stadtorganismus betrachten. Das Einzelprojekt muss deshalb in seinem Verbund in der Gemeinde oder Nachbarschaft auch als soziale Situation verstanden werden, um auf energetischer, programmatischer wie auf urbaner Ebene einen Beitrag leisten zu können. Letztlich gilt aber auch für die Stadt, oder besser die künstliche Landschaft, in der wir unsere Leben verbringen, dass das sinnliche und ästhetische Erleben des Einzelnen den entscheidenden Faktor für das Wohlbefinden und damit den Schlüssel zur Nachhaltigkeit darstellt. *MS*

Erstveröffentlichung in: *Wiederkehr der Landschaft*, hg. von Donata Valentien, Berlin 2010, S. 72–79

2008

Extension to the Kunsthaus Zurich

Erweiterung Kunsthaus Zürich

The design for the extension to the Kunsthaus Zurich proposes an elegant and compact building that can be perceived both as one large volume and as a cluster of several small structures. On the one hand, this corresponds with the curatorial idea of the museum, whose permanent exhibition comprises a number of private collections: a non-hierarchical internal network of routes connects premises that differ in proportion, size, lighting and material – depending on the art exhibited in them. On the other hand, the ambiguity inherent in the overall composition enables a nuanced urban dialogue with the heterogeneous surroundings.

Towards the two existing buildings of the Kunsthaus as well as towards the north – where a sculpture garden provides an interface with the open grounds of the cantonal school opposite – the building presents a large, stately façade, while at the sides, going up the slope, the massing responds to the smaller scale found in the adjoining streets.

The dark reflective panels of its façades onto the square and the garden endow the extension with a discreet but powerful physical presence. Facing the bustling Heimplatz, the slight inclination of the upper part works like a mirror: city life is absorbed right into the architecture and re-presented as a dynamic image.

Die Erweiterung des Kunsthaus Zürich ist ein eleganter Gebäudekomplex, der sowohl als ein geschlossenes Volumen als auch als Cluster aus mehreren Baukörpern gelesen werden kann. Dies korrespondiert zum einen mit der kuratorischen Grundlage des Kunsthauses, dessen Dauerausstellung sich aus einer Summe privater Sammlungen zusammensetzt: Ein nicht hierarchisches internes Wegenetz verbindet unterschiedliche, in Proportion, Größe, Licht und Materialien der jeweiligen Kunst entsprechende Räumlichkeiten. Zum anderen ermöglicht die Mehrdeutigkeit der Gesamtfigur im städtebaulichen Zusammenhang das Eingehen auf den heterogenen Kontext.

Zu den beiden Bestandsbauten des Kunsthauses sowie nach Norden hin, wo ein Skulpturengarten als Schnittstelle zum Freiraum der gegenüberliegenden Kantonsschule dient, zeigt sich das Haus jeweils mit einer großen repräsentativen Front; zu den Seiten am ansteigenden Hang reagiert das Volumen auf die kleinteiligere Struktur der umgebenden Straßenräume.

Mit seinen dunklen, reflektierenden Fassadenflächen zu Platz und Garten erhält der Neubau einen dezenten wie selbstbewussten Auftritt. Die leicht geneigte Oberfläche am belebten Heimplatz funktioniert dabei wie ein Spiegel, der das städtische Leben in die Architektur absorbiert und zu einem dynamischen Bild bündelt.

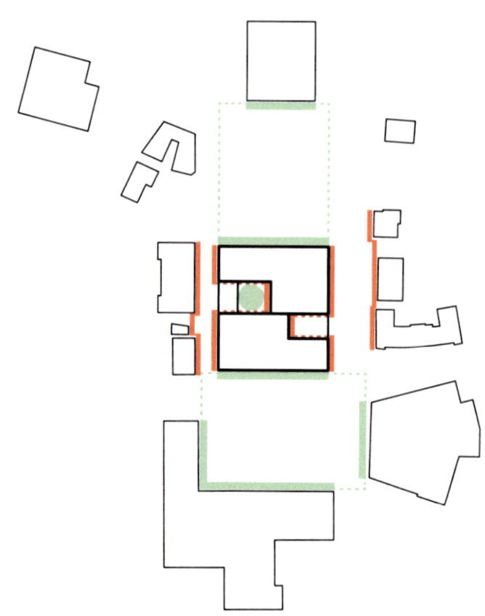

Differentiated urban spaces / Differenzierte Stadträume

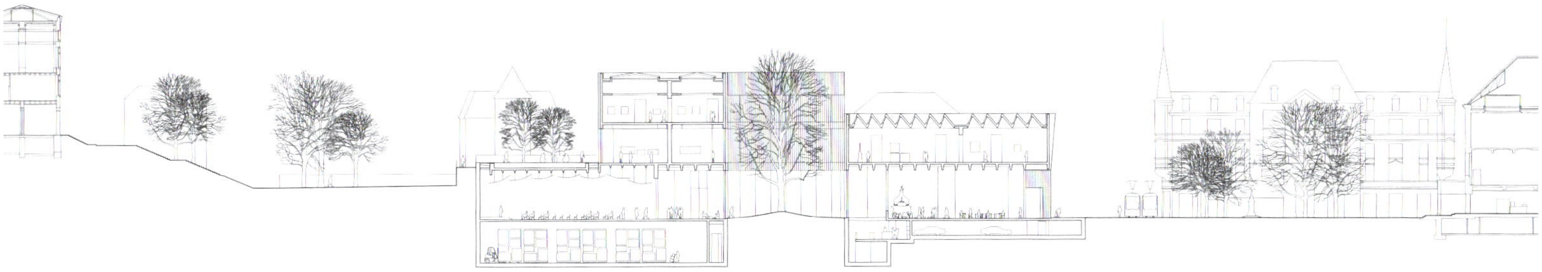

Section A / Schnitt A

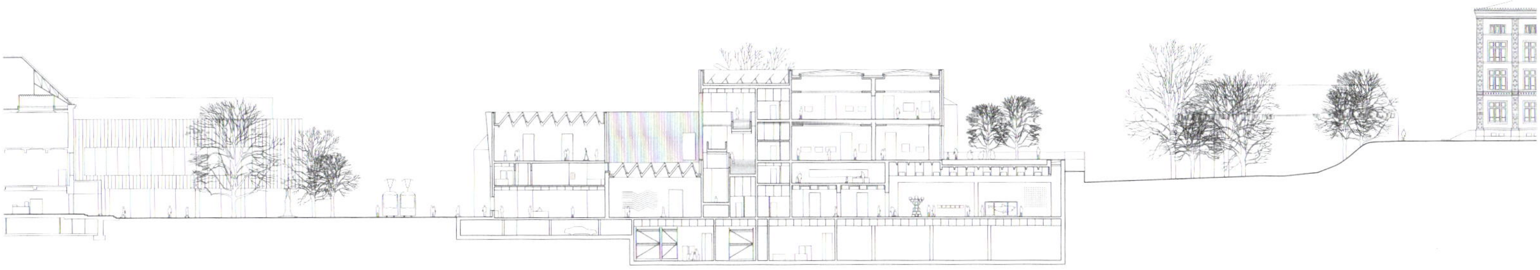

Section B / Schnitt B

Heimplatz with Kunsthaus and extension
Heimplatz mit Kunsthaus und Erweiterung

Sculpture garden / Skulpturengarten

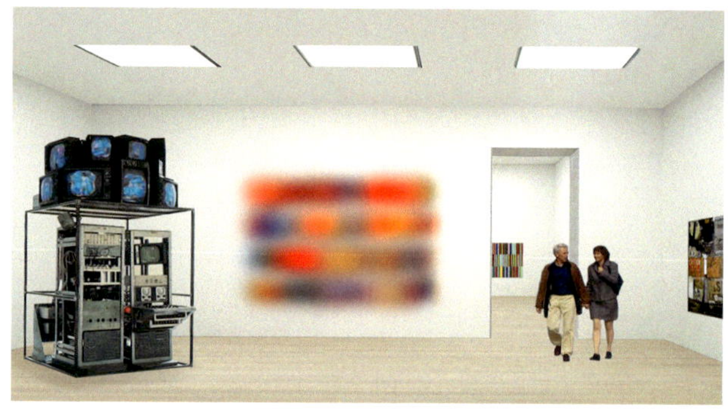

Exhibition organisation
Ausstellungsorganisation

Exhibition
Ausstellung

Conference
Konferenz

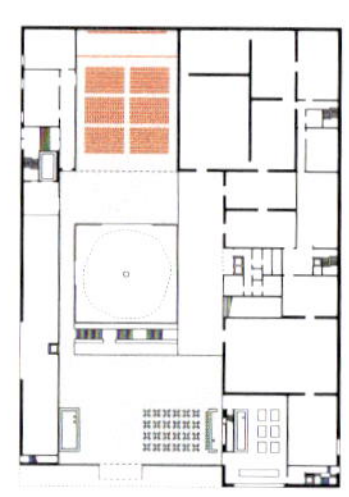

Concert, Screening
Konzert, Kino

Performance
Performance

Party
Party

East elevation / Ansicht Ost

The ground floor of the Kunsthaus extension serves in its entirety as a large, flexible public area. It can be used as an entrance and exhibition hall for events of all kinds, for conferences, social occasions and performances. The focus of the hall, and indeed of the entire building, is a patio that surrounds a huge, 100-year-old plane tree. A living monument to the history of the site, it stands as a natural sculpture in spirited counterpoint to the art and architecture.

Das gesamte Erdgeschoss des Kunsthauses bietet einen großzügigen öffentlichen Ort. Es kann flexibel als Entrée und Ausstellungsort, für Konferenzen, gesellschaftliche Veranstaltungen oder Events und Performances genutzt werden. Die Fläche entfaltet sich um einen offenen Innenhof mit einer einhundert Jahre alten Platane. Dieser große Baum bildet den Mittelpunkt der Halle wie des gesamten Gebäudes. Er gehörte zum historischen Schulareal und ist der Träger sehr persönlicher Erinnerungen vieler Zürcher. Als natürliche Skulptur bildet der Baum einen lebendigen Kontrapunkt zu Architektur und Kunst.

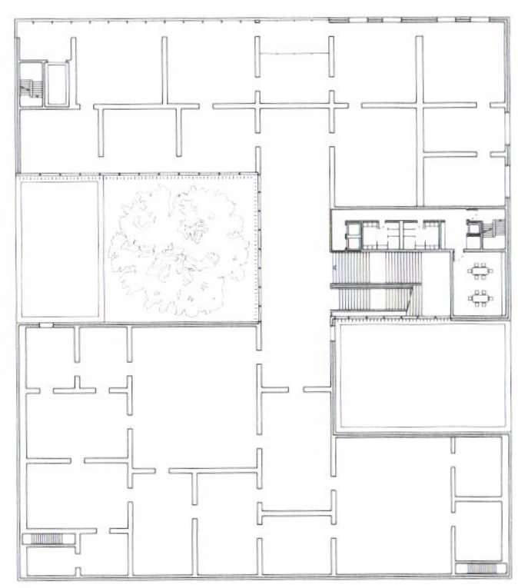

1st floor, mezzanine / 1. Obergeschoss, Mezzanin

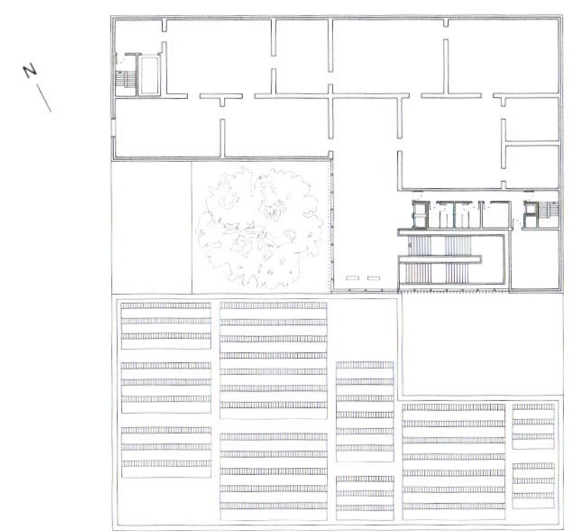

2nd floor / 2. Obergeschoss

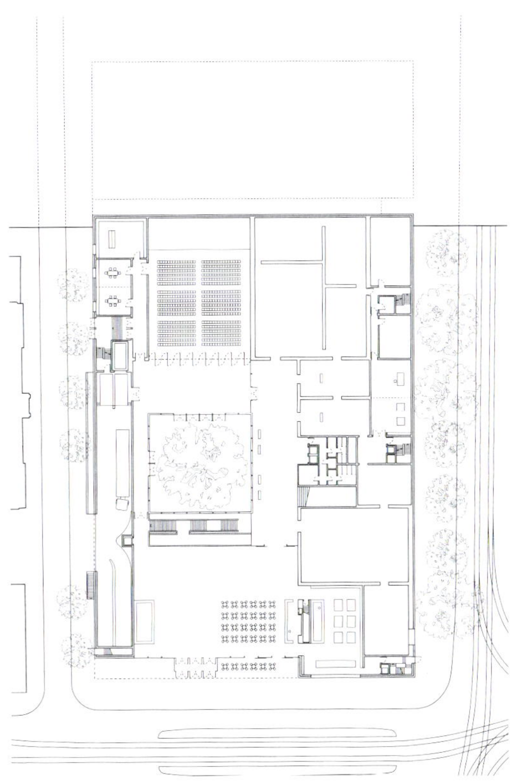

Ground floor / Erdgeschoss

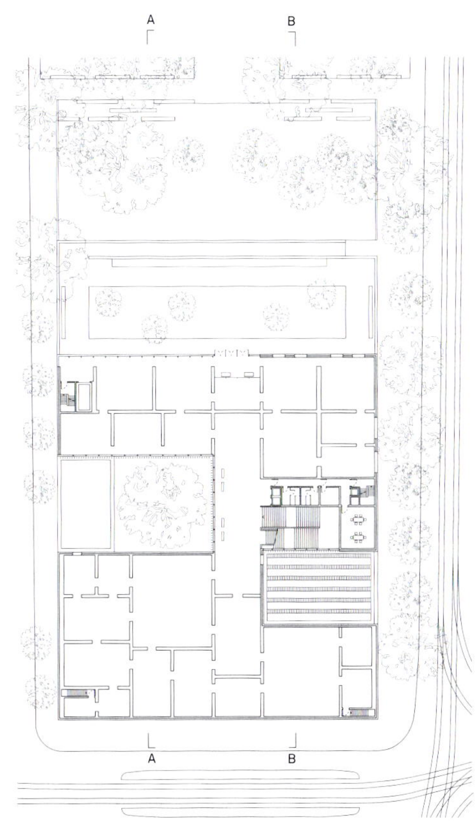

1st floor / 1. Obergeschoss

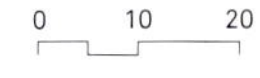

2008

Langelinie, Copenhagen

Langelinie, Kopenhagen

This office building for FIH Bank stands at the end of Langelinie, a long pier in Copenhagen harbour. Its form echoes the simple massing of neighbouring warehouses and also reveals the functionality of a contemporary, climatomorphic, zero-energy building.

The distinctive rooftop canopy catches and channels the prevailing westerly winds through low-noise wind turbines that generate electricity for the building. The double-skin glass façade provides good daylight penetration and acts as a thermal buffer. The outer layer of glass has a photovoltaic coating that allows it, too, to harvest energy. It also serves as a wind and noise barrier for the inner skin, which allows every window in it to be opened independently to permit natural ventilation. The space between the skins accommodates solar screening in the form of perforated metal sheets, which are coated in reddish tones alluding to the traditional brick construction of the area. The angle of each can be adjusted separately to create the workplace lighting conditions desired by the users, causing the building to change its appearance over the course of the day as well as throughout the year.

Inside the building, thermoactive concrete slabs use seawater to ensure a stable temperature regardless of the season. The rounded form of the building improves the ratio of volume to surface area and reduces air turbulence while granting every room a view out over the water.

Das Verwaltungsgebäude für die FIH Bank, am Ende der langen Pier von Langelinie gelegen, verbindet die stereometrisch einfache Kubatur der benachbarten Lagerhäuser des ehemaligen Seehafens mit der Funktionalität eines zeitgenössischen, klimatomorphen Nullenergie-Gebäudes.

Zur Stromerzeugung bündelt und lenkt das markante Flugdach die vorherrschenden westlichen Winde auf geräuscharme Windturbinen auf dem Dach. Die zweischichtige Glasfassade sorgt für gute Tagesbelichtung bis in die Tiefe des Gebäudes und funktioniert gleichzeitig als thermischer Puffer. Die äußere Schicht ist mit einer Photovoltaikbeschichtung versehen und dient so als Energiekollektor. Sie bietet auch Schutz gegen Wind und Lärm und ermöglicht, dass alle Fenster zur natürlichen Belüftung geöffnet werden können. Flexible Sonnenschutzlamellen in der Zwischenzone bestehen aus farbigen Lochblechen, deren Rottöne sich am traditionellen Backstein der Umgebung orientieren. Ihre Ausrichtung und damit die Lichtbedingungen an jedem Arbeitsplatz können individuell reguliert werden, sodass sich mit der Nutzung des Gebäudes die Erscheinung im Wechsel der Tages- und Jahreszeiten ändert.

Im Inneren gewährleisten mit Meereswasser aktivierte Betondecken konstante Temperaturen über das ganze Jahr. Die abgerundete Gesamtform verbessert das Verhältnis von Volumen zu Hüllfläche, mindert Luftturbulenzen und erlaubt gleichzeitig die Orientierung aller Räume zum Wasser.

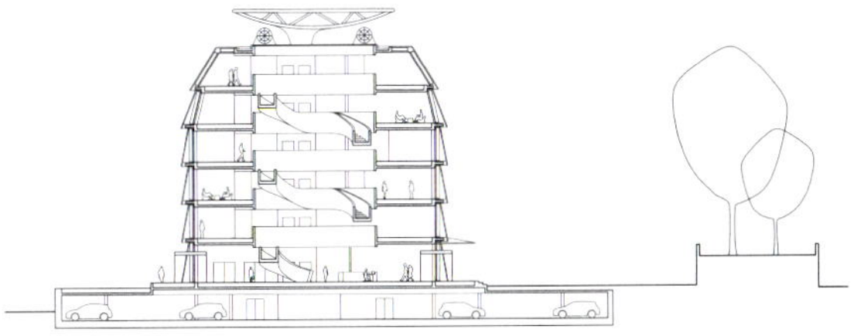

Section A / Schnitt A

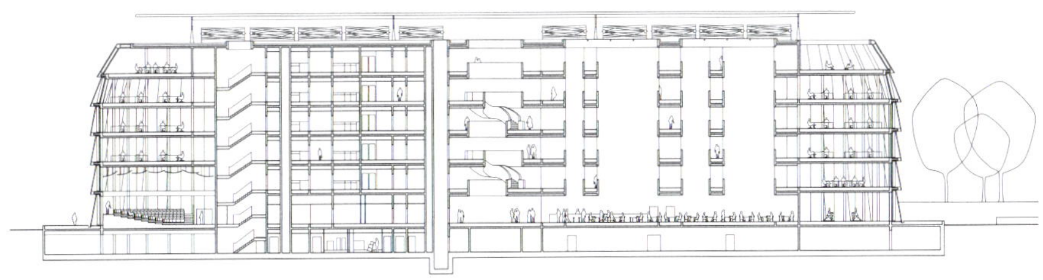

Section B / Schnitt B

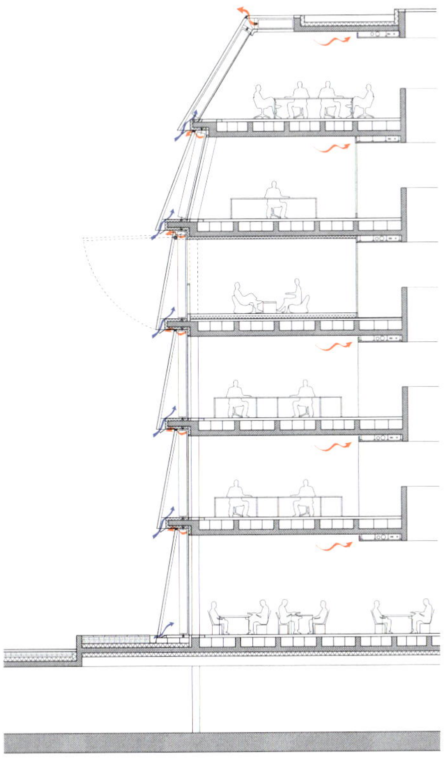

Detailed section / Detailschnitt

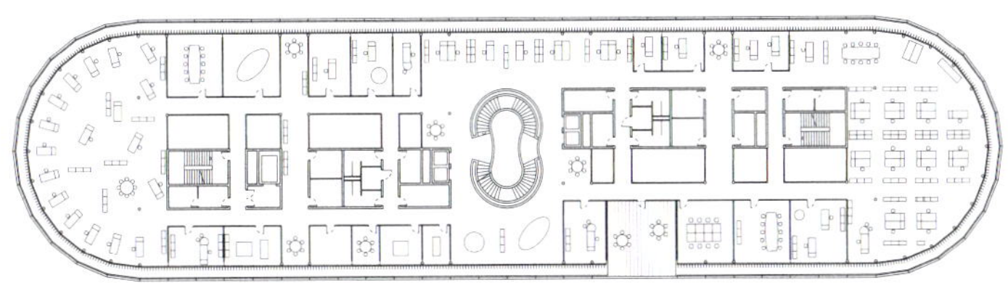

3rd floor / 3. Obergeschoss

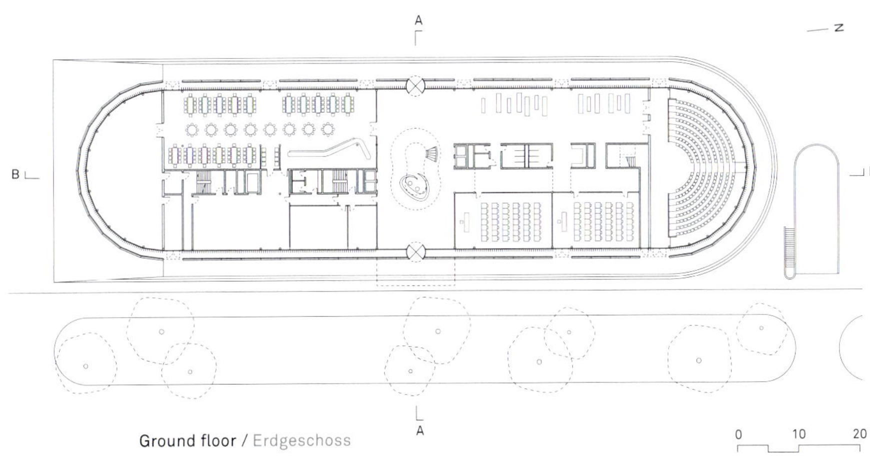

Ground floor / Erdgeschoss

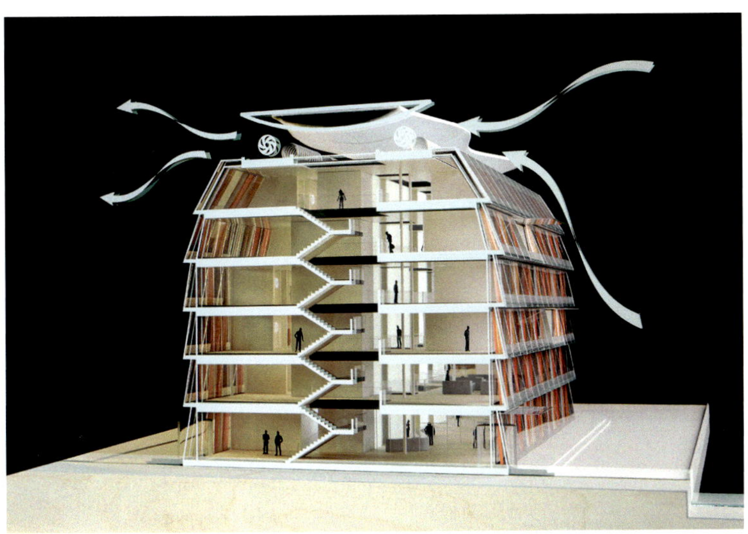

2008

Municipal Savings Bank, Oberhausen

Stadtsparkasse Oberhausen

The transition of the German Ruhr conurbation from an industrial to a service-sector base is manifested in the city of Oberhausen in the metamorphosis of its urban fabric – once defined (albeit incompletely) by blocks and streets – into a continuously green city. This paradigm shift is clearly illustrated by the upgrade of the Sparkasse bank headquarters in the city centre, where a new freestanding headquarters is combined with the remodelling and extension of the bank's main high-street branch.

The urban transformation is also reflected in both the structure and the appearance of the architecture. The new headquarters building – greatly reduced in size – is informed by the principles of efficiency and sustainability. Its continuously curving façade is a highly insulated, double-skin construction. The wooden inner façade is protected by a weatherproof outer layer, and reversible solar screening lies between.

The sculptural form of the building is accentuated by vertical strips of polished stainless steel and by horizontal bands of green-printed glass. Seen together with diurnal and seasonal variation, its flowing contours and its coloured and reflective surfaces lend the building an almost natural aspect that both spatially and atmospherically supports Oberhausen's architectural transition into a park city.

Der Strukturwandel des Ruhrgebiets vom Industrie- zum Dienstleistungszentrum ist in Oberhausen mit der Metamorphose einer nie komplettierten Blockstruktur zu einer durchgrünten Parkstadt verbunden. Diesen Paradigmenwechsel veranschaulicht beispielhaft die Erneuerung der Hauptverwaltung der Sparkasse im Stadtzentrum: Hier wird der Umbau und die Erweiterung einer bestehenden Kundenfiliale innerhalb einer Blockstruktur mit einem freistehenden Neubau verknüpft.

Der Aufbruch spiegelt sich auch in der Struktur und Erscheinung der Architektur. Die stark verkleinerte neue Zentrale ist nach Prinzipien von Effizienz und Nachhaltigkeit geplant. Ihre konkav und konvex geschwungenen Fassaden sind hochwärmedämmend und zweischichtig aufgebaut. Eine innere Holzfassade wird durch eine äußere Schicht vor dem Wetter geschützt, dazwischen ist reversibler Sonnenschutz platziert.

Die skulpturale Form des Gebäudes wird durch vertikale Lisenen aus poliertem Edelstahl und horizontale Bänder aus grün bedrucktem Glas akzentuiert. Seine fließenden Konturen, seine farbigen und reflektierenden Oberflächen verleihen dem Bau im Wechsel von Tages- und Jahreszeiten immer wieder einen neuen, quasi natürlichen Charakter und unterstützen so räumlich und atmosphärisch das architektonische Leitbild der Parkstadt.

The new building volume is carefully positioned in its surroundings so as to form outdoor spaces of specific character on all sides.

Der neue Solitär ist in Grundriss und Schnitt präzise im Raum platziert, sodass seine Grundrissfigur zu allen Seiten spezifische Außenräume bildet.

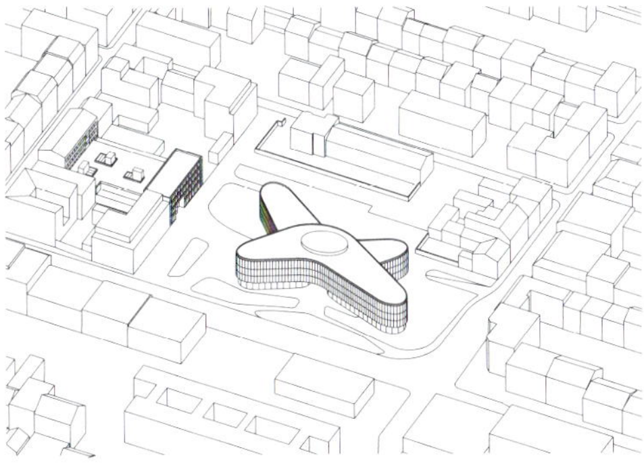

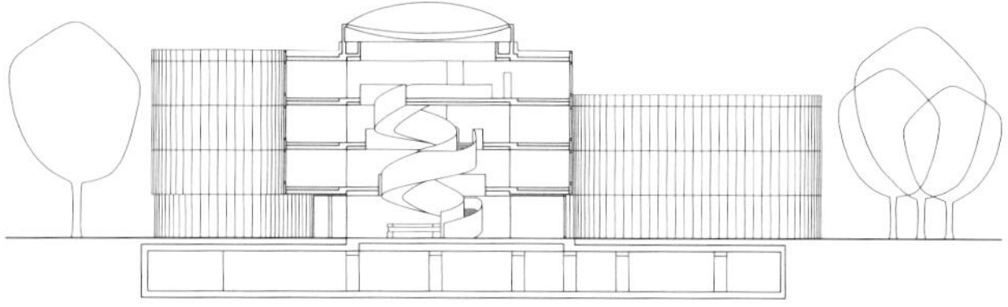

Section A / Schnitt A

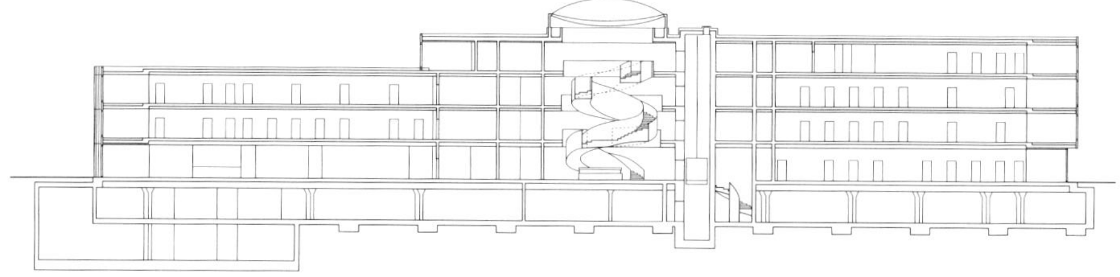

Section B / Schnitt B

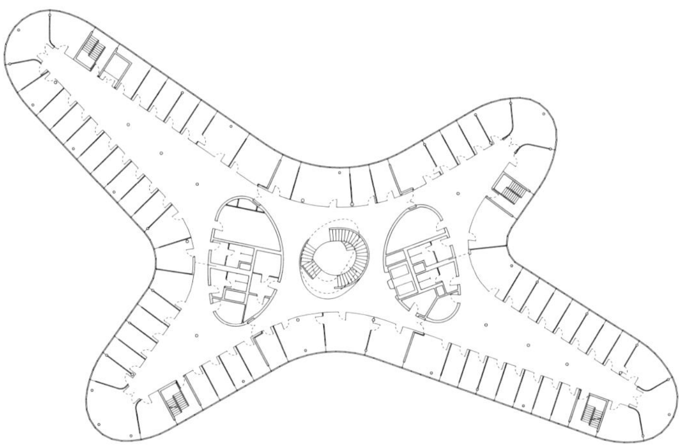

2nd floor / 2. Obergeschoss

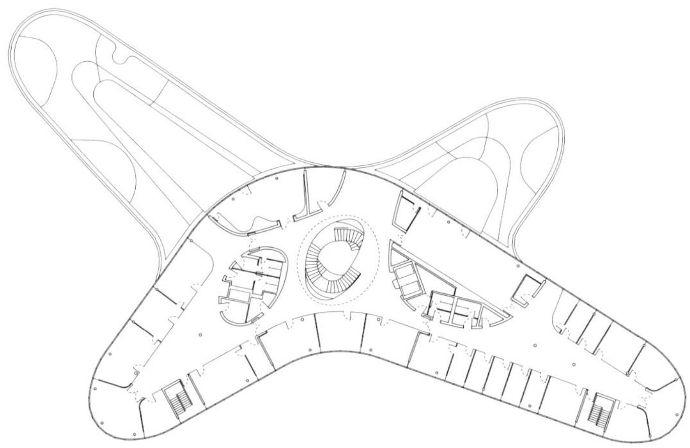

3rd floor / 3. Obergeschoss

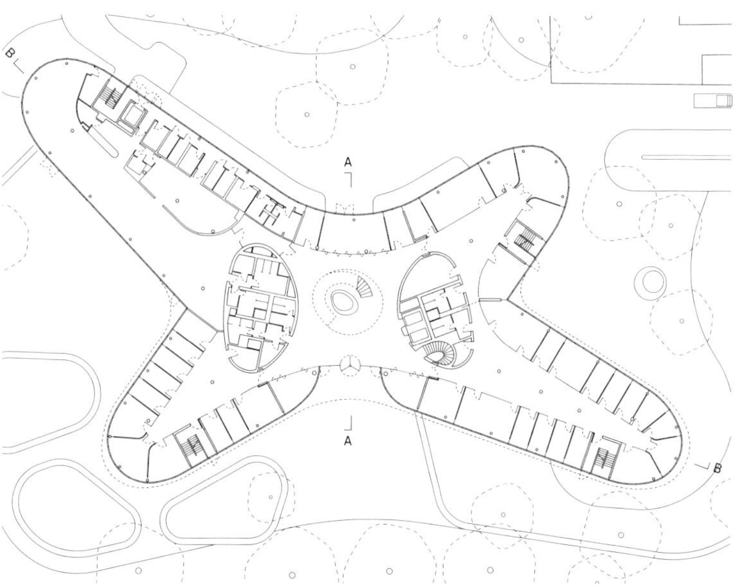

Ground floor / Erdgeschoss

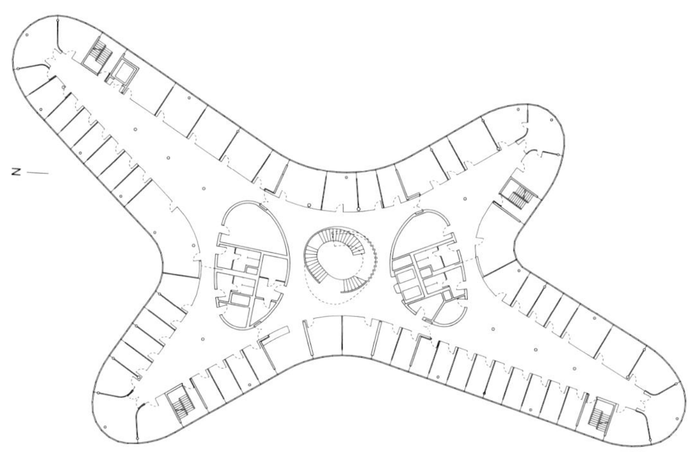

1st floor / 1. Obergeschoss

0 10 20

The cruciform plan of the new building provides a compact and clear arrangement of the bank's departments, offering efficient circulation routes. The ground floor accommodates rooms for customer advisory services as well as spaces for conferences, exhibitions and catering. The offices of the management and the board of directors are located on the upper floors. A sculptural staircase in the central atrium links the three levels.

Der kreuzförmige Grundriss ermöglicht eine kompakte und übersichtliche Anordnung der Organisationseinheiten der Sparkasse. Im Erdgeschoss sind die öffentlichen Einrichtungen für Beratung sowie Flächen für Tagungen, Ausstellungen und Gastronomie untergebracht, in den oberen Etagen befinden sich die Verwaltungs- und Vorstandsbüros. Im zentralen Atrium am Schnittpunkt der vier Flügel verbindet eine als Raumskulptur ausgebildete Treppe die drei Geschosse.

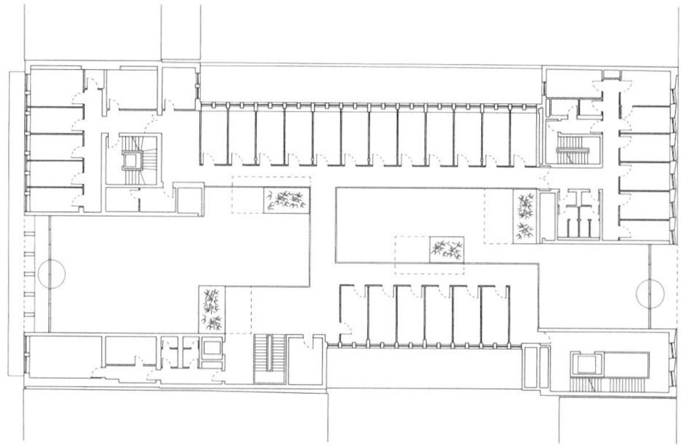

1st floor / 1. Obergeschoss

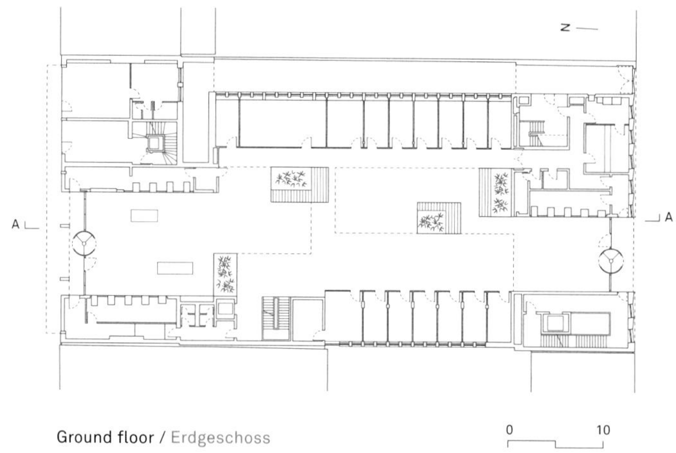

Ground floor / Erdgeschoss

The bank's main branch from the 1950s in the adjacent pedestrian zone has been remodelled internally and extended towards the rear. Here, the extension's folded façade of glass and fair-faced concrete closes the edge of the block that defines the new building's open site. The branch as a whole has been opened up on the ground floor to both the pedestrian zone and the green space, thus establishing a visual link and a public passageway between the two urban spaces. The interior design continues the idea of the park city: four large glazed 'vases' planted with bamboo bring daylight and greenery deep into the space, in a composition of floating rectangular planes.

Die Hauptfiliale, ein Gebäude der 1950er-Jahre an einer belebten Fußgängerzone, wurde im Inneren umgebaut und rückwärtig erweitert. Die gefaltete Glas- und Sichtbetonfassade des Anbaus ergänzt den bestehenden Blockrand zum Grünraum hin. Alt- und Anbau sind im Erdgeschoss zu beiden Seiten – Fußgängerzone und Grünraum – weit geöffnet und stellen eine visuelle und praktische Verbindung der beiden Stadträume her. Im Innenraum setzt sich die Idee einer „grünen Stadt" fort. Der Raum besteht aus einer Komposition rechteckiger Raumvolumen und vier großer, mit Bambus bepflanzter „Glasvasen", die Tageslicht und Vegetation in die Tiefe des Raums bringen.

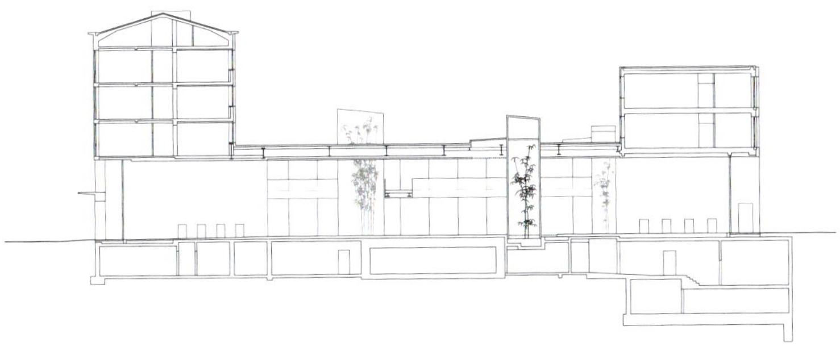

Section A / Schnitt A

2008
Munch Stenersen Museum, Oslo
Munch-Stenersen-Museum, Oslo

This proposal envisions a confident and sculptural museum building that responds to the context of Oslo's silhouette and – in its extremely prominent location – also acts as vantage point for views of the city and its harbour.

In height and geometry, the Munch Stenersen Museum complements and corresponds with the Oslo Opera House. This pair of emblematic buildings frames a generous new waterfront park that forms a central attraction within the new Bjørvika neighbourhood. Three polygonal residential city blocks complete the quarter, linking the new ensemble to the existing urban structure.

The building consists of three clearly legible stacked volumes that house the Stenersen Museum, the Munch collection and temporary exhibitions. The exhibition floors are reached along an ascending helical sequence of spaces, which relate the museum interior to the world outside through a set of framed views. Each floor contains two types of exhibition space, corresponding to the exhibits: firstly the large, rectangular art galleries that offer a classic 'white cube' art experience and are artificially lit, except for the Munch gallery on the top floor; secondly the viewing spaces that incorporate the route through the museum and draw in elements of the surrounding landscape through carefully positioned openings. The result uniquely combines the art experience with a cinematic sequence of views of the city and the dramatic fjord landscape.

The façade consists of glazed ceramic panels: horizontal stripes in shades of red and brown alternate with paler, neutral colours to generate a layered appearance that evokes geological associations.

Der Neubau für das Munch-Stenersen-Museum reiht sich in exponierter Lage als ebenso selbstbewusst skulpturales wie kontextuelles Gebäude in die Stadtsilhouette Oslos ein; er ist zugleich Wahrzeichen und Aussichtspunkt.

In Höhe und Kubatur korrespondiert das Museum mit dem benachbarten Bau der Oper. Beide markanten Gebäude rahmen einen Park, der als Kulturhafen zur Hauptattraktion des neuen Bjørvika-Viertels wird. Drei polygonale Wohnblöcke vervollständigen das Quartier und binden das neue Ensemble an die bestehende Stadtstruktur an.

Das Museum setzt sich aus drei gestapelten Volumen zusammen, die die drei konstituierenden Abteilungen des Hauses verbildlichen: die Munch-Sammlung, das Stenersen-Museum sowie ergänzende Wechselausstellungen. Die Ausstellungsebenen werden über einen Weg erschlossen, der als aufsteigende Raumspirale inszeniert ist, die abwechslungsreich zwischen dem Innen und Außen der Museumswelt vermittelt. Auf jeder Ebene sind zwei korrespondierende Ausstellungsformate vorgesehen: große orthogonale und – bis auf die Munch-Galerie auf der obersten Ebene – künstlich belichtete White Cubes sowie „Blickräume", die als Teil des Weges mit ihren wohldefinierten Öffnungen Ausschnitte der Umgebung inszenieren. So entsteht eine einmalige Vermischung aus dem Erlebnis der Kunst und einer cineastischen Abfolge von Szenerien der Stadt- und Fjordlandschaft.

Die Fassade besteht aus glasierten Keramikpaneelen. Horizontale Streifen in Rot- und Brauntönen im Wechsel mit neutralen hellen Farben bieten ein lagerndes, quasi geologisches Bild.

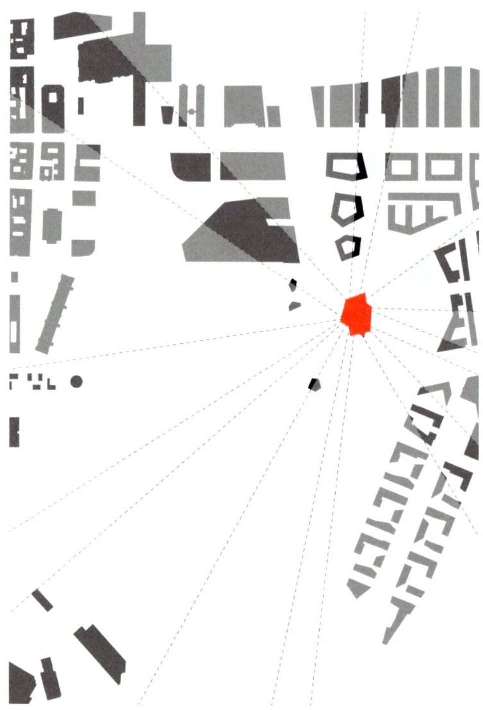

Views / Ausblicke

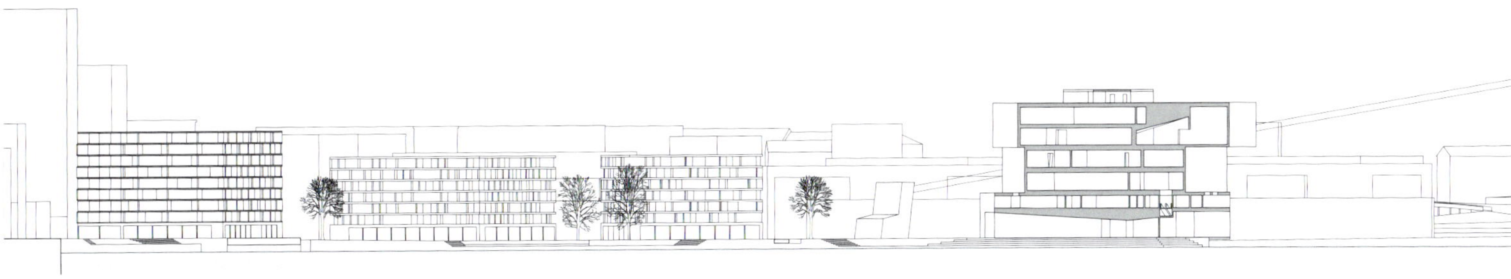

West elevation, section / Ansicht West, Schnitt

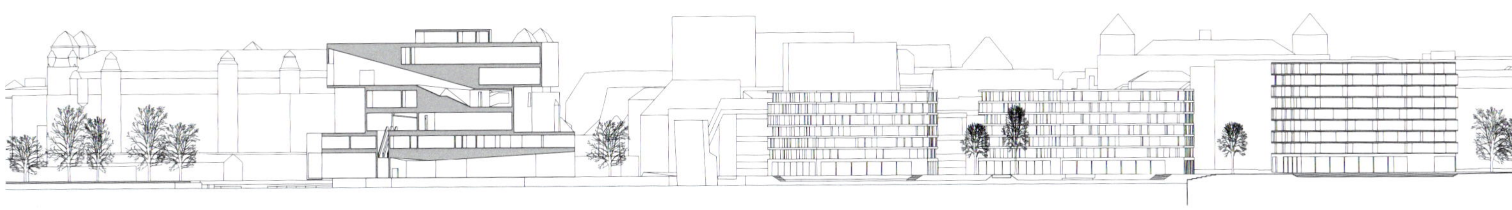

East elevation, section / Ansicht Ost, Schnitt

Besides the museum, the scope of the competition project comprised three residential blocks.

Die Wettbewerbsaufgabe umfasste außer dem Museum auch drei Blöcke Wohnungsbau.

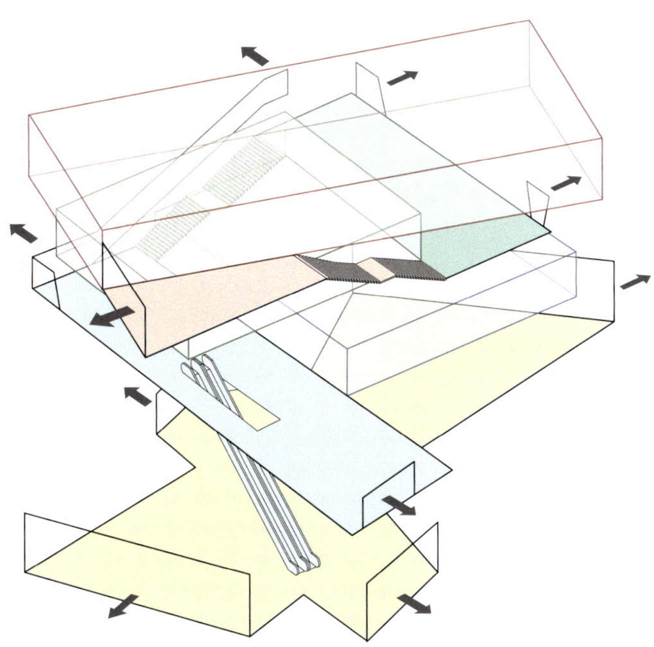

Sequence of viewing spaces / Sequenz von Blickräumen

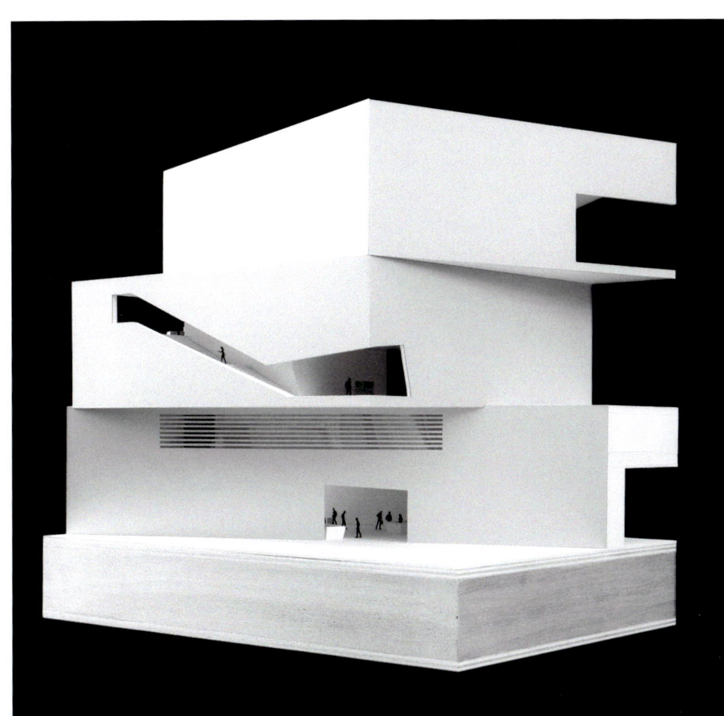

Viewing space towards the Opera House
Blickraum zum Opernhaus

Viewing space towards the fjord
Blickraum zum Fjord

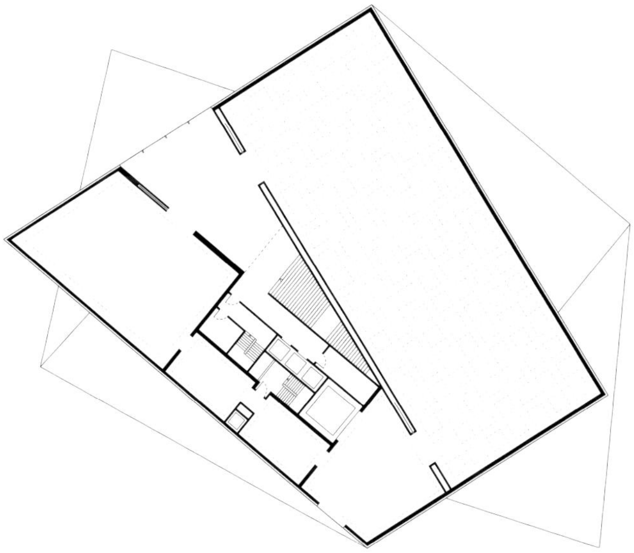

4th floor / 4. Obergeschoss

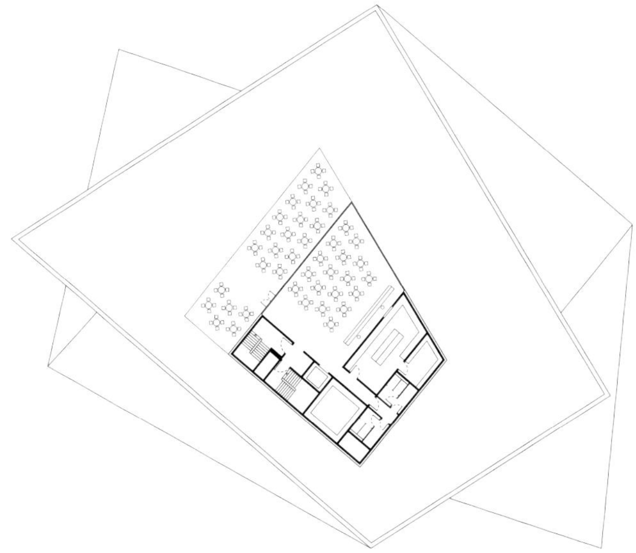

Top floor / Dachgeschoss

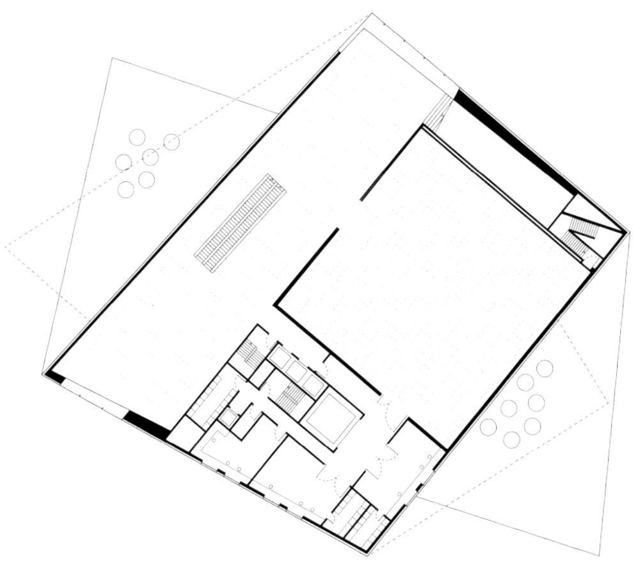

2nd floor / 2. Obergeschoss

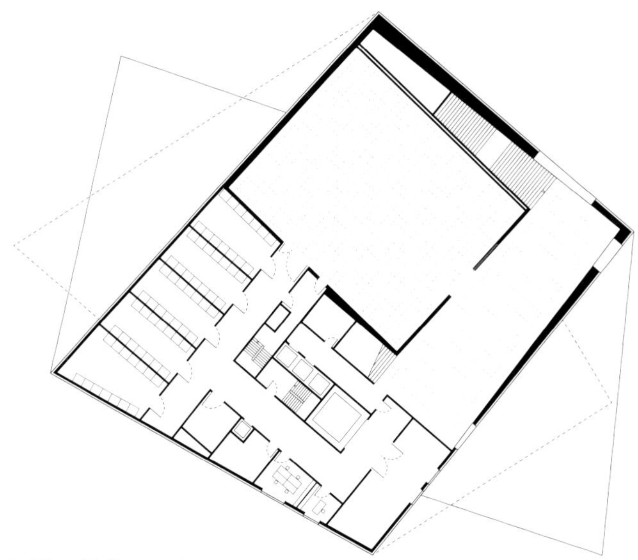

3rd floor / 3. Obergeschoss

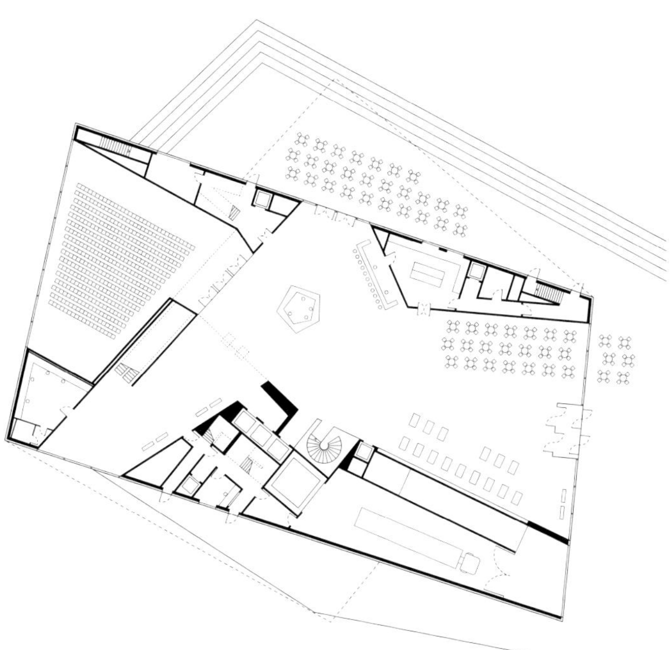

Ground floor / Erdgeschoss

1st floor / 1. Obergeschoss

0 10

2008

Casa de las Cosas – Prototype

Casa de las Cosas – Prototyp

Casa de las Cosas grew out of an invitation from the curator Felipe Pich-Aguilera to build a full-size model of an imagined home for an elderly person. We selected the protagonists from Richard Hamilton's 1956 collage *Just what is it that makes today's homes so different, so appealing?* to be our clients – now some fifty years older. The design was built for the 2008 Construmat fair in Barcelona, and exhibited along with the following text:

Casa de las Cosas war eine Einladung von dem Kuratoren Felipe Pich-Aguilera, eine Musterwohnung für eine ältere Person im Maßstab 1:1 zu konzipieren. Wir haben uns die Protagonisten aus Richard Hamiltons Collage *Just what is it that makes today's homes so different, so appealing?* von 1956 als Nutzer gewählt – rund fünfzig Jahre älter. Das Projekt wurde für die Baumesse Construmat 2008 in Barcelona umgesetzt. Der Begleittext lautete wie folgt (ohne Übersetzung):

sustainable
Residential architecture in the 21st century must be able to address the oxymorons of individuality in a mass society, of a feeling of permanence in a transient world, and of bodily presence in a virtual environment. It also has to offer concepts for the intelligent use of resources. In this proposal, sustainability comes with the flexible layering of various systems: long-term durable infrastructure is combined with low-carbon, medium-term fit-out for comfort and protection, which is complemented in turn by short-term *mis-en-scène.* Similarly, the materials of each surface – including raw concrete, glass, timber, ceramic tiles, coloured walls and lightweight curtains – have been selected for their sensuous and sustainable properties.

adaptable
This apartment offers a space that is subdivided into nine situations; each of which can be separated off as an individual room, or can be combined with others and experienced as one continuous flow. Thus they can adapt to the various needs of a 70-year-old occupant: possibly reduced in mobility, he or she might be living alone or with a guest; there might be family staying for a lengthy period of time; he or she might be active in the local community, or might prefer to live like a hermit; at times a nurse could be needed and so wheelchair mobility was a consideration from the outset. Each of the situations offers a functional component – such as cooking, dining, sleeping, washing, resting, watching, dressing – at the same time that it provides a minimal 'set' with a specific atmosphere.

appealing
Casa de las cosas is conceived to be both a receptacle and a living museum. It is the tool with which the future may help the past. The things that accumulate over the course of a lifetime become the very fabric of dwelling: while a full range of household gadgets offers the relief that technology has always promised, a series of simple spaces clothed in memory provides reaffirming consolation to a material existence.

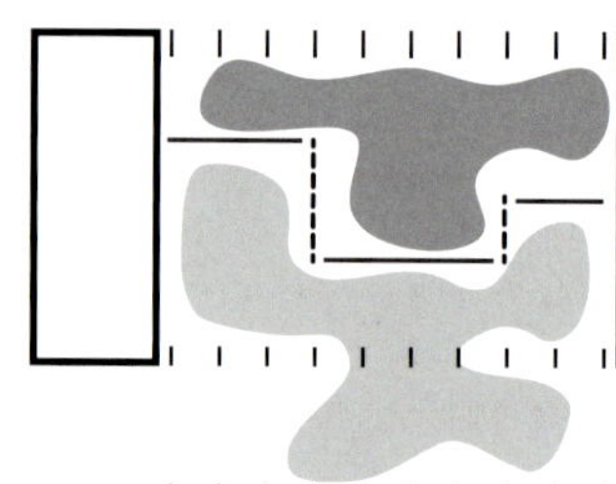

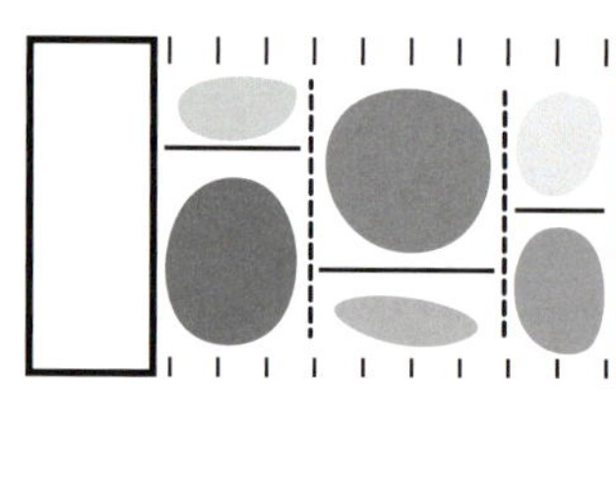

Flexible configurations
Flexible Raumkonfigurationen

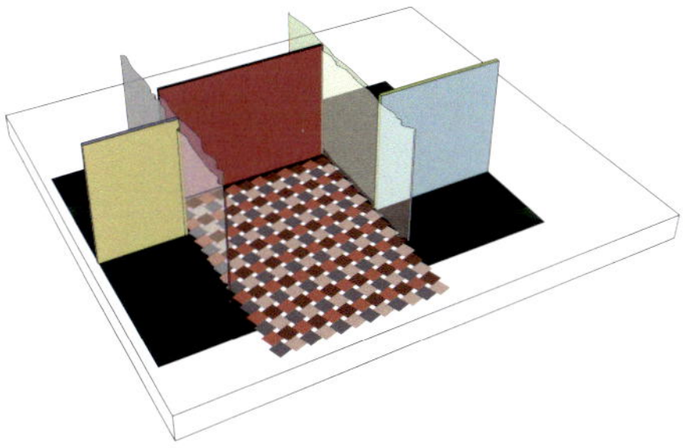

Richard Hamilton, *Just what is it that makes today's homes so different, so appealing?* Collage, 1956

2008

High-Rise Mercedesstraße, Düsseldorf

Hochhaus Mercedesstraße, Düsseldorf

This multifunctional high-rise building offers sustainability through both design and technology. Its slim footprint, the construction method and the concept behind its building services all give the building sufficient flexibility for it to accommodate a wide range of different uses.

This adaptability is primarily due to the load-bearing exterior envelope, which keeps the floor spaces on every level free of interruption from walls and columns, apart from the vertical services shafts. The relatively shallow depth of the building results in floor plans that are equally suitable for hotel rooms or residential apartments, or for use as single or multiple office units. On the top floor is a restaurant that is open to the public, as are the spaces for complementary uses in the plinth building. A glass-roofed foyer connects the latter to the high-rise and serves as the hotel lobby.

The façade combines measures that offer thermal, solar, noise and wind protection with a hybrid ventilation concept that is ideally suited to the building's flexibility. Openable, wind-protected panels enable natural ventilation, while mechanical ventilation is provided by decentralised units that are integrated in the structural grid of the envelope. Together with the cladding of coloured glass panels featuring a relief effect, these lend the façade rhythm, depth and texture.

Dieses multifunktionale Hochhaus bietet Nachhaltigkeit – mit und über die Technologie hinaus. Seine schlanke Grundrissform, die Konstruktion und die Konzeption der Gebäudetechnik erlauben es, verschiedene Nutzungen innerhalb des Gebäudes in flexibler Weise miteinander zu verbinden.

Seine Anpassungsfähigkeit ist zunächst eine Folge der tragenden Außenhaut des Gebäudes, mit der die Etagen, bis auf die Vertikalerschließungen, wand- und stützenfrei bleiben können. Die Grundrisse eignen sich aufgrund der relativ geringen Gebäudetiefe gleichermaßen für Hotel und Wohnen oder können von einer oder mehreren Büroeinheiten belegt werden. Im obersten Geschoss befindet sich ein Restaurant, das wie die ergänzenden Nutzungen im Sockelbau öffentlich zugänglich ist. Ein glasüberdachtes Foyer verbindet den Sockelbau mit dem Hochhaus und dient dem Hotel als Lobby.

Die Fassade kombiniert effektiven Wärme- und Sonnenschutz, Schalldämmung und Windsicherheit mit einem der Flexibilität des Gebäudes angemessenen hybriden Lüftungskonzept. Für natürliche Belüftung stehen windgeschützte Öffnungsklappen zur Verfügung, für mechanische Belüftung sind dezentrale Lüftungskästen in das Raster der tragenden Stahlbetonkonstruktion integriert. Diese verleihen zusammen mit der Verkleidung aus reliefartigen, farbigen Glaselementen der Fassade Rhythmus, Tiefe und Textur.

Restaurant, top floor / Restaurant, Dachgeschoss

Hotel lobby / Hotelfoyer

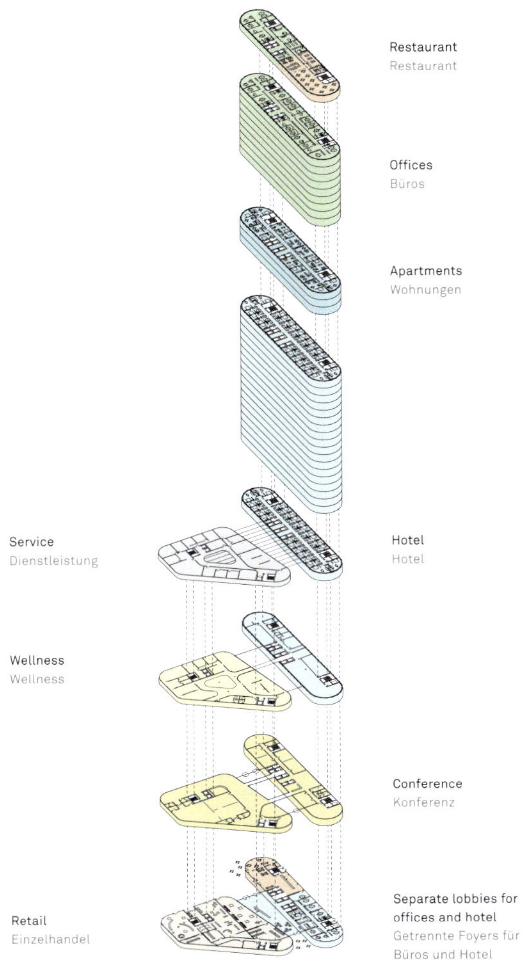

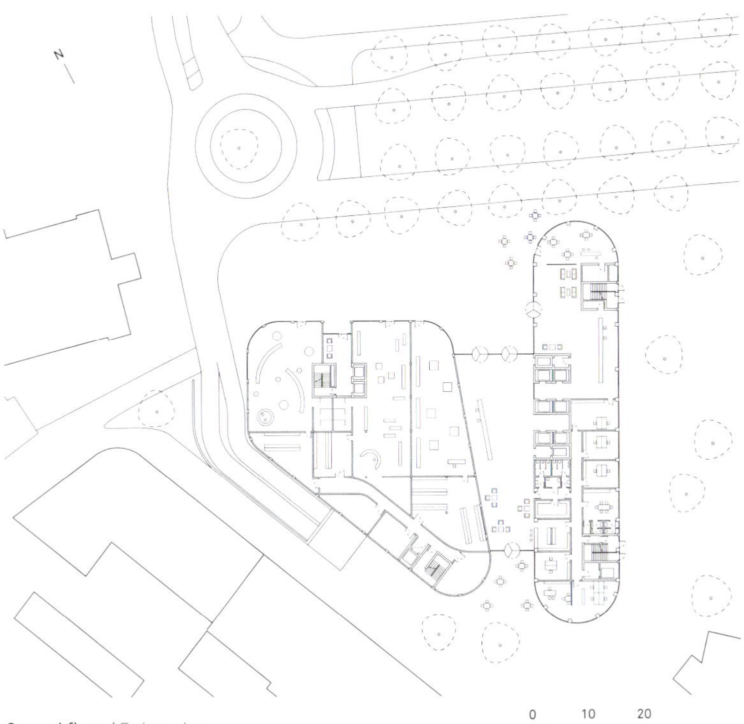

Ground floor / Erdgeschoss

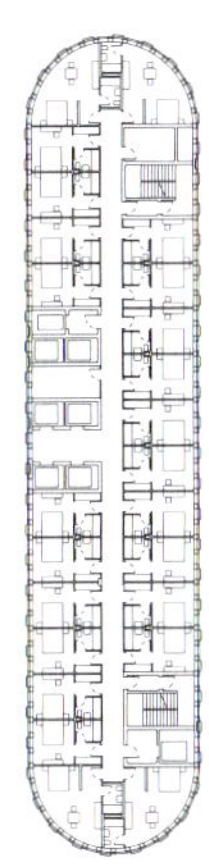

Typical floor, hotel
Regelgeschoss, Hotel

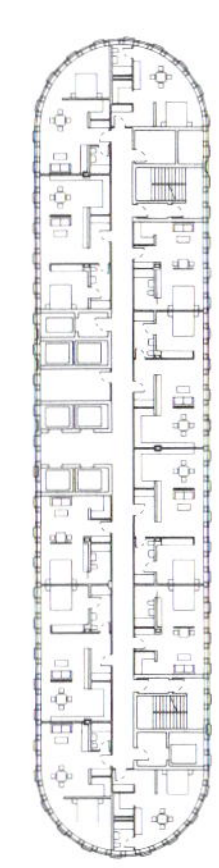

Typical floor, apartments
Regelgeschoss, Wohnungen

Top floor / Dachgeschoss

2008
Heart of Doha
Heart of Doha

In this competition for the city of Doha, a distinctive architectural character for the new, central Barahat al-Naseem Square and the neighbouring residential areas was generated from traditional principles of Islamic urban design. The refined sense of privacy in Qatari society, the corresponding need for subtlety in gradations from public to private space, and the extremes of the local climate were the main influences on both urban form and architectural expression.

Barahat al-Naseem Square forms the new heart of Doha and is located at the crossing point of major pedestrian networks. A new museum and theatre building that addresses the length of the space not only provides a local focus, but adds city-wide recognition value. Colonnades and a series of large, airy canopies give the square the character of an enormous urban room – open yet sheltered – which is suitable not only for everyday use but also for large gatherings, parties, ceremonies and other social occasions.

The residential blocks are developed as town houses in the north and apartment buildings in the south. A finely differentiated circulation network of small green squares, passageways and garden courtyards, specifically tailored to each building type, provides access to all residential units and even continues right into the domestic sphere as shady patios or loggias. Outside, the microclimate benefits from the orientation of spaces to the prevailing wind and the inclusion of fountains and shading structures.

In addition to this passive, climatomorphic urban design, active measures are proposed, especially for conserving the most precious resource of all: water.

Dieser Entwurf war Teil einer Initiative, in der modernen Metropole Doha ein zeitgenössisches Stadtzentrum zu errichten, das die traditionellen Prinzipien des islamischen Städtebaus in die Gegenwart übersetzt. Die fein nuancierten Abstufungen zwischen dem Öffentlichen und dem Privaten in der katarischen Gesellschaft sowie das extreme Klima wurden zum Ausgangspunkt einer dichten städtischen Bebauung mit dem neuen Barahat-al-Naseem-Platz als Zentrum.

Dieser ist in das feinmaschige Wegenetz der Stadt eingebunden und bekommt mit einem neuen Museums- und Theaterbau als Blickfang eine über das unmittelbare Areal hinausgehende urbane Bedeutung. Mit umlaufenden Kolonnaden und einem System großer Schirme, die über dem Platz schweben, bietet dieser ein gleichermaßen geschütztes wie offenes Ambiente, das für die alltägliche Nutzung genauso geeignet ist wie für große Versammlungen, Feste, Zeremonien oder andere Anlässe.

Die Wohnblöcke wurden im Norden als Townhouses und im Süden als Apartmentwohnungen entwickelt. Spezifisch auf beide Typologien abgestimmt, wird ein fein abgestuftes Raumnetz von kleinen grünen Quartiersplätzen, Gassen und Gartenhöfen vorgeschlagen, über die alle Wohnungen erschlossen werden, bis hinein in die Wohneinheiten mit schattigen Patios oder Loggien. Im Außenbereich wird das Mikroklima durch die Orientierung zur Hauptwindrichtung, durch Brunnen und Verschattungen positiv beeinflusst.

Zusätzlich zu diesem passiven, klimatomorphen Städtebau sind aktive Maßnahmen vorgesehen, vor allem zum schonenden Umgang mit der kostbarsten Ressource, dem Wasser.

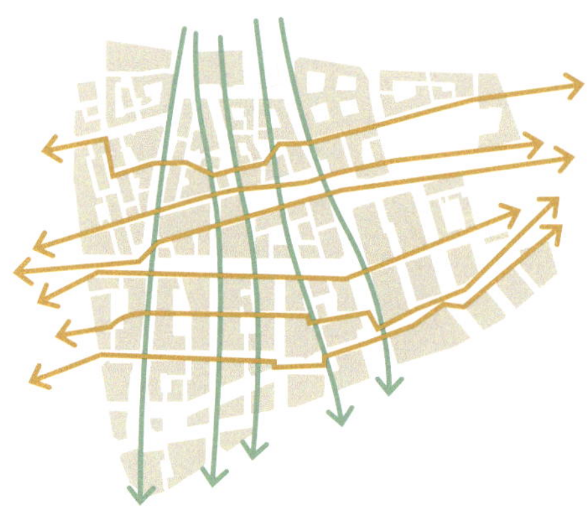

Network of connections / Wegeverbindungen

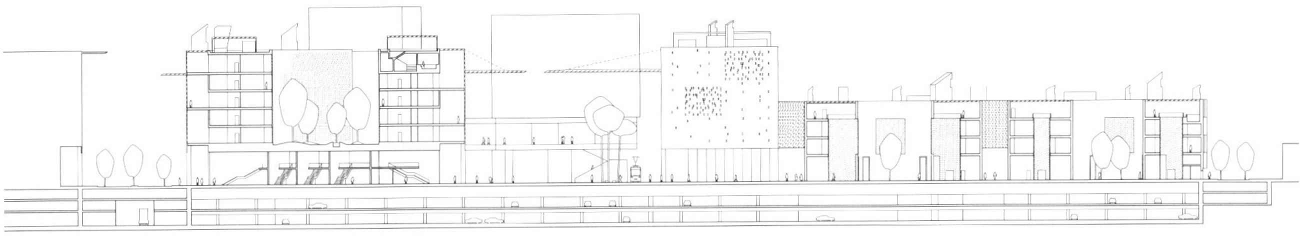

Section A / Schnitt A

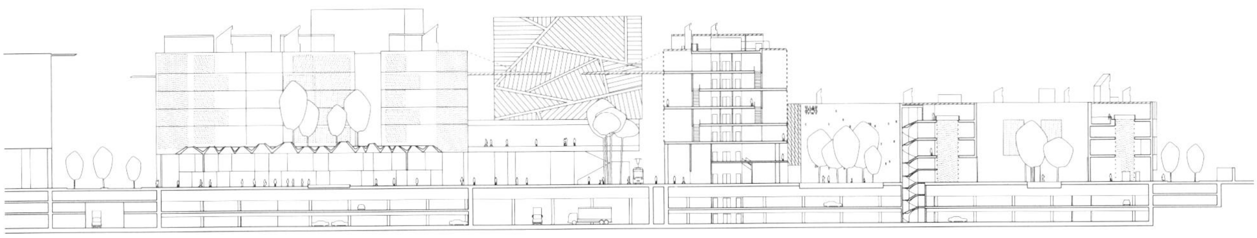

Section B / Schnitt B

Ground floor / Erdgeschoss

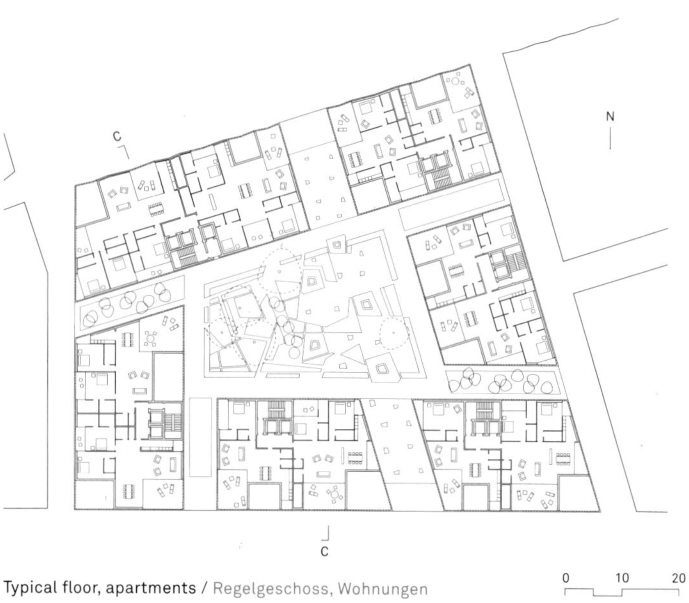

Typical floor, apartments / Regelgeschoss, Wohnungen

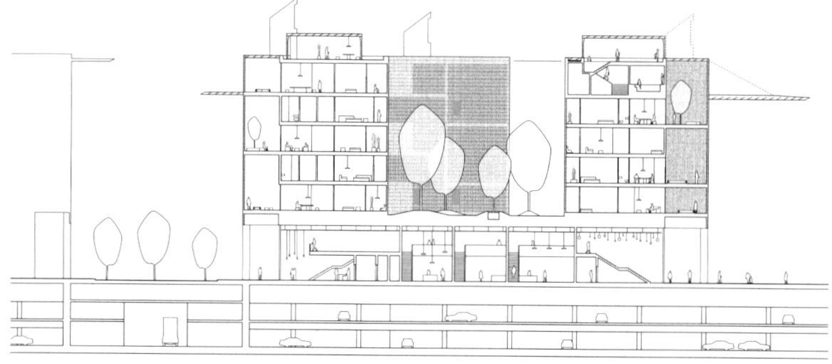

Section C / Schnitt C

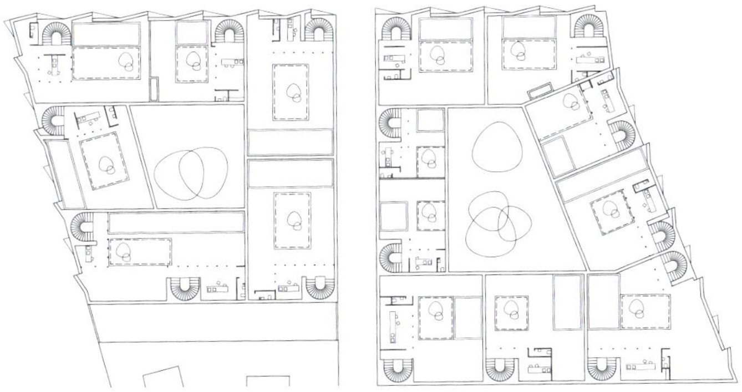

Roof level, town house / Dachgeschoss, Townhouse

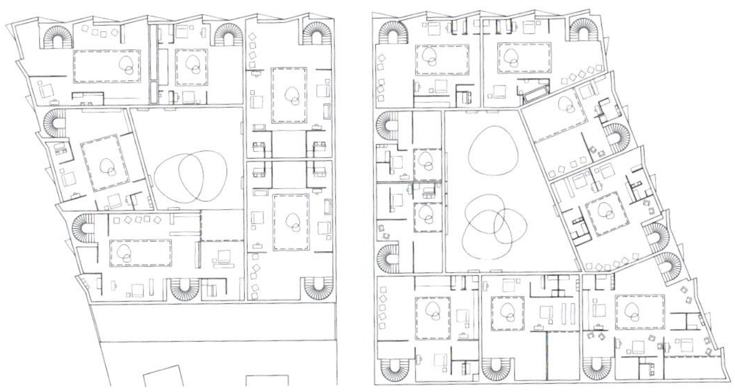

Upper level, town house / Obergeschoss, Townhouse

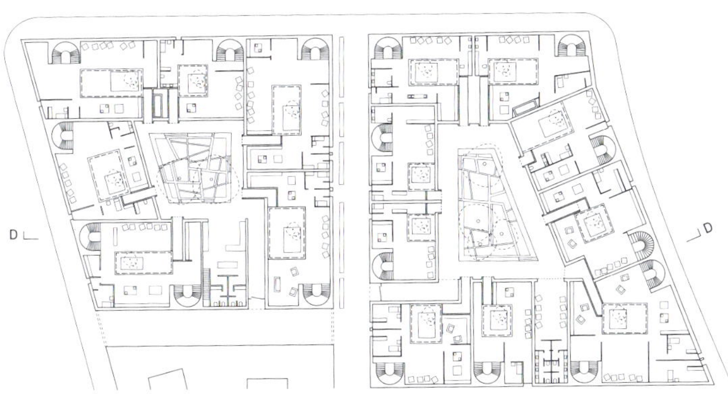

Ground floor, town house / Erdgeschoss, Townhouse

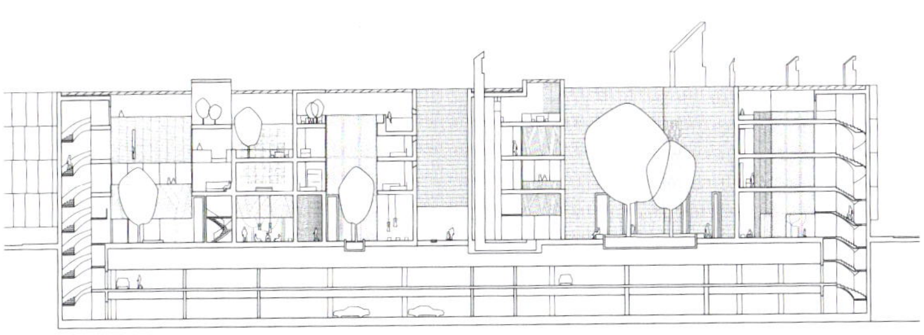

Section D / Schnitt D

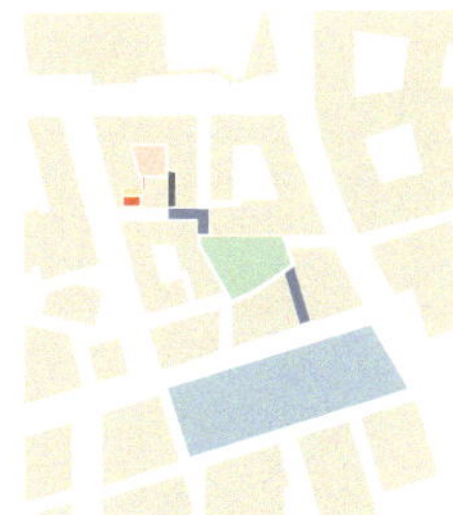

From public to private
Von öffentlich zu privat

Occluded ends to alleys
Begrenzte Blickachsen

Occluded entrances to communal gardens / Verborgene Zugänge zu Gemeinschaftsgärten

Occluded entrances to town houses / Verborgene Zugänge zu Townhouses

2009
Brandhorst Museum, Munich
Museum Brandhorst, München

The Brandhorst Museum houses a substantial private collection of late 20th-century and contemporary art, predominantly paintings. The building consists of a long volume that lines the street and a taller one that marks the north-eastern corner of Munich's museum quarter. These are both clad in a textured and polychromatically treated skin, whose gradations in hue and tone give the building the appearance of three simple interlocking volumes.

The museum contains naturally lit galleries on three floors, whose rooms are distinguished by variations in sequence, dimension and proportion. A daylit patio on the lower level serves as the starting point for a suite of artificially illuminated galleries dedicated to photography, media and graphic art. The universal exhibition spaces on the ground floor are illuminated from the side by an innovative daylight guidance system, whereas the large rooms on the top floor, including the polygonal hall designed for Cy Twombly's *Lepanto Cycle,* are all naturally lit from above. The external envelope is composed of ceramic batons mounted in front of a horizontally folded metal skin. Embodying the principle of kinetic polychromy, this lends the building a dynamic appearance with countless gradations between a smooth, almost dematerialised impression when seen from afar and one of a three-dimensional woven structure from close proximity. Like a vast abstract painting, the façade communicates the spirit of the museum as a place where art comes alive.

Das Museum Brandhorst beherbergt eine bedeutende Privatsammlung moderner und zeitgenössischer Kunst des 20. und 21. Jahrhunderts, vorwiegend Gemälde. Das Gebäude besteht aus einem langgestreckten Riegel- und dem Kopfbau, der die Nordost-Ecke des Münchner Kunstareals markiert. Beide Gebäudeteile sind durch eine räumlich texturierte und polychrome Hülle bekleidet, die das Haus mit abgestufter Farbigkeit und Tonalität als drei verschränkte Einzelvolumen erscheinen lässt.

Im Inneren erstrecken sich die natürlich belichteten Galerien über drei Ebenen, die durch Variationen in Abfolge, Größe und Proportion der Räume differenziert werden. Im Untergeschoss bildet der große tagesbelichtete Patio den Auftakt zu einer Serie von künstlich belichteten Kabinetten für Fotografie, Grafik, Buch- und Medienkunst. Die Ausstellungsbereiche im Erdgeschoss werden mittels innovativer Lichtlenkung von der Seite belichtet, während die oberste Etage durch Oberlichter illuminiert wird. Hier befinden sich die größten Räume, darunter eine eigens für Cy Twomblys monumentalen *Lepanto-Zyklus* entworfene Galerie. Die Außenhaut des Gebäudes besteht aus glasierten Keramikstäben sowie einer horizontal gefalteten Metallfassade in zweiter Ebene. Nach dem Prinzip der kinetischen Polychromie ergibt sich eine dynamische Erscheinung mit zahllosen Variationen zwischen einem flächigen, fast entmaterialisierten Eindruck aus der Ferne und dem einer räumlich gewebten Struktur aus der Nähe. Wie ein großes abstraktes Gemälde macht die Fassade im Stadtraum auf das Museum als Ort lebendiger Kunst aufmerksam.

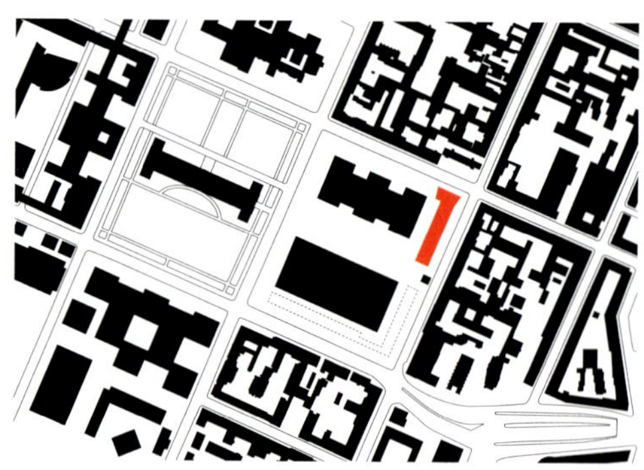

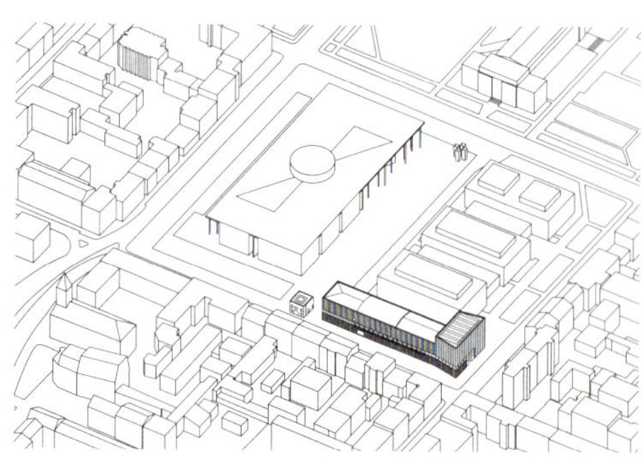

MUSEUM BRANDHORST

GARDEROBE
SEMINARRAUM
WC

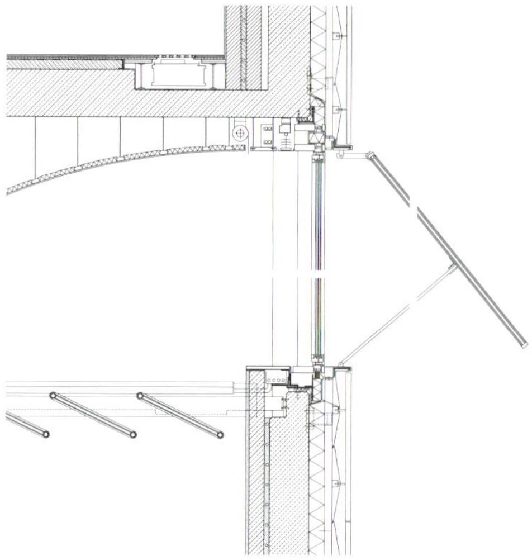

Detailed section, ground floor gallery
Detailschnitt, Galerie Erdgeschoss

Light
In the tradition of Munich's other public galleries, almost all of the museum's rooms are illuminated by daylight – even on the lowest floor. At basement level, the floor space is offset in plan so that the patio can receive light directly from above. On the ground floor, an innovative system of prismatic reflectors directs zenith light into the galleries through an asymmetrically placed clerestory, providing an even level of illumination.
In all of the exhibition spaces, bright daylight (up to 100,000 lux in summer) is filtered by dynamic light louvres and dimmed to gallery strength (approximately 300 lux). Daylight ceilings made of translucent fabric ensure the uniform distribution of light and smooth out any strong variation in light levels. In addition, artificial light sources are mounted above the daylight ceilings to supplement or substitute for the natural light as necessary. Depending on the floor concerned, daylight by itself provides adequate illumination during 50 to 75 per cent of the museum's normal opening hours.

Licht
Die Räume dieses Museums werden in der Tradition der Münchner Häuser fast alle mit Tageslicht belichtet – auch das Untergeschoss. Im Souterrain wird dies durch eine Verschiebung des Grundrisses erzielt, die eine direkte Belichtung des Patios von oben ermöglicht. Im Erdgeschoss lenkt ein innovatives System von Reflektoren das Tageslicht aus dem Zenit über ein asymmetrisch angeordnetes Fensterband in die Galerien und leuchtet diese gleichmäßig aus.
In allen Ausstellungsräumen wird das helle Tageslicht (im Sommer bis zu 100.000 Lux) durch dynamische Lichtlamellen gefiltert und auf Galeriestärke (ca. 300 Lux) abgeblendet. Tageslichtdecken aus transluzentem Textil sorgen für eine gleichmäßige Verteilung des Lichtes und mildern starke Lichtschwankungen. Zusätzlich sind über den Tageslichtdecken Kunstlichtquellen angebracht, die bei Bedarf zugemischt werden beziehungsweise das Tageslicht ersetzen können. Reines Tageslicht kann je nach Etage zu 50 bis 75 Prozent der normalen Öffnungszeiten des Museums genutzt werden.

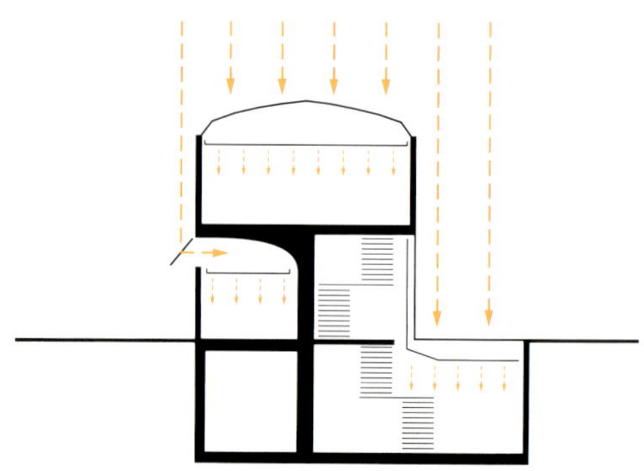

Daylight / Tageslicht

Daylight simulation / Tageslichtsimulation

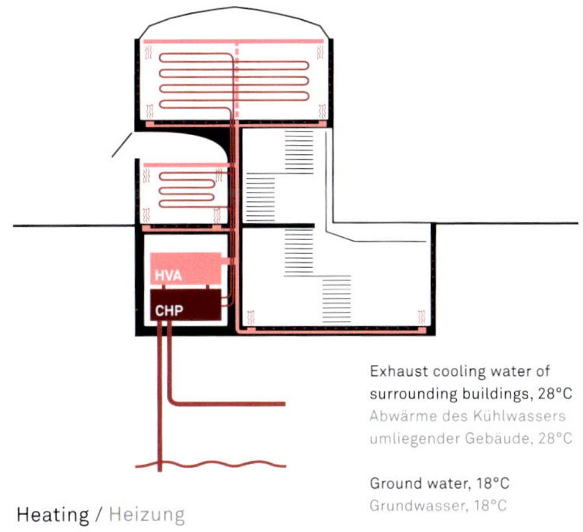

Heating / Heizung

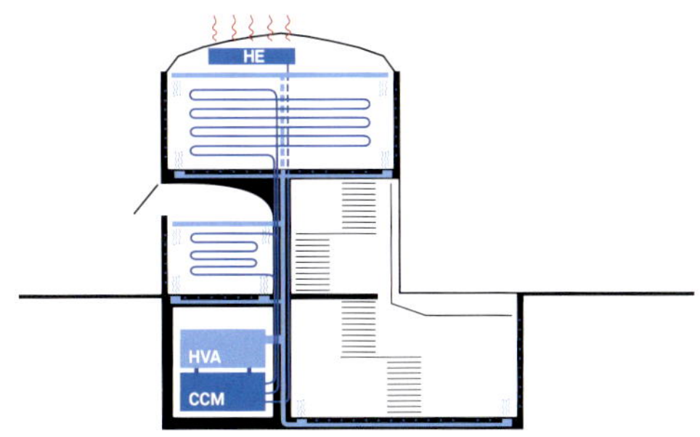

CHP Compression heat pump / Kompressionswärmepumpe

CCM Compression cooling machine / Kompressionskältemaschine

HE Heat exchanger / Rückkühlwerk

HVA HVAC centre / Raumlufttechnikanlage

Cooling / Kühlung

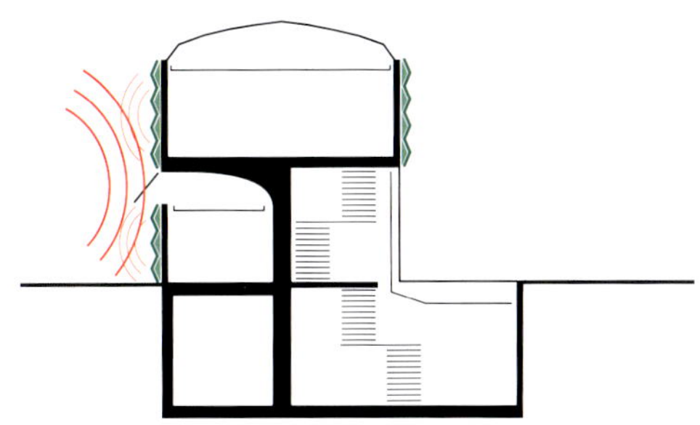

Absorption of street noise
Absorption des Straßenlärms

Façade
Whereas the main objective of the museum's interior is to create ideal exhibition conditions, that of its polychromatic exterior is to draw attention to the museum's special character as a place of aesthetic reflection and creativity. The multilayered façade also has a technical function, however: suspended in front of the substructure and the thermal insulation is a horizontally folded bi-coloured metal sheet with fine perforations that absorb noise from traffic on the adjacent roads. Mounted vertically in front of this horizontally structured skin are 36,000 ceramic batons (4 × 4 × 110 cm) glazed in twenty-three colours, which create an oscillating outer envelope.
The overall effect of this superposition of horizontal and vertical lines, in combination with the contrast and merging of the colours, is that the solid outer walls of the building seem to vibrate and become almost immaterial, as their surface appearance changes with the movement of the observer. Countless variations of pattern and texture arise when moving between the oblique view, in which the vertical ceramic batons merge into a solid surface, and the frontal view, in which the mineral layer opens up, thereby revealing the horizontal lines of the background to full effect. Seen from afar, each colour group blends to a uniform and neutral tone with its own particular brightness and hue. As the visitor comes closer, each of these tonal fields resolves into its component colours.

Fassade
Während im Inneren des Museums das Hauptaugenmerk darauf liegt, ideale Ausstellungsbedingungen herzustellen, soll sein polychromes Äußeres auf seine Besonderheit als Ort ästhetischer Wahrnehmung und lebendiger Kunst aufmerksam machen. Die mehrschichtige Fassade hat aber auch eine technische Aufgabe: Vor der Unterkonstruktion und der Wärmedämmung befindet sich eine horizontal gefaltete zweifarbige Blechhaut, deren Feinperforation den Lärm des Autoverkehrs an der Türken- und Theresienstraße absorbiert. Vor dieser horizontal betonten Fassadenfläche bilden dann 36.000 in insgesamt 23 verschiedenen Farben glasierte, vertikale Keramikstäbe (4 × 4 × 110 cm) eine oszillierende äußere Schicht.
In der Fläche erzeugen die Überlagerung der horizontalen und vertikalen Linien sowie der Kontrast und das Verschmelzen der Farben eine Gesamtwirkung, die die geschlossenen Außenwände des Hauses in Schwingung versetzt, fast entmaterialisiert, denn die Oberfläche des Baus verändert sich mit der Bewegung des Betrachters. Zwischen der Schrägsicht, in der sich die vertikalen Keramikstäbe zu einer massiven Fläche zusammenziehen, und der Frontalsicht, bei der sich die mineralische Haut öffnet und der horizontal betonte Hintergrund sichtbar und dominant wird, ergeben sich zahllose Variationen in Materialität und Struktur. Die Farbgruppen vereinen sich aus der Ferne gesehen zu einem neutralen Farbton mit jeweils anderer Helligkeit und eigenem Farbeinschlag. Aus der Nähe betrachtet löst sich jedes dieser Felder wiederum in seine unterschiedlichen Einzelfarben auf.

Energy
The exacting requirements for the stability of temperature, relative humidity and air quality in exhibition spaces and storage rooms of international standard can only be met by the installation of technical systems of a very high level. In order to keep costs as low as possible, an energy-saving strategy was developed together with the building services consultant. The building is mainly heated and cooled with the help of a groundwater heat pump, which is fed with groundwater – supplied at the very high temperatures prevailing in Munich's museum quarter – that is then cooled in the process. Not only does this take advantage of an existing source of free energy, it also normalises the heat balance of the local groundwater.
Further, the interior climate is regulated not only by means of the air supply but primarily through activation of the building components themselves. A system of water-carrying pipes that are installed some ten centimetres beneath the various surfaces enables activation of the thermal capacity of all of the floors and most of the walls in the museum. This system heats or cools the rooms directly by radiation via the walls or floors, establishing a highly stable climate for the works on show. The volume of air circulated can thus be approximately halved in comparison to conventional air-conditioning systems. Moreover, much improved temperature stability is achieved in the exhibition spaces – which gains extra significance in the event of a temporary technical failure.

Energie
Hohe Anforderungen an die Stabilität von Temperatur, relativer Luftfeuchte und Luftqualität in Ausstellungsräumen und Depots mit internationalem Standard verlangen einen sehr hohen Grad technischer Installation. Um diesen Aufwand so gering wie möglich zu halten, wurde in Zusammenarbeit mit dem Haustechnikbüro eine energiesparende Strategie entwickelt. Die Heizung und Kühlung des Hauses wird weitgehend mit einer Grundwasserwärmepumpe betrieben, die sich aus den sehr hohen Grundwassertemperaturen im Münchner Museumsquartier speist und dieses damit abkühlt. So wird eine vorhandene, kostenfreie Energiequelle genutzt, und nebenbei der Wärmehaushalt des Grundwassers normalisiert.
Zudem wird das Museum nicht nur über die Raumluft, sondern vor allem über eine Bauteilaktivierung temperiert. Mit einem System aus wasserführenden Rohren, die etwa 10 cm unter den Oberflächen liegen, werden alle Fußböden und die meisten Wände des Museums aktiviert. Dieses System strahlt Wärme beziehungsweise Kälte direkt in Wand oder Boden und von dort in den Raum ab, und schafft damit sehr stabile Klimabedingungen für die ausgestellten Werke. Somit kann die umgewälzte Luftmenge im Vergleich zu einer herkömmlichen Klimatisierung durch ausschließlich raumlufttechnische Anlagen annähernd halbiert werden. Dazu ist auch die Temperaturstabilität in den Räumen, insbesondere bei einem temporären Ausfall der Technik, wesentlich höher.

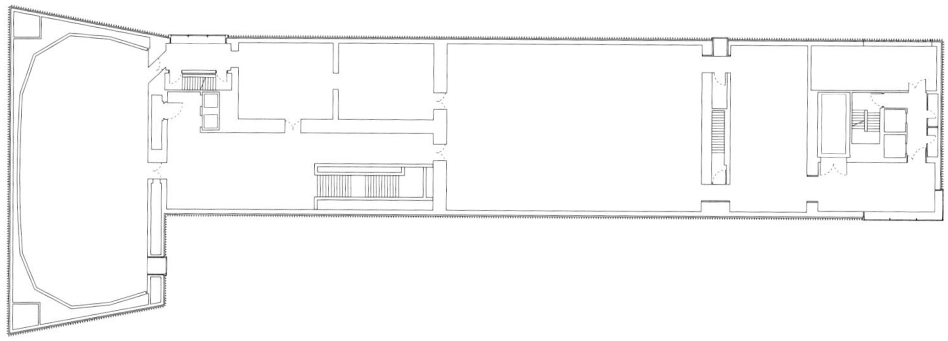

Upper floor / Obergeschoss

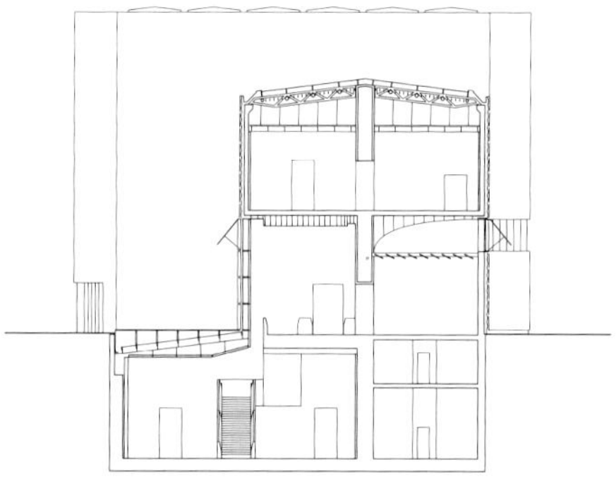

Section A / Schnitt A

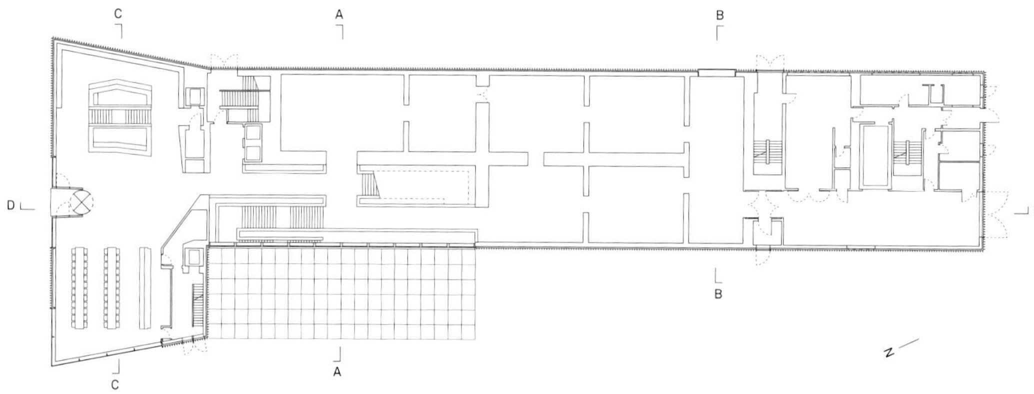

Ground floor / Erdgeschoss

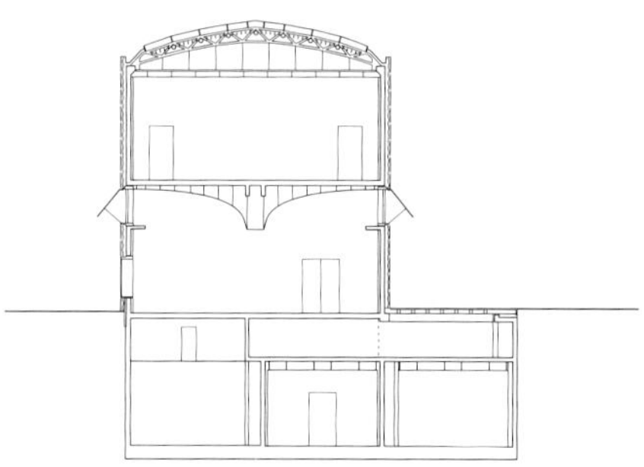

Section B / Schnitt B

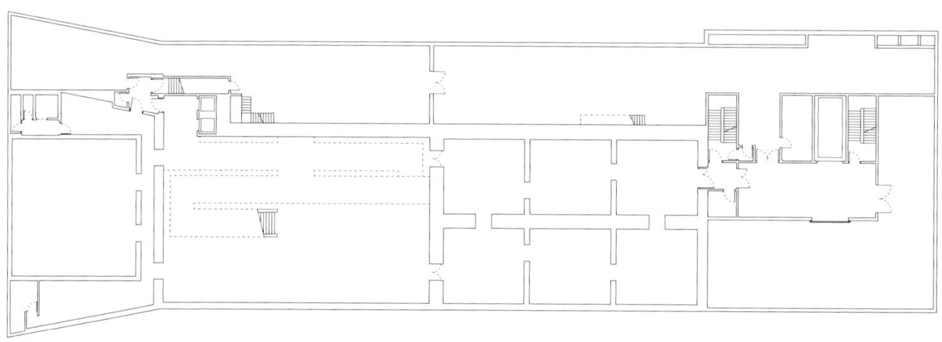

Lower floor / Untergeschoss

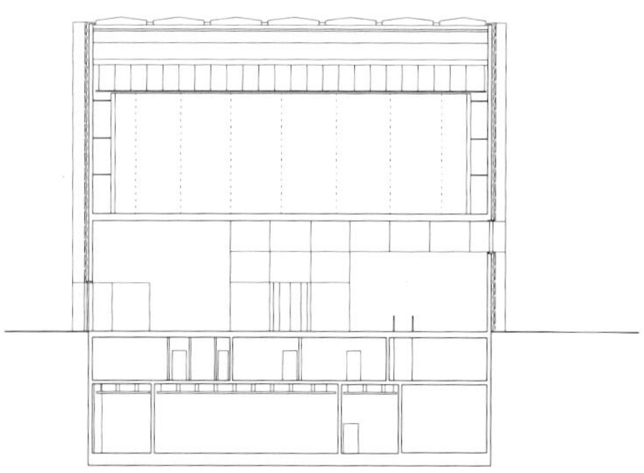

Section C / Schnitt C

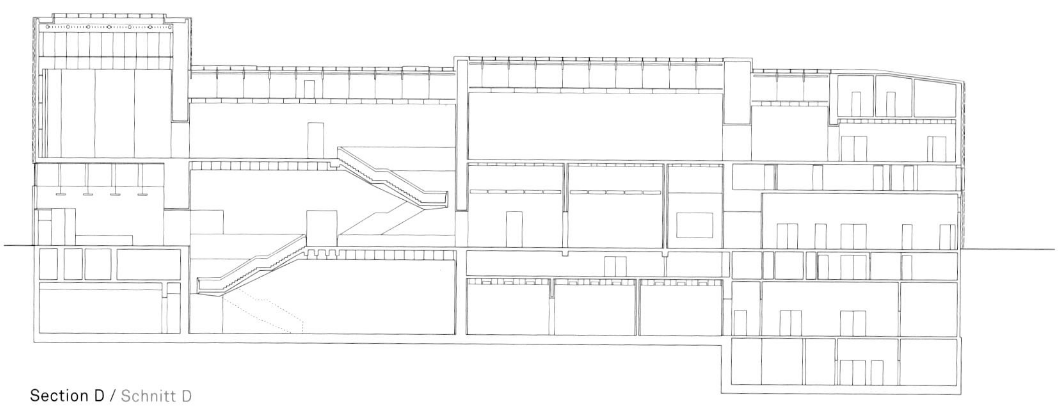

Section D / Schnitt D

19

2009
Munich Family – Furniture
Munich Family – Möbel

This family of furniture was designed for the Brandhorst Museum: the Munich Chair, Armchair, Lounge Chair, Sofa and Coffee Table were conceived for its foyer, bistro, lecture halls and meeting rooms. They complete the galleries of late 20th- and early 21st-century art by underscoring their intimate, quasi-domestic atmosphere, which corresponds to the personal character of this private collection.

The frames are made of solid wood – oak or walnut – that is clear varnished or stained black, while the seats are made of polyurethane and can be upholstered or left bare. The idiosyncratic forms of the Lounge Chair and the Sofa are created by the injection of polyurethane around internal tubular steel frames. The covers are available in various types of fabric or leather.

A new lamp was developed for the foyer in cooperation with the lighting company Zumtobel. Thanks to innovative LED technology, this lamp needs minimal housing and can be produced as a single element up to eight metres long. This makes it ideal for situations requiring linear illumination, such as the long tables in the museum bistro. The polished aluminium housing contains all of the electrical parts as well as a concealed cable for adjusting the suspension height

Die Produktserie *Munich Family* wurde für das Museum Brandhorst entworfen. Munich Chair, Armchair, Lounge Chair, Sofa und Coffee Table sind eigens für Foyer, Café sowie Besprechungs- und Vortragsräume des Museums konzipiert. Sie vervollständigen die Galerien für die Kunst des 20. und 21. Jahrhunderts, indem sie deren intime, fast private Atmosphäre unterstreichen, die mit dem persönlichen Charakter der Privatsammlung korrespondiert.

Die Gestelle bestehen aus Massivholz (Eiche oder Walnuss), klar lackiert oder schwarz gebeizt, die Sitzschalen aus Polyurethan, gepolstert oder ungepolstert. Der Lounge Chair und das Sofa wurden aus einem Rahmen aus Stahlrohr, mit Polsterung aus Polyurethan und Polyesterwatte hergestellt. Die Bezüge sind in verschiedenen Stoffen oder Leder erhältlich.

Für das Foyer wurde mit der Firma Zumtobel eine neue Leuchte entwickelt. Dank innovativer LED-Technik kann diese Leuchte bei minimaler Gehäusegröße bis zu einer kontinuierlichen Länge von acht Metern produziert werden. Sie eignet sich deshalb ideal für die Beleuchtung linearer Situationen wie die langen Tische im Bistro des Museums. Das polierte Aluminiumgehäuse enthält nicht nur die gesamte Elektrotechnik, sondern auch einen verborgenen Seilzug zur Höhenverstellung der Aufhängung.

2009

German School, Madrid

Deutsche Schule Madrid

This design for the German school at the edge of a new district of Madrid is based on the idea of a broad plateau. First and foremost this forms a large roof that brings a primary school, a secondary school and a preschool together in one location and gives them a shared identity. It also serves as an artificial platform with open multipurpose areas for the social, sporting and cultural activities of these three establishments.

The school opens up to the city with a continuous, glazed façade that gives it a memorable presence. The main entrance and foyer are situated between the secondary and primary schools, providing them with a large communal terrace. The classrooms themselves are arranged around planted patios, which in a sense have been punched out of the plateau. These have a dual function, providing the rooms with light and air while sheltering them from sun and wind as well as noise from the nearby motorway and railway lines.

Parts of the ensemble that contain shared facilities, such as the sports hall, the assembly hall with canteen and cafeteria, and the library and art studios, rise above the plateau level. With façades clad in colourful, vertical sun louvres, they form a distinctive and lively silhouette.

The plateau stretches between them, forming an actively used layer with views of the Sierra de Guadarrama – the open-air counterpart of the educational facilities in the rooms below. The integrated design of the campus is completed with didactic, spatial and technical elements such as study gardens, green islands, pergolas, rainwater collection ponds, wind towers for night-time cooling and solar and wind generators.

Das Leitmotiv dieses Entwurfs für die Deutsche Schule am Rande eines neuen Stadtviertels von Madrid ist ein großes Plateau. Dieses Plateau bildet zunächst ein großzügiges Dach, das eine Grund- und eine Oberschule sowie einen Kindergarten zu einem Ort miteinander vereint. Gleichzeitig schafft es eine künstliche Ebene mit offenen und vielfach bespielbaren Flächen für soziale, sportliche und kulturelle Aktivitäten dieser drei Einrichtungen.

Zur Stadt zeigt sich die Schule mit einer eindrucksvollen Schaufensterfront. Haupteingang und Foyer liegen zwischen Ober- und Grundschule mit einem gemeinschaftlichen großen Terrassenplatz. Die Klassenräume sind um grüne Patios angeordnet, die gewissermaßen aus dem Plateau herausgestanzt sind und diese einerseits mit Licht und Luft versorgen und andererseits vor dem Lärm der benachbarten Autobahn und Bahnstrecke sowie vor Sonne und Wind schützen.

Volumen, die gemeinschaftliche Einrichtungen enthalten wie die Sporthalle, die Aula mit Kantine und Cafeteria sowie die Bibliothek und Kunsträume, „wachsen" über die Plateauebene hinaus. Mit ihren Fassaden aus farbigen vertikalen Sonnenschutzlamellen bilden sie eine markante und lebendige Silhouette.

Dazwischen bietet sich auf dem Plateau eine Aktivebene mit Blick auf die Sierra de Guadarrama als offene Entsprechung zum Ausbildungsangebot in den Räumen darunter: Technische Gärten, grüne Inseln, Lehrgärten, Pergolen, Regenwassersammelteiche, Windtürme zur Nachtkühlung sowie Solar- und Windgeneratoren sind die didaktischen, räumlichen und technischen Elemente der integrierten Gestaltung dieses Schulgeländes.

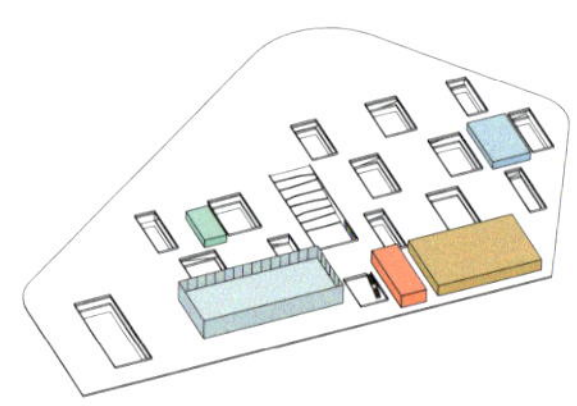

Volumes on top / Aufgesetzte Volumen

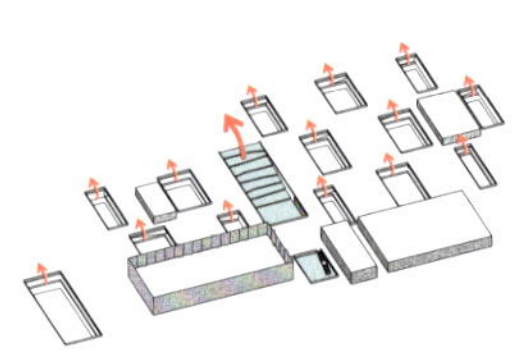

Plateau / Plateau

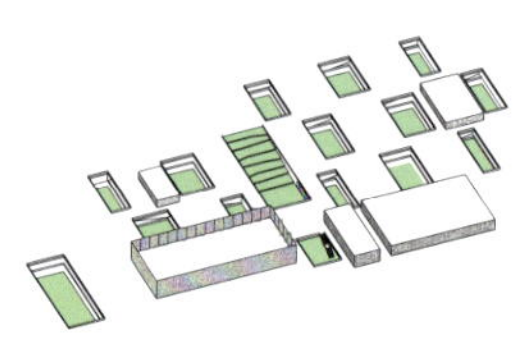

Cut-out patios / Eingeschnittene Patios

Plateau level / Plateauebene

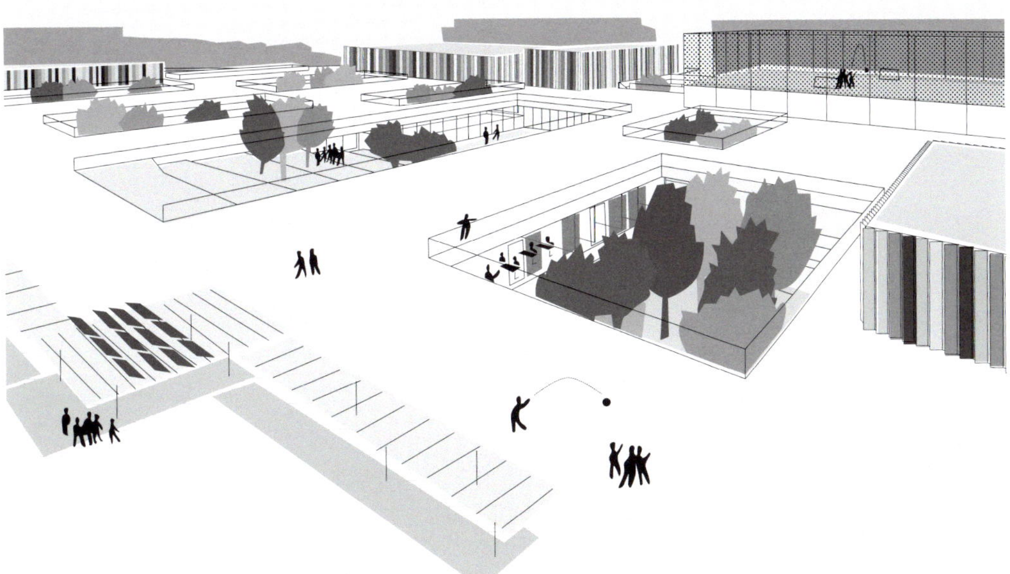

View over plateau / Blick über das Plateau

Entrance level / Eingangsebene

Patio level / Patioebene

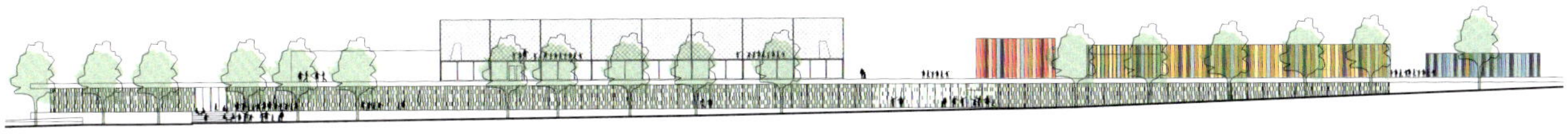

South elevation / Ansicht Süd

West elevation / Ansicht West

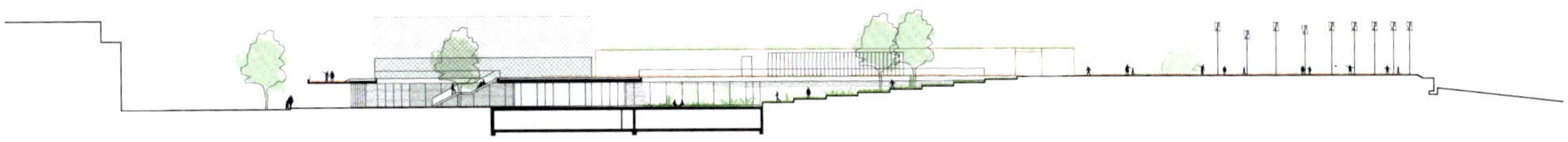

Section A, entrance courtyard / Schnitt A, Eingangshof

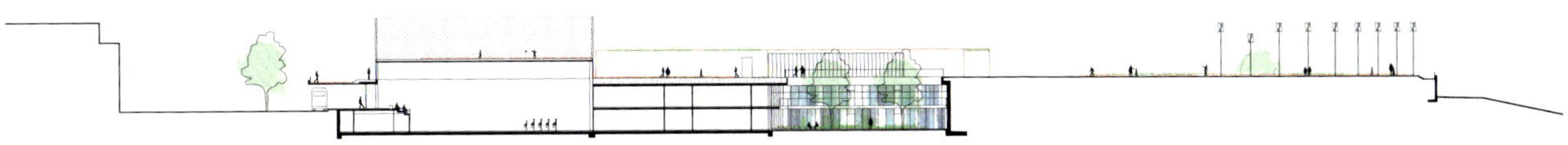

Section B, gymnasium and primary school / Schnitt B, Sporthalle und Grundschule

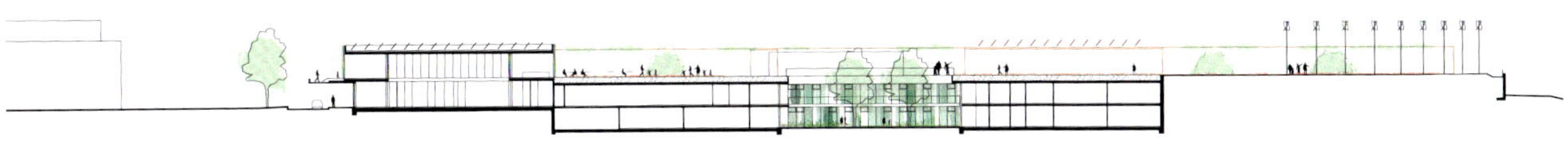

Section C, assembly hall and secondary school / Schnitt C, Aula und Oberschule

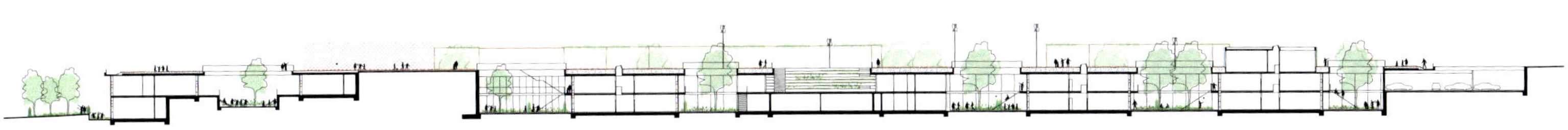

Section D, preschool, primary school and secondary school / Schnitt D, Kindergarten, Grundschule und Oberschule

2009
Low2No, Helsinki
Low2No, Helsinki

By 2023, the expansive former container harbour on the peninsula of Jätkäsaari, near the centre of Helsinki, will have been converted into Finland's first carbon-neutral district. To catalyse this development, the Finnish Innovation Fund (Sitra) sought to establish a central site as a residential block with a proportion of it dedicated to other uses, including its own headquarters.

The brief required a comprehensive design approach that would achieve integrated sustainability from city to home, in order to reduce the carbon footprint of each user or resident. The creation of a structure that could easily accommodate changes of use and demographic shifts was just as important as the use of renewable energy sources and ecological building materials with a minimum of embodied energy. The combination of infrastructural, urban planning, and architectural approaches with strategies for coping with changing user behaviour was intended to set an example that could be replicated by other projects in Jätkäsaari or indeed elsewhere in Finland.

Instead of a megastructure, our interdisciplinary team proposed a small-scale urban building typology that can be grouped to fit any street block and provides an attractive environment for living, working and leisure. The buildings' arrangement creates open spaces in a refined hierarchy from public to private, granting a maximum of sunlight both for dwellings and for private gardens. A large number of community facilities enhance the quarter at neighbourhood level.

Bis 2023 wird in Helsinki auf der Halbinsel Jätkäsaari, einem zentrumsnahen ehemaligen Containerhafen-Areal, Finnlands erstes CO_2-neutrales Stadtviertel entstehen. Als Katalysator dieser Entwicklung plante der finnische Innovationsfonds Sitra, an zentraler Stelle einen exemplarischen Wohnblock mit anteiliger Drittnutzung inklusive der eigenen Hauptverwaltung zu etablieren.

Gefragt war eine ganzheitliche Herangehensweise im Sinne der integrierten Nachhaltigkeit von der Stadt bis zur Wohnung, um den CO_2-Fußabdruck jedes einzelnen Bewohners drastisch zu verringern. Eine Struktur, die zukünftige Nutzungsänderungen sowie demografische Verschiebungen problemlos aufnehmen kann, war hier ebenso wichtig wie die Verwendung erneuerbarer Energien und ökologischer Baumaterialien mit möglichst geringer grauer Energie. Die Kombination struktureller, städtebaulicher und architektonischer Ansätze mit Strategien zu verändertem Nutzerverhalten sollte exemplarisch und auch für andere Projekte in Jätkäsaari und ganz Finnland umsetzbar sein.

Auf architektonischer Ebene schlug unser interdisziplinäres Team eine kleinmaßstäbliche urbane und offene Gebäudetypologie vor, die frei gruppiert und an jedes Blockgrundstück angepasst werden kann. Sie verbindet ein Maximum an Sonnenlicht und natürlicher Belüftung für jede Wohnung mit einer Vielzahl abgestufter Außenräume für unterschiedlichste Nutzungen. Zahlreiche nachbarschaftliche Gemeinschaftseinrichtungen ergänzen das Quartier.

A highly detailed concept was drawn up for reducing the carbon footprint of the buildings and their inhabitants. This proposes many different measures at all levels – from site and neighbourhood to city and regional – that could be implemented in phases by 2023.

Ein sehr detailliertes Konzept zur Reduzierung des CO_2-Fußabdrucks jedes Bewohners sieht eine Vielzahl integrierter Maßnahmen auf dem Grundstück, im Quartier, in der Stadt und der Region vor, die in einem mehrstufigen Verfahren bis 2023 umgesetzt werden könnten.

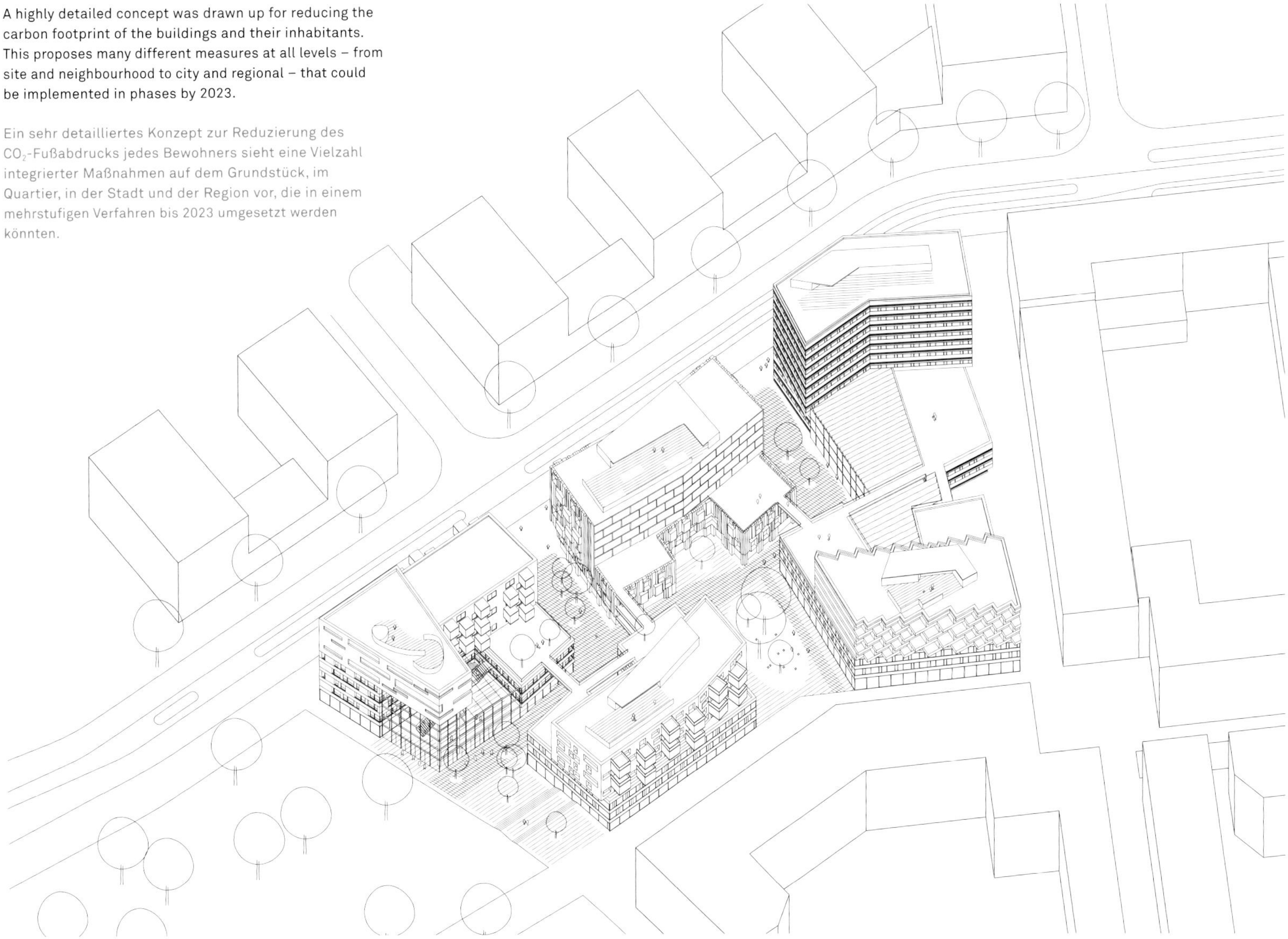

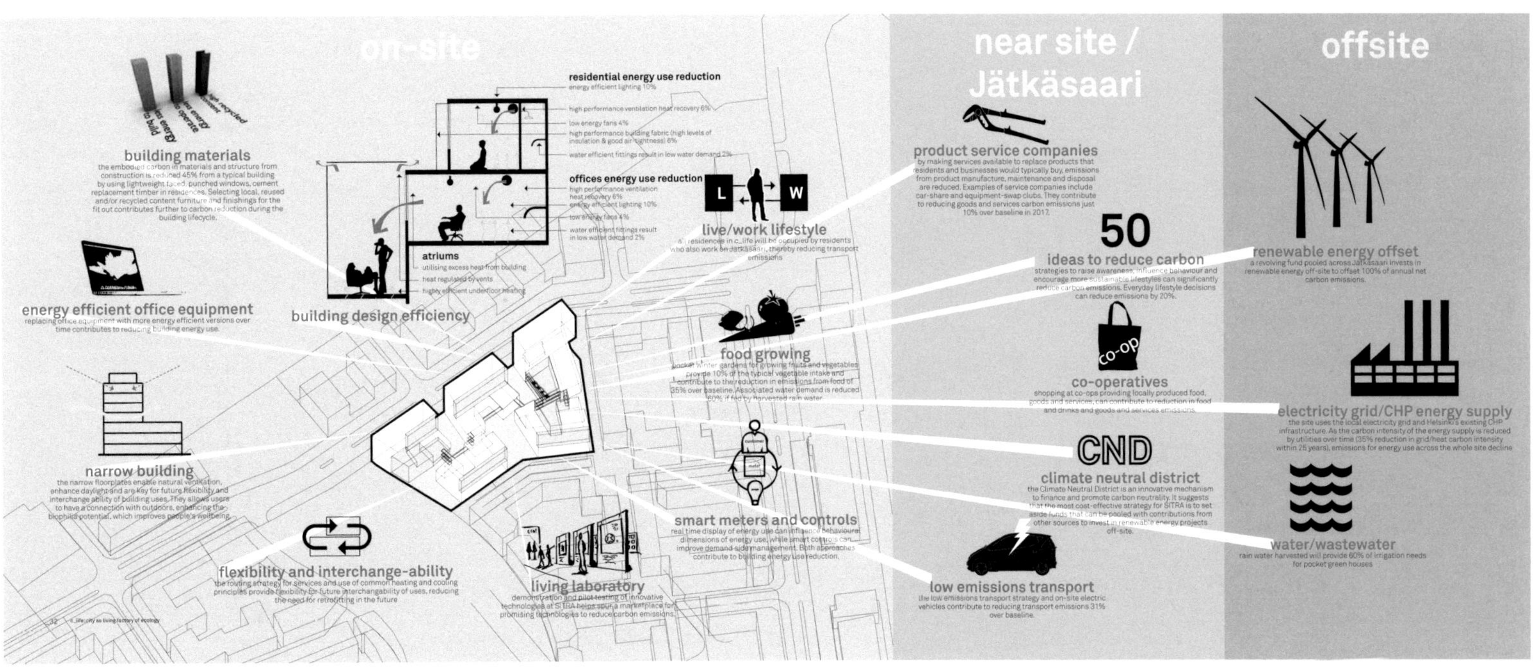

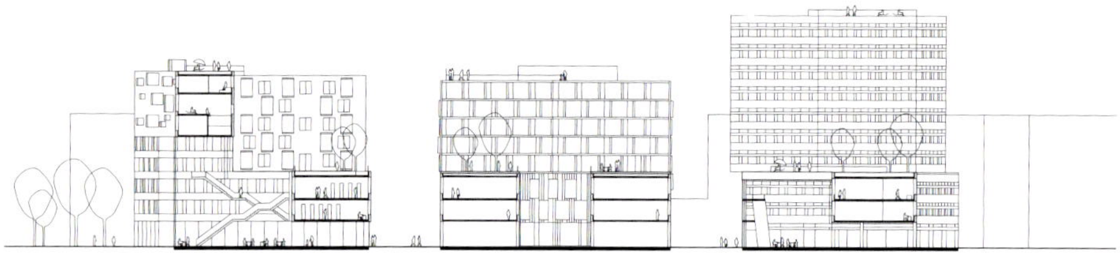

Section A / Schnitt A

Section B / Schnitt B

8th floor / 8. Obergeschoss

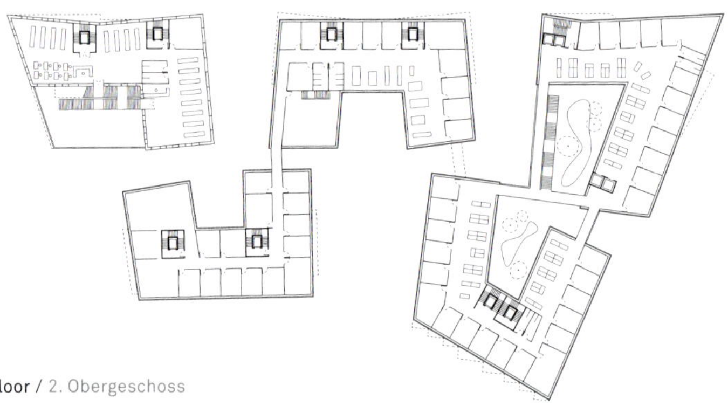

2nd floor / 2. Obergeschoss

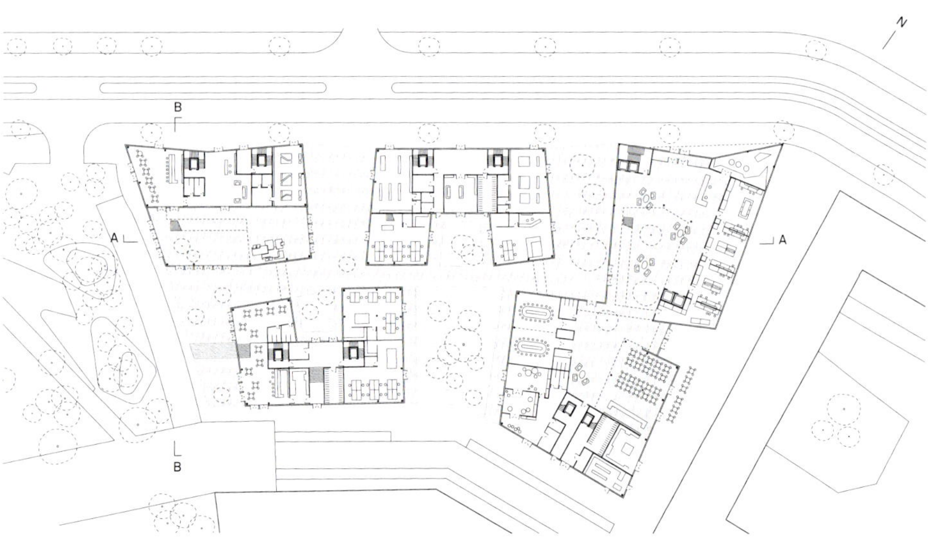

Ground floor / Erdgeschoss

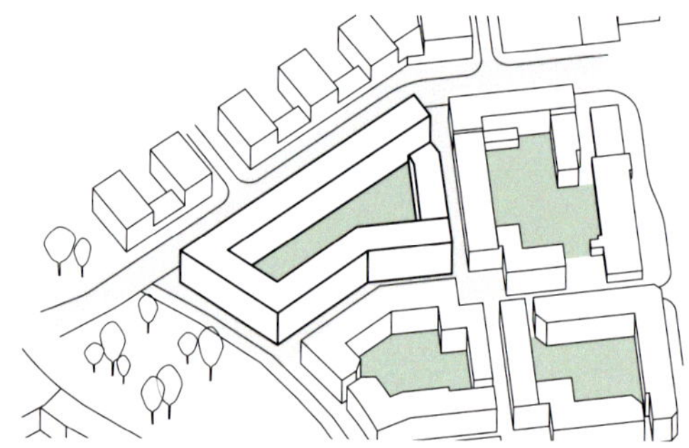

Perimeter block development / Blockrand

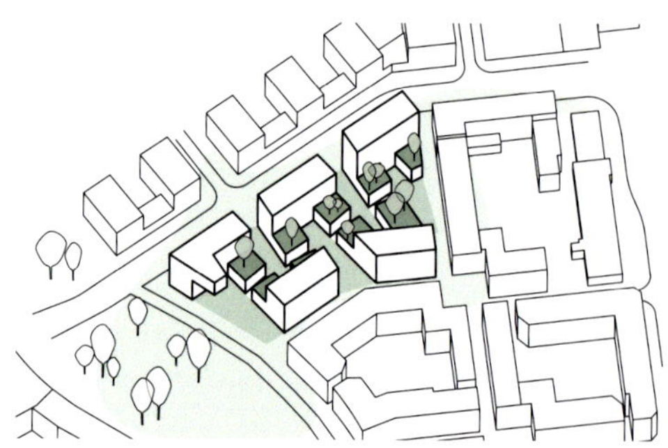

Hierarchy of exterior spaces / Hierarchie der Außenräume

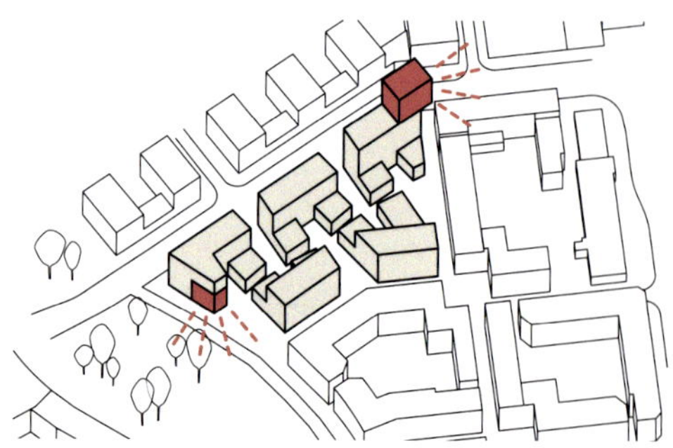

Specific situations / Sonderformen

2009

Faculty of Architecture, Building and Planning, University of Melbourne

Faculty of Architecture, Building and Planning, University of Melbourne

With its stepped massing, the design for the Faculty of Architecture, Building and Planning responds to the scale of the neighbouring buildings on the campus. Running through the scheme in an east-west direction are three courtyards that enable the greater part of the interior to benefit from natural ventilation and light. The four parallel blocks that result can therefore be used flexibly as offices or studios, and for all kinds of teaching situations. The frames that structure these blocks float above an open-plan ground floor, where rounded, organic forms channel the flow of many different circulation routes. These forms accommodate facilities that are open for use by all of the campus, such as an auditorium, an exhibition gallery, a cafeteria and a library. Two of these organic forms continue upwards, interrupting the orthogonal structure of the standard floors while remaining accessible on each. They end above the roof, which can be used by the students as an open-air workshop.

Natural cross ventilation, maximum daylight penetration, reversible solar screening, night-time cooling, thermo-active floor slabs and the use of renewable energy sources all combine to make the building a testing lab for carbon dioxide-free construction and operation in practice.

The design eschews the functional sculpture and rhetorical spatial gesture of built doctrine, both of which are familiar to us from modernist designs for architecture faculties. Instead, it aims for density and a maximum of crossover between disciplines and students from different years, exploiting deliberate collisions and offering an intelligent, robust and climatomorphic infrastructure that is able to adapt to the changing demands of an uncertain future.

Ein abgetrepptes Gebäudevolumen, das sich an den Maßstab der umgebenden Bebauung auf dem Campus anpasst, wird von drei in Ost-West-Richtung orientierten Höfen durchbrochen, die die natürliche Belüftung und Belichtung des größten Teils aller Flächen dieser Fakultät für Architektur ermöglichen. So entstehen vier Parallelriegel, die flexibel für Büro-, Studio- und alle Arten von Lehrsituationen genutzt werden können. Die Skelettstruktur der Riegel schwebt über einem offenen Erdgeschoss, in das in weichen, von vielfältigen Wegen umflossenen Körpern campusoffene Nutzungen wie Auditorium, Ausstellungsgalerie, Cafeteria und Bibliothek eingestellt sind. Zwei dieser organischen Körper, die auf jeder Ebene zugänglich sind, durchbrechen die orthogonale Struktur der Nutzungsebenen bis zum Dach, das den Studenten als Open-Air-Werkstatt zur Verfügung steht.

Natürliche Querlüftung, maximale Tagesbelichtung, reversibler Sonnenschutz, Nachtkühlung, aktive Decken und der Einsatz regenerativer Energiequellen machen das Gebäude zu einem Testlabor CO_2-freier Bau- und Nutzungspraxis.

Der Entwurf vermeidet die funktionale Skulptur und die rhetorische Raumgeste gebauter Pädagogik, die wir von den Architekturfakultäten der Moderne gewohnt sind. Er setzt stattdessen auf Dichte und maximales Cross-over zwischen den Fakultäten und Jahrgängen, baut auf bewusste Kollision und bietet eine intelligente, robuste und klimatomorphe Infrastruktur, die sich den wechselnden Anforderungen einer ungewissen Zukunft anpassen kann.

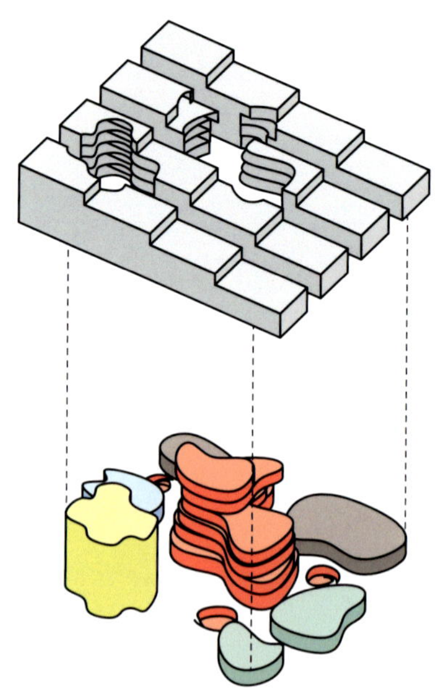

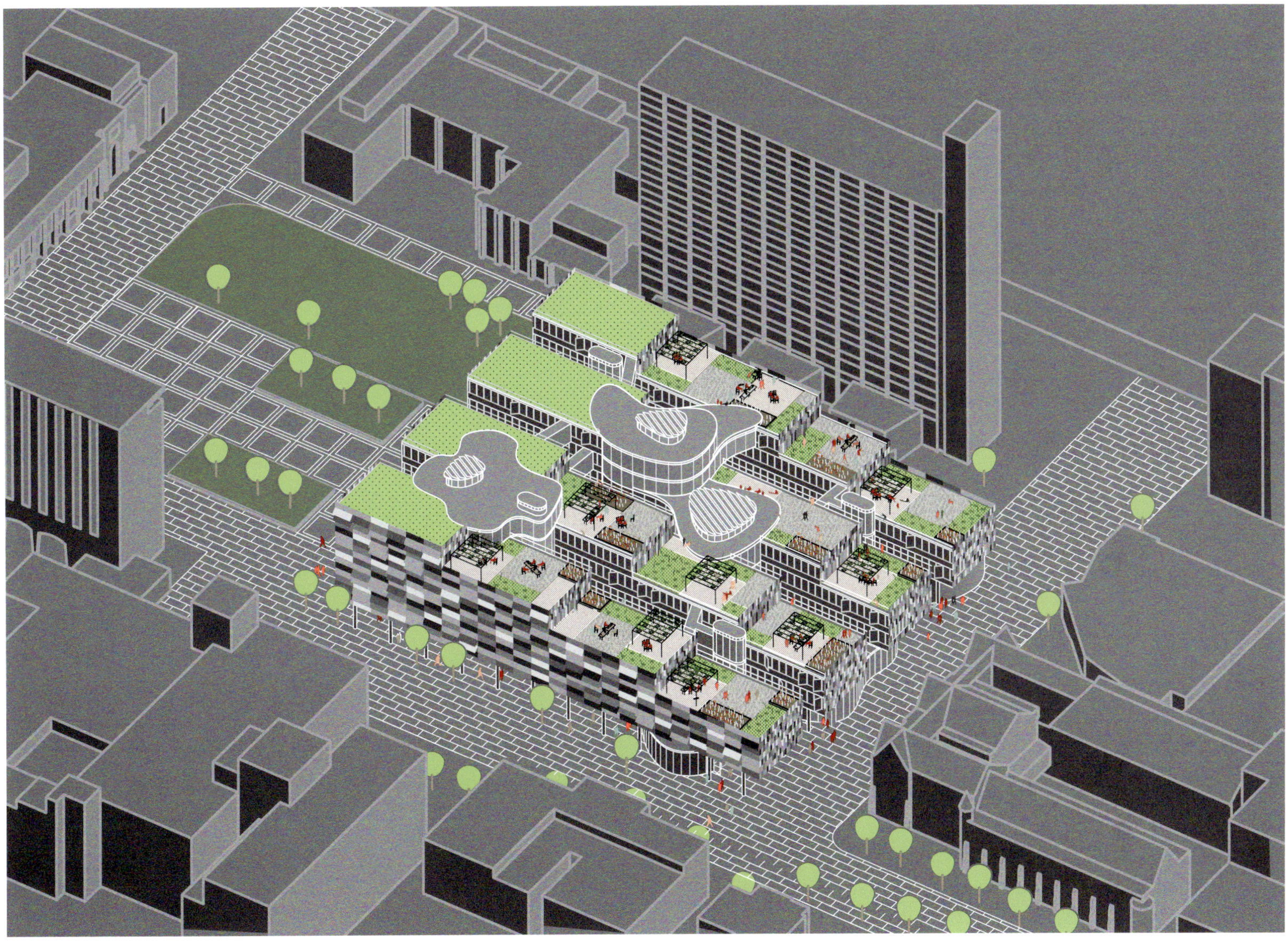

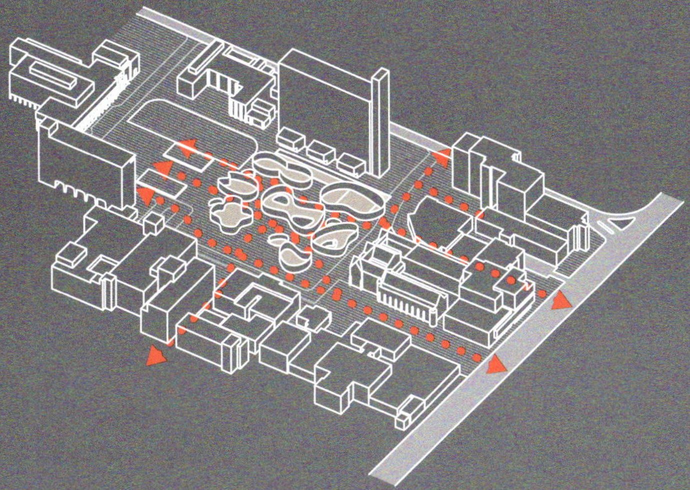

Routes / Verbindungen

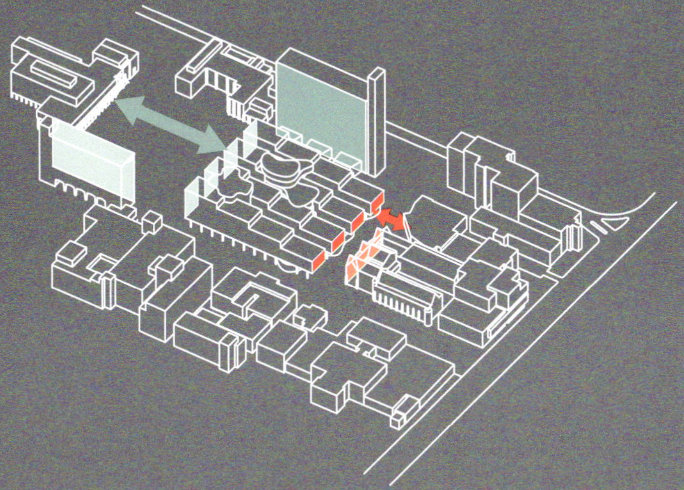

Heights / Höhen

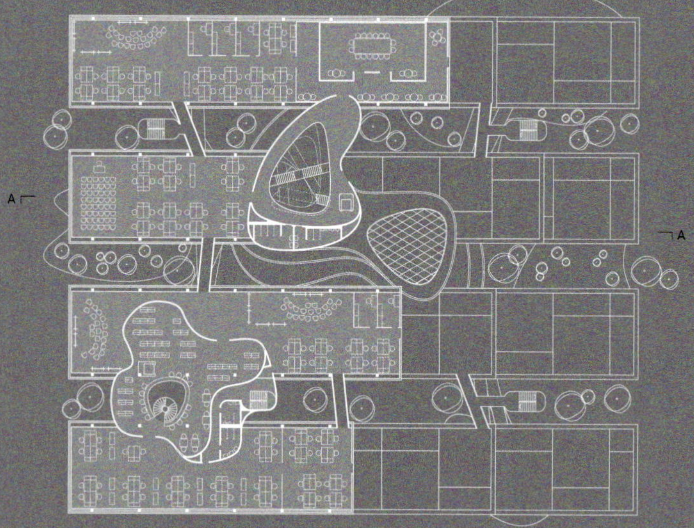

4th floor / 4. Obergeschoss

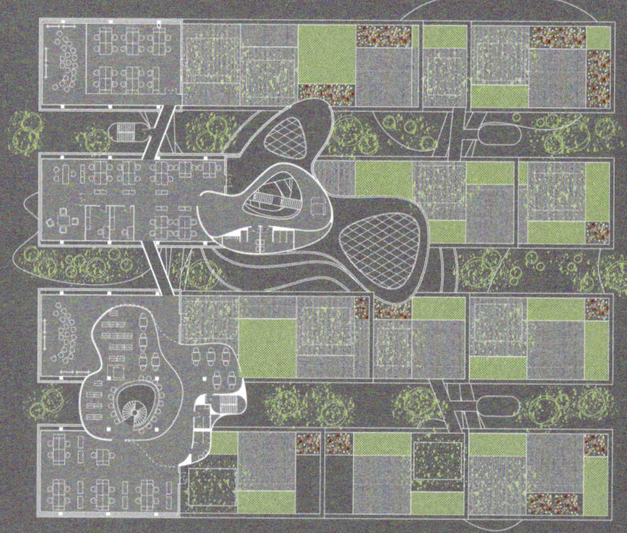

5th floor / 5. Obergeschoss

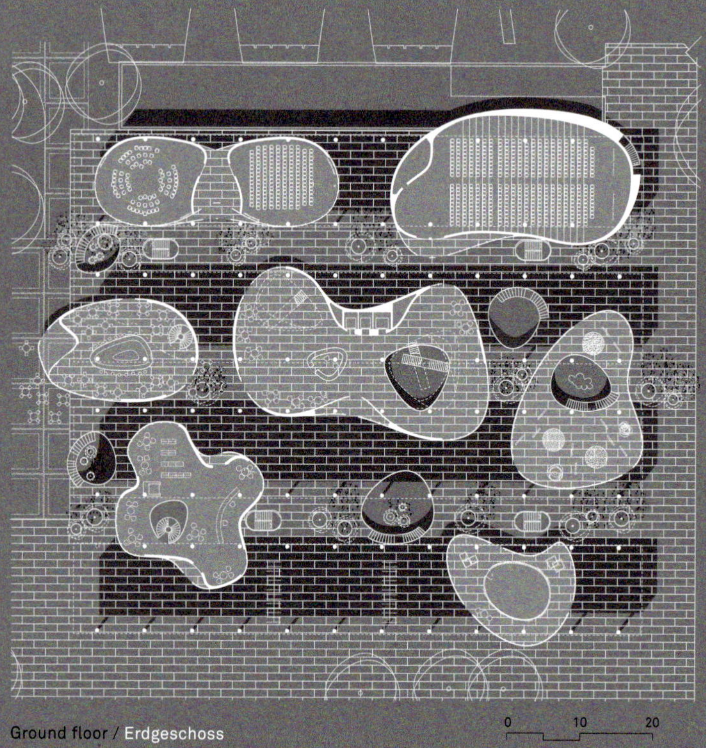

Ground floor / Erdgeschoss

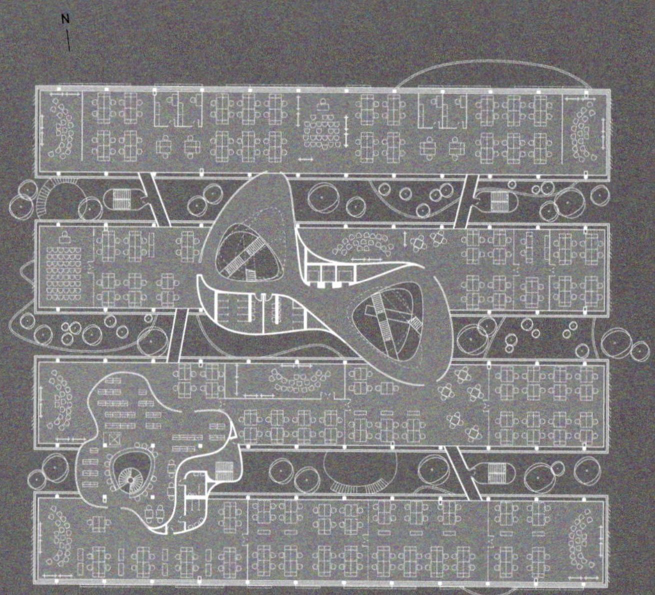

1st floor / 1. Obergeschoss

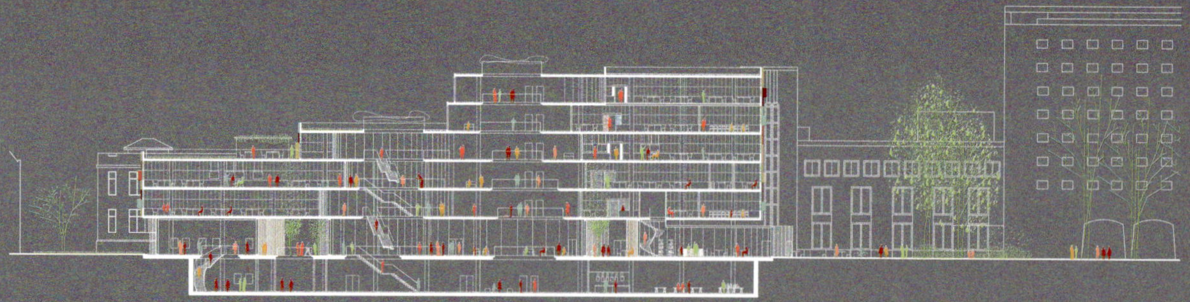

Section A / Schnitt A

MELBOURNE SCHOOL OF DESIGN
GALLERY

2009

John H. Daniels School of Architecture, Toronto

John H. Daniels School of Architecture, Toronto

In this paradigmatic approach to the conjunction of old and new, the interplay of volumes gives a striking new identity to the Faculty of Landscape, Architecture and Design in Toronto. Overall, our approach aims to liberate the existing building so that it can literally breathe again – the restoration of natural light and ventilation as well as thermal improvements is carried out without impairing its appearance. The installation of solar louvres in the replacement windows, however, initiates a subtle transition to the façades of the extension.

The new nine-storey tower forms an ensemble with the historic building and relates to the scale of other local interventions, establishing a strong presence on the city skyline for the Faculty and the university campus. The tower's upper four floors, containing airy studio spaces, cantilever over the existing courtyard to create an atrium that not only improves internal circulation but becomes the focal space for the entire school. By locating the main communal activities of the exhibition space, library, café and auditorium around this central area, it begins to assume the role of a town square. In this way the architecture school represents a microcosm of urban structure that not only nurtures interdisciplinary discussion but also offers a testbed for creative design experiments.

The new façades are clad with panels of polychromatic glass battens that are arranged vertically or horizontally. This lightweight, translucent structure forms a deliberate contrast to the solid masonry and pronounced profiles of the existing building.

Zwei Erweiterungen ergänzen den historischen Bestandsbau der Faculty of Landscape, Architecture and Design in Toronto zu einer spektakulären Komposition von Volumen. Die behutsame Ertüchtigung des Altbaus selbst lässt wieder den maximalen Einsatz von natürlicher Belüftung und Belichtung der Räume zu, ohne die äußere Erscheinung des Baus zu beeinträchtigen. Lediglich die Sonnenschutzlamellen der erneuerten Fenster leiten dezent zur Textur der Neubaufassaden über.

Die ergänzenden Volumen umschließen einen Hof, der nun zum Herz der Institution wird. Sie stellen eine verbesserte zentrale Erschließung zur Verfügung sowie, in der Auskragung über dem Innenhof, neue, loftartige Ateliers. Dazu verleiht der neungeschossige Turm einen weithin sichtbaren Auftritt für Fakultät und Universitätscampus.

Die Fassaden bestehen aus Feldern aus polychromen horizontalen und vertikalen Glaslamellen. Diese leichte und transluzente Textur kontrastiert bewusst die schwere plastische Ornamentik des Altbaus.

Das neue Atrium zwischen Alt- und Neubau nimmt mit den angelagerten Funktionen von Ausstellungsbereich, Bibliothek, Café und Hörsaal den Charakter eines gewissermaßen invertierten Stadtplatzes an. In seiner Anordnung um einen sozialen Ort bildet diese Architekturschule einen Mikrokosmos des Urbanen, der sich zum Experiment am „lebenden Objekt" anbietet.

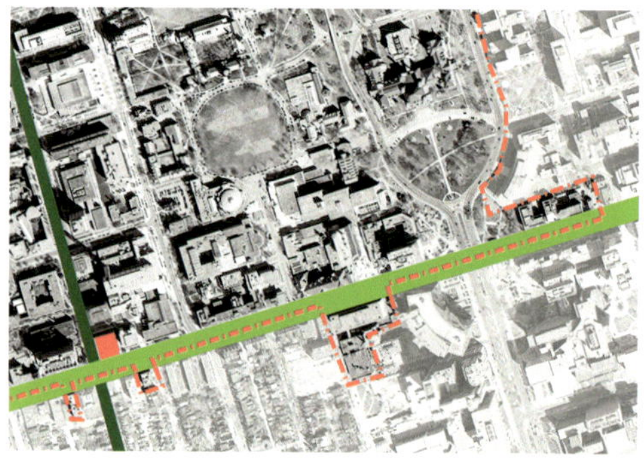

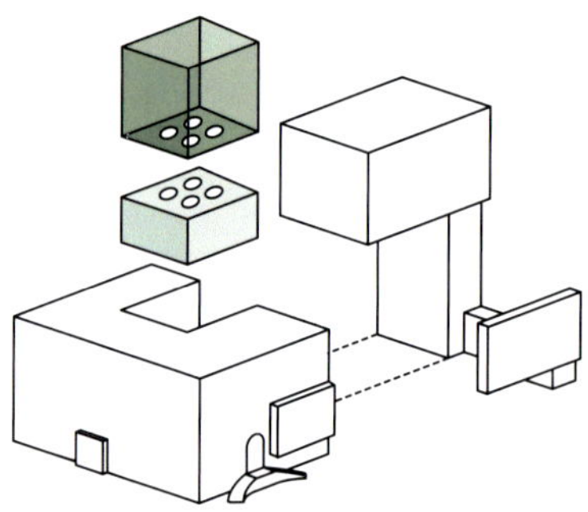

Atrium as common focus / Das Atrium als gemeinsamer Fokus

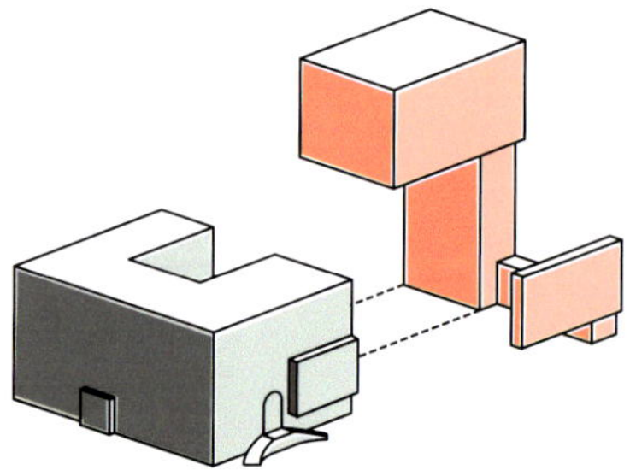

Existing building and extension / Bestand und Erweiterung

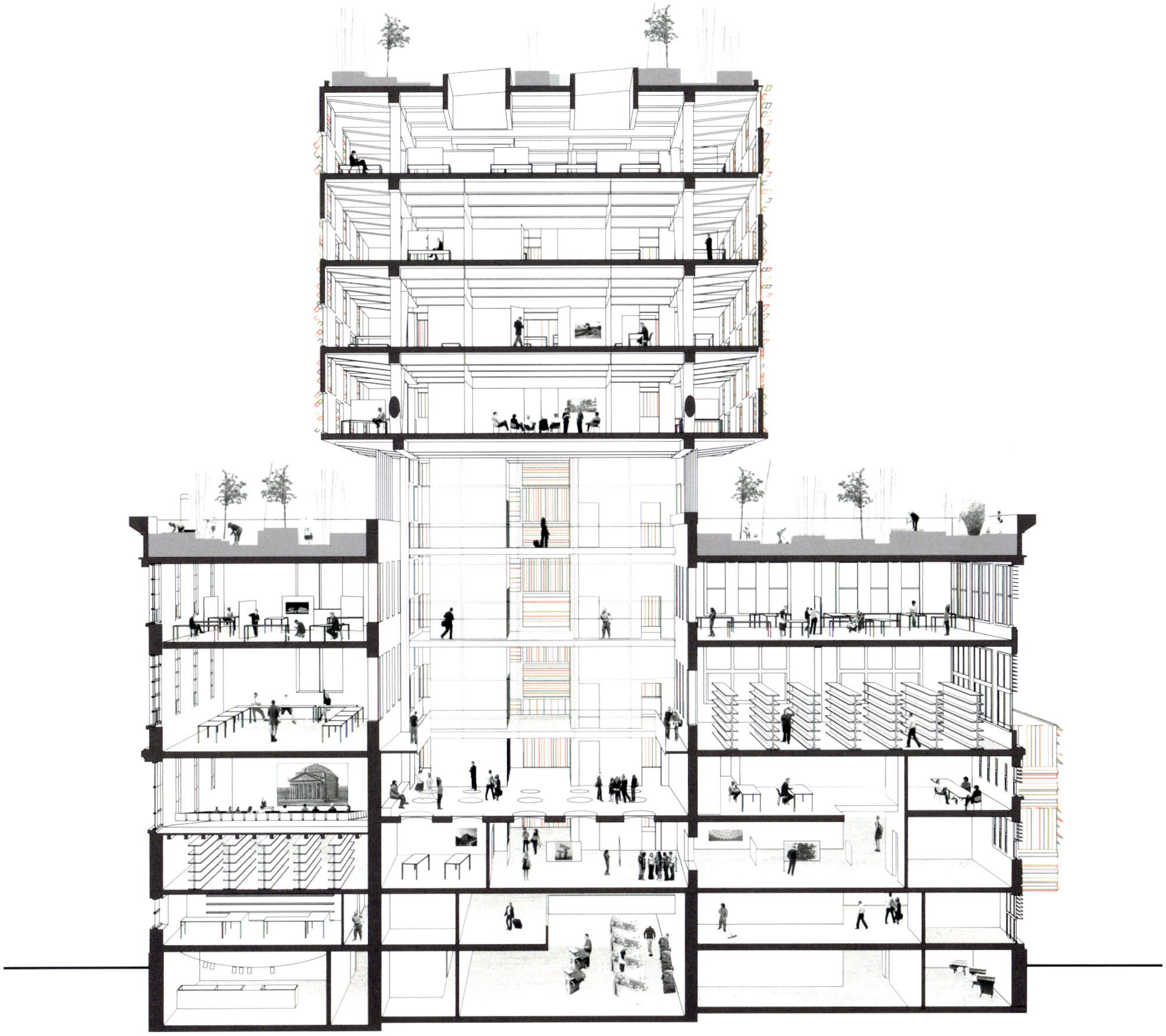

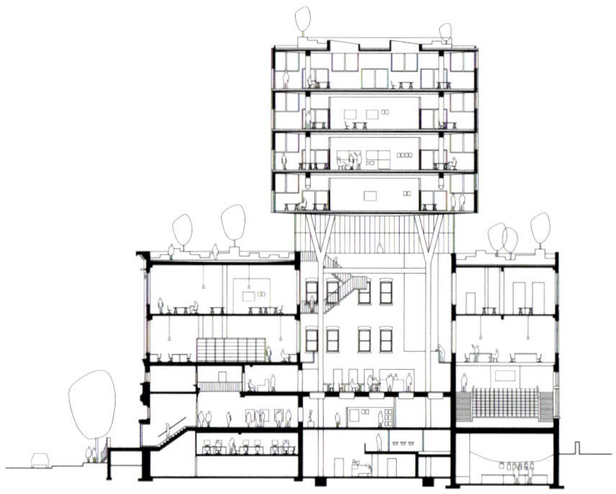

Section A / Schnitt A

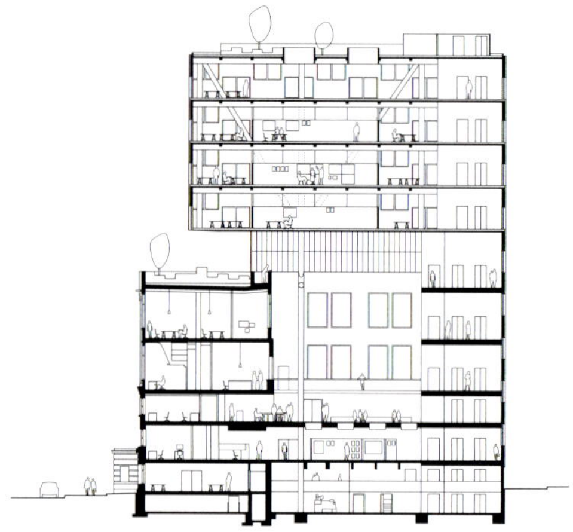

Section B / Schnitt B

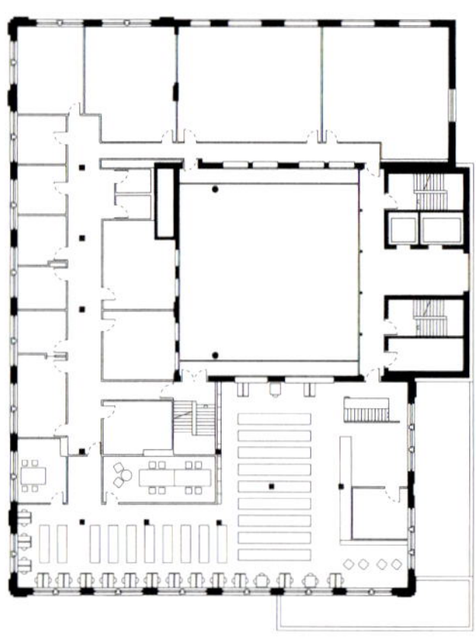

3rd floor / 3. Obergeschoss

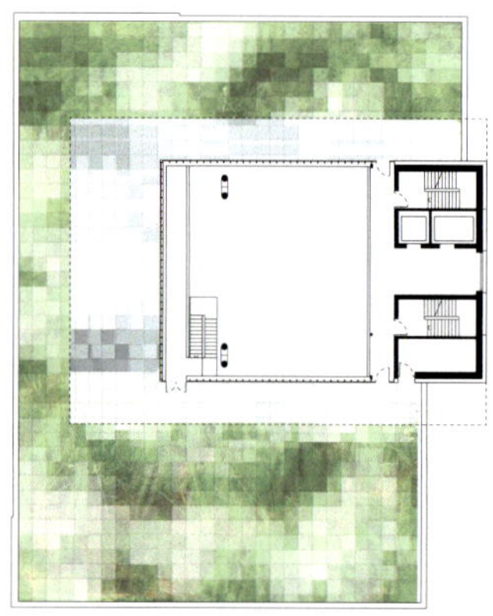

5th floor / 5. Obergeschoss

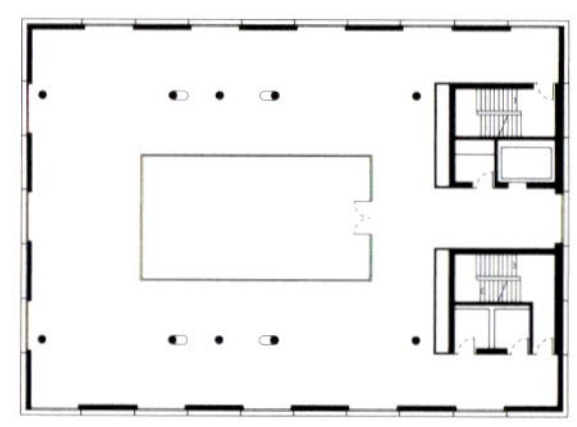

6th–8th floor / 6.–8. Obergeschoss

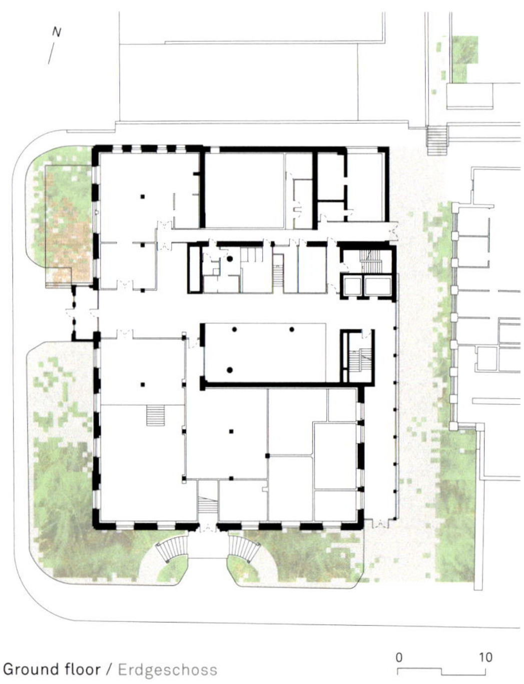

Ground floor / Erdgeschoss

1st floor / 1. Obergeschoss

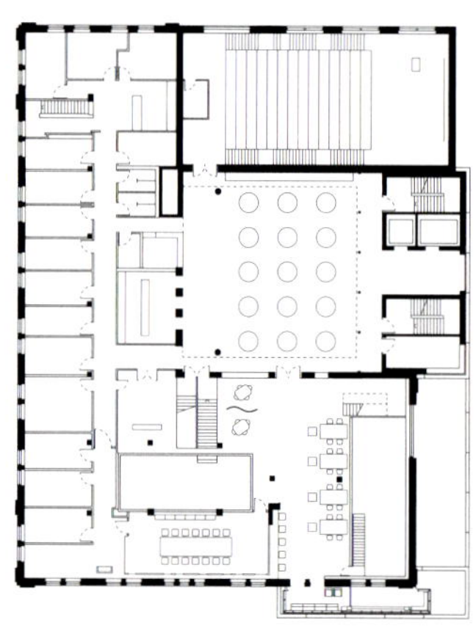

2nd floor / 2. Obergeschoss

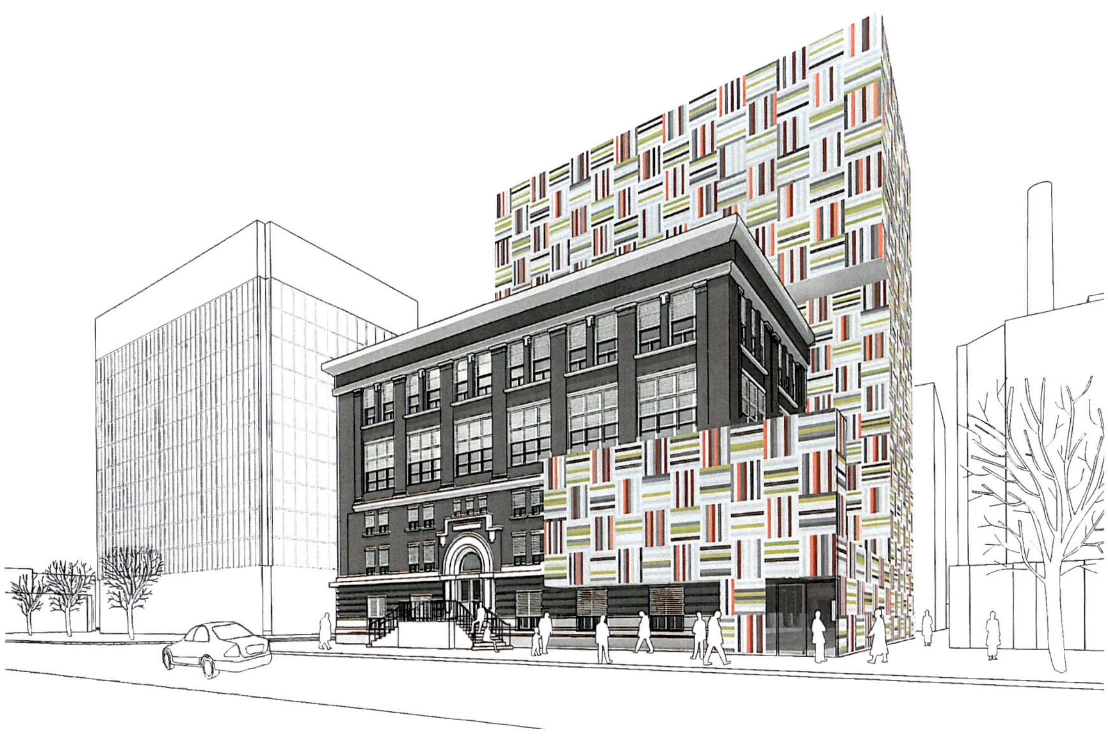

2009

Studio Sauerbruch Hutton, Berlin

Studio Sauerbruch Hutton, Berlin

In order to create contemporary and flexible studio spaces for their practice, Sauerbruch Hutton renovated and extended a former Prussian military uniform factory. Built in 1880, this is the largest building in an ensemble of brick barracks that has been progressively converted by artists and architects since the 1970s.

The project involved the complete renovation of the second floor – which had been haphazardly reconstructed in the wake of war damage – and the addition of a third floor. While the colour, material and detailing of the upper façade, with its blue-grey plaster, flush-set windows and zigzag silhouette, are in deliberate contrast to the base of the building, its rhythmical articulation derives from the lower portion's listed brick façade.

Inside, on the refurbished second floor, a long glass wall runs the full length of the space, delineating a series of offices to the north and a generous open-plan area to the south. In contrast, the new third floor has been divided laterally. Here a pair of 90 m^2 loft-type spaces – one a reception area, the other a conference room – are linked by a spacious gallery that also gives access to a library and five smaller offices and meeting rooms. The spacious and airy character of this representative area is emphasised by a series of large roof lights, the off-white of the walls and the generosity of the wide Douglas fir floorboards that stretch from wall to wall. The atmosphere is both creative and professional, yet does not sacrifice the industrial aesthetic of the original.

Mit der Aufstockung und Sanierung einer ehemaligen Uniformschneiderei der preußischen Armee wurde das Büro von Sauerbruch Hutton um zeitgemäße und räumlich flexible Büroflächen erweitert. Das Gebäude ist Teil einer um 1880 errichteten Kaserne und heute der größte noch erhaltene Einzelbau des Ensembles, das sich Künstler und Architekten seit den 1970er-Jahren schrittweise angeeignet haben.

Der Umbau umfasste die Sanierung des nach Kriegsschäden neu aufgebauten zweiten Obergeschosses sowie die Aufstockung um ein weiteres Geschoss. In Farbe, Material und Detail setzt sich das ergänzte Volumen mit seiner blaugrauen Putzfassade, dem Sheddach und den außenbündigen Fenstern deutlich von seiner Basis ab, während die Gliederung der Fassade von der denkmalgeschützten Backsteinfassade fortgeführt wird.

Im Inneren ist die zweite Etage in der Längsachse durch eine Glaswand in kleinere Büroräume im Norden und einen Großraumbereich im Süden gegliedert. Die dritte Etage ist dagegen quer gegliedert. Zwei 90 Quadratmeter große Lofts – als Rezeption beziehungsweise „Projektraum" genutzt – werden von einer großzügigen Galerie verbunden, die eine Bibliothek und fünf weitere Besprechungs- und Büroräume verbindet. Der offene und helle Charakter dieses repräsentativen Bereichs wird durch die Oberlichter des Sheddachs, das gebrochene Weiß der Wände und die durchlaufenden Dielen aus Douglasie unterstrichen, die eine kreative und gleichermaßen repräsentative Atmosphäre erzeugen, ohne die rohe Ästhetik des Industriebaus aufzugeben.

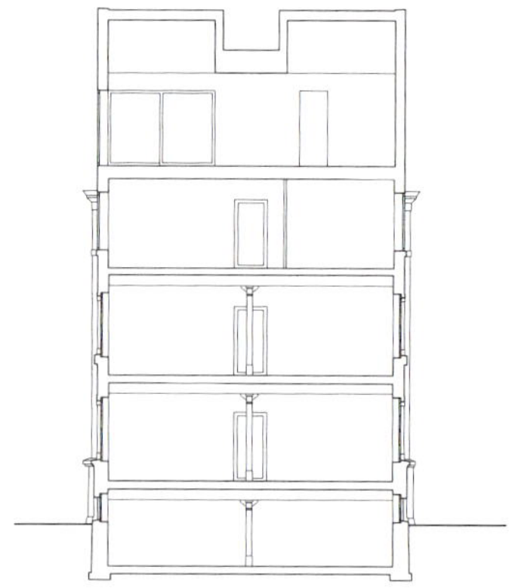

Section A / Schnitt A

Section B / Schnitt B

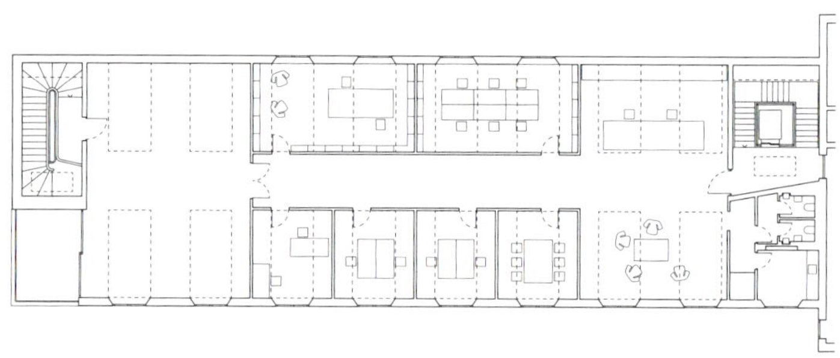

3rd floor / 3. Obergeschoss

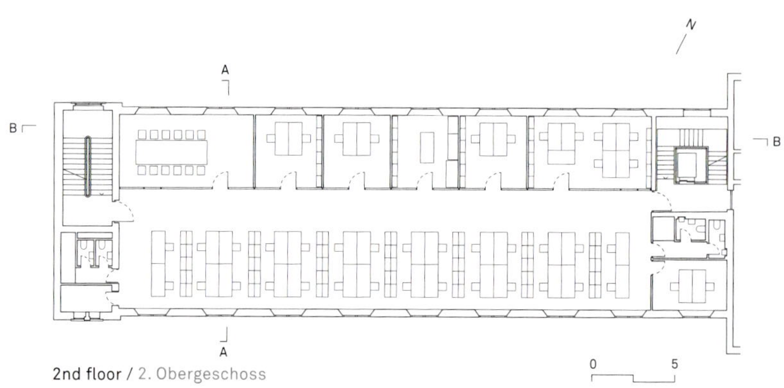

2nd floor / 2. Obergeschoss

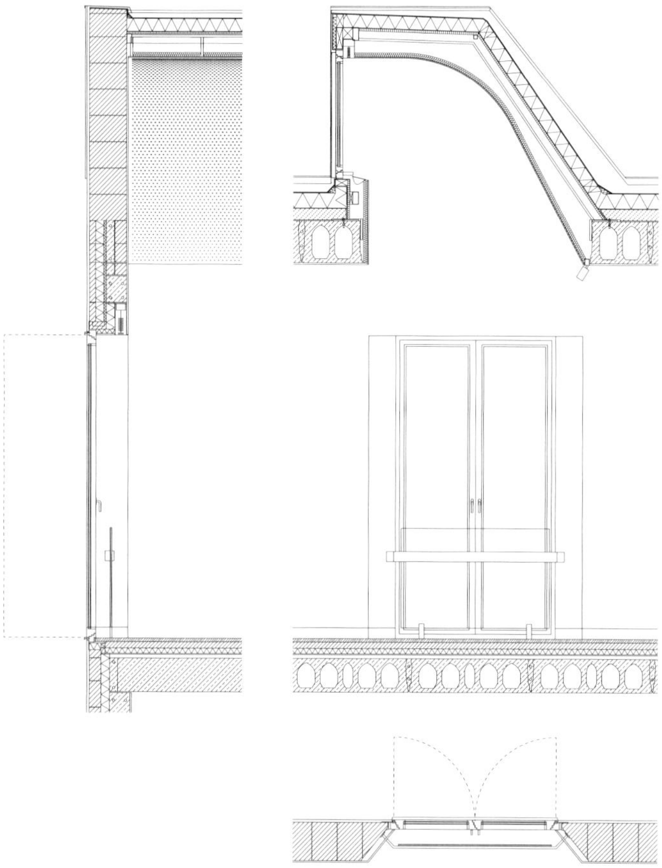

Detailed sections / Detailschnitte

2010

Studio and Loft Karin Sander, Berlin

Studio und Loft Karin Sander, Berlin

As part of the top-floor addition for Sauerbruch Hutton's own offices in the former uniform factory, a supplemental volume was incorporated to house the studio and apartment for conceptual artist Karin Sander.

A series of rooms unfold across two levels with a robust, yet refined and sensuous material aesthetic that evokes an atmosphere of both productive activity and intimacy. Karin Sander sees the rooms of her apartment as being part of the creative zone; as places of quiet concentration that complement the larger studio spaces where works can be constructed and viewed at some distance.

The new volume is structured according to the straightforward logic of the old building, with its massive exterior walls and cast-iron interior columns. Pre-stressed hollow core planks of reinforced concrete span the entire width of the interior. A freestanding, in-situ cast concrete wall separates the smaller rooms from the studio spaces, for which it acts as bracing. A single, narrow opening in this wall enables the artist to go directly from the dwelling area to her secluded *studiolo,* which overlooks the studio.

Als Teil der Aufstockung der ehemaligen Uniformschneiderei in Berlin-Moabit entstand zusammen mit der Erweiterung des eigenen Büros von Sauerbruch Hutton ein ergänzendes Volumen mit Studio und Wohnung für die Konzeptkünstlerin Karin Sander.

Hier entfaltet sich über zwei Ebenen ein komplexes, abwechslungsreiches Raumgefüge mit einer robusten und dennoch präzisen und sinnlichen Materialität, das eine produktive und gleichzeitig intime Atmosphäre zu erzeugen vermag. Karin Sander selbst fasst auch die Wohnbereiche als Zonen kreativen Schaffens auf: kleinere Orte des Rückzugs und der Konzentration, die sich mit den weiträumigen Atelierbereichen der Studios komplementär ergänzen.

Die Struktur des Volumens folgt der simplen Logik des Altbaus mit seinen massiven Außenwänden und gusseisernen Mittelstützen. Vorgespannte Hohlbalkendielen aus Stahlbeton spannen von Fassade zu Fassade. Eine freitragende Wand aus Ortbeton gliedert die Bereiche und steift zugleich die großen Atelierräume aus. Sie ist nur an einer einzigen Stelle von einer kleinen Öffnung durchbrochen, über die man aus dem Wohnbereich auf eine Bibliotheksempore oberhalb des Studios gelangt.

In the east façade there is a single opening: Karin Sander's first work on – and in – the studio. The size of an A4 sheet of paper on the inside, its reveals are splayed so as to reach A3 format on the outside. Depending on the angle of view, the wall loses its depth: the view of the city through this opening seems like a two-dimensional picture hung on the wall.

In der Ostfassade gibt es eine einzige Öffnung, die erste Arbeit von Karin Sander am und im Atelier. Sie hat das Format eines A4-Blattes, weitet sich aber nach außen hin auf A3-Format aus. So verliert die Wand je nach Blickwinkel vollständig an Tiefe: Die durch die Öffnung sichtbare Umgebung der Stadt wirkt wie ein an die Wand gehängtes Bild.

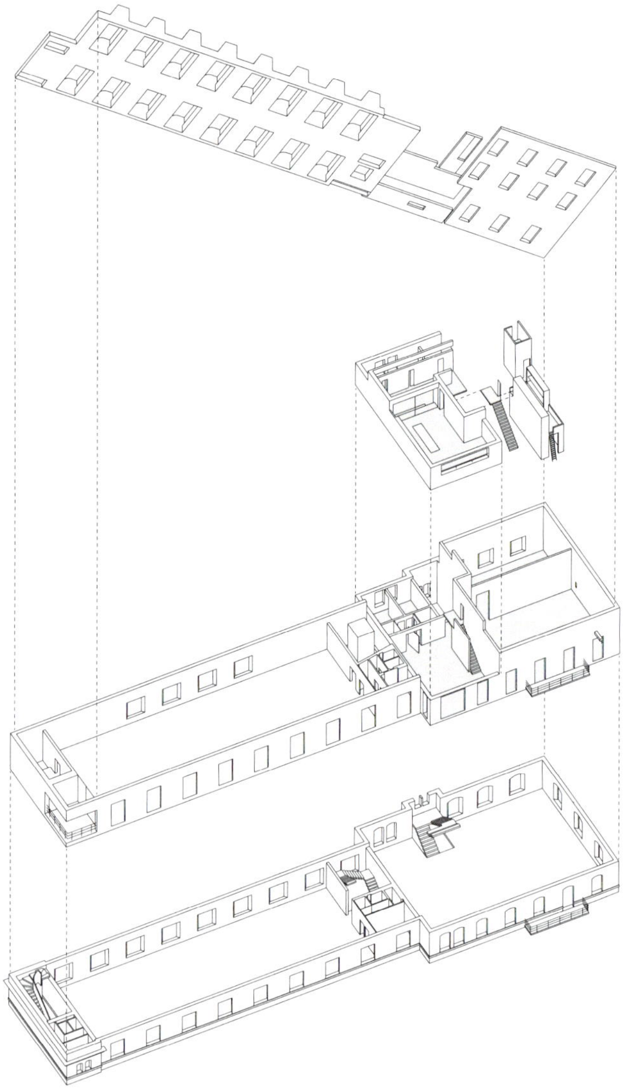

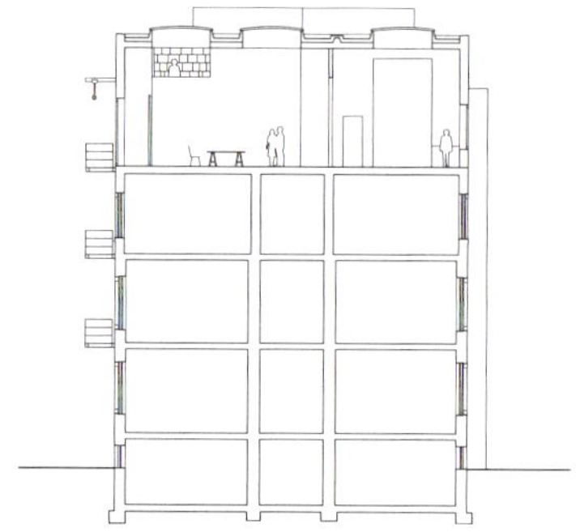

Section A / Schnitt A

Section B / Schnitt B

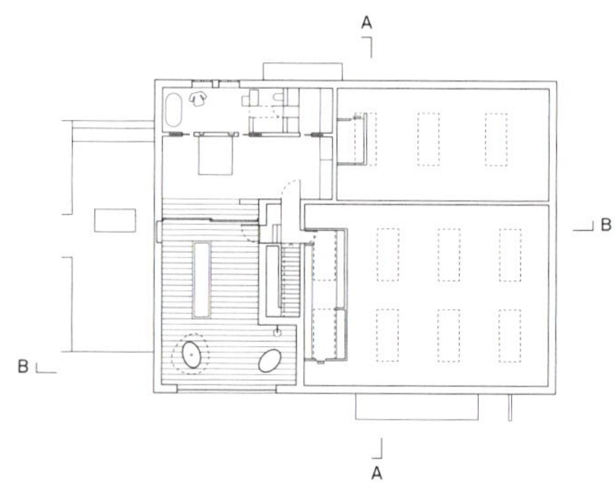

4th floor / 4. Obergeschoss

3rd floor / 3. Obergeschoss

'My idea for a combination of studio and apartment, where any room can also be a work space, is based on the specific requirements that are tied to my own artistic practice – but it also responds to the general conditions and developments in contemporary art, which in the context of conceptual methods related to so-called "post-studio practices" have the potential to include all kinds of techniques.'

„Mein Plan einer Kombination von Atelier und Wohnung, wo jeder Raum auch immer zugleich Arbeitsraum sein kann, setzt bei den spezifischen Anforderungen an, die meine eigene künstlerische Arbeitsweise ausmachen – er reagiert aber auch auf die allgemeinen Bedingungen und Entwicklungen der zeitgenössischen Kunst, die im Rahmen der konzeptuellen Arbeitsweisen im Anschluss an die sogenannten *post-studio practices* potenziell alle möglichen Techniken einbeziehen."

Karin Sander

2010

M9 Museum, Mestre, Venice

M9 Museum, Venedig-Mestre

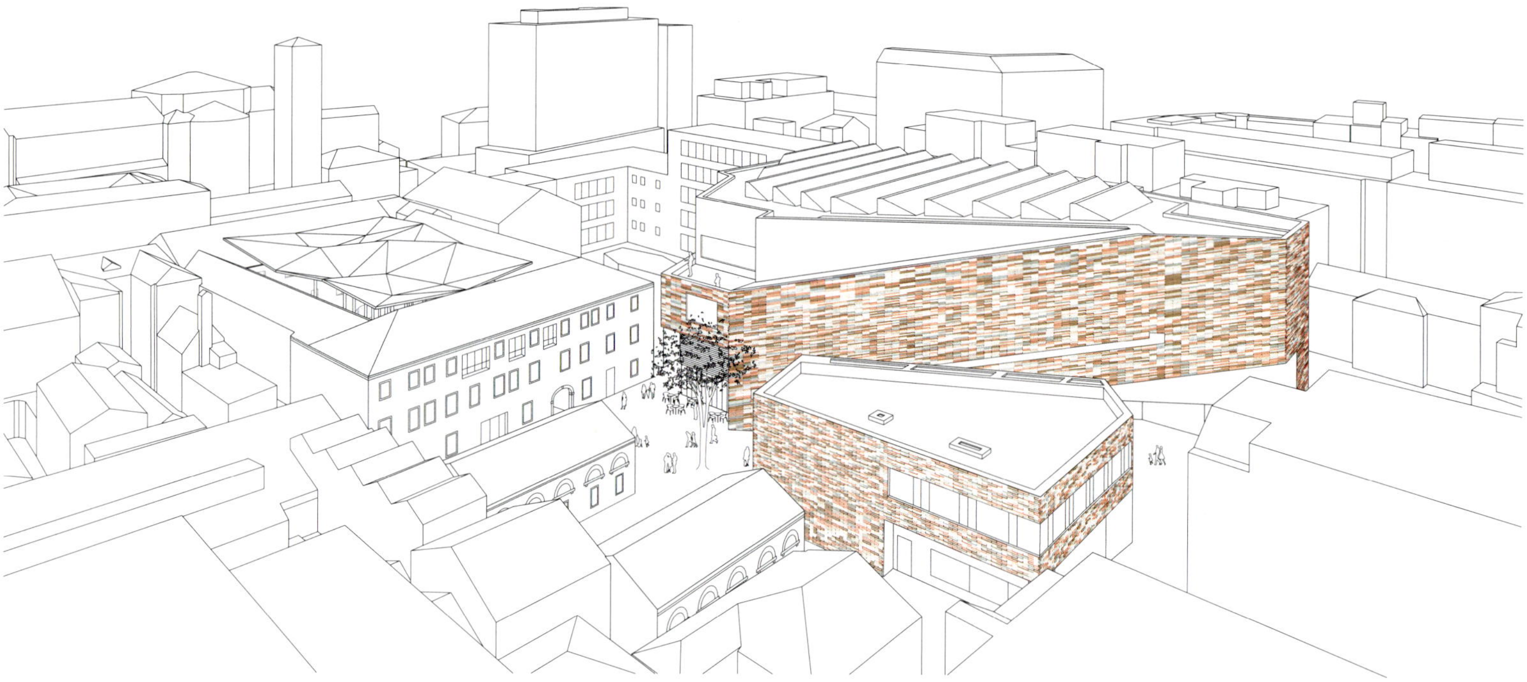

M9 is a museum of the cultural inheritance of the 20th century, located in a small museum quarter in Mestre, the mainland gateway to Venice. An agent of urban renewal, this educational institution and events venue provides a point of local identification and helps to redress the disparity of cultural wealth between Mestre and the tourist magnet across the lagoon.

The M9 scheme consists of one larger and one smaller new building – for the museum and its offices, respectively – plus a former convent and an office building. Together they frame a new public square and open up a diagonal pedestrian link from Piazza Erminia Ferretto to the important thoroughfare of Via Cappuccina. This passes through the courtyard of the 16th-century Convento delle Grazie, which is renovated and converted for uses that will complement those of the small quarter. The route through the block is enlivened at street level by various cafés, restaurants and shops.

The museum building likewise offers public facilities on the ground floor, including a media library, an auditorium, a museum shop and a café. A long, dramatic staircase leads up to the galleries and event spaces. The permanent exhibition occupies two 'black box' floors and takes a narrative approach to the history of modern Italy, while temporary exhibitions are housed in a naturally lit 'white box' on the top floor.

M9 is an active museum with no thresholds to inhibit entry; it addresses residents and tourists, young and old alike. In its provision of a social location, the development as a whole sustains the lifeblood of the European city.

M9 ist ein Museum für die Geschichte des 20. Jahrhunderts. Es ist Teil eines kleinen, neu entstehenden Museumsviertels in Mestre, auf Venedigs *terra ferma,* und Triebfeder einer angehenden Stadterneuerung. Teils Bildungs- und teils Veranstaltungsort, dient es als komplementäres Gegenüber zu der vom Tourismus dominierten Inselstadt vor allem als Ort lokaler Identifikation.

Den Mittelpunkt des Viertels bildet ein kleiner Museumsplatz, der Teil einer neuen Wegeverbindung von der zentralen Piazza Erminia Ferretto zur Via Cappuccina ist. Diese Diagonale durch einen bisher unzugänglichen Block wird vom Hauptgebäude des Museums und einem kleineren Verwaltungsbau flankiert und führt weiter durch den Innenhof des Convento delle Grazie, einem Klosterbau aus dem 16. Jahrhundert, der saniert und umgenutzt wird. Restaurants und Geschäfte in den Erdgeschosszonen beleben den gesamten Weg durch den Block.

Auch das Museumsgebäude beherbergt im Erdgeschoss öffentliche Funktionen wie Mediathek, Auditorium, Museumsshop und Café. Die Ausstellungs- und Veranstaltungsbereiche in den Obergeschossen erreicht man über eine dramatisch inszenierte Treppe. Eine Dauerausstellung führt auf „narrativen Pfaden" durch die Moderne Italiens, eine tagesbelichtete White Box auf der obersten Etage steht für Wechselausstellungen zur Verfügung.

M9 ist ein aktives Museum ohne Schwelle zwischen Innen und Außen, das Bewohner wie Touristen, Jung wie Alt adressiert und als sozialer Ort die Essenz der europäischen Stadt am Leben erhält.

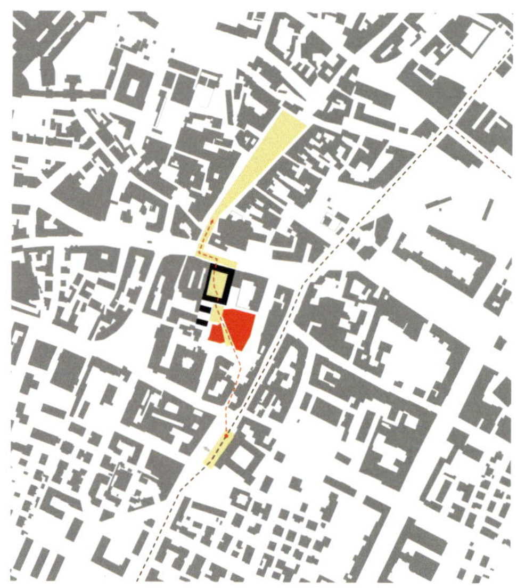

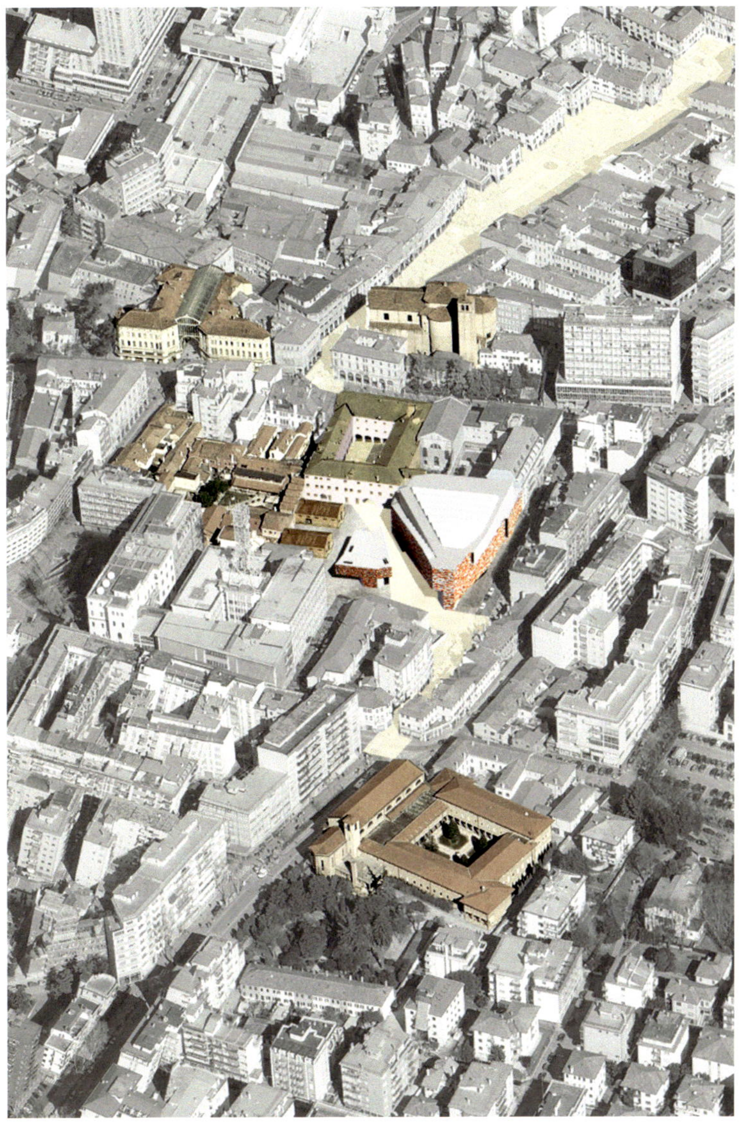

The new buildings respond sensitively to their context. Their polychrome façades incorporate the colours of the surrounding buildings in a textured composition that evokes motion and blurring, in reference to the contents of the museum. Multiple cutaways open up the façades, involving the outdoor spaces in this dynamic action.

Die Neubauten sind sorgfältig auf ihr Umfeld abgestimmt. Ihre Polychromie verarbeitet Farbtöne der Umgebung zu einer Textur, die als Hinweis auf das Museumsprogramm Dynamik und Unschärfe assoziieren lässt. Sie öffnen sich buchstäblich durch vielfache Anschnitte ihrer Volumen.

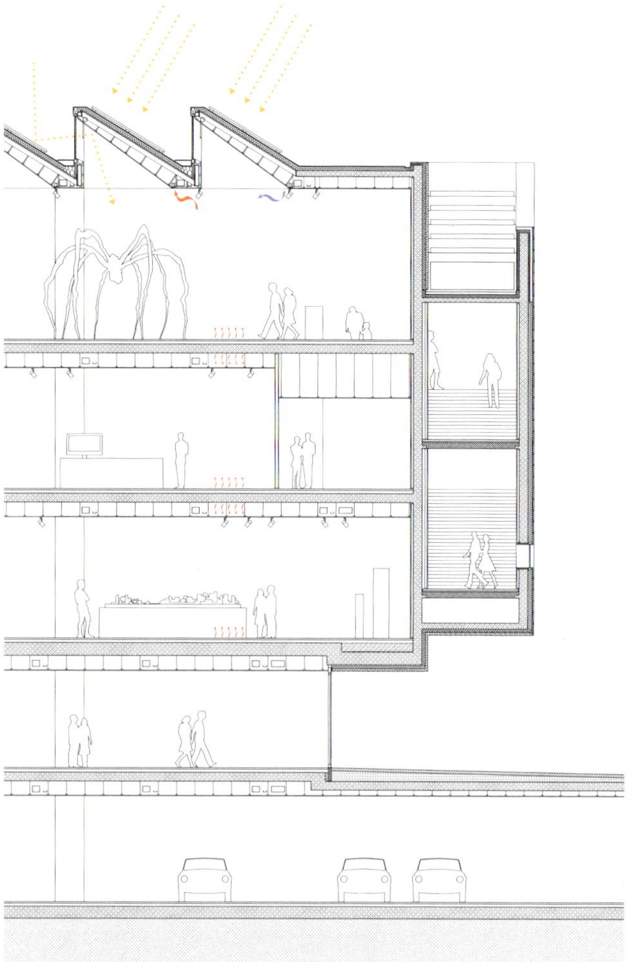

Daylight and ventilation / Belichtung und Belüftung

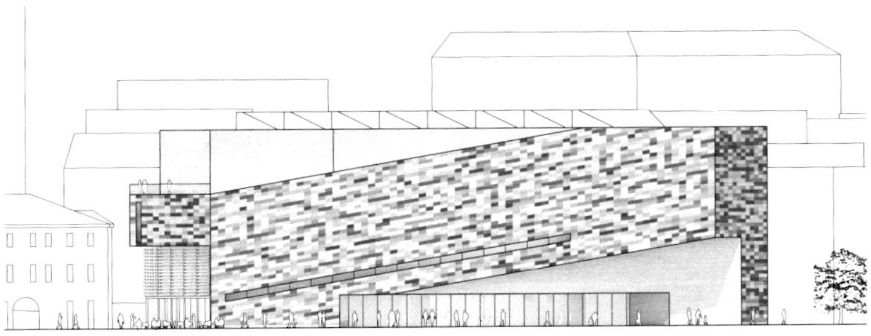

West elevation / Ansicht West

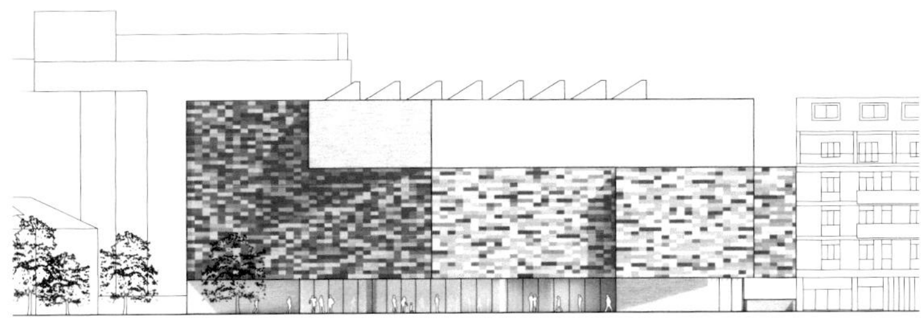

East elevation / Ansicht Ost

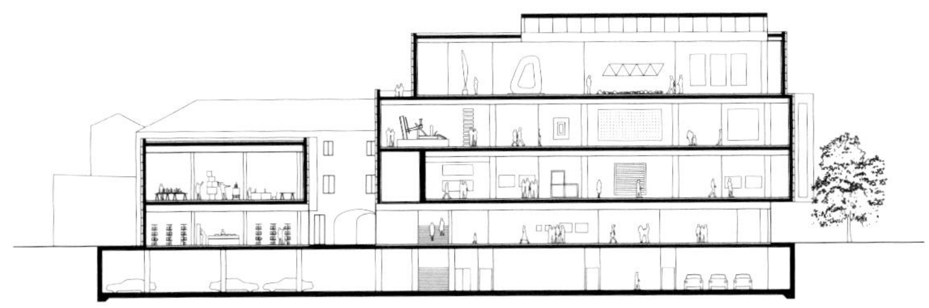

Section A / Schnitt A

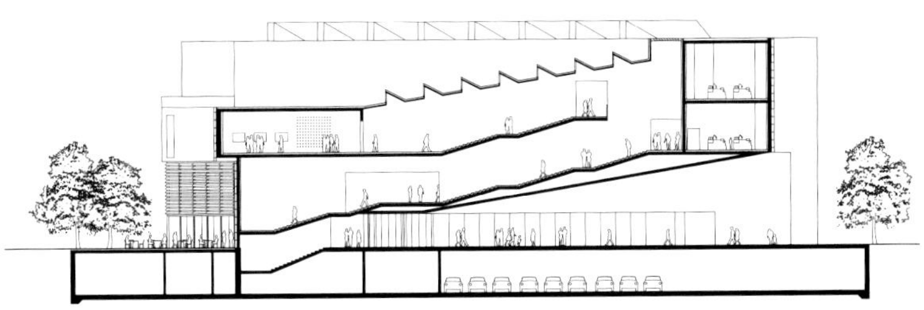

Section B / Schnitt B

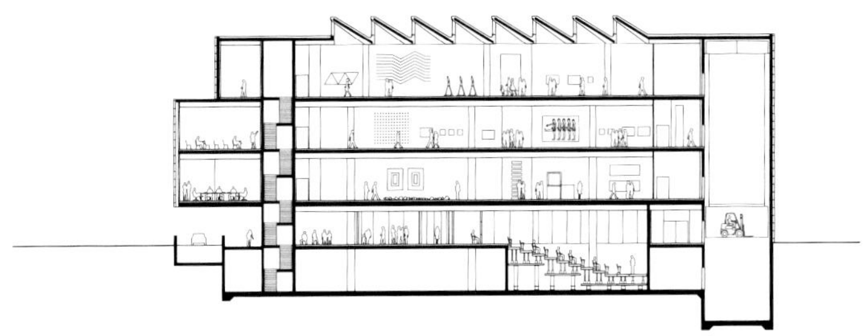

Section C / Schnitt C

Section D / Schnitt D

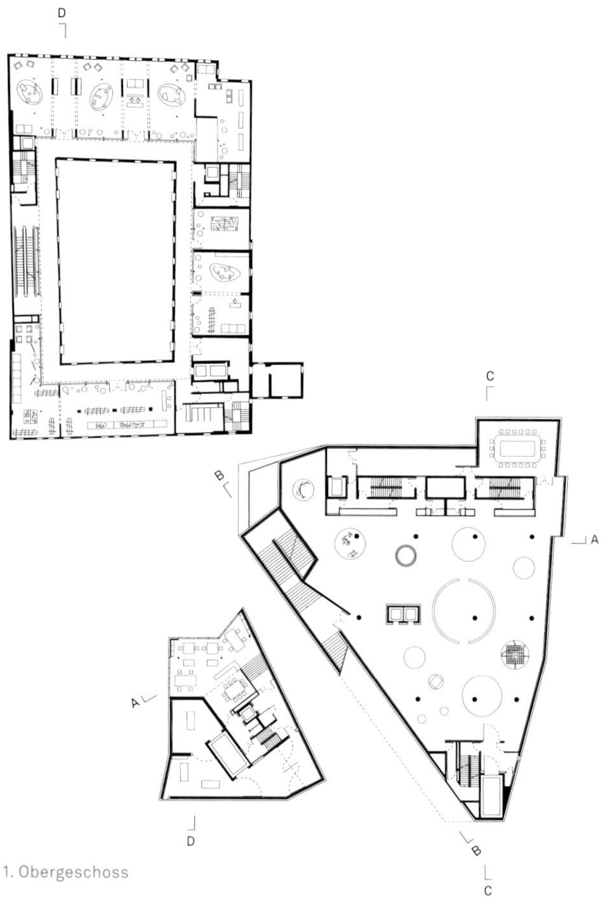

1st floor / 1. Obergeschoss

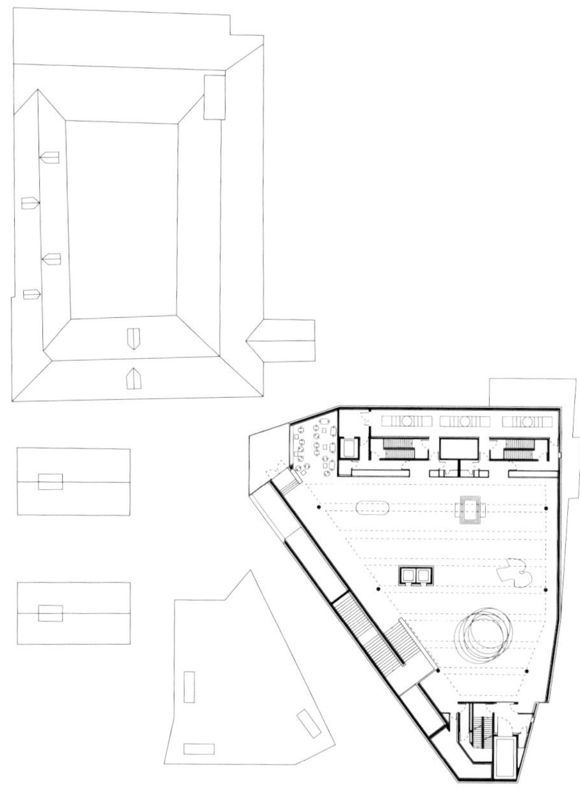

3rd floor / 3. Obergeschoss

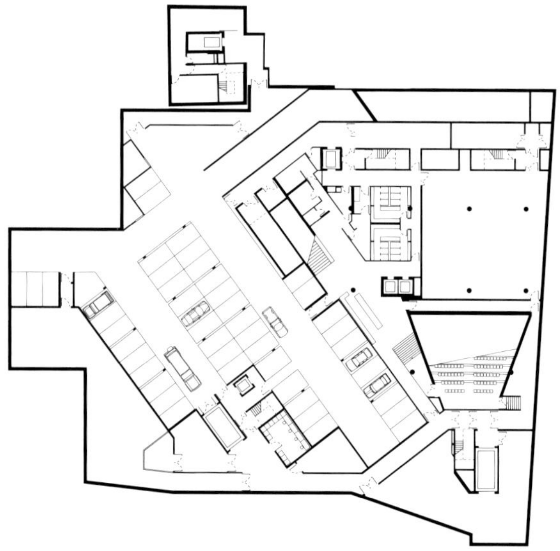

Basement / Untergeschoss

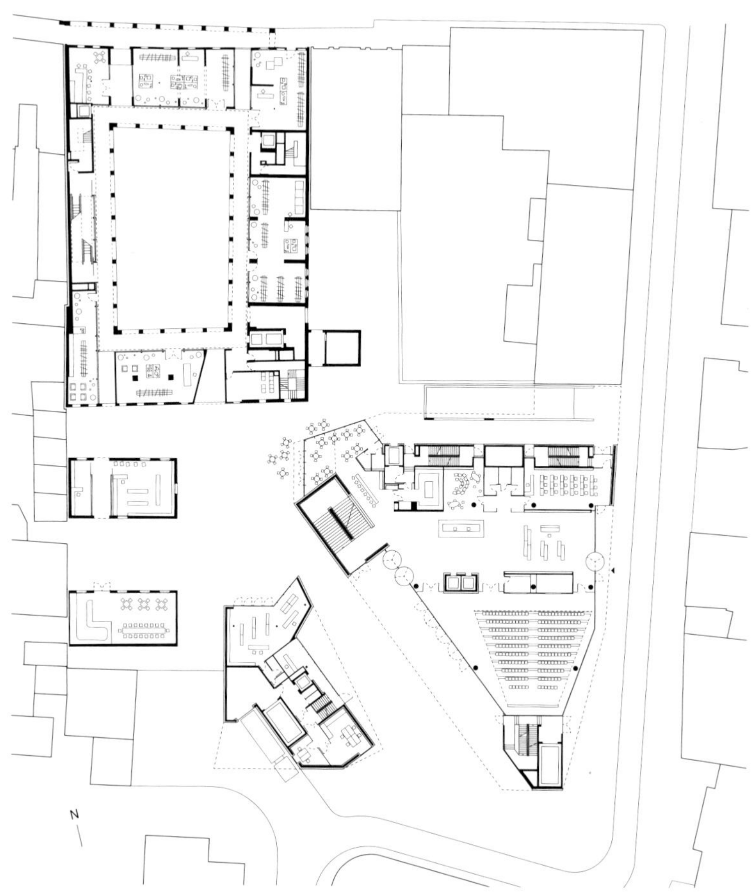

Ground floor / Erdgeschoss

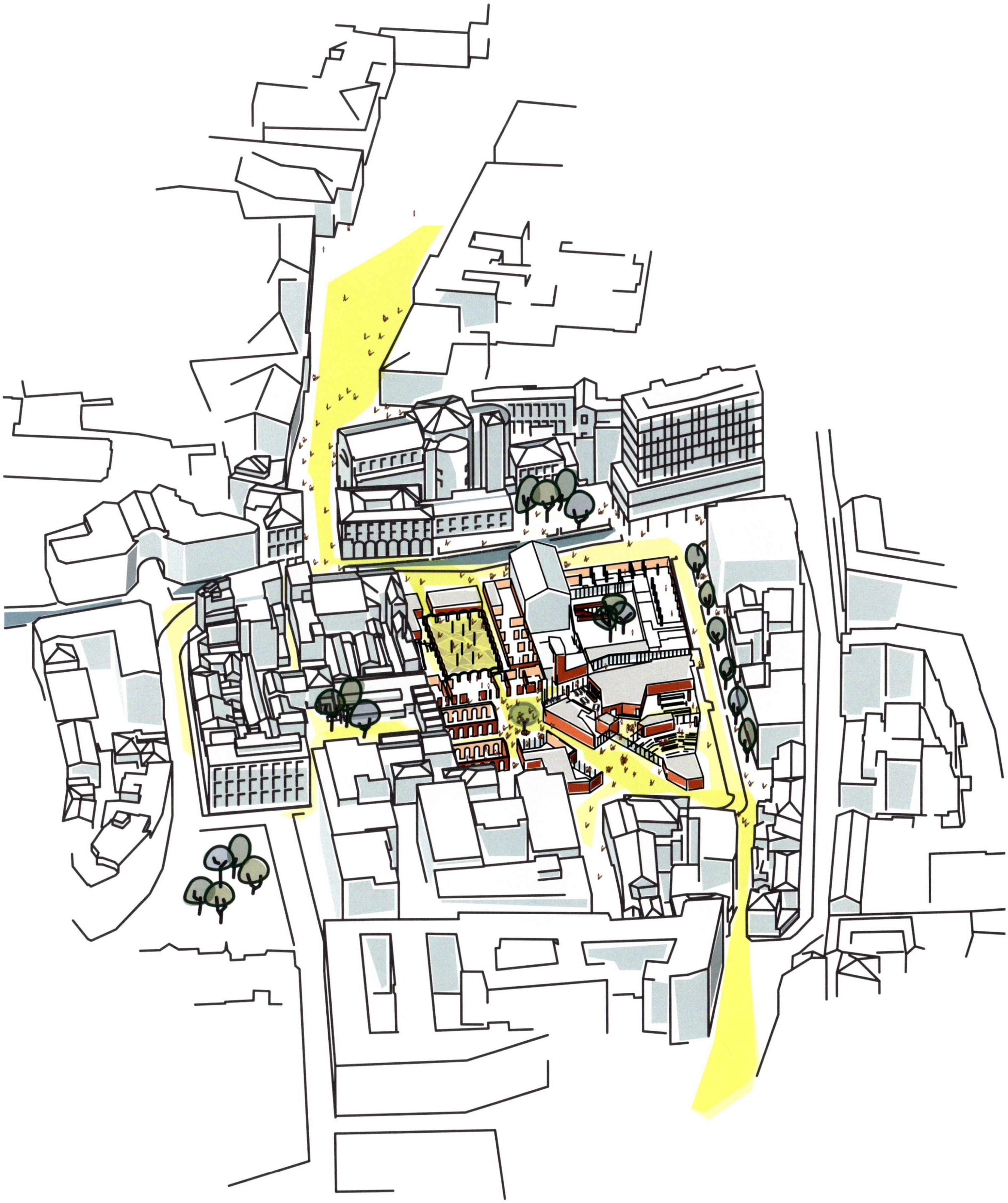

Cultural Buildings as a Resource, or How to Design a Museum

Kulturbauten als Ressource, oder: Wie man ein Museum entwirft

Most architects would agree that a museum is one of the best possible projects to have. With a museum, the need for a building of the highest aesthetic aspirations is undisputed, budgets are above average and public attention is certain – having the chance to design a museum is like winning the lottery. Success for the project seems guaranteed, as there is a general assumption that a museum building will itself fulfil the same quality standards as its contents, which, by definition, are of some elevated cultural value. However, such an equating of container with content leads to a premature conclusion, if not an outright misunderstanding. Before becoming cult objects, museum buildings have to fulfil three important functions.

Firstly, they are like treasure troves where works of art and natural, scientific or technical artefacts are kept safe for future generations. Storing these valuable pieces requires protection both from theft and damage as well as from corrosion and decay. Secondly, a museum is designed to display a collection: the building is merely a stage for the theatre of the exhibition. And while it is obvious that the exhibits encountered by the visitor must convey information, this expressive quality is not necessarily a requirement for the architecture in which they are presented. Its task is, above all, to provide the space that enables good exhibitions. Thirdly, a museum has to resonate with and radiate into the community that surrounds it. It has to offer benefits to its urban environment, both in terms of its physical presence and its programme. Only when its spaces, structures and surfaces create a stringent architectural whole with both its contents and its context, can we start to consider a museum building as a valuable contribution to our culture.

To begin with the third requirement first: museum buildings have to be a gift to their city. They have to improve the urban situation in which they find themselves, they have to infuse their environment with a collective spirit of culture and they have to invite participation by offering points of contact for the community. In the past two or three decades, these requirements have often been interpreted in the wider context of the societal and economic transformation of post-industrial Western societies; museums have increasingly been used to initiate or accompany processes of urban change. The best known example, Frank Gehry's Guggenheim Museum in Bilbao, which was

Die meisten Architekten würden mir zustimmen, dass der Bau eines Museums wohl der beste Auftrag ist, den man bekommen kann. Bei einem Museumsgebäude sind höchste ästhetische Maßstäbe selbstverständlich, die Budgets sind überdurchschnittlich und die öffentliche Aufmerksamkeit ist gewiss. Ein Museum entwerfen zu dürfen, ist wie ein Lottogewinn. Der Erfolg des Projekts scheint garantiert, weil man automatisch davon ausgeht, dass ein Museumsbau selbst dieselben Qualitätsstandards erfüllt wie sein Inhalt, der ja per definitionem von kulturellem Wert ist. Doch die Gleichsetzung von Inhalt und Behältnis ist eine vorschnelle Schlussfolgerung, wenn nicht sogar ein komplettes Missverständnis. Denn bevor sie Kultobjekte sein können, haben Museumsbauten drei wichtige Funktionen zu erfüllen.

Erstens gleichen sie Schatzhäusern, in denen natürliche, wissenschaftliche, technische Artefakte oder Kunstwerke für zukünftige Generationen sicher verwahrt werden sollen. Die Aufbewahrung dieser wertvollen Stücke erfordert Schutz, sowohl vor Diebstahl und Beschädigung als auch vor Verfall. Die zweite Hauptaufgabe eines Museums besteht in der Präsentation seiner Sammlung. Das Gebäude ist dabei lediglich die Bühne für das Theater der Ausstellung. Es ist offenkundig, dass die Exponate, Bilder und Objekte dem Besucher Informationen vermitteln müssen, aber diese expressive Qualität ist nicht zwangsläufig auch für die Architektur erforderlich, die sie umgibt. Ihre Aufgabe besteht vor allem darin, den Raum zu schaffen, der gute Ausstellungen möglich macht. Darüber hinaus, und dies ist die dritte Anforderung, muss ein Museum in das Umfeld hineinstrahlen, zu dem es gehört, und in ihm einen Widerhall finden. Sowohl in seiner physischen Präsenz als auch unter programmatischen Gesichtspunkten muss es seiner Umgebung etwas bieten. Erst wenn seine Räume, Strukturen und Oberflächen mit seinem Kontext und seinen Inhalten ein architektonisches System bilden, das in sich schlüssig ist, kann man einen Museumsbau als wertvollen Beitrag zu unserer Kultur begreifen.

Um mit dem dritten Punkt zu beginnen: Museumsbauten müssen ein Geschenk an ihre Stadt sein. Sie müssen die vorgefundene Situation verbessern, sie müssen ihre Umgebung mit dem kollektiven Geist der Kultur durchdringen und sie müssen der Gemeinschaft Anknüpfungspunkte bieten, die zur Partizipation einladen. Dieses Potenzial wurde in den letzten zwei oder drei Jahrzehnten meist im

opened in 1997, set the standard: a highly articulated sculptural building with an emphatically original form – and therefore not much rooting in its architectural or urban context – provided a landmark that was to become the symbol of a renewed city. The avant-garde and inevitably alien object came to signal the conquest over the difficulties caused by the city's faltering steel industries, around which Bilbao had been constructed centuries ago. Now the city was on its way to becoming a modern regional centre sustained by a number of financial, creative and other service industries, among which tourism received a major boost directly from the intervention. Although this transformation was supported by a large number of other infrastructural measures (e.g. the construction of a metro system, the opening up of former industrial lands and the construction of a large conference centre), this spectacular museum remains the most frequently adopted icon of change.

In the popular imagination, this 'Bilbao effect' produced a somewhat hasty formula: build an extravagant museum and economic recovery will follow almost by default. Quite a few cities, particularly Spanish ones, adopted this simple pattern, sometimes with disastrous consequences: Oscar Niemeyer's cultural centre in the northern city of Aviles did not seem to meet local demand and had to be closed only a few years after its grand inauguration. The city of Valencia is likewise lamenting the drain on its coffers from Santiago Calatrava's City of Arts and Sciences, while Peter Eisenman's Cultural Centre in Santiago de Compostela could only be partly built on account of budget difficulties and it looks as though it will become a white elephant of unforeseeable proportions.

What becomes clear with these examples is that the relationship between a cultural institution and the city has to be more complex than a simplistic neo-liberal standpoint might suggest. It is not enough to hire an international star architect to create an iconic object that attracts a well-paying international audience or even to recruit a young crowd of cultural workers. These museums must find their roots in the local community, even though it may be true that the leap of imagination needed to restart some of these needy places has to come from outside.

Hence discussion on the architectural design of a museum has to start with the building's (and the institution's) relationship with the city. Does it correspond to the scale and nature of the existing (urban) landscape? Has it found the right balance between adequate expression of its singularity and appropriate integration into the existing urban fabric of its site? Does its physical presence have a generosity that contributes to the neighbourhood, or even the city as a whole? Does it have elegance and does it radiate energy?

Programmatically, a new museum has to provide attractors for the neighbourhood; it has to support or generate activities beyond its immediate remit. It should also work with local communities, schools and universities – and with its exhibitions, it should help to embody a local identity and facilitate identification. A museum building has to be open enough to invite in outside activity, and its structure must be flexible enough to be able to respond to changing needs.

Finally, a museum has to offer all sorts of possibilities for a general exchange that complements and enriches the city. From the casual chat over a cappuccino in the café with a fellow visitor that may lead to an interesting exchange of ideas, to educational programmes,

Kontext des Strukturwandels gesehen: Museen sollten zunehmend dazu dienen, Prozesse der sozialen und wirtschaftlichen Transformation anzustoßen oder zu begleiten.

Das bekannteste Beispiel hierfür, das 1997 eröffnete Guggenheim Museum Bilbao von Frank Gehry, setzte Maßstäbe: Eine stark artikulierte, betont originelle Gebäudeskulptur mit dementsprechend geringer architektonischer oder urbaner Bodenhaftung avancierte zum Symbol für die wiederauferstandene Stadt. Dieses avantgardistische und unweigerlich fremdartige Architekturobjekt sollte das Signal aussenden, dass man den fatalen Niedergang der Stahlindustrie, derentwegen Bilbao einst entstanden war, überwunden hatte. Jetzt war die Stadt auf dem Weg, ein modernes Zentrum für Finanz-, Kreativ- und andere Dienstleistungsindustrien zu werden, wobei die Tourismusbranche von der Intervention am stärksten profitierte. Obwohl zahlreiche weitere Infrastrukturmaßnahmen, etwa der Bau einer U-Bahn, die Öffnung ehemaliger Industriegebiete, der Bau eines großen Konferenzzentrums, ebenso Teil dieser Transformation waren, wurde das spektakuläre Museum zur Ikone des Wandels gemacht. In der öffentlichen Wahrnehmung führte dieser sogenannte Bilbao-Effekt zu der etwas zu kurz greifenden Schlussfolgerung, dass man nur irgendwo ein extravagantes Museum bauen müsse und der wirtschaftliche Aufschwung würde sich fast von alleine einstellen. Eine ganze Reihe von Städten, insbesondere in Spanien, folgten diesem einfachen Rezept, mit teilweise katastrophalen Folgen. Etwa Oscar Niemeyers Kulturzentrum in der nordspanischen Stadt Aviles entsprach offenbar nicht dem lokalen Bedarf und musste wenige Jahre nach seiner prachtvollen Eröffnung wieder geschlossen werden. Auch Valencia klagt über die enorme Belastung des städtischen Haushalts durch Santiago Calatravas Ciudad de las Artes y de las Ciencias, und Peter Eisenmans Cidade da Cultura de Galicia in Santiago de Compostela konnte aufgrund von Budgetschwierigkeiten nur zur Hälfte gebaut werden und droht ein finanzielles Fass ohne Boden von unabsehbarem Ausmaß zu werden.

Die Beispiele machen deutlich, dass die Beziehung zwischen einer Kulturinstitution und ihrer Stadt komplexer sein muss, als dieses allzu schlichte neoliberale Rezept suggeriert. Es genügt nicht, einen internationalen Stararchitekten anzuheuern und ein ikonisches Objekt zu kreieren, das dann ein zahlungskräftiges internationales Publikum anzieht, oder auch nur junge Kulturarbeiter in großer Zahl anzuwerben. Die Initialzündung, wie man manch einer bedürftigen Kommune wieder auf die Beine helfen kann, mag von außen kommen, aber ein Museum muss am Ende dennoch seine Wurzeln vor Ort und in der lokalen Bevölkerung finden.

Die Diskussion über die Gestaltung eines Museums (des Gebäudes und der Institution) sollte dementsprechend bei seinem Verhältnis zur eigenen Stadt ansetzen. Entspricht es dem Maßstab und dem Wesen der vorhandenen (Stadt-)Landschaft? Findet es die richtige Balance zwischen dem angemessenen Ausdruck seiner Einzigartigkeit und einer adäquaten Integration in das urbane Gewebe seines Standorts? Hat es die Großzügigkeit, zu seinem Viertel oder der Stadt als ganzer beizutragen? Ist es elegant und strahlt es Energie aus? Ist es offen, lädt es Aktivitäten von außen ein? Ist seine Struktur flexibel genug, um auf sich ändernde Bedürfnisse zu reagieren?

Auch programmatisch muss ein neues Museum in seiner Nachbarschaft als Anziehungspunkt fungieren; es muss Aktivitäten unter-

lecture series and performances, a museum provides multiple opportunities for various forms of social exchange. It should support the formation of new communities that are based on a common interest in the museum's mission and the shared experience of its exhibitions.

In an urban context that is now almost totally exposed to commercialisation and the associated culture of the spectacle, the museum can actually still offer a protected space that may be described as a nucleus of public life, not just because of its general amenities, but also because it is one of the few places that can act like the reflecting wall of Plato's cave – a receptacle for the projection of those ideas that are essential to our communal existence. To keep these ideas alive, every generation must again interpret them anew in all forms of cultural expression. These include architecture and hence also cultural buildings. If these buildings are truly new, they might appear somewhat alien to their contemporaries, because if they are successful, they will gently force us to look at the institutions they house and their role with different eyes. To re-articulate the values that keep a community alive rather than simply repeat past idioms and to find the right balance of newness and cultural resonance is, perhaps, the biggest challenge a museum project poses to its architect. To me, Carlo Scarpa's interventions in Verona and Venice are still among the most successful examples of such a balance. In the Querini Stampalia, for example, the manner in which the existing building is preserved in its manifold physical presence and the way Scarpa adds another, expressly modern layer to it helps one to understand this palimpsest of history; it is one of those examples where an uncompromisingly contemporary position provides a new and exciting perspective on past values.

Expanding on the second point about the museum as a space for exhibition, it is clear that a museum is, above all, a place where a story can be told and understood, where a spatial and/or sequential composition of artefacts enables them to reveal the fullness of their aura. A museum is, most of all, a place of encounter between the visitor and these expressive or affective objects and images, and so a museum building has to enable this personal encounter as best it can. Of course, there is the age-old dispute between curators and designers over how much architecture is needed in a museum. Curators prefer as little architectural interference as possible, while architects talk of the dialogue that should exist between exhibition and building. If you take Rome's MAXXI by Zaha Hadid Architects as a recent museum that is an excellent example of its kind, all the arguments become quite clear: this museum building captures at least as much attention in the public sphere as its contents. The MAXXI has been extremely popular with visitors on account of its architecture and the popularity of the building has probably brought a large number of tourists in touch with the art inside; tourists who might not otherwise have ventured into a 'normal' gallery. Then again, one has to concede that many of the works on display are profoundly uncomfortable in the spaces on offer. Sloping floors, sweeping ceilings, dynamic walls and flowing spaces attract a lot of attention to the building itself (rightfully, one might say) but thereby only detract from the exhibited objects. In this dialogue of sorts, some art simply cannot hold its own against the power and scale of its built surroundings and is quite literally lost.

The Kunsthaus Bregenz by Peter Zumthor seems at first to offer another such example. The dominance and spatial presence of

stützen oder stimulieren, die über seinen unmittelbaren Aufgabenbereich hinausgehen. Es sollte mit den Schulen und Universitäten vor Ort zusammenarbeiten und mit seinen Ausstellungen auch die jeweilige lokale Identität stärken. Schließlich bietet ein Museum eine Fülle von Gelegenheiten für die Art von sozialem Austausch, die eine Stadt ausmacht und Urbanität entstehen lässt – vom Plausch beim Cappuccino im Café, aus dem ein interessanter Ideenaustausch werden kann, bis hin zu Bildungs- und Vortragsprogrammen, Performances und Vielem mehr. Ein Museum soll helfen, neue Gemeinschaften heranzubilden, und das auf der Basis gemeinsamen Interesses an den Inhalten des Hauses und der gemeinsamen Erfahrung ihrer Präsentation. Da der öffentliche Raum in unseren Städten heute fast vollständig der Kommerzialisierung und der damit verbundenen Kultur des Spektakels ausgesetzt ist, kann das Museum tatsächlich noch jenen geschützten Ort bieten, der sich als Keimzelle des öffentlichen Lebens beschreiben lässt – nicht nur aufgrund der allgemeinen Möglichkeiten, die es bietet, sondern auch, weil es einer der wenigen Orte ist, der wie Platons reflektierende Höhlenwand funktionieren kann, also als ein Projektionsraum jener Ideen, die für unsere Existenz als Gemeinschaft wesentlich sind.

Um diese Ideen zu pflegen und lebendig zu halten, müssen sie von jeder Generation mit sämtlichen Formen kulturellen Ausdrucks immer wieder aufs Neue interpretiert werden – Architektur und damit Kulturbauten inbegriffen. Dabei mögen wirklich neue Kulturbauten ihren Zeitgenossen fremd erscheinen, denn sind sie geglückt, zwingen sie uns dazu, auf behutsame Weise ihre Institution und deren Rolle mit anderen Augen zu betrachten. Die Werte, die eine Gemeinschaft lebendig halten, zeitgemäß zu formulieren, statt einfach nur die Phrasen der Vergangenheit zu wiederholen, und dabei das richtige Gleichgewicht von Neuheit und kulturellem Echo zu finden, ist möglicherweise die größte Herausforderung, vor die ein Museumsprojekt den Architekten stellt. Hier zählen für mich Carlo Scarpas Interventionen in Verona und Venedig nach wie vor zu den erfolgreichsten Vorbildern. So ist die Fondazione Querini Stampalia eines der Beispiele, bei denen eine kompromisslos zeitgenössische Position eine neue und spannende Perspektive auf Werte der Vergangenheit eröffnet. Scarpa bewahrt das Bestandsgebäude in seiner mannigfaltigen physischen Präsenz mit großer Sorgfalt und fügt ihm zugleich eine weitere, explizit moderne Schicht hinzu, die dem Besucher hilft, dieses Palimpsest der Geschichte zu verstehen.

Was den zweiten Punkt, also das Museum als Ausstellungsraum betrifft, so ist klar, dass es zuallererst ein Raum ist, in dem eine Geschichte erzählt und verstanden werden soll, ein Ort, an dem bestimmte Artefakte in räumlicher oder linearer Anordnung ihre Aura entfalten können. Ein Museum ist vor allem ein Ort der Begegnung zwischen dem Besucher und expressiven beziehungsweise affektiven Objekten und Bildern. Dieser persönlichen Begegnung sollte ein Museumsgebäude einen möglichst optimalen Rahmen bieten. Natürlich streiten Kuratoren und Architekten seit jeher darüber, wie viel Architektur ein Museum dazu wirklich braucht. Kuratoren bevorzugen so wenig architektonische Einmischung wie möglich, während Architekten von einem Dialog sprechen, den Ausstellung und Gebäude eingehen sollten. Nimmt man Roms MAXXI von Zaha Hadid Architects als ein Museum aus jüngster Zeit, das ein hervorragendes Beispiel seiner Art ist, so werden alle Argumente völlig klar, denn dieses Museumsgebäude

Zumthor's concrete spaces tends to override even the stronger art works (I remember a show of paintings by Jeff Koons that are certainly not timid) that curiously fade and falter in the context of this domineering architecture. Then again, under the curatorship of Eckhard Schneider there were also some very memorable exhibitions in which artists such as Santiago Sierra, Antony Gormley, Anish Kapoor, Olafur Eliasson and many others made in situ installations that would not have come into being without the strong architectural context to which they were obliged to respond. Zumthor's architecture, with its simple spatiality, fundamental materiality and subtle light, invited and inspired the artists' interventions, and its simple layout continues to provide enough flexibility for a wide range of installations.

The Jewish Museum in Berlin by Daniel Libeskind presents a different case. Here, the most successful spaces are those designed as autonomous parts of the exhibition; spaces that are monuments, solely exhibiting themselves, such as the *Garden of Exile*, the *Holocaust Tower* or the *Voids*. The actual exhibition galleries, by contrast, have proved more problematic. Numerous additional structures have had to be erected within the spaces to enable installation of the museum's multimedia presentation. The museum's layout does not readily tolerate these subsystems, resulting in confused and congested situations. As a consequence, the visitor is hardly aware of the expressive quality of the museum's spaces – indeed those sweeping 'slash windows' and the zigzag plan are difficult to comprehend from the inside and prove to be a constraint rather than an asset.

If I try to think why I like going to museums, one sentiment in particular comes to the fore: I might be driven by general curiosity and a certain voyeurism combined with some hunger for spectacle, but ultimately I am looking for inspiration. Regardless of whether I am visiting a good history, science or art museum, I feel most rewarded if it opens a window onto areas of knowledge, experience and thought that are new to me, extending the mental horizon of my existence. A good museum exhibition helps me see my own situation in relative terms, and a good museum environment gives me this insight without additional distractions. Of course, you can argue that the museum architecture itself should provide one of these inspirations. Why should it not be just as unexpected and mind-expanding as the exhibition itself? At this point, I think architects have to accept a certain hierarchy of importance. Whatever is being exhibited gives the museum its raison d'etre and should logically have priority of attention. This is even true in those cases where the museum's future content is unknown to the designer. Architecture's role is that of a 'noble enabler'. Spaces need to offer the right stage if a work is to establish its presence; the environmental conditions must be perfect without causing undue complexity and the ambience of the exhibition spaces has to be intimate yet generous, welcoming yet controlled, open-ended yet defined. A work of art, to quote Duchamp, only exists when it is being seen and thus the museum space has an important role in the existence of such works.

Wherever there may be moments of undisputed architectural priority in a museum – traditionally in foyers, circulation spaces, seminar rooms, auditoria and so on – I think it is important for these spaces to empower and inspire. They should not intimidate and they should certainly surprise the visitor, but they should also radiate a

beansprucht selbst mindestens so viel Aufmerksamkeit wie sein Inhalt. Aber gerade aufgrund seiner Architektur ist das MAXXI bei Besuchern äußerst beliebt, und diese Popularität des Gebäudes – so könnte man argumentieren – hat wahrscheinlich eine große Zahl von Touristen, die sich ansonsten nicht in eine „normale" Galerie begeben hätten, in Kontakt mit der Kunst gebracht. Andererseits muss man zugeben, dass viele der ausgestellten Werke in den ihnen zur Verfügung stehenden Räumen eher deplaziert erscheinen. Abschüssige Böden, geschwungene Decken, dynamische Wände und fließende Räume lenken zwangsläufig von den Exponaten ab. Bei diesem „Dialog" kommt ein Teil der Kunstwerke einfach nicht gegen die Wucht und Größe ihrer gebauten Umgebung an und geht buchstäblich darin verloren.

Das Kunsthaus Bregenz von Peter Zumthor ist auf den ersten Blick ein weiteres Beispiel dieser Art. Die Materialdominanz und die räumliche Präsenz seiner Sichtbetonräume tendiert dazu, selbst stärkere Kunstwerke in den Schatten zu stellen. Ich erinnere mich an eine Ausstellung mit Gemälden von Jeff Koons, die bestimmt nicht bescheiden sind und die im Kontext dieser gebieterischen Architektur seltsam verblasst und zögerlich wirkten. Andererseits gab es dort, kuratiert von Eckhard Schneider, auch einige sehr denkwürdige Ausstellungen, bei denen Künstler wie Santiago Sierra, Antony Gormley, Anish Kapoor, Olafur Eliasson und viele andere In-situ-Installationen schufen, die ohne den starken architektonischen Kontext, auf den sie reagieren mussten, nicht entstanden wären. Zumthors Architektur mit ihrer einfachen Geometrie, ihrem fundamentalen Habitus und der subtilen Lichtführung inspirierte die Künstler zu bemerkenswerten Interventionen. Dabei lässt die einfache Anlage des Gebäudes genug Spielraum für eine große Bandbreite unterschiedlicher Installationen.

Bei Daniel Libeskinds Jüdischem Museum in Berlin liegen die Dinge wieder anders. Hier sind die gelungensten Räume diejenigen, die als unabhängige Teile der Ausstellung gestaltet sind; Räume wie Denkmale, die nur sich selbst ausstellen, wie der *Garten des Exils*, der *Holocaust-Turm* oder die *Voids*. Die eigentlichen Ausstellungsräume hingegen haben sich als problematischer erwiesen. Zahlreiche zusätzliche Strukturen mussten innerhalb der Räume errichtet werden, um die Installation der multimedialen Präsentationen des Museums möglich zu machen. Der Raum des Museums toleriert diese Subsysteme nicht ohne Weiteres, sodass es zu konfusen und beengten Situationen kommt. Als Folge hiervon ist sich der Besucher des expressiven Charakters des Gebäudes kaum bewusst, ja die weit ausholenden „Schlitz-Fenster" und der zickzackförmige Grundriss sind von innen schwer nachvollziehbar und erweisen sich eher als Hindernis denn als Vorteil.

Wenn ich darüber nachdenke, warum ich gerne ins Museum gehe, dann steht dabei vor allem ein Wunsch im Vordergrund: Generelle Neugier und ein gewisser Voyeurismus, gepaart mit der Lust am Spektakel, mögen eine Rolle spielen, doch vor allem suche ich dort nach Inspiration. Unabhängig davon, ob ich in ein gutes historisches, naturwissenschaftliches oder ein Kunstmuseum gehe, lohnt sich dieser Besuch für mich immer dann am meisten, wenn er mir ein Fenster zu Wissensgebieten, Erfahrungen und Denkweisen öffnet, die mir neu sind und die meinen geistigen Horizont erweitern. Eine gute Ausstellung hilft mir dabei, meine eigene Situation zu relativieren, und gute Museumsräume vermitteln mir diese Einsicht ohne zusätzliche Ablenkungen. Natürlich kann man argumentieren, Museumsarchitektur

sense of belonging or even possession. A museum is not a monument whose purpose is to objectify the mysteries of our existence but perhaps the opposite: it is a place that should help us understand the human condition and fill it with knowledge, intuition, creativity and the joy of its seemingly endless potential.

To finally come to the first point about conservation: even the most primitive museum is ultimately a kind of inverted prison. Valuable things are kept safe – not to withdraw them from the 'normal' world but to make them more accessible and to keep them under the best possible conditions. Protection from decay, which entails controlling light and climatic conditions, is a major factor in the design of museums – particularly where international standards of conservation apply. Therefore, technically speaking, museums – together with hospitals and laboratories – are among those building types with the most stringent requirements and specifications. Finding sensible layouts that command the right amount of technology is another great challenge of museum design. All areas need to be well lit by artificial means, daylight needs to be controlled, and humidity levels and temperatures need to be constantly maintained but also variable to suit the particular type of exhibit. Security has to be equally comprehensive and efficient, although providing fire protection for visitors and artefacts alike can be difficult. To accommodate all the equipment needed to achieve these conditions and yet maintain a relaxed atmosphere that allows an unencumbered encounter between visitor and artefact is difficult. It is often a matter of fine-tuning all the details: light, surfaces, materials, proportions, the ratio of wall to openings, and the junctions of walls, floors and ceilings, to name just a few.

Embedded in this discussion is another issue, however: that of economics. Beyond the initial investment costs, there are two large categories of expenses that generally play a significant role in museum budgets – staffing and running costs. The staff budget can be used to pay for curatorial and educational activities, but it often suffices only for maintaining basic security. The budget for running costs can be used for exhibitions and lecture programmes, but it is often consumed by operation of the museum's technical systems. The fact that nearly every large museum exhibition has to be sponsored by patrons from the financial or industrial sectors puts enormous insecurity into the cultural production of these institutions and obviously threatens the very independence that makes them so valuable. Extravagant expenses for demanding buildings constitute a constant haemorrhage that undermines the tireless efforts of patrons, curators, collectors and designers. A sustainable solution for a future museum has to be economically viable in the long term. Technically speaking, a simple museum is a good museum – certainly in the current economic climate.

Everybody has had this experience as a tourist: You are spending a summer's day in a foreign city; it is hot and noisy, and you are annoyed as you are suffering from sensory overload. You decide to go to a museum, and if you are lucky, it is not listed among the top ten sights in your travel guide. You immerse yourself in an environment that is quiet and cool, with many curious experiences awaiting you. You can go exploring among the artworks and you will find old friends and new acquaintances. You can enjoy a restful tête-à-tête with a single exhibit or you can roam around – you will find everything you expected and more. It is like entering a different world, a different time, like discovering hidden parts of your memory. When

selbst solle auch inspirieren und ebenso unerwartet und bewusstseinserweiternd sein wie die Ausstellung, aber ich meine, Architekten sollten in dieser Hinsicht eine gewisse Bedeutungshierarchie akzeptieren. Was immer darin ausgestellt wird, gibt dem Museum seinen Daseinsgrund und sollte daher im Vordergrund der Aufmerksamkeit stehen. Dies gilt besonders für jene Fälle, in denen der Architekt den zukünftigen Inhalt des Museums noch gar nicht kennt. Die Rolle der Architektur ist die eines *noble enabler*, eines edlen Ermöglichers. Räume müssen die richtige Bühne bieten, wenn ein Werk seine Präsenz entfalten soll. Die Klimabedingungen müssen perfekt sein, ohne dass davon viel Aufhebens gemacht wird, und die Atmosphäre der Ausstellungsräume muss intim, aber großzügig sein, einladend, aber präzis, offen und klar. Um Duchamp zu zitieren: Ein Kunstwerk existiert nur, wenn man es sieht, und so spielt der Museumsraum eine existenzielle Rolle für die ausgestellten Werke.

Für Bereiche eines Museums, in denen die Architektur eindeutig den Vorrang hat – traditionellerweise Foyers, Verkehrsflächen, Seminarräume, Vortragssäle und so weiter –, ist es meines Erachtens wichtig, dass diese einladend und inspirierend wirken, nicht einschüchternd. Diese Räume sollen den Besucher zwar auch überraschen, doch genauso sollen sie ein Gefühl von Zugehörigkeit oder sogar möglicher Inbesitznahme vermitteln. Ein Museum ist kein Denkmal, das die Geheimnisse unseres Daseins materialisieren soll, sondern vielleicht sogar das Gegenteil: Es ist ein Ort, der uns dabei helfen sollte, die *conditio humana* zu verstehen und sie mit Wissen, Intuition, Kreativität und der Freude an ihrem anscheinend unendlichen Potenzial zu füllen.

Und um nun schließlich noch auf meinen ersten Punkt, das Bewahren, zurückzukommen: Auch das primitivste Museum ist letztlich eine Art umgekehrtes Gefängnis. Wertvolle Dinge sind dort in Sicherheitsverwahrung – nicht, um sie der „normalen" Welt zu entziehen, sondern um sie zugänglicher zu machen und sie unter den bestmöglichen Bedingungen aufzubewahren. Der Schutz vor dem Verfall, also die Kontrolle über Lichtverhältnisse und klimatische Bedingungen, ist ein wesentlicher Faktor bei der Gestaltung von Museen, ganz besonders dort, wo internationale Standards gelten. Museen zählen in technischer Hinsicht – neben Krankenhäusern und Laboratorien – zu den Gebäudetypen mit den höchstmöglichen Anforderungen und Spezifikationen. Eine Architektur zu schaffen, die ein vernünftiges Maß an Technologie bedingt, ist eine große Herausforderung beim Entwurf eines Museums. Um jedem Ausstellungstyp gerecht werden zu können, müssen alle Bereiche gut mit Kunstlicht ausgeleuchtet sein, der Einfall von Tageslicht muss kontrolliert werden, das Niveau von Luftfeuchtigkeit und Temperatur muss konstant und zugleich variabel sein. Die Sicherheit muss so umfassend wie effizient sein, wobei es sich als schwierig erweisen kann, den Brandschutz für Besucher und Artefakte gleichermaßen zu gewährleisten. Es ist nicht leicht, eine technische Gebäudeausrüstung unterzubringen, die all diese Anforderungen erfüllt, und zugleich eine entspannte Atmosphäre zu erzeugen, die der Begegnung zwischen Besucher und Artefakt nicht im Wege steht. Oft ist das eine Frage der Feinabstimmung aller Details: Licht, Oberfläche, Materialität, Proportion, das Verhältnis zwischen Wand und Öffnung, das Aufeinandertreffen von Boden, Wand und Decke, um nur einige zu nennen.

you are tired, you normally find good food at reasonable prices in a museum cafeteria and an interesting bookshop with inspiring choices. And if you are a local, you will be able not only to partake in guided tours, lectures and seminars but also in receptions, dinners and even parties. Museums are not just places where humans meet works of art (as Rémy Zaugg had it) but are also important places of social encounter; they provide islands of particularity within the sea of the everyday and are places of protection. Not just because important artefacts and their fragile aura are being kept there but also because they represent the direct embodiment of the freedom of knowledge – of refinement, skill and human excellence, of imagination and of courage. A good museum building will somehow transport and embody these ideas through its mere existence and its architecture will always complement its contents. Beyond providing information or instruction, it should ultimately offer its users a profound experience that they can share with others. This experience is nothing to do with the spectacle of an amusement park that satisfies the superficial curiosity of the voyeur. A good museum will open up a range of possibilities where few seemed to exist before. It will 'recharge your batteries'. Life will suddenly be possible again and will be full of unexpected potential. *MS*

Revised version; previously published in: *Museums on the Map: 1995–2012*, ed. Guido Guerzoni, Turin 2014, pp. 205–211

In diesen Diskurs eingebettet ist auch die Frage der Ökonomie. Nach dem ursprünglichen Investitionsaufwand spielen vor allem zwei Aspekte in den Budgets von Museen eine erhebliche Rolle, nämlich die Personal- und die Betriebskosten. Zu den Personalbudgets zählt auch die kuratorische und museumspädagogische Arbeit, oft reichen sie aber nur dafür aus, die notwendige Sicherheit zu gewährleisten. Zu den Betriebskostenbudgets können Ausstellungs- und Vortragsprogramme zählen, doch häufig werden sie vielmehr durch den Betrieb besagter museumstechnischer Anlagen aufgefressen. Die Tatsache, dass fast jede große Museumsausstellung von Sponsoren gefördert werden muss, verleiht der Kulturproduktion dieser Institutionen ein hohes Maß an Unsicherheit und bedroht offenkundig eben jene Unabhängigkeit, die sie so wertvoll macht. Übertriebene Ausgaben für anspruchsvolle Gebäude stellen eine Dauerblutung dar, die die unermüdlichen Anstrengungen von Förderern, Kuratoren, Sammlern und Gestaltern unterminieren. Eine nachhaltige Lösung für ein Museum der Zukunft muss wirtschaftlich langfristig umsetzbar sein. Technisch gesprochen ist ein gutes Museum ein einfaches Museum, ganz besonders unter den gegenwärtigen wirtschaftlichen Umständen.

Jeder hat diese Erfahrung als Tourist schon gemacht: Man verbringt einen Sommertag in einer fremden Stadt, es ist heiß und laut, und man ist gereizt ob der Überfülle von Sinneseindrücken. So beschließt man, in ein Museum zu gehen. Hat man Glück, ist es im Reiseführer nicht unter den Top Ten aufgeführt. Man taucht in eine Welt ein, die ruhig und kühl ist und in der viele interessante Erfahrungen warten. Man kann darin herumgehen und Kunstwerke erkunden, wird dort auf alte Freunde und neue Bekannte stoßen. Man kann mit einem Kunstwerk Zwiesprache halten oder sich treiben lassen. Man wird alles finden, was man erwartet hatte, und mehr als das. Es ist, als betrete man einen anderen Kosmos, eine andere Zeit, als entdecke man verborgene Bereiche der eigenen Erinnerung. Ist man erschöpft, findet man im Museumscafé normalerweise gutes Essen zu vernünftigen Preisen und im Buchladen ein interessantes und inspirierendes Angebot. Wenn man ortsansässig ist, kann man Führungen, Vorträge und Seminare besuchen, ja auch an Empfängen, Abendessen und Partys teilnehmen. Museen sind nicht nur Orte, wo Menschen auf Kunstwerke treffen (wie Rémy Zaugg meint), sondern sie sind auch wichtige Orte der sozialen Begegnung. Im Meer des Alltäglichen sind sie Inseln des Besonderen. Sie sind Schutzräume, und dies nicht nur, weil dort bedeutende Dinge und deren fragile Aura bewahrt werden, sondern auch, weil sie die unmittelbare Verkörperung der Freiheit des Wissens sind – von Finesse, Kunstfertigkeit und menschlichen Höchstleistungen, von Fantasie und Mut. Ein gutes Museum vermittelt diese Ideen irgendwie durch seine bloße Existenz, seine Architektur wird dabei seinen Inhalt stets komplementieren. Jenseits von Information oder Bildung ermöglicht es tief greifende Erfahrungen, die die Menschen miteinander teilen können. Diese Erfahrung hat nichts mit dem Spektakel eines Vergnügungsparks zu tun, der die oberflächliche Neugier des Besuchers befriedigt. Ein gutes Museum kann ein Feld von Möglichkeiten eröffnen, wo vorher nicht viel zu sein schien. Ein Ort, an dem wir neue Kraft tanken können. Ein Ort, der in uns neue Lebensgeister mit unerwarteten Potenzialen erweckt. *MS*

Überarbeitete Fassung; Erstveröffentlichung in: *Museums on the Map: 1995–2012*, hg. von Guido Guerzoni, Turin 2014, S. 205–211

2010

Cologne Oval Offices

Cologne Oval Offices

The pair of free-form volumes responds to the landscape qualities of the site – part of the Rhine's former flood meadows, which are becoming increasingly developed. Further, the new buildings acknowledge the sculptural characteristics of the neighbouring twelve-storey 1960s high-rise, while their vivid polychromy reinforces the organic character of the original situation.

The free-flowing outlines of the buildings also permit extremely efficient office layouts with a maximum of flexibility. Both buildings are structured around three cores, each of which offer an attractive entrance area. This allows the floors to be divided as required into independently leasable areas. The varying depth of the floor plate enables spaces that are suited to a range of layouts – be they individual, combination, or open-plan offices.

Full-height openable casements and variably printed solar screening panels allow both the lighting level and the view out at each workplace to be controlled individually by the user.

Proximity to the Rhine enables the use of groundwater alone to run the buildings' heating and cooling systems. The overall result is an office environment with an atmosphere of its own, which offers a top-quality working environment while achieving a high degree of energy- and cost-efficiency and – in comparison with conventional office buildings – a halving of the primary energy requirement.

Zwei solitäre Baukörper reflektieren mit ihrer freien Grundrissfigur den besonderen Charakter ihres Standorts, einem Teil der ehemaligen Rheinauen, die heute jedoch zunehmend baulich verdichtet werden. In ihrer Höhenstaffelung vermitteln die beiden Gebäude zu dem benachbarten zwölfgeschossigen Hochhaus und unterstützen zugleich durch organische Raumbildung und lebendige Polychromie den latenten Charakter des ehemaligen Landschaftsraums.

Die freie Form der Gebäudekonturen ermöglicht gleichzeitig außerordentlich effiziente Bürogrundrisse bei maximaler Flexibilität. Beide Häuser besitzen je drei Erschließungskerne, die eigene repräsentative Eingangsbereiche bieten, sodass die Geschosse nach Bedarf in unabhängige Mietbereiche unterteilt werden können. Die Variation in den Grundrisstiefen erlaubt darüber hinaus vielfältige Nutzungen als Einzel-, Kombi- oder Großraumbüros.

Mit den raumhohen Öffnungsflügeln und den blickoffen bedruckten Sonnenschutzpaneelen lassen sich Belichtung und Ausblick an jedem Arbeitsplatz individuell durch die Nutzer regulieren.

Dank der Nähe zum Rhein kann die gesamte Gebäudetemperierung über die Nutzung von Brunnenwasser realisiert werden. In der Summe entstand eine Bürowelt mit spezifischer Atmosphäre, die bei höchster Arbeitsqualität eine hohe Energieeffizienz und Wirtschaftlichkeit erzielt und – verglichen mit konventionellen Bürogebäuden – nur etwa die Hälfte der Primärenergie benötigt.

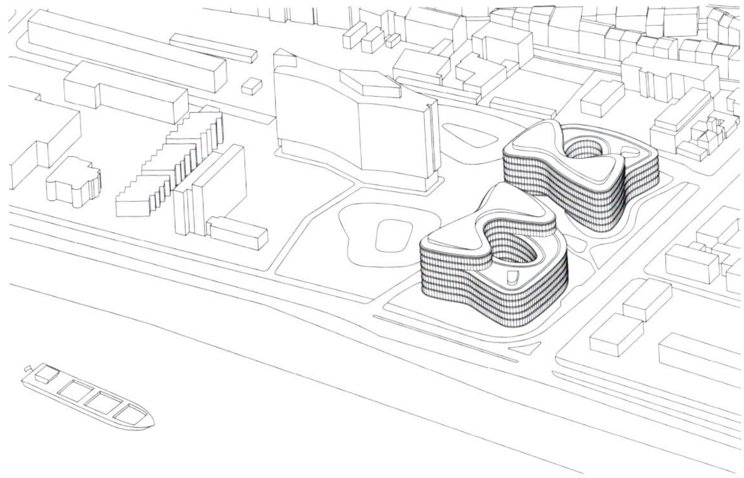

EG

5

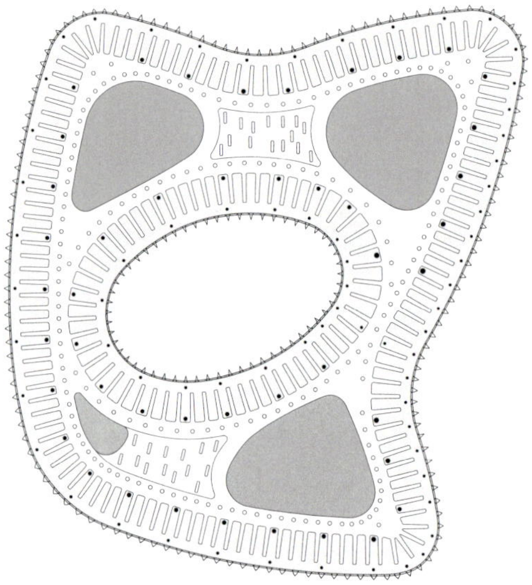

Reflected ceiling plan / Deckenspiegel

One innovative development is the series of finger-shaped canopies that were installed along the fit-out grid as an alternative to a suspended ceiling. Services such as lighting, air distribution, sprinklers and acoustic modulation are unobtrusively integrated within these overhead elements. The energy-efficient heating and cooling system utilises capillary tube mats. These are plastered directly against the soffit of the concrete floor slabs so as to maximise both the storage capacity of the primary structure and the available height of the office areas.
Control panels allow the cooling and heating, the lighting and the position of the solar screening to be altered individually by users directly at their workplaces.

Eine spezifische Neuentwicklung stellt die Deckenkonstruktion dar. In jeder Gebäudeachse ist ein plastisch ausgeformtes Deckensegel angeordnet, in dem Akustikabsorber, Beleuchtung, Lüftungstechnik und Sprinkler integriert sind. Das energieeffiziente Heiz- und Kühlsystem ist direkt unter der Rohbaudecke als Kapillarrohrmatte eingeputzt, sodass die Speicherkapazität der Primärkonstruktion sowie eine maximale lichte Raumhöhe erhalten bleiben.
Über Funktionspaneele lassen sich Kühlung und Heizung, die Beleuchtung sowie die Stellung des Sonnenschutzes an den Arbeitsplätzen individuell durch die Nutzer steuern.

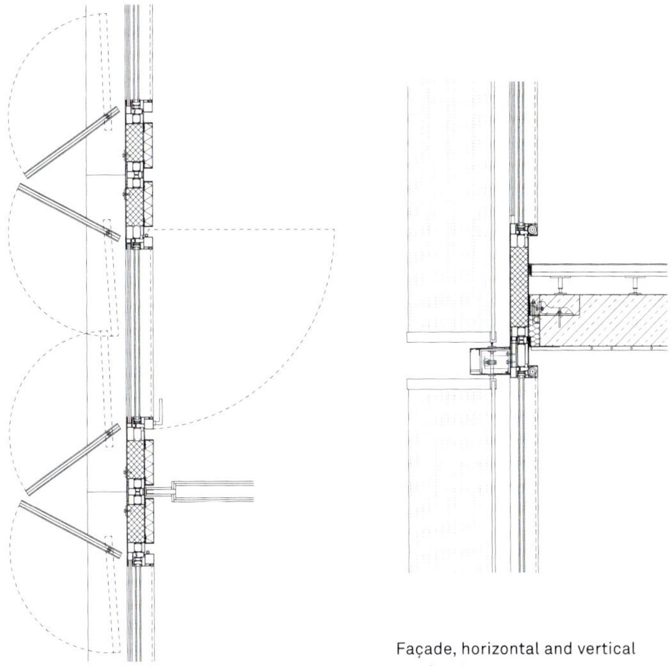

Façade, horizontal and vertical section / Fassade, Horizontal- und Vertikalschnitt

Section A / Schnitt A

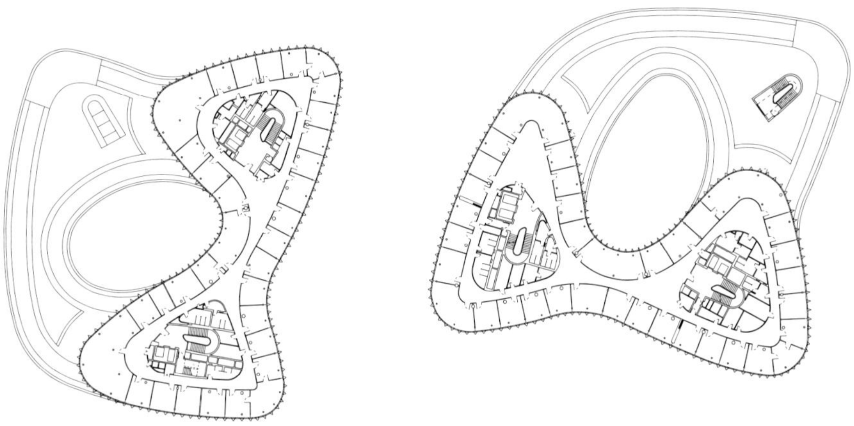

5th floor / 5. Obergeschoss

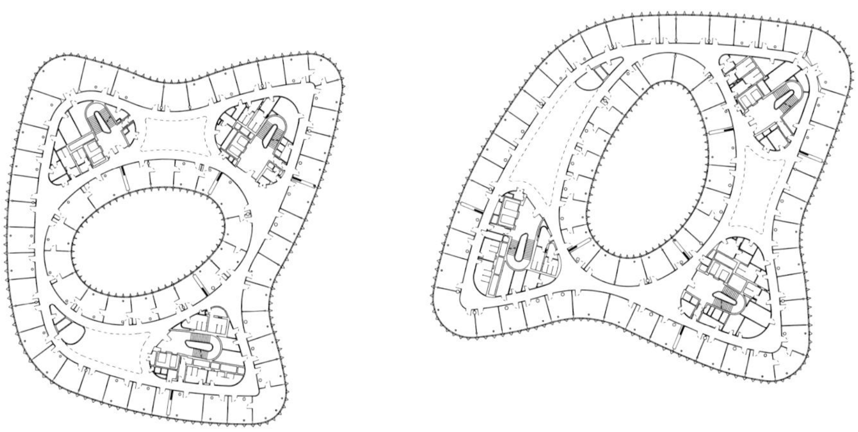

1st–4th floor / 1.–4. Obergeschoss

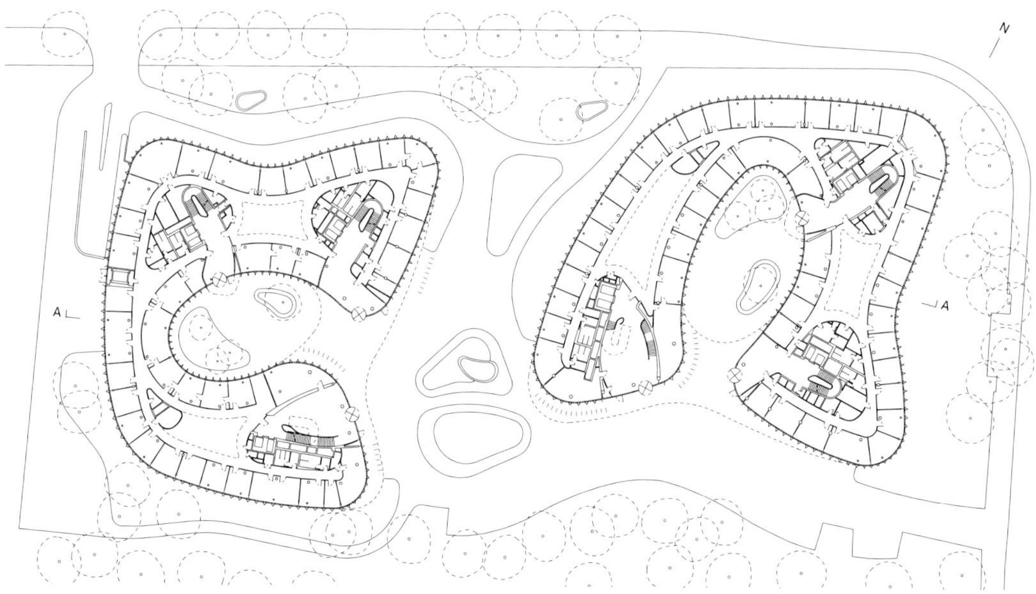

Ground floor / Erdgeschoss

2010

House of European History, Brussels

Haus der Europäischen Geschichte, Brüssel

The transformation of an Institute for Dental Health into a Museum of European History serves the purpose of conveying a multiplicity of perspectives on Europe's shared past and future while addressing the issues of today.

The design expresses this pluralistic principle. Brightly coloured glass volumes are set in joyful contrast against the restored fabric of an Art Deco building. Rising from the existing courtyard, the stacked volumes become visible above the cornices, literally raising the museum's profile in the city to create a landmark with high recognition value.

The main entrance to the building is retained, but the new volumes connect the wings of the existing building at the rear to allow continuous internal circulation around an atrium. The old and new parts of the museum are linked with a change in level, so that a circular route becomes a spiral enfilade of spaces as one moves up or down through the building. The central atrium is conceived as an 'index space': one that allows visitors an overview of the whole building as they rise in an elevator that cuts diagonally across the space between the old and the new elements.

The museum is designed with a high degree of flexibility in terms of space and infrastructure so as to respond to the different needs of permanent and temporary exhibitions, while also taking account of future presentation and information technology.

Mit dem Museum für Europäische Geschichte im Leopold-Park in Brüssel verbindet sich die Vision, einen an Gegenwartsfragen orientierten Geschichtsort zu schaffen, der den europäischen Einigungsprozess aus vielfältigen Perspektiven darstellt.

Der Entwurf greift dieses pluralistische Leitbild auf. Eine Komposition unterschiedlicher Volumen stapelt sich um und auf ein bestehendes Art-déco-Gebäude auf. Die Baukörper wachsen bildlich aus dem Innenhof über die Dachebene hinaus und verleihen dem Museum die angemessene Präsenz im Stadtbild. Dabei komplementieren die polychromen Texturen in ihrer Vielfalt die strenge und konventionelle Tektonik des Bestandsgebäudes.

In der internen Organisation des Museums ergänzen die neuen Volumen die bestehende dreiflügelige Anlage zu einem geschlossenen Ring. Der Rundgang beginnt mit einem Schrägaufzug, der vom zentralen Atrium durch den vertikalen „Indexraum“ zwischen Alt und Neu auf die oberste Etage führt. Damit eröffnet sich den Besuchern wie in einem Inhaltsverzeichnis der Überblick über das gesamte Museum. Oben angekommen, betritt man den Weg durch die Ausstellungswelten, der über die versetzten Ebenen der neuen Volumen als Raumspirale zurück ins Erdgeschoss, in die Gegenwart führt.

Das Museum bietet mit seinen Räumen und seiner inneren Organisation ein hohes Maß an räumlicher und infrastruktureller Flexibilität, um sich den verschiedenen Ausstellungsformaten und Themen der temporären und permanenten Ausstellungen sowie neuen Informationstechnologien anpassen zu können.

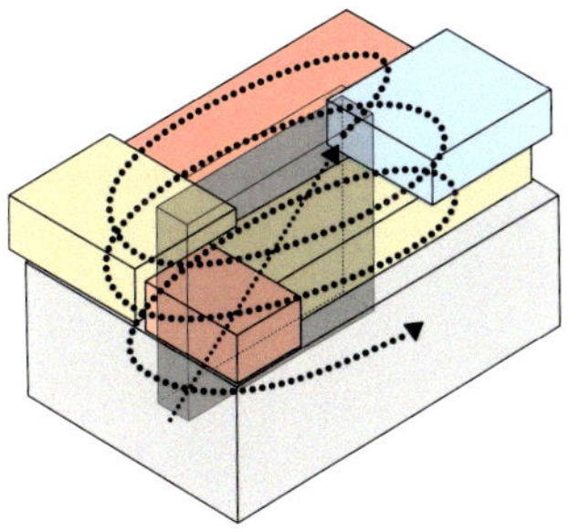
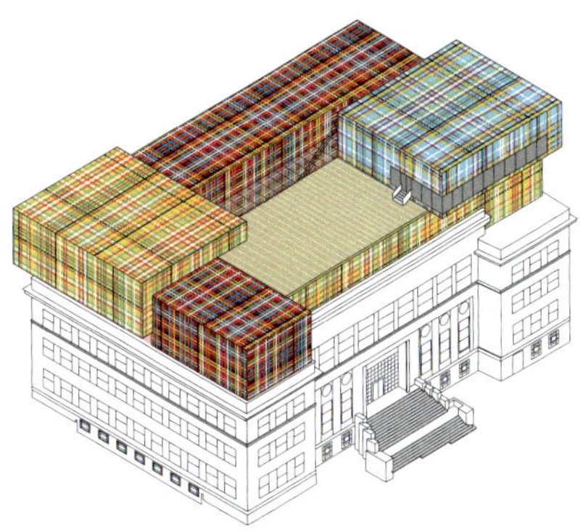
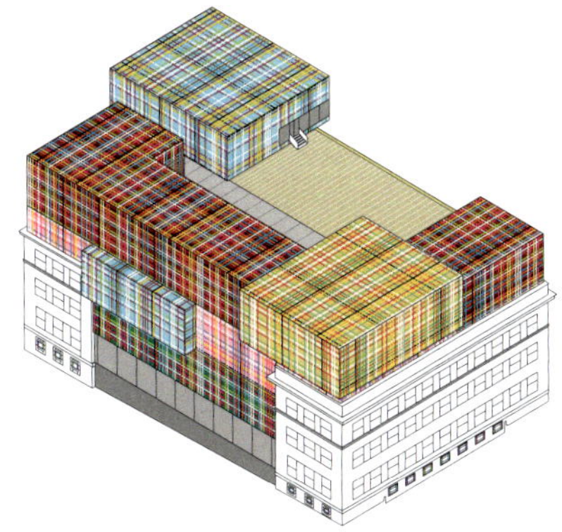

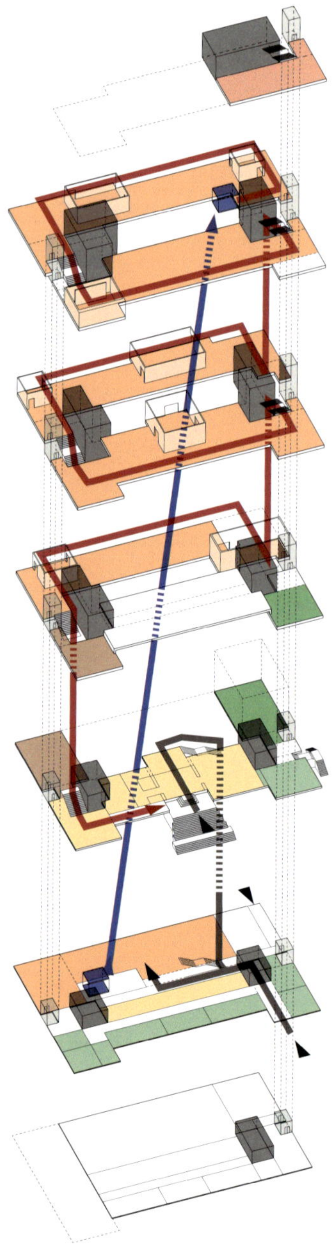

Visitors' circulation / Besucherrundgang

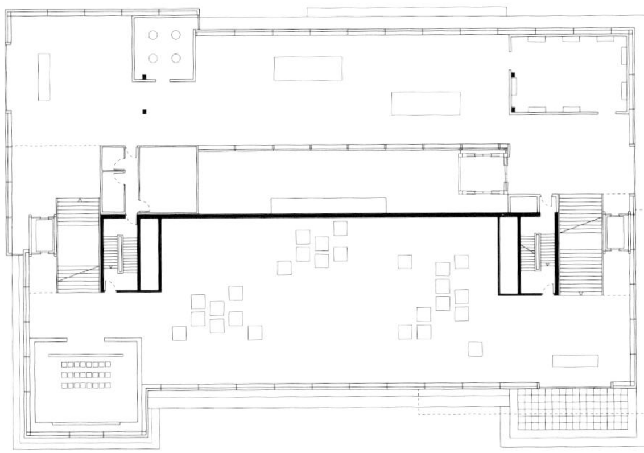

3rd floor / 3. Obergeschoss

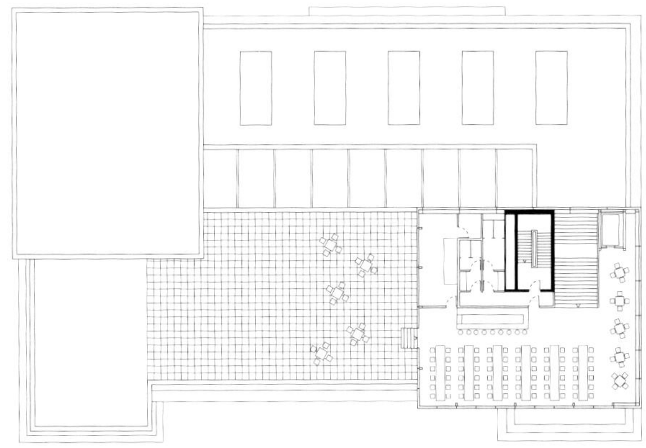

4th floor / 4. Obergeschoss

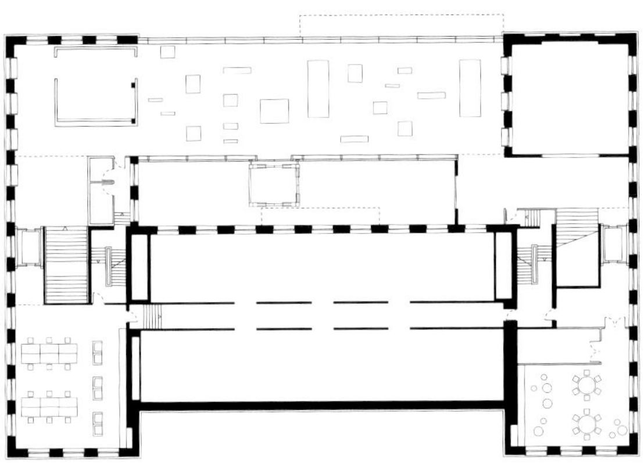

1st floor / 1. Obergeschoss

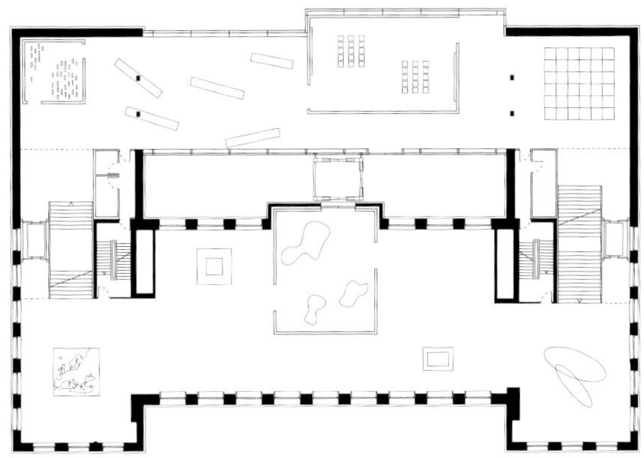

2nd floor / 2. Obergeschoss

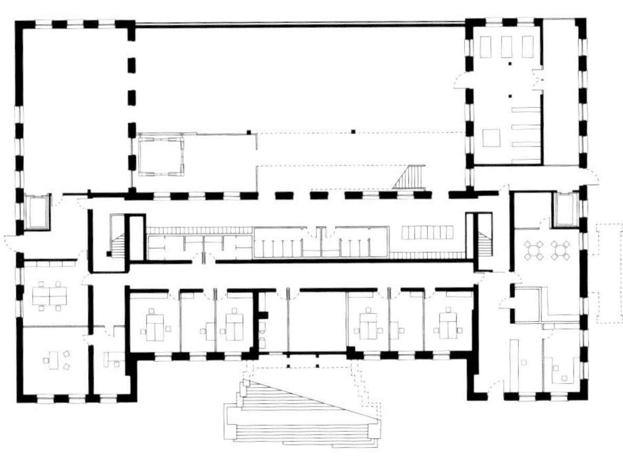

Basement / Untergeschoss

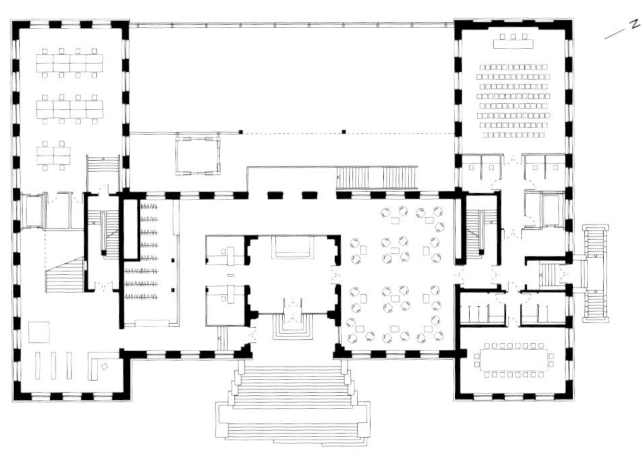

Ground floor / Erdgeschoss

0 10

2010

Türkentor, Munich

Türkentor, München

The Türkentor is the last remaining fragment of a barracks built in the 1820s on Türkenstraße in Munich. Preserved as a memento after the building itself had been damaged in wartime and demolished in the 1970s, the former entrance portal had long been awaiting a new urban role. In conjunction with the construction of the Brandhorst Museum, it was given an active part to play in the Munich Museum Quarter when it was selected as the permanent home of Walter De Maria's *Large Red Sphere.*

De Maria's art piece of polished red granite belongs to a series of related works in Paris and on the Japanese museum island of Naoshima. In Munich, a specific quality arises from its relationship to the historical building fragment, which lies exactly on axis with the Klenze portal of the Alte Pinakothek. Working in close cooperation with the artist, the Türkentor's neoclassical street façade was retained and repaired, while the rest of the fragment – which was in a ruinous state – was protected and extended, in part with a new brick skin. Between this skin and the old wall at the rear, a narrow entrance space was inserted. Here, an arched window visually links the installation and the Museum Quarter. Inside, the perfect archetypal form of the artist's reflective stone sphere is set against the eroded surfaces of the 'as found' structure. The interior receives natural lighting through square openings above and to the side of the sphere, while a continuous clerestory brings out the sculptural quality of the enclosing brick walls. Art and architecture are attuned so as to create a place of peace and meditative solemnity.

Das sogenannte Türkentor ist das einzige verbleibende Fragment einer Kaserne aus dem frühen 19. Jahrhundert an der Münchner Türkenstraße. Nach Kriegszerstörung und Abriss in den 1970er-Jahren als Memento erhalten, wartete dieses ehemalige Eingangsportal jahrzehntelang auf eine neue Nutzung. Im Zuge des Neubaus des Museum Brandhorst wurde es als Teil des Münchner Kunstareals aktiviert und als Ort für Walter De Marias *Large Red Sphere* ausgewählt.

De Marias Installation aus poliertem roten Granit gehört in eine Serie verwandter Arbeiten in Paris und auf der japanischen Museumsinsel Naoshima. In München entwickelt sich aus der Beziehung zu dem Bestandsbau in der Achse des Klenze-Portals der Alten Pinakothek eine sehr spezifische Qualität. In enger Zusammenarbeit mit dem Künstler wurde die klassizistische Straßenfassade des Baus erhalten und konserviert und der ruinöse Rest des Gebäudes mit einer neuen Mauerwerkshülle geschützt und erweitert. Auf der Rückseite des Gebäudefragments entstand zwischen der neuen Haut und dem Bestandsgemäuer eine schmale Eingangshalle, die den Innenraum mit einem Rundbogenfenster zum Museumsareal öffnet. Im Inneren lebt das Werk von dem Kontrast zwischen den erodierten Oberflächen des Vorgefundenen und der perfekten „Urform" der spiegelnden Steinkugel. Der Raum wird durch quadratische Lichtöffnungen über und seitlich der Kugel belichtet, Lichtfugen im Dach betonen die Plastizität der Umfassungswände. Skulptur und Architektur verschmelzen zu einem Ort der Ruhe und meditativen Feierlichkeit.

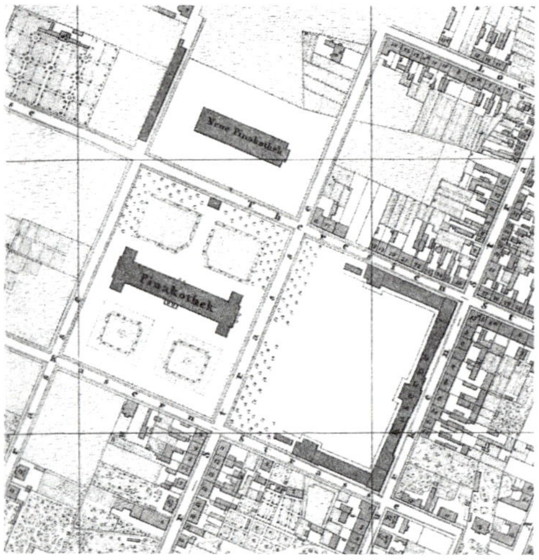

Maxvorstadt, 1852 / Maxvorstadt, 1852

Original barracks, 1919 / Türkenkaserne, 1919

The Türkentor is also the point of reference for the site layout of the Munich Museum Quarter, which is based on a reinterpretation of the historical barracks complex.

Das Türkentor ist auch der Bezugs- und Ankerpunkt der städtebaulichen Anlage des Museumsquartiers, die auf der Reinterpretaion der historischen Kasernenanlage aufbaut.

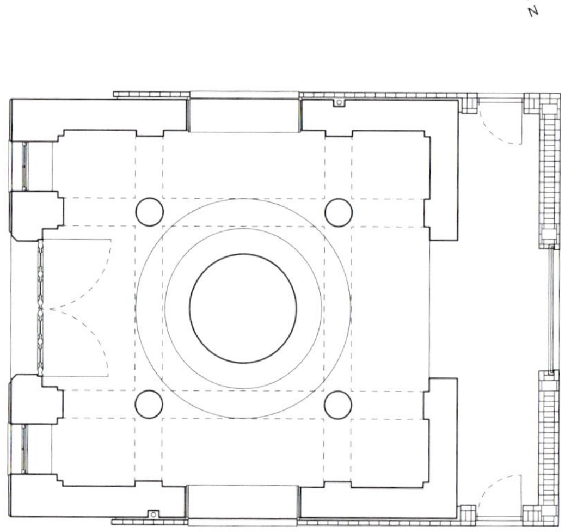

Floor plan / Grundriss

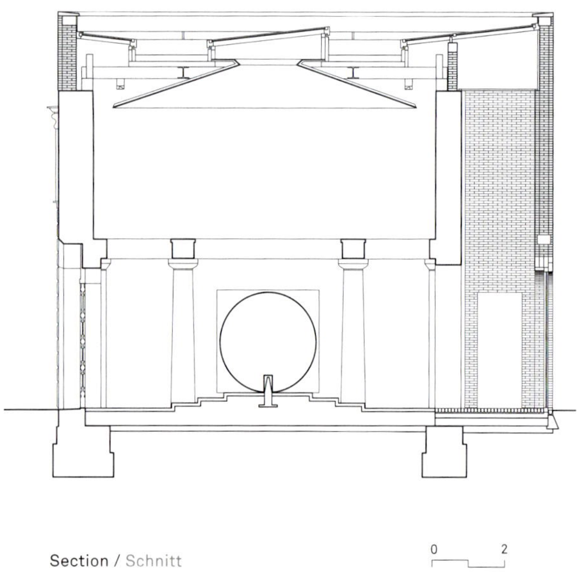

Section / Schnitt

2010

Picasso Artist's Books – Exhibition

Picasso Künstlerbücher – Ausstellung

The *Picasso Artist's Books* exhibition in the Brandhorst Museum presented selected examples of more than 150 books designed by Picasso between 1905 and 1973 that had never been on public display before. It focussed on Picasso's love of experimentation with various printing techniques and artistic media, as well as on his close cooperation with authors and publishers.

The exhibition was designed to have its own identity within the museum, and to provide a consistent framework in which to show works that have a broad range of styles, techniques and materials. At the same time, it aimed to convey the individual character of each work. A system of varying hues with similar tonality was applied to the walls so as to link the six thematically arranged gallery spaces. Lighting levels were kept very low to help preserve the exhibits. The display cases, varying in size according to their contents, were essentially conceived as sculptural elements within these walls.

In a complementary manner, furnishings were installed to highlight particular exhibits. For example, two of the gallery spaces were populated by freestanding display cases illuminated by suspended paper lanterns. The *Tauromaquia,* a series of bull-fighting scenes, was displayed on a circular wall, while the double-sided lithographs of Pierre Reverdy's *Le Chant des Morts* were mounted within freestanding panels.

The unobtrusive presentation of the exhibits through the use of soft lighting enhanced the books' special aura and, despite their small size, lent them a suitably imposing presence.

Pablo Picasso gestaltete zwischen 1905 und 1973 mehr als 150 Bücher, deren bedeutendste Exemplare in der Ausstellung *Picasso Künstlerbücher* im Museum Brandhorst erstmals öffentlich zugänglich gemacht wurden. Im Mittelpunkt standen Picassos Kreativität und Experimentierfreude im Umgang mit druckgrafischen Techniken und künstlerischen Ausdrucksmöglichkeiten sowie seine enge Zusammenarbeit mit Schriftstellern und Verlegern.

Das Gestaltungskonzept sollte der Ausstellung innerhalb des Museums eine eigene Identität verleihen und dem großen Spektrum an Stilen, Techniken und Materialien der Exponate einen einheitlichen Rahmen bieten. Gleichzeitig sollten die vielfältigen Exponate in ihrer Individualität präsentiert werden. Mittels eines Systems tonal ähnlicher, im Farbwert variierender Wandfarben wurden die sechs (aus restauratorischen Gründen stark abgedunkelten) Kabinette der Ausstellung in Zusammenhang gebracht und leicht differenziert. Die Vitrinen, in der Größe an die Exponate angepasst, wurden zunächst als plastischer Teil dieser Wände gestaltet.

Eingestellte Objekte kennzeichneten die unterschiedlichen Themenschwerpunkte. So waren zwei Kabinette von zentralen Vitrinen bestimmt, die von hängenden Papierlaternen erleuchtet wurden. Ein eingestellter Ring präsentierte die Stierkampfszenen der *Tauromaquia.* Freistehende Tafeln zeigten beidseitig bedruckte Lithografien Picassos zu Pierre Reverdys *Le Chant des Morts.*

Die unaufdringliche Inszenierung mit milden Lichtquellen gab den kleinteiligen Exponaten die Aura des Besonderen und eine angemessene Präsenz im Raum.

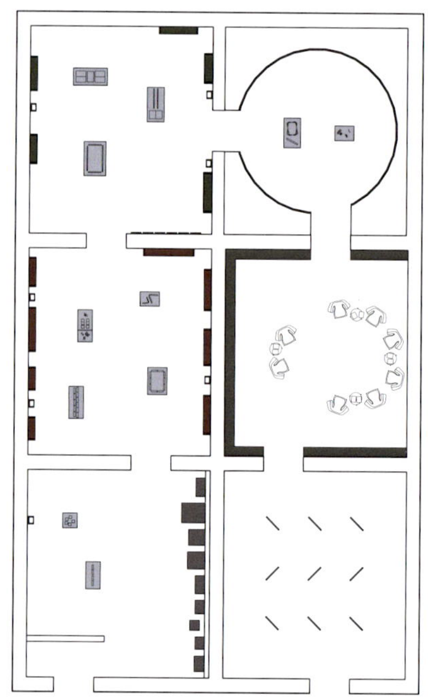

Exhibition plan / Ausstellungsgrundriss

1960–1969
1940–1949
1930–1939
1920–1929
1910–1919
1881–1909

Ein breiter Flammenschwall
Unten am Saum der Wälder
Den Tränen entwichener Nebel
Unter dem Schal aus Tau
Der raube Zigarrengeruch
Das verborgene Feuer im Laub
Gebrochene Strahlen weben dein Lächeln
Das verblaßte Gesicht unter seinem Schleier aus Angst
Es kommt es geht es zieht sich zurück
Eine Honigwabe im Wachs
Eine bittere Träne an dein Herz
Liebe komm in die Stille zurück
Auf deiner Stirn die Schwere der Hand
Und dauernd trotzend der Tod
Der gefräßige Tod

TAUROMAQUIA

2010
Maciachini, Milan
Maciachini, Mailand

This project contributes to the sustainable revival of a former industrial quarter in the centre of Milan through the creation of well-proportioned public spaces and routes that are formed between three new office buildings. These are staggered in height to mediate the transition from the historical city block structure to a more open layout towards the rear, where a park forms the spatial and social heart of the new quarter. The buildings part to define an oblique open passage through to the park; this is lined with ground-floor shops and cafés that enliven the whole area. The two eastern buildings are connected by a glazed atrium with a staircase as its sculptural centrepiece, creating an impressive entrance.

The polychromatic treatment of the façades' glass panels – with gradated hues of warm reds and greenish-blues, set off with pale, neutral colours – creates a somewhat mottled effect that allows the new structures to integrate into their surroundings. Accordingly, the colour fields of those façades that face the park are enlarged so as to reduce the buildings' apparent size when viewed from a distance. The colourful volumes that result yield an ensemble with an unashamedly contemporary appearance.

Dieses Projekt stellt mit der Setzung von drei neuen Bauten in einem ehemaligen Industriegebiet im Zentrum von Mailand neue, auf das städtische Gefüge abgestimmte öffentliche Räume und Wegebeziehungen her und leistet so einen nachhaltigen Beitrag zur Erneuerung der Stadt. Die drei gestaffelten Bürogebäude vermitteln zwischen der historischen Blockbebauung und der rückwärtigen offeneren Bauweise zu einem Park, dem räumlichen und sozialen Mittelpunkt des neuen Quartiers. Zwischen den Gebäuderiegeln öffnet sich eine diagonale Passage, die mit anliegenden Geschäften und Cafés in den Erdgeschosszonen das gesamte Areal belebt. Die beiden östlichen Bauten sind durch ein gläsernes Atrium miteinander verbunden, das mit einer als Raumskulptur ausgebildeten Treppe ein großzügiges Entrée bietet.

Die Farbverteilung der gläsernen Fassadenpaneele mit abgestuften Rot- und Grüntönen sowie ergänzenden neutralen Farben orientiert sich an dem jeweiligen städtebaulichen Gegenüber. Die Größe und Anordnung der Farbfelder sind auf ihre Nah- und Fernwirkung abgestimmt. Entsprechend lassen die größeren Farbeinheiten an der parkseitigen Fassade das Gebäude aus der Ferne kleiner wirken. Insgesamt ergibt sich ein Ensemble farbiger Volumen mit unverhohlen zeitgenössischem Auftritt.

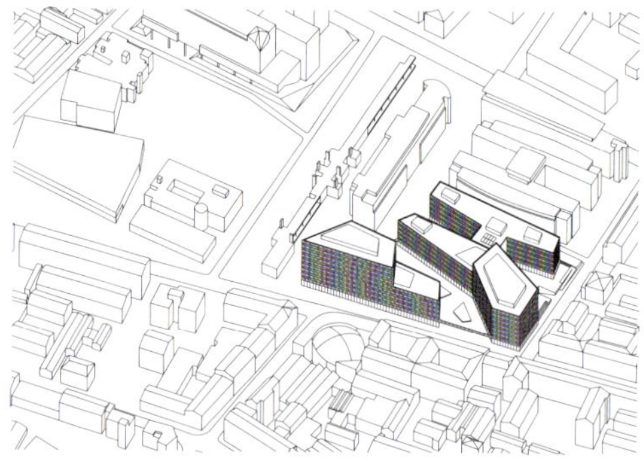

MINI MARKET
Articoli regalo-Casalinghi Pelletteria
FAST FOOD
KEBAB

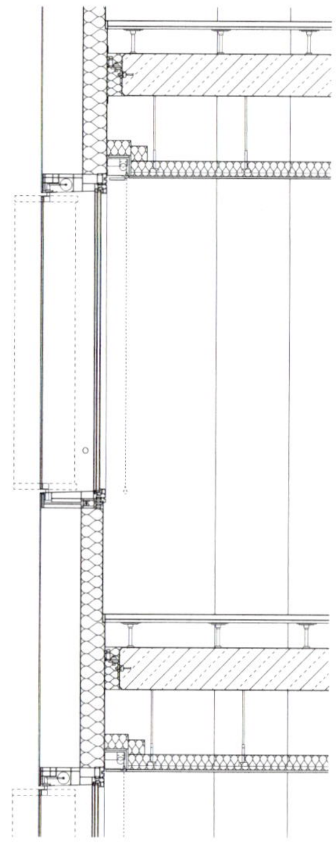

Façade, vertical section
Fassade, Vertikalschnitt

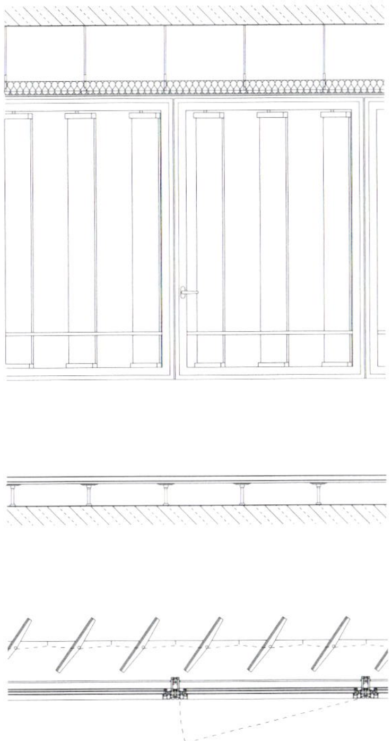

Façade, interior elevation and horizontal section
Fassade, Innenansicht und Horizontalschnitt

Section A / Schnitt A

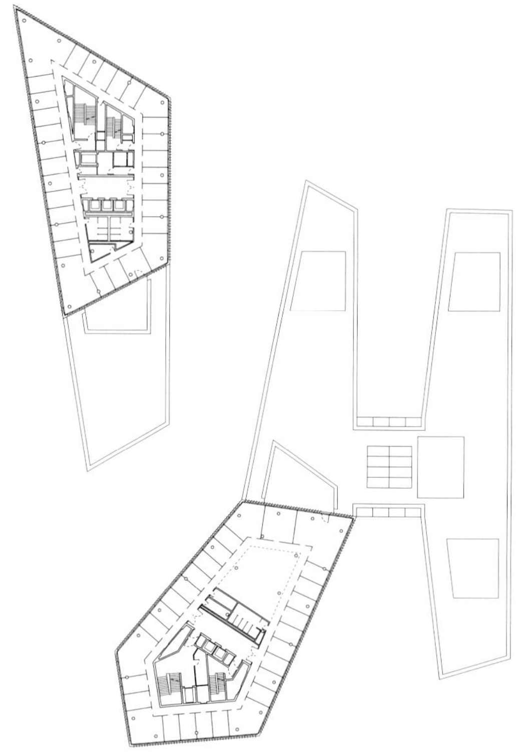

5th floor / 5. Obergeschoss

Ground floor / Erdgeschoss

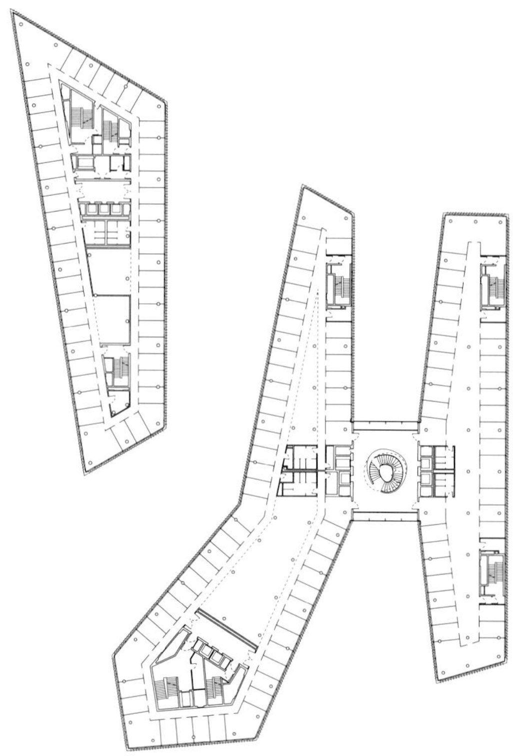

1st floor / 1. Obergeschoss

ristorante
STOP
CITROËN
S.ANTO
CJ 036TT

2010
Amorepacific Headquarters, Seoul
Amorepacific Hauptverwaltung, Seoul

This design for the headquarters of a large Korean corporation in Seoul comprises two towers, 120 and 150 metres tall, connected by a public plaza. The ensemble defines the interface between Yongsan Park and the business district along Hangangro Avenue.

The towers' streamlined forms minimise wind turbulence at their bases and present two very different elevations – one towards the city centre in the north and the other towards the south-lying park. The public plaza at their foot is lined with cafés and shops – including the flagship store – as well as the office foyers and reception areas. An elegant glass canopy shelters the plaza, marking the gateway between the towers and, together with the raised green 'islands' of the Lotus Garden, initiating a change of atmosphere as pedestrians move between the built-up area and the central park.

The cores of the towers have been placed asymmetrically to establish a wider office zone towards the park, and the towers are joined at every level to allow flexible office planning. The Amorepacific Museum at the top of the lower building offers a public viewing terrace and restaurant, while in the higher building the rooftop tea garden gives a representative corporate focus to the directors' offices on the upper floors.

The towers' façades are clad in a double-layer skin with integral solar louvre blinds. A range of delicate polychromies creates a dynamic surface that becomes an abstract image of Nature in the heart of metropolitan Seoul.

Für den Hauptsitz eines großen koreanischen Kosmetikunternehmens in Seoul werden zwei 120 beziehungsweise 150 Meter hohe Türme mit einer öffentlichen Plaza verbunden. Sie definieren einen Übergang zwischen dem Geschäftsviertel an der Hangangro Avenue und dem Yongsan-Park.

Die aerodynamische Form der Türme minimiert zum einen die Fallwinde am Fuß der Gebäude, zum anderen bestehen pro Turm zwei sehr unterschiedliche Ansichten, nach Norden zum Stadtzentrum und nach Süden zum Park. Für die Plaza am Fuß der beiden Türme sind ein Flagshipstore, Shops und Cafés sowie Empfangsbereiche für die Hochhausnutzungen vorgesehen. Das netzartige Tragwerk des eleganten Glasdachs sowie ein mit reliefartigen grünen Inseln ausgebildeter „Lotusgarten" leiten atmosphärisch von der steinernen Urbanität zum weiten Grün des Parks über.

Die Hochhäuser können sehr flexibel genutzt werden, da beide Gebäude auf jeder Etage miteinander verbunden sind und so durch zwei Gebäudekerne erschlossen werden. Diese liegen außermittig, sodass eine tiefere Bürozone zum Park entsteht. In den obersten Etagen der Türme sind ein Museum und ein Restaurant sowie auf dem höheren Turm Etagen für die Unternehmensleitung mit einem spektakulären terrassierten Teegarten situiert.

Die Fassaden der Türme sind zweischichtig mit innenliegendem, beweglichem Sonnenschutz ausgebildet. Ihre belebte Polychromie lässt mitten in der Metropole Seoul ein lebendiges Bild abstrakter Natur entstehen.

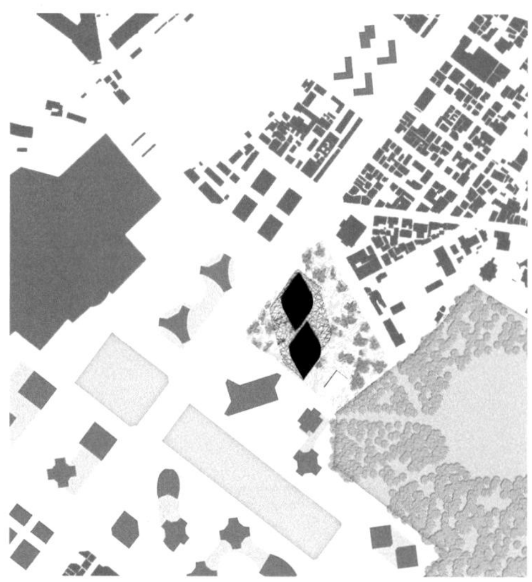

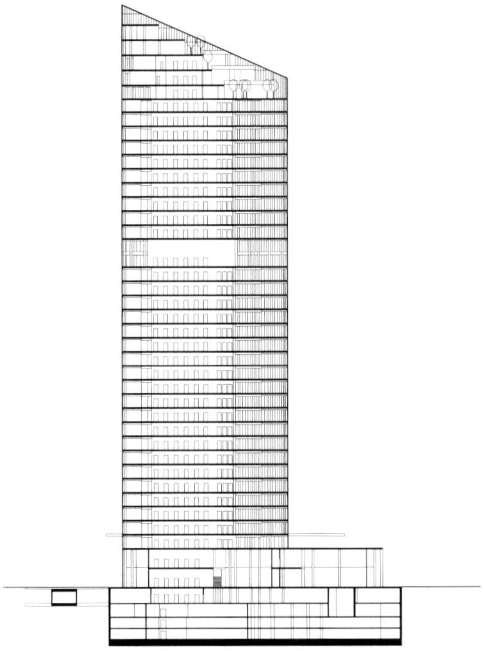

Section A / Schnitt A

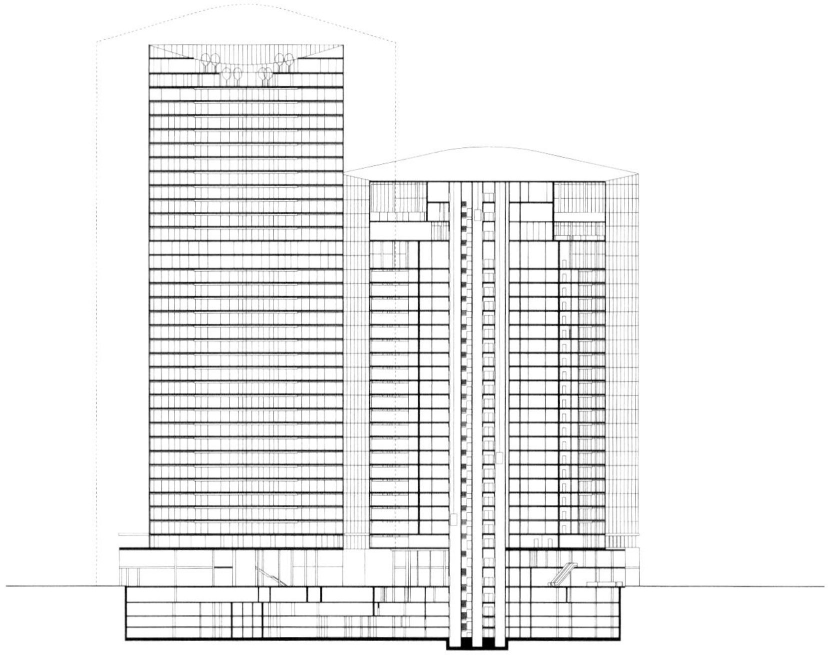

Section B / Schnitt B

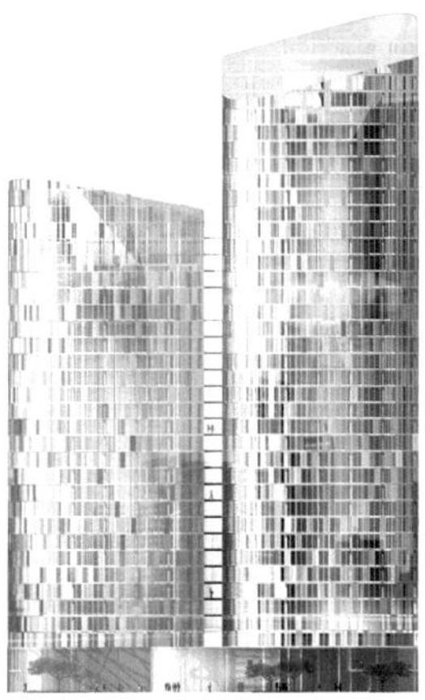

North-east elevation / Ansicht Nordost

North-west elevation / Ansicht Nordwest

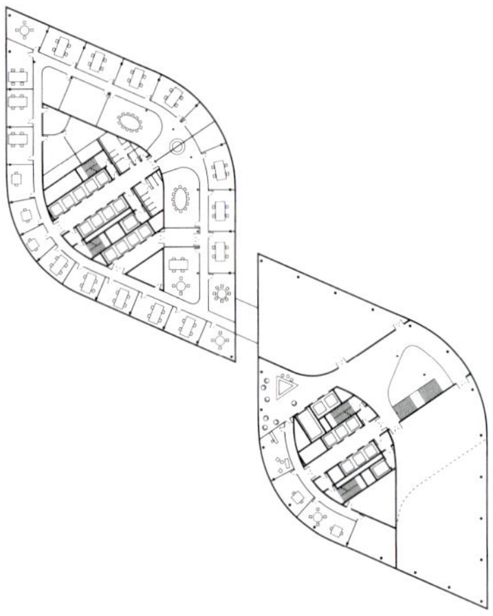

24th floor / 24. Obergeschoss

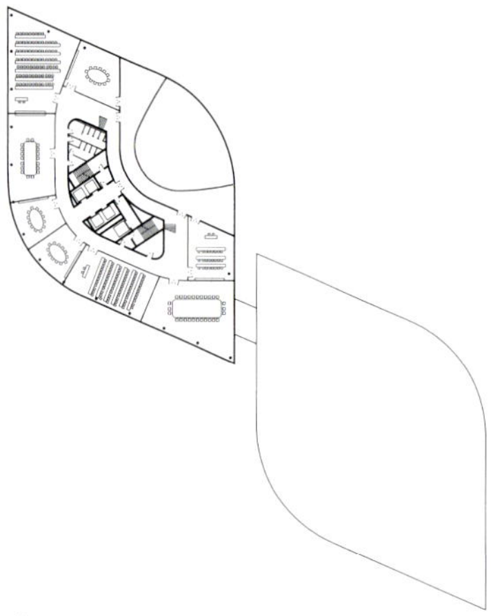

34th floor / 34. Obergeschoss

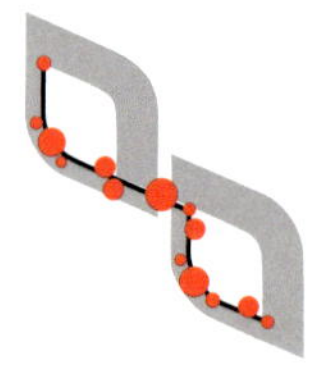

Communication zones
Kommunikationszonen

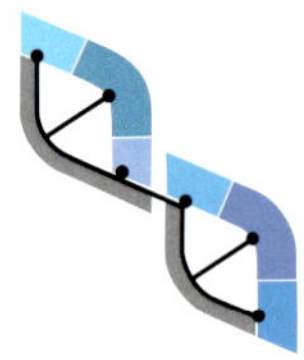

Access to open-plan areas
Zugang zu Großraumzonen

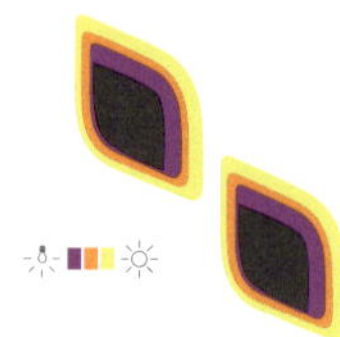

Artificial and natural light
Kunst- und Tageslicht

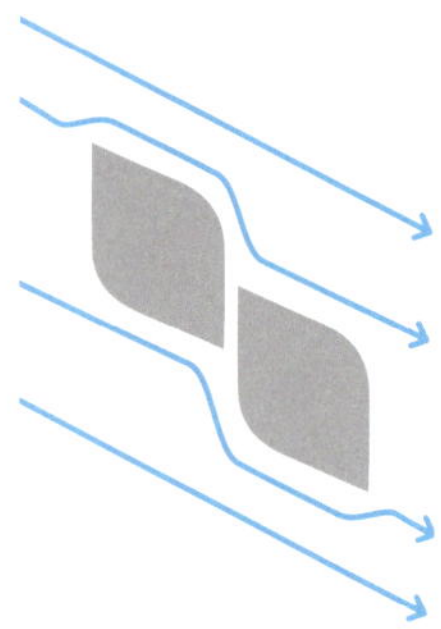

Orientation according to prevailing wind
Orientierung entsprechend der Hauptwindrichtung

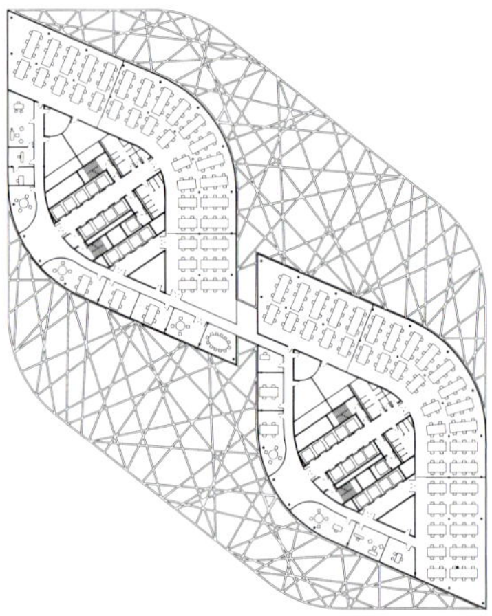

3rd floor / 3. Obergeschoss

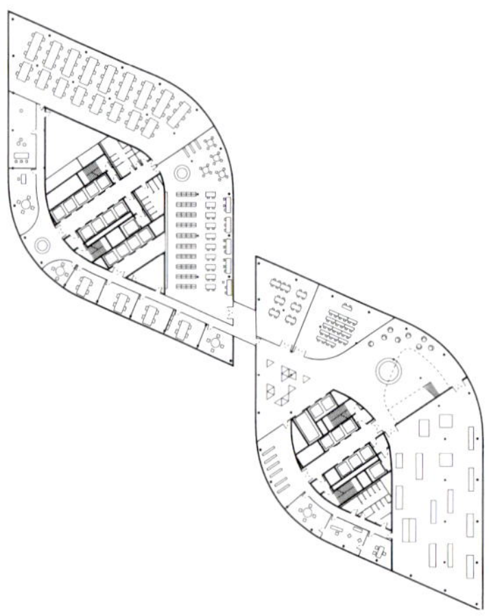

23rd floor / 23. Obergeschoss

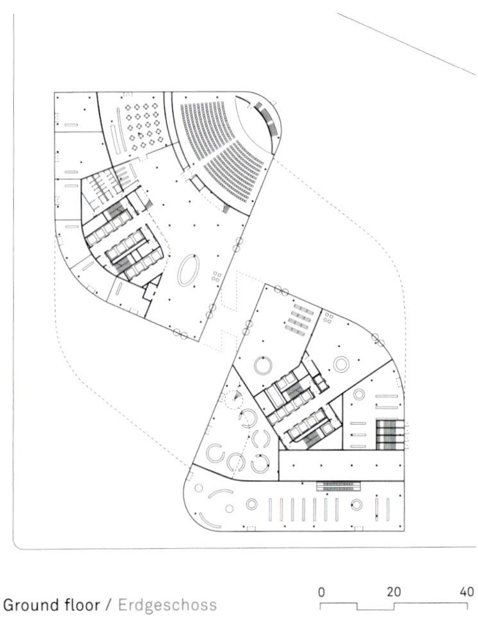

Ground floor / Erdgeschoss

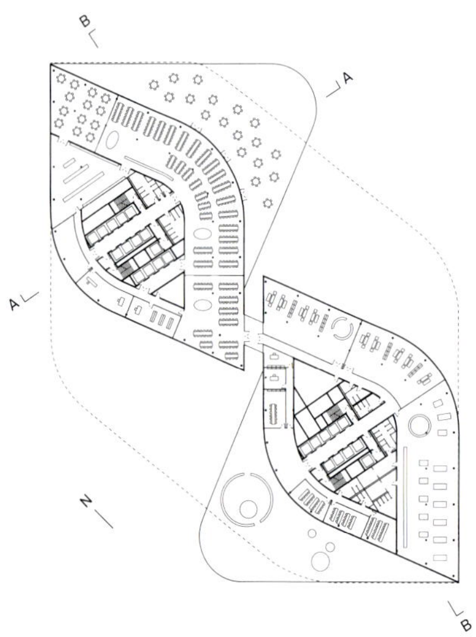

2nd floor / 2. Obergeschoss

Urban concept / Städtebauliches Konzept

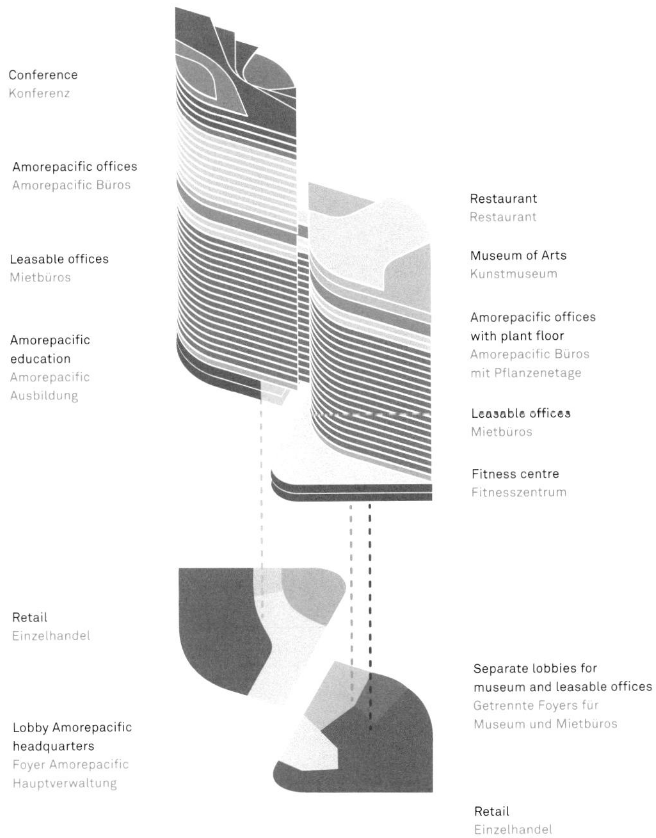

Conference
Konferenz
Amorepacific offices
Amorepacific Büros
Leasable offices
Mietbüros
Amorepacific education
Amorepacific Ausbildung
Restaurant
Restaurant
Museum of Arts
Kunstmuseum
Amorepacific offices with plant floor
Amorepacific Büros mit Pflanzenetage
Leasable offices
Mietbüros
Fitness centre
Fitnesszentrum
Retail
Einzelhandel
Lobby Amorepacific headquarters
Foyer Amorepacific Hauptverwaltung
Separate lobbies for museum and leasable offices
Getrennte Foyers für Museum und Mietbüros
Retail
Einzelhandel

2010

Olympic Village and Media Centre, Munich

Olympisches Dorf und Mediendorf, München

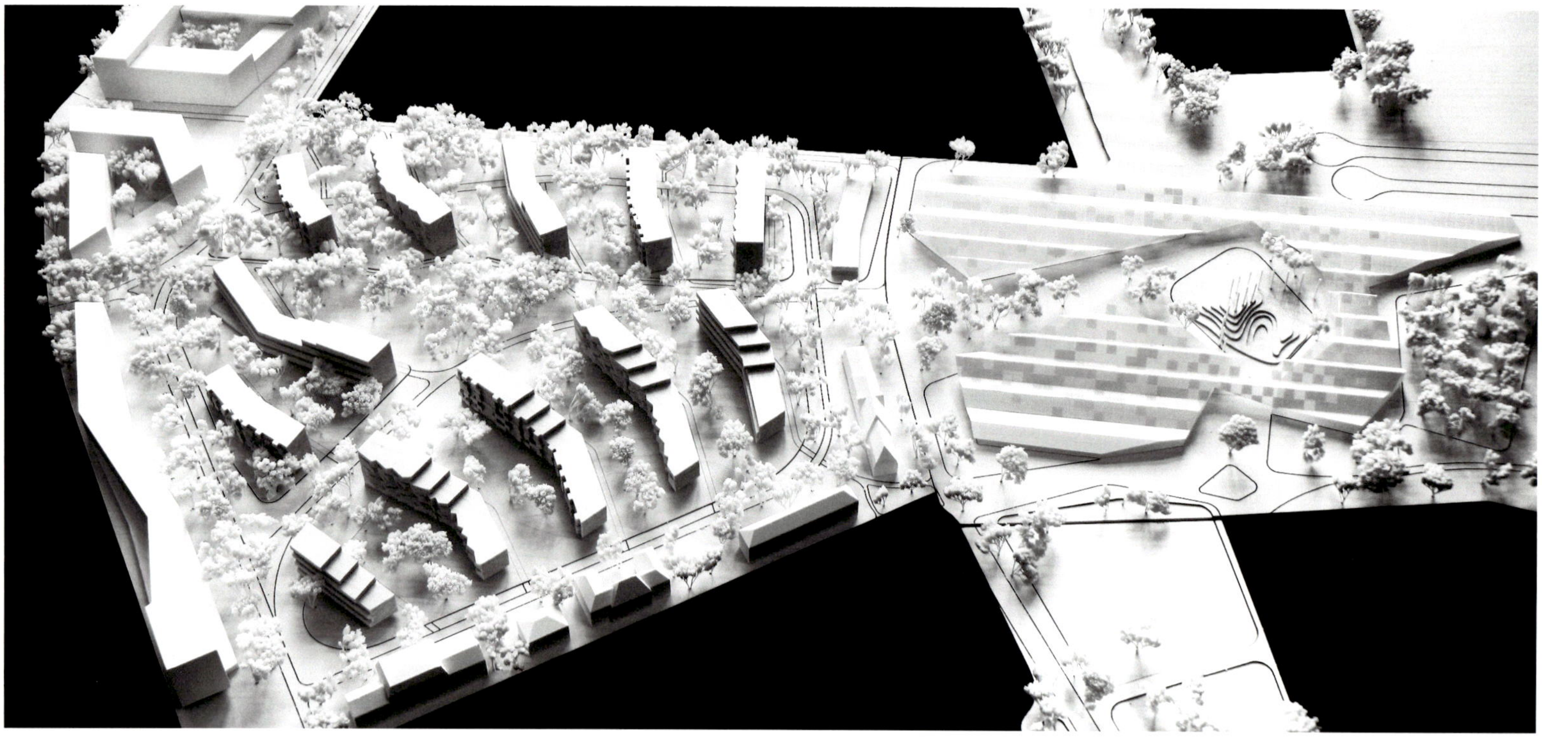

This design was conceived in connection with Munich's bid for the 2018 Olympic Winter Games. It adopts and continues the spatial logic of the 1972 Olympic Park that lies immediately to the north. The new Media Village is understood as a temporary settlement whose buildings are grouped under large roof structures around an open centre.

Between the Park and Media Village, on the one hand, and the city on the other, the athletes' accommodation is laid out like the veins of a leaf, forming an urban enfilade along a green 'stem' that continually opens up new spaces. Along this backbone, community facilities and cafés at ground-floor level define a green city space of casual urbanity. This forms a natural connection between the Olympic Park and the city – both for the period of the Games and for subsequent use.

The new buildings are aligned to face south-east so as to take advantage of passive solar heat gain, and the façades are constructed of highly insulating timber elements. The floor layouts allow flexibility, which enables the project as a whole to not only fulfil the strict requirements for athletes' accommodation, including the needs of the disabled for the Paralympics, but also comply with regulations that govern their use as social housing and multigenerational residences after the Games.

This proposal begins a new chapter in the story of the city in the park, which the Olympic design of 1972 so successfully initiated.

Dieser Entwurf entstand im Zuge der Bewerbung Münchens für die Olympischen Winterspiele 2018. Er schreibt den unmittelbar anschließenden Olympiapark von 1972 nach Süden fort. Angrenzend an den Park entsteht das Medienzentrum als ein temporäres Dorf, dessen Bauten unter einer großen Dachkonstruktion um einen zentralen Platz angeordnet sind.

Zwischen Park beziehungsweise Medienzentrum und Stadt gruppieren sich die Unterkünfte für die Athleten wie Adern eines Blattes und bilden so räumlich eine urbane Enfilade, die dem Betrachter entlang eines grünen „Stammes" immer wieder neue Räume eröffnet. An diesem Rückgrat befinden sich auch Gemeinschaftseinrichtungen und Cafés im Sockelbereich, sodass ein lebendiger städtischer Grünraum als Verbindung zwischen Olympiapark und Stadt entsteht – sowohl für die Zeit der Olympischen Spiele als auch für die Nachnutzung.

Die Gebäuderiegel orientieren sich nach Südosten mit Fassaden aus einer hochdämmenden Holzelementkonstruktion. Die Grundrisse erlauben dabei eine Flexibilität, die den strengen Anforderungen an Sportlerunterkünfte einschließlich der Behindertengerechtigkeit für die Paralympics genügen und für die Nachnutzung den Vorgaben für den sozialen Wohnungsbau und das Mehr-Generationen-Wohnen gerecht werden.

Der Vorschlag schreibt ein neues Kapitel in der Geschichte „Stadt im Park", die das Olympiagelände von 1972 so erfolgreich begonnen hat.

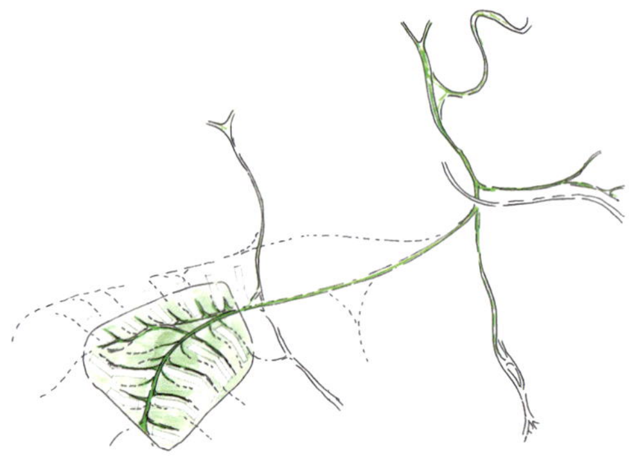

Green space based on leaf structure
Grünraum als Blattstruktur

Olympic mode / Olympischer Modus

Post-Olympic mode / Post-Olympischer Modus

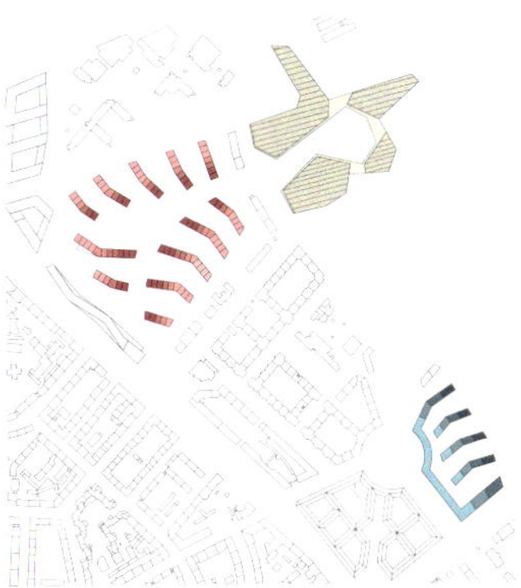

Olympic Village / Olympisches Dorf

Centre, olympic mode / Zentrum, olympischer Modus

Media Village / Mediendorf

7th floor / 7. Obergeschoss

Typical floor / Regelgeschoss

Ground floor / Erdgeschoss

Media Village, olympic mode
Mediendorf, olympischer Modus

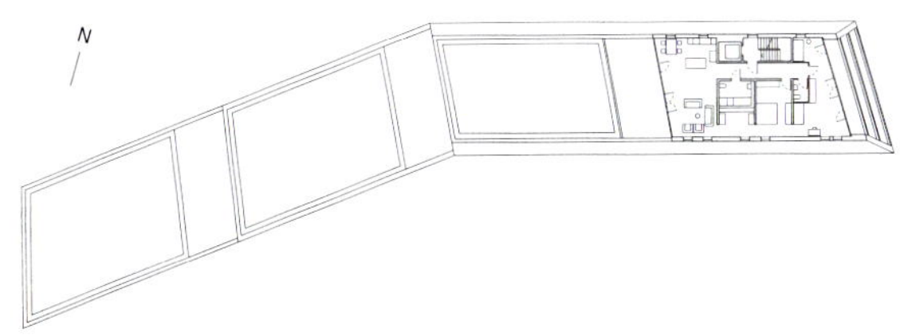

Media Village, post-olympic mode
Mediendorf, post-olympischer Modus

South elevation / Ansicht Süd

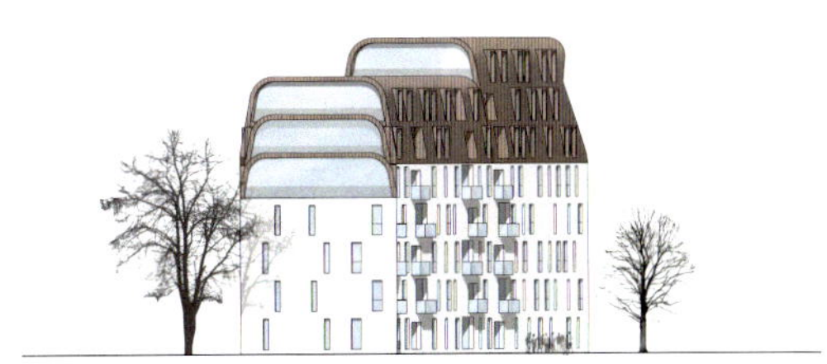

West elevation / Ansicht West

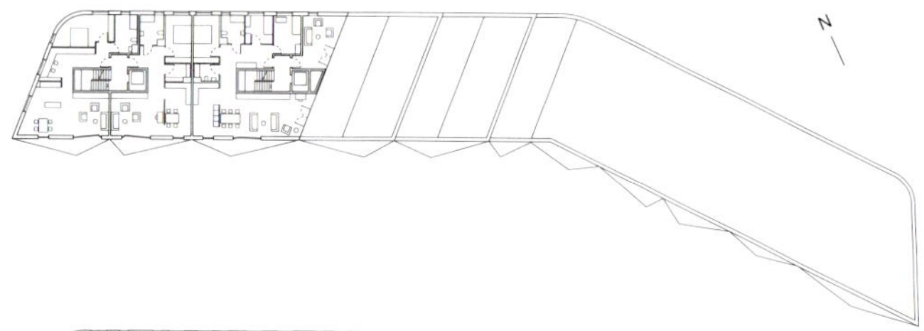

7th floor / 7. Obergeschoss

Typical floor / Regelgeschoss

Ground floor / Erdgeschoss

Olympic Village, olympic mode
Olympisches Dorf, olympischer Modus

Olympic Village, post-olympic mode
Olympisches Dorf, post-olympischer Modus

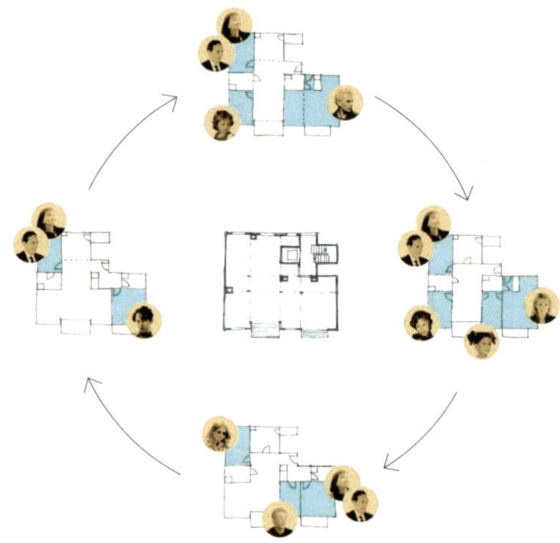

South elevation / Ansicht Süd

East elevation / Ansicht Ost

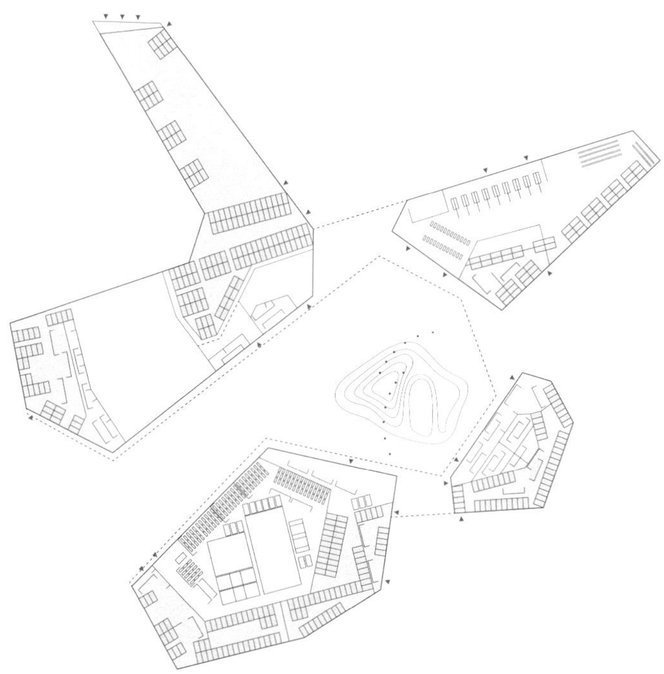

Village centre with temporary Olympic buildings
Dorfzentrum mit temporären Olympiabauten

2010

KfW Westarkade, Frankfurt am Main

KfW Westarkade, Frankfurt am Main

The KfW Westarkade is one of the first high-rise office buildings in the world that has been planned to consume less than 100 kWh/m^2 of primary energy per year. This fifteen-storey extension to the KfW Group's headquarters complements their varied ensemble of existing administrative buildings. In addition to housing a conference centre, it provides office space for 700 employees.

Despite its height of 56 metres, the new tower fits in with the cluster of existing towers without blocking their views. Its idiosyncratically sculpted form and subtly varied polychromatic treatment help it to mediate between two distinct urban realms: while appearing as a slim slab from the busy street, it presents a discreet backdrop to the greenery of the Palmengarten botanical garden. The flowing form of the four-storeyed plinth picks up the eaves height of the neighbouring buildings and defines the edge of the street, counterpointed by a gently concave recess that marks the entrance.

The wind-pressurised double-skin façade was devised especially for this building – whose streamlined form facilitates its efficacy. The façade guarantees natural ventilation regardless of the weather, combined with high insulation performance and efficient solar screening. Radiant floor slabs, geothermal heating and the recovery of waste heat from the central IT systems are among the coordinated measures that contribute to the building's low energy consumption. The KfW Westarkade was voted "Best Tall Building Worldwide" for 2011 by the Council on Tall Buildings and Urban Habitat.

Als eines der ersten Bürohochhäuser weltweit wurde der Neubau für die KfW-Bankengruppe mit einem jährlichen Ziel-Primärenergiebedarf von weniger als 100 kWh/m^2 geplant. Das fünfzehngeschossige Gebäude ergänzt die heterogene Gebäudegruppe der KfW-Hauptverwaltung und bietet ein Konferenzzentrum sowie Büroarbeitsplätze für 700 Mitarbeiter.

Der 56 Meter hohe Turm fügt sich dabei in das bestehende Ensemble ein, ohne dessen Ausblicke zu verstellen, und vermittelt mit seiner eigenständigen Figur und abgestuften Polychromie zwischen den unterschiedlichen Stadträumen. Er tritt zur Straße als schlanke Scheibe in Erscheinung und bildet einen dezenten Hintergrund für das Grün des benachbarten Palmengartens. Die fließende Kontur seines Sockelbereichs nimmt die Traufhöhe der Nachbarbebauung auf und ergänzt den Blockrand mit einer leichten konkaven Einwölbung, die den Eingang akzentuiert.

Die zweischichtige Druckringfassade ist eigens für den Bau konzipiert und korrespondiert wesentlich mit seiner stromlinienförmigen Kubatur. Sie gewährleistet witterungsunabhängig natürliche Belüftung bei hohem Wärmedämmwert und effektivem Sonnenschutz. Bauteilaktivierung, Erdwärmetauscher und die Nutzung der Abwärme des Rechenzentrums sind weitere Maßnahmen, deren integriertes Zusammenspiel den geringen Energieverbrauch dieses Gebäudes ausmacht, das 2011 vom Council on Tall Buildings and Urban Habitat als „Bestes Hochhaus der Welt" ausgezeichnet wurde.

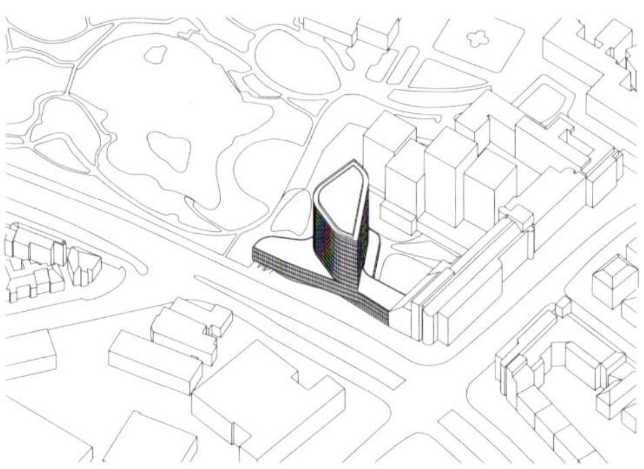

The coloured treatment of the façades responds to and enhances nearby spaces and landmarks. The reddish tones allude to the sandstone traditionally used in Frankfurt, the greyish blues respond to the cluster of existing buildings, and shades of green dominate the side facing the Palmengarten.

Die farbige Behandlung der Fassaden unterstützt und thematisiert die Räume und Territorien im Umfeld. Die Rottöne sind an den in Frankfurt traditionellen Sandstein angelehnt, die Blaupalette reagiert auf den bestehenden Gebäudecluster, grüne Abtönungen dominieren die dem Palmengarten zugewandte Seite.

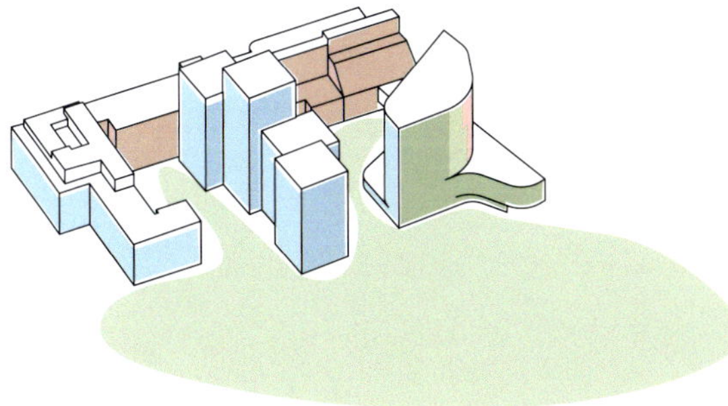

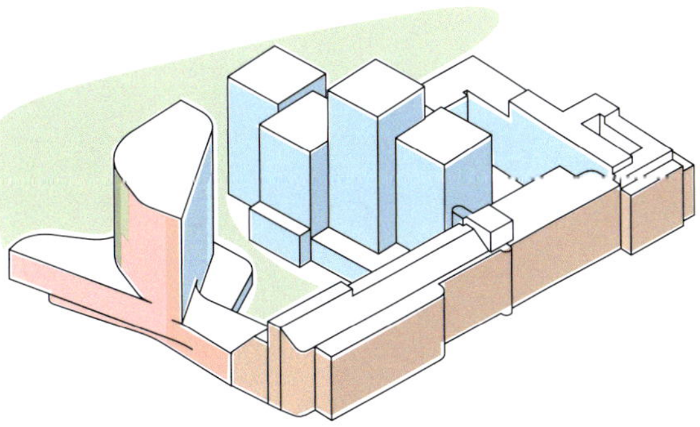

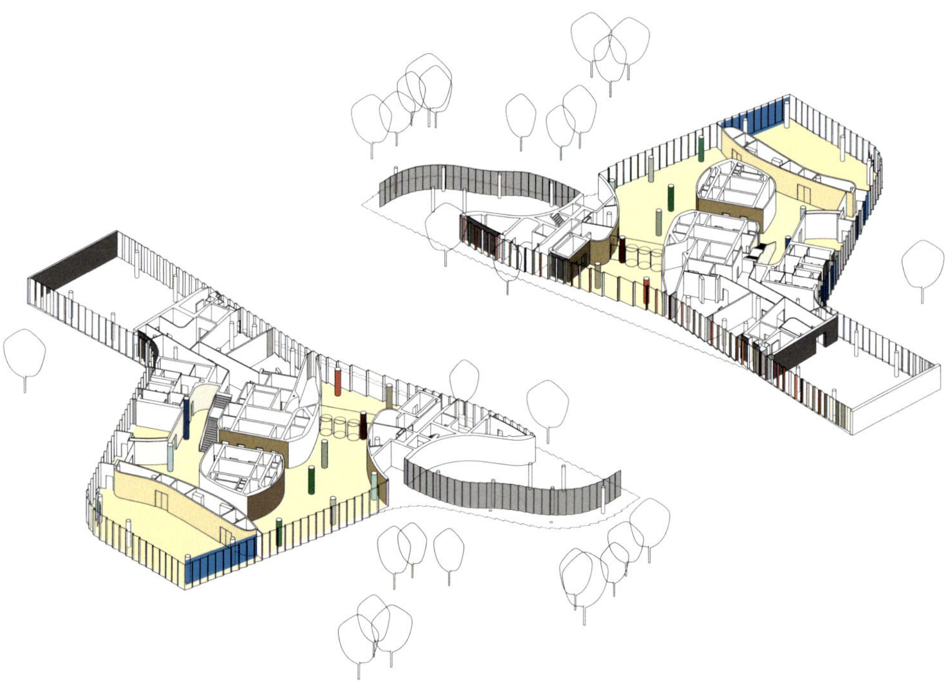

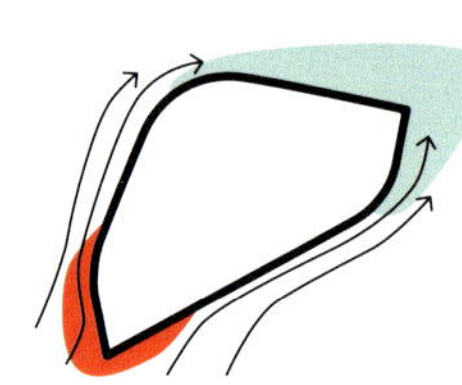

Prevailing winds / Hauptwindrichtung

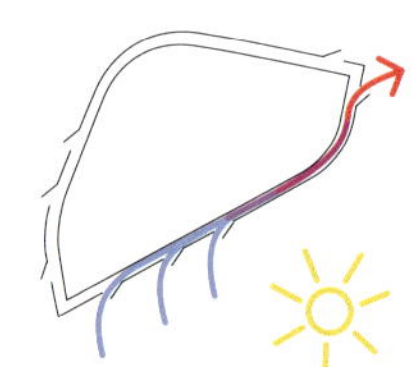

Throughflow / Durchströmung

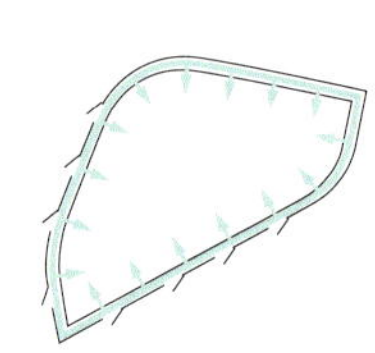

Pressure distribution / Druckverteilung

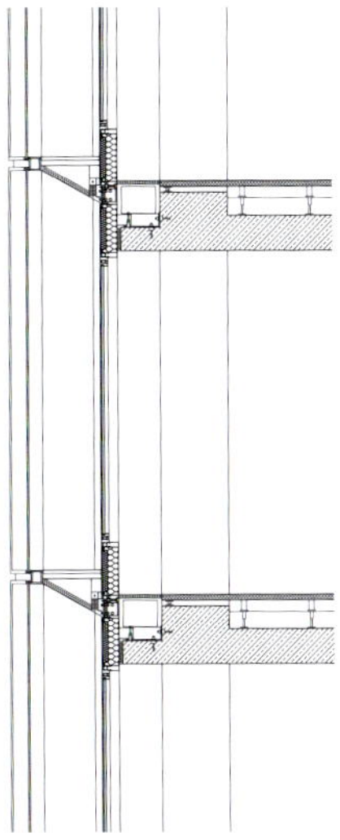

Façade, vertical section
Fassade, Vertikalschnitt

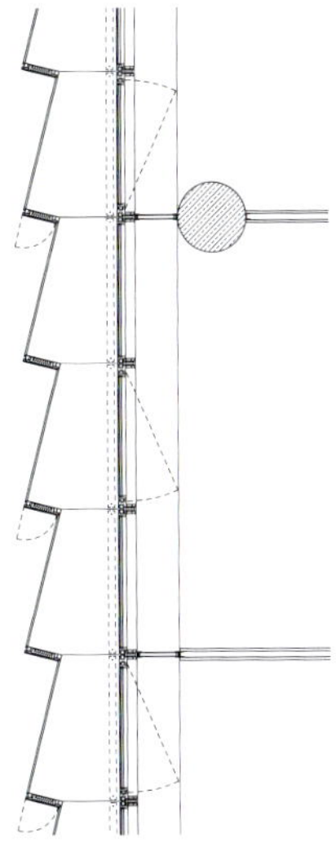

Façade, horizontal section
Fassade, Horizontalschnitt

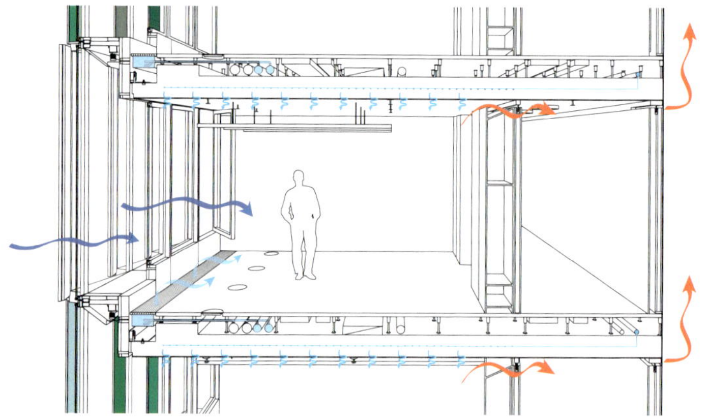

Ventilation / Be- und Entlüftung

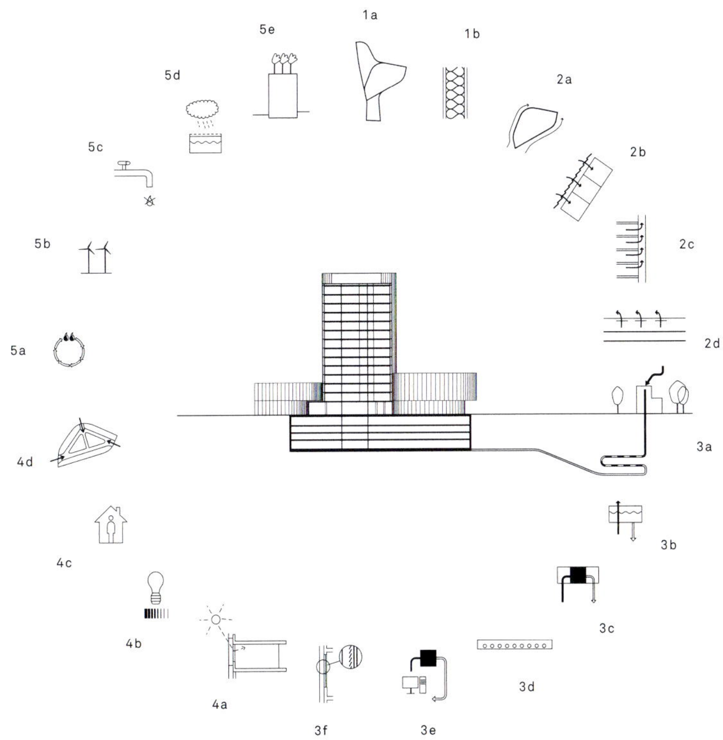

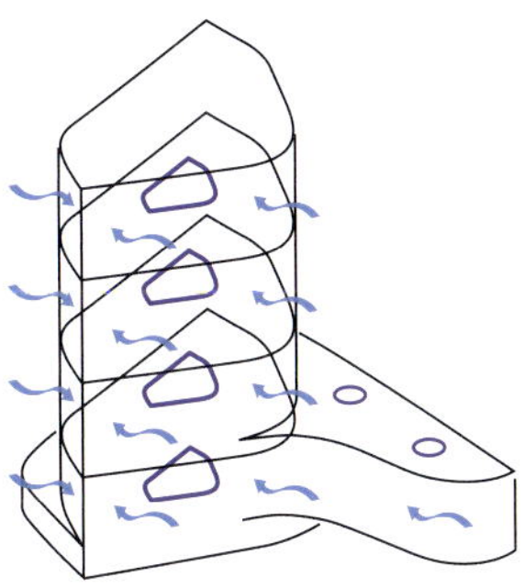

Ventilation, spring and autumn
Belüftung, Frühling und Herbst

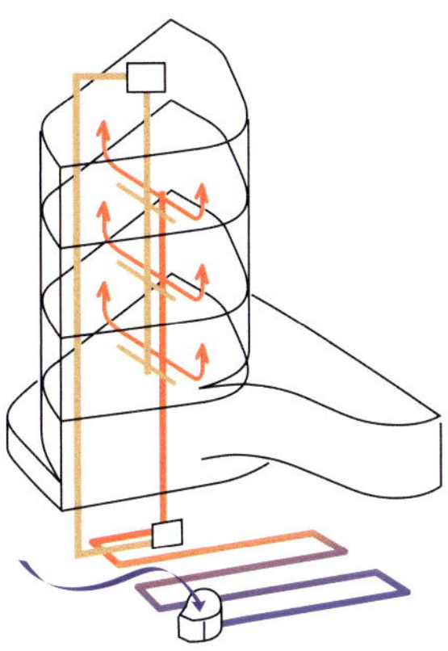

Ventilation, winter
Belüftung, Winter

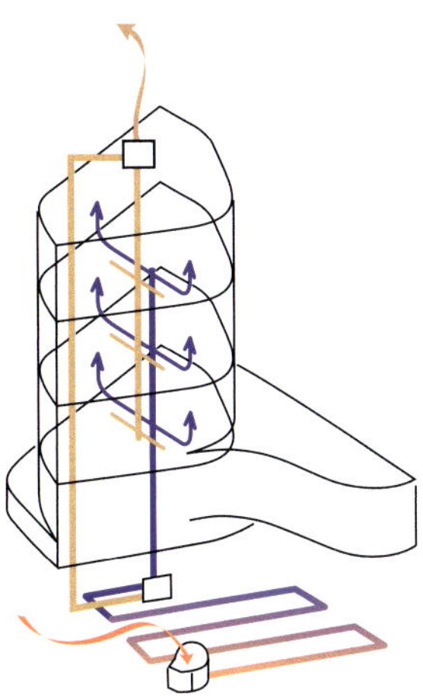

Ventilation, summer
Belüftung, Sommer

1 Minimised heat loss through the exterior skin:
a compact form of the building
b high degree of thermal insulation

2 Minimised primary energy demand for ventilation:
a favourable orientation of the building form with respect to prevailing winds
b natural ventilation through the pressure-ring façade
c natural venting of exhaust air using wind-induced convection via sound-attenuating air overflow and vertical exhaust shaft
d minimised use of airflow ducts in the mechanical ventilation (incoming air flows through pressure floors, exhaust air through overflow elements and corridors)

3 Minimised primary energy demand for heating and cooling:
a pre-cooling and pre-heating of fresh air by the geothermal heat exchanger
b free cooling by the recooling plant
c heat recovery from exhaust air in winter
d activated slabs
e use of waste heat from the data processing centre to heat the offices
f minimised heat penetration in summer through external sun protection

4 Optimised use of daylight:
a daylight redirection system integrated into the sun protection (light-directing blinds)
b daylight sensors that adjust to the amount of available daylight
c the use of motion detectors for lighting control
d daylit corridors

5 Further ecological measures:
a use of the KfW ensemble's integrated cooling and heating network
b 100% green electricity supply
c water-saving fixtures
d rainwater usage (cisterns)
e green roof systems

1 Minimierte Wärmeverluste an der Außenhaut:
a kompakte Gebäudeform
b niedriger U-Wert der Wärmedämmung

2 Minimierter Primärenergiebedarf der Lüftung:
a günstige Positionierung des Gebäudegrundrisses in Hauptwindrichtung
b natürliche Belüftung über Druckringfassade
c natürliche Abluft über Überströmelemente und Abluftkamin durch windinduzierte Konvektion
d Minimierung von kanalgebundener Luftführung der mechanischen Lüftung (Zuluft über Hohlboden, Abluft über Überströmelemente und Flurzonen)

3 Minimierter Primärenergiebedarf für Heizen/Kühlen:
a Frischluftvorkühlung und -vorwärmung durch den Erdwärmetauscher
b freie Kühlung über Rückkühlwerk
c Wärmerückgewinnung aus der Abluft im Winter
d Bauteilaktivierung für Heizung und Kühlung
e Nutzung der Abwärme aus dem Rechenzentrum zum Heizen der Büroräume
f Minimierung des sommerlichen Wärmeeintrags durch außenliegenden Sonnenschutz

4 Optimierte Tageslichtnutzung:
a Einsatz von Tageslichtlenkung, die in den Sonnenschutz integriert ist (Lichtlenklamellen)
b Tageslichtsensoren, die das Kunstlicht dem vorhandenen Tageslicht anpassen
c Bewegungsmelder zur Lichtsteuerung
d tagesbelichtete Flure

5 Weitere ökologische Maßnahmen:
a Nutzung des gemeinsamen Kälte- und Wärmeverbunds des KfW-Ensembles
b Bezug von 100% Ökostrom
c Wassersparamaturen
d Nutzung von Regenwasser (Zisterne)
e Gründächer

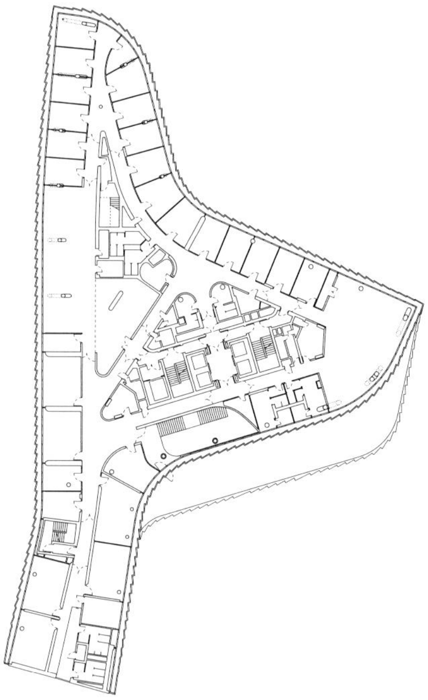

1st floor / 1. Obergeschoss

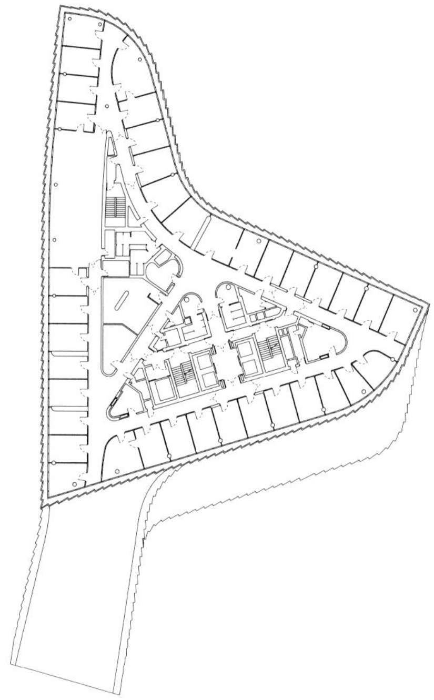

2nd floor / 2. Obergeschoss

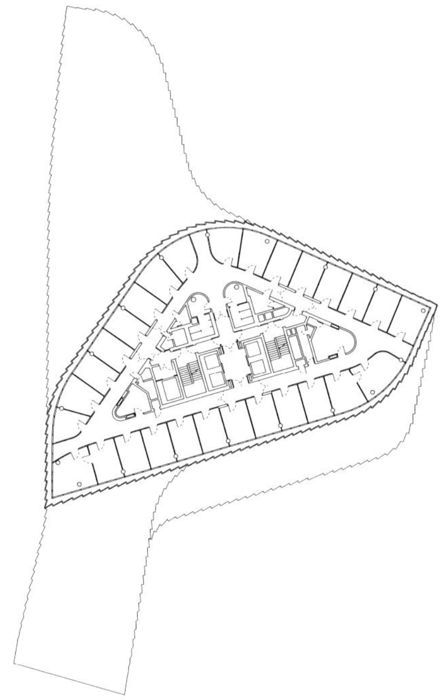

Typical floor / Regelgeschoss

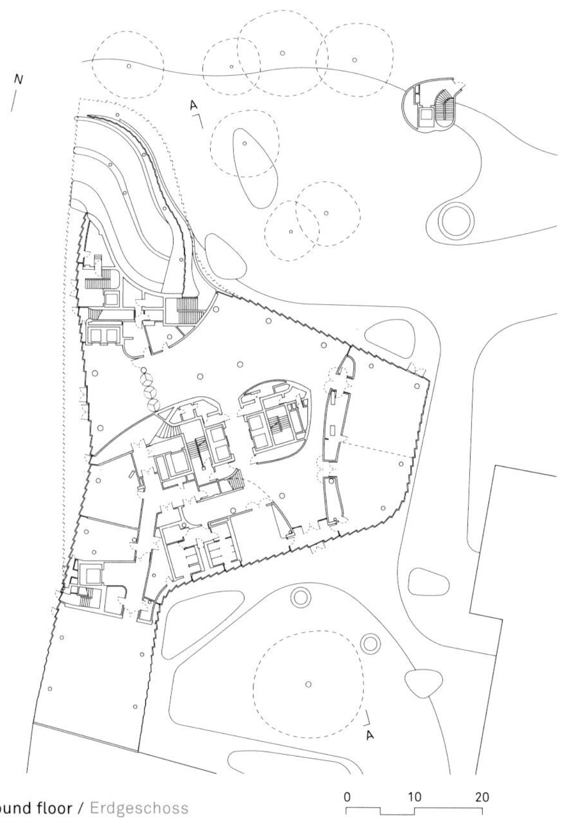

Ground floor / Erdgeschoss

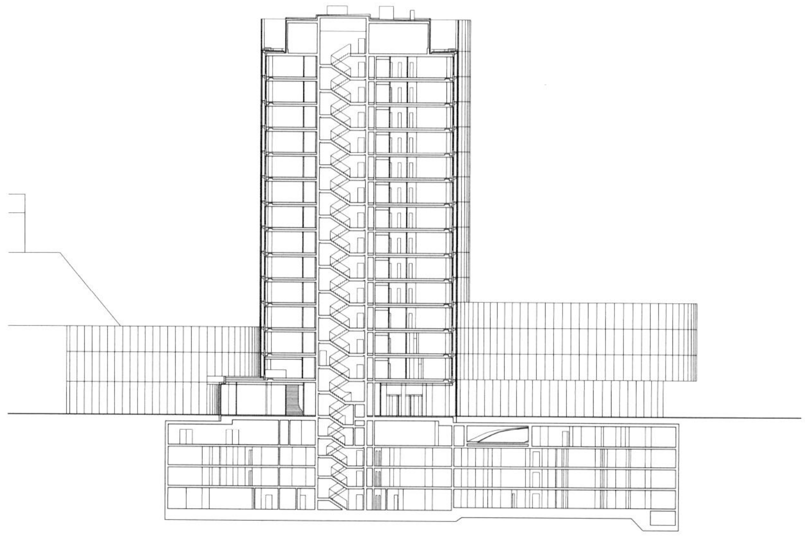

Section A / Schnitt A

2011

Berlin Philharmonic Hall, Eastern Entrance

Berliner Philharmonie, Osteingang

This preliminary design study builds upon our 2005 scheme for the future of the Kulturforum (→ *Archive,* volume 1), which became the basis of the Berlin Senate's master plan for this area. The revisions were instigated by a request from the Berliner Philharmoniker Foundation for an extension and reorganisation of the eastern entrance to the Philharmonic Hall and the Chamber Music Hall, which, subsequent to the fall of the Berlin Wall, had effectively become their main entrance. The project was to be co-financed by suitable sponsors and provide supplementary floor space for their own use.

The revised concept envisages the creation of a representative forecourt that is spatially defined by three new structures. On the court's northern side, a three-storey wing contains a hall for rehearsals and small concerts. It is extensively glazed, making the activities of the orchestra visible to the public from outdoors. On the western side, the existing foyer is extended to create a generous entrance that has a clear presence on the forecourt. To accommodate the space required for external use, a building is situated at the south-west, forming an important urban edge to the space of the Kulturforum itself.

The additions have been developed in the spirit of the buildings of Hans Scharoun – in particular the stepped-back cross section along Potsdamer Straße, conceived by Scharoun as a kind of urban valley. The new scheme completes this famous ensemble and gives it an important new focus – without impinging on its aura. Nevertheless, subtle variations in material and detailing allow a distinction to be made apparent between the generations.

Diese Vorentwurfsstudie baut auf einen Beitrag zur Zukunft des Kulturforums aus dem Jahr 2005 auf (→ *Archive,* Band 1), der für diesen Bereich Grundlage des Masterplans des Berliner Senats wurde. Ausgangspunkt der erneuten Bearbeitung war eine Anfrage der Stiftung Berliner Philharmoniker zur Erweiterung und Neuordnung des Osteingangs für Philharmonie und Kammermusiksaal, der mit dem Mauerfall zum neuen Hauptzugang geworden ist. Das Projekt sollte durch einen geeigneten Förderer kofinanziert werden und für diesen ergänzende Nutzflächen ausweisen.

Das überarbeitete Konzept sieht vor, einen repräsentativen Vorplatz anzulegen, der von drei ergänzenden Bauteilen räumlich gefasst wird. Auf der Nordseite beherbergt ein dreigeschossiger Flügelbau einen Saal für Proben und kleine Konzertveranstaltungen. Dieser ist großflächig verglast, sodass die Aktivitäten der Philharmoniker bis in den öffentlichen Raum hinein sichtbar werden. Im Westen ist das bestehende Foyer zu einem großzügigen Entrée erweitert und an den Vorplatz herangeführt. Südwestlich schließt sich für die Drittnutzung ein Baukörper an, der zum eigentlichen Kulturforum eine städtebaulich wichtige Raumkante bildet.

Der Entwurf wurde im Geist der Bauten Hans Scharouns entwickelt, insbesondere wurde der gestaffelte Querschnitt der Potsdamer Straße aufgegriffen, den Scharoun als „städtisches Tal“ konzipiert hatte. Die Anbauten bilden eine wichtige Arrondierung und neue Fokussierung dieses so berühmten Ensembles – ohne es in seiner Aura zu behelligen. Gleichwohl können feine Variationen in Material und Detaillierung den Unterschied zwischen den Generationen deutlich werden lassen.

Existing entrances / Bestehende Eingänge

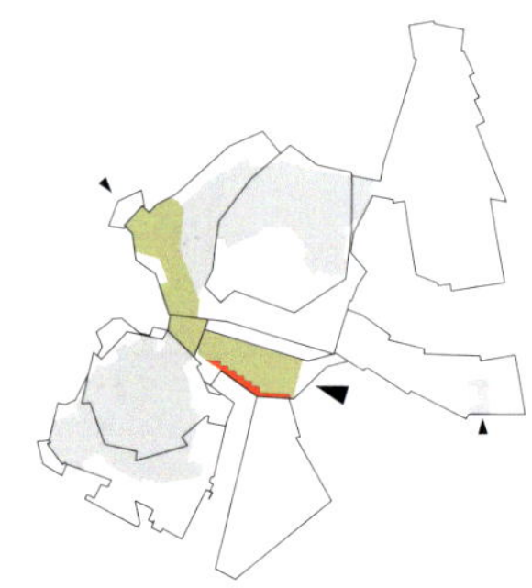

Proposed central entrance / Vorschlag zentraler Eingang

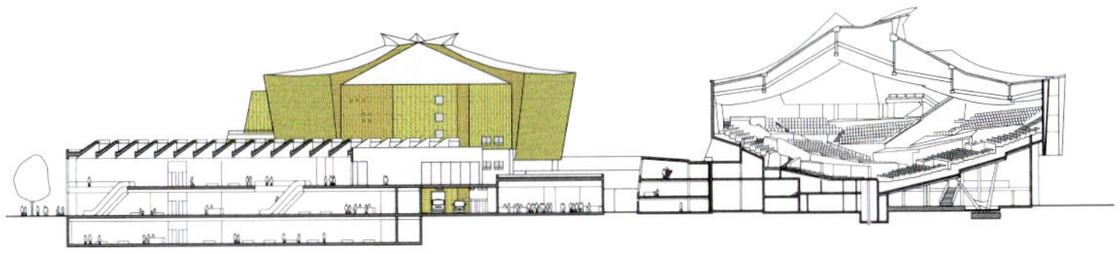

Section A / Schnitt A

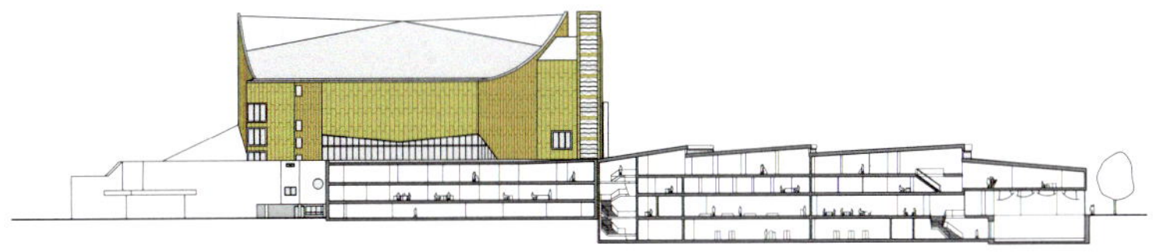

Section B / Schnitt B

Ground floor / Erdgeschoss

1st floor / 1. Obergeschoss

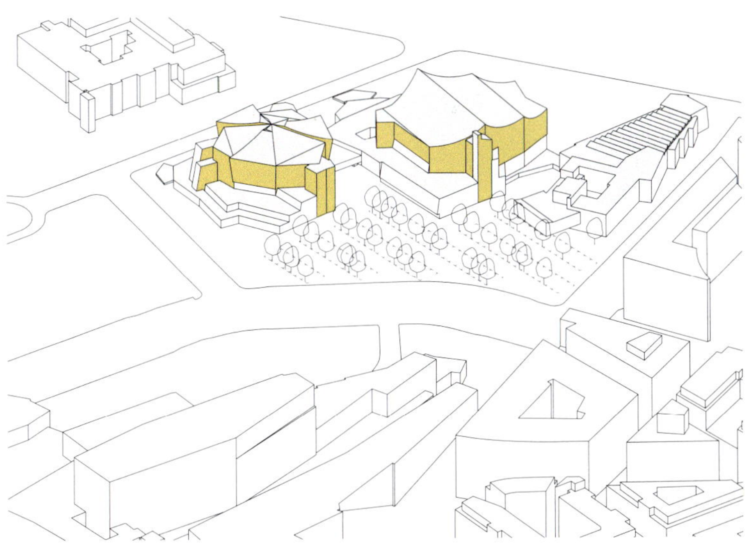

Existing situation / Bestand

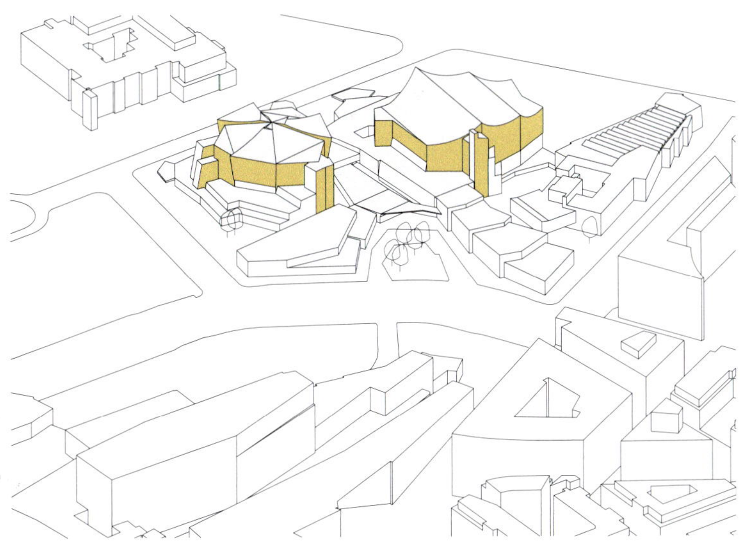

Extension / Erweiterung

2012
ADAC Headquarters, Munich
ADAC Hauptverwaltung, München

The ADAC headquarters provides Germany's largest automobile association with a flagship building that responds to their aspiration for a strong presence in the landscape of the city, while at the same time sensitively repairing the local urban fabric. The design creates an efficient and sustainable structure with a clear, flexible layout containing around two thousand workplaces and a range of areas accessible to the public.

The headquarters' five-storey base responds to the scale and grain of the surroundings. Its dynamic five-pointed 'starfish' form creates a generous courtyard as well as outdoor spaces of specific character. These include the entrance driveway and an area of open landscaping that frames a neighbouring listed house. The eighteen-storey tower situated to the north serves as a landmark that punctuates the linear space of the railway tracks. The various routes towards the building converge at a large glazed foyer in the courtyard, which gives access to a 'ring road' on the first floor. Elevating the internal circulation in this way allows the ground floor to be given over to communal uses that include a conference centre and a staff restaurant.

The building benefits from a sophisticated energy concept that combines geothermal energy exchange with integrated thermo-active slabs and uses a double façade to provide natural ventilation throughout the building. The specific use of colour on the façade gives the building an unmistakeable identity.

Der Entwurf für die neue Hauptverwaltung des ADAC verbindet den Wunsch des größten deutschen Automobilclubs nach stadträumlicher Präsenz mit einer differenzierten Reparatur der vorgefundenen städtebaulichen Situation. Darüber hinaus bietet der Entwurf einen wirtschaftlichen, übersichtlichen und nachhaltigen Bau für rund zweitausend Arbeitsplätze sowie diverse öffentliche Bereiche.

Mit dem fünfgeschossigen Sockelbau nimmt der Neubau Maßstab und Struktur des städtischen Gefüges auf, definiert wichtige Raumkanten und schafft durch seine dynamische Form gleichzeitig spezifische Situationen im Außenraum. Es entsteht eine repräsentative Vorfahrt sowie ein offener landschaftlicher Außenbereich, der ein denkmalgeschütztes Haus räumlich einbindet. Der achtzehngeschossige Büroturm reagiert auf den offenen Raum der Bahntrasse. In der Mitte des Sockelgebäudes öffnet sich ein großes glasbedecktes Foyer, in dem die Zuwegungen aus allen Richtungen zusammenlaufen. Über diesen zentralen Raum gelangt man in die interne Erschließung im ersten Obergeschoss, die über eine ringförmige „Straße" organisiert ist, sodass das Erdgeschoss öffentlich bleiben kann und für Nutzungen wie Konferenzzentrum und Betriebsrestaurant zur Verfügung steht.

Ein umfangreiches Energiekonzept reicht von geothermischer Nutzung für Bauteilaktivierung bis zur Fassade, die eine natürliche Lüftung der Büros im ganzen Gebäude ermöglicht. Die spezifische Farbgestaltung gibt dem Gebäude ein unverwechselbares Gesicht.

Along the adjacent railway tracks, the building's large volumes are a response to the scale of the infrastructure and to one's perception of it from a moving viewpoint. The 'city side' reflects a more pedestrian character, presenting only the low-rise building, which is articulated on a smaller scale.

Auf der Bahnseite reagiert das Gebäude mit großen Formen, die dem Maßstab der Infrastruktur und der Wahrnehmung in der Bewegung angepasst sind. Zur fußgängerorientierten Stadtseite zeigt sich nur der Flachbau, in kleinteiliger Artikulation.

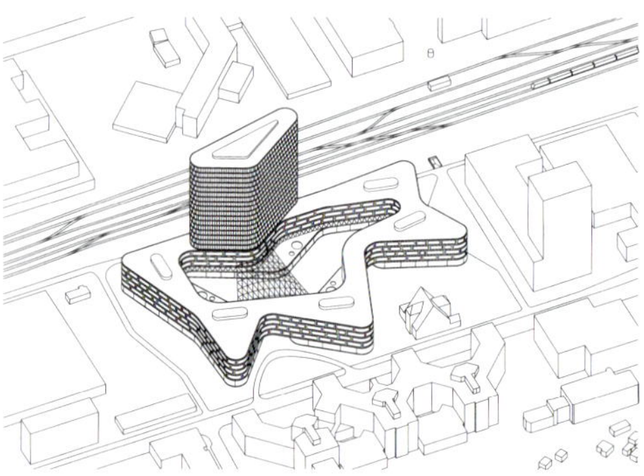

ADAC

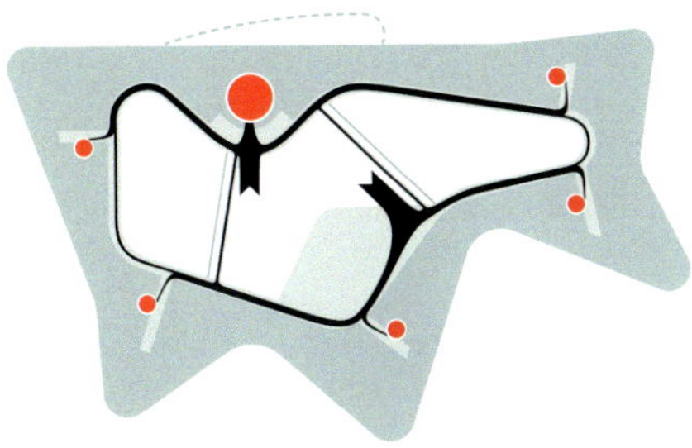

1st floor: staff access to offices
1. Obergeschoss: Ringerschließung der Büros

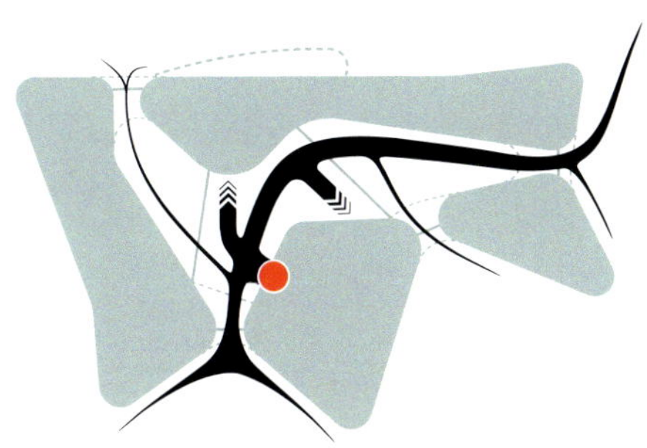

Ground floor: public access points
Erdgeschoss: öffentliche Zugänge

The façade consists of two skins with integrated solar screening. Self-adjusting mechanical air vents allow each workplace on every floor of the building to be naturally ventilated.

Die Fassade besteht aus zwei Schichten mit integriertem Sonnenschutz. Mechanische selbstregulierende Lüftungsklappen ermöglichen die natürliche Belüftung aller Arbeitsplätze über die gesamte Gebäudehöhe.

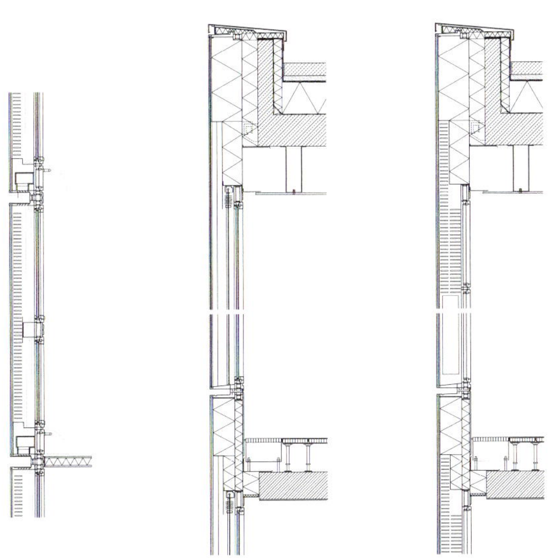

Façade, horizontal and vertical sections
Fassade, Horizontal- und Vertikalschnitte

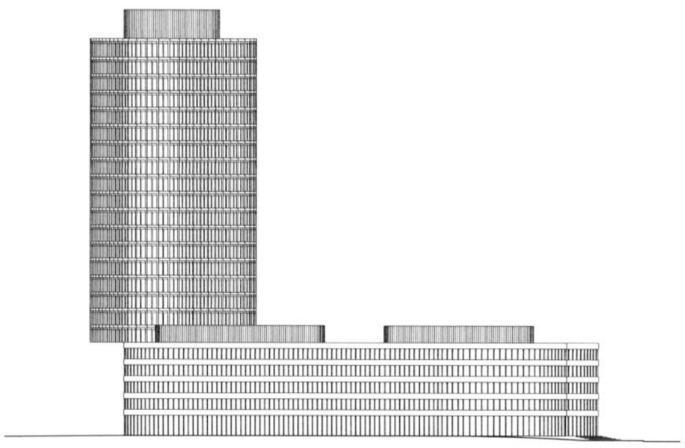

North-west elevation / Ansicht Nordwest

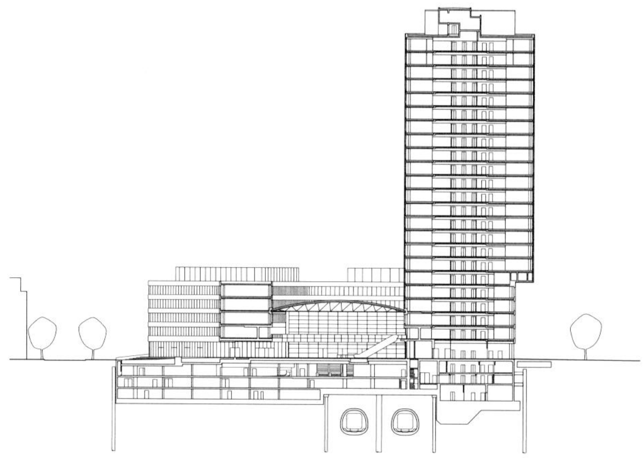

Section A / Schnitt A

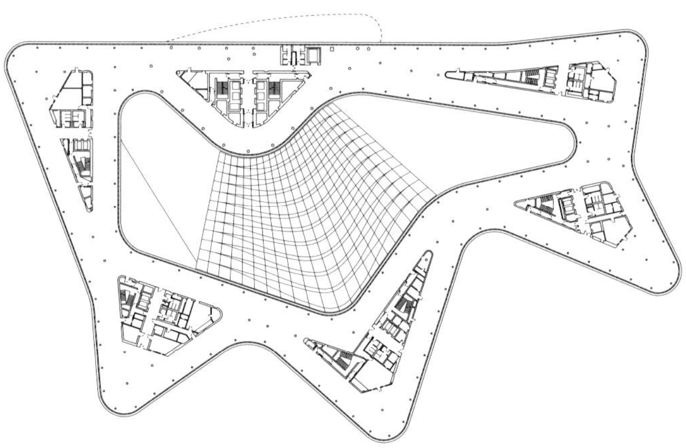

3rd floor / 3. Obergeschoss

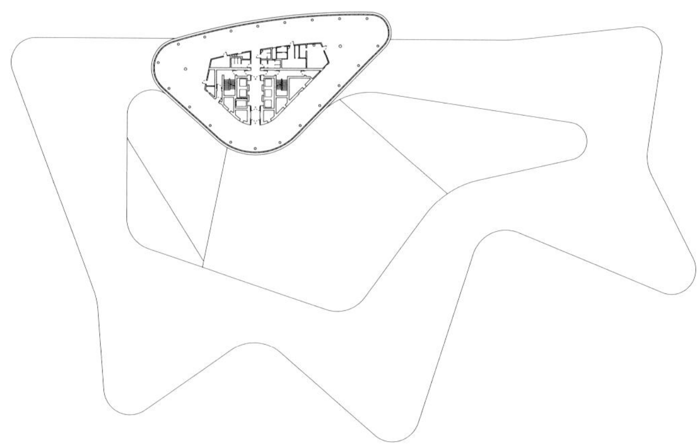

Typical floor / Regelgeschoss

Ground floor / Erdgeschoss

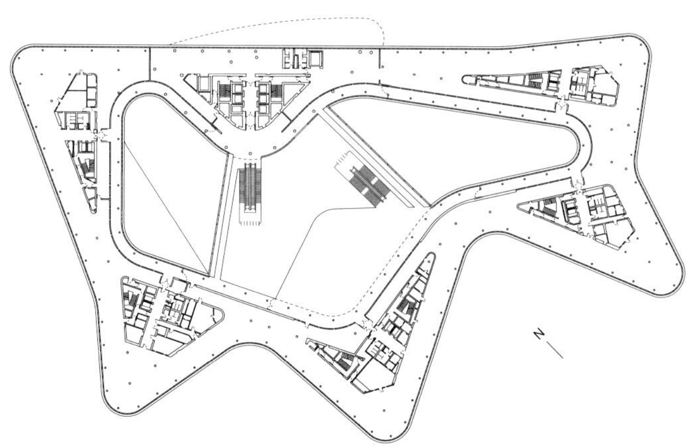

1st floor / 1. Obergeschoss

ADAC

2012

Zurich Corporate Center, Zurich

Zurich Corporate Center, Zürich

The Corporate Center for the Zurich Insurance Group gives a cluster of office buildings on Lake Zurich new significance as the core of a historical narrative. The extant group, comprising the main building facing the lake, a rear annex and another office building to the south, is gathered up through direct affiliation with the new structures and presented afresh in a unified ensemble. A glazed 'galleria' along the longitudinal axis provides the spatial and organisational backbone. As with an urban piazza, all the paths of the Corporate Center come together here. The delicate glass roof high above extends to cover the freestanding rear annex, transforming it into a house-within-a-house. The oldest extension to the main building is thus showcased rather like an artefact in a museum.

The palette of materials chosen for the outer façades of the new buildings make reference to the historical buildings. In their architectural language, however – particularly the window bands of colourful printed glass – they also strike a clearly contemporary note.

The strategy of continuing an architectural tradition by supplementation and completion, evoking a vibrant city rich in layers of history, provides an apt metaphor for a company in continual change. The site is interpreted as a valuable palimpsest – a parchment repeatedly overwritten – upon which fragments of all the inscriptions remain perceptible to varying degrees.

Das Corporate Center für die Zurich-Versicherung nimmt den historischen Baubestand eines Verwaltungsclusters am Zürichsee als Spurengeschichte auf. Das Ensemble aus Hauptgebäude zum See, rückwärtigem Anbau sowie Verwaltungstrakt im Süden werden in die unmittelbare Gesellschaft von Neubauten versetzt, die das Geviert wieder zu einem Ganzen komplettieren. Eine gläserne „Galleria" in der Längsachse bildet das räumliche und organisatorische Rückgrat. Wie auf einer städtischen Piazza laufen hier alle Wege des Corporate Center zusammen. Sie ist mit einer frei geformten, filigranen Glasschale überdacht, die auch den freistehenden Querflügel einschließt. Die älteste Erweiterung des Hauptbaus wird somit wie ein museales Fundstück als Haus im Haus inszeniert.

Die äußeren Fassaden der Neubauten knüpfen in ihrer Materialität zunächst an den historischen Bestand an. In ihrer Architektursprache, insbesondere den Fensterbändern aus farbig bedrucktem Glas, setzen sie jedoch auch einen deutlichen zeitgenössischen Akzent.

Das Konzept des Weiterbauens durch Ergänzen und Komplettieren beschreibt ein Haus beziehungsweise ein Unternehmen im beständigen Wandel wie eine lebendige, zeitenreiche Stadt. Der Ort wird wie ein kostbares Palimpsest interpretiert, ein immer wieder überschriebenes Pergament, auf dem Fragmente aller Inschriften in verschiedener Intensität spürbar bleiben.

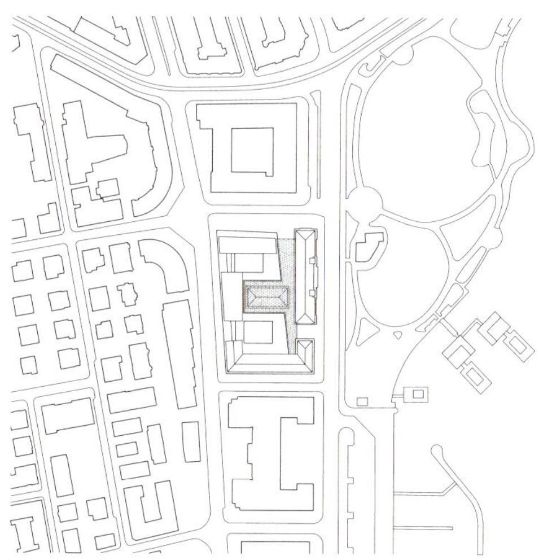

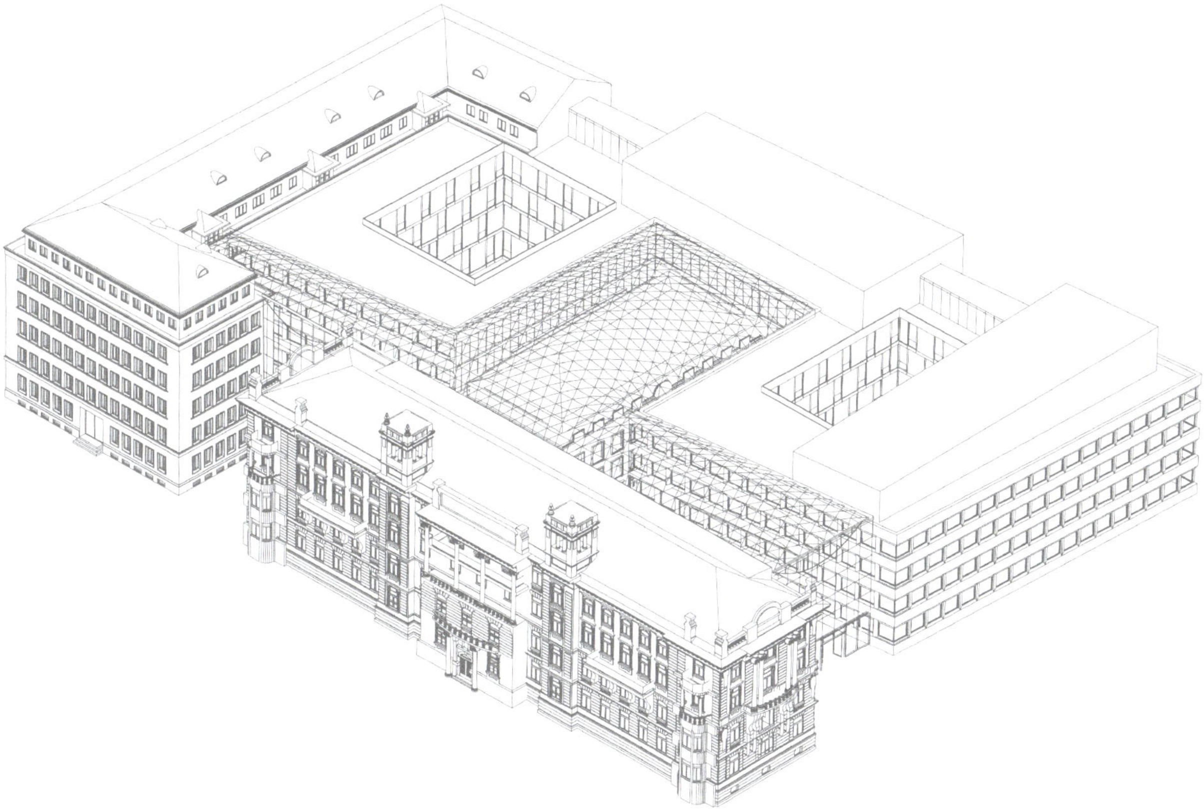

Existing / Bestand
New / Neubau
Courtyards / Höfe
Glass roof / Glasdach

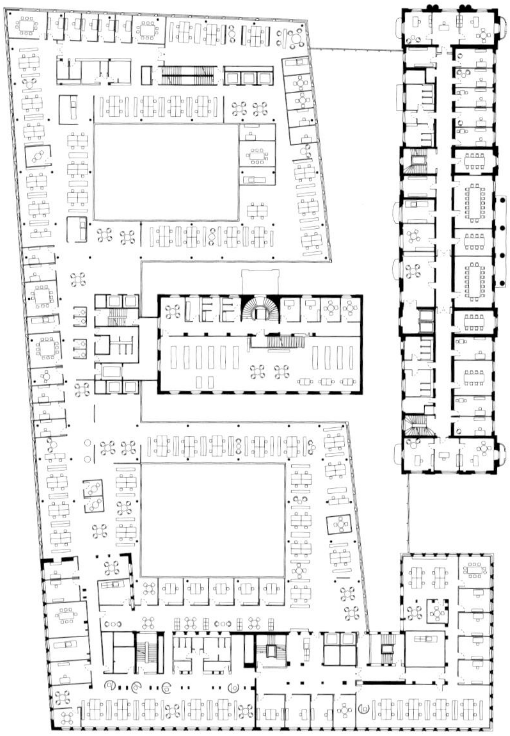

3rd floor / 3. Obergeschoss

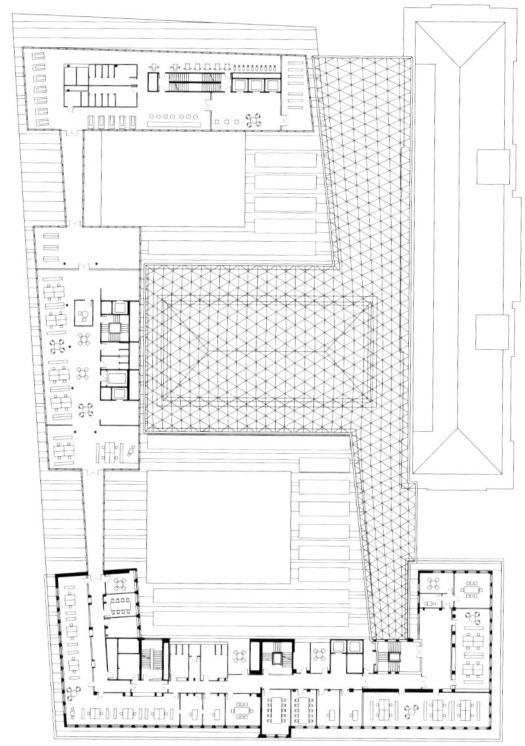

5th floor / 5. Obergeschoss

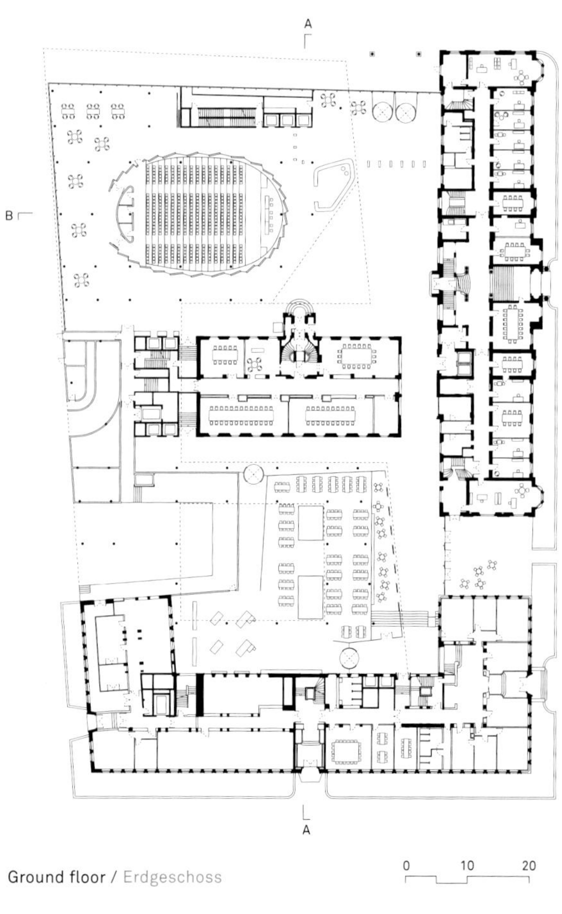

Ground floor / Erdgeschoss

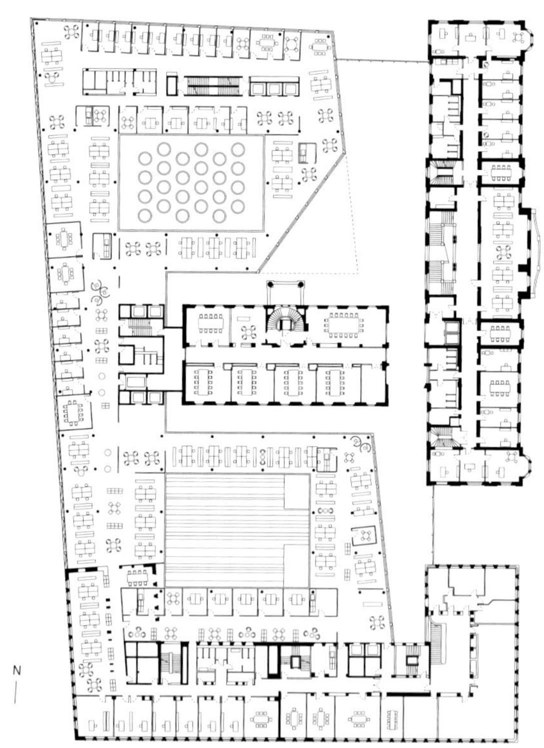

1st floor / 1. Obergeschoss

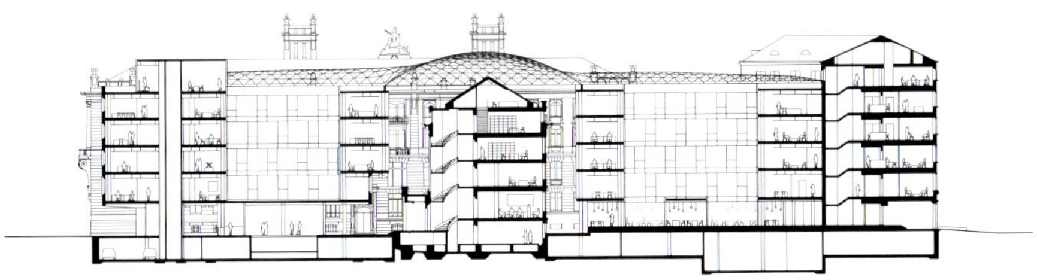

Section A / Schnitt A

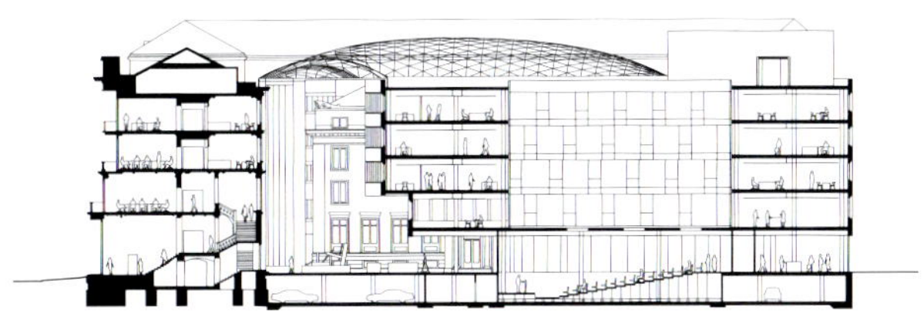

Section B / Schnitt B

Model studies / Modellstudien

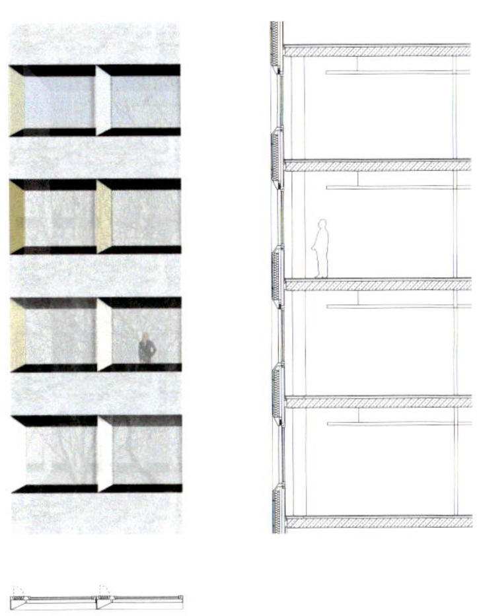

North-east façade / Nordost-Fassade

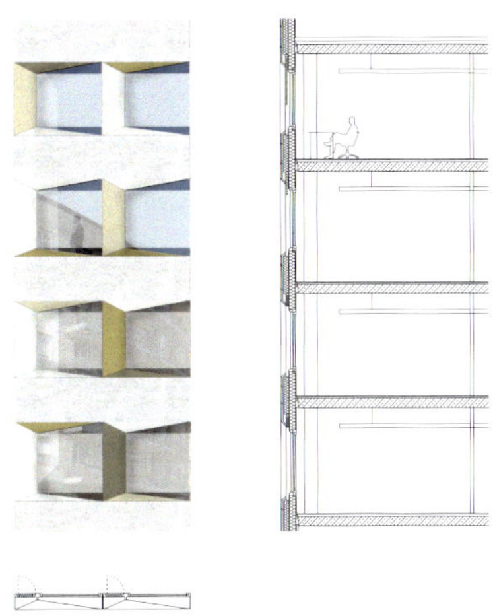

West façade / Westfassade

2012
Nomos, Glashütte
Nomos, Glashütte

Although the small southeastern German town of Glashütte in the uplands of the Ore Mountains has a population of just seven thousand, it is an important centre of the international watch-making industry. Nomos, a genuine innovator in the sector, asked Sauerbruch Hutton to design a workshop and exhibition building that could be opened to the public, while meeting the company's highly specialised production requirements and giving appropriate representation to the brand.

Located at the heart of the village, the design of the new building fits in with the small scale of the surroundings – at one end it picks up the façade and rooflines of a modest existing structure. At the road junction, the volume is articulated around an open corner, allowing it to develop naturally away from contextual acknowledgement and towards distinctively modern industrial architecture. The two loosely connected volumes that result feature large windows and shed roofs with skylights running north–south, making a self-confident contribution to the 'concert' of local manufactories.

The fair-faced concrete of the façade proclaims a robust freshness. At the back of the building, the same material provides a man-made, mineral counterpart to a natural rock face. Visitors can walk up the steps between the cliff and the outer wall to a restaurant pavilion. From there they can enjoy a panoramic view of the entire village and the picturesque Müglitz Valley.

This elegant pragmatic building subtly yet assuredly enhances its rural and natural surroundings, deliberately positioning an international brand in the dual contexts of local tradition and international excellence.

Die Kleinstadt Glashütte im Erzgebirge hat nur 7.000 Einwohner, ist aber ein bedeutendes Zentrum der internationalen Uhrenindustrie. Nomos, der „Libero" der Szene, bat Sauerbruch Hutton um einen Entwurf für ein öffentliches Werkstatt- und Ausstellungsgebäude, das ihrer hoch spezialisierten Produktion gerecht wird und die Marke adäquat repräsentieren kann.

Der Entwurf fügt sich mitten im Ort in die kleinteilige Struktur des Kerndorfes ein und schließt unmittelbar an die Fassade und das Dach eines bescheidenen Bestandsgebäudes an. Am anderen Ende artikuliert der Bau eine offene Ecke und geht damit von der kontextuellen Geste wie selbstverständlich zu einer unverwechselbar modernen Industriearchitektur über. Zwei lose verbundene Objektgebäude mit großen Fenstern und systematisch Nord-Süd angeordneten Oberlichtern artikulieren einen selbstbewussten Beitrag im Konzert der umliegenden Manufakturen.

Die Fassade aus Sichtbeton signalisiert robuste Aktualität. Auf der Rückseite antwortet der Bau mit ebendiesem menschengemachten, mineralischen Material auf eine natürliche Felskante: Zwischen dem Fels und der Außenwand steigt der Betrachter auf eine Anhöhe, auf der unmittelbar hinter dem Gebäude ein Restaurantpavillon platziert ist. Von hier bietet sich ein Ausblick über die gesamte Ortschaft und das malerische Müglitztal.

In einem ländlichen bis landschaftlichen Kontext setzt der elegante Nutzbau subtile, jedoch überzeugte Akzente, um eine internationale Marke in ihrem Spannungsfeld von lokaler Tradition und internationaler Spitzenleistung zu inszenieren.

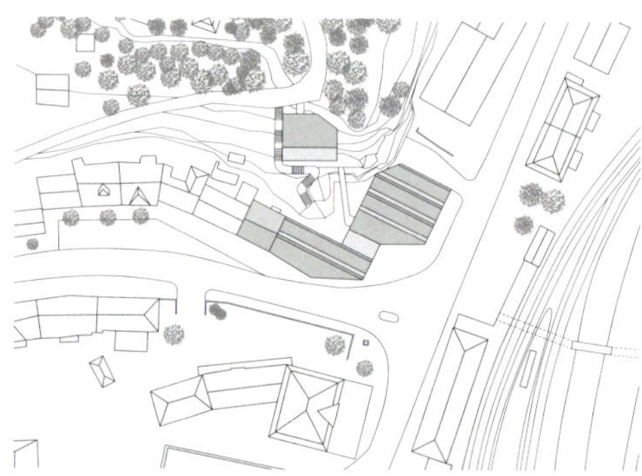

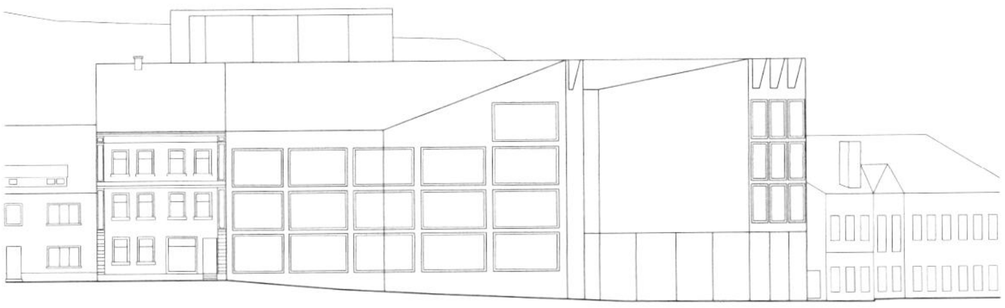

South elevation / Ansicht Süd

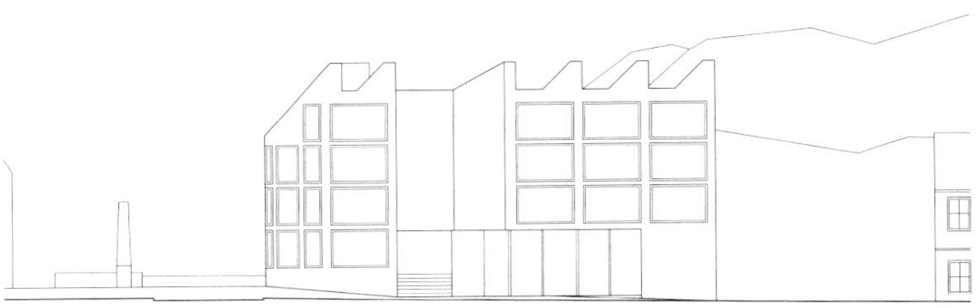

East elevation / Ansicht Ost

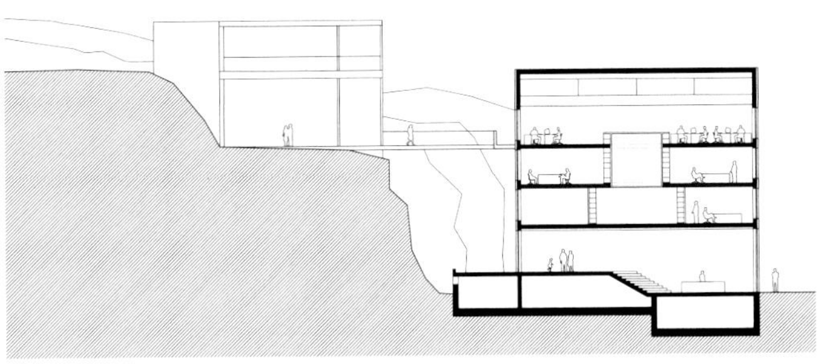

Section A / Schnitt A

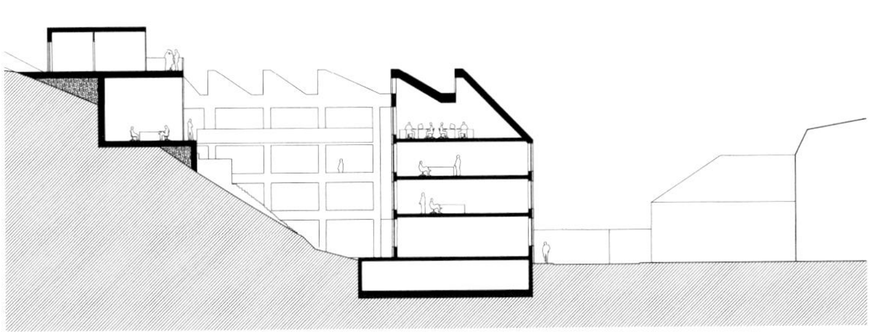

Section B / Schnitt B

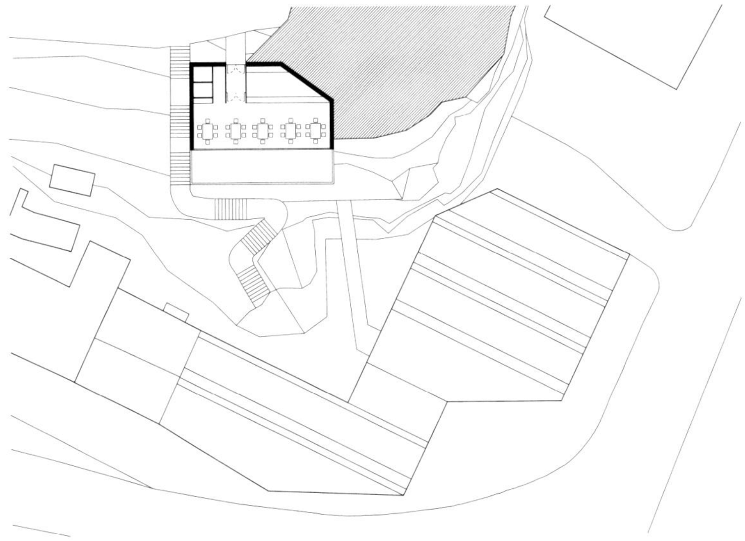

4th floor / 4. Obergeschoss

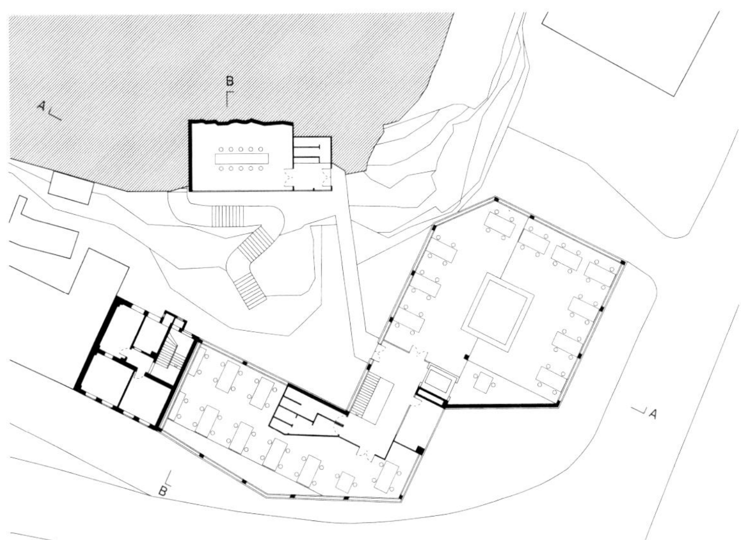

3rd floor / 3. Obergeschoss

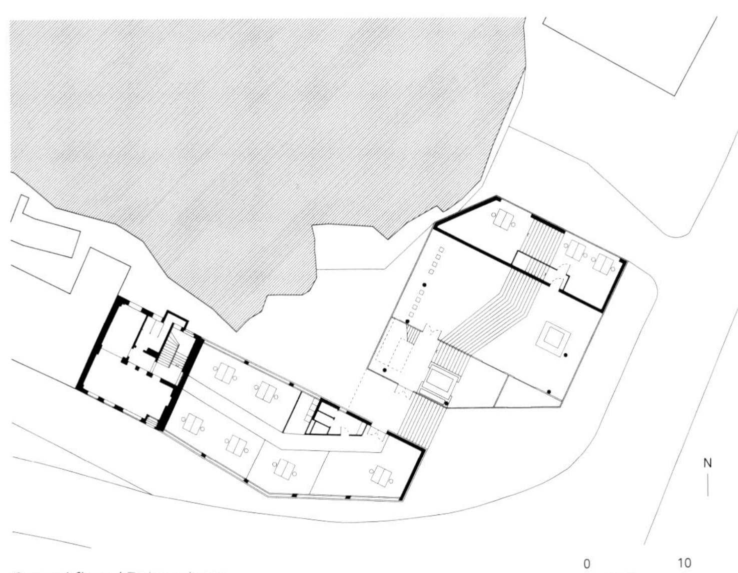

Ground floor / Erdgeschoss

2012

ZAC Claude Bernard, Paris

ZAC Claude Bernard, Paris

This office building is part of the Claude Bernard urban renewal project for a former hospital campus in the north-east of Paris. The rather narrow site alongside the périphérique ring road has been redeveloped in a coordinated scheme that includes residential apartments, a school and three office blocks. These three taller buildings are placed along the busy ring road so as to shield the rest of the site from traffic noise.

The Claude Bernard office building responds to its prominent corner plot next to the Saint-Denis canal by differentiating the volume into a two-storey base and a six-storey main block that rests above it on pilotis. A gently sloping front garden leads down from Boulevard MacDonald to the entrance foyer, which borders a linear park alongside the road at canal level.

One of the main tasks of the smart skin is to provide acoustic insulation in addition to solar screening. The integrated services concept uses renewable energy sources and a local district-cooling network.

The use of colour in the façade develops an interplay between structure and texture to create a striking presence in the cityscape. The irregularly offset 'folds' in the building's external skin reflect the various scales of its surroundings: the smaller-scale residential development to the south and the broad city highway to the north.

Dieses Bürogebäude ist Teil des städtebaulichen Entwicklungsprojekts „Claude Bernard" am Boulevard périphérique im Nordosten von Paris. Auf dem schmalen Grundstück eines ehemaligen Krankenhausgeländes entstand ein neues Quartier mit Wohnungen, einer Schule sowie drei höheren Bürogebäuden, die, direkt an der Stadtautobahn gelegen, eine akustische Barriere für die rückwärtige Bebauung bilden.

In exponierter Lage am Canal Saint-Denis reagiert der Entwurf auf die extremen Standortbedingungen bei zugleich starren Bauvorschriften mit einer sorgsam differenzierten Kubatur, deren sechsgeschossiges Hauptvolumen auf Pilotis über einem zweigeschossigen Sockel ruht. Ein sanft abfallender Eingangshof verbindet den Boulevard McDonald mit dem Eingangsfoyer, das auf Uferebene des Kanals an einen straßenbegleitenden, linearen Park angrenzt.

Die intelligente Hülle des Gebäudes bietet vor allem Schall-, aber auch Sonnenschutz. Ein integriertes Technikkonzept nutzt regenerative Energiequellen und ein lokales Fernkühlnetz.

Die farbige Gestaltung der Fassade eröffnet ein Spiel zwischen Tektonik und Textonik und bietet so ein markantes Erscheinungsbild im Stadtraum. Die unregelmäßig versetzten „Faltungen" der Außenhaut vermitteln zu den unterschiedlichen Maßstäben der Umgebung: der kleinteiligeren Wohnbebauung im Süden und der weitläufigen Stadtautobahn im Norden.

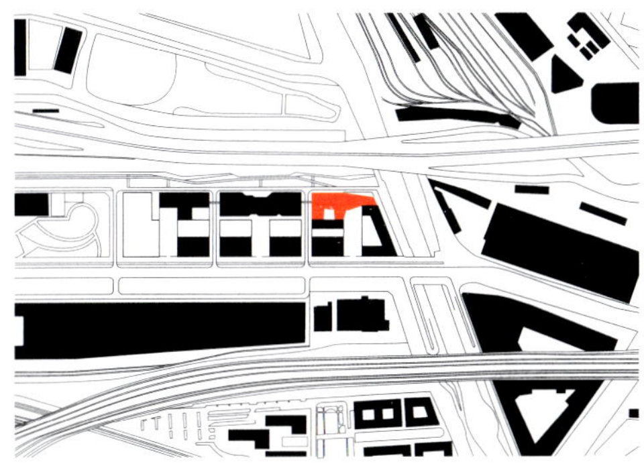

The building meets the requirements of the French eco-label HQE *(haute qualité environnementale)* with the help of its efficient façade and its centralised heating and cooling plant that makes extensive use of renewable energy sources.

Das Gebäude erfüllt die Bedingungen des französischen Eco-Gütesiegels HQE *(haute qualité environnementale)* aufgrund seiner leistungsfähigen Fassade und seiner zentralen Kälte- und Wärmeversorgung, die weitgehend auf erneuerbaren Energien aufbaut.

BNP PARIBAS

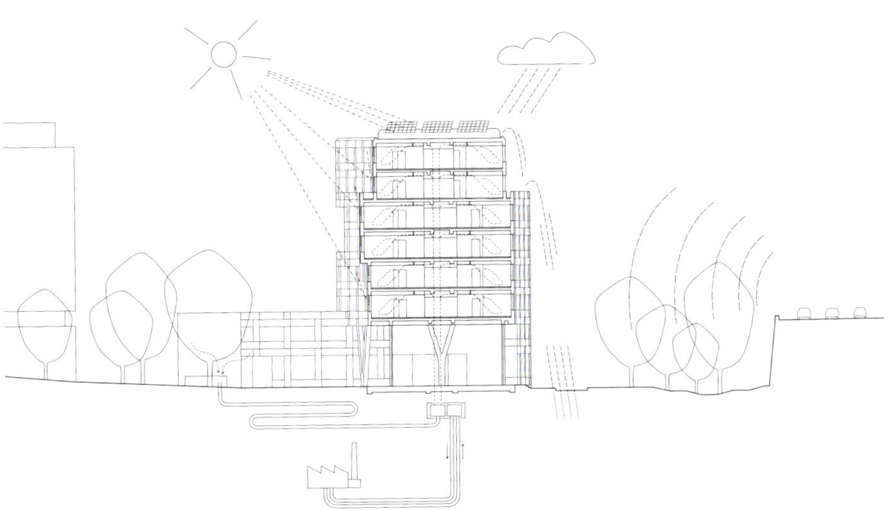

East elevation / Ansicht Ost

West elevation / Ansicht West

North elevation / Ansicht Nord

South elevation / Ansicht Süd

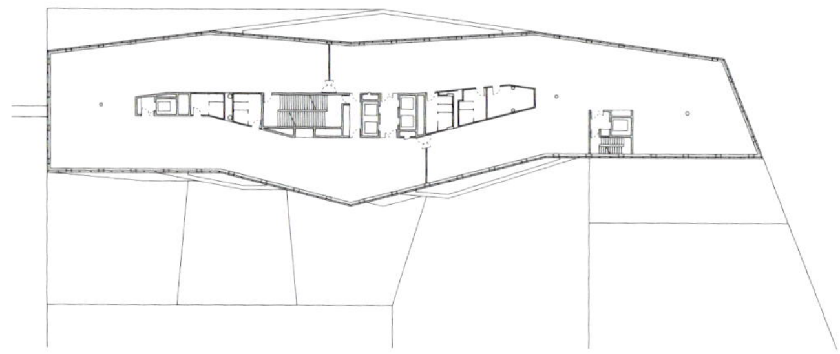

6th floor / 6. Obergeschoss

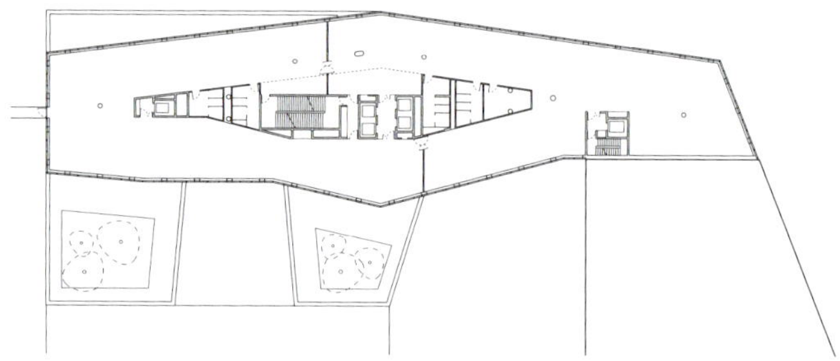

2nd floor / 2. Obergeschoss

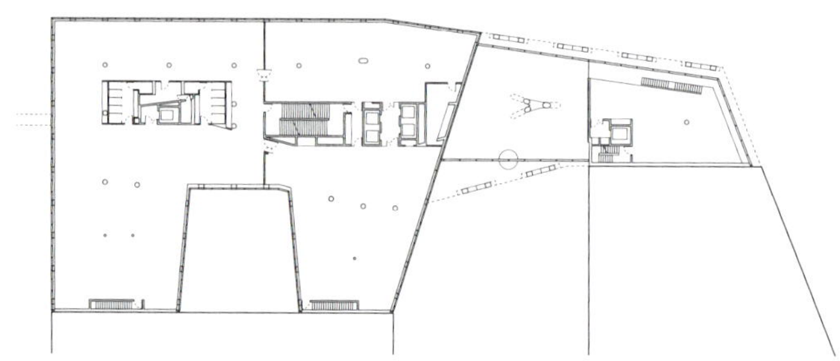

1st floor / 1. Obergeschoss

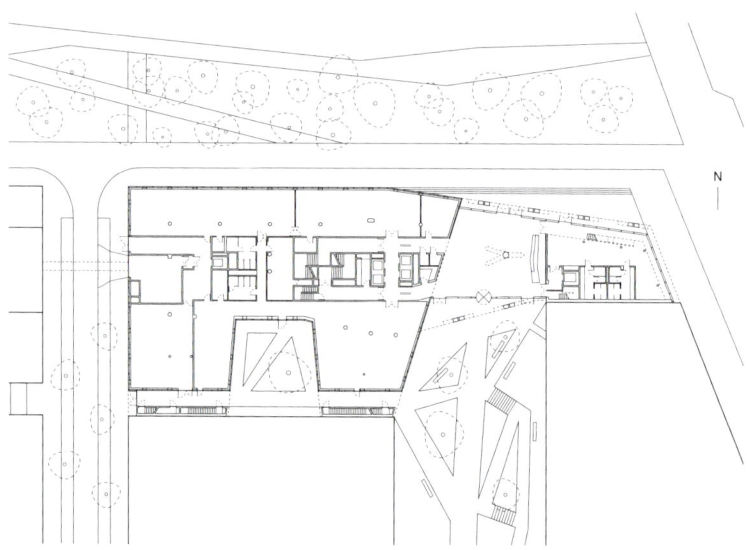

Ground floor / Erdgeschoss

2012
Port d'Austerlitz, Strasbourg
Port d'Austerlitz, Straßburg

The Bassin d'Austerlitz, lying south-east of the centre of Strasbourg, is part of a former harbour area that is currently being developed into a new city district. The master plan envisages two functionally discrete areas taking shape here: a zone with retail space along the esplanade south of the harbour basin and, on the pier along the basin's north side, an area mainly designated for public cultural facilities.

In three distinctive residential towers at the eastern end of the harbour basin, these public areas will be supplemented with a hotel and a nursery school as well as office and commercial space. At the same time, both linear spaces are framed, continued and linked with the road network of the city. A peaceful landscaped square is formed in the north, while an avenue in the south directly extends the existing esplanade.

Each of the three slender building forms is cut out, in a sense, from an imaginary larger volume. They are shaped and staggered in such a way that downdraughts and mutual shading are minimized. The differentiated polychromy of the façades marks the 'cut' surfaces and emphasises the functional and spatial shifts. While the outer façades are distinguished by green tones, those that face the *place culturelle* feature a wide range of reds that evoke the brick façades of the historical warehouse buildings. With their gold and turquoise hues, the façades that face the *espace commercial* allude to the reflective water of the harbour basin. The result is a quintessential chromotope – a place that is functionally, spatially and atmospherically determined by its colour.

Das Bassin d'Austerlitz ist Teil eines ehemaligen Hafengeländes südöstlich des Straßburger Zentrums, das gegenwärtig zu einem neuen Stadtteil entwickelt wird. Nach dem Masterplan entstehen hier zwei funktional unterschiedene Bereiche: eine Zone mit Einzelhandel entlang der Esplanade südlich des Hafenbeckens und auf dem Pier gegenüber ein Bereich, der öffentlichen kulturellen Einrichtungen gewidmet ist.

In drei markanten Wohntürmen am Ende des Hafenbeckens werden diese öffentlichen Bereiche zusätzlich mit einem Hotel, einem Kindergarten, Büro- und Gewerbeflächen ergänzt. Zugleich werden die beiden linearen Räume gerahmt, fortgeführt und mit dem Wegenetz der Stadt verknüpft. Im Norden entsteht ein ruhender begrünter Platzraum, im Süden eine Allee als direkte Verlängerung der Esplanade.

Die drei schlanken Gebäudefiguren sind gewissermaßen aus einer imaginären Gesamtkubatur herausgeschnitten. Sie sind so geformt und gestaffelt, dass Fallwinde und gegenseitige Verschattungen minimiert werden. Die differenzierte Polychromie der Fassaden markiert die „Schnittflächen" und betont die funktional-räumliche Abstufung. Während die äußeren Fassaden durch Grüntöne bestimmt sind, werden die Fassaden zur *place culturelle* in breit gefächerten Rotabstufungen gehalten, die sich an die Ziegelfassaden der historischen Lagergebäude anlehnen. Die Fassaden zum *espace commercial* nehmen mit Gold- und Türkistönen das Motiv der schillernden Oberfläche des Hafenbeckens auf. Es entsteht ein klassischer Chromotop, ein Ort, der funktional, räumlich und atmosphärisch von seiner Farbe bestimmt ist.

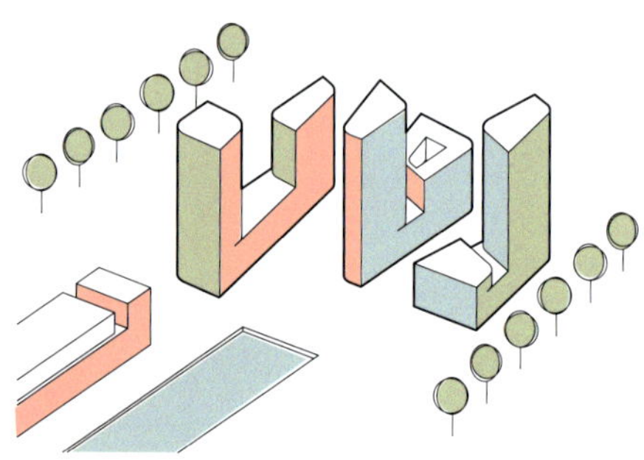

Colour concept / Farbkonzept

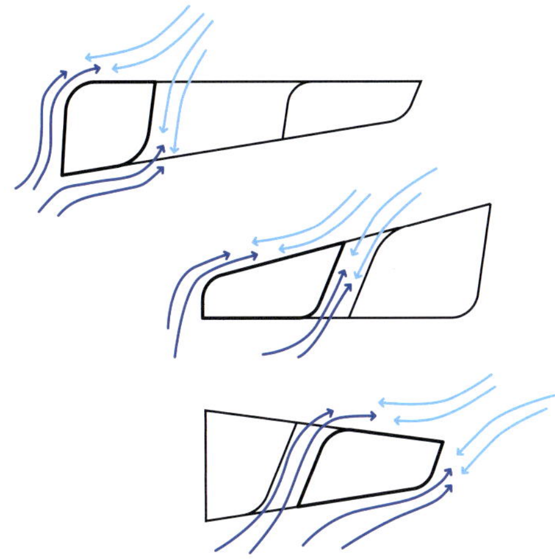

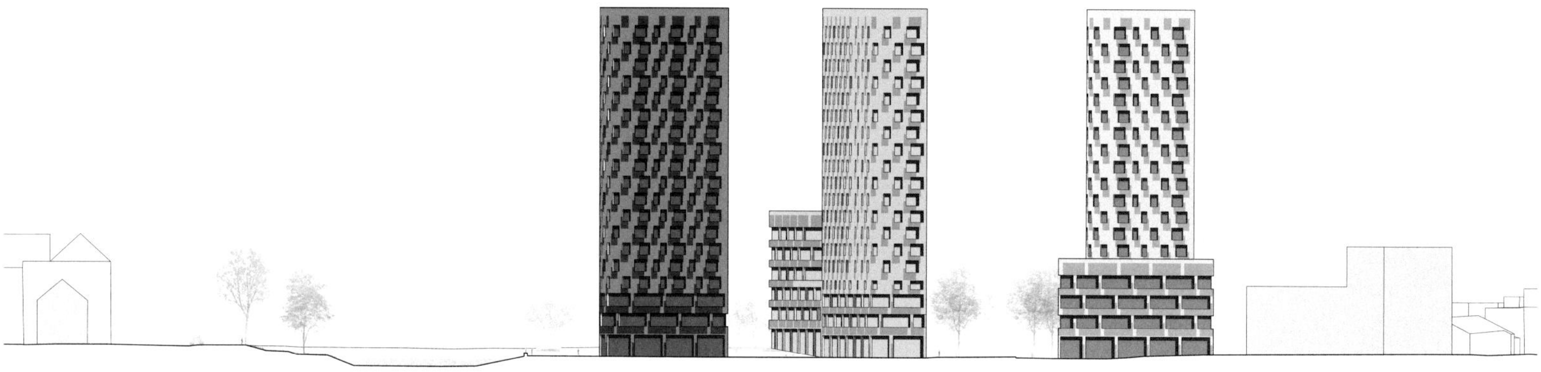

West elevation / Ansicht West

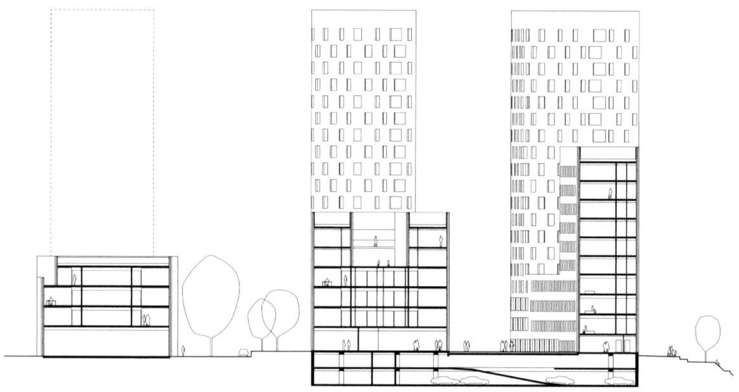

Section A / Schnitt A

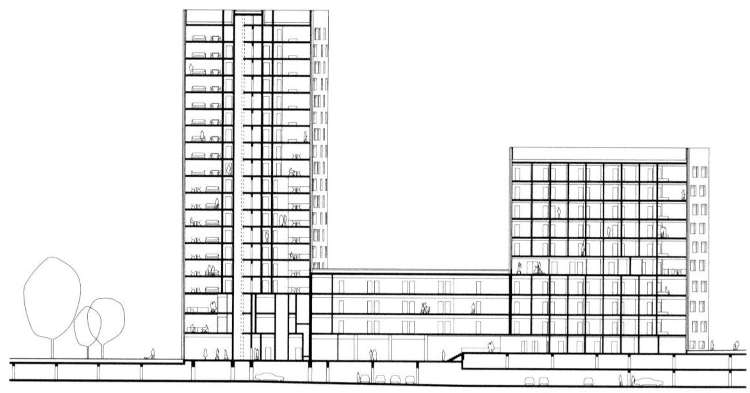

Section B / Schnitt B

Ground floor / Erdgeschoss

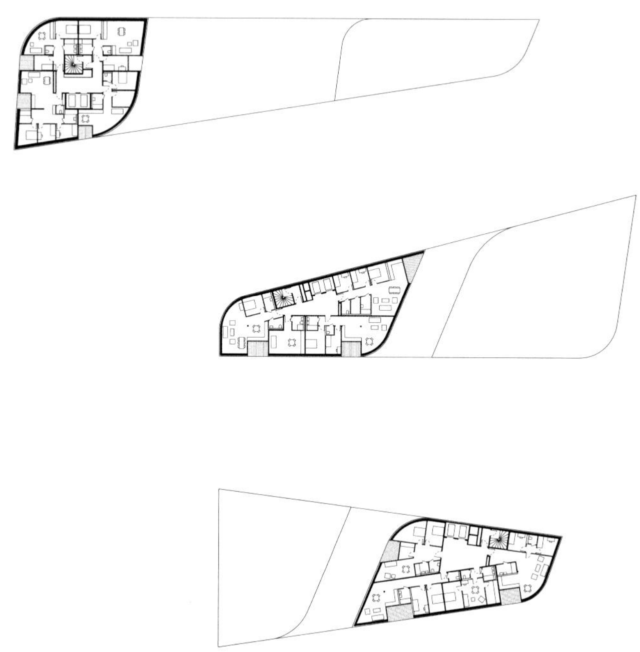

10th–14th floor / 10.–14. Obergeschoss

2012

Kunst Kubus, Berlin

Kunst Kubus, Berlin

The design for the Kunst Kubus in Berlin's new Europacity development attempts to create a contemporary 'Berlin building' according to the principles embodied in the Academy of Architecture by Karl Friedrich Schinkel.

The brick-built Academy was an early framed structure whose openness allowed for a wide range of uses. A similar situation exists in the Kunst Kubus, which contains spaces for a shop, a café, a gallery and an auditorium as well as upper floors for offices and apartments.

The structure – which in Schinkel's design determined the shape of the building – is the basic theme of the architecture here too. Rather than his masonry piers and shallow brick-vault ceilings, the Kunst Kubus's basic framework comprises precast concrete wall and floor slabs. The glass cladding references today's technology of the multi-skin wall, where previously the construction techniques of Schinkel's day had been harnessed for aesthetic purposes in the building's exposed brickwork. He also decorated the structural shell with pictorial allegories of the art of building, which have their modern counterparts in the storey-high projecting 'folds' of the solar panels. These lend the bare frame an almost domestic dimension and raise modern climate technology to the level of iconographic programme. These 'textile' panels can be slid individually into many different positions, literally setting the façade in motion. Going beyond the acceptance of the 'objectivity of technology' in Schinkel's work, they celebrate the dynamics of use, which has a direct effect on the architecture.

Der Entwurf des Kunst Kubus in der neu entstehenden Berliner Europacity verfolgt das Ziel, ein zeitgenössisches „Berliner Haus" nach den Prinzipien der Bauakademie von Karl Friedrich Schinkel zu konzipieren.

Die Bauakademie bot als früher Skelettbau aus Mauerwerk ein offenes System, das unterschiedlichste Nutzungen zuließ. Ähnliches findet sich im Kunst Kubus mit Shop, Café, Galerie, Auditorium, Büroetagen und Wohnungen wieder.

Das Tragwerk, das bei Schinkel die Gestalt des Gebäudes bestimmte, bildet auch hier das Grundthema der Architektur. Anstatt Mauerwerkspfeilern und Kappendecken bilden jedoch Wand- und Deckenscheiben aus vorgefertigtem Stahlbeton das Grundgerüst. Wo Schinkel mit Sichtmauerwerk die Bautechnik zur Ästhetik des Hauses machte, wird nun mit der Glasverkleidung auf die heutige Technologie der mehrschichtigen Wand verwiesen. Wo Schinkel mit bildlichen Allegorien zur Baukunst die „Rohbau"-Struktur verzierte, wird mit dem geschosshohen „Faltenwurf" der Sonnenschutzpaneele dem nackten Skelett eine quasi häusliche Dimension verliehen und der bewusste Umgang mit dem Klima zum Bildprogramm erhoben. Diese „textilen" Läden sind individuell verschiebbar und bringen in unterschiedlichsten Positionen die Fassade buchstäblich in Bewegung. Sie zelebrieren – über die Akzeptanz der „Sachlichkeit der Technik" bei Schinkel hinausgehend – die Dynamik der Benutzung, die unmittelbar auf die Architektur einwirkt.

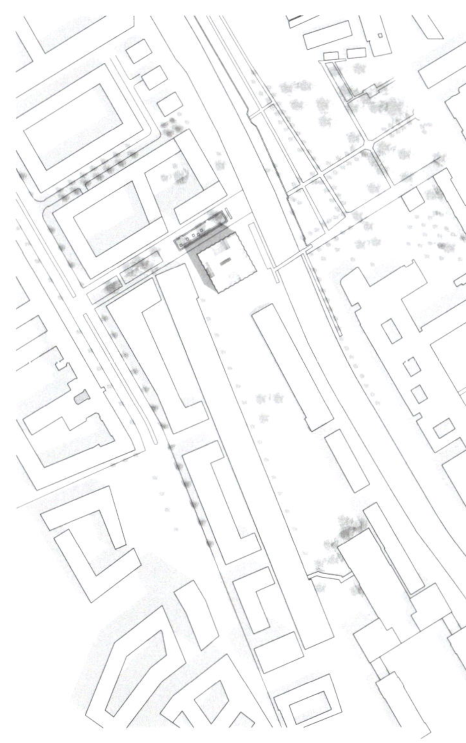

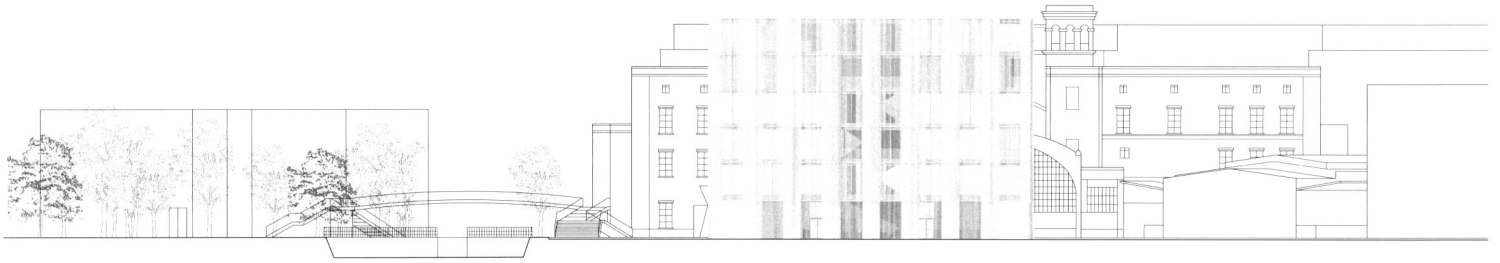

North elevation / Ansicht Nord

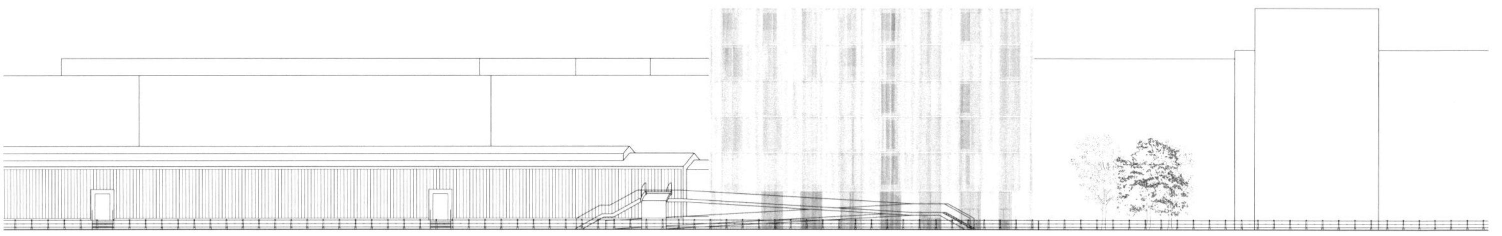

East elevation / Ansicht Ost

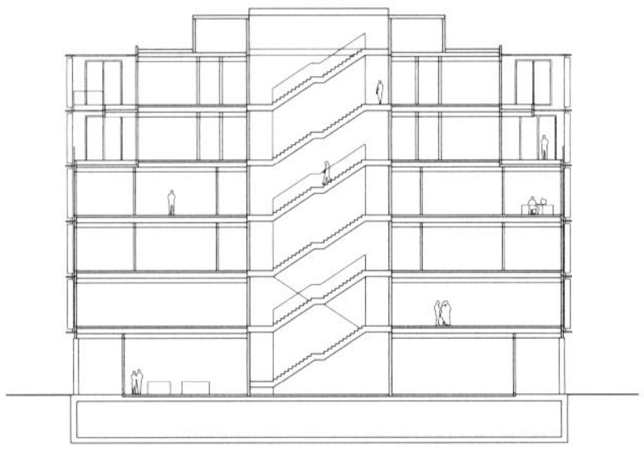

Section A / Schnitt A

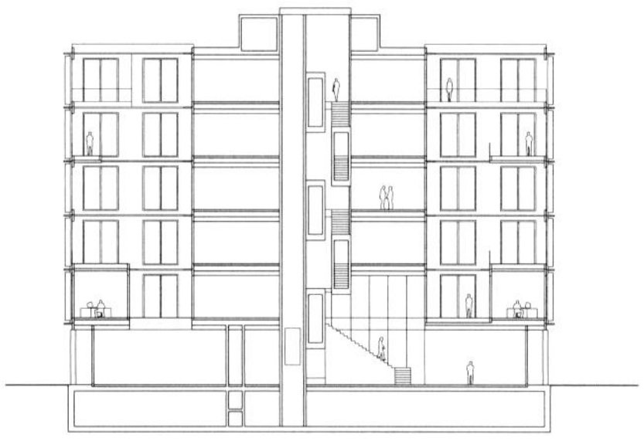

Section B / Schnitt B

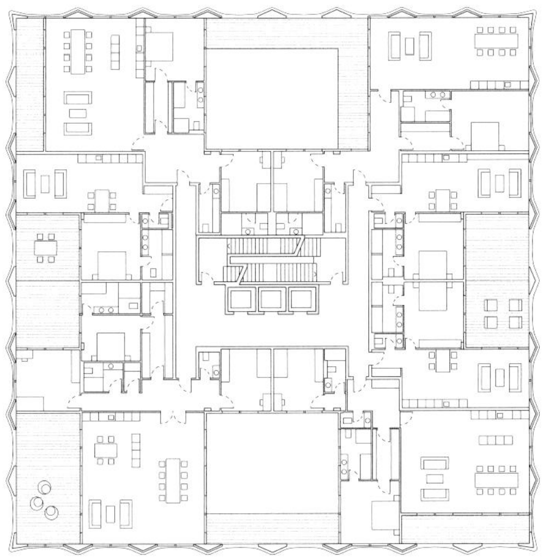

4th floor / 4. Obergeschoss

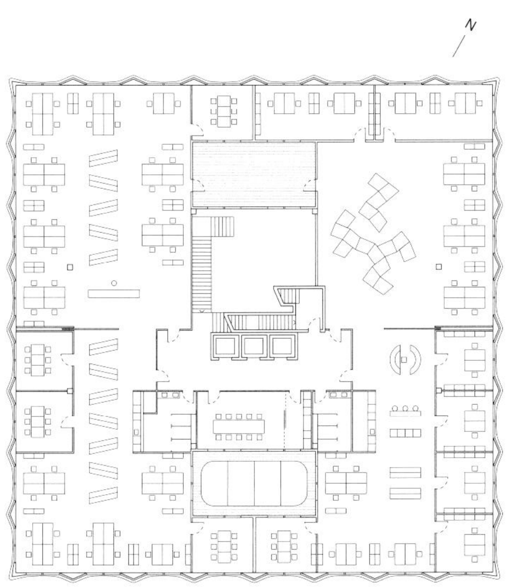

1st floor / 1. Obergeschoss

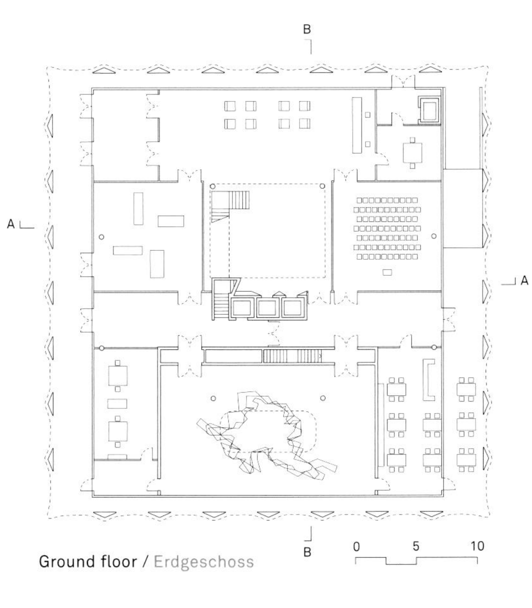

Ground floor / Erdgeschoss

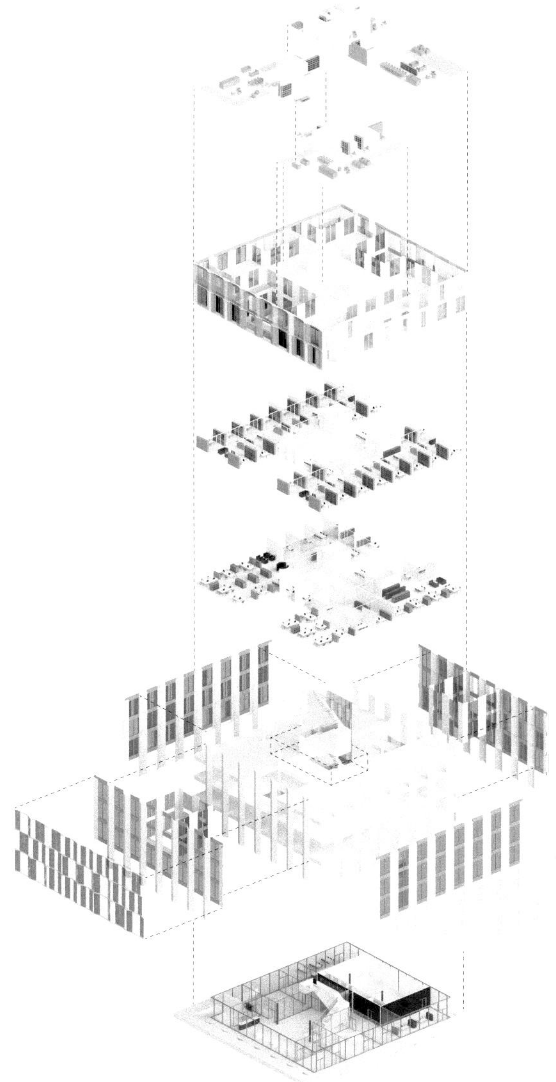

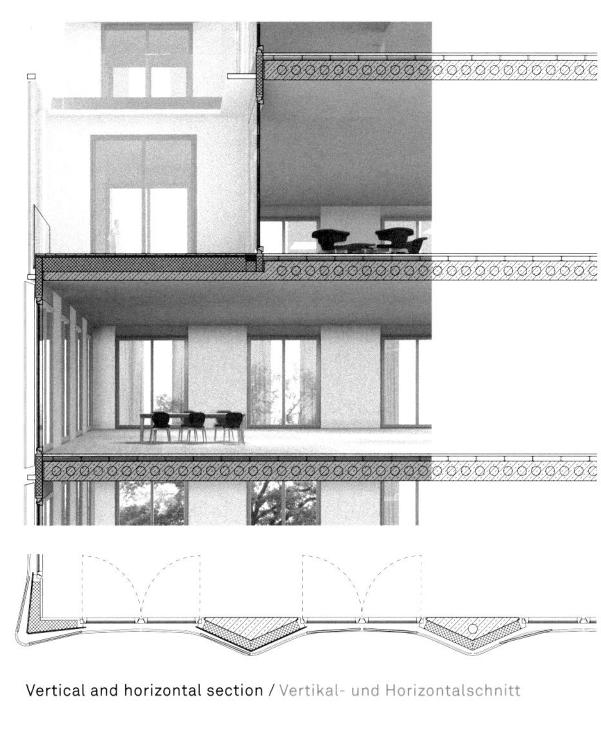

Vertical and horizontal section / Vertikal- und Horizontalschnitt

2012

Door Handles for FSB

Türdrücker für FSB

The family of door handles for FSB came into being as a result of our frustration with offset door handles: when used with narrow-framed doors, typical lever handles are crudely cut off at the shank and given a staggered offset in order to prevent users from getting their thumbs caught between the door leaf and the frame. This corrective treatment drastically detracts from the original form in many cases (such as designs by Wagenfeld), which has made us reluctant to specify handles of this kind.

So in the end we developed our own form. This also addresses the drawbacks of the safety handle, which has a return end to prevent clothing getting caught on it as people pass along escape routes. We began with the worst-case scenario: a safety handle on a narrow-framed door – that is, one that has both an offset and a return end.

From this starting point we designed a family of handles, adding our own criterion that the form should be developed entirely from the ergonomics of gripping the handle. The goal was, in other words, not primarily to create a signature style but to fulfil a real purpose, devoid of ideology.

The design overcomes the need for differentiation between handles for solid-core and framed doors, as well as between escape route doors and ordinary doors, with a consistent formal language for all applications. For window handles, too, this reinterpreted principle yields a friendly and distinctive component: the handle fits the hand comfortably, and the asymmetry of its grip indicates the direction in which the window opens.

Die FSB-Drückerfamilie entstand aufgrund unserer Frustration mit sogenannten verkröpften Türklinken: Beim Einsatz in schmalen Rahmentüren werden klassische Drücker am Hals getrennt und stufig abgesetzt, um zu verhindern, dass der Daumen des Nutzers zwischen Türblatt und Türrahmen gerät. Diese Korrektur führt in vielen Fällen zu einer drastischen Störung der ursprünglichen Form (etwa bei Wagenfeld), die uns die Entscheidung für die Klinken schwer machte.

Deshalb haben wir am Ende selbst eine Form entwickelt, die beim Worst-Case-Szenario beginnt: mit der „Sicherheitsklinke“ an einer Rahmentür, bei der das Ende sowohl verkröpft als auch rückläufig sein muss, damit Kleidung von Leuten auf dem Fluchtweg nicht daran hängenbleibt.

Dies war der Ausgangspunkt für eine Drückerfamilie, die wir zudem ganz aus der Ergonomie des Greifens entwickeln wollten. Es ging also nicht in erster Linie um eine *signature,* sondern darum, einen echten Zweck zu erfüllen – frei von Ideologie.

Denn der Entwurf bricht die aktuell notwendig gewordene Differenzierung zwischen Vollblatt- und Rahmen- sowie Fluchtweg- und normalen Türdrückern auf und entwickelt eine durchgängige Sprache für alle Anwendungsfälle. Auch bei den Fenstergriffen erwächst aus diesem neu interpretierten Prinzip ein freundliches und sinnfälliges Element: Der Griff liegt gut in der Hand und kommuniziert dem Nutzer mit seiner Greifrichtung die Öffnungsrichtung des Fensterflügels.

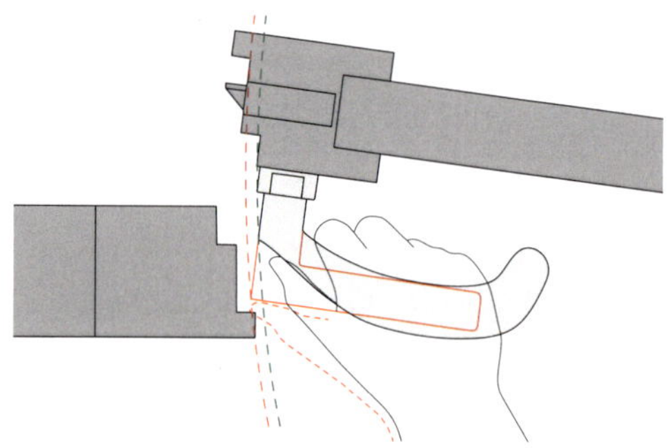

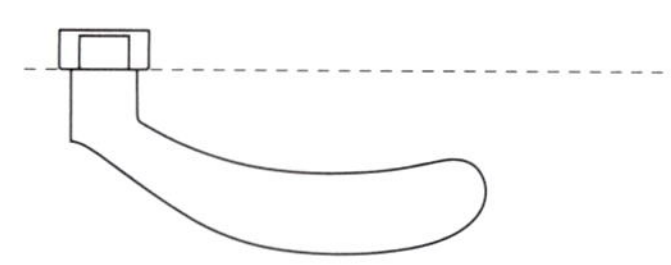

Cranked / Verkröpft

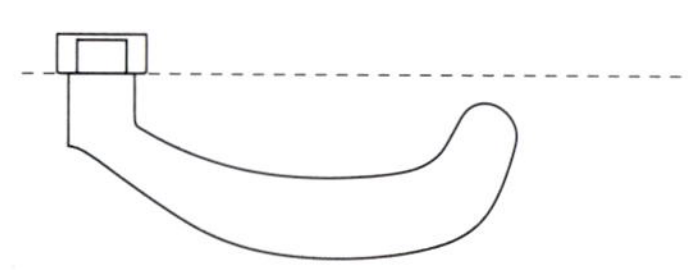

Cranked with return / Verkröpft mit Return

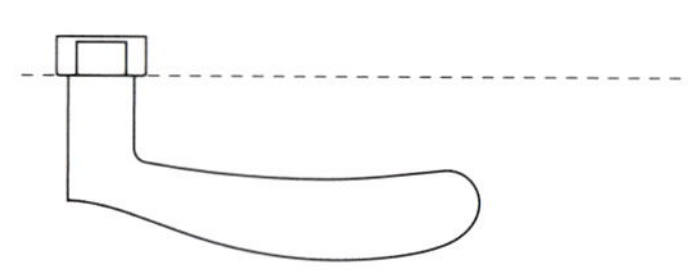

Standard / Standard

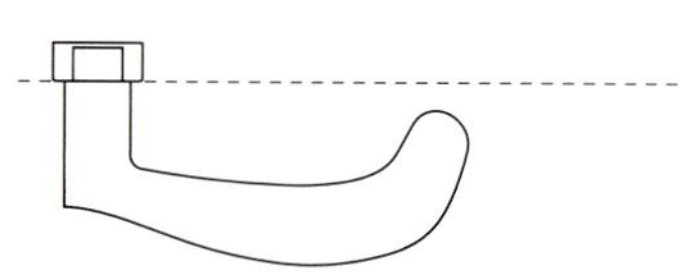

Standard with return / Standard mit Return

2012

Works for Munich – Exhibition

Arbeiten für München – Ausstellung

With the ADAC headquarters, the renovation of an office building for Munich Re, the Brandhorst Museum and a private residence – as well as five beehives for the Botanical Garden – Sauerbruch Hutton's Munich projects cover a wide typological spectrum.

The exhibition united these individual works under a common theme: the polychromatic façade. In order to demonstrate the variety achieved in exploring this aspect, the exhibits represented the buildings' appearance rather than their conceptual ideas.

The exhibition therefore focussed on the model in two disparate roles: as a design development tool and medium of both simulation and representation, and as a self-contained sculptural object.

Mit der ADAC Hauptverwaltung, der Generalsanierung eines Verwaltungsgebäudes der Munich Re, dem Museum Brandhorst, einem privaten Wohnhaus und nicht zuletzt fünf Bienenhäusern für den Botanischen Garten konnten Sauerbruch Hutton in München ein vielfältiges Spektrum von Bautypologien realisieren.

Die Ausstellung trug diese Projekte zusammen und präsentierte sie unter dem Aspekt, der die Einzelwerke miteinander verbindet: die polychrome Fassade. Um die Vielfalt in der Entwicklung dieses Themas zu zeigen, wurden die Häuser ausschließlich in ihrer Erscheinung, weniger in ihrer Konzeptualität repräsentiert.

Die Ausstellung konzentrierte sich auf das Modell als Medium der Entwicklung, Simulation und Repräsentation einerseits und als autarkem Objekt andererseits.

2012
Bocconi Campus, Milan
Bocconi Campus, Mailand

The master plan for the campus of Luigi Bocconi University in the heart of Milan defines a new urban type of traditional campus university. 'Bocconi Green' forms the southern extension to an area that is characterised by a heterogeneous assembly of buildings and a somewhat labyrinthine network of spaces, streets and passageways.

In sharp contrast, the new Bocconi Green is formed around a spacious, rectangular park that is clearly defined by four large buildings or building groups. Each of these reflects the differing adjacent city typologies: the open parkland to the south culminates in the sports centre, while the neighbourhood of urban villas to the west gains a counterpart in the group of detached buildings for guest lecturers. In the north, the Learning Building reflects Milan's typical 19th-century block structure, while a modern development pattern of long terraces in the east is continued by the building containing the cafeteria and student residences. Together with the Learning Building, this structure defines a city square right between the northern and southern campuses and thus serves as a kind of hinge for the entire university.

Consistent differentiation in height helps the new buildings appear as a coherent ensemble. The base volumes that define the central green space adopt the cornice height of the neighbouring villas. Three blocks that vary between 40 and 60 metres in height rise above this plane, lending the new campus an appropriate presence on the city skyline. With its network of urban spaces the proposal generates an integrated and yet spatially distinct university area – rather than an academic island – that clarifies, densifies and enriches the surrounding urban fabric.

Der Masterplan für den Campus der Universität Luigi Bocconi im Zentrum Mailands definiert einen neuen urbanen Typus der tradierten Campusuniversität. „Bocconi Green" bildet die südliche Erweiterung eines eher heterogenen Bestandsgeländes, das durch ein labyrinthisches Netz von Räumen und Wegen gekennzeichnet ist.

In deutlichem Kontrast dazu gruppiert sich Bocconi Green um einen weitläufigen, rechteckigen Park, der von vier großen Gebäuden oder Gebäudegruppen umrahmt wird. Diese spiegeln jeweils die unmittelbar anschließende Stadtstruktur in das Grundstück hinein: Das offene Parkgelände im Süden findet im Sportzentrum seinen Abschluss, das Villenviertel im Westen in einer Gruppe von Einzelgebäuden für Gastdozenten seine Entsprechung. Im Norden nimmt das Studiengebäude die typische Mailänder Blockstruktur des 19. Jahrhunderts auf, die moderne Zeilenbebauung im Osten setzt sich im Mensa- und Wohngebäude fort. Zwischen den letztgenannten zentralen Hochschulbauten gelegen – in der Mitte zwischen Nord- und Südcampus –, bildet ein städtischer Platz das zentrale Scharnier der gesamten Universität.

Eine einheitliche Höhenstaffelung bindet die vier Seiten zusammen. Die raumbildenden Volumen führen die Höhe der benachbarten Villenbebauung als Sockelmaß ein. Drei 40 bis 60 Meter hohe Gebäudescheiben wachsen darüber hinaus und verleihen Bocconi Green auch auf die Ferne eine angemessene städtebauliche Präsenz. Mit seiner urbanen Platzfolge bereichert der Campus Universität und Stadt: Anstelle einer akademischen Insel entsteht ein vernetzter und räumlich eindeutiger Bereich, der eine Klärung und Verdichtung des umgebenden Stadtgefüges ermöglicht.

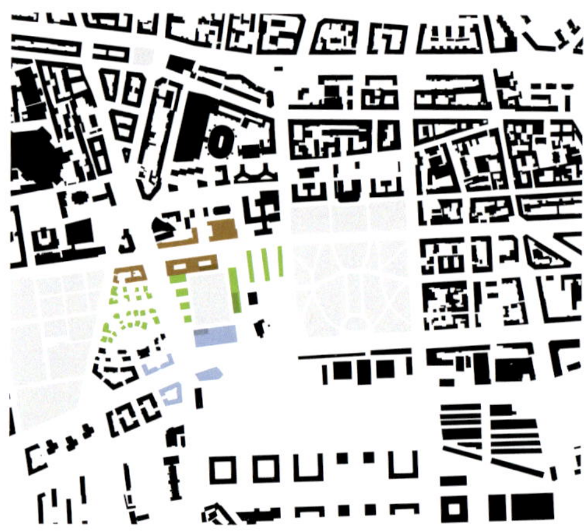

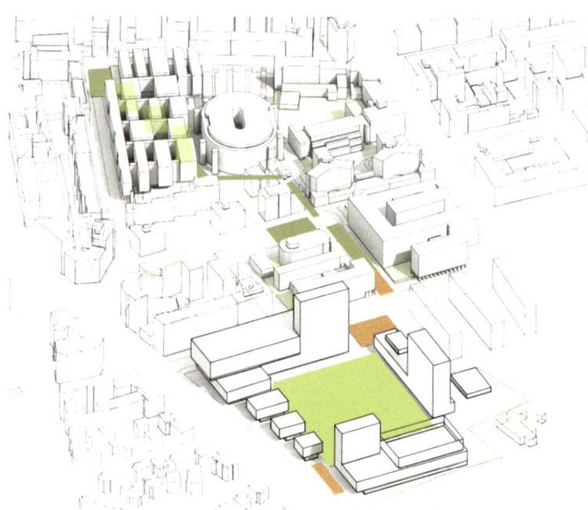

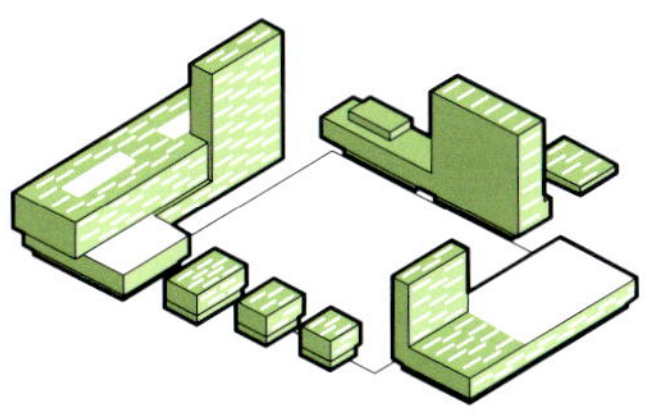

Green envelope / Grüne Hülle

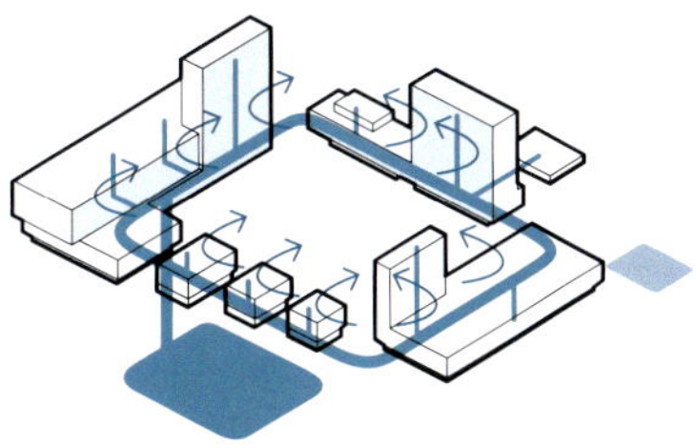

Energy / Energie

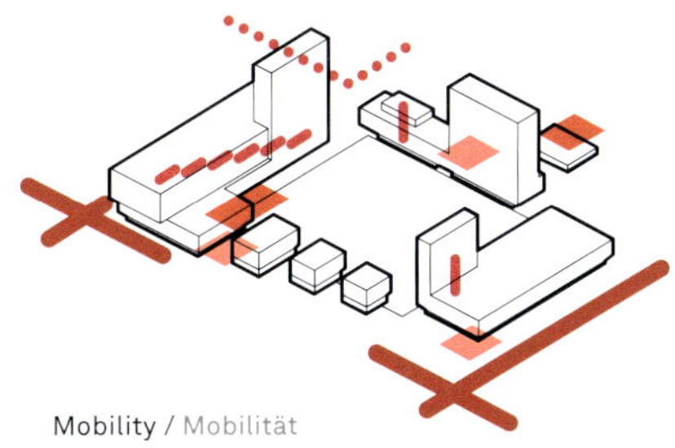

Mobility / Mobilität

The structure of the Learning Building is derived from a layering of single-storey workrooms and two-storey lecture halls, which are arranged around a central atrium. This open, transparent space with a broad staircase flanked by galleries on each floor as well as by suspended, transparent 'boxes' is a place that promotes encounters and communication: a social space that complements web-based learning on the computer.

Das Studiengebäude bezieht seine Struktur aus einer Schichtung von eingeschossigen Arbeitsräumen und zweigeschossigen Hörsälen, die um ein zentrales Atrium organisiert sind. Dieser offene, transparente Raum mit der großzügigen Erschließungstreppe zwischen den Geschossgalerien und ergänzenden eingehängten, transparenten „Boxen" wird zu einem Ort, der Begegnung und Kommunikation evoziert und so als „sozialer Ort" das netzbasierte Lernen am Bildschirm komplementiert.

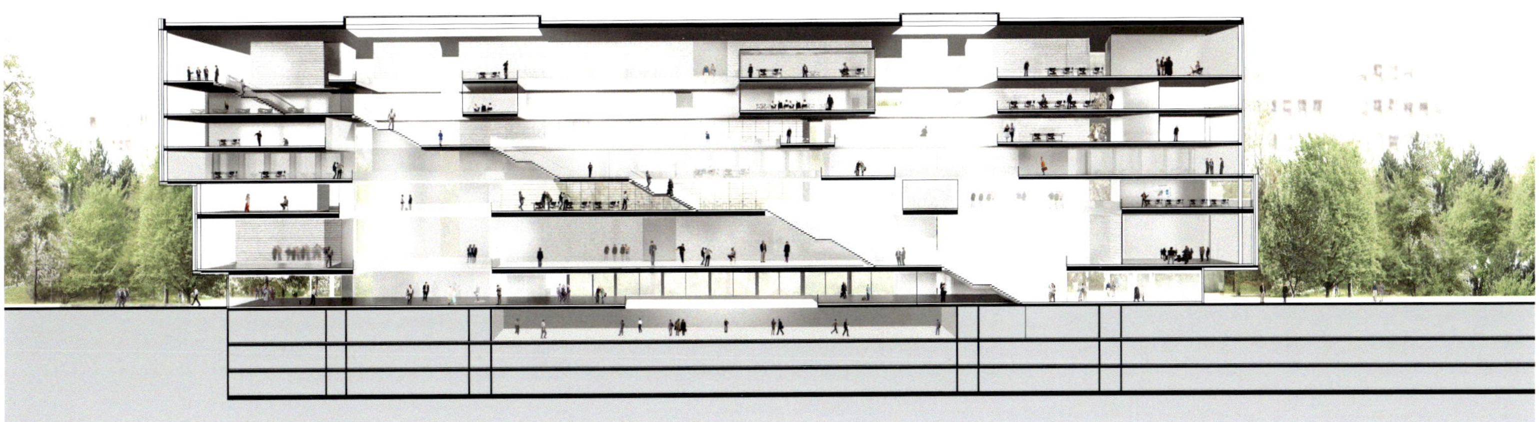

The sports and leisure centre opens onto the green as an inhabited vertical landscape that allows glimpses of its various uses from the outside: the basement contains an indoor swimming pool with spectator stands, while other floors accommodate a dance studio, a gymnasium, a theatre, a cinema, media rooms and a fitness area. On the roof is a football pitch with high perimeter fences that appears as an additional, ephemeral volume. Apartments for students in the high-rise to the east of the green, together with four-storey villas for guest lecturers to the west, complete the provisions for academic life.

Das Sport- und Freizeitzentrum öffnet sich zum „Green" als bewohnte vertikale Landschaft, die Einblick in ihre verschiedenen Funktionen bietet: eine Schwimmhalle mit Zuschauertribünen im Untergeschoss sowie auf den weiteren Geschossen Tanzstudio, Sporthalle, Theater, Kino, Medienräume und Fitnessbereich. Ein Fußballplatz auf dem Dach ergänzt die Nutzungen, der, durch hohe Zäune eingefasst, wie ein ephemeres Volumen wirkt. Wohnungen für Studenten in der Gebäudescheibe östlich des Greens sowie für Gastdozenten in viergeschossigen Villentypen im Westen komplettieren das akademische Leben auf dem neuen Campus.

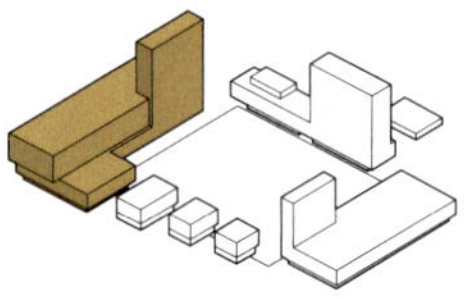

Learning Building
Studiengebäude

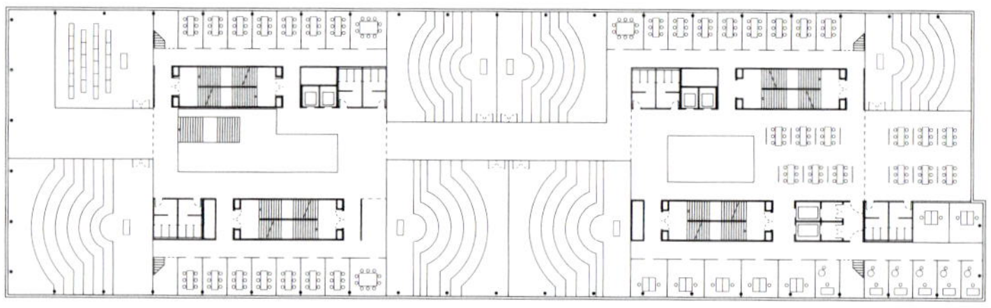

6th floor / 6. Obergeschoss

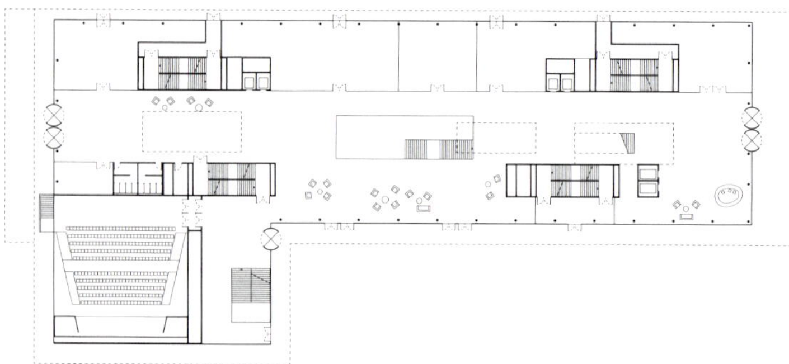

Ground floor / Erdgeschoss

0 10 20

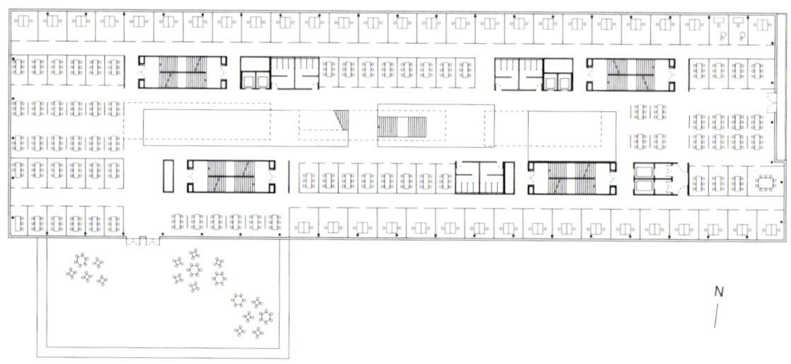

3rd floor / 3. Obergeschoss

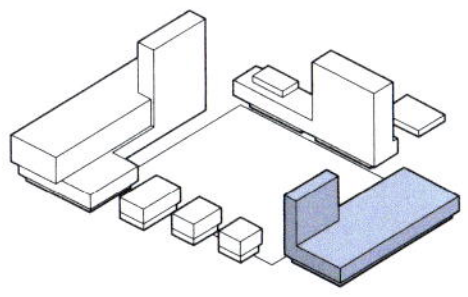

Recreation centre
Sportzentrum

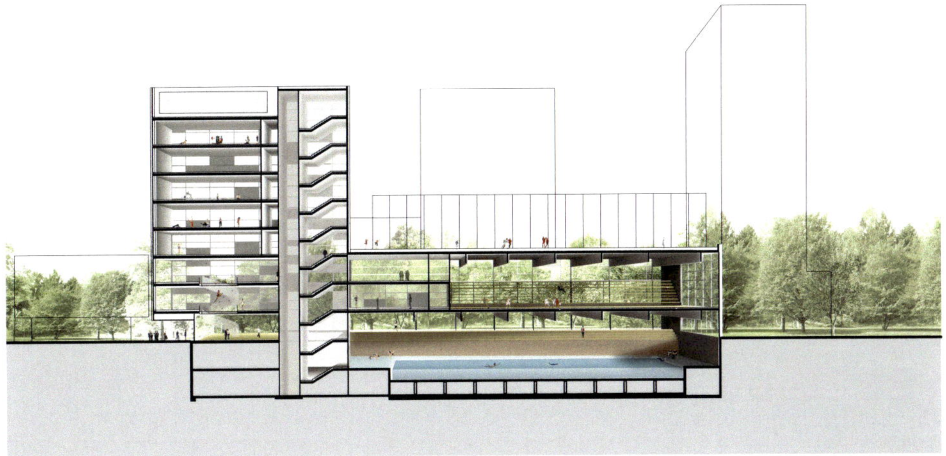

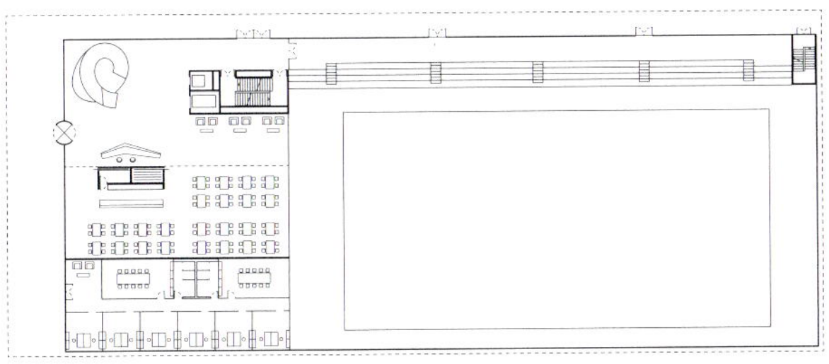

Ground floor / Erdgeschoss

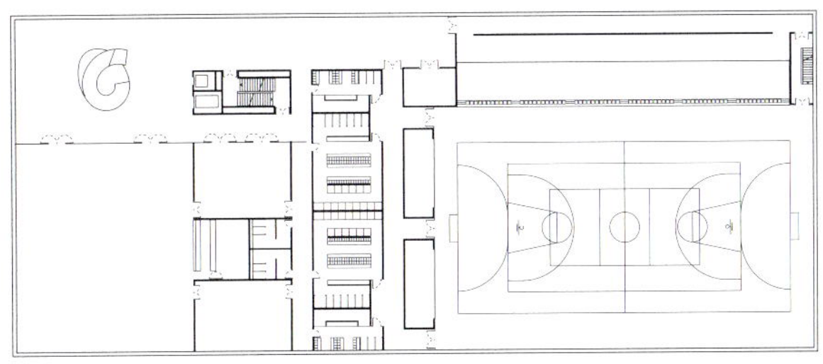

2nd floor / 2. Obergeschoss

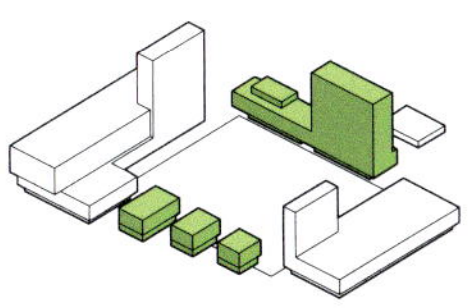

Dormitories and cafeteria
Wohnheime und Cafeteria

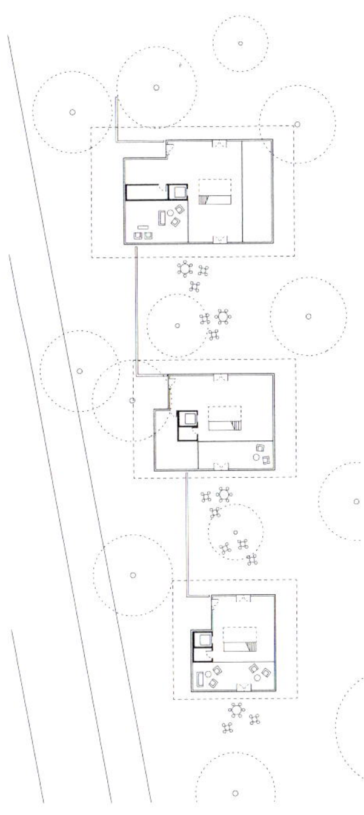

Ground floor, teaching staff
Erdgeschoss, Dozenten

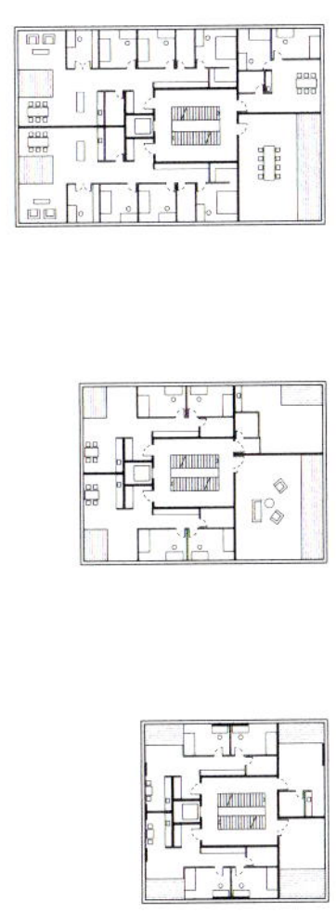

Typical floor
Regelgeschoss

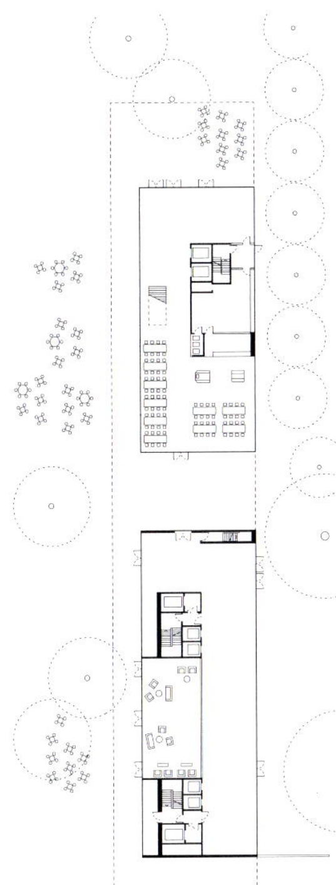

Ground floor, cafeteria
Erdgeschoss, Cafeteria

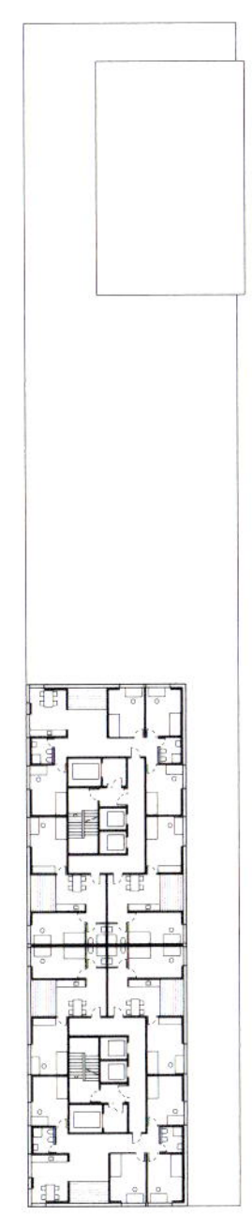

Typical floor, dormitories
Regelgeschoss, Wohnheim

2012
Saint-Georges Center, Geneva
Saint-Georges Center, Genf

The Saint-Georges Center contributes in a confident yet discreet manner to the revitalisation of a previously neglected urban quarter close to the city centre of Geneva. The new structure replaces the north wing of a three-part office ensemble from the early 1960s. The eight-storey building nestles against the existing ten-storey main structure with a form that gently curves towards Boulevard Saint-Georges, establishing a certain autonomy in the urban setting. The treatment of the ground floor follows its own logic, whereby the canopy line of the neighbouring building is picked up and emphasised to create a clearly marked entrance: the ground floor walls recede, drawing the street space inwards, while the upper floors curve out towards the general building line. The façade displays a range of reddish tones leading into greys, in response to the colouration found in the immediate city context. The variations in physical depth and colour saturation of both vertical and horizontal elements generate the impression of an immaterial space of colour within the façade, which changes dynamically as the observer alters position. The façade profiles on the south of the building towards the interior of the plot are deeper so as to function as a *brise-soleil,* optimising passive solar performance.

The outer skin of the building has all the attributes of a contemporary, intelligent exterior skin, including highly insulating multilayered glazing and external solar protection. Additional contributions from active building components and the use of geothermal energy have resulted in the building being awarded a Minergie certificate under Swiss sustainability standards.

Das Saint-Georges Center trägt selbstbewusst und behutsam zur Aufwertung eines bisher vernachlässigten Stadtviertels zwischen Zentrum und Vorstadt von Genf bei. Es ersetzt den nördlichen Seitenflügel eines u-förmigen, dreiteiligen Büroensembles der frühen 1960er-Jahre. Der neue Gebäuderiegel hat acht Geschosse. Er schließt zwar an den bestehenden zehngeschossigen Querriegel unmittelbar an, entwickelt aber aufgrund seiner zum Boulevard Saint-Georges leicht gewölbten Kubatur eine gewisse Autonomie im städtebaulichen Kontext. Die Erdgeschosszone folgt einer eigenen Dynamik: Sie nimmt das Vordach des Nachbargebäudes auf und schwingt unter die Hauptfassade zurück, um mit einer Aufweitung des Gehwegs den Eingang zu markieren, während sich die oberen Etagen bis zur Straßenflucht vorwölben. Die Fassade ist in abgestuften Rottönen gehalten, die zur Farbigkeit des Bestandsbaus mit Grauschattierungen vermitteln. Durch die variierende Tiefe und Farbigkeit der vertikalen und horizontalen Fassadenschwerter entfaltet die Hülle einen Farbraum, der sich mit der Bewegung des Betrachters dynamisch verändert. Nach Süden zum Blockinneren hin vertieft sich das Profil der Fassade, um als Brise Soleil den passiven Sonnenschutz zu optimieren.

Die Außenhaut ist mit allen Attributen einer zeitgemäßen, intelligenten Gebäudehaut mit hochisolierender Mehrfachverglasung und effektivem außenliegendem Sonnenschutz versehen. Bauteilaktivierung und Geothermie haben ebenso dazu beigetragen, dass das Gebäude ein Minergie-Zertifikat für Nachhaltigkeit erhalten hat.

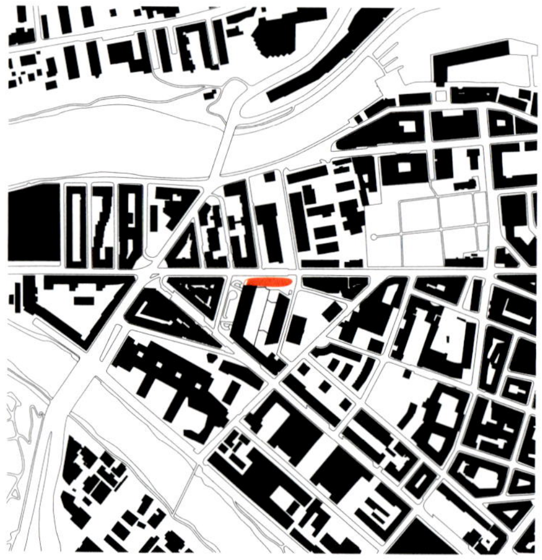

MALA KOFFS
vente
commerces

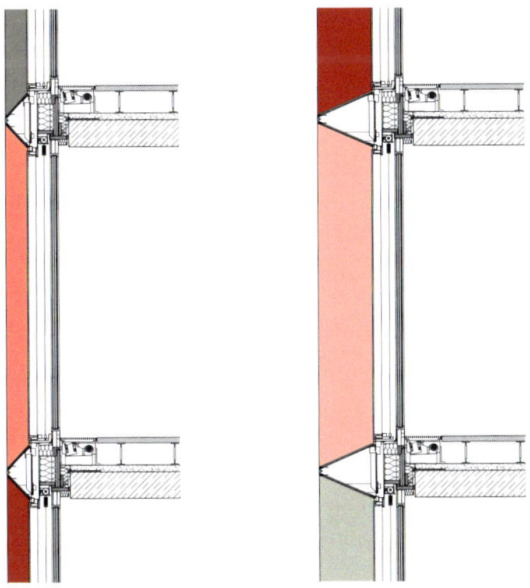

Façade, vertical sections / Fassade, Vertikalschnitte

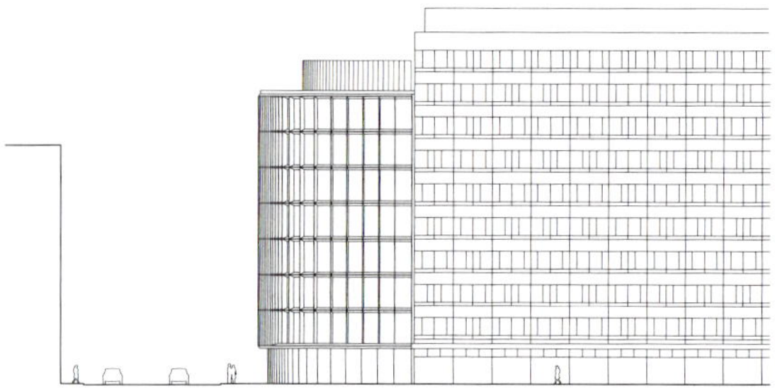

West elevation / Ansicht West

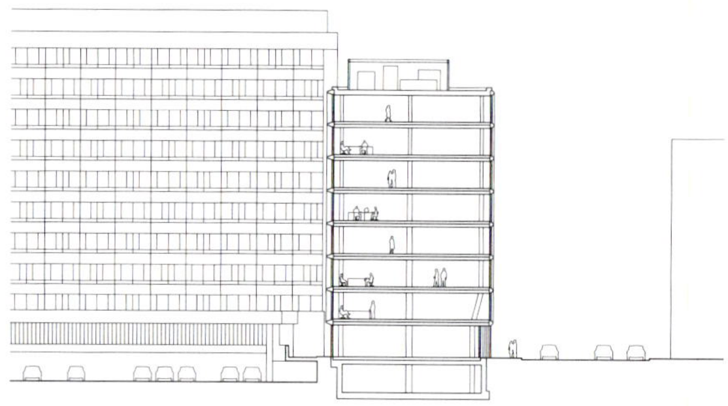

Section A / Schnitt A

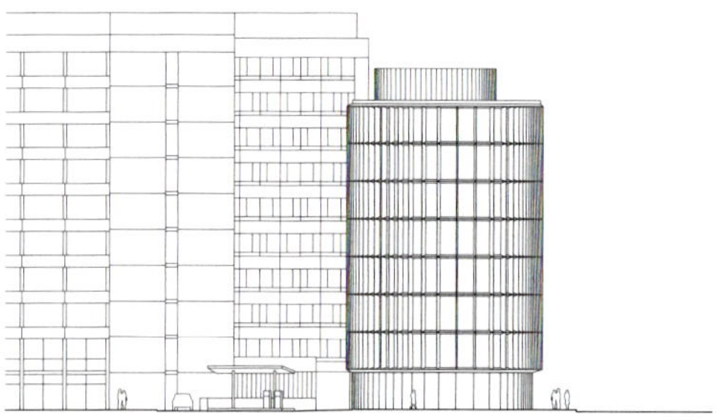

East elevation / Ansicht Ost

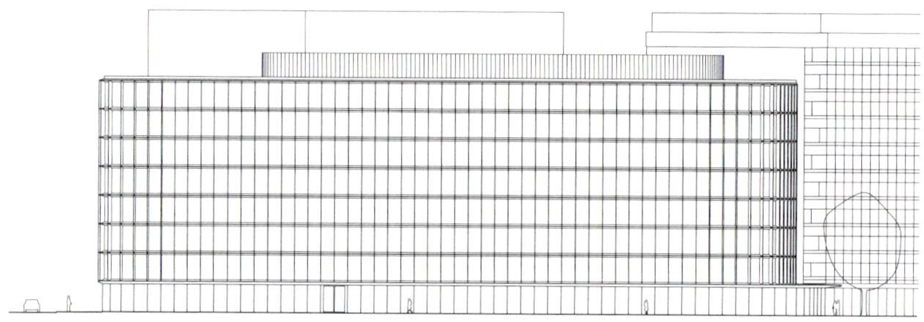

North elevation / Ansicht Nord

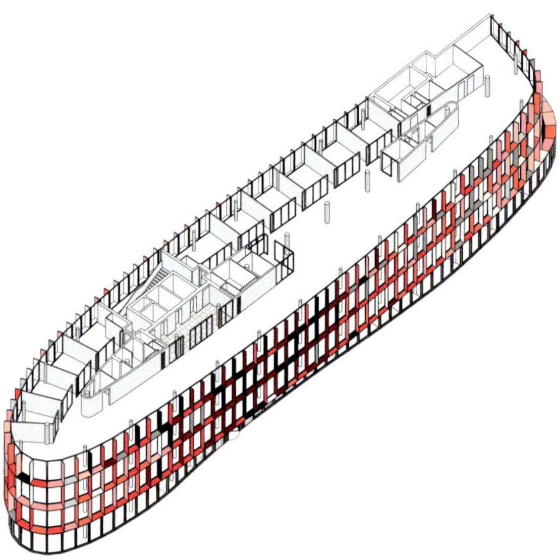

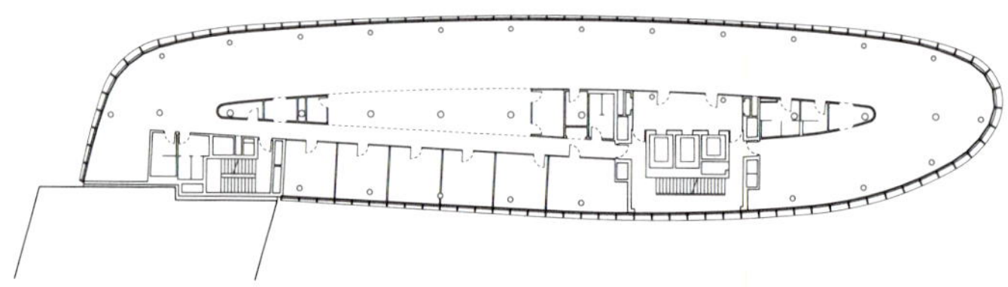

Typical floor / Regelgeschoss

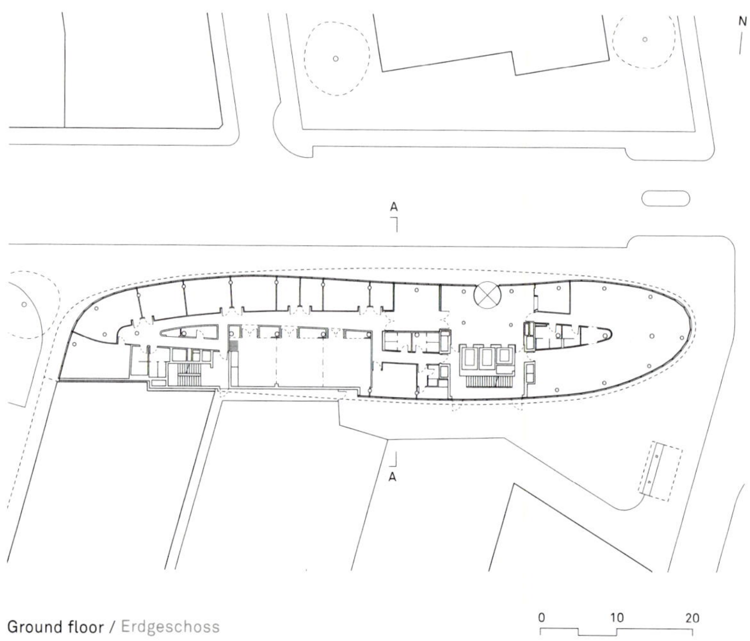

Ground floor / Erdgeschoss

2013

K House, Munich

K House, München

K House stands in a district of 18th-century villas that borders the English Garden in the centre of Munich. The new building contains a generous two-storey apartment for its owner and her large collection of contemporary art, a penthouse *pied-à-terre,* and areas for office use on the ground and first floors. While each storey has its own particular layout, all of the plans are essentially derived from those of a classical villa. Spaces for working, living, exhibiting and entertaining – which differ greatly in their proportion, atmosphere and orientation – can thus be layered upon one another within the cohesive form of the building.

The idea of creating variations on a theme is also evident on the elevations: the symmetrical composition and classical severity of the street façade reveal subtle modulations upon second glance, while the existence of interior spaces with particular characters is clearly recognisable in the sculptural composition of the side and rear elevations.

The skin of partially glazed brickwork supports an overall unity of form with a diversity of colour. From a distance, the building is clearly differentiated into two zones by the use of bricks that are lighter in tone above and darker below. Seen close to, however, each zone dissolves into a multicoloured surface of indeterminate spatiality and materiality. The freely composed play of colour over a virtually endless number of similar and repeating bricks supports the surprising synchronicity of formal rigour and playful ease.

Das K House liegt in einem Villenviertel am Rande des Englischen Gartens in München. Das Haus beherbergt eine großzügige zweigeschossige Wohnung für die Besitzerin und ihre umfangreiche Sammlung zeitgenössischer Kunst, ein Pied-à-terre im Penthouse sowie Büroräume im Erdgeschoss und ersten Obergeschoss. Auf der Basis eines klassischen Villengrundrisses ist jedes der fünf Geschosse individuell angelegt, sodass in Proportion, Atmosphäre und Orientierung sehr unterschiedliche Räume für Arbeiten, Wohnen, Ausstellen und gesellschaftliche Anlässe innerhalb der geschlossenen Kubatur des Hauses zusammengefasst sind.

Die Variation des Grundrissthemas ist auch in der Ansicht des Hauses erkennbar: Die symmetrisch angelegte, klassisch-strenge Straßenfassade zeigt auf den zweiten Blick subtile Abweichungen, während die plastischen Seiten- und Rückfassaden des Hauses die unterschiedlichen Innenraumsituationen klar erkennen lassen.

Eine farbige Außenhaut aus teilglasiertem Mauerwerk verleiht dem Bau plastische Einheitlichkeit bei farbiger Differenzierung. Das Haus ist mittels kontrastierenden Tonscherben zunächst in eine helle obere und eine dunkle untere Zone gegliedert. Bei näherer Betrachtung tritt die Wirkung der farbigen Glasuren in den Vordergrund, die dem Volumen eine Oberfläche unbestimmter Räumlichkeit und Materialität verleihen. Das frei komponierte Farbspiel mit der scheinbar unendlichen Zahl gleicher Klinker unterstützt eine gewisse Gleichzeitigkeit von formaler Strenge und spielerischer Leichtigkeit.

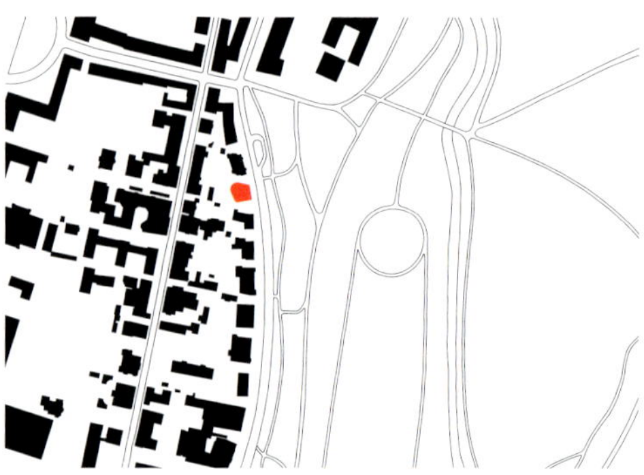

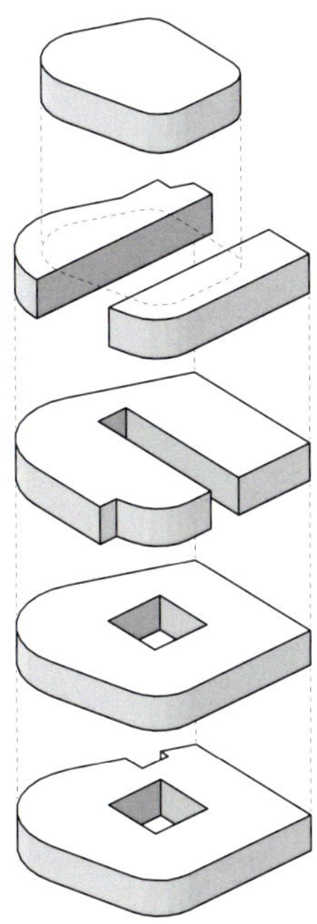

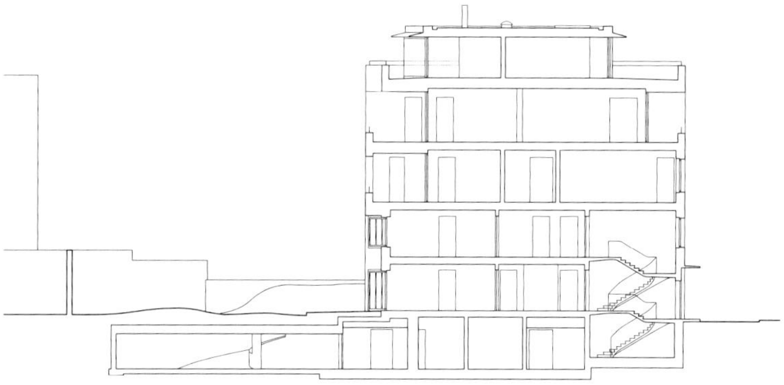

Section A / Schnitt A

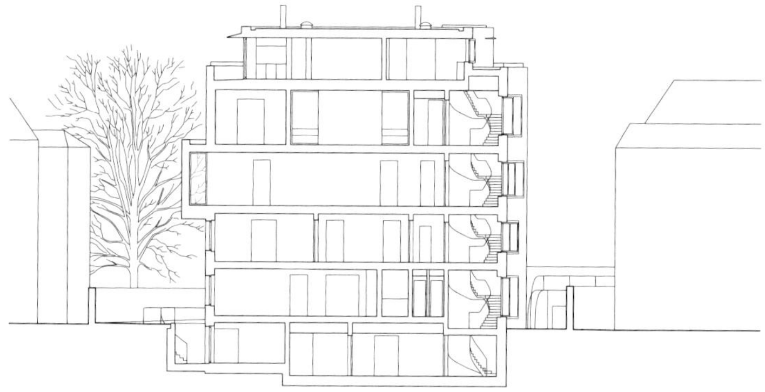

Section B / Schnitt B

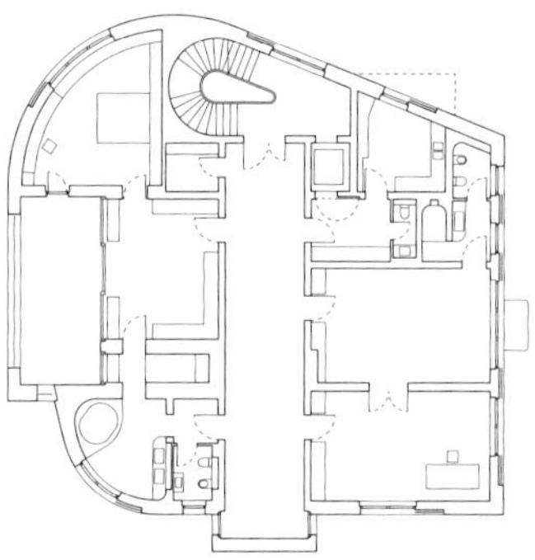

2nd floor / 2. Obergeschoss

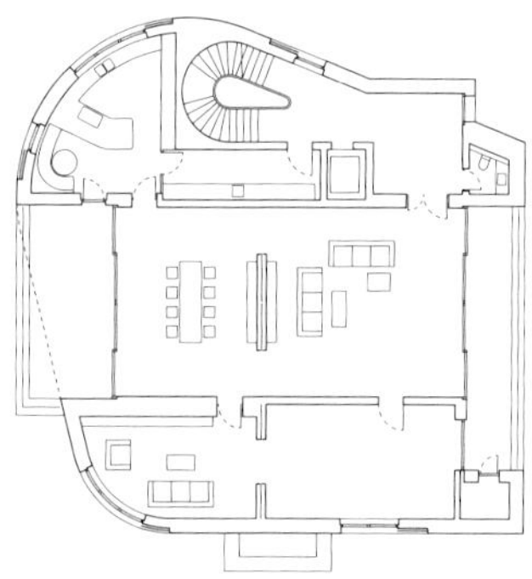

3rd floor / 3. Obergeschoss

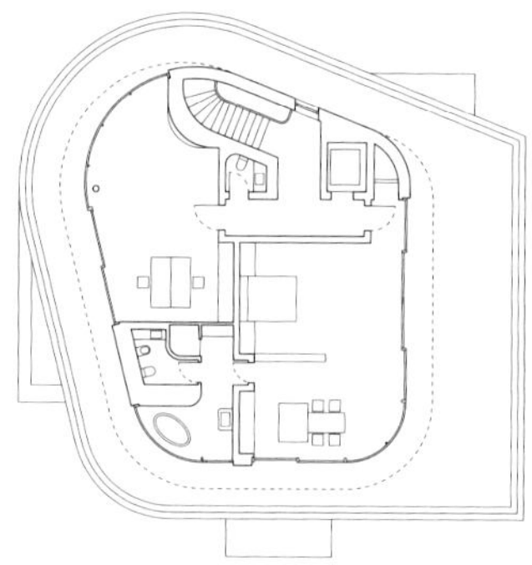

4th floor / 4. Obergeschoss

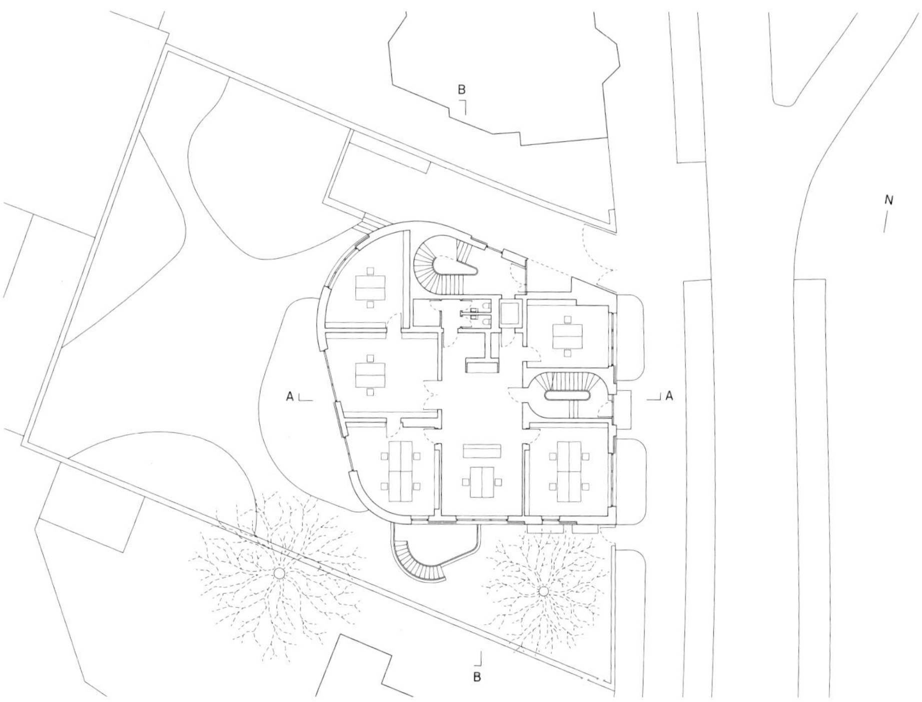

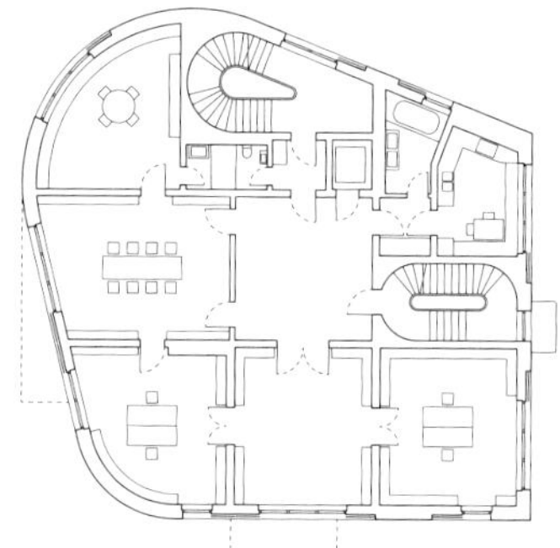

1st floor / 1. Obergeschoss

Ground floor / Erdgeschoss

2013
Culture:City – Exhibition
Kultur:Stadt – Ausstellung

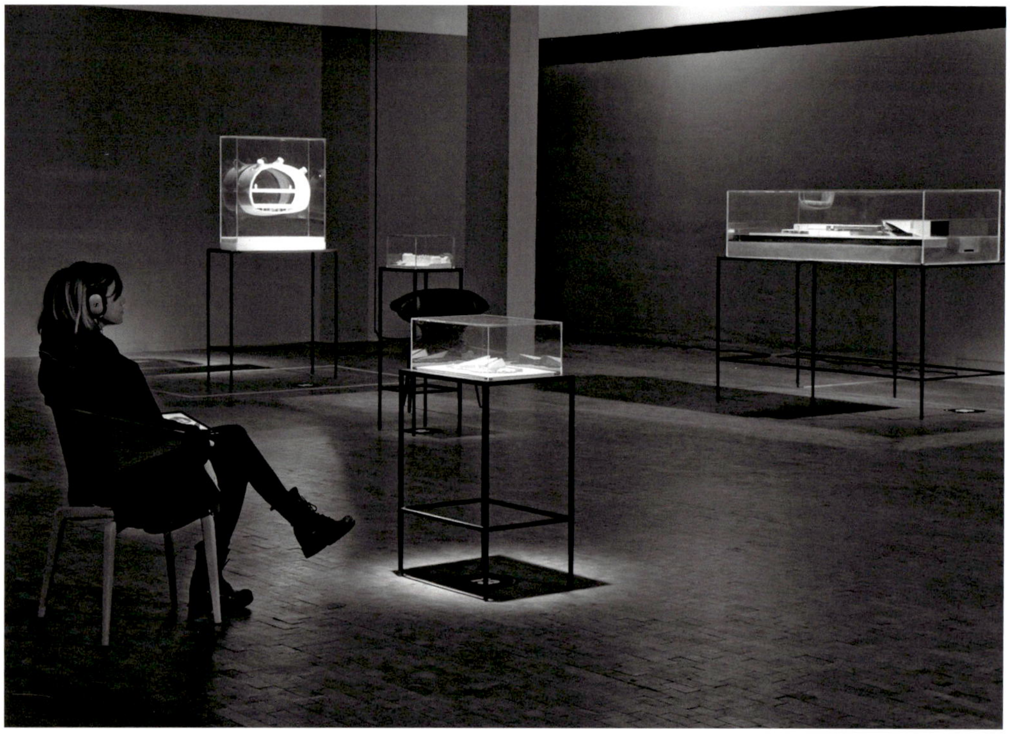

The architecture exhibition curated for the Akademie der Künste (Academy of Arts) by Matthias Sauerbruch and designed by Sauerbruch Hutton had, to put it simply, the rise and fall of the Bilbao effect as its theme. A panorama consisting of 37 international case studies critically examined the relationships between cultural initiatives, architectural interventions, city marketing in times of structural change and questions of urbanity.

The exhibition concept was based in the first place on the presentation of models as physical renditions of the built or projected reality. A wealth of additional information and background details was made available on tablets that were handed to all the visitors. They could then choose among plans, photographs, in-depth descriptions, an audio tour given by the curator and seventeen *films d'auteur* that had been constructed around individual architectural projects. Consequently, three distinct perspectives were given expression in the exhibition space: that of the authors, that of the curator and that of the interpretive filmmakers.

The tranquillity of the exhibition space itself – which was limited to the presentation of models, together with easily movable chairs and the user-friendly app – enabled the visitors to forge their own ways through the abundance of information and to develop a fourth perspective: their own.

Die von Matthias Sauerbruch für die Akademie der Künste kuratierte und von Sauerbruch Hutton gestaltete Architekturausstellung hatte, vereinfacht gesagt, den Aufstieg und Fall des Bilbao-Effekts zum Thema. Anhand von 37 internationalen Beispielen wurde ein Panorama eröffnet, das die Wechselbeziehungen von Kulturinitiativen, architektonischen Interventionen, Stadtmarketing im Strukturwandel und tatsächlicher Urbanität kritisch beleuchtete.

Das Ausstellungskonzept beruhte zunächst auf der Inszenierung des Modells als physischer Repräsentation der gebauten oder projektierten Realität. Eine Fülle weiterer Informationen und Hintergründe wurden auf Tablets bereitgestellt, die jedem Besucher ausgehändigt wurden. Hier konnte man zwischen Plänen, Fotos und vertiefenden Beschreibungen, einer Audiotour des Kurators und siebzehn Autorenfilmen zu einzelnen Architekturprojekten auswählen. Somit standen im Ausstellungsraum drei individuelle Sichtweisen zur Verfügung: die der Autoren, die des Kurators und die der interpretierenden Filmemacher.

Die auf das Modell reduzierte, ruhige Raumgestaltung, bewegliche Sitzmöglichkeiten und die benutzerfreundliche App ermöglichten jedem Besucher, seinen individuellen Weg durch die Fülle der Informationen zu gestalten und ein eigenes, viertes Meinungsbild zu entwickeln.

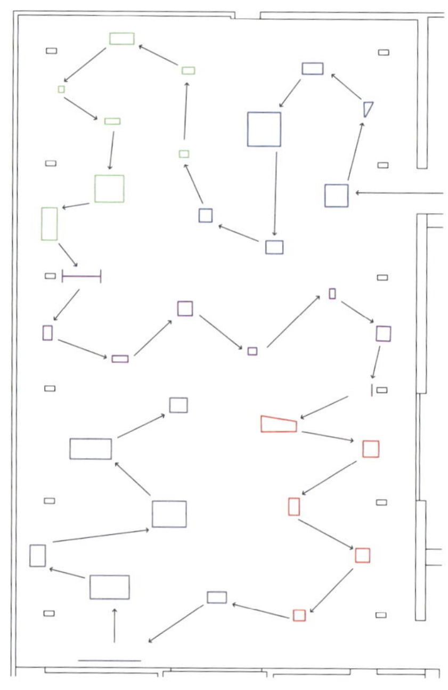

Exhibition parcours, main hall
Ausstellungsrundgang, Haupthalle

- New beacons / Neue Ikonen
- Acupunctures / Akupunkturen
- City as palimpsest / Stadt als Palimpsest
- Spaces of information / Wissensräume
- Building as city / City as building
  Das Gebäude als Stadt / Die Stadt als Gebäude

The exhibition catalogue was conceived and edited by Wilfried Wang.
Subsequent to the opening exhibition at the Akademie der Künste, *Culture:City* was shown at Kunsthaus Graz in Austria.

Der Katalog zur Ausstellung wurde von Wilfried Wang konzipiert und herausgegeben.
Im Anschluss an die Akademie der Künste Berlin wurde die Ausstellung im Kunsthaus Graz gezeigt.

Berlin's Kulturforum as Cultural Heritage and Potential

Das Berliner Kulturforum als Kulturerbe und Potenzial

The Kulturforum is simultaneously one of the most respected and one of the most reviled places in today's Berlin. On the one hand, all the critics agree that it contains three of the city's most important cultural buildings, which are perhaps the only ones – besides the Altes Museum – that are of international architectural and urban significance. On the other hand, the Kulturforum is often the target of scorn and derision. This is mainly due to the obvious discrepancy between aspiration and reality: between the idea of a forum and what one actually finds here. Instead of diverse uses and bustling activity, Kemperplatz and Matthäikirchplatz offer little more than a windswept wasteland and a deserted car park. Instead of the pulsating heart of the city, one encounters a monoculture of high-calibre cultural events in more or less isolated buildings that make little or no contribution to public space. It is therefore tempting to give short shrift to this 'island of objects' – at least as far as its urban constitution is concerned. Before unreservedly submitting to this instinct, however, we should try to get a clear idea of both the significance and

Das Kulturforum ist gleichzeitig einer der meistbeachteten und meistgescholtenen Orte im Berlin der Gegenwart. Einerseits sind sich alle Kritiker einig, dass sich an diesem Ort drei der wichtigsten – und neben dem Alten Museum vielleicht einzigen – Kulturbauten der Stadt befinden, deren Architekturen internationale Bedeutung haben, weit über Berlin und über den Zeitpunkt ihrer Entstehung hinaus. Andererseits wird der Ort immer wieder mit Hohn und Spott überschüttet. Dies liegt vor allem an der offensichtlichen Diskrepanz zwischen Anspruch und Wirklichkeit, also der Vorstellung eines Forums und dem, was hier tatsächlich zu sehen ist. Anstelle vielfältiger Angebote und dichtem Treiben finden sich am Kemperplatz und am Matthäikirchplatz eine zugige Brache und zugeparkte Leere. Anstelle eines pulsierenden Herzens der Stadt zeigt sich eben diese für den öffentlichen Raum unproduktive Monokultur hochkarätiger Kulturereignisse in mehr oder weniger isolierten Bauten. Die Versuchung, dieser „Insel der Objekte" zumindest städtebaulich den kurzen Prozess zu machen, liegt nahe. Bevor man sich aber diesem Instinkt

the potential of this cultural heritage. The situation at Kemperplatz may indeed be incomplete, but it certainly did not come about by chance. Rather, it is the manifestation of a particular notion of city, conceived at a dramatic turning point in German history, making it an integral and indispensable part of the ensemble of great cultural buildings around the reconstructed St Matthew's Church.

Scharoun's master plan for the Kulturforum was conceived in 1964 as the urban context to of his winning entry in the competition to design Berlin's State Library. At the time, Hans Scharoun's Philharmonic Hall had recently opened its doors and the New National Gallery by Ludwig Mies van der Rohe was at design stage. In the following year, construction work began on the latter building, which opened in 1968, ten years before the State Library. Scharoun's master plan was based on the then current transport plan for Berlin, which incorporated some elements of the so-called Collective Plan of 1946, to which he had made a significant contribution. This had proposed superimposing a network of urban motorways upon the rebuilt city as a means of adapting to the needs of an automotive society. The volumetric composition of the State Library was determined by the assumption that the western bypass would run immediately to the east of the site. The 1960s enthusiasm for individual mobility is also evident in the altered course of Potsdamer Straße that in this plan makes way for the new volume of the State Library with a widened road surface and the dynamic curve of a motorway. Redesigning this city street primarily for rapid transport was apparently not considered problematic – on the contrary, it was seen as a modern achievement of the kind that had been celebrated in the *Magic Motorways* exhibition at the New York World's Fair in 1939 and had since been put into practice in the United States and post-war Europe.

By 1964, however, Germans could already have read *The Death and Life of Great American Cities* by Jane Jacobs, which had first been published in 1961 and whose theses are still echoed by today's critiques of urban spaces like the Kulturforum: highways destroy the continuity of space and the pedestrian scale of cities that have developed over time, they ruin the social networks that grow up within neighbourhoods and create mono-functional urban islands that can be accessed only by car.

To qualify this criticism, it should be noted that the situation at Kemperplatz is only partly comparable to the large-scale clearance programme that Jacobs criticised, as here the city had never had a density like Manhattan's and, moreover, the neighbourhood had been severely damaged in the war, which had left large parts of it razed to the ground. In fact, even before the bombing raids, much of this area had already been demolished to make way for the megalomaniac north-south axis planned by Adolf Hitler's favoured architect, Albert Speer. At the end of the war, a first monumental building, the so-called House of Tourism was standing on the site in a half-built and half-ruined state. Forced labourers had worked on its construction right up until the last days of the war, so the instinct to eliminate this document of Germany's multiple shame as quickly as possible does not come as a surprise. This rings especially true in view of today's officially sanctioned eradication of many symbolically laden traces of the former GDR – traces whose continued existence seemed to be intolerable for many, even though their presence in the city was considerably less dominant in comparison.

ungebremst hingibt, sollte man versuchen, sich über die Bedeutung und das Potenzial dieses Kulturerbes klar zu werden. Die Situation am Kemperplatz ist zwar unvollendet, sie ist aber nicht zufällig, sondern die Manifestation einer spezifischen Vorstellung von Stadt an einem dramatischen Wendepunkt der deutschen Geschichte und somit auch ein integraler und unverzichtbarer Bestandteil des Ensembles dieser großartigen Bauten um die wiederaufgebaute St. Matthäus-Kirche.

Der Scharoun'sche Masterplan für das Kulturforum entstand 1964 und war der städtebauliche Teil des siegreichen Wettbewerbsentwurfs zur Staatsbibliothek. Zu diesem Zeitpunkt war Hans Scharouns Bau für die Philharmonie bereits eröffnet und die neue Nationalgalerie von Ludwig Mies van der Rohe in Planung; dieses Gebäude wurde im Jahr darauf begonnen und 1968 – zehn Jahre vor der Staatsbibliothek – in Betrieb genommen. Scharouns Plan beruhte damals auf einer aktuellen Verkehrsplanung, die zumindest teilweise auf den Ideen des von ihm selbst maßgeblich mit zu verantwortenden Kollektivplans von 1946 aufbaut. Dieser Plan sah vor, die wiederaufgebaute Stadt mit einem Netz von Stadtautobahnen zu überziehen, die den historischen Stadtkörper an die Bedürfnisse einer automobilen Gesellschaft anpassen sollten. Die Annahme, dass unmittelbar östlich des Standorts die Westtangente des Berliner Stadtautobahnnetzes gebaut werden würde, erklärt die volumetrische Komposition der Staatsbibliothek. Die zeitbedingte Begeisterung für individuelle Mobilität schlägt sich aber auch in der Veränderung des Verlaufs der Potsdamer Straße nieder, die hier dem neuen Volumen der Staatsbibliothek mit einem aufgeweiteten Straßenprofil in der Dynamik eines Highways ausweicht. Eine solche auf zügigen Verkehr ausgelegte Straße wurde offensichtlich nicht als ein Problem gesehen, sondern – ganz im Gegenteil – als eine zeitgenössische Errungenschaft betrachtet, ähnlich wie das zum Beispiel 1939 bereits in der New York World's Fair mit der Ausstellung *Magic Motorways* zelebriert und in den USA und im ganzen Nachkriegseuropa auch praktiziert wurde.

1964 hätte man allerdings schon Jane Jacobs' *The Death and Life of Great American Cities* lesen können, das 1961 erschienen war und dessen Thesen auch in der heutigen Kritik an Stadträumen wie dem Kulturforum ihr Echo finden: Highways zerstören den Raumzusammenhang der historisch gewachsenen Stadt und den auf Fußgänger bezogenen Maßstab, sie zerstören das soziale Netzwerk gewachsener Nachbarschaften und fördern monofunktionale Stadtinseln, die nur noch mit dem Automobil angesteuert werden können.

Zu dieser Kritik ist allerdings anzumerken, dass die Situation am Kemperplatz schon deshalb nur teilweise mit der Flächensanierung zu vergleichen ist, die Jacobs kritisierte, da hier die gewachsene Stadt nie eine mit Manhattan vergleichbare Dichte hatte und das Viertel darüber hinaus durch Kriegseinwirkung schwer beschädigt und teilweise ganz zerstört war. Obendrein war es auch vor den Bombardierungen schon durch einen Monumentalbau der megalomanischen Nord-Süd-Achse von Adolf Hitlers favorisiertem Architekten Albert Speer gesprengt worden, der sich zu Kriegsende im halb gebauten und halb zerstörten Zustand dort befand. Der Bau dieses Hauses des Tourismus war bis in die letzten Kriegstage hinein mit Zwangsarbeitern vorangetrieben worden, sodass man dem Instinkt, dieses Dokument mehrfacher deutscher Schande so schnell wie möglich beseitigen zu wollen, ein gewisses Verständnis entgegenbringen muss.

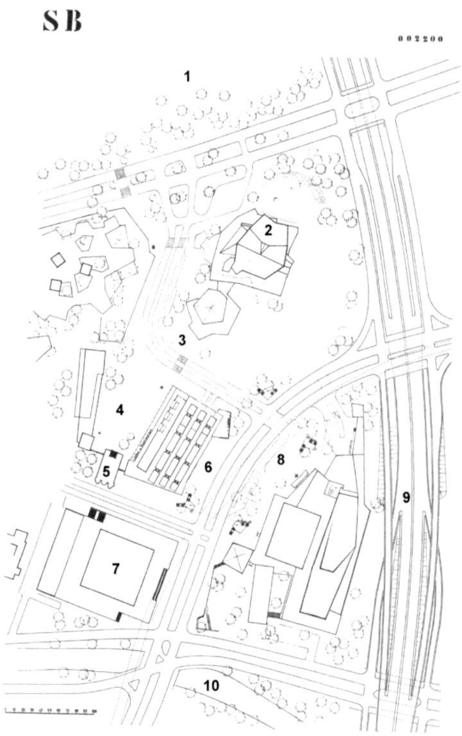

1 Tiergarten
Tiergarten
2 Philharmonic Hall
Philharmonie
3 Chamber Music Hall (planned)
Geplanter Kammermusiksaal
4 Site of the museums (planned)
Standort der geplanten Museen
5 St Matthew's Church
St. Matthäus-Kirche
6 Senate guest house
Senatsgästehaus
7 New National Gallery
Neue Nationalgalerie
8 Berlin State Library
Staatsbibliothek
9 Planned west motorway bypass
Geplante Westtangente
10 Landwehrkanal
Landwehrkanal

Hans Scharoun, Kulturforum Berlin, site plan 1967
Hans Scharoun, Kulturforum Berlin, Lageplan 1967

The desire of Scharoun's generation to undo the past differed in crucial respects, however, from the repressive mentality that is evident today: while the plans of the early 1960s may have been highly speculative in some respects, they were driven by an optimistic determination to make a new start and bring about a free and democratic future, whereas large portions of the present generation have reverted to an essentially pessimistic model of controlling the present and reviving the past. While today's model is more about restrictive revision, fifty years ago many ideas – especially those concerning town planning – were driven by the desire for a new creative beginning.

It is therefore logical and typical – to return to the Kulturforum – that in his master plan, Scharoun does not restrict himself to merely inserting a broad traffic artery in keeping with the zeitgeist, but also strives to design a unique architectural space for what is, in his view, a new urban social situation. He lines both sides of this short stretch of motorway with buildings stepped back like terraces and so gives the space along Potsdamer Straße the character of a valley; this articulates the main motif of his master plan, which is that of an urban landscape. Accordingly, the Philharmonic Hall and the Chamber Music Hall are allowed to stand alone as a pair, surrounded by a park (and indeed a car park). Along the northern edge of the site, the buildings are spaced apart as much as possible to establish a direct link with the extensive Tiergarten park and thus with the healing power of nature. Only in front of the reconstructed St Matthew's Church does Scharoun frame a typical piazza between a Senate guest house, which was required in the competition brief, and the art galleries opposite. Here he reinterprets the logic of the church square that had existed before the war, partially reconstructing it.

Dies gilt insbesondere, wenn man selbst Zeitzeuge des offiziell sanktionierten Kahlschlags vieler symbolisch aufgeladener Spuren der ehemaligen DDR ist, deren Fortbestehen für viele unerträglich zu sein scheint, obwohl ihr Auftreten in der Stadt vergleichsweise viel weniger dominant ist.

Dabei unterschied sich der Wunsch der Scharoun'schen Generation, die Vergangenheit ungeschehen zu machen, entscheidend von der Verdrängungsmentalität heutiger Zeitgenossen: Die Pläne der frühen 1960er-Jahre mögen teilweise sehr spekulativ gewesen sein, aber sie waren von einem optimistischen Aufbruchswillen und dem Wunsch nach einer Zukunft in Freiheit und Demokratie getragen, während sich große Teile der gegenwärtigen Generation auf ein im Kern pessimistisches Modell der Kontrolle der Gegenwart und Wiederbelebung der Vergangenheit beschränken. Während es heute eher um restriktive Revision geht, war vor fünfzig Jahren ein kreativer Neuanfang die innere Triebfeder vieler – insbesondere auch städtebaulicher – Ideen.

Es ist deshalb folgerichtig und typisch – um auf das Kulturforum zurückzukommen –, dass Scharoun es mit seinem Plan nicht bei der bloßen zeitgeistigen Intervention einer großen Verkehrsschneise beließ, sondern versuchte, dieser aus seiner Sicht neuen stadtgesellschaftlichen Situation auch einen einzigartigen architektonischen Raum hinzuzuentwerfen: Er rahmte dieses kleine Stück Highway zu beiden Seiten mit terrassenförmig abgestuften Gebäudesilhouetten und erfand einen originären, an ein Tal erinnernden Raum für die Potsdamer Straße, der das Hauptmotiv der stadtlandschaftlichen Logik seines Plans bildet. Dazu wurde das Paar aus Philharmonie und Kammermusiksaal freigestellt und von einer Parkfläche (in beiden Bedeutungen des Wortes) umgeben. Die nördliche Grenze zum Tiergarten hin wurde so stark wie möglich perforiert und aufgelockert, um den direkten Bezug zur heilenden Natur herzustellen. Nur vor der rekonstruierten St. Matthäus-Kirche wird mithilfe eines im Wettbewerb auch ausgeschriebenen Senatsgästehauses und der gegenüberliegenden Gemäldegalerie ein gefasster Platzraum inszeniert, der die Logik des Kirchplatzes aus der Vorkriegszeit weiterinterpretiert und bis zu einem gewissen Grad rekonstruiert.

Dieser Vorschlag stellt einen interessanten Hybrid dar zwischen einem Ensemble freistehender Monumentalbauten und einer mehr auf den gefassten Raum ausgelegten Stadtkomposition. Der Plan zielt auf die Gleichzeitigkeit und Balance zwischen den im europäischen Städtebau immer wieder auftauchenden Antipoden der freien Gebäudefigur im dynamischen Raum, wie wir das archetypisch von der Akropolis kennen, und der aus der Masse herausgeschnittenen Sequenz von Räumen, wofür die kaiserlichen Foren in Rom immer wieder typisches Vorbild waren. Es geht Scharoun also nicht nur um den radikalen Neuanfang, sondern eben auch um die Integration beziehungsweise Fortschreibung der historischen Situation.

Dies ist eine Herangehensweise, zu der im Prinzip auch Karl Friedrich Schinkels radikale Planungen für das Schlossumfeld ein gewisses Vorbild bieten. Hier wurden im Kontext der barocken, absolutistischen Stadt die Gebäudevolumen der bürgerlichen Einrichtungen von Museum, Bauakademie und auch des Packhofs bewusst frei gespielt und von der Logik der geschlossenen Blöcke abgehängt. Es wäre eine Stadtlandschaft entstanden, in der sich die Objekte und die Räume im dynamischen Gleichgewicht wiedergefunden hätten.

Overall, his proposal represents an interesting hybrid between an ensemble of free-standing monumental buildings and an urban composition that is oriented more towards the construction of spaces. The design attempts the balanced, simultaneous implementation of two diametrically opposing principles that can be seen again and again in the European city: the free-standing building in flowing space (of which the Acropolis is an archetypal example) and the sequence of spaces cut into the urban fabric, for which the imperial fora in Rome have repeatedly served as a model. So here Scharoun is not just concerned with a new start but also with the reconciliation of two historical principles of urban architecture.

Such an approach is prefigured, in principle, by Karl Friedrich Schinkel's radical proposals for the area around the Berlin City Palace. In the context of the absolutist baroque city, he deliberately treated the buildings of civic institutions such as the Altes Museum and the Bauakademie as well as a state customs warehouse, as free-standing volumes decoupled from the prevailing pattern of enclosed city blocks. This would have created an urban landscape in which objects and spaces were reconciled with one another in a dynamic balance.

The extent to which such a balance exists in Scharoun's plan in the same way is an interesting but no longer really relevant question, for it was not implemented as originally intended. The deviations came firstly in the form of Rolf Gutbrod's sloping *piazetta,* an additional square that was devised – almost in parody of its Venetian namesake – as an accompaniment to the then non-existent Matthäikirchplatz; secondly, Edgar Wisniewski brought Scharoun's design sketches for the Chamber Music Hall to completion in a way that markedly distorted the subtle hierarchy of the original massing. By contrast, the new building for the Old Master Paintings gallery designed by Hilmer & Sattler stayed discreetly in the background in terms of urban design and managed to integrate the cultural area with the city fabric along its western edge without significantly affecting the core space of the forum in one way or the other.

These deviations are one thing, but the failure of Scharoun's master plan is due mainly to the fact that the guest house for the Berlin Senate was never built. Not only would the building's volume have formed the decisive keystone in the structure of outdoor spaces and objects, it would also have brought an element of programmatic diversity to the area and would thus have been a crucial step towards creating a halfway functioning forum. The reasons why this project was never carried out deserve careful analysis, but I shall not go into them here.

The Kulturforum represents a legacy that is important enough to be protected and completed. The provisional situation that exists today, with the main open area landscaped in a way that may be diligent, but is spatially and functionally ineffective, cannot be a lasting solution. In this respect it seems logical, in connection with the reorganisation of Berlin's museum landscape, to make the most of the rare opportunity to build on this land. Rather than overloading the Museum Island, a new facility here would enable the critical and creative completion of this piece of truly Prussian cultural heritage.

Finally, one more thought: today, our exhibition *Culture:City* is coming to a close and we face the legitimate question of what we have learned, in the course of the last two years, about the relationship

Inwieweit eine solche Balance in dem Scharoun'schen Plan in gleicher Weise gegeben war, ist diskussionswürdig, aber nicht mehr wirklich relevant, da er ja nicht zur Ausführung gekommen ist wie ursprünglich gedacht. Die Abweichungen kamen zunächst in Form von Rolf Gutbrods Piazzetta, die in Verballhornung des venezianischen Vorbilds zu dem noch nicht existierenden Matthäikirchplatz bereits eine zweite Platzfigur hinzuerfand; und als Nächstes unternahm Edgar Wisniewski die Umsetzung der Scharoun'schen Skizzen für den Kammermusiksaal in einer Form, die die feine Hierarchie der angedachten Volumen deutlich störte. Im Vergleich dazu verhielt sich der Neubau der Gemäldegalerie der Architekten Hilmer und Sattler städtebaulich gesprochen sehr diskret im Hintergrund und schaffte eine städtebauliche Einbindung des Kulturareals an seiner westlichen Kante, ohne den Kernraum des Forums in der einen oder der anderen Art und Weise wesentlich zu beeinflussen.

Es sind jedoch nicht nur diese Abweichungen: Der Grund für das Scheitern des Scharoun'schen Masterplans liegt vor allem in der Tatsache, dass das sogenannte Senatsgästehaus nie realisiert wurde. Dessen Volumen hätte nicht nur den entscheidenden Schlussstein im Gefüge der Räume und Objekte gebildet, es hätte auch eine gewisse programmatische Vielfalt in den Bereich gebracht, die schon einen entscheidenden Schritt in Richtung eines halbwegs funktionierenden Forums mit sich gebracht hätte. Weshalb es nie zur Realisierung dieses Projekts gekommen ist, verdient eine sorgfältige Analyse, jedoch an anderer Stelle.

Das Kulturforum ist ein Erbe, das wichtig genug ist, um geschützt und vollendet zu werden. Der gegenwärtige Zwischenbauzustand mit der sorgfältigen, aber räumlich und auch programmatisch nicht wirklich wirksamen landschaftlichen Gestaltung der Platzfläche kann keine dauerhafte Lösung der Situation bieten. In diesem Sinne würde es deshalb nahe liegen, im Rahmen der Neuordnung der Berliner Museumslandschaft die raren Möglichkeiten der Intervention auf eine Bebauung dieses Grundstücks zu lenken. Anstelle der Überfüllung der Museumsinsel gäbe es hier die Möglichkeit der kritisch-kreativen Vervollständigung dieses Stückes wahrhaft preußischen Kulturbesitzes.

Es sei noch ein Gedanke hinzugefügt: Wir schließen heute nach rund zweijähriger Arbeit die Ausstellung *Kultur:Stadt,* und es erhebt sich die berechtigte Frage, was wir bei dieser Arbeit über das Verhältnis der beiden Antipoden von Kulturbau und Stadt gelernt haben. Grob gesagt, behandelt die Ausstellung ja den Aufstieg und Fall des Bilbao-Effekts, jener strategischen Kombination von Strukturwandel, Kulturangebot und Bauikone, die lange Zeit als die Wunderformel des wirtschaftlichen Aufschwungs gehandelt wurde und mit der Berlin – arm, aber sexy – immer noch ungebrochen kokettiert, als böte die Kultur allein ein sicheres Konzept für die wirtschaftliche Entwicklung dieser Stadt. Das Studium der in der Ausstellung gezeigten Beispiele hat uns aber gezeigt, dass kulturelle Aktivitäten und entsprechende Einrichtungen zwar fast immer eine konstruktive Wirkung auf die Identität und die soziale Kohärenz einer Stadt haben, dass ihr gesamtwirtschaftlicher Nutzen jedoch nur in einzelnen Fällen wirklich nachweisbar ist. Im Gegenteil: Es gibt bereits eine ganze Reihe von Beispielen, wo sich die Verhältnisse umgekehrt haben und allzu abgehobene Kulturprojekte zu untragbaren Belastungen für die Gemeinschaften geworden sind.

between these two poles: cultural buildings and the city. To put it briefly, the exhibition deals with the rise and fall of the "Bilbao Effect": the strategic combination of structural change, cultural programmes and iconic buildings that was long touted as a miracle formula for economic revival – and with which 'poor but sexy' Berlin continues to flirt unabatedly, as though culture alone offered a reliable concept for the economic future of this city. Our study of the examples presented in the exhibition has shown us, however, that while cultural activities and the corresponding facilities almost always have a constructive effect on the identity and social cohesion of a city, their macroeconomic benefits are only truly verifiable in a few individual cases. On the contrary, there is already a whole string of examples in which the relationship has skewed out of balance and extravagant cultural projects have become an unsustainable burden on their host communities.

In response to this danger, current approaches have now turned away from large, top-down projects and are focusing, if only for economic reasons, on smaller interventions that are strongly rooted in society. Instead of a supersize culture pack for the overwhelmed tourist, the newer projects seek strategies that anchor them in the city's particular circumstances, be they of a built, institutional, or economic nature. This involves exploiting all the unrealised potential and patching up the holes in the urban fabric as far as possible with the limited resources available, so that not only the cultural institution itself but also the city community benefits directly. This kind of embedding strategy would be strongly advisable in Berlin too, and an approach like this would at last allow the Kulturforum to come to its belated completion.

To conclude, I shall bring together the two strands of my argument. In my opinion, the Kulturforum is an example of urban heritage from the period of post-war reconstruction that has significance within Berlin and enjoys national and international recognition. It therefore deserves and demands to be completed in a way that corresponds to the intentions of its original design concept, absorbing the damage and changes that have happened since it was built. This is a difficult task, as a number of attempts have shown. To me, however, this seems an ideal opportunity for Berlin's cultural authorities to deal with relatively recent built heritage in an appropriate way and to write the next chapter of this troubled history with the necessary sensitivity and intelligence.

What's more, it would offer a unique opportunity to devise a cultural institution that is different. What if an institution of the calibre of Stockholm's Kulturhuset, or the Fábrica da Pompéia in São Paulo, were to be established at the Kulturforum, if people could visit an exquisite collection of surrealist art but could also take part in various workshops, if the kids from local schools could hold their events here, if the youth programme of the Berlin Philharmonic were to find a home here, if the educational department of the Old Master Paintings collection held its workshops here, or if a cookery class on futuristic cuisine, a workshop on Luis Buñuel's films and a breakdance party could all be attended here on the same day? Perhaps I am getting carried away by my imagination, but before one builds a new museum in proximity to the Museum Island (on a site for which there are plenty of other good uses) so that the Old Master Paintings gallery at the Kulturforum can be converted into a Museum of the

Als Antwort auf diese Gefahr haben sich aktuellere Strategien daher vom Top-down-Großprojekt abgewendet und sich schon aus Gründen der Ökonomie kleineren Interventionen gewidmet, die sich stark in der Gesellschaft vernetzen. Anstelle der Kultur-Superpackung für den überforderten Touristen suchen neuere Projekte eher nach Verankerungsstrategien in den städtischen Gegebenheiten, seien sie nun baulicher, institutioneller oder wirtschaftlicher Natur. Dabei werden alle bestehenden Potenziale genutzt und fortgeschrieben. Wo immer möglich, werden mithilfe der begrenzten Mittel die Löcher im Gewebe der Stadt gestopft, so weit es eben geht, sodass nicht nur die Kultureinrichtung selbst, sondern vor allem auch die städtische Gemeinschaft ganz direkt profitiert. Eine solche Strategie der Verwurzelung wäre auch in Berlin dringend anzuraten, und das Kulturforum würde in einer solchen Strategie endlich seine späte Vollendung erfahren können.

Um zum Schluss die beiden Stränge meiner Argumentation zusammenzuführen: Ich bin der Meinung, dass es sich beim Kulturforum um ein Kulturerbe aus der Wiederaufbauzeit handelt, das über Berlin hinaus auch als ein Stück Stadt weltweit Bedeutung hat und Anerkennung genießt und somit eine Vervollständigung verdient und benötigt, die den Intentionen seiner ursprünglichen Konzeption entspricht und die Beschädigungen und Veränderungen seit der Zeit seiner Entstehung absorbiert. Dies ist eine schwierige Aufgabe, wie die diversen Versuche ja immer wieder zeigen. Dennoch scheint mir dies eine ideale Gelegenheit für die Kulturverwaltungen dieser Stadt beziehungsweise dieses Landes, sich einmal auch dem relativ jüngeren gebauten Kulturerbe in der ihm angemessenen Form anzunehmen und eine schwierige Geschichte mit der nötigen Sensibilität und Intelligenz fortzuschreiben.

Dazu ergäbe sich hier die einzigartige Gelegenheit, eine etwas andere Kultureinrichtung zu denken. Was wäre, wenn am Kulturforum eine Einrichtung vom Kaliber des Stockholmer Kulturhuset oder der Fábrica da Pompéia in São Paulo entstehen würde, wenn neben einer exquisiten Sammlung surrealistischer Kunst auch Workshops zu besuchen wären, wenn hier die Kids aus den lokalen Schulen ihre Veranstaltungen machen könnten, das Jugendprogramm der Berliner Philharmoniker hier seine Heimat fände, die museumspädagogische Abteilung der Gemäldesammlung hier ihre Werkstätten hätte, oder ein Kochkurs zur futuristischen Küche und ein Workshop zu Luis Buñuels Filmen sowie eine Breakdance-Party alle am selben Tag besucht werden könnten? Ich weiß, meine Fantasie geht hier vielleicht ein bisschen spazieren, aber bevor ein neues Museum in der auch anderweitig bestens zu verwertenden Nachbarschaft der Museumsinsel errichtet wird, um die Gemäldegalerie am Kulturforum dann in ein Museum des 20. Jahrhunderts umzubauen, könnte man doch vielleicht auch die Gemäldegalerie lassen, wo sie ist, und (eventuell mit den Mitteln des Grundstücksverkaufs an der Museumsinsel) am Kulturforum ein Museum des 21. Jahrhunderts konzipieren, das auch die Sammlungen des 20. Jahrhunderts enthalten kann? Für das Grundstück des nicht realisierten Senatsgästehauses wäre dies eine großartige Chance.

Es gab von Planerseite immer wieder Initiativen, die etwas verlassene Stadtkrone des Kulturforums „wieder auf den Boden der Tatsachen zurückzuholen“ und mit „normaler“ Stadt anzureichern. Das ist gut gemeint, halte ich aber für den falschen Weg, denn wie „nor-

Twentieth Century, how about leaving the Old Masters gallery where it is and designing a Museum of the Twenty-First Century for the Kulturforum (perhaps even funded by selling the site near the Museum Island), which could house the twentieth-century collections as well? This would be a great opportunity for the undeveloped site that was once earmarked for the Senate guest house.

Planners have repeatedly launched initiatives to bring the Kulturforum, as the somewhat forlorn jewel in the city's crown, 'back down to earth' and to enhance it with 'normal' urban content. The intention may be well meant, but I think that this is the wrong way forward – if you want to see what 'normal' urban content would mean in a place like this, take a look at Potsdamer Platz. Although this redevelopment derived its inspiration and motifs from the typological syntax of the nineteenth century, the vibrant street life of Berlin's traditional neighbourhoods – which it was meant to generate – has, of course, not sprung up there. Instead it has evolved into a touristy heterotopia, which has not yet, at least, really integrated. The 'normal European city', as it is always so reassuringly put in the planning profession, simply cannot be synthesised in this way; furthermore, this kind of strategy, rhetorically invoking the syntax of block and street, would of course completely disrupt Scharoun's finely balanced spatial logic.

My proposal, therefore, is rather along the lines of a creative reinterpretation of what a guest house could offer. I think that the Kulturforum needs a place of curated openness whose features attract not only tourists but also Berliners, with a presence that radiates into the neighbouring areas, kindling and nurturing urban qualities. The catalyst for such a multifaceted centre could be provided by a collection of surrealist art, but this alone would not be enough. A guest house could serve as a metaphor for a lively and open cultural venue that is able to generate the notion of a forum and hence restore to the city an authentic urban quality that goes beyond jaded rhetoric. *MS*

Lecture given at the symposium 'On the Reorganisation of Berlin's Museum Landscape' in connection with the exhibition *Culture:City*, Akademie der Künste Berlin, May 2013

male" Stadt an einer solchen Stelle aussehen würde, kann man am Potsdamer Platz studieren. Hier wurde zwar die typologische Syntax des 19. Jahrhunderts als Motiv und Inspiration verwendet, aber das lebendige Straßenleben der Kieze (was man meinte, herbeibauen zu können) hat sich natürlich nicht eingestellt. Stattdessen hat sich ein touristischer Heterotop entwickelt, der sich zumindest bisher nicht wirklich in die Stadt integriert hat. Die „normale europäische Stadt", wie das bei den Kollegen immer so beschwichtigend heißt, lässt sich auf diese Weise eben nicht synthetisieren; auch würde eine solche Strategie mit der Rhetorik von Block und Straße natürlich Scharouns fein tarierte Raumlogik vollständig zerstören.

Mein Plädoyer ginge deshalb eher in Richtung der kreativen Reinterpretation dessen, was ein Gästehaus am Kulturforum sein könnte. Ich glaube, diese Stelle benötigt einen institutionalisierten Ort kuratierter Offenheit, der mit seinem Angebot nicht nur Touristen, sondern vor allem auch Berliner anlockt, der auf die umliegenden Bereiche ausstrahlt, der Urbanität initialisiert und fördert. Eine Sammlung surrealistischer Kunst könnte für ein solch vielseitiges Zentrum der Katalysator, nicht jedoch der ausschließliche Anlass sein. Ein Gästehaus könnte eine Metapher für einen lebendigen und offenen Kulturort sein, der es vermag, den Gedanken eines Forums zu stiften und damit auch der Stadt eine Form der Urbanität zurückzugeben, die sich nicht in rhetorischen Formeln erschöpft. *MS*

Vortrag auf dem Symposium „Zur Neuordnung der Berliner Museumslandschaft" im Rahmen der Finissage der Ausstellung *Kultur:Stadt*, Akademie der Künste Berlin, Mai 2013

2013

Ministry for Urban Development and the Environment, Hamburg

Behörde für Stadtentwicklung und Umwelt, Hamburg

As the flagship of the International Building Exhibition (IBA) in 2013, the building for Hamburg's State Ministry for Urban Development and the Environment forms the backbone of the new centre of the city's Wilhelmsburg district. Its imposing presence contributes to the repair and sustainable development of the area. Its massing and orientation, in concert with the lively colouration of its outer skin, are a conscious response to IBA ideas addressing the active urban landscape in a diverse cosmopolis.

The building comprises a tower connected to a pair of wings, whose undulating contours lend rhythm to the huge development, bringing its scale down closer to that of its surroundings. Consisting of seven individual 'houses', the wings open up to the outdoors with exhibition spaces, a restaurant and planted terraces. The central foyer at the foot of the tower is conceived as a large communal forum, whose domed ceiling endows it with the sense of occasion that a public building deserves. It leads directly to the library, conference centre, exhibition space and a restaurant. The offices are laid out along two internal 'streets', which swing out in each house to create a daylit atrium that accommodates vertical circulation.

The need to provide an appropriate representation of civic purpose, along with easy orientation, accessibility, flexibility and sustainability, have led to a design that constitutes an important step towards the regeneration of a deprived neighbourhood.

Als größtes Einzelprojekt der Internationalen Bauausstellung Hamburg 2013 bildet der Neubau der Hamburger Behörde für Stadtentwicklung und Umwelt das Rückgrat der neuen Mitte Wilhelmsburg. Er trägt bereits mit seiner Präsenz zur Reparatur und nachhaltigen Entwicklung dieses Stadtteils bei. Sein Volumen und seine Orientierung ebenso wie die vielfältige farbige Gestaltung seiner Außenhaut gehen auf die IBA-Leitbilder der aktiven Stadtlandschaft in der vielfältigen Kosmopolis ein.

Das Gebäude setzt sich aus einem Hochhaus mit zwei Seitenflügeln zusammen, deren geschwungene Form die große Baumasse rhythmisiert und es in den kleinteiligeren Maßstab der Umgebung einbindet. In sieben einzelne „Häuser" gegliedert, öffnen sich die Seitenflügel zum Außenraum mit Bereichen für Ausstellungen, Gastronomie und begrünten Terrassen. Das zentrale Foyer am Fuß des Hochhauses ist als öffentliches Forum konzipiert, das mit einer großen Kuppeldecke dem Raum den Maßstab verleiht, den ein öffentliches Gebäude verdient. Von hier werden direkt Bibliothek, Konferenzzentrum, Ausstellungsbereich und ein Restaurant erschlossen. Die Büros sind über zwei interne „Straßen" angebunden, an denen je Haus ein tagesbelichtetes Atrium aufgereiht ist, das eine interne vertikale Erschließung ermöglicht.

Eine angemessene Repräsentation von Öffentlichkeit, Orientierung und Zugänglichkeit, Flexibilität und Nachhaltigkeit sind Themen, die hier zu einem Entwurf geführt haben, der einen wichtigen Schritt zur Erneuerung eines benachteiligten Stadtteils darstellt.

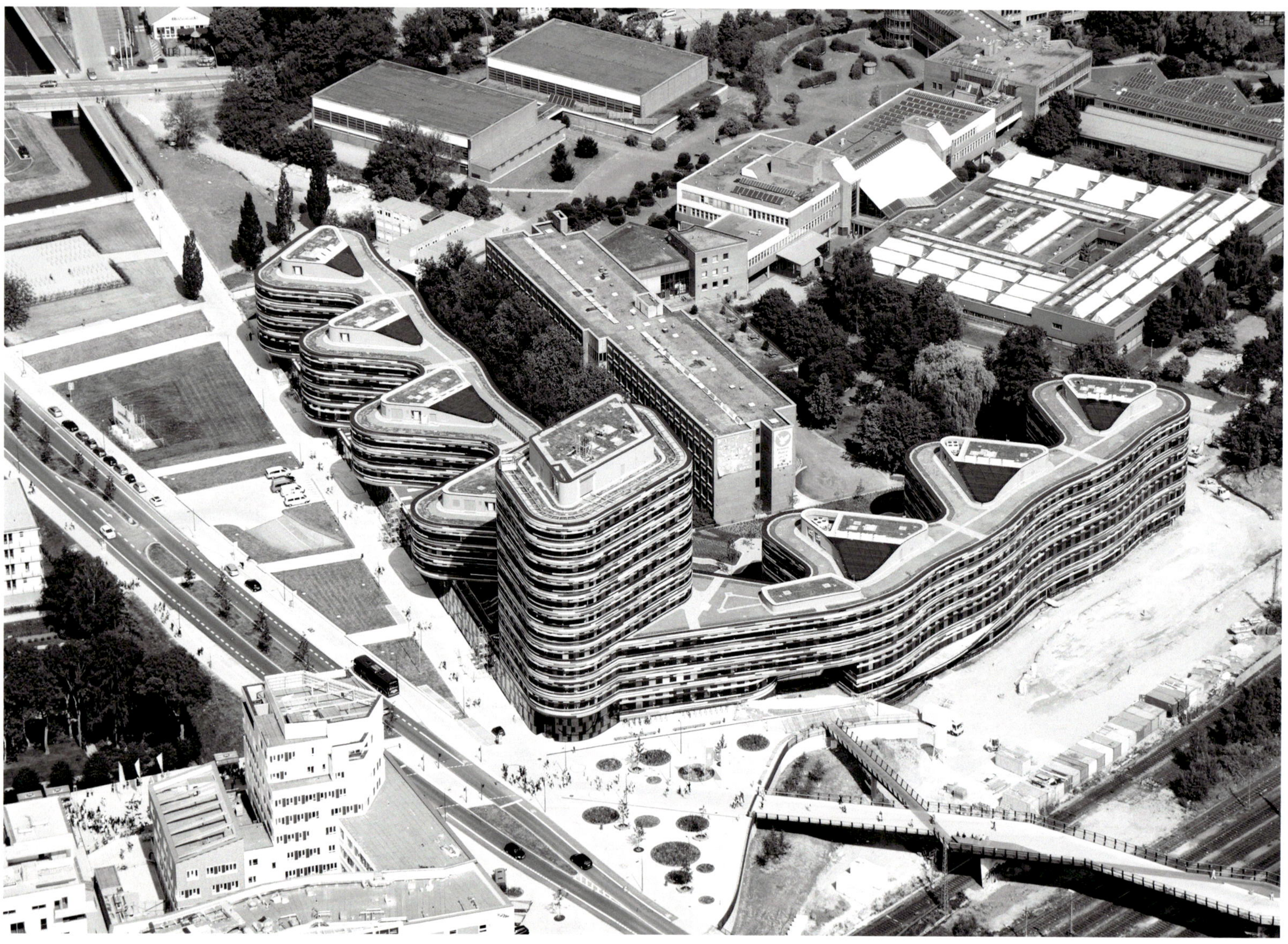

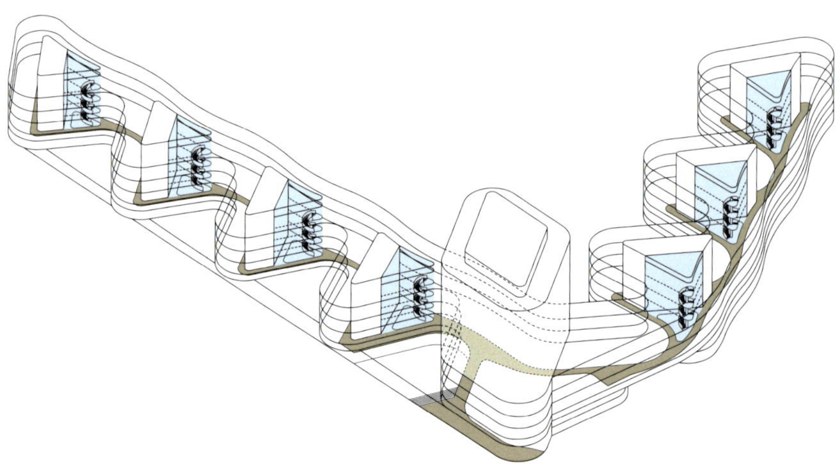

Low energy consumption has been achieved mainly through passive measures. The compact building volume profits from a favourable degree of façade transparency, natural cross ventilation and external solar protection, as well as geothermal energy for heating and natural night-time cooling. The technical implementation of sustainability is complemented by the sensuous design of the building's interior spaces and the use of particular materials that together create an architectural environment of high quality.

Zur Optimierung des Energiebedarfs tragen hier hauptsächlich passive Maßnahmen bei. Der kompakte, hochgedämmte Baukörper profitiert von einem angemessenen Verhältnis von offener und geschlossener Fassadenfläche, von natürlicher Querlüftung, außenliegendem Sonnenschutz, freier Nachtkühlung und Geothermie zur Wärmegewinnung. Komplettiert wird die Agenda der Nachhaltigkeit durch die sinnliche Gestaltung aller Räume und die Auswahl der Materialien zu einer architektonischen Umgebung von hoher Qualität.

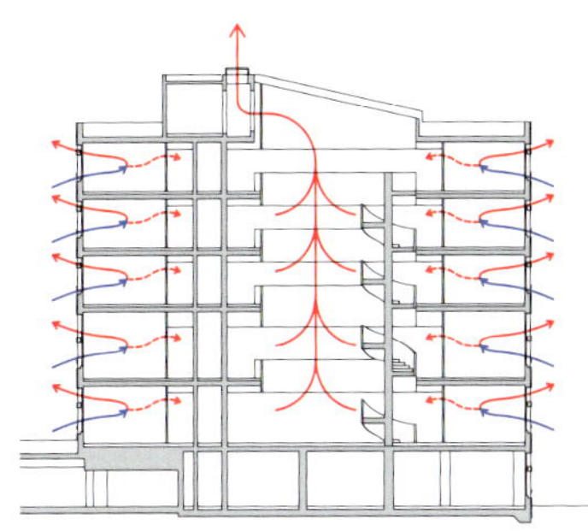

Ventilation, summer / Belüftung, Sommer

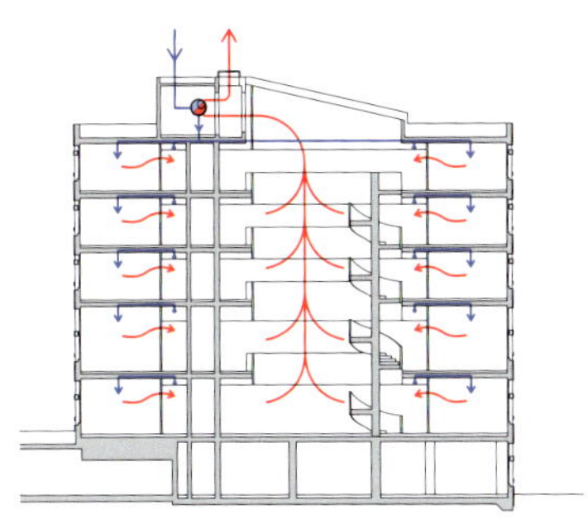

Ventilation, winter / Belüftung, Winter

North elevation / Ansicht Nord

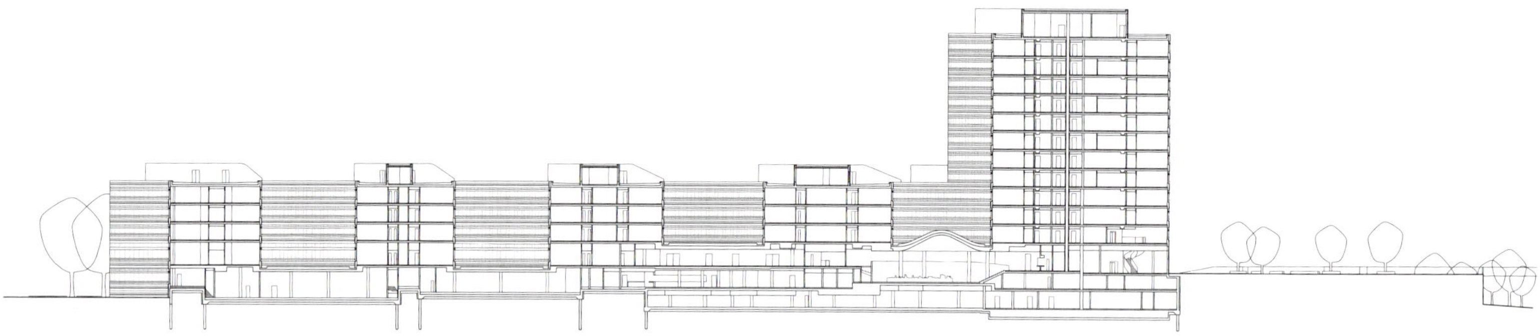

Section A / Schnitt A

Ground floor / Erdgeschoss

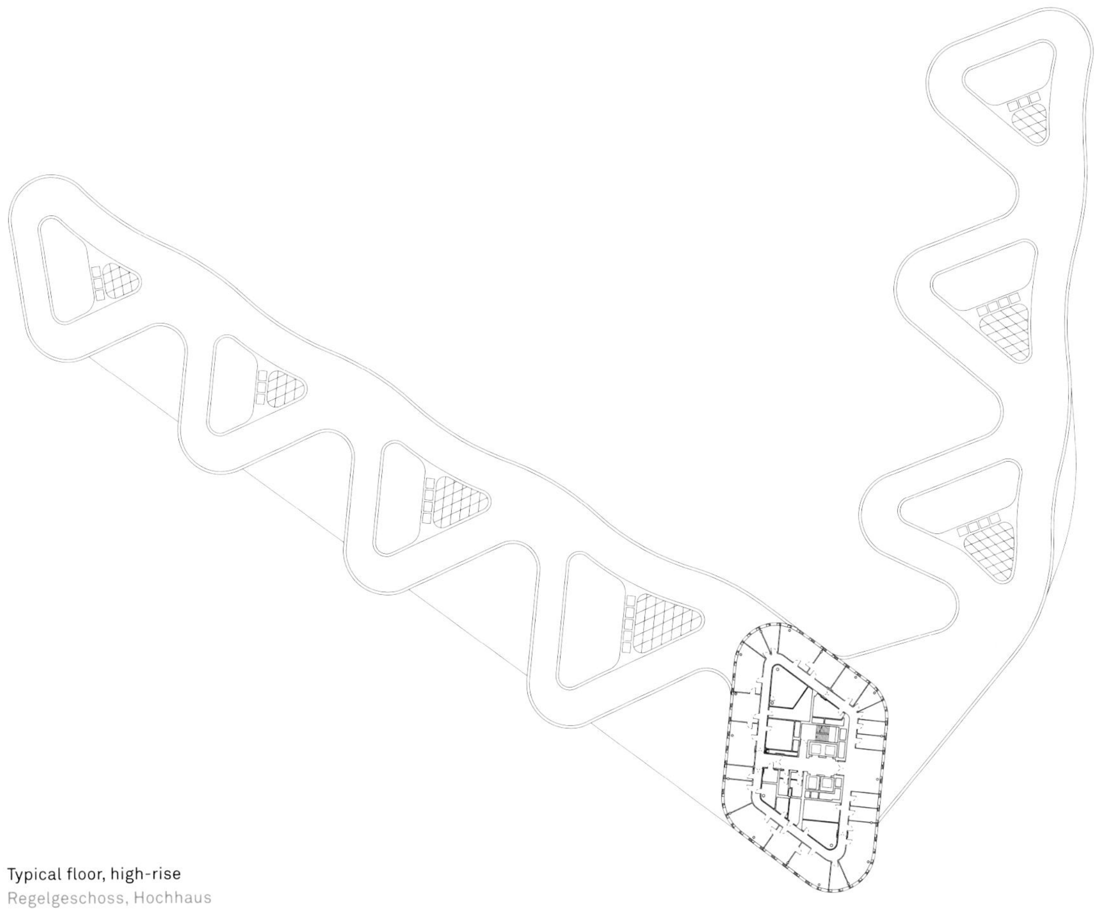

Typical floor, high-rise
Regelgeschoss, Hochhaus

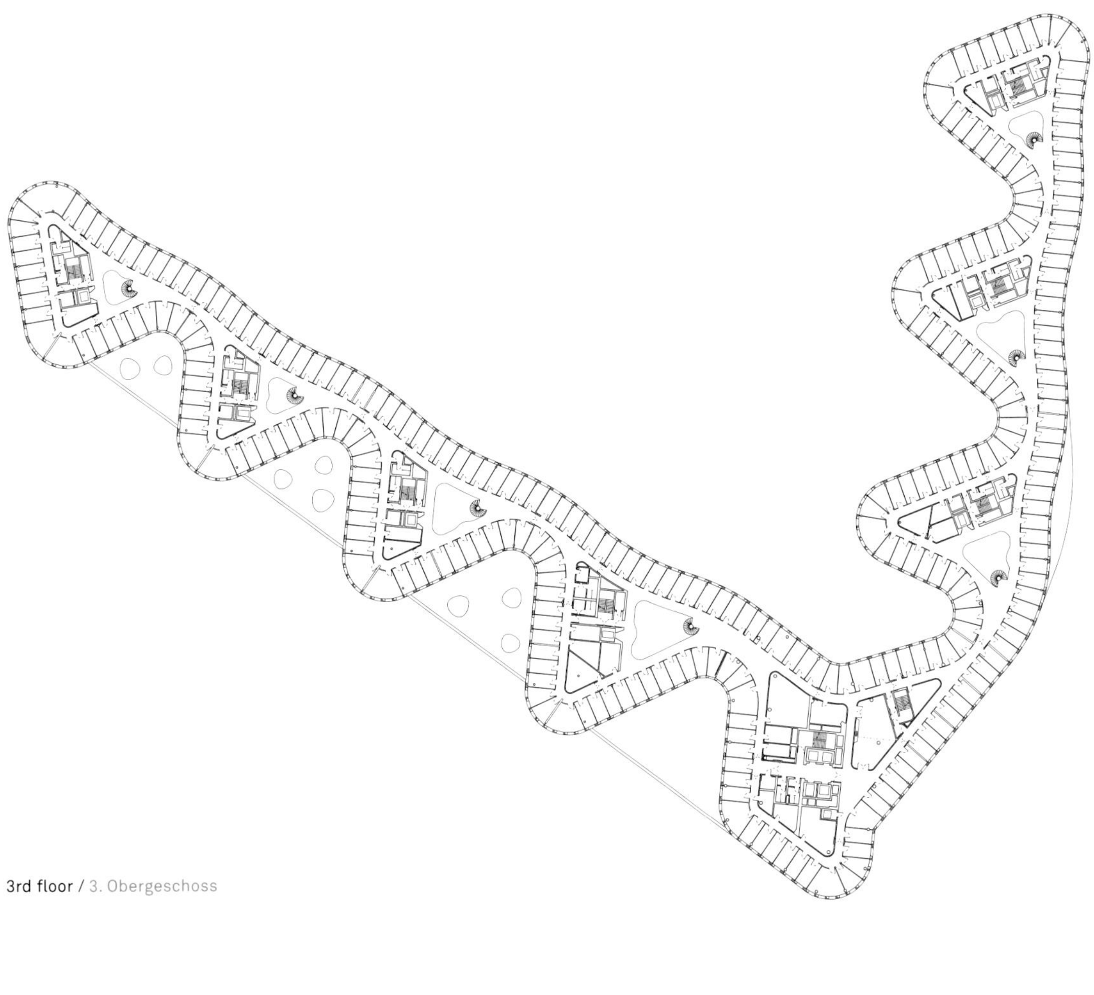

3rd floor / 3. Obergeschoss

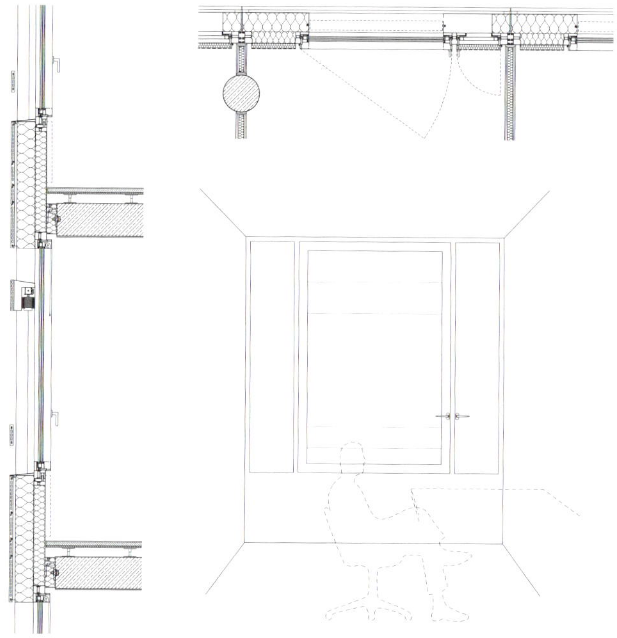

Façade, vertical and horizontal section
Fassade, Vertikal- und Horizontalschnitt

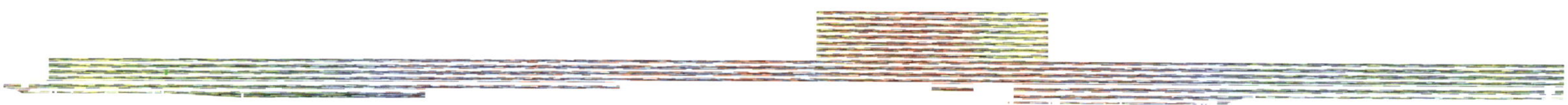

Unwrapped elevation / Farbabwicklung Fassade

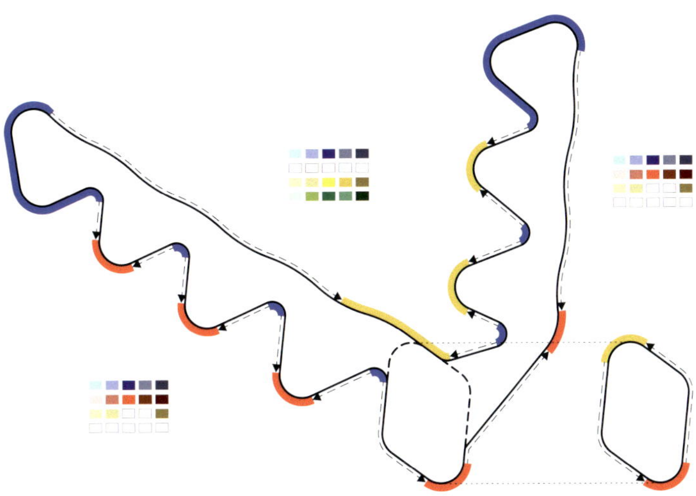

Colour concept / Farbkonzept

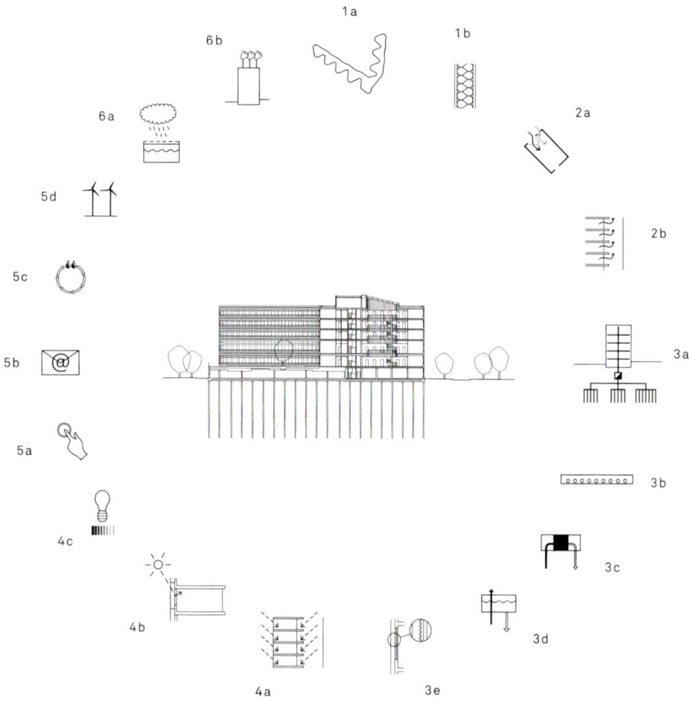

1 Minimised heat loss through the exterior skin:
a compact form of the building
b high degree of thermal insulation

2 Minimised primary energy demand for ventilation:
a natural ventilation via windows and night-time ventilation flaps
b natural venting of exhaust air using convection via sound-attenuating air overflow and atria

3 Minimised primary energy demand for heating and cooling:
a utilisation of foundation piles to exploit geothermal energy
b activated slabs for heating and cooling
c heat recovery from exhaust air in winter
d free cooling by the recooling plant
e minimisation of heat penetration in summer through external sun protection

4 Optimised use of daylight:
a maximisation of daylight through atria and narrow building depth
b daylight redirection system integrated into the sun protection (light-directing blinds)
c daylight sensors and motion detectors to control electrical light

5 Further measures to save resources:
a reduction of energy-intensive motor-driven control devices
b recommendations by the central building control system to each user on how to handle building devices according to weather and daylight conditions
c connection to community biogas plant (CHP)
d 100% green electricity supply

6 Optimised water economy:
a use of rainwater / grey water (cisterns) for WCs
b extensive green roof system

1 Minimierte Wärmeverluste an der Außenhaut:
a kompakte Gebäudeform
b niedriger U-Wert der Wärmedämmung

2 Minimierter Primärenergiebedarf der Lüftung:
a natürliche Belüftung über Fenster und Nachtlüftungsklappen
b natürliche Abluft über Überströmelemente und Atrien durch Konvektion

3 Minimierter Primärenergiebedarf für Heizung/Kühlung:
a Nutzung der Pfahlgründung für Geothermie
b Bauteilaktivierung für Heizung und Kühlung
c Wärmerückgewinnung aus der Abluft im Winter
d freie Kühlung über Rückkühlwerk
e Minimierung des sommerlichen Wärmeeintrags durch außenliegenden Sonnenschutz

4 Optimierte Tageslichtnutzung:
a Tageslichtnutzung über Atrien und geringe Gebäudetiefe
b Einsatz von Tageslichtlenkung, die in den Sonnenschutz integriert ist (Lichtlenklamellen)
c Tageslichtsensoren und Bewegungsmelder zur Steuerung von elektrischem Licht

5 Weitere Maßnahmen zur Ressourcenschonung:
a weitgehender Verzicht auf wartungs- und energieintensive motorische Steuerungen
b wetter- und tageslichtabhängige Empfehlungen der zentralen Gebäudeleittechnik an jeden Nutzer zur Handhabung von Heizung, Lüftung und Sonnenschutz
c Anbindung an ein biogasbetriebenes Blockheizkraftwerk
d Bezug von 100% Ökostrom

6 Verbesserter Wasserhaushalt:
a Nutzung von Grau-/Regenwasser (Zisterne) für WC-Anlagen
b extensive Dachbegrünung

2013
Stockholm One
Stockholm One

This project initiates the transformation of a former harbour area in the south of Stockholm into the new ecological district of Hammarby Sjöstad.

Situated along the western edge of the redevelopment area, south of the bridges over Hammarby Sjö (Lake) and beside a major road into Stockholm, the ensemble comprises a tower and a low-rise building with heights of 112 and 25 metres respectively. Together, these two distinct volumes reconcile the divergent scales and conditions of the context, at the interface between the wide arterial road and a narrow park to the west and, to the east, the new city district that lies some 16 metres lower. The emblematic geometry of the tower – a conical star that gradually extends its perimeter as it rises into the sky – minimises its footprint on this limited site while providing flexible office space that benefits from long-distance views and an abundance of daylight. The long low-rise gives the district a well-defined boundary and serves as a barrier to traffic noise for the lower-lying areas.

Between the two buildings, a sweeping flight of steps extends the local pedestrian network to provide an additional route to and from the nearby underground railway station.

The façade of the tower presents a striking chromotope, which gives identity to the new district and provides a landmark for orientation, in keeping with the building's name: Stockholm One.

Dieses Projekt bildet den architektonischen Auftakt des neuen ökologischen Stadtteils Hammarby Sjöstad, der im Süden von Stockholm auf einem ehemaligen Industriegelände entsteht.

An der westlichen Grenze dieses Entwicklungsgebiets und südlich der Brücken über den Hammerby Sjö an einer der Hauptausfallstraßen von Stockholm gelegen, besteht das Ensemble von Bürobauten aus einem 112 Meter hohen Turm und einem begleitenden achtgeschossigen Gebäuderiegel. In ihren unterschiedlichen Maßstäben reagieren beide Baukörper auf das heterogene Umfeld an der Schnittstelle zwischen der breiten Verkehrstrasse und einem schmalen Park im Westen sowie den rund 16 Meter tiefer gelegenen neuen Stadtteil im Osten. Die zeichenhafte Form des Turms – ein nach unten konisch zulaufender Stern – minimiert den Flächenbedarf und bietet flexible, helle Büroflächen mit einzigartiger Aussicht. Der begleitende Riegel definiert die Grenze des neuen Stadtteils und schirmt zugleich die tiefer gelegenen Gebiete vom Lärm der Autobahntrasse ab.

Zwischen beiden Gebäuden verläuft über eine großzügige Freitreppe eine öffentliche Passage zur nahe gelegenen U-Bahn-Station, die das Wegenetz des Bezirks sinnvoll ergänzt.

Der Stockholm One genannte Turm bietet mit seiner Fassade einen überraschenden Chromotop, der der neuen Vorstadt einen Orientierungspunkt und ein prägendes Gesicht verleiht.

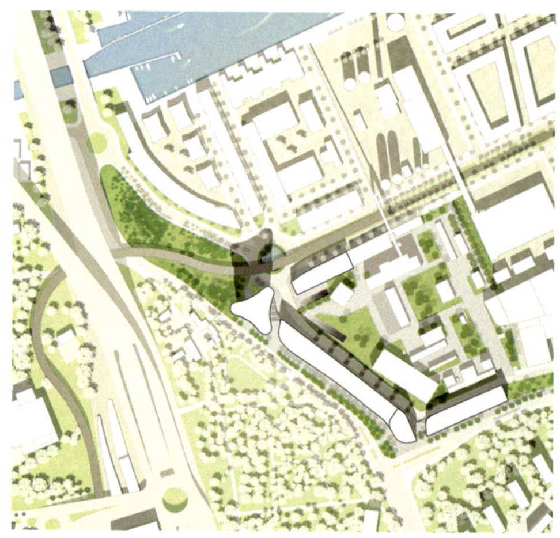

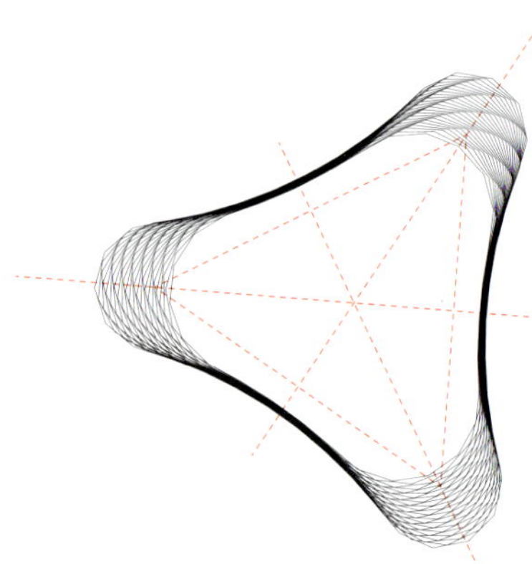

3rd floor, main entrance / 3. Obergeschoss, Haupteingang

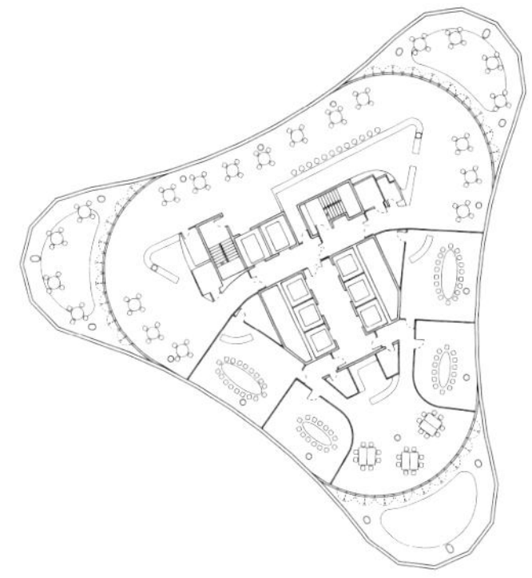

27th floor, sky bar
27. Obergeschoss, Skybar

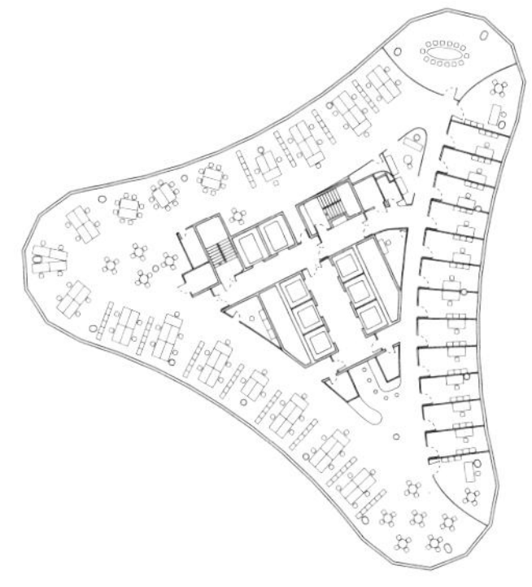

26th floor, cellular and open plan
26. Obergeschoss, Zellen- und Großraumbüros

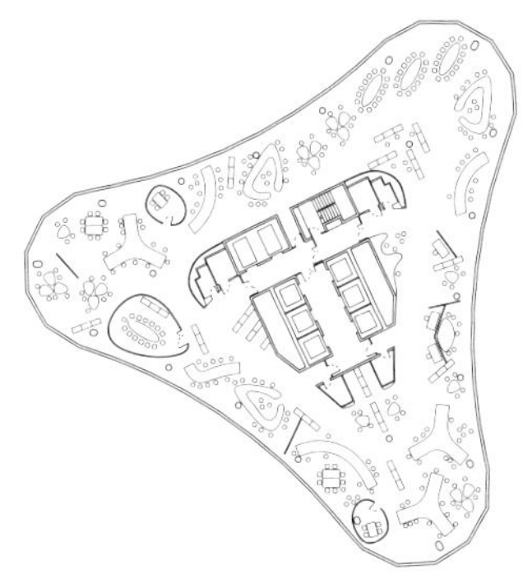

22nd floor, flexible office space
22. Obergeschoss, flexible Bürofläche

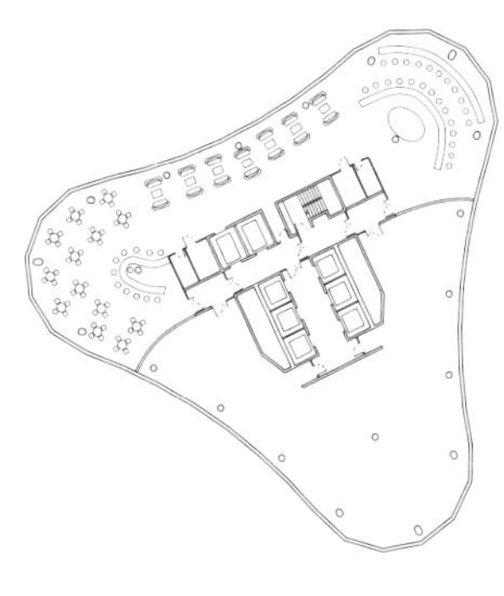

17th floor, bar and technical floor
17. Obergeschoss, Bar und Technikgeschoss

2013
Lehrter Straße Quarter, Berlin
Quartier Lehrter Straße, Berlin

A largely vacant plot along Lehrter Straße in the Moabit district of Berlin is to be redeveloped as a new residential neighbourhood with a typology derived from the local urban structure and character. Situated between a former military parade ground to the west and railway yards to the east, Lehrter Straße has never shared the dense structure of the perimeter blocks that characterised Hobrecht's Berlin of the mid-nineteenth century. Instead, the area is a patchwork of Prussian military buildings, scattered blocks of flats and various freestanding buildings of more recent vintage.

The master plan embodies this spirit of pluralism in a development pattern that articulates detached buildings within a densely built fabric, while creating sheltered, quiet courtyards and permeable perimeter spaces combined with an optimal outlook for the flats. This also avoids the impression of a barrier to the flow of space.

The buildings of six and eight storeys are planned for rental units and condominiums in roughly equal measure. An urban accent is placed on a central square, where the necessary retail space is also concentrated.

The master plan combines a coherent spatial order with a high degree of singularity in the architecture of the individual buildings, which are designed by eight different architectural practices.

Auf einem weitgehend brachliegenden Grundstück in der Lehrter Straße im Berliner Ortsteil Moabit entsteht ein Wohnquartier, dessen spezifische Typologie aus der Struktur und dem Charakter des Orts entwickelt wurde. Zwischen einem ehemaligen Exerzierfeld im Westen und Bahnanlagen im Osten gelegen, war die Lehrter Straße nie Teil des Hobrecht'schen Berlin mit seiner dichten Blockbebauung. Stattdessen findet sich hier ein Patchwork aus ehemaligen Militärbauten, vereinzelten Mietshäusern und jüngeren Bauten in offener Bauweise.

Der Masterplan verbindet diesen Geist des Pluralismus in einer Bebauungsfigur, die freistehende Gebäude so aufreiht, dass einerseits eine dichte Bebauung mit schallgeschützten Wohnhöfen und aufgelockerten Raumkanten mit optimierter Orientierung der Wohnungen entsteht. Andererseits wird der Eindruck einer räumlichen Barriere vermieden.

In der sechs- beziehungsweise achtgeschossigen Bebauung sind in etwa zu gleichen Teilen Miet- und Eigentumswohnungen vorgesehen. An einem zentralen Stadtplatz, an dem sich die notwendigen Einzelhandelsflächen konzentrieren, soll ein städtebaulicher Akzent gesetzt werden.

Der Masterplan verbindet den hohen Grad an Individualität der einzelnen von acht unterschiedlichen Architekten geplanten Häuser mit einer kohärenten räumlichen Ordnung.

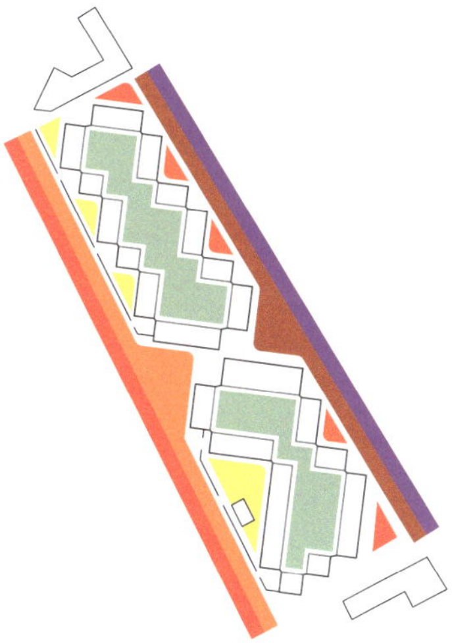

Noise protection / Lärmschutz

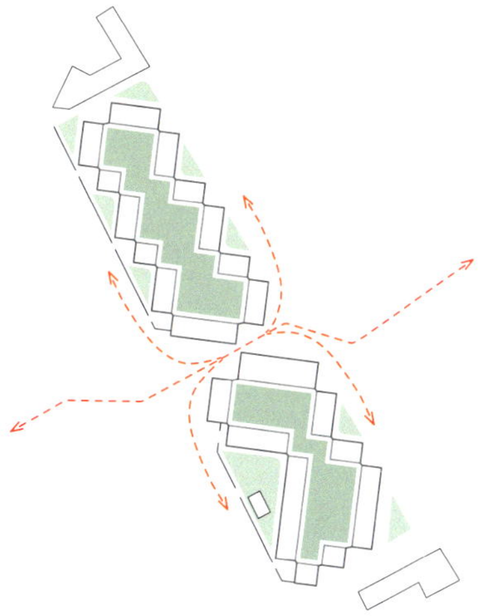

Green spaces and green links
Grünräume und grüne Wegeverbindungen

The zigzag edge of the development facing in the direction of Lehrter Straße makes for a vivid backdrop, oscillating between a sense of openness and compactness. The diagonal arrangement of the houses creates clearly defined, varied exterior spaces.

Zur Lehrter Straße hin entsteht mit der gefalteten Bebauungskante eine lebendige Kulisse, die zwischen Offen- und Geschlossenheit changiert. Die Diagonalanordnung der Häuser schafft klar definierte und vielfältige Außenräume.

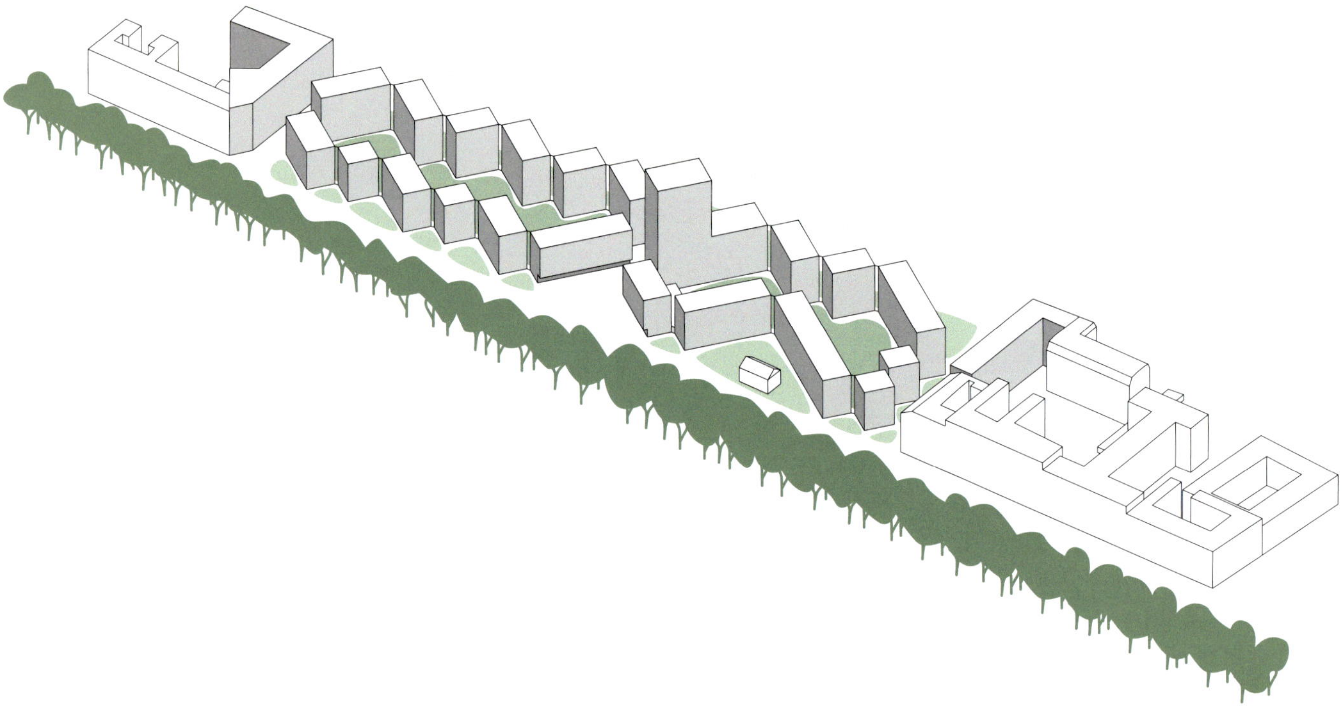

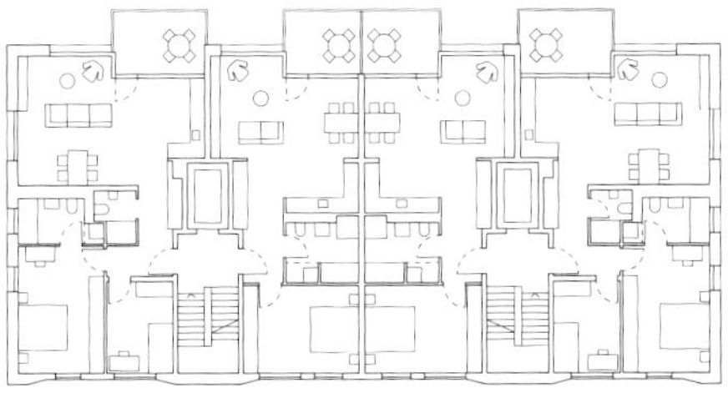

Typical floor, E2 building
Regelgeschoss, Gebäude E2

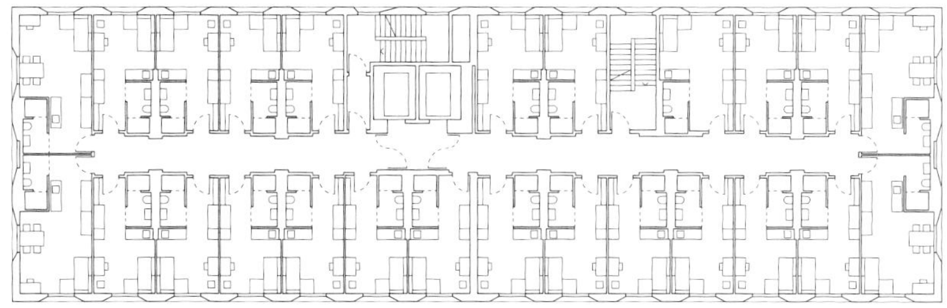

Typical floor, E1 building
Regelgeschoss, Gebäude E1

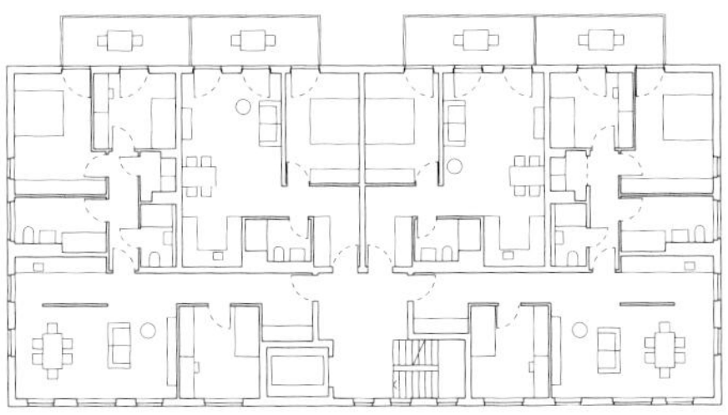

Typical floor, D3 building
Regelgeschoss, Gebäude D3

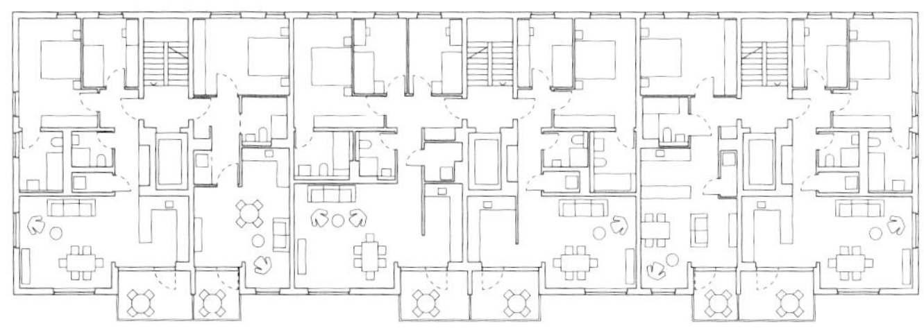

Typical floor, D4 building
Regelgeschoss, Gebäude D4

The heart of the neighbourhood is formed by an urban square with shops and other community facilities, as well as an eleven-storey building for student housing. The X-shaped plan of the square expresses the crossing of two flows of movement: Lehrter Straße and the green corridor along the railway, which will be strengthened with future pathway connections both eastward and westward. Between the zigzag rows of buildings is a series of private courtyards that are strung together like pearls on a chain. Lending a special quality to the development with good exposure to the sun and fully screened from traffic noise, these provide quiet, focussed exterior spaces that can be also read as extensions of the domestic interiors.

Den Mittelpunkt des Quartiers bildet ein Stadtplatz, an dem Läden und weitere Wohnumfeld-Einrichtungen sowie ein elfgeschossiger Bau für studentisches Wohnen vorgesehen sind. Der x-förmige Grundriss des Platzes versinnbildlicht die Kreuzung der beiden Bewegungsflüsse der Lehrter Straße und des linearen Grünzugs entlang der Bahn, die mit zukünftigen Wegeverbindungen nach Osten und Westen weiter gestärkt werden.
Zwischen den Bebauungszeilen entsteht eine Reihe privater Wohnhöfe, die wie Perlen an einer Kette aufgereiht sind. Gut belichtet und vollkommen schallgeschützt, bieten sie den ruhigen Außenbereich, der als grüner Bezugspunkt und Erweiterung des Innenraums der Bebauung eine besondere Qualität verleiht.

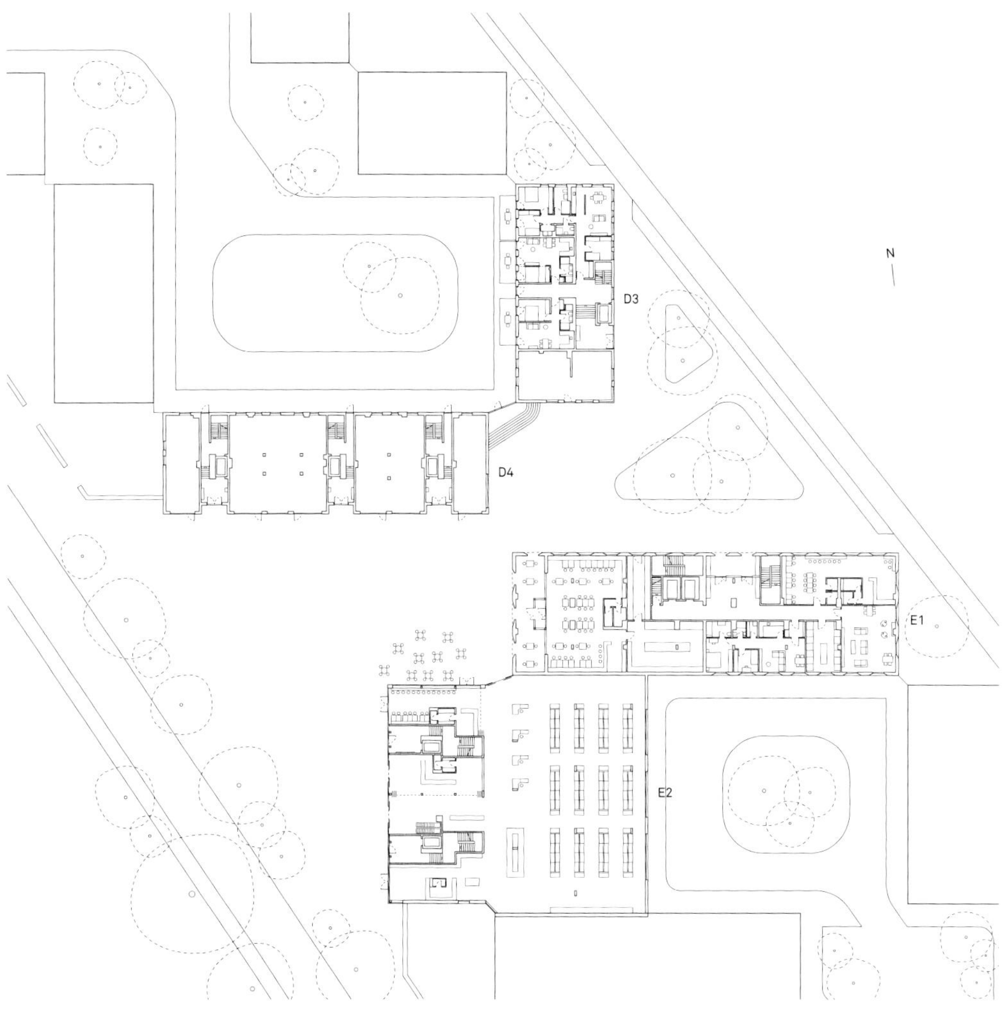

Ground floor, urban square / Erdgeschoss, Stadtplatz

2013

Parkstadt Freimann, Munich

Parkstadt Freimann, München

Bayernkaserne, 2013 / Bayernkaserne, 2013

This master plan for the transformation of a former barracks site into a new quarter takes the main characteristic of the existing situation as the starting point for renewal. The current tree-lined street grid is reinterpreted in the form of a 'green network', and a new access road system is overlaid as an efficient 'white network'. What emerges is an arrangement of superimposed, inverted blocks. These consist of four buildings defining the corners of a broken rectangle, which are grouped around their own shared urban square and integrated with the primary green network without diminishing the site's overall park-like character. Living accommodation in the various blocks may be achieved in a variety of ways, whether urban or suburban: as perimeter blocks, as arrangements of slabs, or as groupings of detached buildings.

The southern and western edges of the site are given over to large, contiguous areas of parkland for recreational activities, in which two new school buildings are also embedded. The main access points to the north as well as the neighbourhood centre along the tram tracks are lined with taller buildings. A sequence of towers marks the central space. These accommodate a mixture of retail and office uses as well as social and cultural facilities.

The proposed urban system responds to the modern desire for both green and sports areas to be integrated within the urban infrastructure. It mediates between density and distance, between urban space and garden landscape, and between rational structure and informal domestic surroundings.

Dieser Masterplan für die Umwandlung eines ehemaligen Kasernengeländes in ein neues Stadtquartier nimmt das Hauptcharakteristikum des vorgefundenen Bestandes zum Ausgangspunkt seiner Erneuerung. Ein bestehendes Straßenraster mit üppigem Baumbestand wird zu einem „grünen Netzwerk" uminterpretiert. Eine neue Straßenerschließung wird als effizientes „weißes Netzwerk" hinzugefügt. Es entsteht eine Figur sich überlagernder, invertierter Blöcke: Vier Eckbebauungen gruppieren sich zu einem Geviert um einen urbanen Quartiersplatz und sind zugleich Teil des übergreifenden grünen Netzwerks mit landschaftlichem Charakter. Auf den einzelnen Bebauungsinseln können Wohneinheiten in urbanen und suburbanen Typen entstehen – als Blockrand, Zeile oder Punkthaus.

Im Süden und Westen sind große zusammenhängende Parkbereiche für Freizeitaktivitäten angeordnet, in die auch zwei neue Schulbauten eingebettet sind. An den Haupterschließungen im Norden sowie am Quartierszentrum entlang der querenden Straßenbahntrasse entstehen höhere Bauten. Eine Sequenz von Punkthochhäusern markiert den zentralen Platzraum, für den eine Mischung aus Einzelhandel, Büronutzung sowie sozialen und kulturellen Einrichtungen vorgesehen ist.

Dieses städtebauliche System kommt dem modernen Bedürfnis nach der Gleichzeitigkeit von Grün- und Sportflächen mit urbaner Infrastruktur nach. Es vermittelt zwischen Dichte und Weite, zwischen urbanem und Gartenraum, zwischen rationaler Struktur und informellem Wohnumfeld.

1 Bayernkaserne, 2014
Zustand Bayernkaserne, 2014
2 Network of former barracks' streets and new streets
Wegenetz aus ehemaligen Kasernenwegen und neuen Straßen
3 Demolition of existing buildings
Abriss Bestandsgebäude
4 Blocks become green islands
Aus Blöcken werden grüne Inseln
5 Streets become parks
Aus Straßen werden Parks
6 A new centre for Munich North
Ein neues Zentrum für den Münchner Norden
7 Main connecting routes
Übergeordnete Verbindungen
8 Varied housing for a heterogenous mix of inhabitants
Vielfältige Wohnqualitäten
9 New infrastructure in the existing urban fabric
Neue Infrastruktur im bestehenden Stadtgefüge
10 Green spaces for all user and age groups
Freiflächen für alle Nutzer- und Altersgruppen

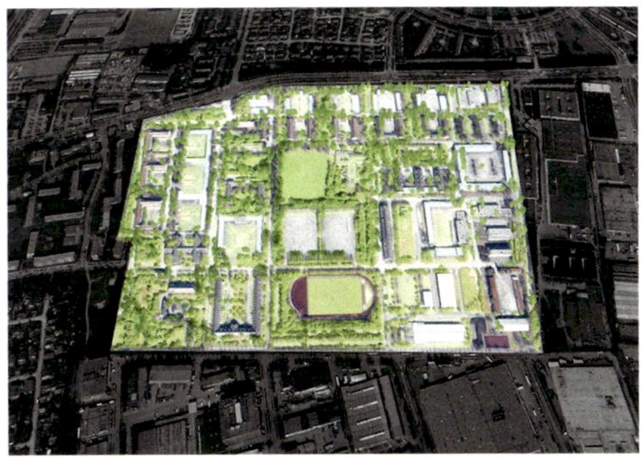
1

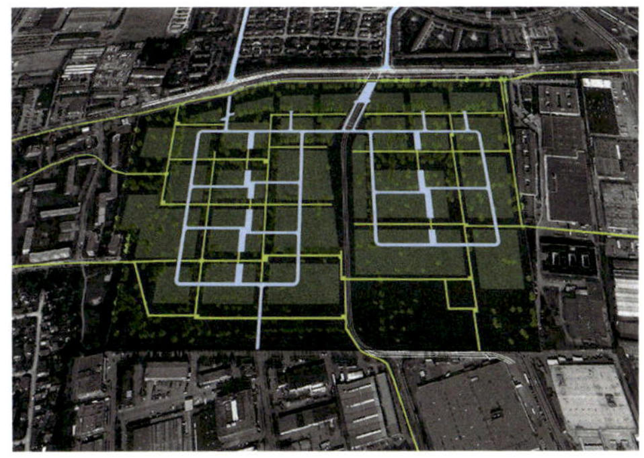
2

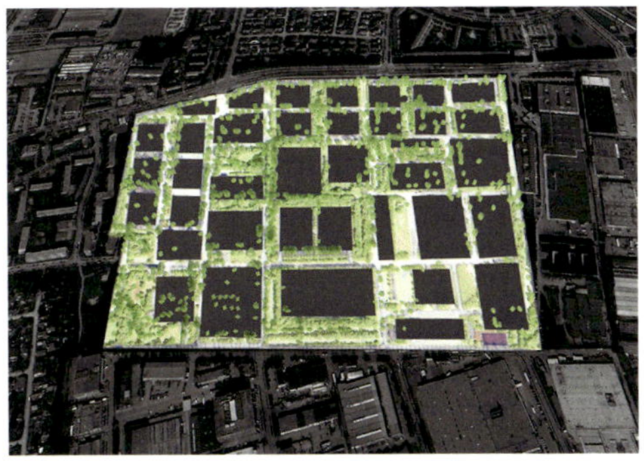
3

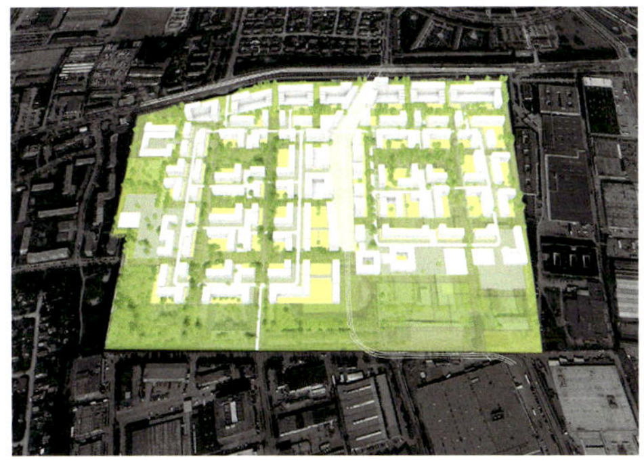
4

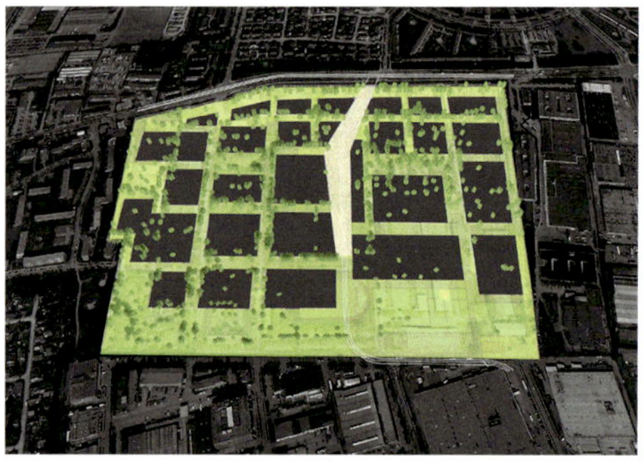

5

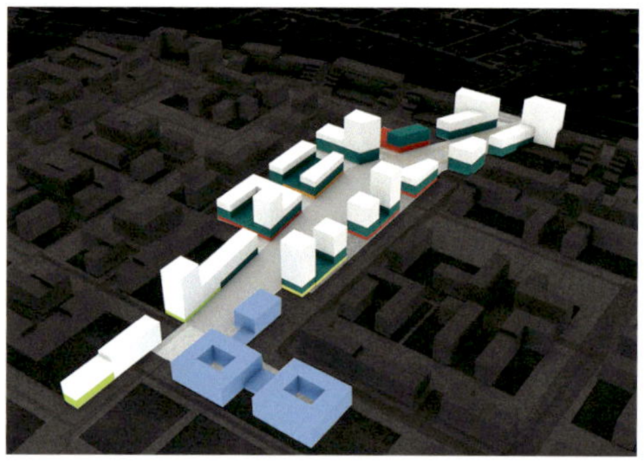

6

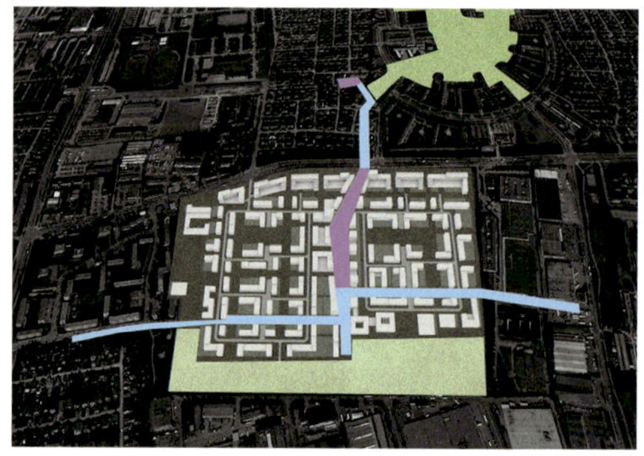

7

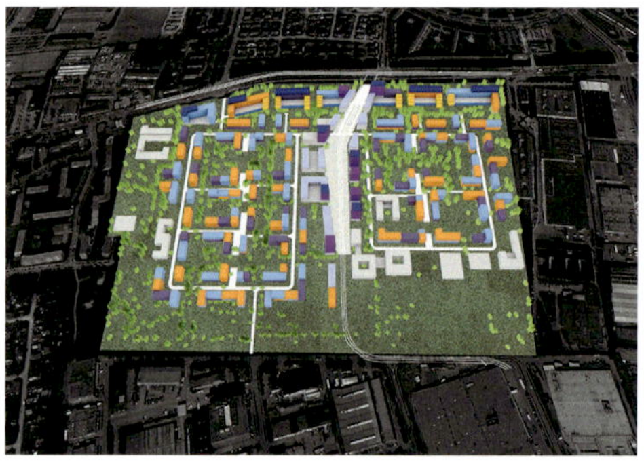

8

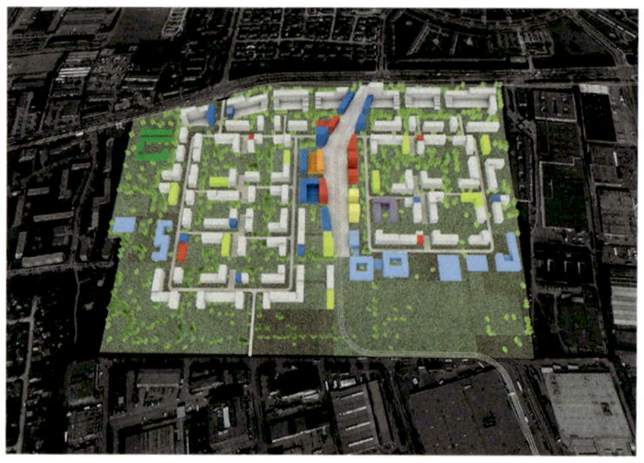

9

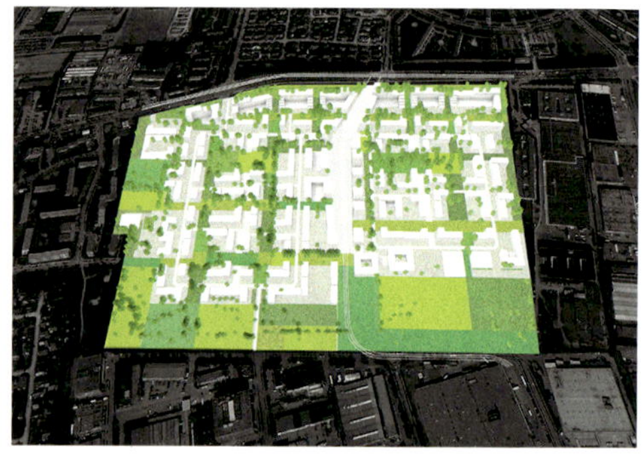

10

2013

Hotel Königshof, Munich

Hotel Königshof, München

Hotel Königshof stands at the end of Neuhauser Straße, which is one of the most prominent sites in Munich. However, the Karlsplatz square, onto which the building looks out, hardly invites one to linger. Originally the square in front of one of the city gates, it is now effectively split in two by the sheer volume of traffic passing through it and can barely be experienced as a whole, in particular from its western side. To help reinstate the legibility of the square as an uninterrupted space, the new building presents a concave façade that echoes the sweeping curve of the two circus – or rondell – buildings opposite.

The hotel forecourt is lined with trees and the ground floor accommodates shops that bring more life to the square. The new building's interior continues the relationship with the square in a sequence of spaces that exploits the hotel's prominent location to spectacular effect: the reception desk, lounge, restaurant and hotel bar are all located on the top floor. Here a generous loggia offers a magnificent view over the city and transforms the mundane task of checking-in into an unforgettable experience.

The new building's façade acknowledges the character of its surroundings while radiating a sense of lightness and transparency. The finely ribbed ceramic reliefs, subtly differentiated in colour, create the impression of a curtain. Along with the solar blinds in the double-skin façade, they form a continuous textile motif. The building is nearly symmetrical in its composition, but closer inspection reveals slight variations. The convex and concave curves of the façades, in response to various constellations of the surrounding urban space, contribute to its evolution into an "organic prism": a dynamic, almost natural object.

Das Hotel Königshof hat am Endpunkt der Neuhauser Straße einen der prominentesten Standorte in München. Gleichzeitig lädt der Karlsplatz, an dem sich der Bau befindet, kaum zum Aufenthalt ein: Der ehemalige Torplatz zerfällt aufgrund der starken Verkehrsbelastung deutlich in zwei Teile und ist vor allem auf der Westseite kaum noch erlebbar. Um ihn wieder als zusammenhängenden Raum lesbar zu machen, reagiert der Neubau mit einer konkav gekrümmten Platzfassade, die auf die öffnende Geste des gegenüberliegenden Rondells antwortet.

Der Vorbereich des Hotels wird mit Bäumen gefasst, ein mit Läden bestücktes Erdgeschoss hilft zusätzlich, die Platzflächen zu beleben. Im Inneren des Neubaus ergibt sich hieraus eine Raumfolge, die die exponierte Lage des Hotels spektakulär nutzt: Der Empfang befindet sich mit Lounge, Restaurant und Hotelbar in der obersten Etage. Seine große Loggia eröffnet einen grandiosen Blick über die Stadt und macht den Empfang zu einem unvergesslichen Erlebnis.

Mit seiner Fassade nimmt der Neubau den Charakter der Umgebung auf und vermittelt gleichzeitig den Eindruck von Leichtigkeit und Transparenz. Das kannellurenartige Keramikrelief ist farbig fein differenziert; es erzeugt den Eindruck eines Vorhangs, der zusammen mit dem Sonnenschutz in der Doppelfassade ein kontinuierliches textiles Motiv bildet. Das neue Gebäude ist nahezu symmetrisch aufgebaut, offenbart auf den zweiten Blick jedoch leichte Abweichungen. Zusammen mit den konvexen und konkaven Wölbungen der Fassaden, die so auf die verschiedenen stadträumlichen Situationen eingehen, entsteht ein „organisches Prisma", ein bewegtes, beinahe natürliches Objekt.

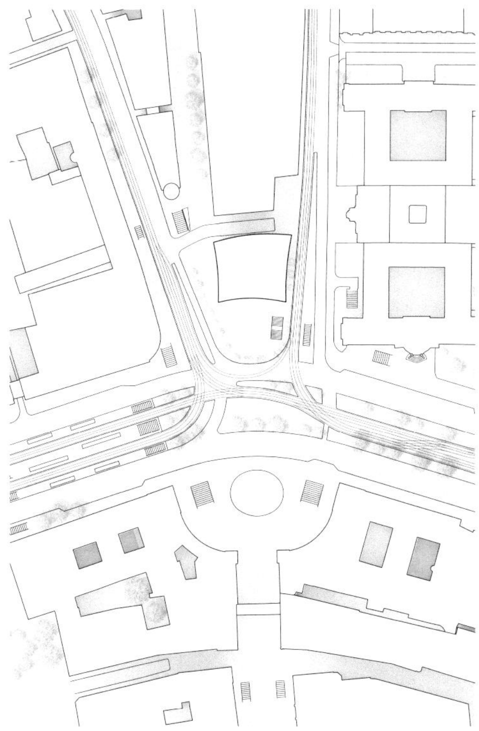

Façade, vertical and horizontal section
Fassade, Vertikal- und Horizontalschnitt

Suite / Suite

East elevation / Ansicht Ost

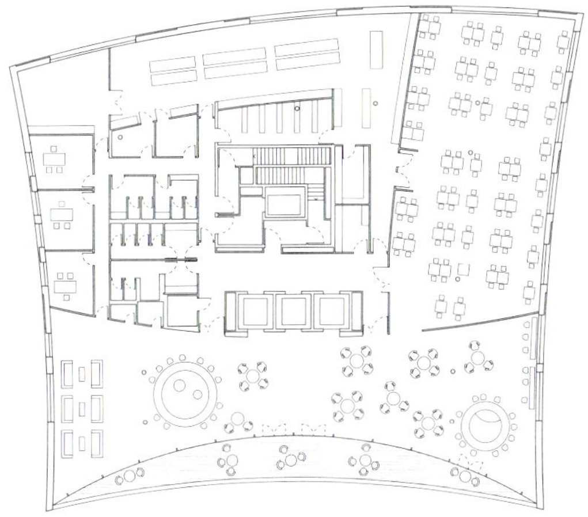

8th floor / 8. Obergeschoss

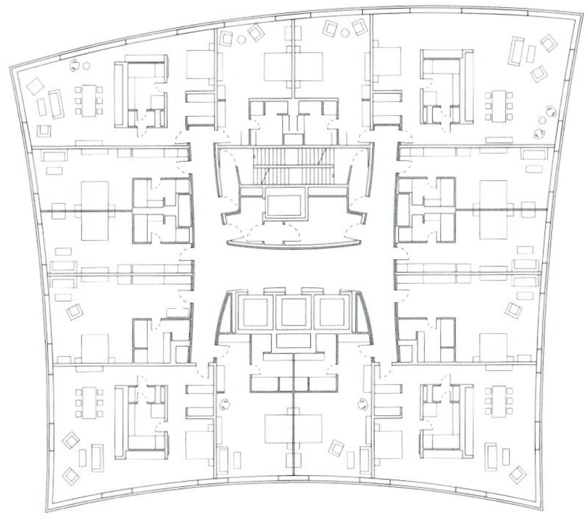

Typical floor / Regelgeschoss

Section A / Schnitt A

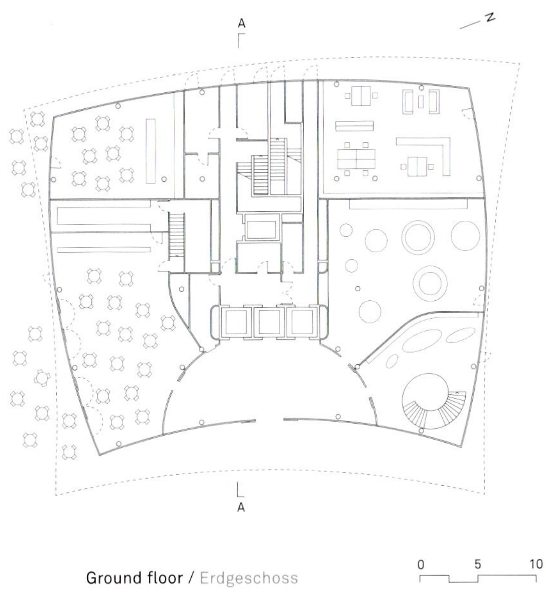

Ground floor / Erdgeschoss

2013

University Building, Potsdam

Universitätsgebäude, Potsdam

The new faculty building for the University of Potsdam at Griebnitzsee demonstrates the sensitive integration of a relatively large volume into a heterogeneous campus environment. Inserted on a highly constrained site between the university's main institutions and some student residence halls, its design reveals a balancing act between an independent sculptural identity and a careful response to the surrounding spaces.

The three gently angled wings of the new building taper on plan, while the roofline falls from five storeys at the centre of the 'T' to approximately the heights of the neighbouring structures to the north, west and south. The building presents a subtly different character on each side: to the north-west, the wings frame an old forge and enhance the approach from the local railway station; to the south, they define a wooded garden, while to the east they spread out to provide a backdrop of sufficient scale for the extensive open space towards the opposing campus buildings.

The façades are similarly differentiated in terms of their colours, which have been chosen to form a background that contrasts with the foreground in each case, be it a historical building or lush vegetation. The overall result is an interplay of sculptural volume and two-dimensionally defined, independent colour spaces.

Das neue Fakultätsgebäude für die Universität Potsdam ist mit seinem erheblichen Volumen behutsam in ein differenziertes Umfeld auf dem Campus in Potsdam-Griebnitzsee eingefügt. In der recht beengten Situation zwischen den zentralen Einrichtungen der Universität und einem Studentendorf wurde die Gestaltung des Neubaus aus einer Balance zwischen skulpturaler Eigenständigkeit und räumlicher Korrespondenz entwickelt.

Der Gebäudekörper besteht aus drei Flügeln, die im Grundriss ein „T" bilden. Ausgehend von der fünfgeschossigen Mitte fällt die Traufkante des Daches nach Norden, Westen und Süden auf die Höhe der umliegenden Gebäude ab. Der Charakter des Neubaus erscheint je nach Annäherung unterschiedlich: Im Nordwesten rahmen zwei Gebäudeflügel eine historische Schmiede sowie den Fußweg vom nahe gelegenen Bahnhof, nach Süden entsteht ein waldartiger Gartenraum, nach Osten entfaltet der Bau eine auf den aufgeweiteten Außenraum und das bauliche Vis-à-vis abgestimmte Fernwirkung.

Die farbige Fassung des Gebäudes folgt dieser differenzierenden Logik, wobei die Farben als Hintergrund bewusst den historischen Bestand und die üppige Vegetation kontrastieren. Es entsteht ein Wechselspiel aus skulpturalem Volumen und flächig definierten, unabhängigen Farbräumen.

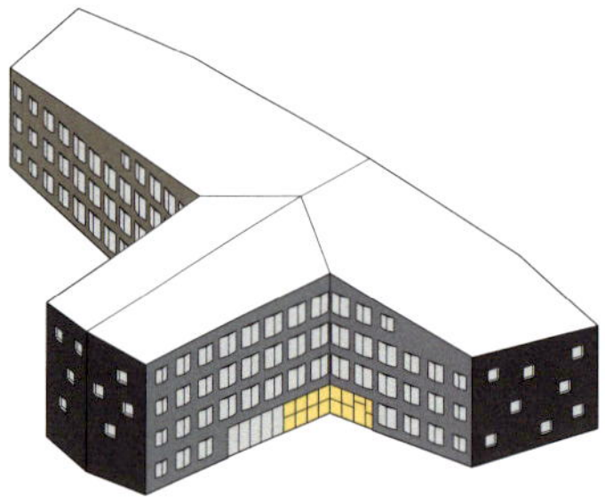

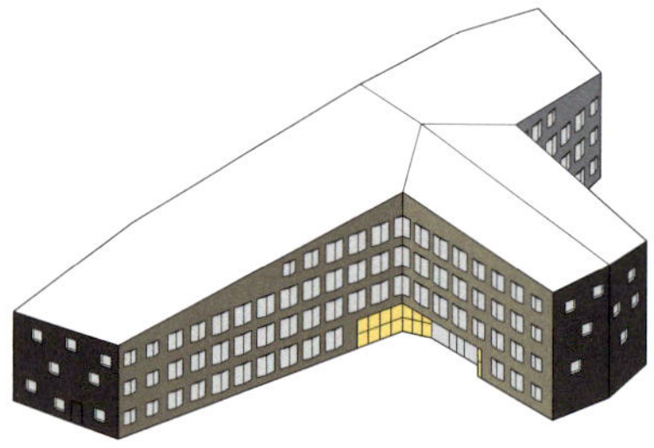

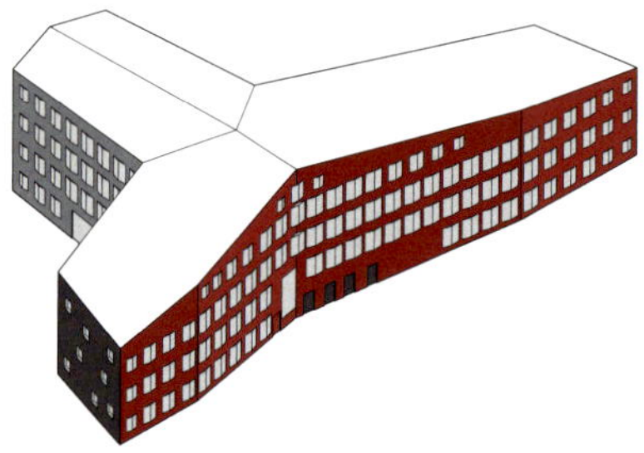

The old blacksmiths' forge stands before its backdrop like an actor on a stage.

Das Gebäude der historischen Schmiede wird räumlich gefasst wie der Darsteller auf einer Bühne.

Entrances on two sides lead into a small, bright foyer. This gives access to two seminar rooms and the main stairs that serve all three wings of the building. Spatial interest and orientation are enhanced through slight offsets to the staircases on each floor and by a generous window with a view of the park, while a large skylight above the stairwell brings daylight into the heart of the building.

Eingänge von zwei Seiten führen in ein kleines, lichtdurchflutetes Foyer. Von hier wird neben zwei Seminarräumen die Haupttreppe für alle drei Flügel erschlossen. Der abwechslungsreiche Aufstieg führt über die etagenweise leicht versetzten Treppenläufe, vorbei an einem großformatigen Fenster mit Blick in den Park bis ins oberste Geschoss, wo ein Oberlicht das Haus zum Himmel öffnet.

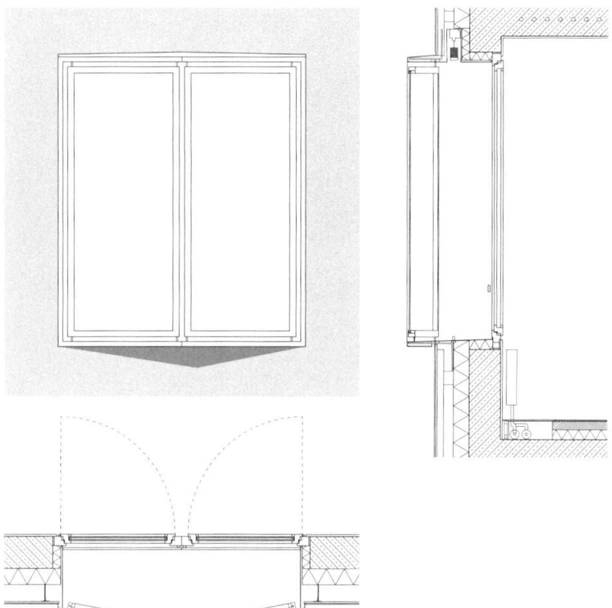

Façade, horizontal and vertical section
Fassade, Horizontal- und Vertikalschnitt

The flat surfaces of the façades are given rhythm by numerous projecting windows of varying sizes. The building's simple form has subtle cranks in the outer walls.

Zahlreiche plastische Fenster von unterschiedlicher Größe brechen die Flächigkeit der Fassaden. Leichte Knicke in der Grundrissgeometrie umspielen die einfache Struktur des Hauses.

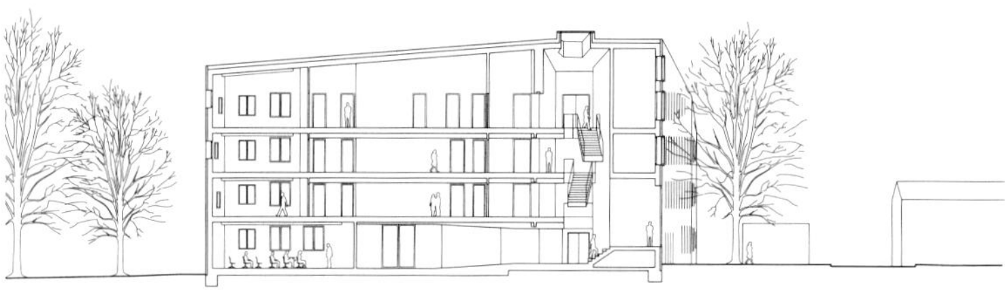
Section A / Schnitt A

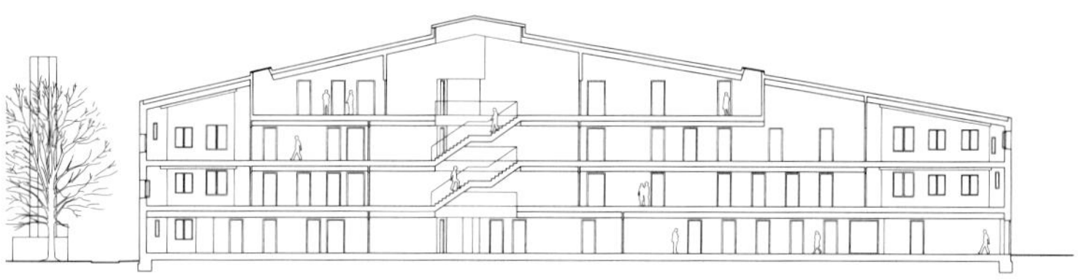
Section B / Schnitt B

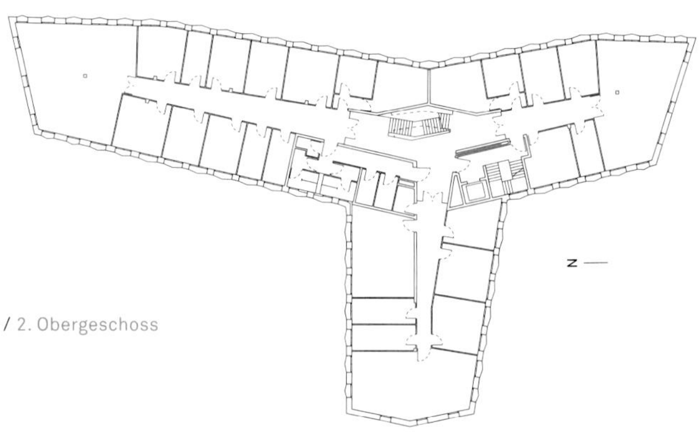

2nd floor / 2. Obergeschoss

Ground floor / Erdgeschoss

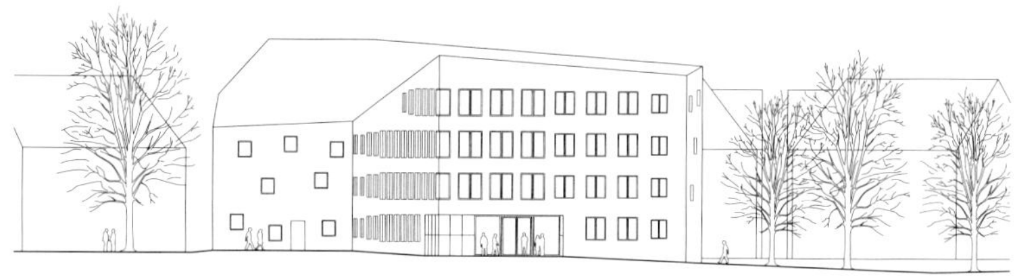
North elevation / Ansicht Nord

East elevation / Ansicht Ost

South elevation / Ansicht Süd

West elevation / Ansicht West

2013
Wine Dome, Valbuena de Duero
Cúpula del Vino, Valbuena de Duero

This design for the traditional wine-growing region of the of Alto Duero in north-western Spain proposes a multiphase programme to introduce new stimuli for sustainable development to this structurally weak region.

The broad river plain of the Duero between the towns of Valbuena and San Bernardo will be provided with a network of fields for training and research, on which new forms of organic farming will be developed in cooperation with an affiliated agricultural school. The programme also includes the construction of the Wine Dome, a sculptural building serving as a visitor centre, in a prominent location at a bend in the river in the southern part of the area. Local products will be offered for sale here and an exhibition will provide information on the region's history and individual projects of note.

The exhibition area, auditorium and shop in the Wine Dome are complemented by management offices and a cafeteria in an adjacent building. The passageway between the two buildings leads down into the terraced river valley, which acquires the character of a landscaped park through further interventions in the vicinity, such as a river pool and a camera obscura.

Constructed with a local technique using rammed earth, the Wine Dome building itself is the new training centre's first project. Both its form and its palette of materials make the building seem like a piece of constructed landscape. As an attractive and distinctive tourist venue and a local meeting place, the Wine Dome gives impetus to the continued development of the region.

Dieser Entwurf für die traditionelle Weinbauregion Alto Duero im Nordwesten Spaniens schlägt ein mehrstufiges Programm vor, mit dem neue Impulse zur nachhaltigen Entwicklung dieses strukturschwachen Gebiets gesetzt werden.

In der weiten Flussebene des Duero zwischen den Orten Valbuena und San Bernardo ist zum einen ein Netz von Lehr- und Versuchsfeldern vorgesehen, auf denen mit einer angeschlossenen Landwirtschaftsschule neue Formen des biologischen Landbaus entwickelt werden. Als Teil dieses Projekts entsteht mit dem skulpturalen Gebäude des Wine Dome zum anderen ein Besucherzentrum in exponierter Lage an der Flussbiegung im Süden des Geländes. Hier werden lokale Produkte angeboten und eine Ausstellung informiert über Geschichte und einzelne Projekte der Region.

Das Raumprogramm mit Shop, Ausstellungsbereich und Vortragssaal wird durch einen ergänzenden Bau komplettiert, in dem die Verwaltung sowie eine Cafeteria untergebracht sind. Die Gasse zwischen beiden Gebäuden eröffnet einen Weg zu dem in Terrassen angelegten Flusstal, das im Umfeld mit weiteren Interventionen wie einem Flussbad und einer Camera obscura als Landschaftspark gestaltet wird.

In lokaler Stampflehmbauweise errichtet, stellt bereits der Bau des Wine Dome das erste Projekt des neuen Ausbildungszentrums dar. Seine Form und seine Materialität lässt das Gebäude wie ein Stück gebauter Landschaft erscheinen. Der Wine Dome bildet als attraktiver und markanter touristischer wie lokaler Anlaufpunkt einen Anstoß für die weitere Entwicklung der Region.

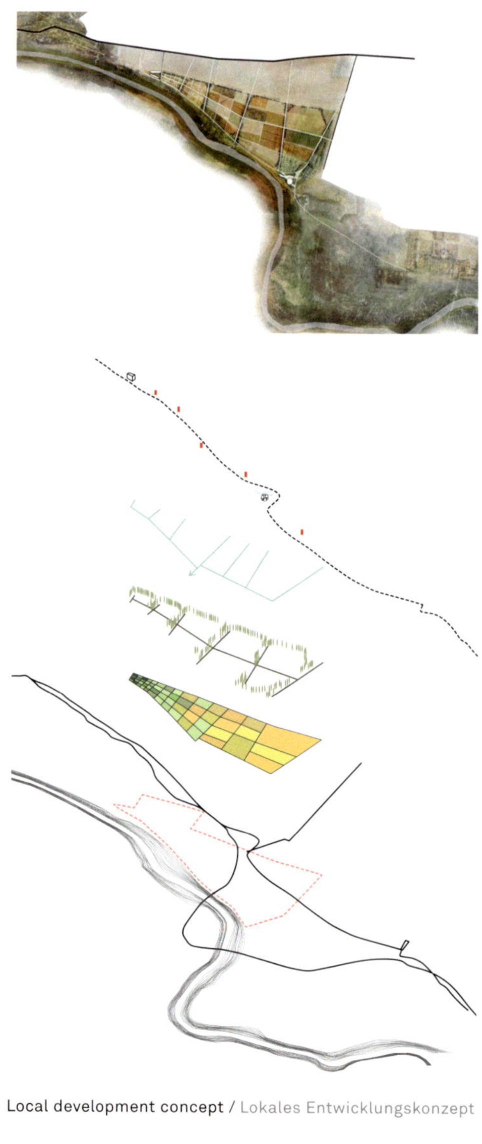

Local development concept / Lokales Entwicklungskonzept

In between two villages and located in the centre of the Duero Valley, the Wine Dome represents a hybrid between urban infrastructure and constructed landscape.

Zwischen zwei Ortschaften und mitten im breiten Tal des Duero bildet der Wine Dome einen Hybrid aus urbaner Infrastruktur und gebauter Landschaft.

The plan of the Wine Dome features four intersecting lines of sight that reveal key views of the cultivated landscape: the Duero, the lush riverside woods, the sweeping hills and the mediaeval monastery of Santa Maria de Valbuena. These four framed views serve as points of orientation and offer places of rest within the tour of the exhibition.

Im Grundriss des Wine Dome kreuzen sich vier Sichtlinien, die Schlüsselblicke in die umgebende Kulturlandschaft eröffnen: den Duero, den üppigen Uferwald, das Panorama der Hügellandschaft sowie das mittelalterliche Kloster Santa Maria de Valbuena. Diese gerahmten Bilder dienen als Orientierungs- und Ruhepunkte der Ausstellung.

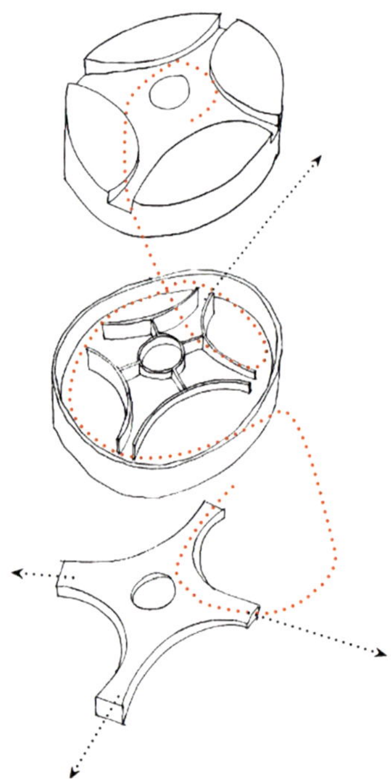

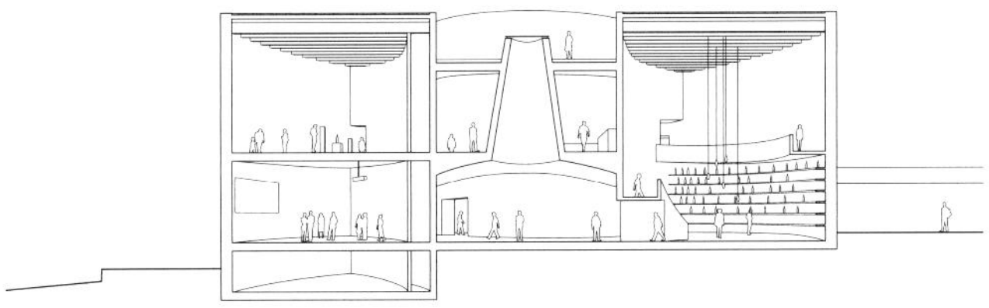

Section A / Schnitt A

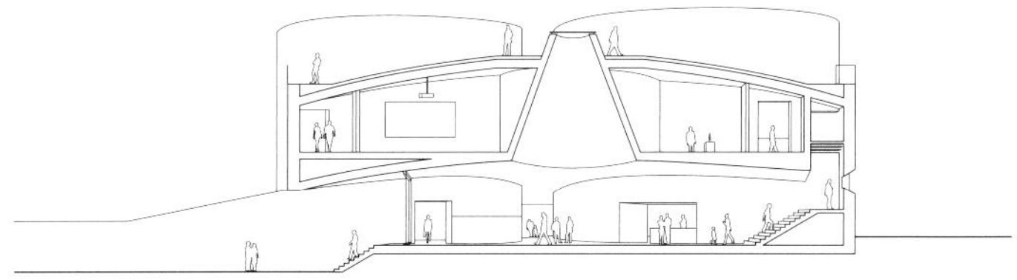

Section B / Schnitt B

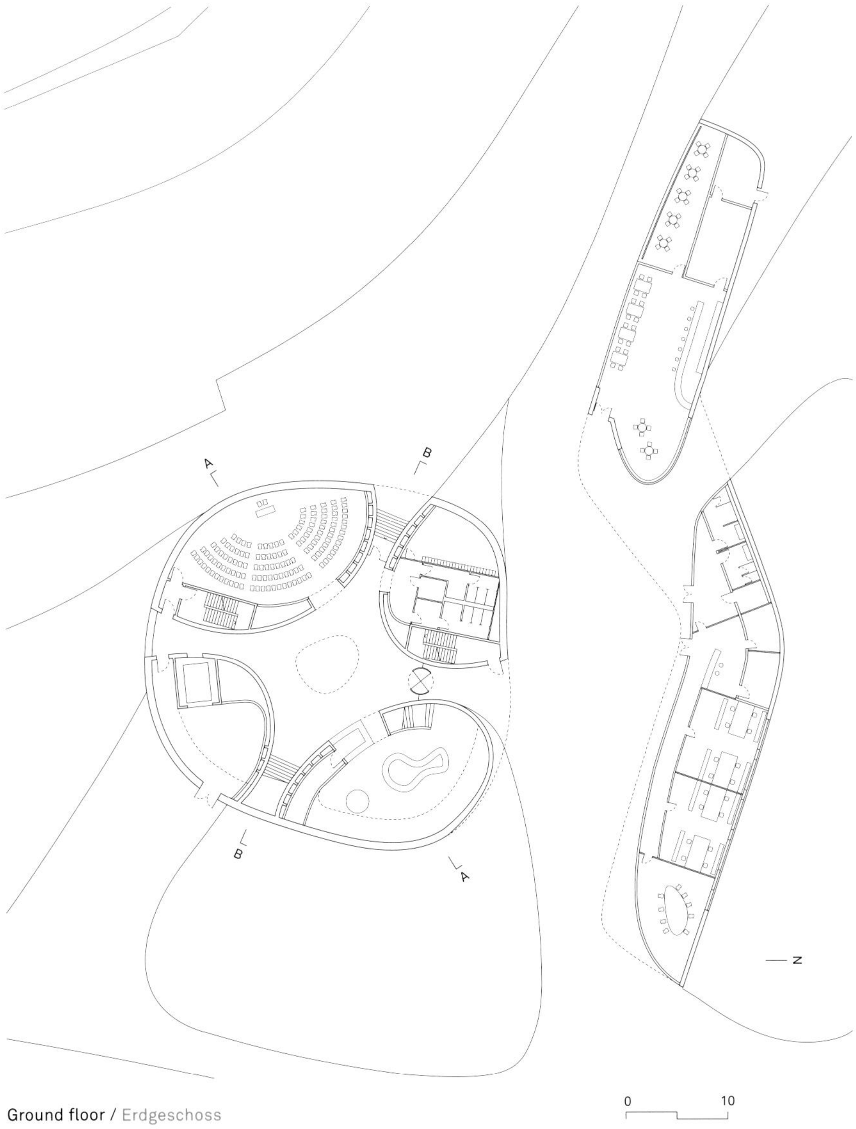

Ground floor / Erdgeschoss

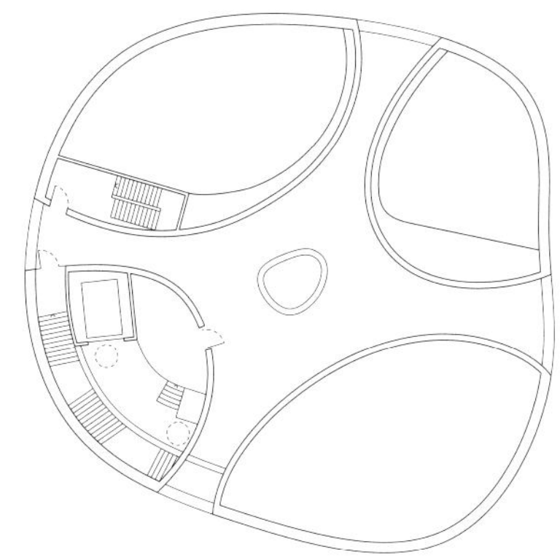

Terrace level / Terrassenebene

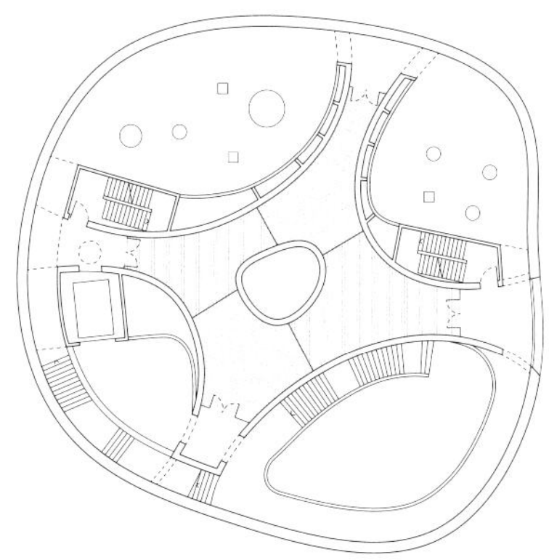

1st floor / 1. Obergeschoss

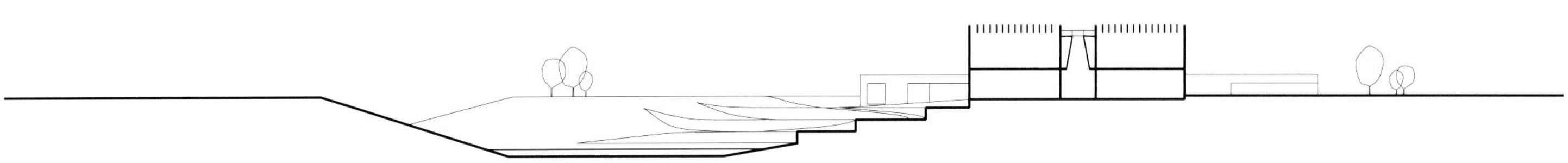

Landscape section / Geländeschnitt

2013

Experimenta, Heilbronn

Experimenta, Heilbronn

This unusual building stands at the centre of Heilbronn, on an island in the River Neckar. It is conceived as a helical sequence of spaces offering an experience that is finely choreographed between the interior of the building and the surrounding landscape.

The new building forms an ensemble with a converted warehouse, framing a small piazza from where visitors enter the museum. Passing through the spacious foyer, they move upwards along the helix. This takes them through four levels containing themed exhibition spaces that focus on scientific and technological subjects. For young visitors there are interactive media installations, where they can apply what they have just learned to specific tasks.

The themed sections on each floor are offset in horseshoe form around the core of the building and a full-height atrium, into which pods are inserted that contain interactive stations. Finally, the helix brings visitors out onto a landscaped roof terrace that offers a panorama of the entire Neckar Valley. Also located on the roof are an astronomical observatory and an auditorium for experimental theatre. An alternative route leads to the basement, where the 360° Science Dome cinema and spaces for temporary exhibitions are located.

The Experimenta building is like a toolbox whose architecture reinforces the educational purpose of the science centre. It presents views out into the distance, while also leading the eye inwards, right down to a microscopic scale.

Dieses zeichenhafte Gebäude liegt im Zentrum von Heilbronn auf einer Insel im Neckar, in deren Umgebung die Bundesgartenschau 2019 stattfinden wird. Der Neubau ist als Raumspirale konzipiert, deren Choreografie auf ihrem ansteigenden Weg differenzierte Raumfolgen und gezielte Blicke in die umgebende Stadtlandschaft inszeniert.

Das Gebäude bildet mit dem benachbarten ehemaligen Speichergebäude ein Ensemble. Das Gebäudepaar umrahmt eine kleine Piazza, die den Auftakt des Museumsrundgangs bildet. Von hier gelangt man in das weiträumige Foyer, von wo aus der Anstieg auf der Spirale beginnt. Entlang des Weges bieten sich dem Besucher auf vier Ebenen „Themenwelten", in denen Inhalte aus Naturwissenschaft und Technik vermittelt werden, sowie „Talentschmieden", die den jungen Besuchern die Gelegenheit geben, das eben Gelernte in eine konkrete Anwendung umzusetzen.

Die „Themenwelten" legen sich u-förmig um den Gebäudekern und die als separater Körper in ein gebäudehohes Atrium eingestellten „Talentschmieden". Die Spirale endet schließlich auf einer landschaftlich gestalteten Dachterrasse, die den spektakulären Blick über das ganze Neckartal eröffnet. Ein Experimentaltheater und eine Sternwarte auf dem Dach sowie Flächen für Sonderausstellungen und ein 360°-Kuppelkino im Untergeschoss ergänzen das Museumsangebot.

Der Neubau der Experimenta wird damit zu einem Werkzeug, das mit seiner Architektur das didaktische Anliegen des Science Centres unterstreicht. Er ermöglicht und inszeniert ebenso den Blick in die Ferne wie den introvertierten Blick bis zum mikroskopischen Maßstab.

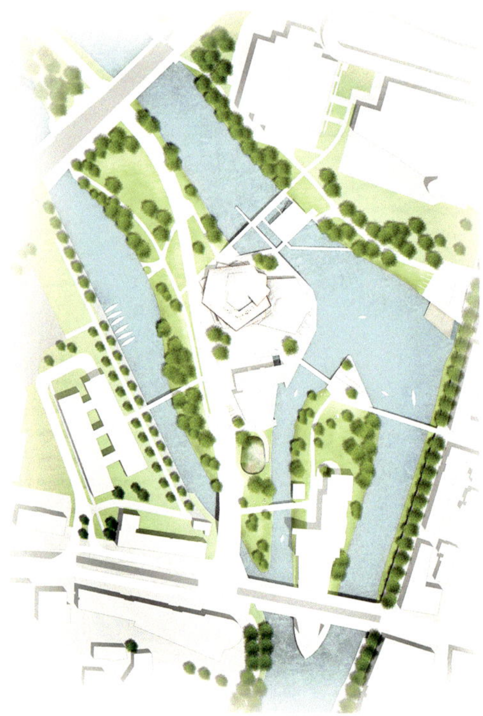

South elevation / Ansicht Süd

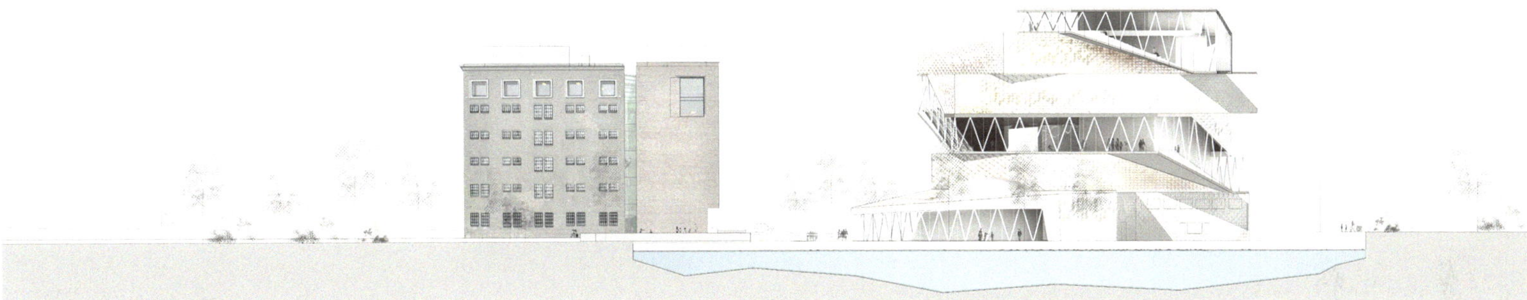

East elevation / Ansicht Ost

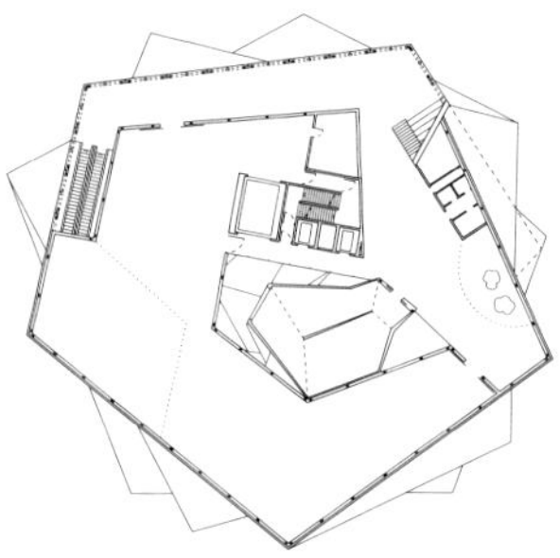

4th floor / 4. Obergeschoss

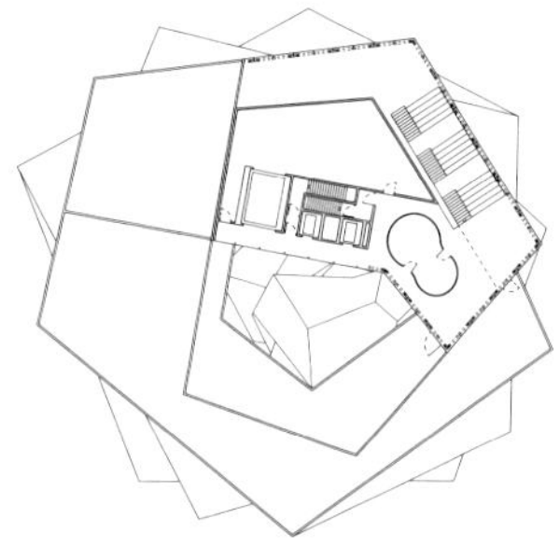

5th floor / 5. Obergeschoss

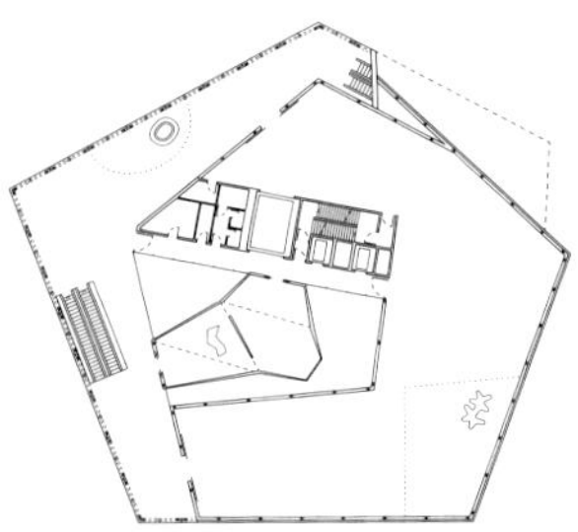

1st floor / 1. Obergeschoss

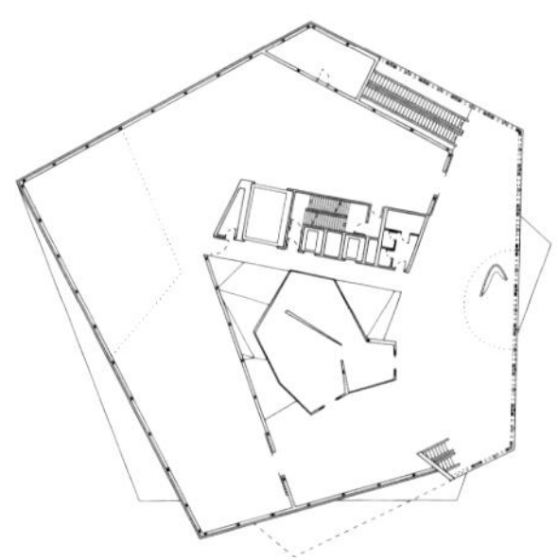

2nd floor / 2. Obergeschoss

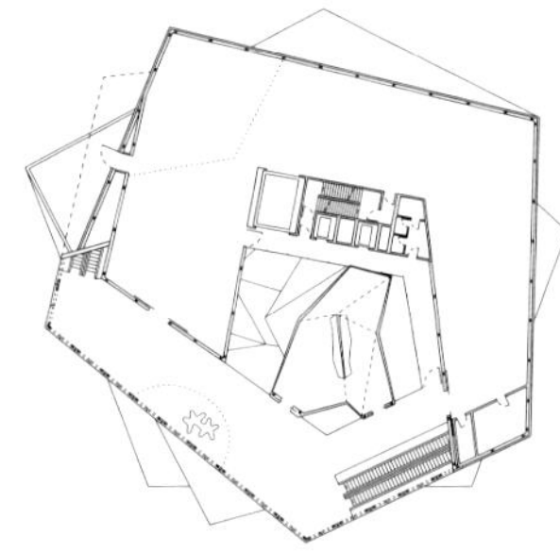

3rd floor / 3. Obergeschoss

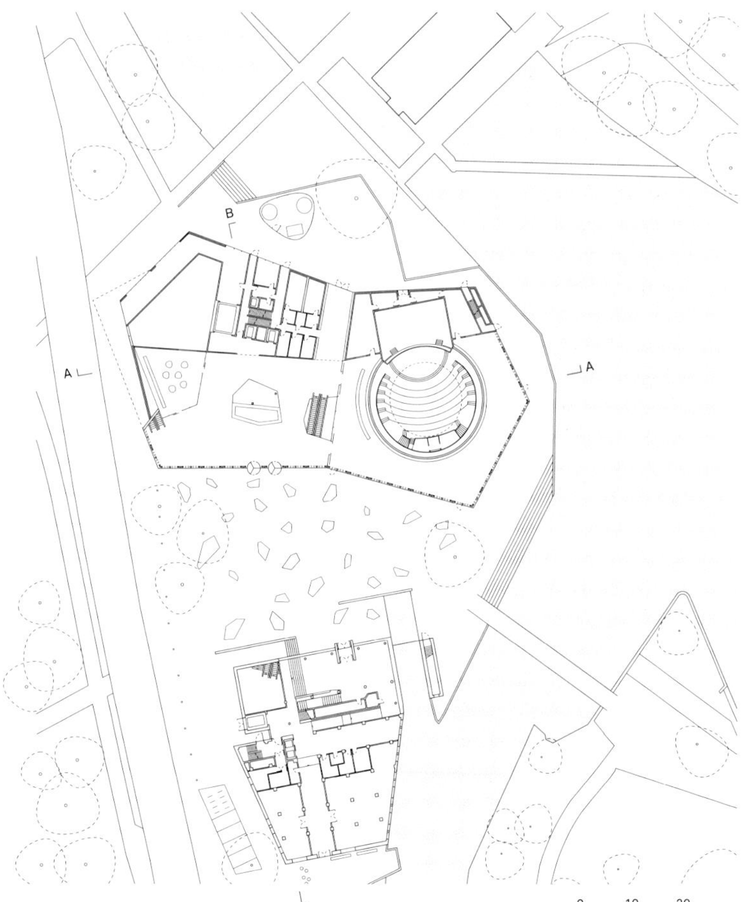

Ground floor / Erdgeschoss

0 10 20

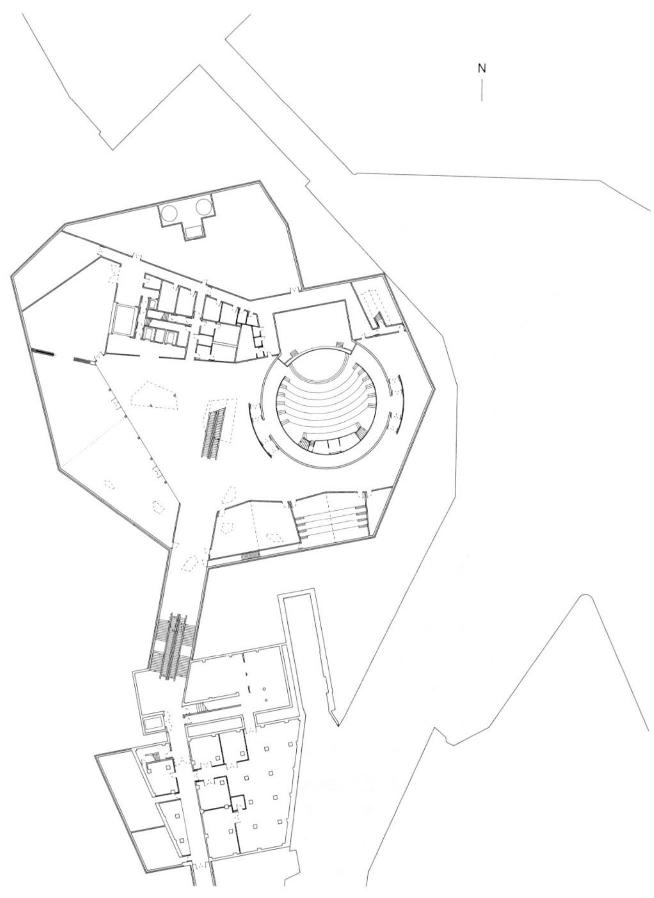

Lower floor / Untergeschoss

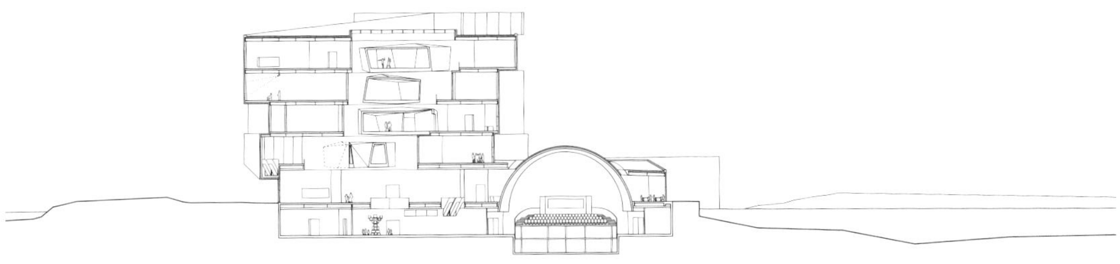

Section A / Schnitt A

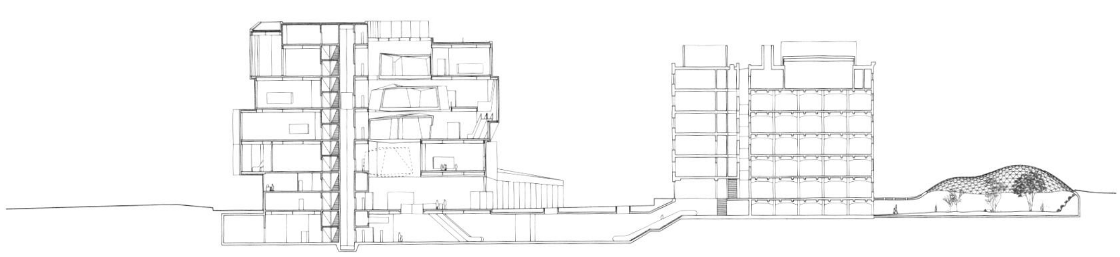

Section B / Schnitt B

2013

Immanuel Church and Parish Centre, Cologne

Immanuelkirche und Gemeindezentrum, Köln

The ensemble of buildings designed for the Protestant Brückenschlag parish in Cologne comprises a small chapel for private prayer, a bell tower and the church itself. These are grouped around a raised lawn that is defined by a ring of mature trees. This contemplative entrance situation also provides an ideal setting for the congregation's outdoor activities. It is reached from the street up a shallow flight of steps marked by a prominent bell tower.

With a central nave flanked by two low wings that can open up to it like aisles on either side of the altar, the design of Immanuel Church reinterprets the classical section of a basilica for use by a small, modern congregation. The wings accommodate the sacristy, community rooms, a music room and a kitchen, while a gallery above the foyer provides additional seating. A coloured timber screen stands behind the altar: its polychromatic treatment includes a subtle gradation of hues that reduce in intensity as the screen reaches up to the sky. A large organ that was salvaged from another church is concealed behind.

All three of the ensemble's buildings are clad externally with diagonally laid timber planks, while inside, the load-bearing structure of prefabricated timber columns and panels is left unclad. The church's evocative character owes much to its treatment of natural light, which enlivens the altar screen and the matt glass panel above the gallery opposite, where the changing shadows from the trees form a natural complement to the play of colours on the screen.

Das Gebäudeensemble der Evangelischen Brückenschlag-Gemeinde in Köln besteht aus einer kleinen Gebetskapelle, einem Glockenturm und dem Kirchenbau selbst. Ein vorgefundener Baumhain fungiert als zentraler Raum, der dieses Ensemble zusammenbindet. Er bietet ein großartiges Entrée und einen geschützten und zugleich offenen Platz für Veranstaltungen der Gemeinde. Man betritt ihn über eine niedrige Freitreppe, die von dem exponierten Glockenturm städtebaulich akzentuiert wird.

Mit seinem zentralen Kirchenschiff und den räumlichen Aufweitungen beiderseits des Altars, die dem Hauptraum hinzugeschaltet werden können, reinterpretiert die einfache Immanuelkirche die klassische Form der Basilika für eine kleine moderne Kirchengemeinde. In zwei Seitenflügeln sind Sakristei, Gruppenräume, Musikzimmer und Küche untergebracht; eine Empore über dem Foyer bietet zusätzliche Sitzgelegenheiten. Die Altarwand ist als raumhoher Screen aus farbigen Holzlamellen vielfacher Schattierungen gebildet; dahinter liegt eine Orgel verborgen, die von einer anderen Kirche „geerbt" wurde.

Alle drei Bauteile des Ensembles sind außen mit diagonaler Holzschalung verkleidet, im Innenraum bleiben die vorgefertigten Holztafelbauelemente und Stützen als Rohbau unverkleidet. Der eindringliche Charakter der Immanuelkirche entsteht unter anderem durch die Lichtführung, die die Altarwand und die gegenüberliegende Mattscheibe akzentuiert, auf der die Schatten der benachbarten Bäume ein natürliches Pendant zu der Farbkomposition des Screens bilden.

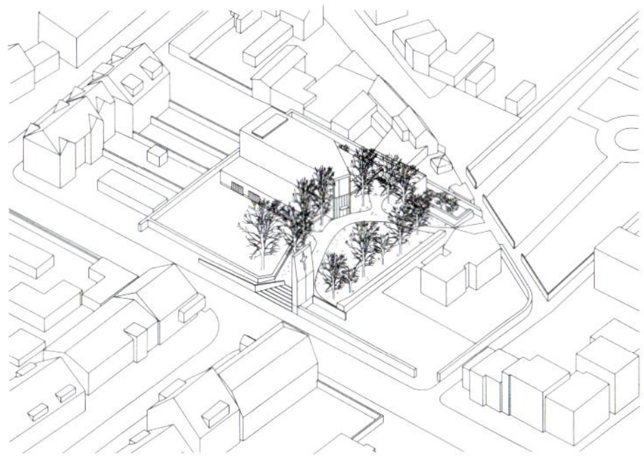

The coloured battens of the screen create a lively, apparently three-dimensional colour space. Rising with ever-lightening tones towards the daylight, the battens' arrangement subtly underscores the interior's sacred character. The screen can also be understood as a syn-aesthetic manifestation of the organ music, whose source it conceals.

Mit seinen Farblamellen erzeugt der Screen einen lebendigen, scheinbar dreidimensionalen Farbraum und verweist mit seiner Aszendenz zum Licht zugleich auf den sakralen Charakter des Kirchenraums. Zugleich wird er zur synästhetischen Manifestation der Orgelmusik, deren Quelle er optisch verbirgt.

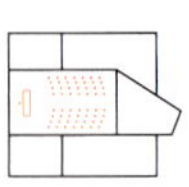

Service
Gottesdienst

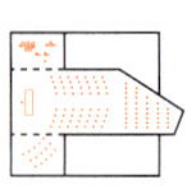

Festive Service
Festgottesdienst

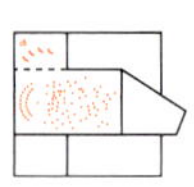

Concert
Konzert

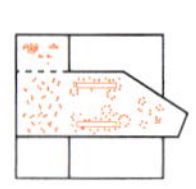

Party
Party

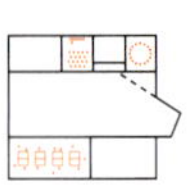

Club, lecture, yoga
Klub, Vortrag, Yoga

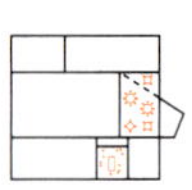

Seniors' club
Seniorenklub

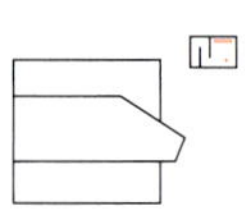

Chapel
Kapelle

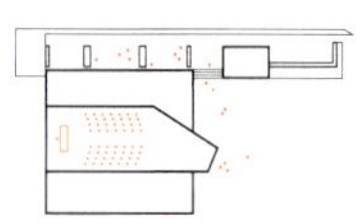

Funeral
Trauerfeier

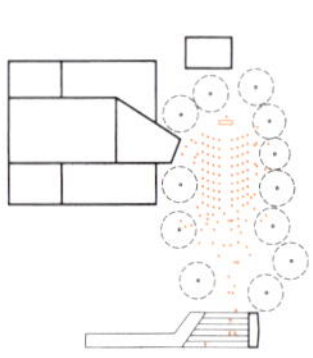

Outdoor service
Freiluftgottesdienst

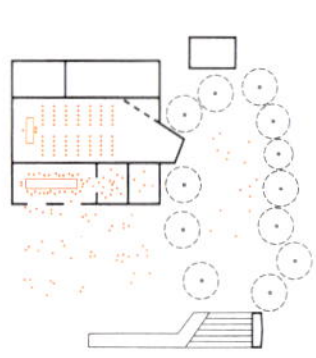

Wedding
Trauung

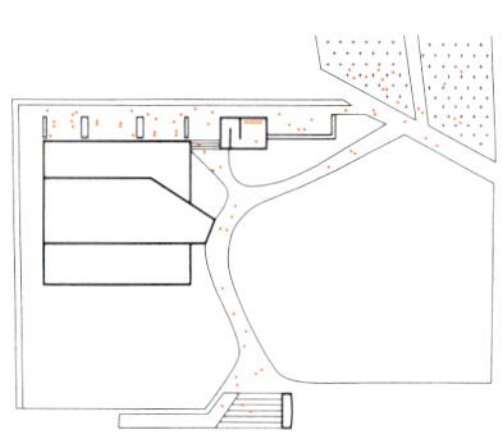

All Saints' Day
Allerheiligen

EG 333 1-2+4
Psalm 40,9-12
EG 333 6
Lesung: Matthäus 13, 44-46
EG 328 1-3
Predigt: Matthäus 13, 44-46
EG 324 1+2+12-14
EG 322 5-7

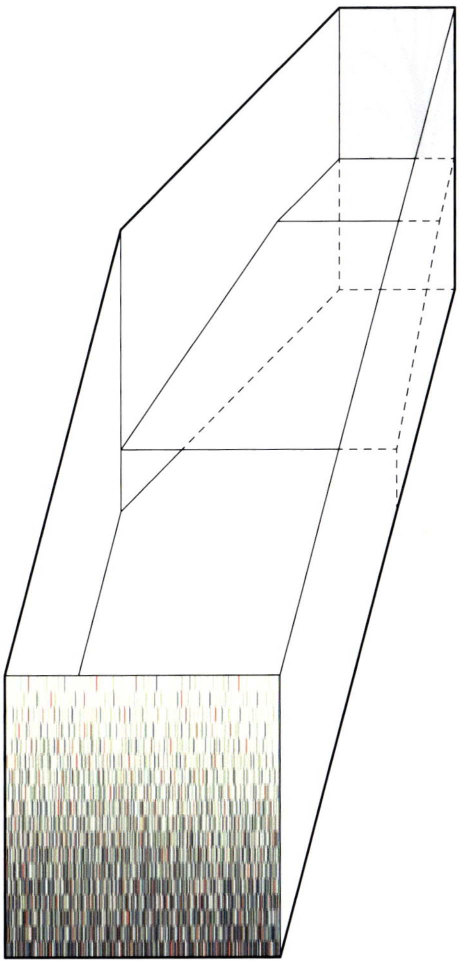

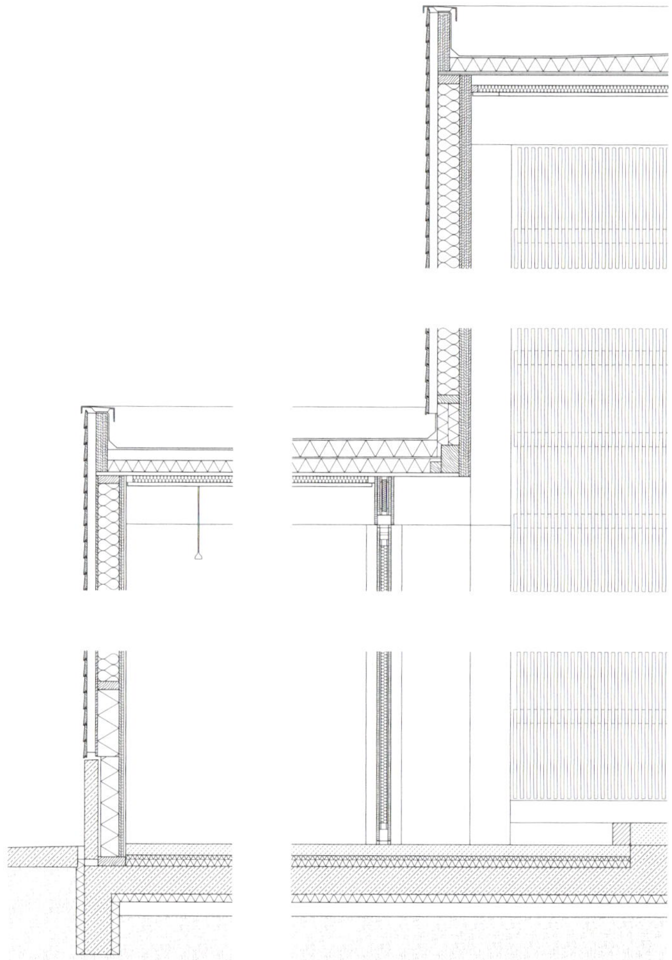

Financial and material economy resulted in a timber building. The load-bearing walls and roofs are also the surfaces that define the interiors.

Das knappe Budget führte zur Konzeption eines Holzbaus. Die tragenden Schichten von Wand und Decke sind gleichzeitig auch die raumbestimmenden Oberflächen.

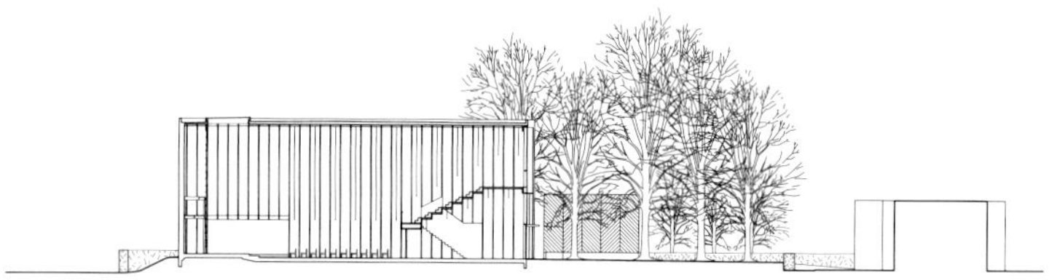

Section A / Schnitt A

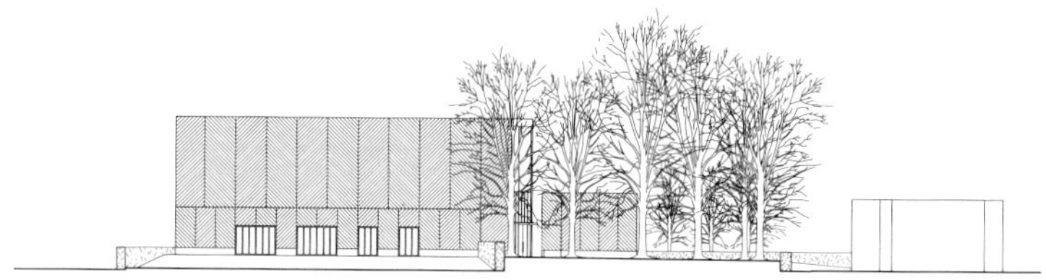

South elevation / Ansicht Süd

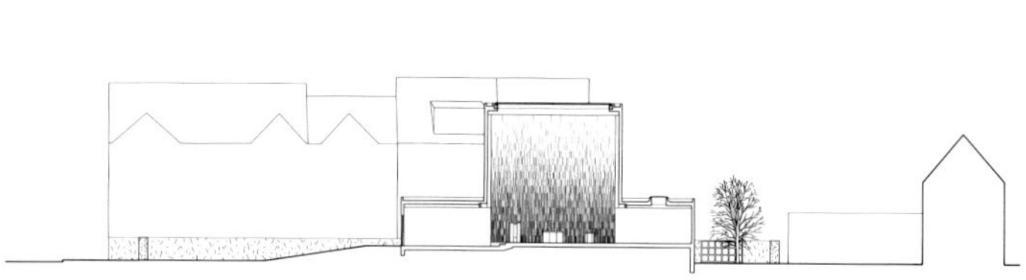

Section B / Schnitt B

East elevation / Ansicht Ost

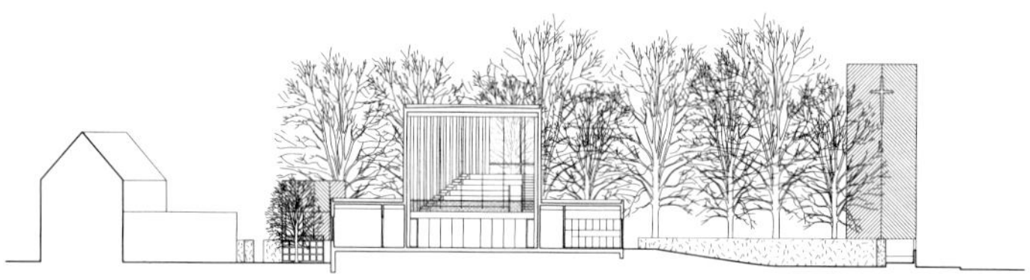

Section C / Schnitt C

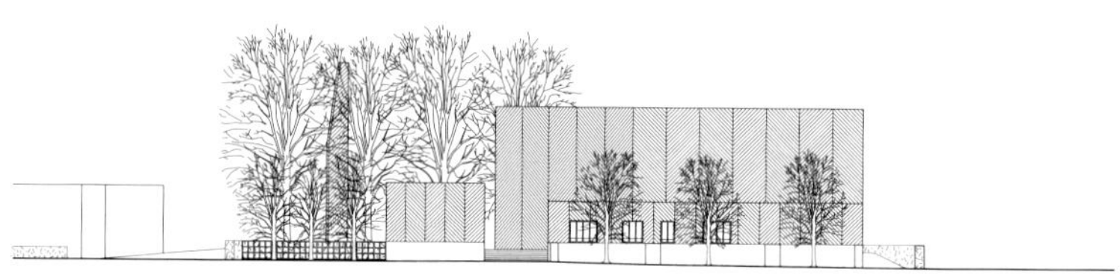

North elevation / Ansicht Nord

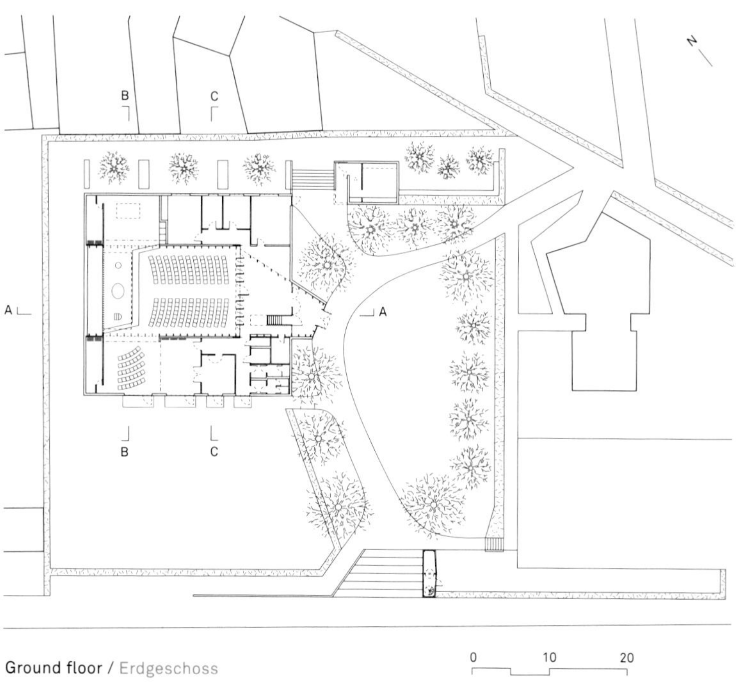

Ground floor / Erdgeschoss

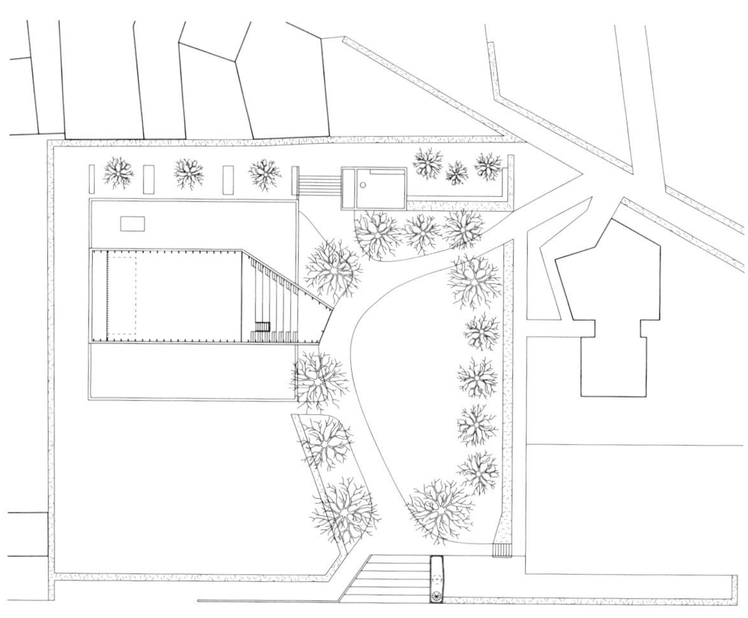

Upper floor / Obergeschoss

The Public Sphere

Das Öffentliche

What is the *public sphere* in a country like Germany? An architect would usually answer this question with reference to the city, as the city – in our cultural history – is the locus of the community. We imagine some kind of universal metropolis in which society's social, political, economic and cultural space merges with the individual's place of residence to form one large urban organism. In this vision, the city and all its parts provide a frame for and image of our way of life. It is both the catalyst by which the *res publica* comes into existence and the stage on which it unfolds. Its physical space is a vessel where built form and collective content are synergetic and mutually dependant.

Even today, we still connect most of the phenomena in our own urban reality with the memory of this historical model. However, there are significant differences that I would like to illustrate using two further concepts. The public sphere is a product of the *public in general,* i.e. the sum of all factors that are important to define what we would describe as common. The public in general includes the basic political, cultural, ethical and social patterns of communal life in a society, which are essentially enshrined in its laws, rituals and institutions. In a democracy, the notion of the public also embraces a continuous, lively debate. Public debate is the motor of democracy – and majority public opinion its fuel.

Hence the public sphere must obviously include public opinion as a component, but it should also embody more than the mere formation of a majority because, as Adolf Arndt put it in 1961, 'the [democratic] way of life is by no means based on decision-making

Das *Öffentliche* in Deutschland, was ist das? Ein Architekt denkt als Antwort auf diese Frage in der Regel an die Stadt. Denn die Stadt ist in unserer Kulturgeschichte der Ort der Gemeinschaft. Wir tragen eine Art von Idealbild einer universellen Metropole in unseren Köpfen mit uns herum, in der der soziale, politische und kulturelle Raum einer Gesellschaft mit dem Wohnort des Individuums und dem Standort der Wirtschaft in einem großen urbanen Organismus verschmilzt. Die Stadt mit all ihren Teilen ist in dieser Vorstellung sowohl das Abbild als auch das Modell unseres Zusammenlebens. Sie ist sowohl der Katalysator, durch den die *res publica* entsteht, als auch die Bühne, auf der sie sich entfaltet. Der physische Raum wird zum Gefäß des öffentlichen Lebens und zwischen gebauter Form und kollektivem Inhalt bestehen Synergie und gegenseitige Abhängigkeit.

An dem Schatten dieses historischen Modells messen wir auch heute noch die meisten Phänomene unserer städtischen Realität. Tatsächlich gibt es jedoch wesentliche Abweichungen, die ich mithilfe zweier weiterer Metonymien beleuchten möchte: Das Öffentliche ist ein Produkt der *Öffentlichkeit,* und mit Öffentlichkeit würde ich die Gesamtheit aller Umstände bezeichnen, die für das Wesen der Allgemeinheit von Bedeutung sind. Zur Öffentlichkeit würde man also zunächst die politischen, kulturellen, ethischen und sozialen Grundmuster des Zusammenlebens in einer Gesellschaft zählen, die im Wesentlichen in ihren Gesetzen, Ritualen und Institutionen verankert sind. Darüber hinaus gehört zur Öffentlichkeit in einer Demokratie eine vitale und kontinuierliche Debatte. Die Debatte ist der Motor der Demokratie, die öffentliche Mehrheitsmeinung ihr Treibstoff.

alone [...], but fundamentally and initially on consensus about the undecidable, which [...] makes it possible to live together, singles out the decidable and puts it to the vote.'[1]

Ever since the end of the Weimar Republic, if not earlier, public opinion as such has been less and less associated with the physical spaces of the city – and nowadays its centre of gravity lies in the media. This new locus of the public may allow its topics to be disseminated as never before, but the increased speed and ubiquitous availability of media have also radically changed the nature of their content – how it comes about and what it is. In this, politics has become one subject area among many in the plethora of information on offer and has to compete for attention with everything else that is made available day in, day out.

The logic of mediated publicity has flooded the public sphere in such a way that ordinary people (let alone politicians) can barely escape from its gravitational field. I will come back to that later. The rise of the new media has gone hand in hand with an increasing overlap between the private and public spheres. The television set brings news from all over the world into the heart of almost every home, while, in return, newspapers, television and the Internet have increasingly turned into platforms on which even the most intimate details of people's lives are shared. This maximal access to the public stage seems to favour a kind of inversion or externalisation of private worlds, forming a thick blanket that threatens to obscure most of the public sphere. You are doubtless familiar with the criticism expounded by Richard Sennett, who describes the tyranny of the private as a symptom of the decline of public life.

That brings us to the second term that I would like to introduce as a means of differentiation: namely, *public life*. This category denotes the kind of interaction between people in society that is political only in the broader sense, encompassing commerce, working environments, recreational clubs and associations, religious communities, community leisure activities, clubbing and nightlife, and social contact of any kind.

In our classical image of the European city, public life unfolds in public space – that is, in public places that are specifically created for this purpose, such as theatres or stadia – or in parallel and simultaneously with political and other activity in the forum, and later in the piazza or on the boulevard. Nowadays, the centres of public life are becoming ever more fragmented and can hardly be located any longer. They are everywhere, in every home and (via the iPhone in my jacket pocket), no longer just in my city, or in Germany or Europe, but potentially all over the planet. From this perspective, public life seems a spatial and temporal continuum of endless possibilities, which makes the city (as a container of public life) look like a piece of outdated hardware that limits the potential of the latest software available and renders it useless in the most tedious way.

This is, however, also because most of the traditional places for social exchange are currently occupied and dominated by commerce. It seems as though shopping is almost the only activity that can still survive in our inner cities. All of the other parts of public life are being increasingly displaced to the periphery and into pockets or, indeed, into virtual space. What makes things worse is the fact that

1 Adolf Arndt: *Demokratie als Bauherr* [Democracy as a construction client], *Anmerkungen zur Zeit*, vol. 6 (Berlin: Akademie der Künste, 1961), p. 24

Das Öffentliche muss die öffentliche Meinung also als einen Bestandteil enthalten, sie sollte aber auch über das Bilden einer Mehrheit hinausgehen, denn, wie Adolf Arndt es 1961 formulierte: „Die [demokratische] Lebensweise beruht keineswegs allein auf Abstimmung [...], sondern grundlegend zuerst auf Übereinstimmung hinsichtlich des Unabstimmbaren, welches [...] die Möglichkeit des Zusammenlebens begründet und das Abstimmbare aussondert und zur Wahl frei gibt."[1]

Die öffentliche Meinung als solche ist spätestens seit dem Ende der Weimarer Republik in immer geringerem Maße im tatsächlichen Raum der Stadt lokalisiert, sie hat heute ihren Ort in den Medien gefunden. Diese neue Verortung der Öffentlichkeit hat ihren Themen zwar eine nie dagewesene Verbreitung ermöglicht, aber mit der gestiegenen Geschwindigkeit und Verfügbarkeit der Medien hat sich auch das Nachdenken, das Zustandekommen und das Wesen der Inhalte stark verändert. So ist in der Vielfalt des zur Verfügung stehenden Informationsangebots die Politik nur noch ein Thema unter vielen, das sich neben all dem anderen tagtäglichen sogenannten *content* behaupten muss.

Die Logik der Medienöffentlichkeit hat das Öffentliche mittlerweile in einer Art und Weise überschwemmt, dass sich nicht nur die Bürger, sondern auch die Politiker ihrer Schwerkraft kaum zu entziehen vermögen – ich werde darauf noch zurückkommen. Mit dem Aufstieg neuer Medien ging eine zunehmende Überlappung der Sphären des Privaten und des Öffentlichen einher. Mit dem Fernsehgerät werden die Nachrichten aus aller Welt auch in die intimste Situation fast jeder Wohnung hineingetragen, und umgekehrt sind sowohl Zeitungen, Fernsehen und Internet vermehrt zu Plattformen der Verbreitung auch privatester Details einzelner Individuen geworden. Die uns zur Verfügung stehende maximale Öffentlichkeit scheint eine Art von Inversion oder Entäußerung der Privatsphäre zu begünstigen, unter deren dicker Decke das Öffentliche manchmal kaum noch zu entdecken ist. Sie sind vertraut mit der Kritik von Richard Sennett, der die Tyrannei des Privaten als ein Symptom des Verfalls des öffentlichen Lebens beschreibt.

Was uns zu dem zweiten Begriff brächte, den ich zur Differenzierung einführen möchte, nämlich das *öffentliche Leben*. Mit dieser Kategorie ist die Interaktion zwischen Menschen in einer Gesellschaft gemeint, die nur im weiteren Sinne politisch ist, also das Wirtschaftsleben, Arbeitswelten, das Leben in Vereinen oder Religionsgemeinschaften sowie gemeinschaftliche Freizeitaktivitäten, das Club- und Nachtleben, und soziale Kontakte jeder Art.

In unserem Idealbild von der europäischen Stadt fand das öffentliche Leben im öffentlichen Raum, also an spezifisch dafür geschaffenen öffentlichen Orten wie beispielsweise im Theater, im Stadion oder parallel und gleichzeitig mit den politischen und anderen Aktivitäten auf dem Forum statt und später dann auf der Piazza oder dem Boulevard. Heute sind die Orte des öffentlichen Lebens quasi endlos fragmentiert und so gut wie nicht mehr differenzierbar. Sie sind überall, auch in jeder Wohnung und – über das iPhone in meiner Jackentasche – dann eben nicht mehr nur in meiner Stadt, in Deutschland oder Europa, sondern potenziell auf dem ganzen Planeten. Aus dieser Perspektive ist das öffentliche Leben ein räumlich und

1 Adolf Arndt: *Demokratie als Bauherr*, erschienen in der Reihe *Anmerkungen zur Zeit* der Akademie der Künste, Bd. 6, Berlin 1961, S. 24

many German cities contain clearly recognisable ethnic, cultural and religious communities that form identifiable subgroups in public life, with the result that the metropolis disintegrates, in a manner of speaking, into many cities. For these groups develop their own forms of public interaction; their participation in public life and in the public sphere of the community as a whole cannot be taken for granted. What is true for our fellow citizens of another origin or religion also naturally applies in various forms to socially divergent sections of the population and to groups with strong regional identities, to name just a few factors of progressive fragmentation.

It thus seems rather difficult to subsume all of these different situations and outlooks on life into a *single* notion of the public sphere. The 'undecidable', of which Adolf Arndt spoke, about which a basic consensus should exist in a democracy, appears to be less self-evident. It therefore seems all the more important to protect the common ground that still exists between the members of a population and still supports a common identity. This observation leads to the third notion that I would like to present: that of *public space*.

Here I am taking 'public space' to mean only the literal physical space beyond that of the individual or the family: whatever is not a house or apartment and is freely accessible to everyone such as roads, squares, parks, vacant sites, stretches of landscape, local and national public transport facilities; buildings for communal use such as public facilities of any kind, sports and cultural buildings, schools and universities; and buildings used by state bodies such as the police, the courts and local authorities that are necessary to maintain and foster the community.

This public space is used more or less regularly by everybody. Even though it represents one of the few common denominators of our polycultural and polyvalent society, most people see it first and foremost as a technical infrastructure. Just as the networks for water and power supply, district heating and sewerage are taken for granted as part of the framework of daily life, the outdoor spaces in our towns are treated first and foremost as support facilities for our contemporary lifestyles, where transport, shopping, leisure and entertainment are all catered for equally.

At the same time, however, public space is our society's horizon, its reflection and one of its most important manifestations; in the same way that a culture's degree of refinement can be deduced from the appearance of its people and the cuisine of its restaurants, public space is an indicator of the internal state of a municipality. This applies both outwardly and inwardly, as public space also constitutes the physical background to most of our experiences – the mould, so to speak, where the malleable mass of our imaginations is formed each day, again and again. Winston Churchill's observation, that 'we shape our buildings; thereafter they shape us', remains true even today.

Especially in an age when there is really no alternative to the built environment, it becomes clear how important it is to create awareness of the quality of public space and to look after this valuable commodity well. So the concern is rather to sustain a kind of aesthetic and atmospheric infrastructure (meaning one that is oriented towards sensory perception). Its richness can compensate for the progressive loss of uncolonised territories while it nevertheless has to maintain a causal connection with its original purpose and functionality.

zeitlich ununterbrochenes Kontinuum endloser Möglichkeiten, das die Städte, in denen wir leben, wie ein Stück veraltete Hardware erscheinen lässt, das die ungeahnten Möglichkeiten der neuesten Softwareentwicklungen in nervtötender Art und Weise lähmt und wirkungslos verpuffen lässt.

Das liegt allerdings auch daran, dass die Mehrzahl der klassischen Orte der Interkommunikation gegenwärtig von kommerzieller Nutzung besetzt und dominiert ist. Es scheint, als sei das Shopping beinahe das Einzige, was in unseren Innenstädten noch existieren kann. All die anderen Bestandteile öffentlichen Lebens werden zusehends an die Ränder und in die Nischen oder eben den virtuellen Raum verdrängt. Dazu kommt, dass es in vielen deutschen Großstädten klar erkennbare ethnische, kulturelle und religiöse Gemeinschaften gibt, die im öffentlichen Leben identifizierbare Untergruppen bilden und die Stadt quasi in viele Städte zerfallen lassen. Denn diese Gruppen entwickeln ihre eigenen Formen der Öffentlichkeit und ihre Beteiligung am öffentlichen Leben und am Öffentlichen der gesamten Gemeinschaft ist nicht unbedingt selbstverständlich. Was für die Mitbürger mit anderer Herkunft und Glaubensrichtung gilt, gilt natürlich in verschiedenen Formen auch für sozial divergierende Teile der Bevölkerung, ebenso wie für regionale Identitäten, um nur einige Faktoren fortschreitender Fragmentierung zu nennen.

All die unterschiedlichen Lebenssituationen und -vorstellungen in *einem* Begriff vom Öffentlichen zu subsumieren, scheint daher eher schwierig. Das Unabstimmbare, von dem Adolf Arndt sprach, über das eine Grundübereinkunft in der Demokratie bestehe, scheint immer weniger selbstverständlich zu sein. Umso wichtiger erscheint es aber auch, die Gemeinsamkeiten zu pflegen, die immer noch zwischen allen Menschen der Bevölkerung existieren oder Anlass und Gelegenheit zur gemeinsamen Identitätsbildung bieten. Diese Überlegung führt nun zu dem dritten Begriff, den ich anbieten möchte: dem *öffentlichen Raum*.

Unter öffentlichem Raum verstehe ich hier nur den buchstäblichen physischen Raum, der über den des Individuums oder der Familie hinausgeht. Also alles, was nicht Haus oder Wohnung und für jedermann frei zugänglich ist, wie Straßen, Plätze, Parkanlagen, Brachflächen, Teile der Landschaft, Verkehrseinrichtungen des öffentlichen Nah- und Fernverkehrs, aber auch Gebäude, die der Allgemeinheit gewidmet sind, wie staatliche Einrichtungen jeder Art, Sport- und Kulturbauten, Schulen, Universitäten, Gebäude der Staatsorgane, wie Polizei und Gerichte, bis hin zu den öffentlichen Verwaltungen, die zur Aufrechterhaltung und Förderung des Gemeinwesens benötigt werden.

Dieser öffentliche Raum wird von allen mehr oder weniger regelmäßig benutzt. Und obwohl er einen der wenigen gemeinsamen Nenner unserer polykulturellen und polyvalenten Gesellschaft darstellt, sehen die meisten in ihm in erster Linie eine technische Infrastruktur. So wie die Wasser- und Stromversorgung, die Fernheizung und Kanalisation zum selbstverständlichen Gerüst unseres Alltags geworden sind, sind die Außenräume unserer Städte in erster Linie Funktionsräume unserer zeitgenössischen Lebensstile, in denen der Verkehr, das Shopping, die Freizeit und Unterhaltung gleichermaßen abgewickelt werden.

Zugleich ist der öffentliche Raum aber auch der Horizont unserer Gesellschaft, ihr Spiegelbild und ihr wichtigstes Erkennungsmerkmal; so wie man am Erscheinungsbild ihrer Menschen und an der Küche

This is important because it is here that, in the course of their daily activities, people experience the events and interactions that can form the basis of common ground and identity. I am thinking less of staged experiences, such as a pop concert or a football match or the well-prepared spaces of tourism, than of the shared experiences of daily life: walking in the same street, using the same means of transport or going to the same swimming pool or playground. Of course, people can build common territory by attending the same event, by remembering jointly admired pop groups or a television series that they may have both watched, or indeed by chatting in a social network on the Internet, but only a repeatedly experienced physical space that is linked subliminally to the individual's actual being leaves a lasting impression that gives tangible form to the public sphere.

Last but not least, public space is also important because it contains the material manifestation of a large part of our cultural heritage, which explains the genealogy of our communities and constitutes a significant part of the public sphere. You are all familiar with Aldo Rossi's reading of the city as a space that accumulates artefacts from past generations and thus becomes the memory of a society. This is an interpretation that has touched a popular nerve in Germany, probably because the presence of history is an especially sensitive matter in this country. The intensity with which the debate on reconstructing buildings and cities in Germany is generally conducted seems to reflect this sensitivity. In this context, the fact that even the ageing rebels of the Sixties' generation now argue in favour of the construction of a certain continuity in the built environment obviously has to do with the relationship between public space and national identity. However, the extent to which one can actually help to keep the substance alive with mere simulation, or reconstruction, generally reverts to the question of the interaction between built form, on the one hand, and users' behaviour and awareness on the other. The reconstruction of a palace does not, in itself, constitute a viable political or cultural tradition, nor does the construction of a civic forum produce responsible citizens. In both cases, however, offering certain facilities could achieve quite positive effects in the long term, as long as it is clear that the public sphere cannot be themed as a museum. In a democracy, the public sphere must continue to be a living organ of a living society, continually redefining and rediscovering itself, lest the citizens become tourists in their own country.

The public sphere – to summarise what I have said up to now – is thus a basic component of democracy; the public in general, public opinion, public life and public space all play a part in this public sphere. The public in general seems to be exposed to an ever-faster pace of life and change, and public life is marked by increasing fragmentation and dislocation. The public sphere does not remain unaffected by this situation. The 'undecidable', which Adolf Arndt described as the subject of fundamental consensus in a society, is not self-evident after all, but rather has to be explained and negotiated anew, time and time again. Public space has special significance in this connection, because – besides offering a shared infrastructure for divergent lifestyles – it forms a common horizon to the everyday that is able to generate a sense of identity. Its quality must penetrate the touristy surface, its constitution is an indicator of the internal state of the community and it concerns every single individual because public space is ultimately the place in which our lives unfold.

ihrer Restaurants die Verfeinerung einer Kultur ablesen kann, so ist der öffentliche Raum ein Indikator des inneren Zustands einer Kommune. Dies gilt sowohl für den Blick von außen als auch den Blick nach Innen, denn der öffentliche Raum bildet auch den physischen Erfahrungshintergrund weiter Teile unseres Daseins, sozusagen die Matrize, in der die plastische Masse unserer Vorstellungswelten tagtäglich immer wieder zum Körper geformt wird. Auch heute noch gilt das Bonmot Winston Churchills, dass „erst Menschen Häuser bauen und dann Häuser Menschen".

Insbesondere in einer Zeit, in der es zur gebauten Umwelt eigentlich keine Alternativen mehr gibt, wird klar, wie wichtig es ist, das Bewusstsein für die Qualität des öffentlichen Raums zu wecken und dieses wertvolle Gut zu pflegen. Es geht also eher um die Aufrechterhaltung einer Art von ästhetisch-atmosphärischer, also auf die sinnliche Wahrnehmung ausgerichtete Infrastruktur, die mit ihrem Reichtum den zunehmenden Verlust nicht kolonisierter Räume kompensiert und dennoch ursächlich mit ihren Aufgaben und ihrer Funktionstüchtigkeit verbunden sein muss.

Denn dies ist der Ort, an dem zwischen alltäglichen Verrichtungen das Erleben und der Austausch passiert, die zur Grundlage von Gemeinsamkeit und Identität werden können. Ich spreche hier nicht so sehr von dem inszenierten Erlebnis eines Popkonzerts oder einer Fußball-Fanmeile oder vom inszenierten Raum des Tourismus, sondern eher vom gemeinsamen Erlebnis des Alltags, also der Benutzung derselben Straße, derselben Verkehrsmittel, desselben Schwimmbads oder Spielplatzes. Natürlich kann man auch über ein gemeinsam erlebtes Event oder über die Erinnerung an die gemeinsam gehörte Popmusik, die gemeinsam gesehenen Fernsehserien oder über den Austausch in einem sozialen Netzwerk im Internet zu Gemeinsamkeiten kommen, aber nur der immer wieder erlebte physische Raum, der quasi subliminal tatsächlich mit der eigenen körperlichen Befindlichkeit verbunden ist, hinterlässt den nachhaltigen Eindruck, der dem Öffentlichen greifbare Gestalt gibt.

Nicht zuletzt ist der öffentliche Raum auch deswegen so wichtig, weil er die greifbare Manifestation eines Großteils unseres kulturellen Erbes enthält, das die Genealogie unseres Gemeinwesens erklärt und einen wesentlichen Teil des Öffentlichen ausmacht. Sie alle sind vertraut mit Aldo Rossis Lesweise der Stadt als einem Raum, der durch die Akkumulation der Artefakte vergangener Generationen zum Gedächtnis der Gesellschaft wird. Dies ist ja eine Betrachtung, die in Deutschland ein populäres Echo gefunden hat, wohl weil die Präsenz der Geschichte in diesem Land von besonderer Empfindlichkeit ist. Die Heftigkeit, mit der die Debatte um die Rekonstruktion von Gebäuden und von Städten in Deutschland allgemein geführt wird, scheint auf diese Sensibilität hinzuweisen. Die Tatsache, dass sich gerade auch die sogenannte Alt-68er-Generation in dieser Diskussion für die Konstruktion einer gewissen Kontinuität engagiert, hat ganz offensichtlich mit dem Verhältnis zwischen öffentlichem Raum und nationalem Selbstverständnis zu tun. Inwieweit es jedoch gelingen kann, mithilfe gebauter Bilder Inhalte am Leben zu erhalten oder zu rekonstruieren, ist natürlich eine Frage, die generell mit der Wechselwirkung von gebauter Form und Nutzerverhalten beziehungsweise Nutzerbewusstsein verbunden ist. Die Rekonstruktion eines Schlosses macht noch keine tragfähige politische oder kulturelle Tradition, die Anlage eines Bürgerforums noch keine

So if its protection and maintenance are of such importance in our community, the next question to ask is into whose hands this public space may best be placed. In our societies, based as they are on the division of labour, we delegate individual political responsibilities largely to politicians. If the public sphere is a political issue – which it is to a great extent, as we have established here – then shouldn't the politicians also be giving it their attention?

In my experience, politicians give their attention first and foremost to public opinion because they want to be elected. It seems difficult to find anyone among them who is seriously concerned about the *undecidable* in the public sphere. What's more, neither knowledge nor interest can be taken for granted when built space is actually discussed. If you are looking for instances in recent years when this topic was the subject of national debate in any form equal to Adolf Arndt's lucid and farsighted speech of 1960 (to which I have already referred several times here), then you may have a long search ahead of you. At a national level, it seems, the built environment is a subject of secondary importance in this country. If politicians get involved in it at all, they do so at municipal and sometimes regional level – perhaps because the participants are closer to the action there and it may be easier to recognise that architects are not just acting in the interest of individual developers or to satisfy their supposedly inflated egos but are, in many cases, looking for dialogue with people who care and have something intelligent to say.

From my own experience, I would not necessarily expect this kind of openness to dialogue from politicians. The discourse about the public sphere within the culture of architecture does not fit into the relatively shallow and strategy-driven way of thinking that has become typical of contemporary politics. Furthermore, many players in the political arena seem to see this subject of debate either as one that can be tackled adequately with the common sense acquired in the 'university of life', or – alternatively – as an area that is better left completely to the experts.

So if it is not the politicians who take responsibility, what about the civil servants? Are the officials in the planning departments and building authorities the guarantors of the public sphere in Germany's building culture? My answer to that is 'yes and no'. In large and medium-sized cities especially, public space and the public sphere in general owe a great deal to the chief planning officers or city architects and their teams. The fact that Germany produces any building culture of international repute at all, is largely due to the dedication of people like Christiane Thalgott, Jörn Walter and Regula Lüscher, who often go the extra mile, and even go out on a limb, to promote projects that, without their intercession, would not have had any hope of being built.

In principle, the local authorities are our most important custodians of the public sphere: not only because local government departments act as the client on public sector construction projects, but also because they are independent (at least theoretically) of legislative terms and public opinion. They are specialists who are there to advise the politicians and it is they who run the projects that are of greatest importance to the public sphere. To develop a long-term sustainable future is one of their core tasks. They have enormous influence and their work is of the utmost importance. The best minds of the country should really be employed here. Local government departments

mündigen Bürger. In beiden Fällen könnten aber Angebote gemacht werden, die längerfristig durchaus positive Effekte erzielen könnten, solange es klar ist, dass das Öffentliche nicht musealisiert werden kann. Das Öffentliche muss in einer Demokratie ein lebendiges Organ einer lebendigen Gesellschaft bleiben, immer wieder von Neuem definiert und entdeckt werden, sonst werden die Einwohner zu Touristen im eigenen Land.

Das Öffentliche ist also, um das Gesagte bis hierher zusammenzufassen, ein Grundbestandteil der Demokratie; Öffentlichkeit, öffentliche Meinung, öffentliches Leben und öffentlicher Raum haben einen Anteil an diesem Öffentlichen. Die Öffentlichkeit scheint einer gewissen Schnelllebigkeit und Variabilität ausgesetzt, das öffentliche Leben ist von zunehmender Fragmentierung und Ortlosigkeit gekennzeichnet. Diese Situation lässt auch das Öffentliche nicht unbeeinflusst. Das „Unabstimmbare", von dem Adolf Arndt als der Grundübereinkunft einer Gesellschaft sprach, ist eben doch nicht selbstverständlich, sondern ist immer wieder neu zu erklären und zu verhandeln. Der öffentliche Raum hat in diesem Zusammenhang besondere Bedeutung, denn er bietet neben einer gemeinsamen Infrastruktur für divergierende Lebensstile auch einen gemeinsamen Erfahrungshorizont, der identitätsstiftend bleibt. Seine Qualität muss die touristische Oberfläche durchdringen, seine Konstitution ist ein Indikator des inneren Zustands der Gemeinschaft und er betrifft jeden Einzelnen, denn der öffentliche Raum ist letztlich der Ort, an dem unsere Leben stattfinden.

Wenn sein Erhalt und seine Pflege in unserem Gemeinwesen von so hoher Wichtigkeit sind, so schließt sich als nächste Frage an, in wessen Händen denn dieser öffentliche Raum am besten aufgehoben sein mag. In unserer arbeitsteiligen Gesellschaft delegieren wir die individuelle politische Verantwortung weitgehend an Politiker. Wenn das Öffentliche ein politisches Thema ist, und das ist es zu weiten Teilen, wie wir jetzt herausgearbeitet haben, dann müssten sich doch auch die Politiker darum kümmern?

Politiker kümmern sich in meiner Erfahrung vor allem um die öffentliche Meinung, denn sie möchten gewählt werden. Unter ihnen Persönlichkeiten zu finden, die sich ernsthaft um das *Unabstimmbare* im Öffentlichen Sorgen machen, scheint schwierig. Dazu kommt, dass sowohl Kenntnis als auch Interesse nicht unbedingt vorauszusetzen sind, wenn es um den gebauten Raum geht. Wenn man sich für Momente interessiert, in denen dieses Thema in den letzten Jahren in irgendeiner Form zum Gegenstand der nationalen Debatte geworden ist, die der bereits mehrfach zitierten luziden und weitsichtigen Rede von Adolf Arndt aus dem Jahre 1960 ebenbürtig wären, so wird man lange suchen müssen. Auf nationaler Ebene ist die gebaute Umwelt in Deutschland ein nachgeordnetes Thema, wie es scheint. Wenn überhaupt, engagieren sich Politiker eher auf kommunaler und eventuell noch auf Landesebene, vielleicht weil die Beteiligten da näher am Geschehen dran sind und es möglicherweise offensichtlicher ist, dass Architekten nicht nur im Interesse einzelner Bauherren oder im Sinne eines immer wieder beschworenen übergroßen Egos handeln, sondern dass sie vielfach auf der Suche nach einem interessanten und interessierten Gesprächspartner sind.

Aus meiner eigenen Erfahrung würde ich bei Politikern diese Art der Gesprächsbereitschaft nicht unbedingt erwarten. Die Auseinandersetzung um das Öffentliche in der Baukultur passt nicht in die relativ

ought to be places that nurture a spirit of excellence, one that would challenge both politicians and professionals to deliver outstanding performances.

In my experience, however, the reality is generally different. A civil service career is still considered to be the safe alternative for the less enterprising members of our profession, and the motivation to inspire architectural excellence does not appear to be rooted in the system. Many local authorities are more occupied with internal matters than with their public responsibilities, and some architects employed there see their colleagues in the private sector more as the recipients of instructions, or even as opponents, but not necessarily as their partners. Although I have also had positive experiences with individuals in leadership positions who perform their duties with great responsibility and intelligence, it generally does not seem as though the system would favour initiatives for building in the public sphere.

The various attempts to improve the efficiency of these departments in recent years have tended to focus their activity even more on ensuring that budgets and timelines are met. On top of this comes the complex compliance with various internal protocols, and the prime priority of preventing any misuse of taxpayers' money. All of these aspects combine to create a mentality of control and prohibition that makes it hard to think positively.

Moreover, as in Germany's universities, civil servants can hardly be fired; this stands in the way of a reform that would make the provision of service more dynamic. The quest for excellence should be the driving force here, but the actual content gets buried beneath a mountain of meeting minutes and files, and you end up asking yourself whether we want to really afford this very generously dimensioned government bureaucracy that we still have in Germany, especially given the general squeeze on public finances.

As I have stated, much depends on the individual, but it has to be said that it is precisely the progressive individuals who, in my experience, come up against a brick wall time after time. One reason for this is that civil servants are, in turn, dependant on politicians. On some projects, I have heard the term 'political decision' to be synonymous with a kind of *force majeure* that, like the weather, one is powerless to influence. Hence it would be worth considering the idea of granting the public building administrations, together with a commitment to excellence, a degree of independence and personal responsibility, which could establish a sense of autonomy and create the aura of a responsible partnership.

The introduction of more flexible ways of working, greater openness to the profession, more substance and less bureaucracy would greatly benefit building culture and the public sphere. As, in my opinion, notwithstanding all the criticism and weaknesses, the public building authorities are among those who currently have the greatest potential to raise the level of building culture in Germany. Our task as private sector architects is to keep on demanding the realisation of this potential, and to support constructive attitudes in the public services as best we can.

Speaking of debates, the media, the oft-invoked fourth power in the state, makes a crucial contribution to the public sphere, as I mentioned earlier. In part it reflects and in part it shapes public opinion, fundamentally influencing the form and substance of the discourse

kurzatmige und strategische Denkweise, die für zeitgenössische Politik typisch geworden ist. Darüber hinaus scheinen viele Akteure in der politischen Arena diese Auseinandersetzung für ein Gebiet zu halten, das man entweder mit einem am Alltag geschulten „gesunden Menschenverstand" angemessen zu Leibe rücken kann oder das man besser ganz den Fachleuten überlässt.

Wenn nicht die Politiker, wie sieht es mit den Verwaltungen aus? Sind die Beamten der Baubehörden die Garanten des Öffentlichen in der Baukultur in Deutschland? Meine Antwort darauf wäre: Ja und Nein. Insbesondere in den großen und mittleren Städten hat der öffentliche Raum und das Öffentliche den städtischen Dezernenten oder Baudirektoren und ihren Teams sehr viel zu verdanken. Dass in Deutschland überhaupt eine Baukultur stattfindet, die international zumindest teilweise Beachtung findet, ist unter anderem dem Engagement von Menschen wie Christine Thalgott, Jörn Walter oder Regula Lüscher zu verdanken, die immer wieder hohe, auch persönliche Risiken eingehen, um Projekte voranzutreiben, die ohne ihre Vermittlung nie eine Chance hätten realisiert zu werden.

Im Prinzip ist die Verwaltung der wichtigste Sachwalter des Öffentlichen, den wir haben. Nicht nur, weil die öffentlichen Verwaltungen auch Bauherren der Bauvorhaben der öffentlichen Hand sind, sondern auch weil sie zumindest theoretisch nicht von Legislaturperioden und der öffentlichen Meinung abhängig sind. Sie sind die Fachleute, die die Politiker beraten sollen, und diejenigen, die die für das Öffentliche wichtigsten Projekte umsetzen. Der nachhaltige Blick auf das Ganze gehört zu ihren Kernaufgaben. Sie haben enormen Einfluss und ihre Arbeit ist von höchster Wichtigkeit. Eigentlich müssten hier die besten Köpfe der Republik zum Einsatz kommen. In den Verwaltungen müsste ein Geist der Exzellenz blühen, der sowohl die Politik als auch alle am Bau Beteiligten zu Höchstleistungen herausfordern müsste.

Die Realität sieht allerdings in meiner Erfahrung in vielen Fällen anders aus. Die Verwaltungskarriere gilt immer noch als die sichere Alternative für die weniger risikofreudigen Kollegen, und die Motivation, architektonische Höchstleistungen zu beflügeln, scheint im System nicht unbedingt verankert. Viele Behörden sind eher mit sich selbst als mit ihren Aufgaben beschäftigt und manche beamteten Architekten betrachten ihre freiberuflichen Kollegen eher als Weisungsempfänger oder gar Gegner, nicht notwendigerweise als ihre Partner. Obwohl ich auch von positiven Beispielen berichten kann, von einzelnen Leitfiguren, die ihre Aufgaben mit großer Verantwortung und Intelligenz verfolgen, scheint es mir prinzipiell nicht so, als ob das System die Initiative für eine exzellente Baukultur des Öffentlichen begünstigen würde.

Die diversen Versuche, die Abteilungen in ihrer Leistungsfähigkeit zu verbessern, haben tendenziell in den letzten Jahren dazu geführt, dass sich ihre Rolle noch stärker nur auf die Einhaltung von Kosten und Terminen beschränkt hat. Dazu kommt das Protokoll der diversen Durchführungsvorschriften und das oberste Gebot, etwaigen Missbrauch von Steuergeldern verhindern zu müssen, was alles zusammen vielfach zu einer Kontroll- und Verbotsmentalität führt, die es schwer macht, noch positiv zu denken.

Dazu kommt, dass ähnlich wie an den deutschen Hochschulen die Unkündbarkeit von Beamten die Dynamisierung der Dienste blockiert. Wo eigentlich das Streben nach Exzellenz oberstes Leitmotiv sein

on public life. Its vast reach and inexhaustible diversity of content have, however, greatly intensified competition for the dwindling attention of an overwhelmed public. If you want to be noticed at all and to stand out from the flood of information, you need the kind of content that appears to be spectacular. Such a need for spectacle is a paradigm that is spreading like a virus through the tissue of society and has long been altering its DNA.

That is the only way to explain why, even in the serious daily or weekly newspapers of this country, the aforementioned discourse about public space is of secondary interest at best. Apart from the property sections, they offer no sustained debate about the built environment, not of the kind that would be appropriate to a subject with such a strong and ubiquitous influence. The German public learns about the built environment from sensationalist journalism, reporting either on star architects or botched construction projects, overweening pride and/or abject failure. The few writers who have consistently covered the subject in detail for years are given column space in the cultural pages only when they have eye-catching individual projects to discuss. Public space and architecture are seemingly too complicated and apparently not sexy enough to prevail against all the other voices clamouring for attention.

As for the trade press, which has a long and venerable tradition in Germany, there are still reputable journalists and journals that take a responsible, considered approach to less popular topics. It is clear to see, however, that they are all feeling the effects of fierce competition, the resulting financial squeeze and the pressure to submit to the logic of the mainstream press. It is no coincidence that serious publications are increasingly being replaced by magazines in which the editorial content is little more than a flimsy pretext to advertise construction products. This blend of marketing and discussion intensifies the demand for spectacular content – with the unsavoury side effect that, even in casual conversation among architects, it is now barely possible to distinguish between an intellectually inquisitive, factual discourse and self-marketing; the value systems get blurred to the point of confusion.

This principle of mixing or, in its latest form, mash-up, is also a prominent feature of the Internet, the largest competitor of the print media. It is a forum without any editors, in which public and private, clever and stupid, major and minor, exemplary and reprehensible are only a mouse click apart. In the Internet, everybody is their own editor-in-chief, who can choose either to make their own use of the wonderful and exhaustive range of information accessible there, or to succumb to the pull of consumption and distraction. The Internet as such has no guidelines, no morals or ethics, no modes of operation.

However, its extraordinary active and reactive power still offers great potential for the public sphere, as direct democratic dialogue has never been as easy as it is online; exercising the right to express an opinion has never been so convenient, so direct and so effective. At the same time it has also never been easier to withdraw completely from public life, to avoid public debate and to transfer social intercourse, if any, to the virtual sphere. If every aspect of our need to communicate could be satisfied on the screen, then the open spaces in our cities would indeed degrade to no more than inferior service zones.

Reassuringly, however, it is evident that the virtual worlds of the Internet not only fascinate us with seemingly endless possibilities but

sollte, verschwinden die inhaltlichen Zielsetzungen unter einem Berg von Protokollen und Aktenlagen, sodass man sich insbesondere angesichts schwindender Mittel manchmal fragt, ob wir uns den immer noch sehr großzügig dimensionierten Verwaltungsapparat, den wir in Deutschland haben, wirklich leisten wollen.

Wie gesagt, es liegt vielfach auch in der Hand des Einzelnen, aber man muss sagen, dass gerade progressive Individuen nach meiner Erfahrung immer wieder an Grenzen stoßen. Das liegt unter anderem auch daran, dass die Verwaltungen ihrerseits wiederum von der Politik abhängig sind. Ich habe Projekte erlebt, da wurde der Begriff „politische Entscheidung“ wie eine Art höhere Gewalt verwendet, gegenüber der man ebenso ohnmächtig war wie gegenüber dem Wetter. Es wäre also zu überlegen, inwieweit man den Verwaltungen zusammen mit einer Verpflichtung zur Exzellenz nicht auch eine gewisse Unabhängigkeit und Eigenverantwortung zugestehen sollte, die ihnen ihrerseits eher das Gefühl der selbstbestimmten Partnerschaft vermittelt.

Flexiblere Arbeitsweisen, auch größere Durchlässigkeit zur Profession, ein Mehr an Inhalt und ein Weniger an Bürokratie würden der Baukultur und dem Öffentlichen die größten Dienste erweisen. Denn trotz aller Kritik und aller Schwächen liegt meiner Meinung nach bei den Baubehörden in Deutschland im Augenblick mit das größte Potenzial für die Baukultur. Es kann nur unsere Aufgabe als freie Architekten sein, dieses Potenzial in einer inhaltlichen Debatte immer wieder einzufordern und positive Geister in den Diensten nach Kräften zu stützen.

Apropos Debatte: Die Medien, die viel zitierte vierte Macht im Staat, leisten, wie bereits gesagt, einen wesentlichen Beitrag zum Öffentlichen. Sie sind teils Reflektor und teils Quelle der öffentlichen Meinung und beeinflussen sehr wesentlich die Form und die Inhalte der Auseinandersetzung um das öffentliche Leben. Durch ihre enorme Verbreitung und aufgrund des so vielfältigen Angebots ist jedoch der Wettbewerb um die schwindende Aufmerksamkeit einer überforderten Öffentlichkeit extrem gestiegen. Um überhaupt wahrgenommen zu werden und aus der Flut der Informationen herauszuragen, bedarf es einer Art von Inhalten, die das Spektakel bedienen. Diese Notwendigkeit des Spektakulären ist ein Faktor, der sich wie ein Virus im Gewebe der Gesellschaft breit macht und längst angefangen hat, ihre DNA zu verändern.

Nur so ist es zu erklären, dass selbst in den seriösen Tages- oder Wochenzeitungen der Republik die hier angesprochene Diskussion über den öffentlichen Raum bestenfalls eine untergeordnete Rolle spielt. Abgesehen von den Immobilienseiten gibt es keine kontinuierliche Debatte über die gebaute Umwelt, die der Omnipräsenz und Einflussgröße des Themas angemessen wäre. Die deutsche Öffentlichkeit erfährt von der Gestaltung ihrer Umwelt per Skandalberichterstattung, in der entweder von Stararchitekten oder Pfusch am Bau die Rede ist, von Hybris und/oder Versagen. Die wenigen Autoren, die sich konsequent und über Jahre hinweg mit der Materie auseinandersetzen, bekommen in ihren Feuilletons nur dann Platz eingeräumt, wenn sie über Aufsehen erregende Einzelprojekte berichten können. Die Materie ist zu komplex und scheinbar nicht sexy genug, um sich auf dem Marktplatz der Eitelkeiten behaupten zu können.

Was die Fachpresse betrifft, gab es in Deutschland eine große Tradition, und auch heute widmen sich seriöse Journalisten und

also give rise to anxieties that heighten people's desire for affirmation of their own existence through physical experience. Just as globalisation reawakens the yearning for national and regional identity, the virtualisation of our lives generates a need for an immediate, tangible reality and physicality.

If there had ever been any doubt about it, all of these phenomena (virtual communication, the temptation to withdraw and the desire for reality) combine to show why we need to think about public space differently today from how we did fifty years ago; and the media, whose emergence is partly responsible for these changes, would, of course, be in a position to accompany such a paradigm shift in a critical yet proactive manner. This does, however, presuppose that the press is a sort of independent moral institution – which we cannot really assume, even in the case of public broadcasting. As long as no real concern is evident that could in turn stimulate media interest, the 'law of the spectacle' holds sway: a law that has clearly exercised great influence over the production of architecture (as it has over all other areas of society) and will continue to do so.

How do those who are actually commissioned to plan interventions in public space deal with this situation? Is the public sphere in good hands when it comes to the design professionals and their clients? Building, as such, is a means for individuals or corporations to establish themselves in the environment, in both the local and the global senses. Hence there is always a crucial relationship of mutual dependence between an individual project and public space. A design is projected into an environment that only comes into being, so to speak, with completion of the project. Everything that we perceive as our built or natural environment has been conceived by architects or planners in the broadest sense. Ultimately, the appearance of our cities and countryside, the appearance of public space, is the palimpsest of a multitude of such projects undertaken by different generations.

By definition, then, construction is both the fulfilment of the needs of a specific owner and an intervention in public space. Even on the smallest construction projects, architects always operate at the interface between the individual and the community; thus they are trustees of the interests of both groups, although they have only entered a direct contractual relationship with one of them. With the other party they have an understanding (at least in Germany, in the form of a statutory fee regulation) that, on the one hand, shields the profession from market forces to a certain extent by assigning something like the status of public utility to its services (as with doctors, lawyers and notaries) and, on the other, formulates an obligation towards the community – at least implicitly, since there is nothing equivalent to the Hippocratic oath that needs to be sworn. I will reserve judgment on the extent to which the respective players are able to mediate fairly between the interests of their two different patrons, one of whom pays their fee while the other can only wield a categorical imperative. In a celebrated interview, Philip Johnson said that architects are basically whores – and who am I to disagree with this legend of the business of architecture?

Commercial developers, by comparison, face comparatively little uncertainty as to where their best interests lie. Even if they want their projects to make a positive contribution to the city, their top priority and prime motivation for their activities has to be the gain of profit. In this scenario, the public is mainly of interest as a potential

Journale aktuellen und auch weniger populären Themen mit großer Ernsthaftigkeit. Allen ist jedoch der starke Wettbewerb, der damit verbundene finanzielle Druck und der Zwang zur Angleichung an die Logik der Massenpresse anzumerken. Es ist kein Zufall, dass immer mehr seriöse Publikationen durch Magazine ersetzt werden, bei denen der redaktionelle Teil nur noch einen durchsichtigen Vorwand für die Bewerbung von Bauprodukten bietet. Diese Vermischung von Marketing und Debatte führt zu einer verdoppelten Notwendigkeit spektakulärer Inhalte mit dem unappetitlichen Nebeneffekt, dass auch im generellen Diskurs unter Architekten vielfach zwischen einer wissenschaftlich inspirierten intellektuellen Auseinandersetzung und dem Self-Marketing kaum noch zu unterscheiden ist, dass die Wertesysteme bis zur Unübersichtlichkeit verschwimmen.

Dieses Prinzip der Vermischung oder des sogenannten Mash-up ist auch ein herausragendes Merkmal des Internets, dem größten Konkurrenten der „Gutenberg-Medien", ein Forum ohne jegliche Redaktion, in dem Privates und Öffentliches, Intelligentes und Dummes, Haupt- und Nebensächliches, Vorbildliches und Verwerfliches nur einen Mausklick voneinander entfernt liegen. Im Internet ist jeder sein eigener Chefredakteur, der sich entweder entscheiden kann, das großartige und umfassende Informationsangebot, das hier zugänglich ist, für sich zu nutzen, oder sich der Schwerkraft des Spiel- und Konsumtriebs zu überlassen. Das Internet verfügt als solches über keinen Leitfaden, keine Moral oder Ethik, keine Handlungsstrategien.

Für das Öffentliche bietet seine außerordentlich aktive wie reaktive Macht dennoch großes Potenzial, denn der direkte demokratische Dialog war nie einfacher als dort, die Ausübung des Rechts auf Meinungsäußerung nie bequemer, direkter und wirksamer möglich. Umgekehrt war es nie leichter, sich aus dem öffentlichen Leben ganz zurückzuziehen, der öffentlichen Debatte aus dem Weg zu gehen und, wenn überhaupt, den sozialen Austausch in den virtuellen Raum zu verlegen. Wenn alle Kommunikationsbedürfnisse am Bildschirm erledigt werden könnten, dann wären die Räume unserer Städte tatsächlich nur noch Funktionsräume zweiter Klasse.

Beruhigenderweise ist jedoch zu beobachten, dass die virtuellen Welten des Internets wegen ihrer schier endlosen Möglichkeiten nicht nur faszinieren, sondern auch eine Angst verursachen, die den Wunsch nach der physisch wahrnehmbaren Affirmation der eigenen Existenz eher steigert. So wie die Globalisierung den Drang zur nationalen und regionalen Identität wieder stärkt, verursacht die Virtualisierung unseres Lebens auch ein Bedürfnis nach tatsächlich wahrnehmbarer Realität und Körperlichkeit.

Sollte es daran Zweifel gegeben haben, so zeigen all diese Phänomene – die virtuelle Kommunikation, die Versuchung des Rückzugs und der Wunsch nach Realität –, warum wir den öffentlichen Raum heute anders denken müssen als vor fünfzig Jahren. Und die Medien, deren Aufkommen teilweise für die Veränderungen mitverantwortlich sind, wären natürlich in der Lage, einen solchen Paradigmenwechsel proaktiv und auch kritisch zu begleiten. Diese Vorstellung würde allerdings eine Konzeption der Presse als einer Art unabhängiger moralischer Institution voraussetzen, von der wir selbst in den öffentlich-rechtlichen Anstalten eigentlich nicht wirklich ausgehen können. Solange keine wirkliche Betroffenheit zu erkennen ist, die dann wiederum in einen Bedarf für Berichterstattung münden

customer and the property is a product for sale. Public space is a burden more than anything else and is used primarily to create a representative setting. Although such an organisation certainly prefers to have public opinion on its side, its own financial interests are, to begin with, generally incompatible with the collective interests of the public sphere. And if, by entering into a public-private partnership, a public body submits to the logic of the market, it may perhaps gain economic efficiency in the short term, but this is usually at the expense of public character, unless an architect makes it his responsibility to enable the public sphere to develop an aura through his architecture.

But how is that done? What does the public sphere look like? What is the difference between an office building for a private company and one for the Inland Revenue or a social security office? How do I create places that encourage social intercourse? How can I improve the quality of public space to suit the diversity of our societies? How does a liberal democracy manifest itself, what does a social market economy look like, what is it that signifies the fairness, the dignity, the freedom and the authority of our polity? Obviously, these are questions that must be considered to a greater or lesser extent for each project, and specific answers to them have to be found in every case. They certainly require architects that are able to listen; in turn, society would be well advised to rely on its architects' intelligence and creative potential – and to acknowledge and appreciate it as well.

About a year ago, a large number of architects, myself among them, signed a so-called Climate Manifesto with the heroic-sounding title 'Common Sense for the World'. In this manifesto, Germany's architects made a pledge to the public to promote a more sustainable society through their work. This manifesto, which was issued by the Association of German Architects (BDA), is in fact a voluntary commitment of the profession to the community – even though the community had never asked for it nor really taken notice of it.

This provides a good example of our self-image of the architect as an agent of progress in the world, which has been with us since the advent of modernism. This is what was taught to us at university and this is what we still pass on to our students today. The comments made about this manifesto in the German press, ranging from irony to sarcasm, were, in turn, a good example of the scepticism that this image arouses in the rest of society. Too many mistakes have been made by architects, too many members of the profession clearly live by commercial principles rather than idealistic ones, and too deeply rooted in the popular imagination is the notion of the architect as an artist who, incapable of communication in any form, is interested in a building only as an autonomous work. This is a prejudice that has, of course, been confirmed again and again by a whole generation of big-name architects up to this day.

So are we not really being honest with ourselves when we trumpet our commitment to the *res publica*? Is our profession's political and social relevance an illusion by means of which we try to put a brave face on the dwindling importance of a service industry? Are we just naive, trusting idealists who have never learned to operate in the market place as the rest of the world does? Or are we actually attempting to fill a void created by the lack of interest and the absence of other stakeholders?

I think, especially in the context of this convention, that we have to adopt the last option as a working hypothesis, but before I indulge

könnte, herrscht das Gesetz des Spektakels, und es ist offensichtlich, dass dieses Gesetz die Architekturproduktion (wie alle anderen Bereiche der Gesellschaft) wesentlich beeinflusst hat und beeinflusst.

Wie gehen diejenigen, die die Eingriffe in den öffentlichen Raum tatsächlich projektieren sollen, mit dieser Situation um? Wie gut ist das Öffentliche bei den Planern und ihren Auftraggebern aufgehoben? Das Bauen ist das Einrichten eines Individuums oder einer Körperschaft in der Umwelt im weiteren und engeren Sinne. Daher besteht zwischen dem einzelnen Projekt und dem öffentlichen Raum immer ein entscheidendes Abhängigkeitsverhältnis. Denn das einzelne Projekt wird in eine Umwelt hineingeplant, die mit seiner Erscheinung sozusagen erst entsteht. Alles, was wir als gebaute und natürliche Umwelt wahrnehmen, ist von Architekten oder Planern im weitesten Sinne geschaffen worden. Das Bild unserer Städte und Landschaften, das Bild des öffentlichen Raums ist letztlich das Palimpsest einer Vielzahl von Einzelprojekten unterschiedlicher Generationen.

Bauen ist also per Definition immer beides, die Erfüllung der Bedürfnisse einer spezifischen Bauherrenschaft, aber auch der Eingriff in den öffentlichen Raum. Architekten sind auch bei dem kleinsten Bauvorhaben immer an der Schnittstelle zwischen Individuum und Gemeinschaft unterwegs; sie sind Treuhänder beider Interessengruppen, wobei nur mit einer ein unmittelbares vertragliches Verhältnis eingegangen wurde. Mit der anderen Partei besteht zumindest in Deutschland über die HOAI auch eine Übereinkunft, die einerseits den Berufsstand bis zu einem gewissen Grad vor dem Markt schützt, indem sie seinen Diensten, ähnlich denen von Ärzten, Rechtsanwälten oder Notaren, einen quasi gemeinnützigen Status zuweisen, andererseits aber zumindest implizit auch eine Verpflichtung gegenüber der Gemeinschaft formuliert, selbst wenn kein hippokratischer Eid geleistet werden muss. Inwieweit es den jeweiligen Akteuren gegeben ist, zwischen den Interessen ihrer beiden Treugeber zu vermitteln, von denen der eine ein Honorar bezahlt und der andere nur mit einem kategorischen Imperativ droht, will ich nicht beurteilen. Philip Johnson äußerte ja einmal in einem berühmten Interview, dass Architekten grundsätzlich Huren seien, und wer bin ich, dieser Legende des Architekturgeschäfts zu widersprechen?

Vergleichsweise unmissverständlicher ist in der Regel die Interessenlage von kommerziellen Bauherren. Selbst wenn sie natürlich mit ihren Projekten zur Stadt beitragen wollen, muss die oberste Priorität und Motivation ihres Handelns der zu erzielende Gewinn sein. Die Öffentlichkeit ist in diesem Szenario in erster Linie ein potenzieller Kunde, die Immobilie ist ein Produkt. Öffentlicher Raum ist eher eine Belastung und wird in erster Linie zu repräsentativen Zwecken eingesetzt. Obwohl man die öffentliche Meinung auf jeden Fall auf seiner Seite wissen möchte, sind die wirtschaftlichen Interessen der individuellen Organisation und die kollektiven Interessen des Öffentlichen in der Regel zuerst einmal unvereinbar. Und wenn sich in einem Public-Private-Partnership-Projekt eine öffentliche Institution der Logik des Marktes unterwirft, gewinnt sie möglicherweise kurzfristig an wirtschaftlicher Effizienz, verliert aber in der Regel ihren öffentlichen Charakter, es sei denn, ein Architekt macht es sich zu eigen, dem Öffentlichen in seiner Architektur zur Erscheinung zu verhelfen.

Doch wie macht man das? Wie sieht das Öffentliche aus? Worin liegt der Unterschied zwischen einem Bürogebäude für ein privates

in further speculation here, we ought to talk about the most important stakeholder in public life: the citizen. So we should ask how he or she can perform as a useful advocate of the public sphere. The public casts its votes at elections and it forms the mercury in the political barometer that causes the government's course to shift in one direction or another from week to week. The fact that grass-roots initiatives really can influence policy at a local and national level is one of the more reassuring signs when you consider the state in which our country finds itself.

As for my own experience in the discussion of architectural projects and public space, interaction with citizens is characterised by the extremes that we know from the media. They come either in the form of protesting neighbours, writers of angry letters to the editor and moaning armchair politicians, or of admiring fans who want to express their enthusiasm and their pleasure in a built object. In exceptional cases, we have experienced coordinated and constructive participation by members of the public in the planning process, although their contributions mostly turn out to be limited to protecting their own particular interests rather than any negotiations over fundamental aspects of the public sphere.

In abstract terms, one obviously places great hopes in the initiative of enlightened and socially responsible citizens, but in reality the public debate poses a challenge and is an unwanted burden for many lay people. If there is to be a genuinely productive exchange of views, a mediator is needed to explain, inform, interpret and stimulate. One possible reaction to the transformation of the public sphere would be to create a formal role for a professional mediator of this kind. Younger colleagues have pointed out the potential to expand the profession's scope of work here. Public space needs debate, after all – not only so that individual projects will turn out well, but also, of course, in the interest of maintaining the motor of democracy that I mentioned earlier. It is one of the few common goods in which all people of this country have a share, and a debate about the public sphere would actually help to bring the subject of the discussion into existence, so to speak. There are signs that, as a result of the financial and climate crises, the demand for a debate of this nature is actually growing so much that not only the public but also the media and politicians would take a stronger interest in it than before. Both of these crises will impose great burdens on the public sphere: more and more public institutions will need to find ways of financing themselves from private sources and will thus relinquish public territory to private entrepreneurship. Similarly, if the latest climate-change predictions are borne out, there will be such drastic restrictions on our customary ways of life that the level of concern will doubtless rise of its own accord.

A debate begun today could pre-empt (or at least prepare for) these developments, but it does not yet seem as though the desired target group can be activated at the moment. As far as my peer group is concerned, it would, of course, be desirable if architects and planners were to be aware of their status as a professional elite and were to send respective signals through their exemplary action. Further, they should communicate loudly enough to make themselves heard – not only to help the world but also out of a clear interest in their own survival. Both of these courses – action and communication – can take a wide variety of forms: it is possible to imagine architects not

Unternehmen und einem Finanz- oder Arbeitsamt? Wie kreiert man Orte, die den sozialen Austausch fördern? Wie kann man die Qualität des öffentlichen Raums für die Vielfalt unserer Gesellschaften ertüchtigen? Wie manifestiert sich eine freiheitliche Demokratie, wie sieht soziale Marktwirtschaft aus, woran erkennt man die Fairness, die Würde, die Freiheit und die Autorität unseres Gemeinwesens? Dies sind offensichtlich Fragen, die bei jedem Projekt in geringerem oder größerem Umfang jedes Mal von Neuem gestellt werden müssen und die in unterschiedlichen Fällen unterschiedlich zu beantworten sind. Architekten müssen dabei sicherlich zuhören können; umgekehrt wäre die Gesellschaft gut beraten, die Intelligenz und das kreative Potenzial von Architekten einzufordern, es aber auch anzuerkennen und zu würdigen.

Eine ganze Reihe von Kollegen, zu denen ich mich auch zähle, haben vor etwa einem Jahr ein sogenanntes Klimamanifest mit dem heroischen Namen „Vernunft für die Welt" unterzeichnet. In diesem Manifest verpflichtet sich die Architektenschaft gegenüber der deutschen Öffentlichkeit dazu, mit ihrem Tun auf eine nachhaltigere Gesellschaft hinzuarbeiten. Dieses Manifest, das vom Bund Deutscher Architekten ausging, ist ein freiwilliges Bekenntnis zu der Verpflichtung der Profession gegenüber der Gemeinschaft, ohne dass die Gemeinschaft jemals danach gefragt oder davon wirklich Kenntnis genommen hätte.

Sie ist ein gutes Beispiel für unser Selbstverständnis vom Architekten als Weltverbesserer, das uns seit der Moderne begleitet. Es wurde uns so in unseren Hochschulen gelehrt und so geben wir es auch heute noch an unsere Studenten weiter. Die ironischen bis sarkastischen Kommentare, die man zu diesem Manifest in der deutschen Presse lesen konnte, waren wiederum ein gutes Beispiel für den Unglauben, den dieses Selbstverständnis in weiten Teilen der Gesellschaft auslöst. Zu viele Fehler sind von Architekten gemacht worden, zu viele Mitglieder der Profession leben erkennbar nach kommerziellen und nicht nach idealistischen Prinzipien, und zu fest ist das Image in der populären Vorstellung verankert, dass der Architekt ein Künstler sei, der, unfähig zu jeglicher Kommunikation, nur am Gebäude als autarkem Werk interessiert ist – ein Vorurteil, das natürlich von einer ganzen Generation von Spitzenarchitekten bis heute auch immer wieder bestätigt worden ist.

Sind wir also nicht wirklich aufrichtig mit uns selbst, wenn wir unser Engagement um die *res publica* plakatieren? Versuchen wir uns mit der Illusion von der politischen und sozialen Relevanz unseres Berufs die schwindende Bedeutung eines Dienstleistungsgewerbes schönzureden? Sind wir einfach naive, gutgläubige Idealisten, die es nie gelernt haben, sich so auf dem Markt zu bewegen, wie der Rest der Welt das tut? Oder wird da tatsächlich versucht, eine Lücke zu füllen, die durch das Desinteresse und die Abwesenheit anderer Stakeholder entstanden ist?

Ich denke, vor allem im Zusammenhang dieses Konvents müssen wir wohl von der letzten Option als Arbeitshypothese ausgehen, aber bevor ich hier weiter spekuliere, sollten wir über den wichtigsten Teilhaber am öffentlichen Leben sprechen, denn das ist der Bürger. Wir sollten also auch die Frage stellen, wie er oder sie einen brauchbaren Advokaten des Öffentlichen abgeben kann. Bürger vergeben ihre Stimmen bei der Wahl und sie bilden das Quecksilber im Politbarometer, das den Kurs der Regierung jede Woche in die eine oder andere

only in the role of mediator, but also in that of manager, client consultant and even politician. Finally, we should remember that we are not only designers but also citizens ourselves; architects, too, can become activists. And if architects decide to maintain responsibility for the public sphere, be it as professionals or as members of the public, then they should fight aggressively to get the political influence that is necessary to do so. They could start by gaining acceptance of the aforementioned problems and a show of support at national level. The next step would be to engender a commitment by local government authorities towards an uncompromising quest for excellence. Enlightened building owners and developers could be rewarded for good projects with a tax deduction, similar to that in the case of the renovation of listed buildings, and the Bundesstiftung Baukultur (Federal Foundation for Building Culture) should certainly receive a similar level of national backing as in Scandinavia, the Netherlands and Great Britain.

The Bundesstiftung Baukultur has the enormous privilege of not having to submit to the logic of the spectacle, although whatever it does should never be boring. That said, we ought to say goodbye to the notion that everything needs to be designed and perfected. Public life does not need to be pre-empted, but neither should it be left to its own devices. It needs helpers, facilitators and interpreters; it needs care, guidance and openings – because, ultimately, what is at stake is the tradition of the polis, which I mentioned at the beginning. If we want to keep alive the idea of the city as the locus of the public sphere, it is not enough to draw upon the repertoire of its historical typologies. If we really do nurture public life and public space as agents of the public sphere and don't want to abandon them to become battlefields of competing commercial interests, from which only beacons of commonality stand out, then we need to understand them as a territory of continuous negotiation. The more people that take part in this negotiation, the better. *MS*

Lecture given at the 2010 Convention of Building Culture, PACT Zollverein, Essen, April 2010

Richtung ausschlagen lässt. Dass Bürgerinitiativen kommunale und auch nationale Politik immer wieder tatsächlich beeinflussen können, ist eines der beruhigenden Symptome mit Blick auf den Zustand der Nation.

Was meine persönliche Erfahrung in der Diskussion um architektonische Projekte und den öffentlichen Raum betrifft, so ist die Auseinandersetzung mit Bürgern von den extremen Gegensätzen gekennzeichnet, die wir auch aus den Medien kennen. Sie traten entweder in Form von protestierenden Nachbarn, wütenden Leserbriefautoren oder maulenden Stammtischpolitikern auf, oder in Form von bewundernden Fans, die ihre Begeisterung und ihr Gefallen an einem gebauten Objekt zum Ausdruck bringen. In einzelnen Ausnahmefällen haben wir auch eine koordinierte und konstruktive Teilhabe von Bürgern an Planungsprozessen erlebt, wobei sich deren Beitrag am Ende dann doch zumeist auf die Wahrung von Partikularinteressen beschränkte, weniger auf eine grundsätzliche Verhandlung des Öffentlichen.

Ganz abstrakt verspricht man sich natürlich von der Initiative aufgeklärter und solidarischer Bürger sehr viel, tatsächlich stellt diese Diskussion für viele Mitbürger aber eine inhaltliche Herausforderung und unerwünschte Belastung dar. Für einen wirklich produktiven Austausch bedarf es eines Mediators, der erklärt, informiert, übersetzt und anregt. Die Erfindung der Rolle eines solchen professionellen Mediators könnte eine Reaktion auf die Transformation des Öffentlichen sein. Junge Kollegen verweisen die Profession hier durchaus auf neue Betätigungsfelder. Denn der öffentliche Raum bedarf der Diskussion – nicht nur im Sinne eines guten Projektergebnisses, sondern natürlich auch im Interesse der Aufrechterhaltung des zuvor beschriebenen Motors der Demokratie. Er ist eines der wenigen gemeinsamen Güter, an dem alle Menschen in diesem Land teilhaben, und die Diskussion um das Öffentliche würde den Gesprächsgegenstand sozusagen gleichzeitig entstehen lassen. Es gibt Anzeichen dafür, dass infolge der Finanz- und der Klimakrise der Bedarf an einer solchen Debatte tatsächlich so sehr zunimmt, dass nicht nur Bürger, sondern auch Medien und Politik wieder stärker daran teilhaben werden. Denn beide Faktoren werden das Öffentliche stark belasten: Immer mehr öffentliche Einrichtungen werden Wege finden müssen, sich über private Kassen zu finanzieren und damit das öffentliche Territorium privater Wertschöpfung preisgeben; und wenn die Klimaprognosen eintreffen, die im Augenblick diskutiert werden, werden sich auch daraus so drastische Einschränkungen für unsere Lebensweisen ergeben, dass die Betroffenheit zweifelsohne von allein steigen wird.

Eine heutige Debatte kann diese Entwicklungen vorwegnehmen oder zumindest vorbereiten, aber es scheint noch nicht so, als ob die gewünschte Teilnehmerbasis im Augenblick zu erreichen wäre. Wenn ich nur für meine eigene Gruppe sprechen soll, dann wäre es natürlich wünschenswert, dass sich Architekten und Planer ihres Status als Fachelite stärker bewusst würden und einerseits durch vorbildliches Handeln Zeichen setzen und andererseits mit einer hörbareren Stimme kommunizieren würden. Dies weniger aus Gutmenschentum, sondern ganz im konkreten Interesse am eigenen Überleben. Dabei können beide – Handeln und Kommunizieren – die verschiedensten Formen annehmen, denn man könnte sich Architekten nicht nur in der Rolle des Mediators, sondern auch in der des Managers,

Bauherrenberaters und sogar des Politikers vorstellen. Schließlich sollten wir uns auch daran erinnern, dass wir selbst nicht nur Planer, sondern auch Bürger sind; auch Architekten können Aktivisten werden. Und wenn Architekten sich dafür entscheiden, als Fachleute oder als Bürger die Verantwortung für das Öffentliche lebendig zu halten, so sollten sie auch aggressiv für den dazu notwendigen politischen Einfluss kämpfen. Eine Akzeptanz der genannten Probleme und ein Zeichen der Unterstützung auf nationaler Ebene wäre der Anfang. Die Verpflichtung der Verwaltungen auf einen kompromisslosen Kurs zur Exzellenz wäre der nächste Schritt. Man könnte aufgeklärte Bauherren für gute Projekte mit einer Steuererleichterung, ähnlich der Denkmalschutz-AfA, belohnen und man müsste ganz sicherlich die Bundesstiftung Baukultur in einem Maße unterstützen, wie uns dies in Skandinavien, den Niederlanden oder Großbritannien vorgemacht wird.

Die Bundesstiftung Baukultur hat das enorme Privileg, sich nicht unbedingt der Logik des Spektakels fügen zu müssen, gleichwohl darf alles, was sie tut, niemals langweilig sein. Allerdings sollten wir uns von dem Gedanken verabschieden, alles gestalten und perfekt machen zu wollen. Das öffentliche Leben braucht keine Vordenker, gleichwohl es nicht sich selbst überlassen wird; es braucht Helfer, Moderatoren, Übersetzer, es braucht Pflege, Intendanz, Angebote. Denn letztlich geht es um die eingangs erwähnte Tradition der Polis. Wenn wir diese Vorstellung von der Stadt als Ort des Öffentlichen am Leben erhalten wollen, genügt es nicht, das Repertoire ihrer historischen Typologien zu bedienen. Wenn wir tatsächlich öffentliches Leben und öffentlichen Raum als Agenten des Öffentlichen pflegen und sie nicht dem Schlachtfeld wirtschaftlicher Interessen überlassen wollen, aus dem nur noch einzelne Attraktoren der Gemeinsamkeit hervorragen, müssen wir sie als Verhandlungsmasse in einer kontinuierlichen Auseinandersetzung begreifen. Je mehr sich an dieser Auseinandersetzung beteiligen, desto besser. *MS*

Vortrag auf dem Konvent der Baukultur 2010, PACT Zollverein, Essen, April 2010

2014

Liturgical Objects, Immanuel Church, Cologne

Liturgische Objekte, Immanuelkirche, Köln

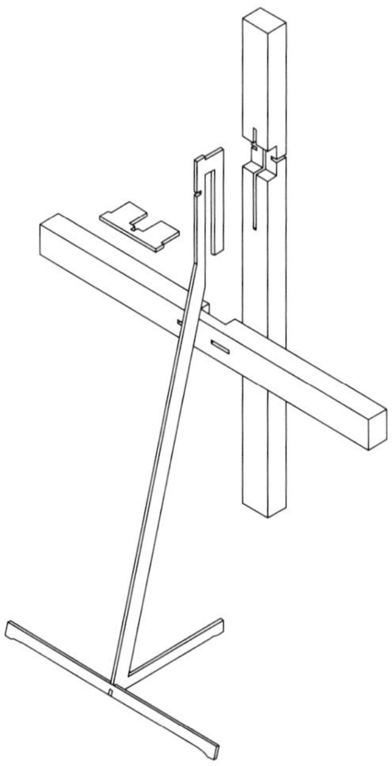

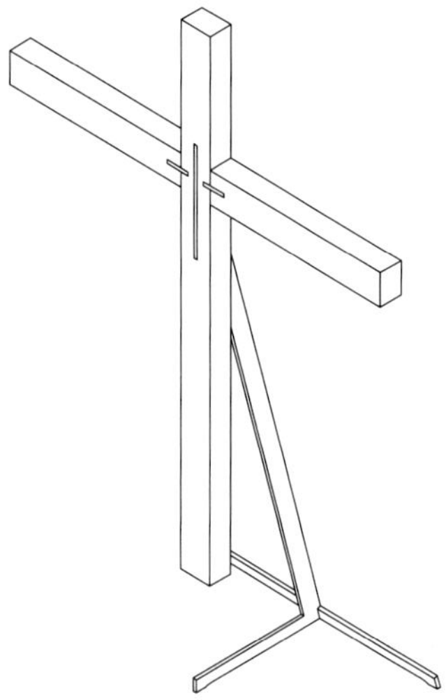

The liturgical objects and most of the furnishings that stand in Immanuel Church today come from one of the constituent halves of the newly merged Brückenschlag parish. The bells, the organ, the baptismal font, the altar and the pulpit were all housed in the church building that was closed and sold in order to release funds for construction of the new church. This legacy lacked some items, however, so new pieces were designed for the Immanuel Church. Candle-holders made of steel and a Bible stand made of wood and steel were created with the simplest possible aesthetic, in keeping with the character of the church's interior.

The symbolism of the altar cross is interpreted through its construction. A steel staff on a tripod ends in a small steel cross that holds together the vertical and horizontal elements of the larger wooden cross. As its stand is barely visible, the cross appears to float above the altar, in view of the entire congregation.

Like the interior itself, the explanation of this little sculpture in terms of plain construction is also open to symbolic interpretation: the cross, epitomising the Passion of Christ, holds together the fundamentals of worldly existence, resolving their contradictions and freeing them from their loads.

Die Prinzipalien und ein Großteil des Mobiliars, das heute in der Immanuelkirche steht, stammen von einer der beiden konstituierenden Teile der neu fusionierten Brückenschlag-Gemeinde. Glocken, Orgel, Taufstein, Altar und die Kanzel kommen aus dem Kirchengebäude, das geschlossen und verkauft werden musste, um den gemeinsamen Neubau zu finanzieren. Was in diesem Erbe fehlte, wurde für die Immanuelkirche entworfen. Kerzenständer aus Stahl und ein Bibelstand aus Holz und Stahl wurden – passend zum Kirchenraum – in der denkbar einfachsten Machart ausgeführt.

Das zentrale Symbol des Kreuzes haben wir als Konstruktion interpretiert. Ein Stahlkreuz auf einem Stativ hält eine aufrechte und eine waagrechte Holzstrebe zusammen; die Teile sind nur zusammengesteckt. Fest gefügt, schwebt das Holzkreuz für alle sichtbar über dem Altar.

Ähnlich wie beim Kirchenraum selbst bietet sich neben der lapidar konstruktiven Erklärung dieser kleinen Skulptur auch die Möglichkeit der symbolischen Interpretation: Das Kreuz als Inbegriff des Leidens Christi hält die unterschiedlichen Vektoren weltlicher Existenz zusammen, löst ihre Widersprüchlichkeit auf und befreit sie von ihrer Last.

2014

New Max, Hagenholzstraße, Zurich

New Max, Hagenholzstraße, Zürich

This design is inspired by the artistic work of Swiss artist and architect Max Bill. Bill was a proponent of Concrete Art, and while the 'concrete' in his artistic work arose from the compositional order of line, surface and colour, in architecture he saw the practical use and the physical structure as the bases of the 'concrete' form. For him the external appearance was directly determined by the internal spatial structure; the façade was the outer face of the inner wall.

However, this idea is no longer readily transferable to the present. Façades are now multi-layered wall constructions, so any attempt to depict an internal structure inevitably takes on a pictorial character. The same applies to the functional aspect of an office building: its infrastructure must be fully oriented towards flexibility and change.

The explicit representation of this dilemma of a pictorial surface set in front of indeterminate service systems and a concealed construction has, for us, become a concrete statement of contemporary architecture. The acceptance of the building surface as both image and communicative medium allows it to serve as a direct illustration of the reality of our technical and cultural situation. The reference to Bill's artistic work points to progressive discussions about the concrete and is to be understood as a tribute to the Swiss artist.

Dieser Entwurf ist inspiriert vom bildnerischen Werk des Schweizer Künstlers und Architekten Max Bill. Bill war ein Vertreter der konkreten Kunst, und während das „Konkrete" in seinem bildnerischen Werk aus der kompositorischen Ordnung von Linie, Fläche und Farbe entstand, sah er in der Architektur den praktischen Gebrauch und die konstruktive Struktur als die Basis jenes Konkreten. Die äußere Erscheinung war für ihn direkt durch die innere Raumstruktur determiniert, die Fassade die Außenseite der Innenwand.

Dieser Gedanke ist nicht mehr ohne Weiteres in die Gegenwart übertragbar. Fassaden sind heute mehrschichtige Wandkonstruktionen, sodass der Versuch, eine innere Struktur abzubilden, zwangsläufig einen bildhaften Charakter annimmt. Ähnliches gilt für die funktionale Gebrauchsstruktur eines Verwaltungsgebäudes, das ganz auf Flexibilität und Veränderung ausgerichtet sein muss.

Die unverhüllte Wiedergabe dieses Dilemmas einer bildhaften Oberfläche vor einer nicht fixierten Nutzungs- und verborgenen konstruktiven Struktur ist für uns zur konkreten Aussage der zeitgenössischen Architektur geworden. Die Akzeptanz der Gebäudeoberfläche als Bild und mitteilendes Medium entspricht der direkten Wiedergabe der Realität unserer technischen wie kulturellen Situation. Die Referenz zum bildnerischen Werk von Bill verweist auf die fortgeschrittene Diskussion um das Konkrete und ist als Hommage an den Schweizer Künstler zu verstehen.

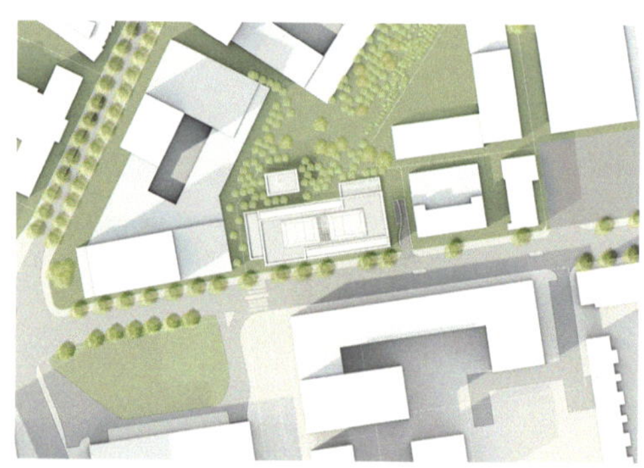

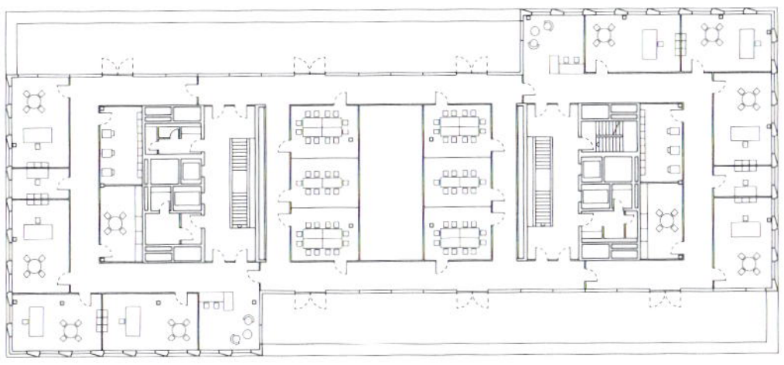

Top floor / Dachgeschoss

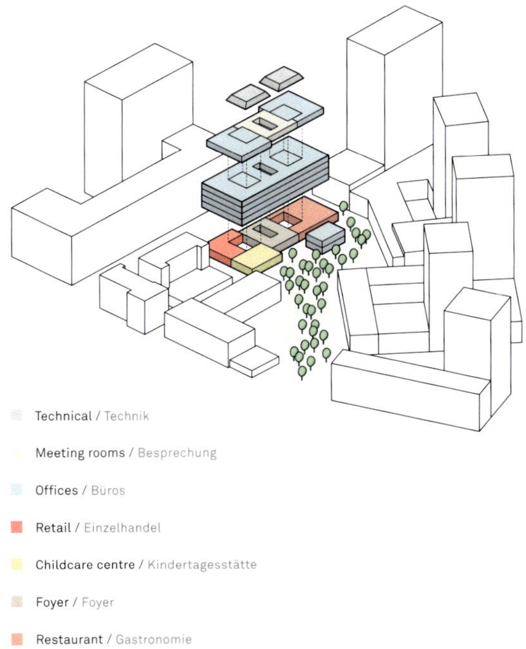

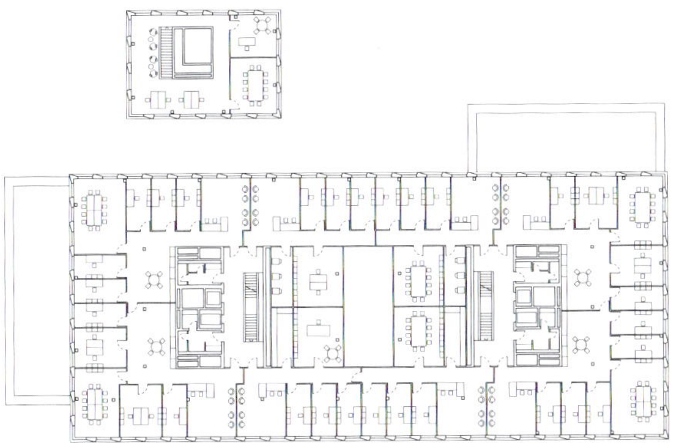

Typical floor / Regelgeschoss

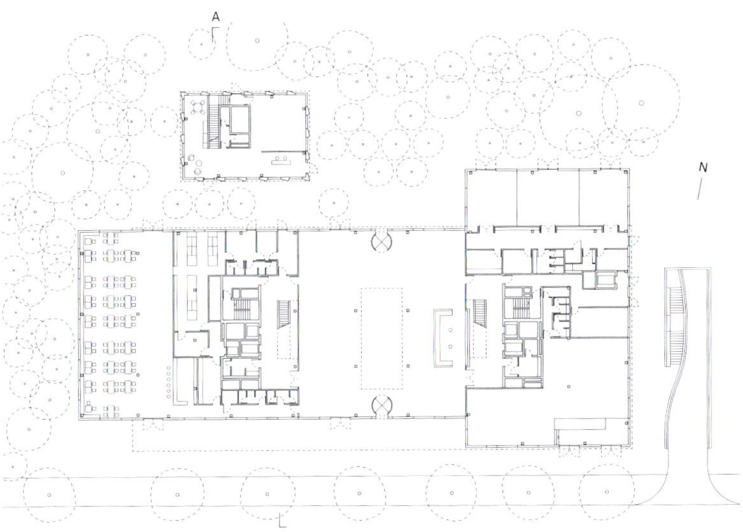

Ground floor / Erdgeschoss

0 10 20

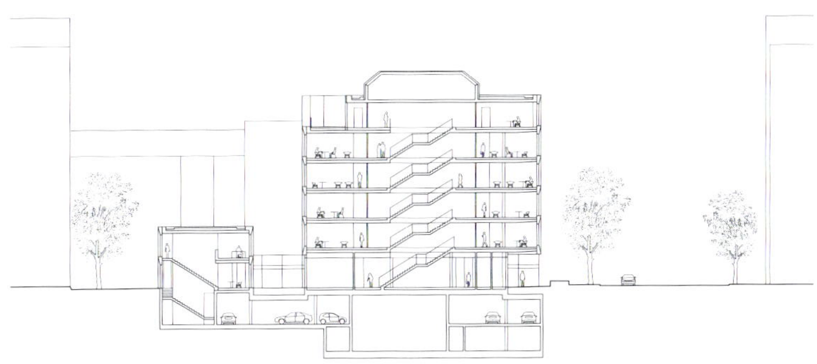

Section A / Schnitt A

South elevation / Ansicht Süd

West elevation / Ansicht West

2014

Kinetik, Boulogne-Billancourt

Kinetik, Boulogne-Billancourt

Over the last decade, the former Renault factory site in Boulogne-Billancourt has been redeveloped into a high-end residential and commercial neighbourhood. Our Kinetik office building forms part of a mixed-use block, defined in the master plan, together with two apartment buildings, sheltered housing for the handicapped and a Catholic church and community centre.

The building's northern façade is gently curved and pulls back above the ground floor to expand the space of the courtyard, which is tightly enclosed by the neighbouring structures. In contrast, the southern façade fronts onto a generous new park and offers views over the last surviving listed Renault building and across the greenery to the River Seine and the Meudon hills beyond.

The southern and western façades employ the principle of kinetic polychromy to give two very different experiences of the building, depending on the observer's angle of view and direction of movement: in the elevation seen frontally across the park from the Seine bridge, horizontal banding in graded shades of red appears to dominate the façade; but as one comes closer, or moves to the side, this image becomes increasingly overlaid by a vertically composed colour space of blue and grey tones. One experiences a building-scaled sculpture with perceptual ambiguity – an oscillating image that changes cinematically as the passer-by moves in relation to the building.

Das ehemalige Werksgelände der berühmten Renault-Fabriken in Boulogne-Billancourt ist im letzten Jahrzehnt zu einem hochwertigen Quartier für Wohnen und Arbeiten umgebaut worden. Unser Kinetik-Bürogebäude entstand gemäß dem städtebaulichen Rahmenplan in einem gemischten Block neben zwei Apartmenthäusern, einem Haus für betreutes Wohnen und einem katholischen Gemeindezentrum.

Die Gebäudefassade auf der Nordseite ermöglicht mit ihrer leicht geschwungenen Form und gestaffelten Rücksprüngen eine räumliche Aufweitung des von den Nachbarn dicht umbauten Innenhofs. Im Gegensatz dazu bildet das Gebäude zur Südseite hin die Raumkante eines großen Quartierparks. Diese exponierte Lage bietet zugleich einen Ausblick über den Park und das letzte verbliebene Gebäude von Renault bis hin zur Seine und den Hügeln von Meudon.

Die Süd- und Westfassade sind nach dem Prinzip der kinetischen Polychromie ausgebildet und erscheinen dem Betrachter je nach Blickwinkel und Bewegungsrichtung immer wieder unterschiedlich: Bei der Frontalansicht von der Seine aus sieht man eine scheinbar gebogene Oberfläche, auf der horizontale Brüstungsbänder in abgestuften Rotschattierungen dominieren. Aus der Nähe und von seitlichen Standpunkten überlagert sich dieses Bild mit einem vertikal strukturierten Farbraum aus Blau- und Grautönen. In der Bewegung entsteht so der Eindruck einer vieldeutigen Gebäudeskulptur, deren Erscheinung je nach Position des Betrachters einen anderen Charakter annimmt.

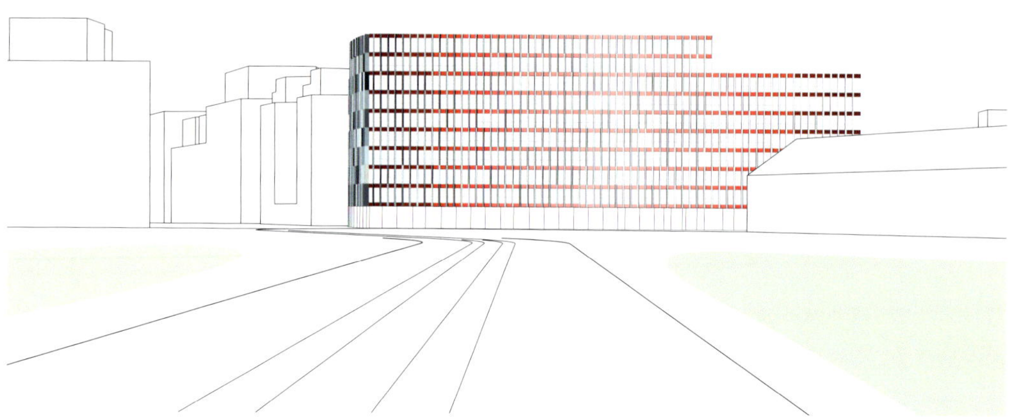

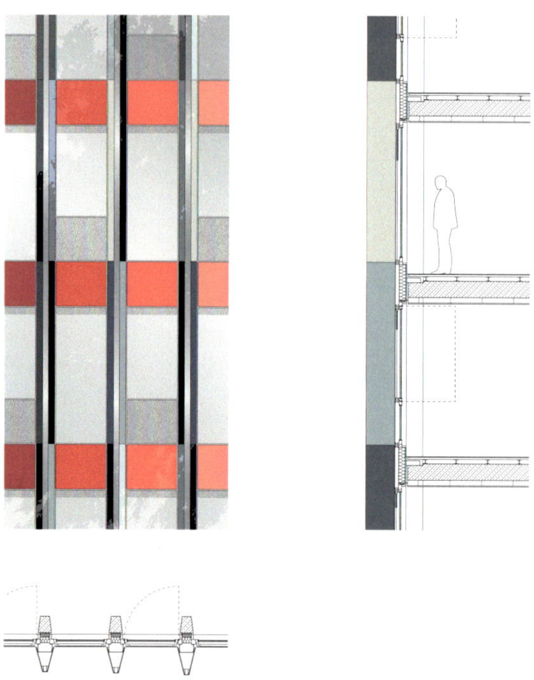

South façade and west façade / Süd- und Westfassade

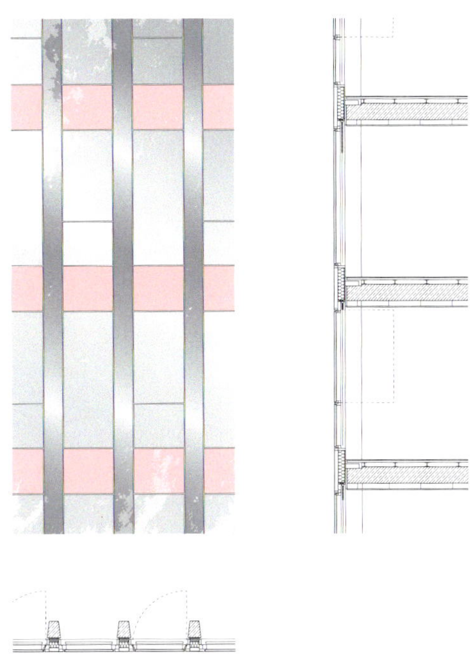

North façade and east façade / Nord- und Ostfassade

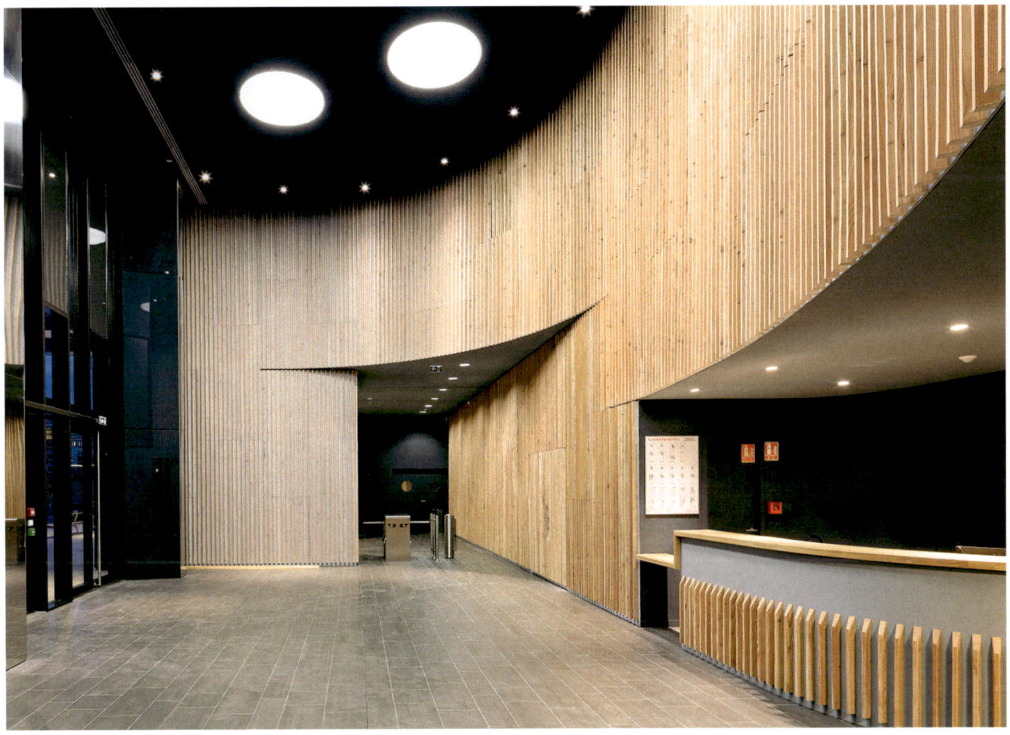

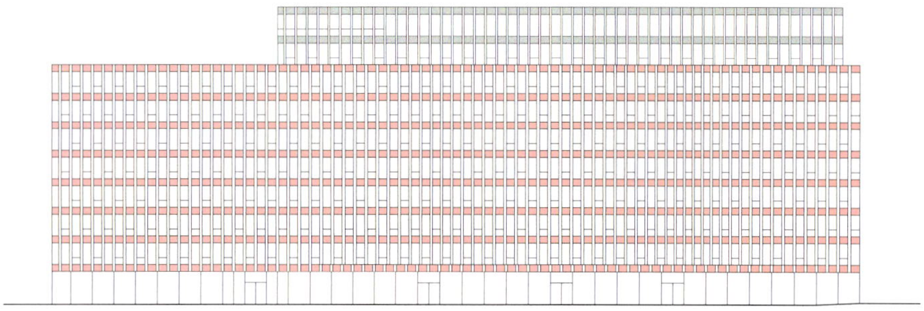

North elevation / Ansicht Nord

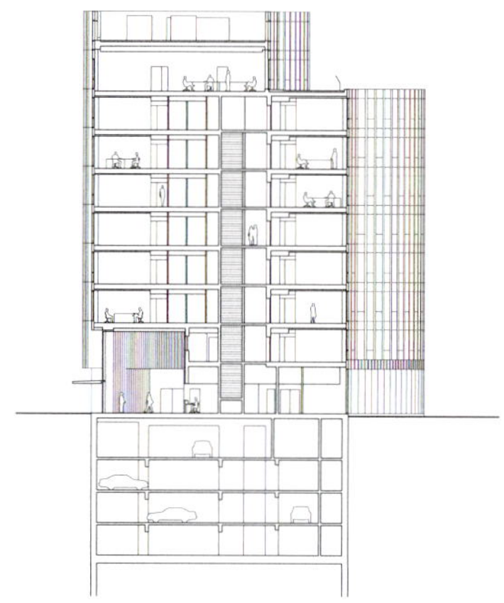

Section A / Schnitt A

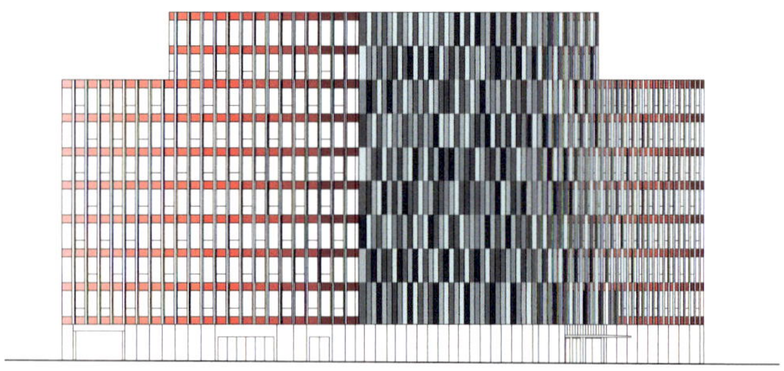

West elevation / Ansicht West

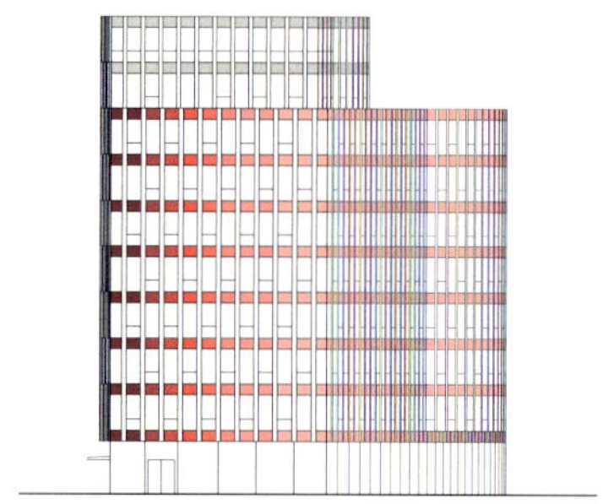

East elevation / Ansicht Ost

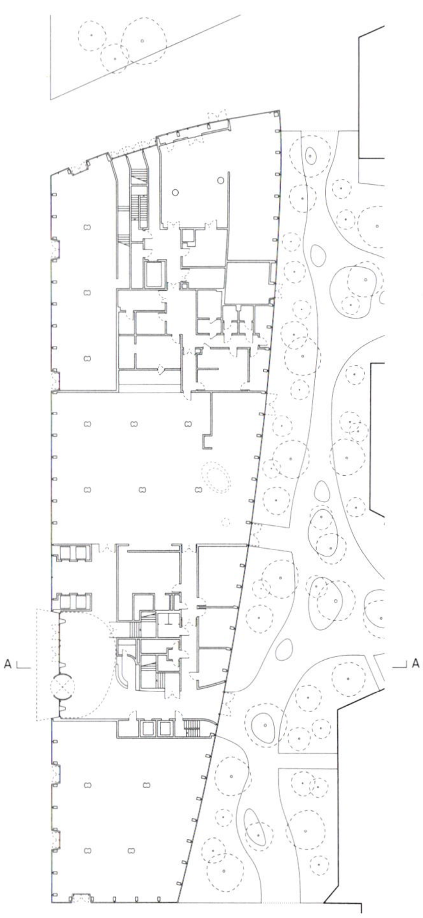

Ground floor / Erdgeschoss

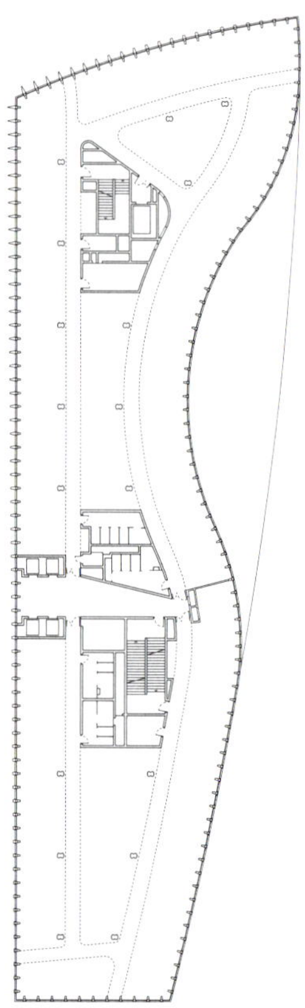

Typical floor / Regelgeschoss

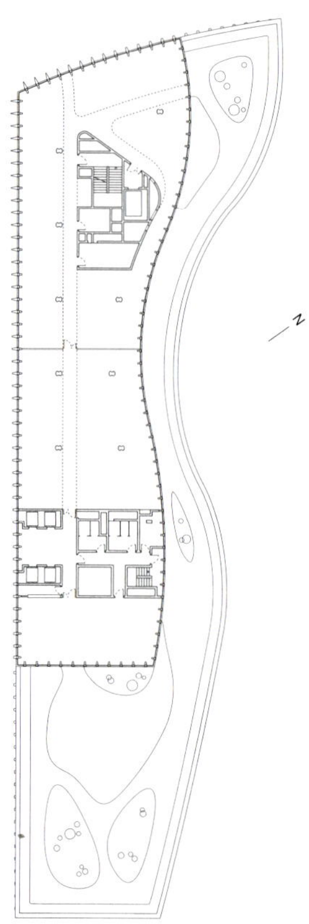

Top floor / Dachgeschoss

2014

Ola Kolehmainen. Geometric Light – Exhibition

Ola Kolehmainen. Geometric Light – Ausstellung

This was a polychromatic spatial installation for the presentation of Ola Kolehmainen's large-format photographs in Haus am Waldsee in Berlin. Kolehmainen presented works inspired by the Hagia Sophia and Sinan's Süleymaniye Mosque in Istanbul as well as by contemporary architecture, including three buildings by Sauerbruch Hutton.

The walls and ceilings of the entire gallery were painted with large colour fields, whose arrangement was in deliberate counterpoint to the tectonic of the spaces. The actual hues were selected in direct relationship to those in the images, while the logic of their placement exploited the principle of simultaneous contrast – formulated by the French chemist Chevreul – in which neighbouring hues mutually enhance each other's effect.

The three-dimensionality of the images and the graphic qualities of the spaces thus interact and enter into a dialogue that gradually extends real space into imaginary space – and vice-versa – to the point that the observer is present in both: the line between art and architecture dissolves.

Bei diesem Projekt handelt es sich um eine Farb-/Rauminstallation für die Präsentation von Ola Kolehmainens großformatigen Werken im Haus am Waldsee in Berlin. Kolehmainen zeigte sowohl Arbeiten, die historische Bauwerke wie die Hagia Sophia und Sinans Süleymaniye-Moschee in Istanbul zum Ausgangspunkt nahmen, als auch Bilder, die aus zeitgenössischen Architekturen – darunter drei Gebäuden von Sauerbruch Hutton – entstanden.

Die Wände und Decken der Galerieräume wurden vollkommen behandelt, wobei die Farbigkeit einerseits direkt die Chromatik der Bilder fortsetzte und andererseits das Chevreul'sche Prinzip der Simultankontraste nutzte, um ihre Wirkung zu verstärken. Die Anordnung der Farbfelder im Raum schien die Galerien zu durchschneiden und damit die Tektonik des Raumes infrage zu stellen.

Die Räumlichkeit auf den Bildern und die Bildhaftigkeit des Raumes fingen an, miteinander zu korrespondieren und einen sich gegenseitig potenzierenden Dialog einzugehen, der den Besucher vollständig umgab und die Grenzen zwischen Kunst und Architektur verschwimmen ließ.

Reflected ceiling plan / Deckenspiegel

2014
Munich Re, Munich

Munich Re, München

This project to refurbish and retrofit a 1980s office block provided a rare opportunity to thoroughly recycle an existing building. In particular, this involved minimising overall energy consumption and improving levels of workplace comfort and environmental quality. The complete renewal of the façade was used as an opportunity to give a previously faceless building on the city ring road an elegant and unexpectedly dynamic presence. The solid spandrel panels were removed to allow full-height glazing, and the building's overall form was modified to conceal the formerly projecting staircases and to create a new, dynamic entity.

The new building envelope offers state-of-the-art performance in terms of thermal insulation, solar control, noise reduction and daylighting as well as natural ventilation of the offices. A pair of naturally lit atria have been cut out of the existing structure, enabling natural cross ventilation of the building as a whole and providing new spaces for internal communication. Circulation and orientation have been considerably improved by relocating the main entrance, freeing space for a wide, ground-floor gallery around the internal courtyard. These measures have also created attractive, suitably generous reception areas.

Taking into account its reuse of the grey energy embedded in the existing fabric, the new building achieves an exemplary energy balance. Its dynamic façades create a colourful body that uses the principle of kinetic polychromy to revitalise banal urban space and encourage people to perceive the city as a sensual landscape.

Die Generalsanierung eines Verwaltungsgebäudes aus den 1980er-Jahren ergab die seltene Gelegenheit, ein Bestandsgebäude vollständig zu recyceln. Neben der energetischen Sanierung des Hauses wurde die Qualität der Arbeitsplätze drastisch verbessert. Die komplette Erneuerung der Fassade wurde genutzt, um ein bisher gesichtsloses Gebäude am Stadtring zu einem eleganten und überraschend lebendigen Gebäudekomplex umzugestalten. Nach Entfernung der massiven Fensterbrüstungen wurde die Außenhaut so modifiziert, dass die bisher dominierenden Treppenhäuser in eine neue, konkav geschwungene Gebäudekubatur integriert werden.

Die neue Hülle gewährleistet die aktuell relevante Wärmedämmung, Schall- und Sonnenschutz, Tagesbelichtung sowie die natürliche Belüftung der Büroräume. Im Inneren entstanden durch Einschnitte zwei tagesbelichtete Atrien, die Raum für interne Kommunikation bieten und zugleich die natürliche Querlüftung im gesamten Gebäude ermöglichen. Durch die Verlagerung des Haupteingangs an die Berliner Straße sowie die Einführung eines am Innenhof angelagerten Galeriegangs im Erdgeschoss wurden Erschließung und Orientierung erheblich verbessert und repräsentative Empfangsräume geschaffen.

Unter Berücksichtigung der Nutzbarmachung der grauen Energie des Altbaus entstand ein Haus mit vorbildlicher Energiebilanz. Als farbiges Volumen lädt es nach dem Prinzip der kinetischen Polychromie den profanen Stadtraum auf und unterstützt die Leseweise der Stadt als sinnliche Landschaft.

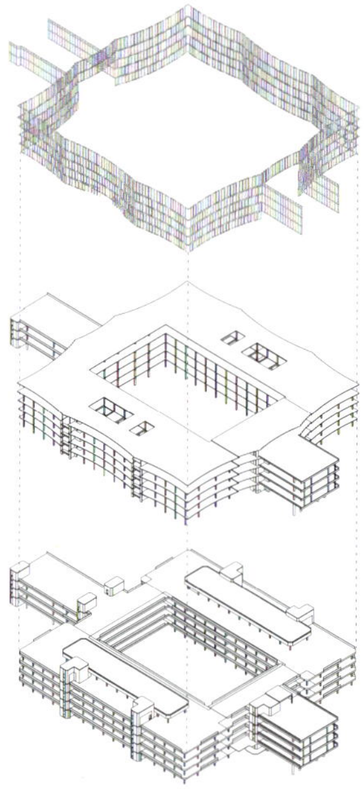

Marriott

The concave shifts in the façade emerged when a new skin – owing its scale to the dimensions of the panel grid – was stretched across the concrete frame.

Der konkave Versatz in den Fassaden entstand aus der Logik einer neuen Haut, die im Maßstab des Elementrasters über die Rohbaufigur gespannt wurde.

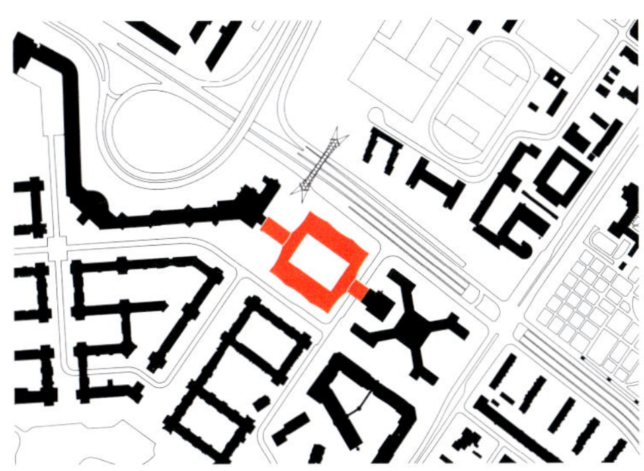

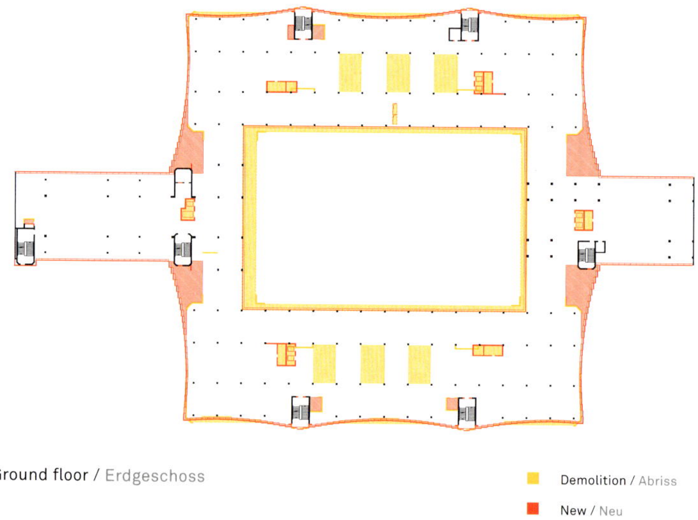

Ground floor / Erdgeschoss

Section / Schnitt

The existing concrete frame was cut back and remodelled at the edges; large openings were cut in the interior to create naturally lit atria.

Der bestehende Rohbau wurde an den Rändern kupiert und bearbeitet; für die Tageslichtatrien wurden große Öffnungen eingeschnitten.

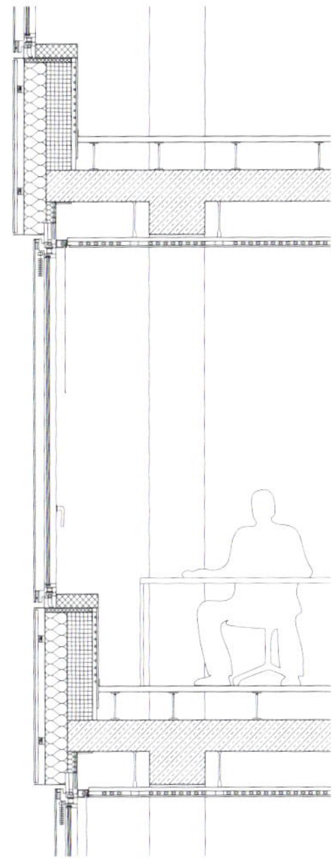

Façade, vertical section
Fassade, Vertikalschnitt

Section A / Schnitt A

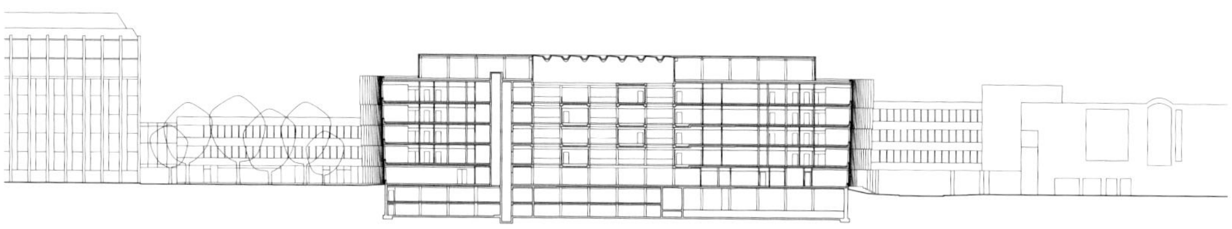

Section B / Schnitt B

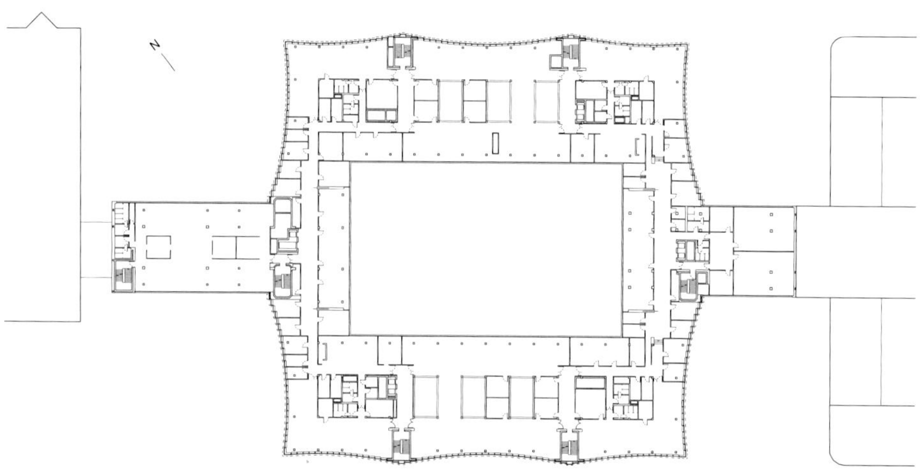

2nd floor / 2. Obergeschoss

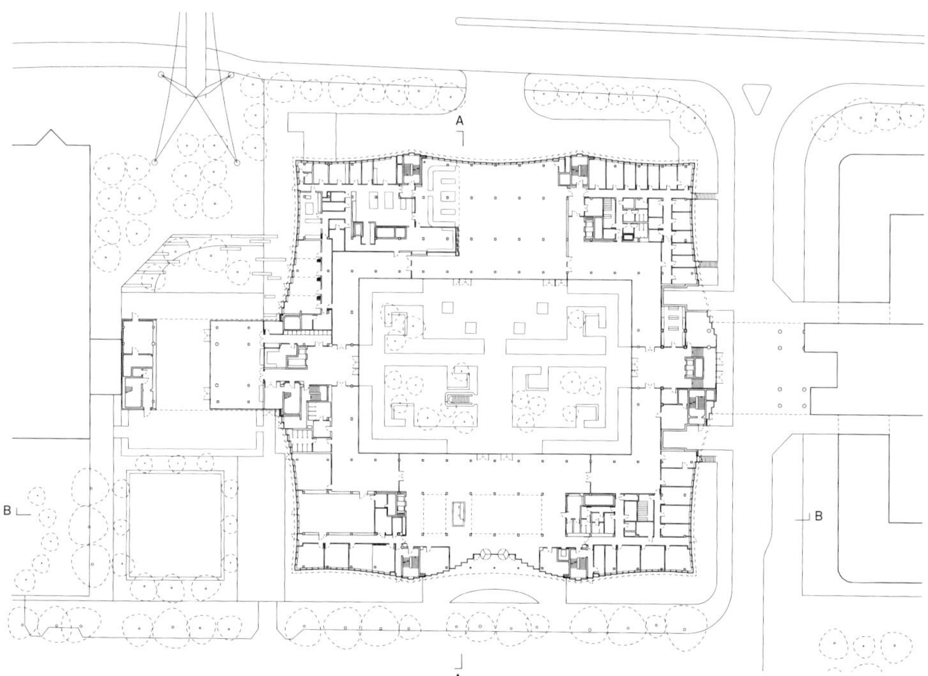

Ground floor / Erdgeschoss

The Textonics of Sustainability

Die Textonik der Nachhaltigkeit

Sauerbruch Hutton are known for façades that strive for both beauty and ecological intelligence. That the use of colour plays a special role in this is nothing new. We have emphasised on many occasions that architecture's capacity for sensory perception – or rather, sensory communication – must necessarily play an important role in the question of whether a building will function sustainably. Whereas one can attempt can be made to encourage behavioural change with rational arguments, the chances of success will obviously rise if, attractive and well-functioning architecture is used to lure people, as it were, into changing their minds.

We have also already repeatedly stressed that, on account of the threat posed by climate change on our overpopulated planet, we regard the intelligent use of increasingly scarce resources to be the most important paradigm of the early twenty-first century. And if – in the spirit of modernism – we are of the opinion that architecture, as a cultural discipline, must grapple with the problems of the present, then this paradigm should be discernibly reflected in the buildings of this new century. The issue of sustainability must therefore become visible in today's architectural production, just as, at the beginning of the twentieth century, mobility, mechanisation and the widespread desire for a collective existence each found its reflection.

As architects, we are engaged on a daily basis with the issue of sustainability at a practical level, so we can of course only report on work in progress and, in doing so, attempt to reflect on the steps we are taking or have just taken. We all lack the objective distance needed to assess things correctly, but I will nevertheless attempt to speculate on a somewhat differentiated understanding of façades and the appearance of buildings. By way of introduction I would like to show three representative examples of our work, in order to introduce the principle of the active building skin that serves both functionally and atmospherically as an interface between an interior and an exterior space, and whose outward appearance is essentially derived from its functionality.

Sauerbruch Hutton sind bekannt für Fassaden, die sich um beides bemühen: Schönheit und ökologische Intelligenz. Dass dabei der Einsatz von Farbe eine besondere Rolle spielt, ist nicht neu. Wir haben auch an den verschiedensten Stellen immer wieder betont, dass wir der Meinung sind, dass die sinnliche Wahrnehmungs- beziehungsweise Mitteilungsfähigkeit von Architektur eine wichtige Rolle spielen muss in der Frage, ob ein Gebäude nachhaltig funktionieren wird. Denn man kann versuchen, die Menschen mit sachlichen und rationalen Argumenten dazu zu bewegen, ihr Verhalten zu ändern, aber die Erfolgschancen scheinen auf Anhieb gering; wenn es jedoch gelingt, sie mit einer attraktiven und gut funktionierenden Architektur zu einem solchen Sinneswandel quasi zu verführen, kommt man vielleicht eher zum Ziel.

Wir haben auch schon mehrfach betont, dass wir aufgrund der Bedrohung durch den Klimawandel auf einem Planeten, auf dem immer mehr Menschen leben, den intelligenten Umgang mit knapperen Ressourcen für das wichtigste Paradigma des beginnenden 21. Jahrhunderts halten. Und wenn wir – im Geiste der Moderne – der Meinung sind, dass sich die Architektur als kulturelle Disziplin mit den Problemen der Gegenwart auseinandersetzen muss, so sollte dieses Thema einen wahrnehmbaren Niederschlag in den Gebäuden dieses beginnenden Jahrhunderts finden. Das Thema der Nachhaltigkeit muss in der heutigen Architekturproduktion also sichtbar werden, so wie zu Beginn des 20. Jahrhunderts die Mobilität, die Mechanisierung oder der weit verbreitete Wunsch nach einer kollektiven Existenz ihren Niederschlag gefunden haben.

Da wir als Architekten tagtäglich mit dem Thema der Nachhaltigkeit ganz praktisch beschäftigt sind, können wir natürlich nur über ein *work in progress* berichten und versuchen, die Schritte zu reflektieren, die wir gerade gemacht haben oder machen. Es fehlt uns allen die objektive Distanz, um die Dinge richtig einordnen zu können, aber dennoch will ich versuchen, über ein anderes Verständnis von

The GSW Headquarters is the first major project we have undertaken in which the economical use of energy became the driving idea. Here I am referring not only to physical energy as derived from fossils but also to cultural energy – in this case by preserving a building that in its day was an important part of Berlin's contemporary history. As we know, the operation of a building – especially one used for offices – is its main source of energy consumption and CO_2 emissions. As early as the late 1990s, the GSW Headquarters demonstrated a majority of the energy-saving technologies that have become standard today: good utilisation of daylight; transparent façades with high insulation values; effective solar shading; natural cross ventilation; utilisation of the primary structure as storage mass for night cooling in summer and, of course, heat recovery. The unique feature of the building's energy-saving concept is the thermal flue on its western side, where the natural warming of air within the façade cavity and its subsequent convection is used to drive controlled cross ventilation. The western façade, in particular, has been designed to manifest and make comprehensible the concept of this 'soft machine' in sculptural terms: the dissolution of the outer skin into multiple layers; the visual emphasis given to this layering through the use of colour in contrasting tones; the continual change in the appearance of the building by virtue of the kinetic aspect of the façade; the expressive roof of the building in the form of a wing, which provides protection from rain and simultaneously aids the functioning of the façade in encouraging the Venturi effect; and, finally, the narrow form of the building, which indicates both maximum daylight penetration and efficient cross ventilation.

The so-called Westarkade is the latest expansion of the KfW Headquarters in Frankfurt and can be seen as version 2.0 of the GSW Headquarters. Here, the same principles of energy conservation have been applied, each of them in an improved form that is more suited to the market. The main difference in the building's layout – namely, that access is gained via a central core – resulted in an innovation that, together with the climate engineers, we call a pressure ring. Here the driving force within the façade is not (vertical) convection but a (horizontal) ring of positive pressure. With the building's aerofoil form oriented to take advantage of the prevailing wind, a series of ventilation flaps open to supply fresh air to the façade cavity that runs around the entire building, so that, independent of outdoor conditions, ordinary openable windows regulate the flow of ventilation into the rooms.

In the case of both the GSW Headquarters and the KfW Westarkade mechanical ventilation is always available for the office areas in addition to natural ventilation. As conceived by the planners, this mechanical alternative need only be used in winter or on extremely hot summer days. In reality, the choice is of course left to the users – who, if at all, make their decisions according to convenience, their understanding of comfort and their awareness of energy consumption. Both buildings are comparable to hybrid vehicles, in which two alternative engines are available. The disadvantage of such a system naturally lies in the duplication of initial investment, which has negative impact on the levels of both embodied energy and costs; the advantage is that through their conduct, users can decisively influence the building's operational and energy balance and, in theory at least, contribute to a significant reduction in both running costs

Fassaden und dem Erscheinungsbild von Gebäuden zu spekulieren. Als Einleitung möchte ich exemplarisch drei Beispiele aus unserem Werk vorführen, um das Prinzip der aktiven Gebäudehaut vorzustellen, die funktional wie atmosphärisch als Schnittstelle zwischen einem Innen- und einem Außenraum funktioniert und ihr Erscheinungsbild auch wesentlich aus ihrer Funktionsweise ableitet.

Die Hauptverwaltung der GSW ist unser erstes großmaßstäbliches Beispiel für den sparsamen Umgang mit Energie – sowohl mit kultureller Energie, indem wir ein für seine Zeit bedeutendes Gebäude der jüngeren Berliner Geschichte bewahrt haben, aber vor allem auch mit fossiler Energie. Wie wir wissen, entsteht gerade bei Verwaltungsgebäuden der wesentliche Energieverbrauch und die damit verbundene CO_2-Emission im Betrieb der Gebäude. Die GSW Hauptverwaltung hat in den späten 1990er-Jahren schon einen Großteil der Techniken zur Energieeinsparung vorgeführt, die heute Standard geworden sind: gute Tageslichtausnutzung, transparente, aber dennoch hoch wärmedämmende Fassaden, effektiver Sonnenschutz, natürliche Querlüftung, Ausnutzung der Primärstruktur als Speichermasse zur sommerlichen Nachtkühlung, und natürlich Wärmerückgewinnung. Die Besonderheit dieses Konzepts ist die Konvektionsfassade auf der Westseite des Gebäudes, in der die natürliche Erwärmung des Fassadenzwischenraums zum Antrieb einer kontrollierten Querlüftung des Gebäudes verwendet wird. Insbesondere die Gestaltung der Westfassade sollte die Anlage dieser „soft machine" plastisch vorführen und nachvollziehbar machen: die Auflösung der Außenhaut in mehrere Schichten, die optische Emphase der Schichtung durch die Anwendung kontrastierender Farbtöne einer Farbfamilie, die ständige Veränderung des Erscheinungsbildes aufgrund der kinetischen Anlage der Fassade, aber auch der expressive Abschluss des Hauses in Form seines Winddaches, das Regenschutz bietet und zugleich den Venturi-Effekt in der Fassade unterstützt, und schließlich die schmale Proportion des Gebäudes, die auf die maximale Belichtbarkeit des Grundrisses und die einfache Querlüftung hinweist.

Die sogenannte Westarkade, neueste Erweiterung der KfW Hauptverwaltung in Frankfurt am Main, ist sozusagen die Version 2.0 der GSW Hauptverwaltung. Hier wurden die gleichen Prinzipien der Energieeinsparung zum Einsatz gebracht, jeweils in einer verbesserten und marktgerechteren Form. Aus dem wesentlichen Unterschied in der Anlage des Gebäudes, das über einen zentralen Kern erschlossen wird, hat sich eine Innovation in Form der sogenannten Druckringfassade ergeben. Hier wird nicht die Konvektion als Antrieb der Fassade verwendet, sondern der Wind. Mit dem Gebäudekörper in die Hauptwindrichtung gedreht, erlaubt seine Fassade die Versorgung des Fassadenzwischenraums mit Frischluft über öffenbare Lüftungsklappen. Ganz normale öffenbare Fenster regeln den Lüftungseintrag unabhängig von den Außenbedingungen.

In beiden Fällen, der GSW Hauptverwaltung und der KfW Westarkade, besteht neben der natürlichen immer auch die Möglichkeit einer mechanischen Belüftung der Büroflächen. In der Vorstellung der Planer kommt diese mechanische Alternative nur im Winter oder an extrem heißen Sommertagen zum Einsatz. In Wirklichkeit ist die Wahl natürlich den Benutzern überlassen, die, wenn überhaupt, je nach Bequemlichkeit, ihrem Verständnis von Aufenthaltskomfort und ihrem Bewusstsein für Energieverbrauch entscheiden. Beide Gebäude sind mit Hybridfahrzeugen vergleichbar, in denen zwei

and energy consumption and therefore also in the overall CO_2 balance over the life cycle of the building. That alone is a significant step in the right direction, particularly in the banking sector. A very high standard of comfort is expected in this industry, which unsurprisingly has fully air-conditioned office buildings in major stock-exchange centres like New York and London as its benchmark. Beyond the issue of ventilation, the fact that, in the case of KfW, we employ geothermal energy for heating and cooling and that we recycle the waste heat from an existing data processing centre contributes an even better energy balance. The façade is again more or less a result of the sustainability strategy: an additional identity emerges from the mere fact that we use the ventilation flaps of the pressure ring façade as elements of colour. Since these are all, of course, oriented to the prevailing wind, the building has a quite colourful, almost cheerful appearance towards the street, whereas the monochromatic image it presents when seen from the garden is rather serious and serene. Three colour families were used to differentiate the territories of street, park and courtyard.

Whether we can or should indulge for much longer in the luxury of having two alternative systems in one building is, in my view, open to debate. In recent years we have increasingly designed and built projects that forgo the comfort of hybrid operation and rely entirely on either natural or mechanical ventilation. In both cases, similarly good savings can be realised – particularly in conjunction with the harvesting of primary energy. We generally favour the fully natural alternative, especially as we prefer the idea of building occupants who can identify with their workplace enough to think holistically, at least to some extent. Moreover, the natural system still provides sufficient choice for the individual user to feel in charge of the situation.

One such example is the Jessop West faculty building for the University of Sheffield. This building houses three different institutions that – situated more or less at the centre of an urban campus – also represent the university as a whole. Jessop West was constructed on a low budget with a correspondingly scant allowance for space. Here, even an institute director occupies a tiny office of a mere nine square metres that is just sufficient for the professor and his or her books plus a single visitor. The sole building component for which slightly more money was spent, relatively speaking, is the façade – and with good reason: of the eight objectives of the low-energy concept for this building, five are accomplished by means of the façade. For example, in addition to incorporating efficient thermal insulation, we have sought a good balance between transparent and opaque cladding in order to maximise natural light and minimise heat transfer. Further, we rely entirely on natural ventilation and – thanks to a double-skin façade with sound-absorbing convection routes for both supply and exhaust air – this even succeeds on the elevation that faces the noisy main road.

The most distinctive feature of our façades is generally, as previously stated, the colouration, which we have discovered for ourselves as a spatial and atmospheric element. With its help, spaces can be distinguished and identified and volumes can be articulated, but above all, the coloured surface radiates a sensuous and emotional aura that we hope will attract users to our buildings. If we do not succeed in winning over future generations as willing collaborators in our energy and utilisation concepts, we will have had no success with

alternative Antriebe zur Verfügung stehen. Der Nachteil eines solchen Systems liegt natürlich in dem doppelten Aufwand, der sich sowohl in der grauen Energie als auch bei den Investitionskosten negativ auswirkt; der Vorteil ist, dass der Benutzer durch sein Verhalten auf die Betriebs- und Energiebilanz des Hauses entscheidend Einfluss nehmen kann und so, theoretisch zumindest, im Lebenszyklus des Gebäudes eine deutliche Verbesserung bei den Kosten sowie beim Energieverbrauch und der CO_2-Bilanz entstehen kann. Gerade im Bankensektor ist das bereits ein großer Schritt in die richtige Richtung. In dieser Branche wird ein sehr hoher Aufenthaltsstandard erwartet, der sich natürlich an den völlig konditionierten Bürogebäuden im angelsächsischen Raum orientiert. Die Tatsache, dass wir über die Lüftung hinaus für die thermische Konditionierung Geothermie einsetzen und die Abwärme eines bestehenden Rechenzentrums rezyklieren, trägt jenseits der Frage der Lüftung zu einer guten Energiebilanz bei. Auch hier ist die Fassadengestaltung mehr oder weniger ein Resultat der Nachhaltigkeitsstrategie. Allein dadurch, dass wir die Lüftungsklappen der Druckringfassade auch als Farbträger verwenden, entsteht eine zusätzliche Identität. Da diese Klappen naturgemäß alle in die Hauptwindrichtung zeigen, entsteht zum Straßenraum hin ein recht farbiger, fast fröhlicher Auftritt, während das Gebäude vom Garten aus gesehen ein eher seriös-ruhiges Bild bietet. Um zusätzlich die unterschiedlichen Territorien von Straße, Park und Hof zu differenzieren, wurden entsprechend drei verschiedene Farbfamilien eingesetzt.

Ob wir uns diesen Luxus zweier alternativer Systeme in einem Gebäude allerdings noch lange leisten können oder sollten, steht meines Erachtens zur Debatte. Wir haben in den letzten Jahren zunehmend Projekte geplant und gebaut, die auf den Komfort des hybriden Betriebs verzichten und entweder ganz auf die natürliche oder ganz auf die mechanische Belüftung setzen. In beiden Fällen sind – insbesondere in Abhängigkeit von der Primärenergiegewinnung – ebenfalls gute Einsparungspotenziale zu realisieren. Wir bevorzugen in der Regel die ganz natürliche Variante, auch weil uns die Vorstellung eines Benutzers besser gefällt, der sich mit seinem Arbeitsplatz so weit identifizieren kann, dass er (zumindest ein bisschen) auch an das Ganze denkt. Die natürliche Variante gibt dem Individuum darüber hinaus immer noch so viele Wahlmöglichkeiten, dass man sich als Nutzer „Herr seiner Lage" fühlen kann.

Ein solches Beispiel ist das Universitätsgebäude Jessop West in Sheffield. Dieser Bau beherbergt drei verschiedene Institute, die – mehr oder weniger im Zentrum eines städtischen Campus gelegen – auch die Universität als Ganzes repräsentieren. Das Gebäude wurde mit einem niedrigen Budget realisiert, das Raumangebot war knapp. Auch ein Institutsleiter sitzt hier in einem neun Quadratmeter kleinen Mini-Office, das gerade groß genug ist für den Professor und seine Bücher und – wenn es sein muss – einen Besucher. Das einzige Bauteil, bei dem vergleichsweise etwas mehr Geld ausgegeben wurde, ist die Fassade, und das mit gutem Grund, denn von den insgesamt acht Elementen des Niedrigenergiekonzepts dieses Gebäudes werden fünf über die Fassade bewerkstelligt. So haben wir uns neben effizienter Wärmedämmung um eine gute Balance von transparenten und opaken Fassadenflächen bemüht, um Tageslicht zu maximieren und Wärmeeintrag zu minimieren. Wir verlassen uns ganz auf die natürliche Belüftung und dies kann – dank einer Doppelfassade mit

these concepts. Such a bond will, in our opinion, most likely form on an emotional level. And therefore, in addition to the elegant proportioning of building volumes and the sensuous use of materials and details, the deployment of colourful surfaces is a simple and effective means of charging objects with emotion, almost animating them. Polychromy is not a discipline that is always easy to handle, however, as dealing with colour is a bit like composing music: the possibilities for combining tones are endless – what emerges can be ravishing symphonies, or merely noise.

Besides the sensuous and emotional impact, colour also has a noticeable influence on the appearance and the perception of spaces and surfaces. Just as a space can be simulated by paint on the two-dimensional surface of a canvas, colour can be used to either exaggerate or seemingly counteract depth and tectonics in a space. Thus colour does not just have a decorative or emotive effect; it can also be used to influence the architectural impression of a building as a whole.

Before we take this notion further, we should consider Gottfried Semper's theory of dressing. Semper distinguishes four basic elements of architecture: the hearth, the mound, the roof and the enclosing wall. In his perception, this enclosing wall consists of a tectonic framework and a textile – that is, a carpet or a blanket – that constitutes the actual separation of space. This basic principle of architecture, which he derived from ethnological studies, lives on, he argues, in later monumental forms. Just as the original wooden construction of early Greek temples was reflected in the syntax of the classical stone temple, he sees the woven textile as the original model for later treatments of enclosing walls. In their translated form, the supporting frame and the freely hanging room divider become a continuous wall on which the structural system is applied in the image of pilasters, for example, while the textile is represented by ornament. Of course, no wool or other real woven material is used, but the impression of the textile is transferred to another material. He speaks in this context of 'Stoffwechsel', meaning the transformation of substances.

Despite this concept of the wall as textile in character and the fact that he considered the knot (and the act of tying a knot) as the origin of construction, Semper acknowledged a clear hierarchical distinction between a stabilising frame and its textile infill. The notion of tectonics – derived from the Greek *tektōn,* the builder – as the representation of a structural logic became a leitmotif of architectural iconography, and not just for Semper; it remains influential to this day, despite the invention of the curtain wall.

In relation to the strategies of climatic interaction that I mentioned earlier, however, the image of the façade as a load-bearing outer wall has definitively become obsolete. In the context of strategies for energy conservation and sustainability, its role as an interface between inside and outside, as a modulator of climate in the literal as well as the figurative sense, has came to the fore. Semper himself pointed out the etymological similarity between the German words for wall (*Wand*) and garment (*Gewand*), and in view of the altered role of the façade, one should perhaps no longer speak of tectonics, but of 'textonics', with reference to the Latin *texere,* to weave, derived from the Greek *tekhnē*, art. After all, the message of these façades has less to do with gravity – or overcoming the same – and more with their impact on space, that is, everything that can be perceived by our sensory apparatus: from the room temperature and the acoustics to the

schallabsorbierenden Zu- und Abluftkaminen – sogar auf der dem Verkehr zugewandten Seite gelingen.

Markantes Merkmal unserer Fassaden generell ist, wie gesagt, die Farbe, die wir als räumlich-atmosphärisches Element für uns entdeckt haben. Mit ihrer Hilfe lassen sich Räume unterscheiden und identifizieren und Volumen artikulieren; aber vor allem strahlt die farbige Oberfläche die sinnliche und emotionale Aura aus, mit der wir hoffen, die Nutzer für unsere Gebäude zu gewinnen. Wenn es nicht gelingt, auch zukünftige Generationen zu Komplizen unserer Energie- und Nutzungskonzepte zu machen, werden wir mit ihnen keinen Erfolg haben. Eine solche Bindung wird, wie wir meinen, vor allem auf emotionaler Ebene gelingen. Und so ist neben der eleganten Proportionierung von Gebäudevolumen, ihrer sinnlichen Materialisierung und Detaillierung der Einsatz von farbigen Oberflächen ein einfaches und wirksames Mittel, um leblose Objekte mit Emotion aufzuladen, quasi zu animieren. Dabei ist die Polychromie keine Disziplin, die immer leicht zu handhaben ist. Der Umgang mit Farbe ist ein bisschen wie die Komposition von Musik. Die Möglichkeiten der Kombination von Tönen sind unbegrenzt: Es können ergreifende Symphonien entstehen, es kann aber auch nur Lärm dabei herauskommen.

Neben der sinnlich-emotionalen Wirkung hat Farbe auch einen spürbaren Einfluss auf die optische Erscheinung und Wahrnehmung von Räumen und Oberflächen. So wie mit Farbe auf der zweidimensionalen Oberfläche einer Leinwand ein Raum simuliert werden kann, so können mit ihr im Raum Tiefe und Tektonik scheinbar außer Kraft gesetzt werden. Die Farbe hat also nicht nur eine dekorative oder emotionalisierende Wirkung, sie kann auch eingesetzt werden, um die architektonische Wirkung eines Gebäudes insgesamt zu beeinflussen.

Bevor man den Gedanken weiterspinnt, sollte man an Gottfried Sempers Bekleidungstheorie denken. Semper unterscheidet vier Grundelemente der Architektur: den Herd, den Erdaufwurf, das Dach und die umgebende Wand. Diese umgebende Wand besteht in seiner Vorstellung aus einem tektonischen Gerüst und einem Textil, also einem Teppich oder einer Decke, die die eigentliche Raumabtrennung darstellt. Dieses Prinzip, das er aus ethnologischen Studien zum Grundprinzip der Architektur ableitet, lebt für ihn auch in späteren monumentalen Formen weiter. Ganz so wie die ursprüngliche Holzkonstruktion des einfachen griechischen Tempels seinen Niederschlag in der Syntax des klassischen steinernen Tempels fand, ist für ihn das gewobene Textil der Ursprung für die Behandlung solcher umschließenden Wände. Aus dem tragenden Gerüst und der textilen Raumtrennung wird in der Kunstform dann eine Wand, auf der das Tragsystem zum Beispiel als Pilaster und das Textil als Ornament appliziert werden. Natürlich kommt keine Wolle oder anderes wirklich gewobenes Material zum Einsatz, sondern die Anmutung des Textils wird in ein anderes Material übertragen. Er spricht in diesem Zusammenhang von Stoffwechsel.

Trotz dieser Vorstellung der Wand als etwas Textilem und obwohl er den Knoten und das Knüpfen für die Ursprünge des Bauens hielt, herrschte auch für Semper eine klare hierarchische Unterscheidung zwischen einem stabilisierenden Gerüst und dem textilen Füllmaterial. Die Vorstellung von Tektonik – abgeleitet von griechisch *tekton,* der Baumeister – als Abbildung eines statischen Gerüsts, blieb nicht

tactile and olfactory quality of spaces as well as their physical, visual and atmospheric identity. And this naturally holds true for both indoor and outdoor spaces if we wish to assume that the public spaces of the city should offer an environment that is pleasant to be in, much like the interior spaces of a building. It is evident that for us this idea of 'textonics' has become a leitmotif in our designs as we seek to develop a language of sustainability.

Must there be such an aesthetic of sustainability at all? Is it not possible to rely on old models and build in some technological tricks that are virtually invisible to ensure the right energy balance? We think not. We believe that in the twenty-first century a change of mentality must come about and that this change must be visible. We think that architecture can help to remind us of this change that is currently expected of people, above all in the advanced industrial countries. This transformation will have to go hand in hand with a certain loss of comfort or, alternatively, a revised view of what we consider indispensable. An architecture that uses the reduced means available to create spaces that enhance well-being can, at least in part, surely compensate for this sacrifice. A good moment for architects and for architecture. *MS*

Lecture given at the Laves Foundation, Hanover, April 2012

nur für Semper ein Leitmotiv architektonischer Ikonografie; bis heute, weit über die Erfindung der *curtain wall* hinaus, ist sie prägend.

In Zusammenhang mit den vorgeführten Strategien der klimatischen Interaktion ist aber auch das Bild der Fassade als einer tragenden Außenwand endgültig hinfällig geworden. Im Rahmen von Strategien zur Energieeinsparung und zur Nachhaltigkeit ist ihre Rolle als eine Schnittstelle zwischen Innen und Außen, als Modulator des Klimas im buchstäblichen wie im übertragenen Sinne in den Vordergrund getreten. Schon Semper verwies auf die etymologische Nähe zwischen Wand und Gewand, und angesichts der veränderten Rolle der Fassade sollte man in ihrer Behandlung vielleicht nicht mehr von Tektonik, sondern von „Textonik" sprechen, mit Bezug auf lateinisch *texere*, weben, abgeleitet von griechisch *techne*, der Kunst. Denn die Botschaft dieser Fassaden hat weniger mit Schwerkraft – oder der Überwindung derselben – zu tun, sondern eher mit der Wirkung auf den Raum, also alles, was mit unserem sinnlichen Instrumentarium wahrgenommen werden kann: von der Raumtemperatur über die Akustik zur Haptik und olfaktorischen Qualität von Räumen bis zu ihrer körperlichen und visuell-atmosphärischen Identität. Und selbstverständlich gilt dies sowohl für den Innen- wie den Außenraum, wenn wir davon ausgehen wollen, dass die öffentlichen Räume der Stadt in ähnlicher Weise einen angenehmen Aufenthaltsort bieten sollen wie die Innenräume eines Gebäudes. Es ist offensichtlich, dass für uns diese Vorstellung von einer Textonik in unseren Entwürfen ein Leitmotiv geworden ist auf dem Weg zu einer Sprache der Nachhaltigkeit.

Muss es eine solche Ästhetik der Nachhaltigkeit überhaupt geben? Kann man nicht auf die alten Muster zurückgreifen und quasi unsichtbar ein paar technologische Tricks einbauen, die für die richtige Energiebilanz sorgen? Wir meinen: Nein. Wir denken, dass mit dem 21. Jahrhundert ein Mentalitätswechsel einsetzen und dass man diese Veränderung sehen können muss. Wir denken, dass Architektur dazu beitragen kann, diesen Mentalitätswechsel zu fördern, den wir im Augenblick insbesondere von den Menschen in den entwickelten Industrieländern erwarten. Dieser Wandel wird mit einem gewissen Verlust an Komfort beziehungsweise einer neuen Sicht auf das einhergehen müssen, was wir für unverzichtbar halten. Eine Architektur, die die einfachen Mittel nutzt, die ihr gegeben sind, um Räume zu schaffen, die das Wohlbefinden steigern, kann diesen Verzicht sicherlich zumindest zum Teil kompensieren. Ein guter Moment für Architekten und die Architektur. *MS*

Vortrag, Lavesstiftung Hannover, April 2012

2014

Alea 101, Berlin

Alea 101, Berlin

This residential and commercial building at Alexanderplatz maintains a calm presence in an urban context that was fragmented during the 20th century, a patchwork of architectural styles and town planning models that will be augmented in the near future with a cluster of tower blocks.

Within this heterogeneous context, the Alea 101 building, with its articulation of three stacked volumes that are gently twisted in relation to one another, uses different offsets and directions, colours and materials to respond to its surroundings in a variety of ways: an embodiment of the palimpsest of the city. At ground level, a slightly concave shop window façade with gently rounded corners eases the flow of pedestrian traffic on all sides. Above it rests a dark, reflective box that resolves at close quarters into rectangular fields in a subtly varied range of colours. Golden lettering adorns the fields, signalising that these levels are used to stock merchandise.

The uppermost box presents a structural grid of white, glass-fibre reinforced concrete that, in terms of its materials and proportion, echoes the façades of the neighbouring Alexanderhaus and Berolinahaus. The two levels here contain apartments and offices, grouped around an organically curved courtyard on the fourth floor that serves as a communal garden and external entry court. This tranquil outdoor area offers an almost surreal contrast to the apartments' urban outlook, playing off the idyll of the village against the drama of the big city.

Dieses Wohn- und Geschäftshaus am Berliner Alexanderplatz liegt in einem durch die Brüche des 20. Jahrhunderts geprägten Stadtraum, einem Patchwork unterschiedlicher städtebaulicher und architektonischer Leitbilder, das in nächster Zukunft noch durch Hochhauscluster ergänzt werden wird.

Auf dieses heterogene Umfeld reagiert das Gebäude mit einer Komposition aus drei leicht zueinander verdrehten, gestapelten Baukörpern, die in ihrer Staffelung, ihren Richtungen, ihrer Farbe und Materialität auf vielfältige Weise Bezüge zum Umfeld schaffen und das Palimpsest der Stadt verkörpern. Das transparente Erdgeschoss mit seiner leicht konkav und konvex geformten Schaufensterfassade wird auf allen Seiten von Fußgängerströmen umflossen. Das darüberliegende, dunkel reflektierende Volumen offenbart aus der Nähe ein subtil variiertes Farbspektrum auf rechteckigen Feldern, die mit ihrer goldenen Werbebeschriftung die Nutzung als „Warenlager" signalisieren sollen.

Das Raster der Fassade aus weißem Glasfaserbeton, das den obersten Baukörper kennzeichnet, knüpft in Materialität und Proportion an das benachbarte Berolinahaus sowie das Alexanderhaus an. Hier befinden sich zwei Etagen mit Wohnungen und Büros, die sich einen organisch geschwungenen Hof im 4. Obergeschoss als Erschließungsraum teilen. Der beschauliche Hof bietet den in den umliegenden Stadtraum hinein orientierten Wohnungen einen fast surrealen Kontrast, der das Idyll des Dorfes gegen die Schönheit der großen Stadt ausspielt.

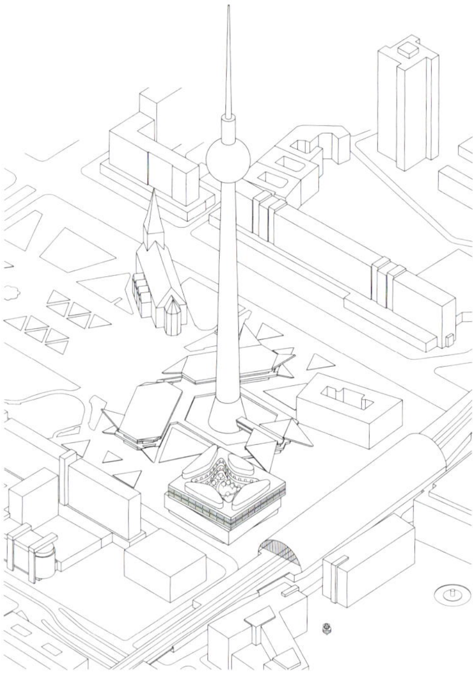

shoe city
shoe city

AUTO
TEILE
REIFEN
WERKZEUG
Netto
RATHAUS PASSAGEN
T·K·maxx
T·K·maxx
T·K·maxx
LOVE
Berlin

T·K·maxx
immer bis zu 60%
T·K·maxx
C&A

In the heart of the city, the shared courtyard conjures up something of a village atmosphere.

Mitten in der Großstadt entfaltet der gemeinsame Erschließungshof ein fast dörfliches Ambiente.

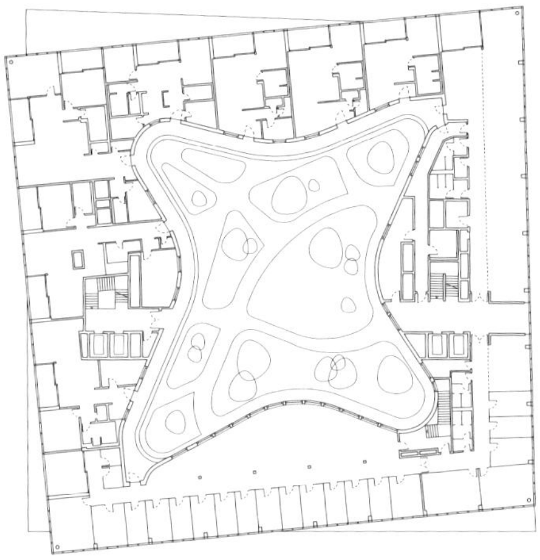

4th floor / 4. Obergeschoss

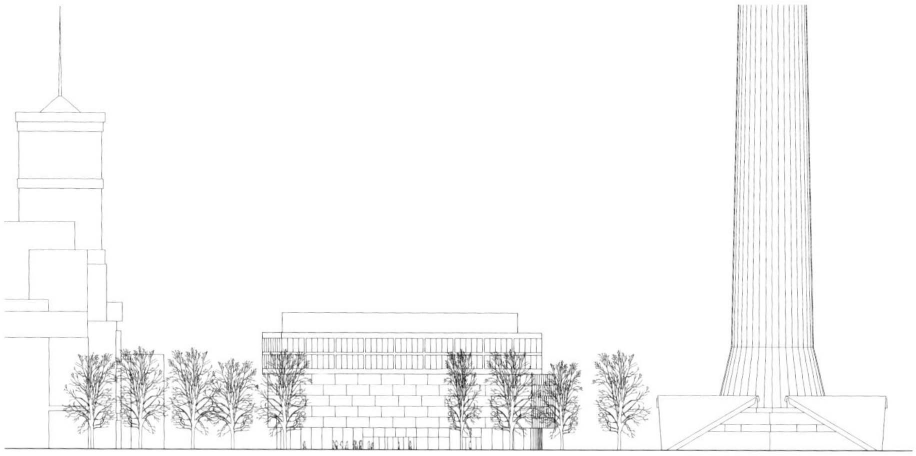

North-east elevation / Ansicht Nordost

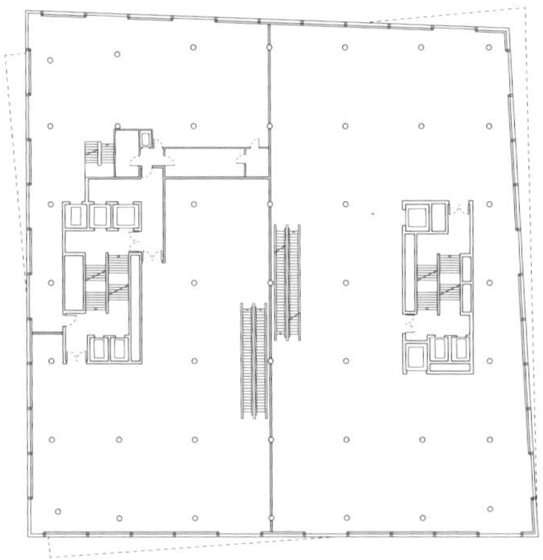

1st floor / 1. Obergeschoss

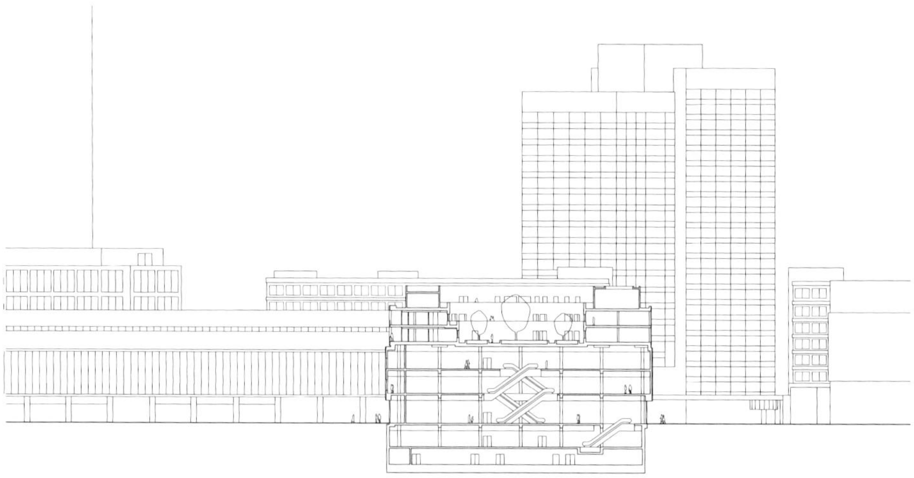

Section A / Schnitt A

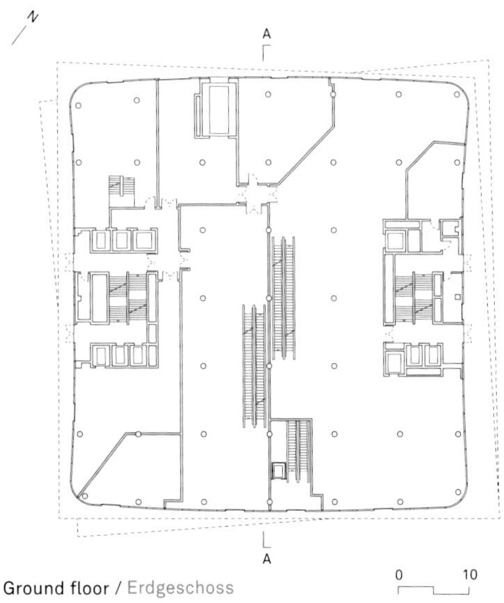

Ground floor / Erdgeschoss

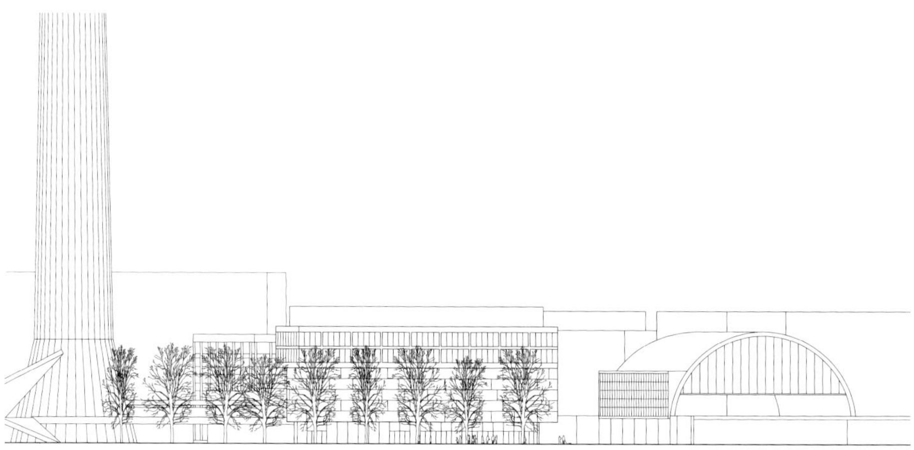

South-east elevation / Ansicht Südost

C&A

2014

Hallesches Ufer Quarter, Berlin

Quartier am Halleschen Ufer, Berlin

The initial stimulus for developing this contemporary residential quarter in the Berlin district of Kreuzberg was a proposal to convert an office high-rise from the 1970s into a residential building. The scheme's layout is based on the palimpsest of this site at the edge of Berlin's Friedrichstadt district, whose 19th-century city block structure suffered heavy destruction during the Second World War and was consequently due to be remodelled as a modernist urban landscape – although this intention was never fully carried out.

The proposal interprets this layering of ideas and city structures while adding refinements of its own. For example, a public green corridor is proposed along the course of the urban motorway once planned in the north; this is flanked by a residential area in the middle of the site, while the canal to the south is bordered by a mixed-use quarter that embeds the existing high-rise. All this generates a composition of individual forms and interstices that responds to the existing buildings, outdoor spaces and circulation networks and assimilates the two urban design strategies: the free arrangement of individual buildings and the continuation of Kreuzberg's street pattern of city blocks.

Pairs of apartment houses are united around a shared garden area to form an 'urban table', creating a clear hierarchy of public and semi-private zones. The widespread use of the ground floors to accommodate community functions amounts to an active 'city level' that gives the whole quarter vitality and a sense of identity. The overall result is an open city quarter of great typological diversity that opens a new chapter in the story of urban life in Berlin.

Der Anlass für die Entwicklung dieses zeitgenössischen Wohnquartiers im Westen Kreuzbergs war der Plan, ein Bürohochhaus aus den 1970er-Jahren zu einem Wohngebäude umzunutzen. Die Struktur des Entwurfs baut auf dem Palimpsest des Grundstücks am Rande der Berliner Friedrichstadt auf, dessen Blockstruktur des 19. Jahrhunderts nach den Zerstörungen des Zweiten Weltkriegs mit einer modernen Stadtlandschaft überplant wurde, die jedoch nie vollständig zur Ausführung kam.

Der neue Vorschlag interpretiert diese überlagerten Strukturen, setzt aber auch eigene Akzente. So wird im Verlauf der einst geplanten Stadtautobahn im Norden ein öffentlicher Grünzug vorgeschlagen, in der Mitte ein Wohnquartier am Park und im Süden ein gemischt genutztes Quartier am Kanal, das das bestehende Hochhaus rahmt. So entsteht eine Komposition von Einzelfiguren und Zwischenräumen, die an die bestehenden Bauten, Räume und Wegebeziehungen anknüpft und beide städtebaulichen Haltungen miteinander vereint: die freie Anordnung von Solitären und die Fortsetzung der Kreuzberger Straßenräume.

Jeweils zwei Wohnblocks werden mit einem gemeinsamen Hofgarten zu einem „Urban Table“ verbunden, sodass eine klare Hierarchie von halböffentlichen und öffentlichen Zonen entsteht. Die groß angelegte Gemeinschaftsnutzung des Erdgeschosses als aktive „Stadtebene“ verleiht dem ganzen Quartier Leben und Identität. Es entsteht ein offener Stadtbaustein von großer typologischer Vielfalt, der das städtische Wohnen in Berlin in eine neue Dimension fortschreibt.

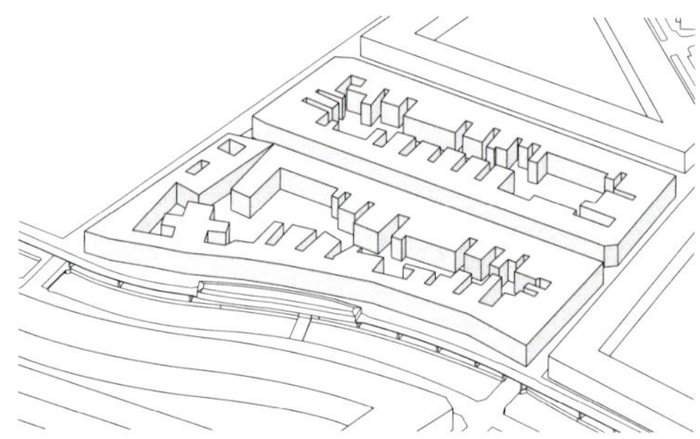

1900

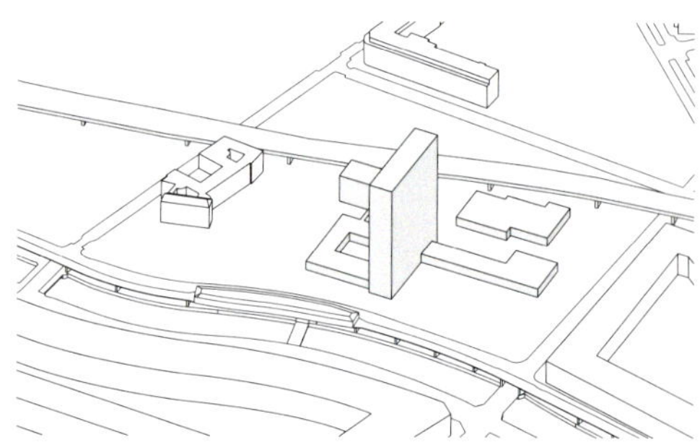

1971

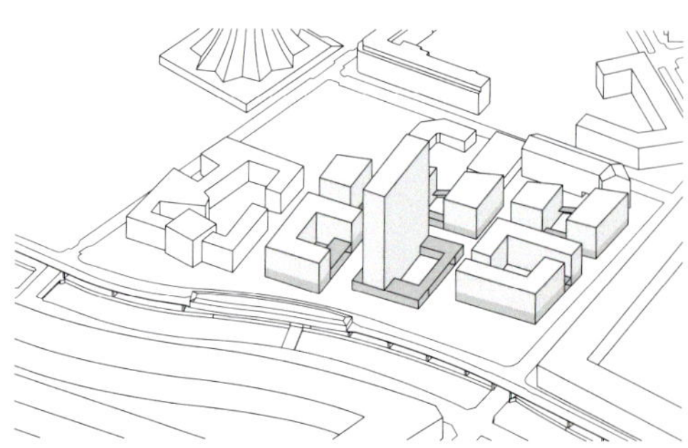

2019

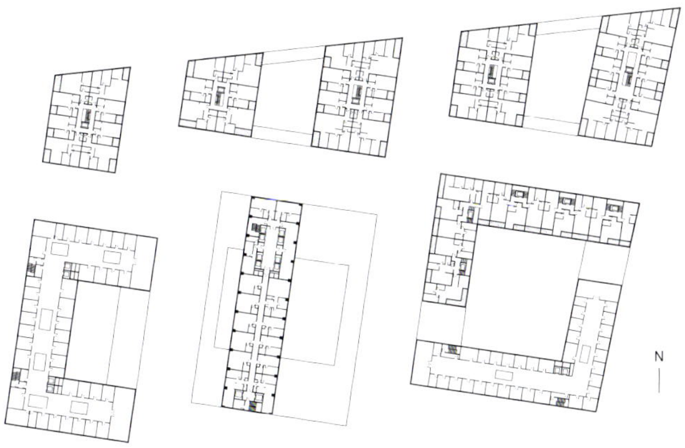

Typical floor / Regelgeschoss

Ground floor / Erdgeschoss

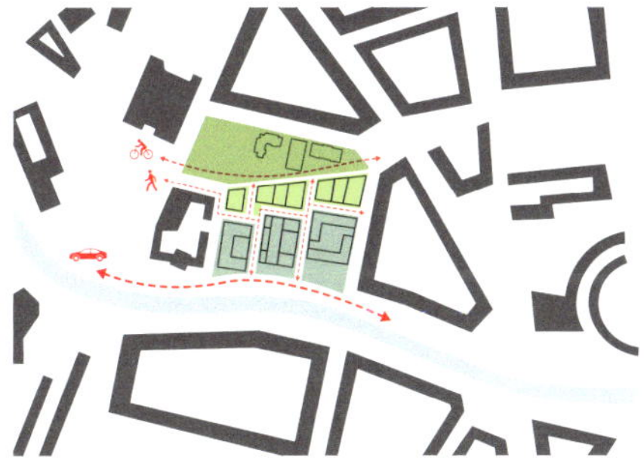

Urban qualities / Städtische Qualitäten

Layout for noise protection
Städtebaulicher Lärmschutz

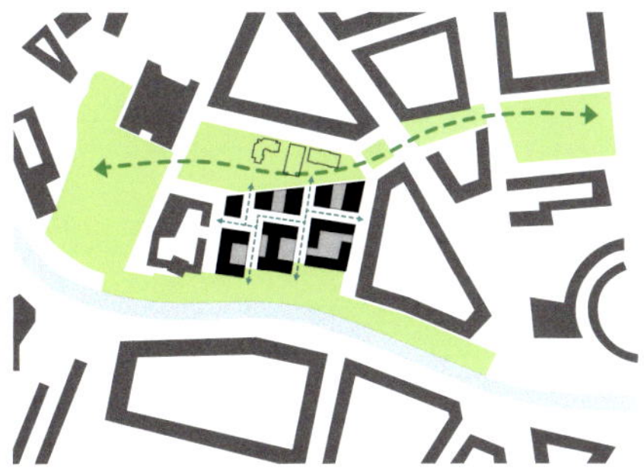

Green route / Grünzugverbindung

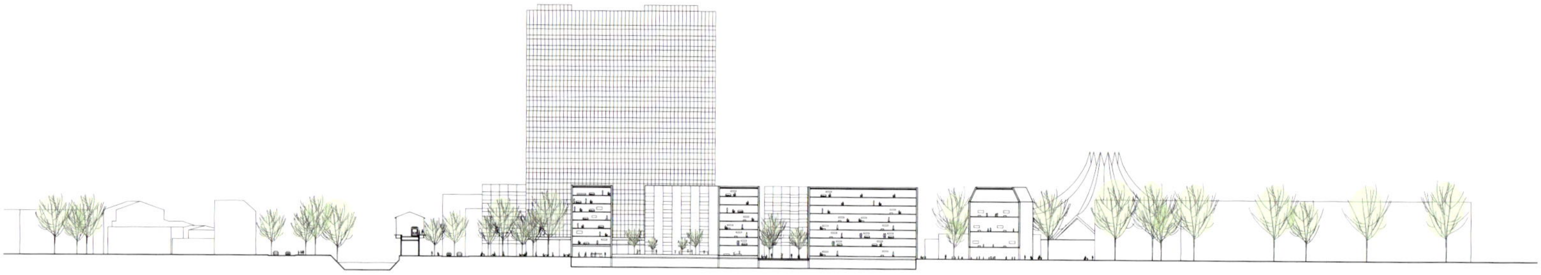

Section A / Schnitt A

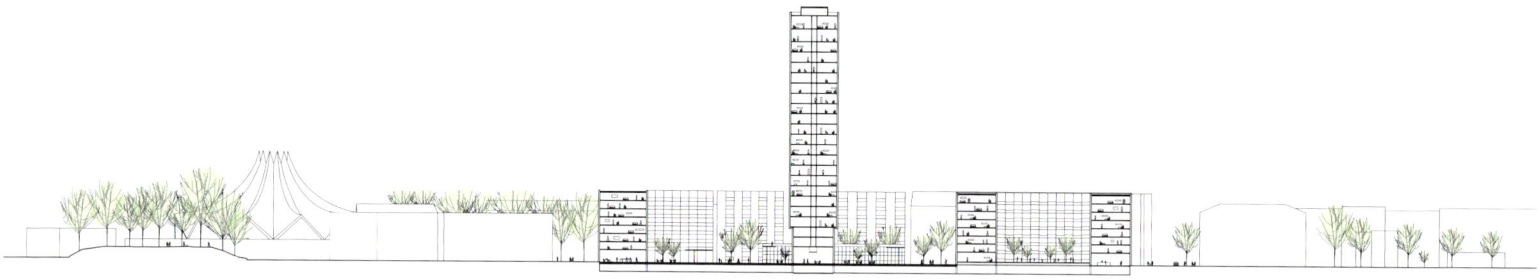

Section B / Schnitt B

2014

Universal Design Quarter, Hamburg

Universal Design Quartier, Hamburg

The Wilhelmsburg district of Hamburg is to be enhanced by a young, vibrant residential quarter. This continues the recent development of the district fostered by the International Building Exhibition (IBA). The master plan proposes an inward-oriented ensemble with quiet courtyards that open, in a zip-like manner, along a broad central precinct for pedestrians and cyclists. This axis is punctuated by a pair of transverse breaks that follow the canal and extend the structure of the neighbouring IBA quarter to the south. The staggered sequence of spaces thus created picks up the rhythm of the adjacent new building for Hamburg's Ministry for Urban Development and the Environment (also designed by Sauerbruch Hutton) and lends the route through the quarter the character of an urban enfilade. Towards the west the buildings rise – up to a height of five storeys – thus drawing a clear boundary between the built-up area and the adjacent park.

Echoing the experimental spirit of the nearby IBA district, the architecture of this development also adopts new approaches. The design of the residential units is based on minimal modules that can be combined flexibly. The ground-floor zone accommodates commercial premises and community facilities that enhance life in the quarter. The intention is to use a prefabricated timber construction for the entire ensemble.

Here the principles of universal design – sustainability, simplicity, flexibility and inclusiveness – are embedded in an attractive place to live and work that extends the neighbouring city structures into an integrated ensemble.

In Hamburg-Wilhelmsburg entsteht ein lebendiges und junges Wohnquartier, das an die Entwicklung dieses Stadtteils durch die Internationale Bauausstellung anknüpft. Der Entwurf bildet ein nach innen gerichtetes Ensemble, das sich mit schallgeschützten Höfen wie ein Reißverschluss entlang einer zentralen Fuß- und Radweg-Magistrale öffnet. Zwei quergerichtete Zäsuren nehmen den Kanalverlauf und die Struktur des südlich anschließenden IBA-Quartiers auf. Mit der so gestaffelten Folge von Räumen, die an den Rhythmus des benachbarten Neubaus der Behörde für Stadtentwicklung und Umwelt – ebenfalls von Sauerbruch Hutton – anschließt, wird der Weg durch das Quartier als urbane Enfilade inszeniert. Nach Westen steigt die Bebauung bis auf fünf Geschosse an, sodass sich eine klare Bebauungskante zum anschließenden Parkgelände ergibt.

Im Geiste des benachbarten Experimentalquartiers der IBA sollen auch hier neue Wege begangen werden. Das Wohnangebot baut auf erweiterbaren Minimalmodulen auf, die flexibel kombinierbar sind. In den Erdgeschosszonen ergänzen gewerbliche und gemeinschaftliche Flächen das Quartier. Das Ensemble soll im Holzfertigbau errichtet werden.

Nach den Grundsätzen des Universellen Designs – nachhaltig, einfach, flexibel, inklusiv – entsteht hier eine attraktive Wohn- und Arbeitsadresse, die die benachbarten Strukturen zu einem integrativen Ensemble ergänzt.

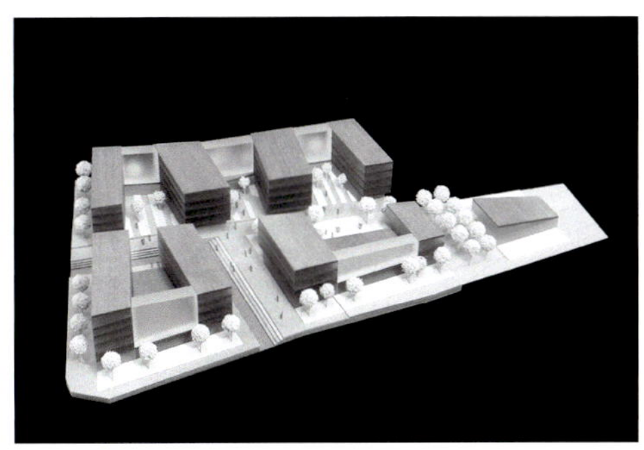

From the south-east / Von Südosten

From the west / Von Westen

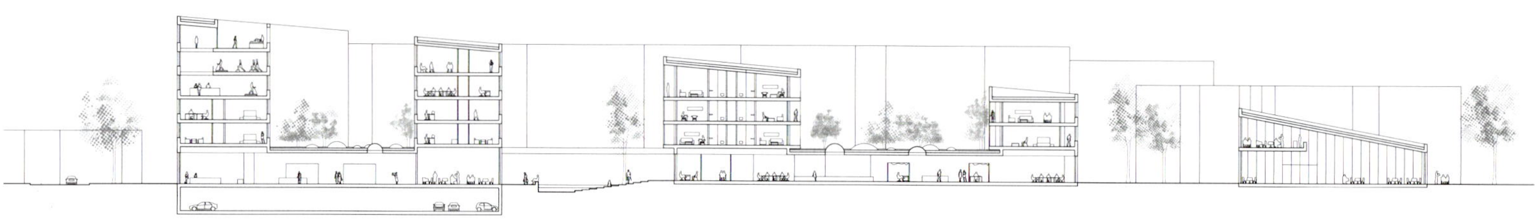

Section A / Schnitt A

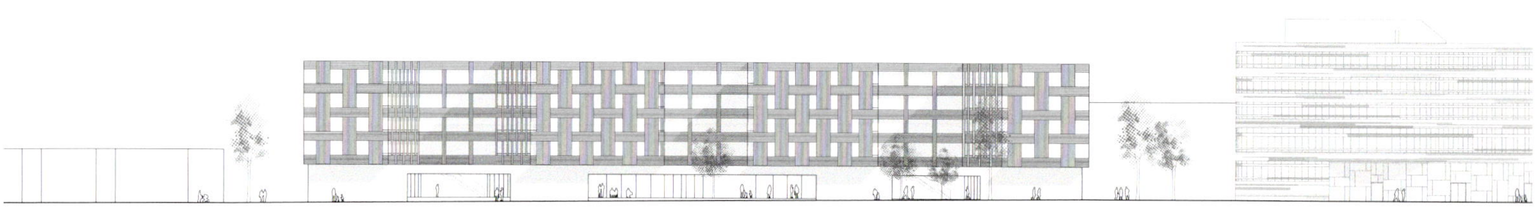

South elevation / Ansicht Süd

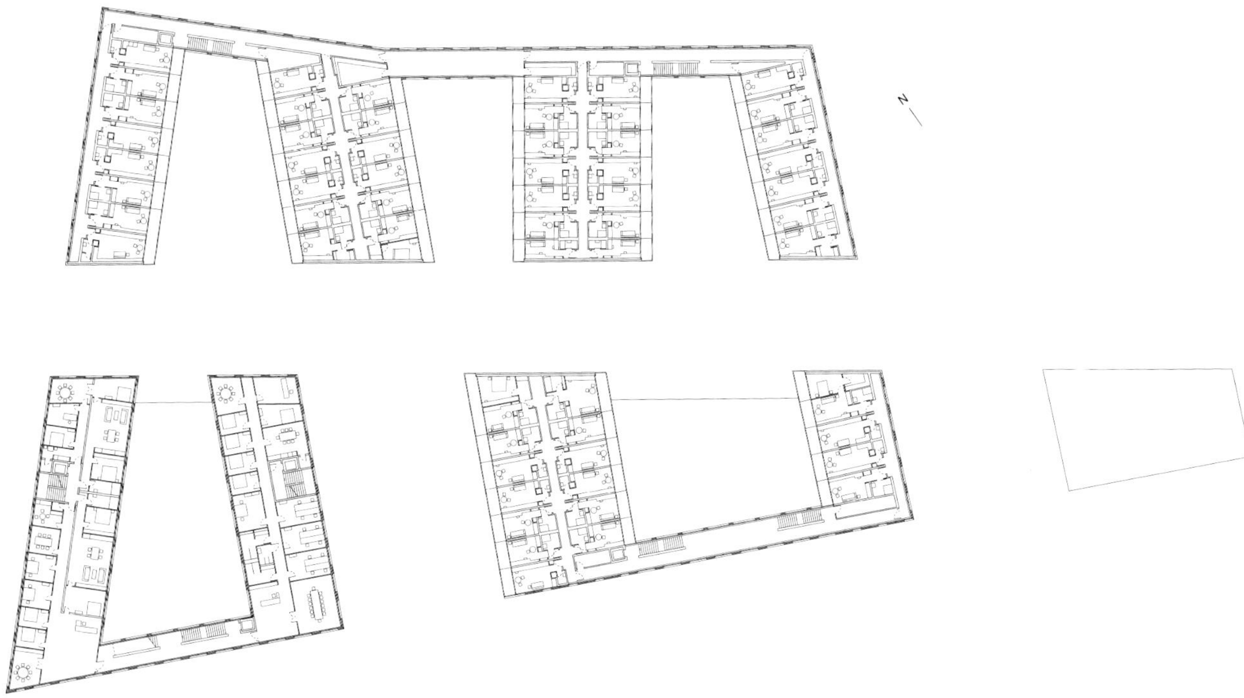

Typical floor / Regelgeschoss

Ground floor / Erdgeschoss

2014

How Soon Is Now – Installation

How Soon Is Now – Installation

The installation *now is here* was part of the group exhibition *How Soon Is Now,* for which twelve Berlin-based studios of architects, designers and engineers reinterpreted the seminal exhibition *This Is Tomorrow,* fifty-eight years after it had opened in London's Whitechapel Gallery. Each participant chose to respond to one of the original contributions to the 1956 show. Sauerbruch Hutton were taken with the work of Group 2 (Richard Hamilton, John McHale, John Voelcker).

Being alive is an experience, and without perception there is no being. But in times of sensory overload, not all perception results in a clear sense of existence. Sauerbruch Hutton extended John McHale's mission to 'underline the discrepancy between physical fact and perception of this fact', differentiating between being and being *here.* Architecture has the capacity to root one's presence in the present. The only way for architecture to be alive is in the creation of spaces that envelop and reunite us with our own existence.

Die Installation *now is here* war ein Beitrag zu der Gruppenausstellung *How Soon Is Now,* mit der zwölf Berliner Architektur-, Design- und Ingenieurbüros die legendäre Ausstellung *This Is Tomorrow* achtundfünfzig Jahre nach ihrer Eröffnung in der Londoner Whitechapel Gallery neu interpretierten. Jeder Teilnehmer setzte sich mit einem der ursprünglichen Beiträge der Schau von 1956 auseinander. Sauerbruch Hutton nahmen die Arbeit der Gruppe 2 (Richard Hamilton, John McHale, John Voelcker) zum Ausgangspunkt.

Das Leben ist eine Erfahrung, und ohne Wahrnehmung kann es kein Leben geben. Umgekehrt vermittelt in Zeiten der Sinnesüberflutung nicht jede Wahrnehmung ein Gefühl von Existenz. In Anlehnung an John McHale widmeten sich Sauerbruch Hutton der Aufgabe, den Unterschied zwischen dem physischen Fakt und seiner Wahrnehmung spürbar zu machen: den Unterschied zwischen Sein und *Dasein.* Denn lebendige Architektur hat die Fähigkeit, das Sein zu verwurzeln. Sie kann uns mit unserer Wahrnehmung verbinden, in ihren Räumen sind wir von der eigenen Existenz umgeben.

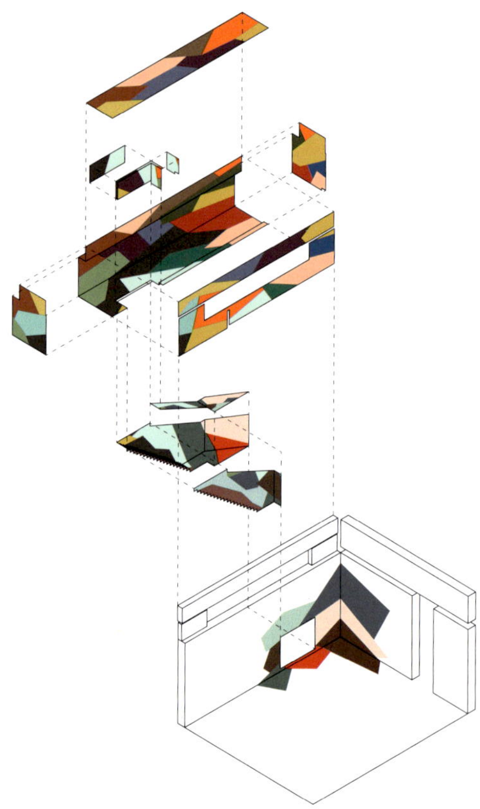

2015

Ernst & Young Headquarters, Luxembourg

Ernst & Young Hauptverwaltung, Luxemburg

The Kirchberg plateau, one of the most attractive office locations in Luxembourg, is the site of a new urban quarter that includes offices and shops as well as cultural facilities. Ernst & Young commissioned a new headquarters on the prestigious Avenue J. F. Kennedy. Besides being a corporate centre, the design provides an open, vibrant public plaza that enhances the neighbourhood with a social focal point.

Within the constraints of a strictly defined city block structure, the contours of the building describe a pair of trapezoidal courtyards of quite different character. The frontage onto the avenue is entirely occupied by restaurants and cafés grouped around a welcoming plaza that is spanned by a large, translucent roof. The second courtyard, which is planted and open to the sky, has a markedly different and rather private atmosphere. Between the courtyards, a glazed atrium rises through all the storeys, connecting the lifts and main staircases on both sides.

Along the side streets, the building draws back from the plot boundary. While the reasons for these indentations are primarily functional, they give a somewhat dynamic articulation to the building. This effect is enhanced by the treatment of the façades, which combine transparent glazing, printed glass panels and colour-coated metal panels. The colour play between the façades, both inside and out, generates an oscillating image that suggests movement and lightness.

Auf dem Kirchberg-Plateau, im Nordosten der Stadt Luxemburg, wächst seit Jahren ein neues Stadtquartier mit Büro- und Verwaltungsgebäuden, Geschäften und kulturellen Einrichtungen heran. Unser Entwurf für das neue Hauptquartier von Ernst & Young liegt an der zentralen Avenue J. F. Kennedy. Mit einer lebendigen, offenen Plaza gründet das Corporate Centre zugleich einen sozialen Ort in der Stadt.

Innerhalb der vorgegebenen Kubatur einer strengen Blockstruktur werden zwei trapezförmige, in ihrem Charakter jedoch verschiedene Höfe gebildet. Zur Avenue bietet das Gebäude über seine gesamte Breite einen einladenden Platz mit Restaurants und Cafés, der von einem großen Dach überdeckt wird. Von diesem städtischen Ambiente ist der zweite, nicht überdachte Innenhof mit seiner grünen, eher privaten Atmosphäre deutlich abgesetzt. Zwischen den beiden Höfen verbindet ein gläsernes Atrium mit Aufzügen und Treppen alle Geschosse.

In den Seitenstraßen weicht die Kubatur des Hauses hinter die Baulinie zurück. Dies geschieht in erster Linie aus funktionalen Gründen, verleiht dem Gebäude aber zugleich eine gewisse Dynamik. Die Fassaden, eine Kombination aus transparenter Verglasung, bedruckten Glaselementen und farbbeschichteten Metallpaneelen, unterstützt diesen Effekt. Zahlreiche Farbfolgen erzeugen nach innen wie nach außen ein oszillierendes Bild von Bewegung und Leichtigkeit.

KENNEDY

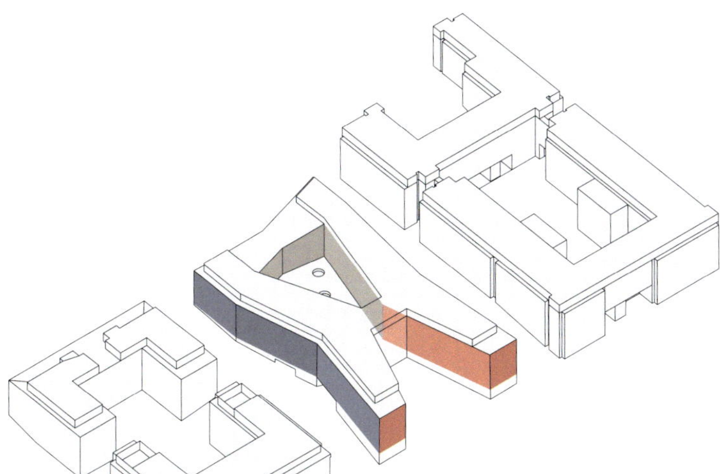

Various colour combinations articulate and reinforce the faceting of the façade that results from the polygonal nature of the volumes, thus expressing a variety of spatial situations in and around the building. Cooler grey and blue shades dominate the outer façades, while reds and warm greys set the mood in the courtyards and along the avenue.

Unterschiedliche Farbkombinationen artikulieren die durch die Polygonalität des Baukörpers entstandenen Fassadenabschnitte und beschreiben so vielfache Raumsituationen in und um das Gebäude. Außen bestimmen kühlere Grau- und Blautöne die Fassaden, während zu den Höfen und zur Avenue rote Farbtöne sowie warme Grautöne dominieren.

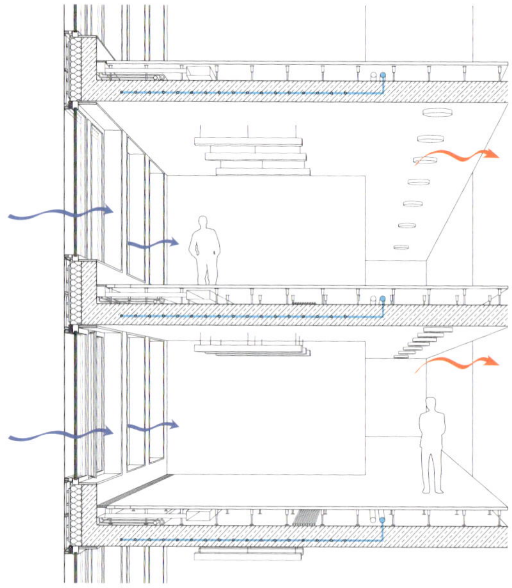

Ventilation / Be- und Entlüftung

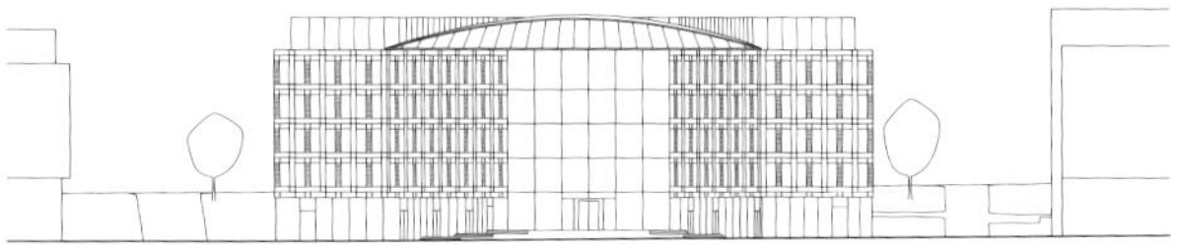

South-east elevation / Ansicht Südost

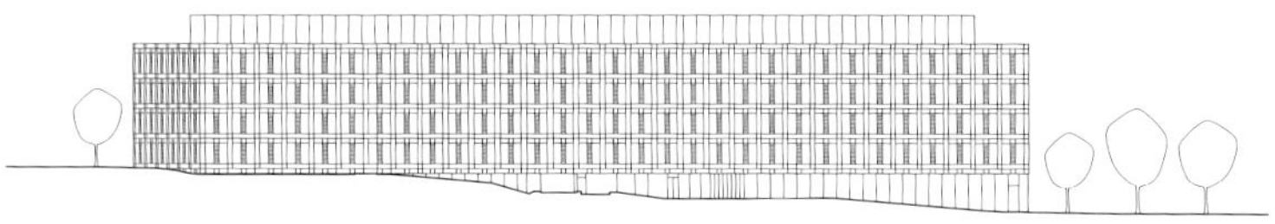

South-west elevation / Ansicht Südwest

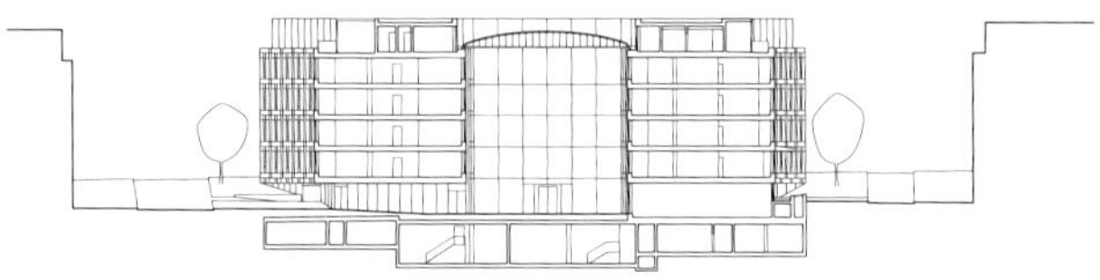

Section A / Schnitt A

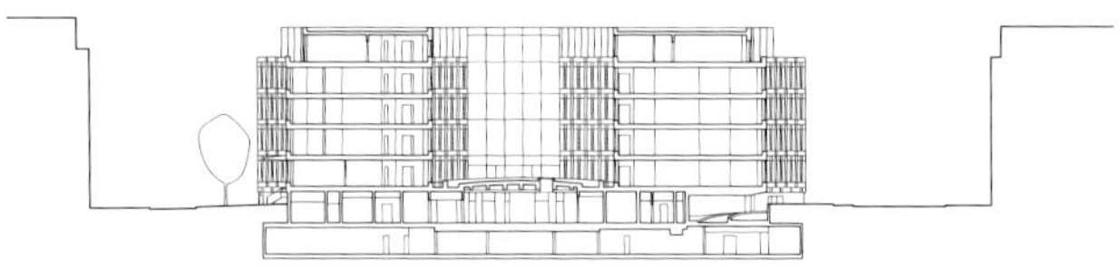

Section B / Schnitt B

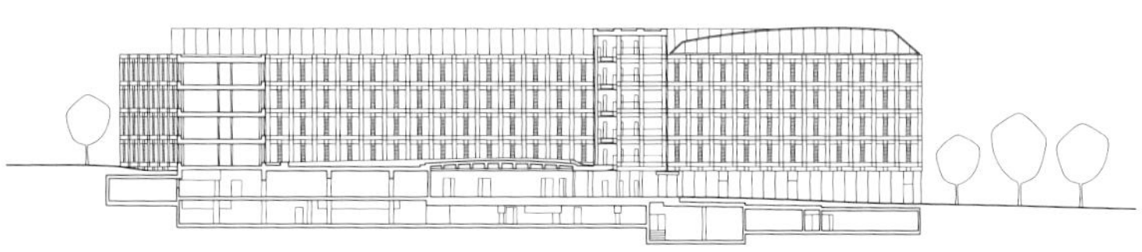

Section C / Schnitt C

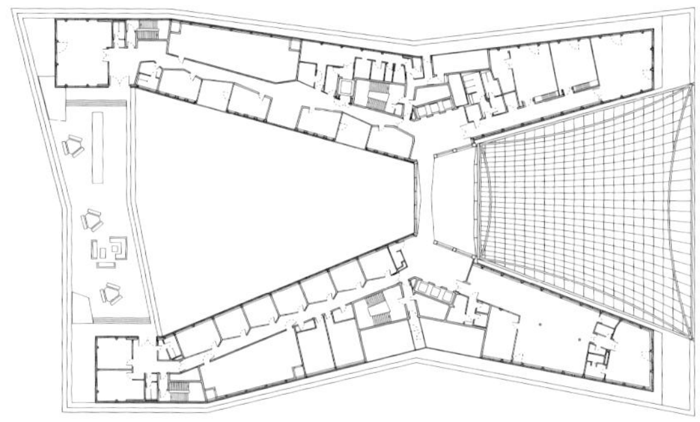

5th floor / 5. Obergeschoss

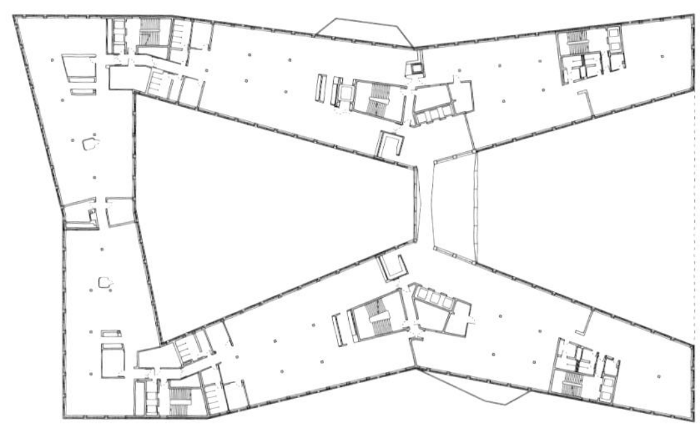

2nd–4th floor / 2.–4. Obergeschoss

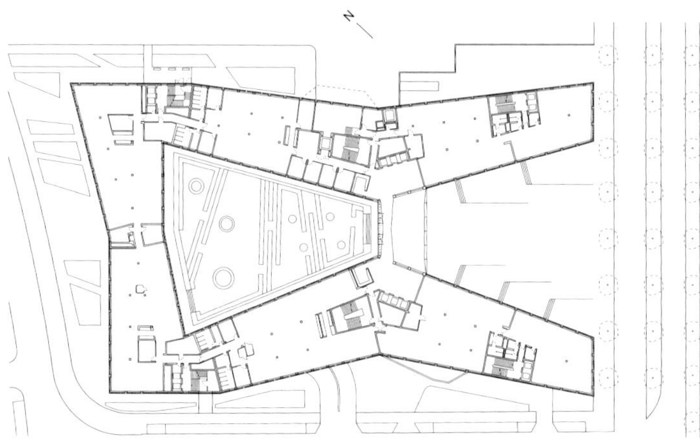

1st floor / 1. Obergeschoss

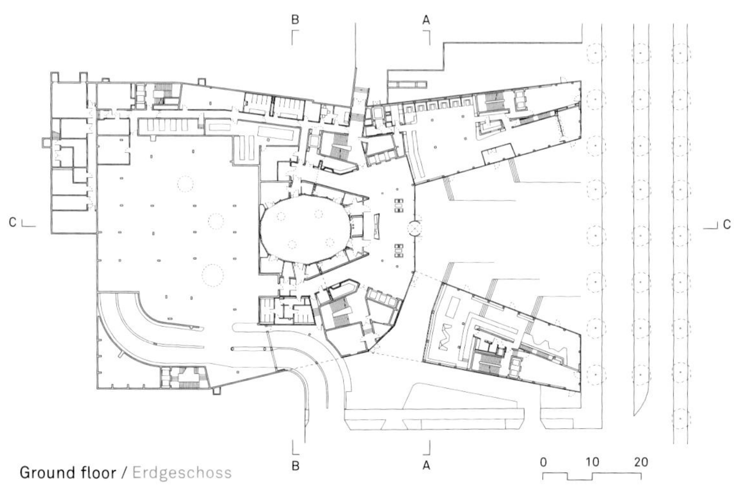

Ground floor / Erdgeschoss

2015

Two New Ludgate, London

Two New Ludgate, London

This 30,000 m^2 building is one of two new developments within a single block in the City of London. Located opposite the Old Bailey Central Criminal Court and close to St Paul's Cathedral, it offers nine floors of office space together with a restaurant and retail areas. Like most buildings in the City, its structure and services allow flexibility of use.

Two New Ludgate differs in two respects, however: firstly through its façades, which are characterised by an array of movable glass louvres whose polychromatic compositions respond to the various surrounding urban spaces, and secondly, in that the building is set apart by its organic figure. This redefines the canyon-like space of Limeburner Lane with a full, curved form that sweeps into a rounded bow at its northern end to resonate with the dome of the Old Bailey, creating a distinctive address and entrance situation. A gentle concave curve in the east adds generosity to the otherwise narrow street and culminates in a tall and dramatic elevation that addresses a small square to the south, marks a public right of way and initiates a series of cranked façades that zigzag from east to west across the interior of the block. Along the street, neutral and warm colours harmonise with the Portland stone of the older neighbours.

As a coloured body in a historical context, the urban entity of Two New Ludgate succeeds in establishing a relationship to its surroundings that reconciles conformity with uniqueness.

Das Gebäude ist einer von zwei Neubauten innerhalb eines Blocks in der hoch verdichteten City of London. Gegenüber dem Criminal Court von Old Bailey und in unmittelbarer Nähe der St Paul's Cathedral bietet Two New Ludgate auf neun Etagen Büro- und Einzelhandelsflächen in einem für die City typischen offenen und flexibel nutzbaren System.

Was das Gebäude aber unterscheidet, sind einerseits die Fassaden, die durch Glas-Klappläden bestimmt sind, deren Polychromie spezifisch auf die umgebenden Räume reagiert. Zum anderen ist es die organisch fluktuierende Geometrie seines Volumens, die es buchstäblich allein stellt: Die Fassade zeichnet einen geschwungenen Bogen, der teils die Blockkante nachzeichnet, wo der Straßenraum eine Fassung braucht, teils zurückweicht, um eine Aufweitung zu bilden, die neue Situationen und Blickbeziehungen schafft. Auf der Südseite markiert eine winkelige „Bruchkante" eine kleine Piazza, von der aus eine öffentliche Passage quer durch den Block führt. Zu den Straßen hin dominieren neutrale und warme Töne, die mit dem Portlandstein der historischen Nachbarbebauung harmonieren.

Als farbiges Volumen gelingt dem Gebäude eine Beziehung zum Kontext, die Anpassung und Alleinstellung verbindet. Two New Ludgate bildet einen eleganten Stadtbaustein mit eigenständigem Auftritt.

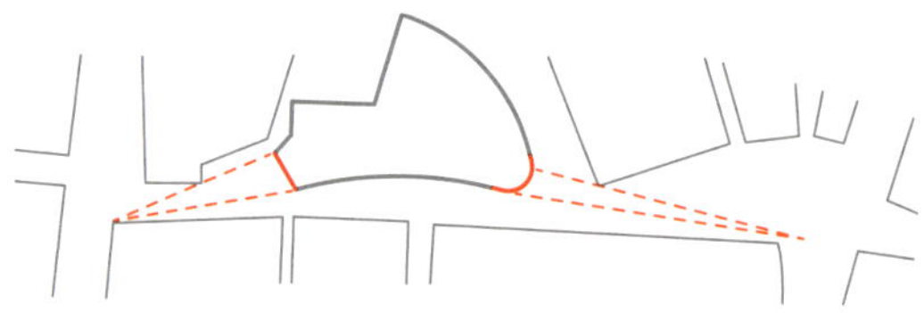

Important visual axes / Wichtige Sichtachsen

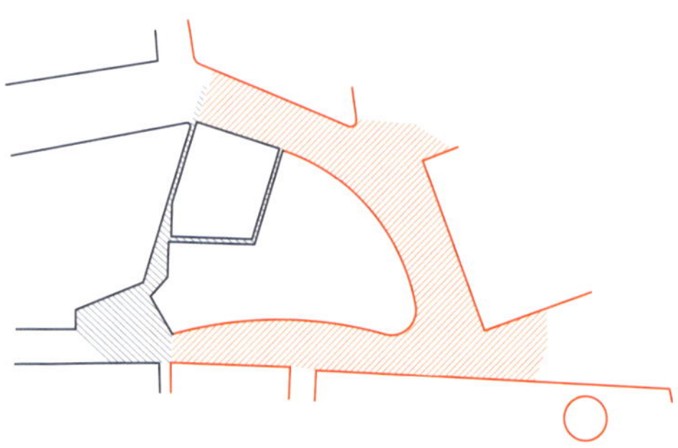

Curved and cranked form in response to street space
Gekrümmte und geknickte Form in Bezug zum Straßenraum

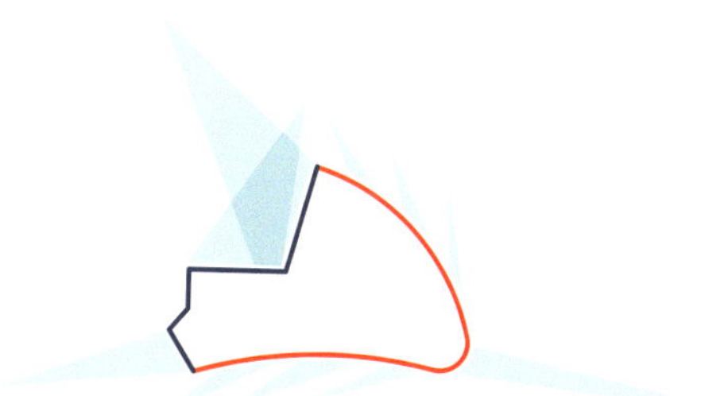

Viewing distances, anamorphic or elevational views
Sichtabstände, anamorphe oder frontale Ansichten

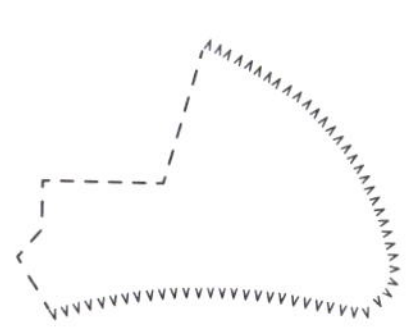

Façade articulation, deep or flat
Artikulation der Fassaden, tief oder flach

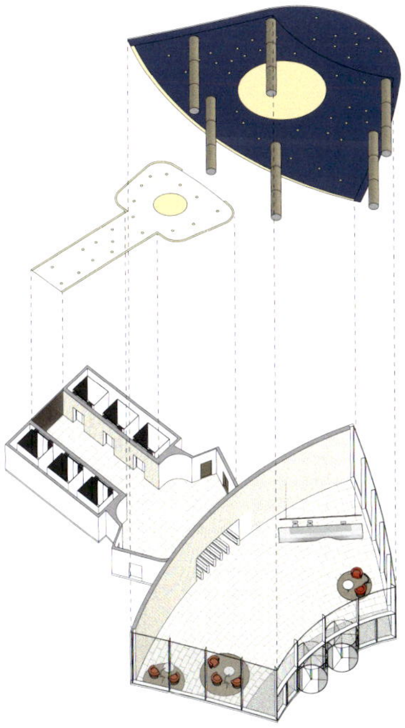

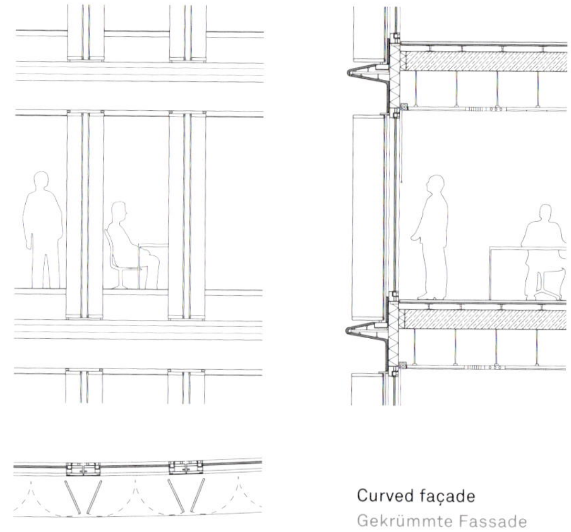

Curved façade
Gekrümmte Fassade

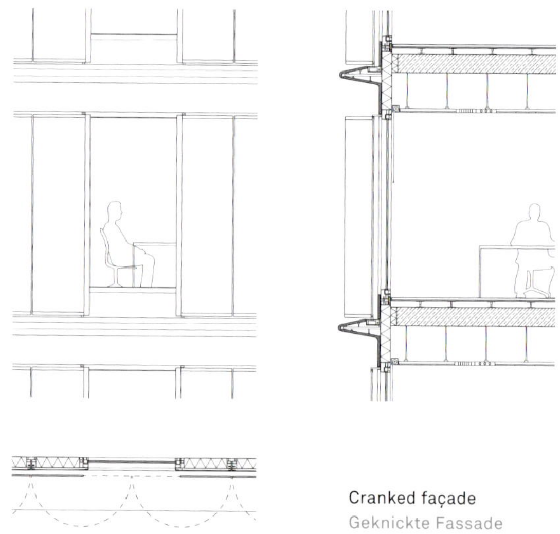

Cranked façade
Geknickte Fassade

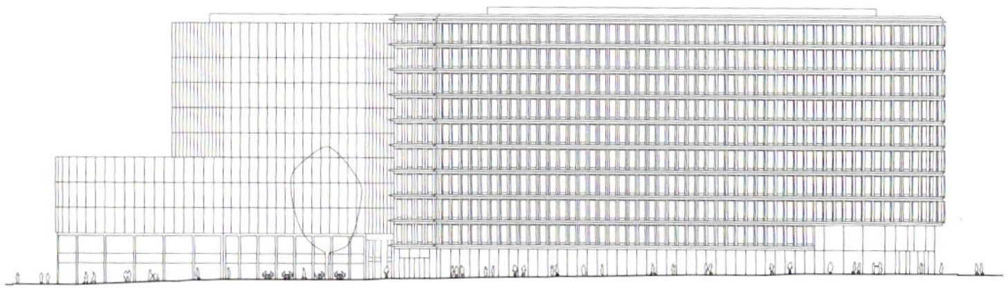

East elevation / Ansicht Ost

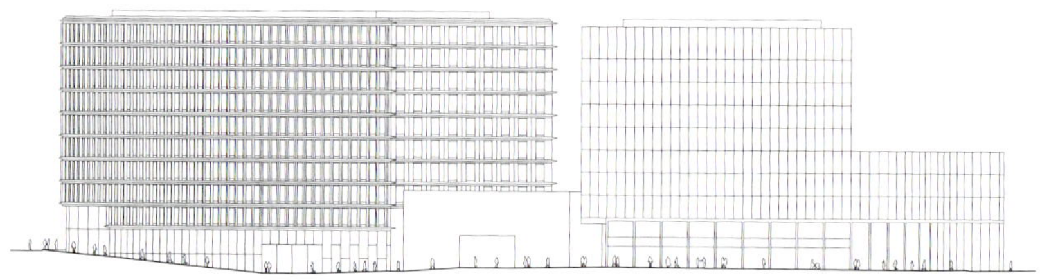

West elevation / Ansicht West

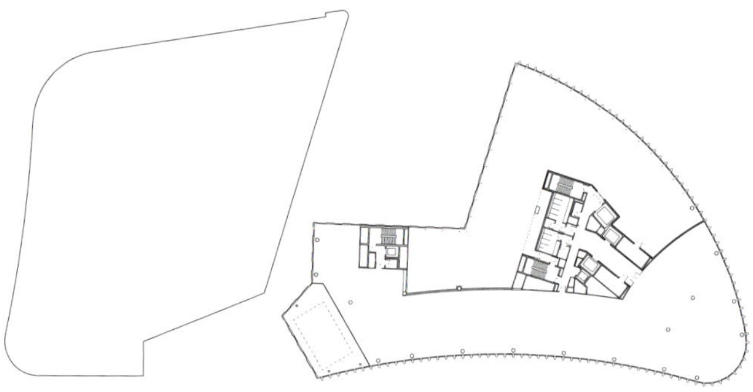

Top floor / Dachgeschoss

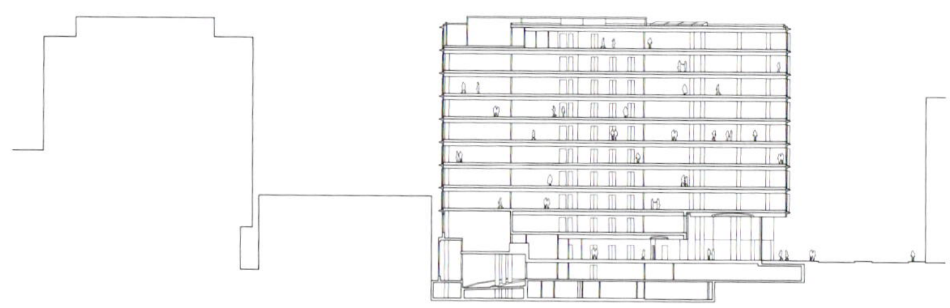

Section A / Schnitt A

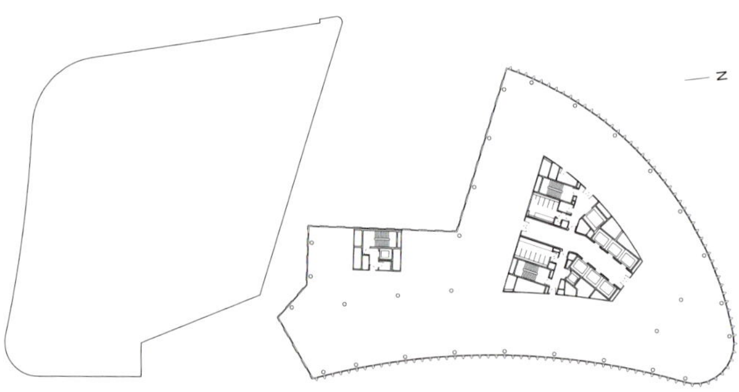

Typical floor / Regelgeschoss

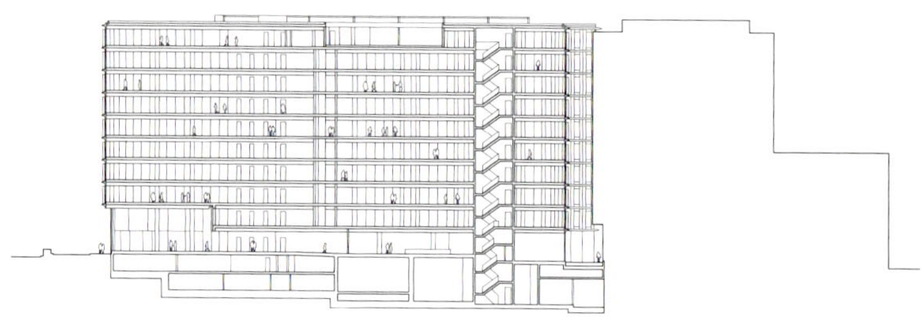

Section B / Schnitt B

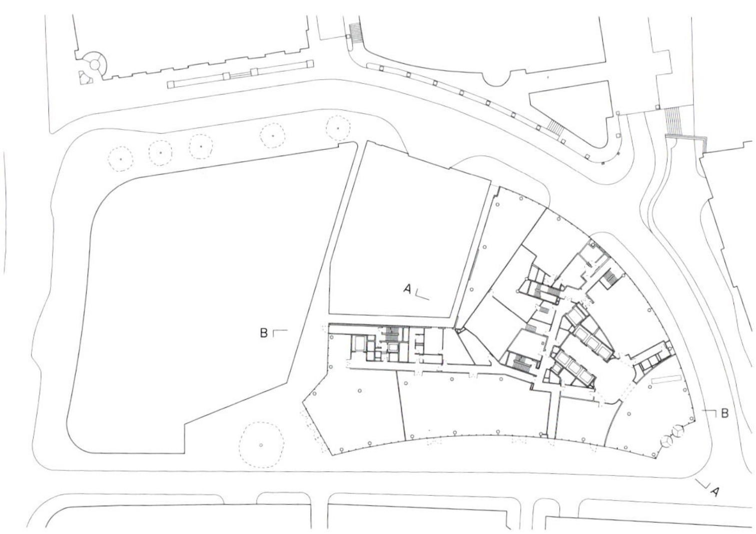

Ground floor / Erdgeschoss

0 10 20

Horizontal banding / Horizontale Bänder

2015

Hager Forum, Obernai

Hager Forum, Obernai

Located in the town of Obernai in Alsace, this building for the Hager Group was conceived as a forum in the best sense of the word: a place for communication where ideas, information, innovation and skills come together – a physical as well as virtual centre.

In the heterogeneous landscape of the urban periphery, the large roof with its elegant wooden truss structure serves as an organising element that unites all of the functional areas. On plan, the offices, meeting rooms and studios are laid out along the two bars of a letter H, lining two generous atria that are suitable for a variety of purposes such as group visits, exhibitions, large-scale meetings and special events. The roof extends southwards to form a covered forecourt that welcomes visitors just as they arrive inside the main gate to the firm's premises. As this forecourt is also crossed by many internal circulation routes, it forms the natural focal point of the site as a whole.

In its materials and rhythm, the building's façade is a poetic interpretation of the work that is done on the site: the mechanised production of metal parts. In its unpretentious appearance, its flexibility and its robust logic, the design belongs to the family of industrial buildings around it. A closer look, however, reveals the Hager Forum's sophistication in terms of its programme, performance, technology and material, coupled with precision in planning and detail – a subtle yet effective statement of the company's philosophy.

Dieses Gebäude für die Hager Gruppe im elsässischen Obernai ist ein Forum im besten Sinne des Wortes: ein kommunikativer Ort, an dem Ideen, Informationen, Talente und Fähigkeiten zusammenkommen, ein räumliches wie ideelles Zentrum.

In der diffusen Landschaft der städtischen Peripherie dient ein großes Dach mit einer eleganten Holzfachwerkkonstruktion als Ordnungselement, das alle Nutzungsbereiche unter sich versammelt. Seminarräume, Büros und Ateliers sind im Grundriss H-förmig angeordnet und bilden zwei großzügige Atrien, die flexibel für den Empfang von Besuchergruppen, für Ausstellungen, Versammlungen und besondere Events nutzbar sind. Im Süden definiert das Dach einen wettergeschützten öffentlichen Vorplatz, der, unmittelbar am Haupttor gelegen, den Auftakt zum Firmenareal bildet und am Kreuzungspunkt zahlreicher interner Wegebeziehungen zum natürlichen Epizentrum des gesamten Standortes wird.

Die Fassade ist in ihrem Rhythmus und ihrer Materialität eine poetische Interpretation dessen, was auf dem Gelände vor sich geht, der mechanisierten Produktion von Metallteilen. In seiner direkten Machart, seiner Flexibilität und seiner robusten Logik ist das Gebäude Teil der Familie der umgebenden Nutzbauten. In Programm und Funktionsweise, Gebäudetechnik, Materialität und der Präzision in Konzept und Detail offenbart sich jedoch eine Raffinesse, die *en passant* das Selbstverständnis des Unternehmens adäquat repräsentiert.

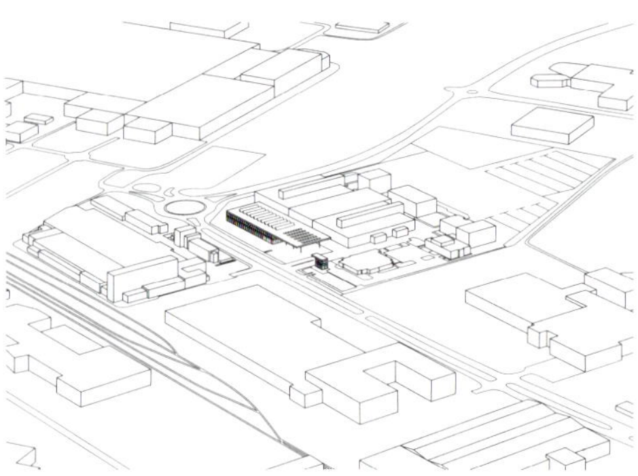

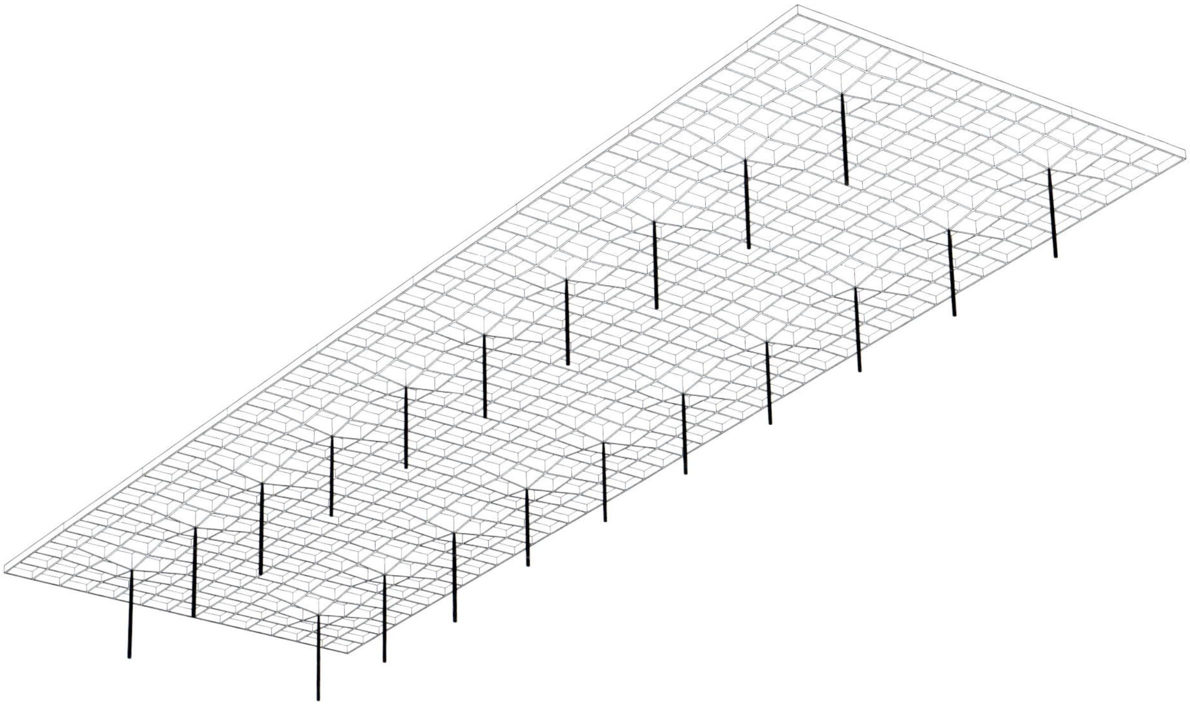

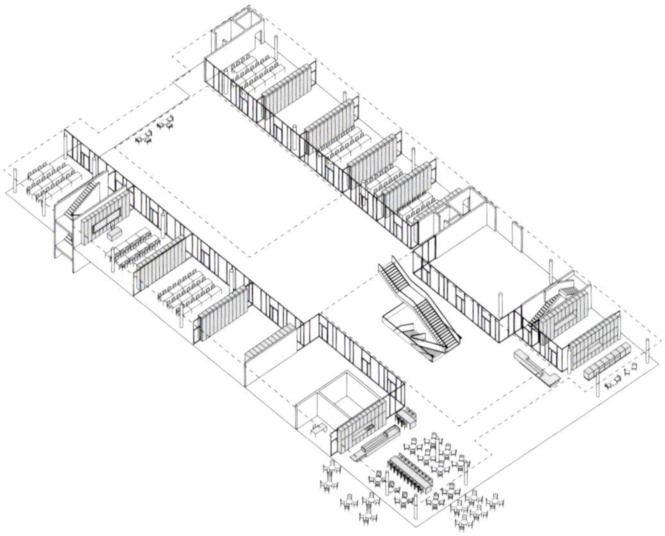

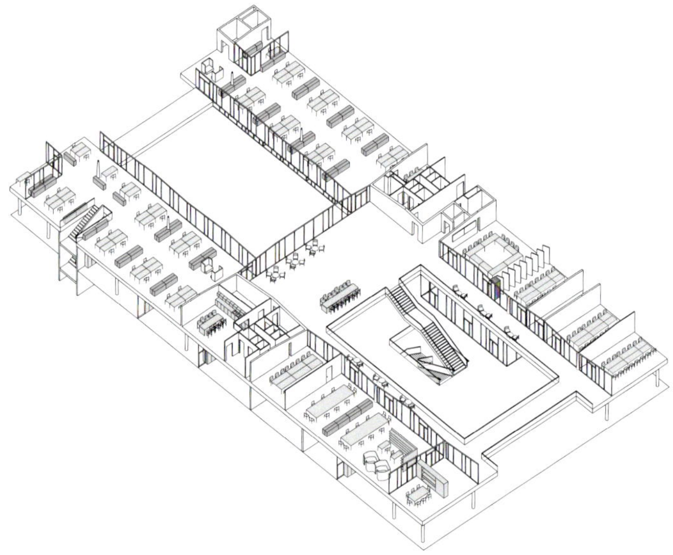

Origins

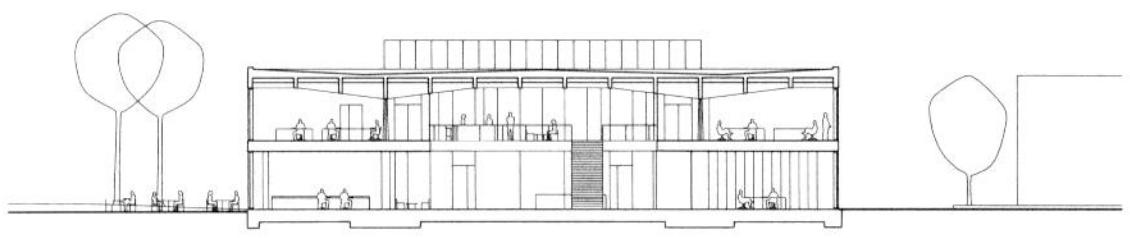

Section A / Schnitt A

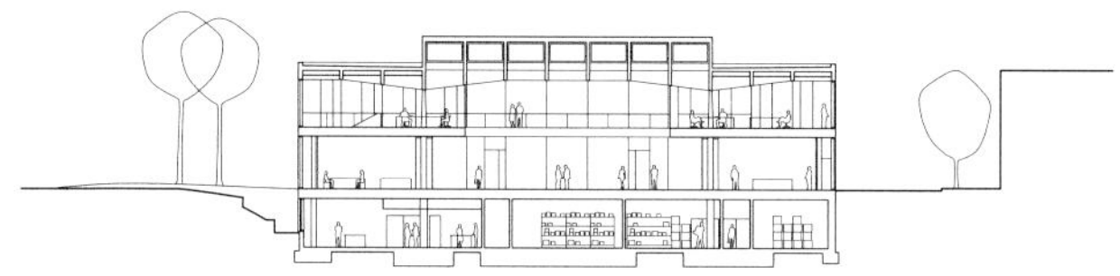

Section B / Schnitt B

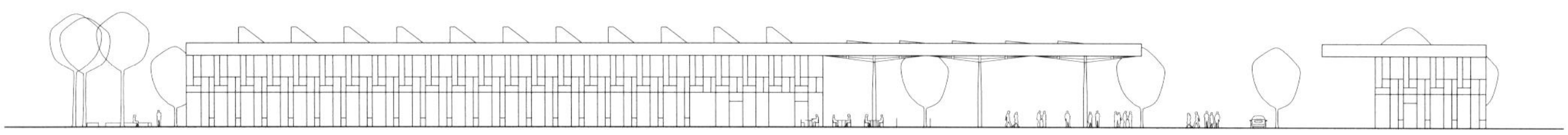

West elevation / Ansicht West

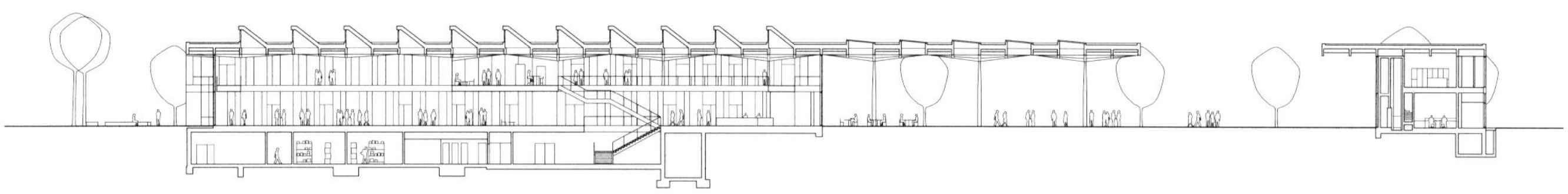

Section C / Schnitt C

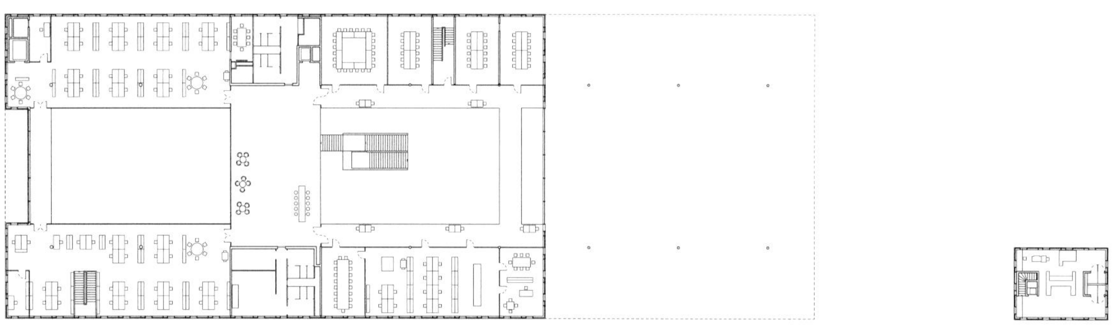

Upper floor / Obergeschoss

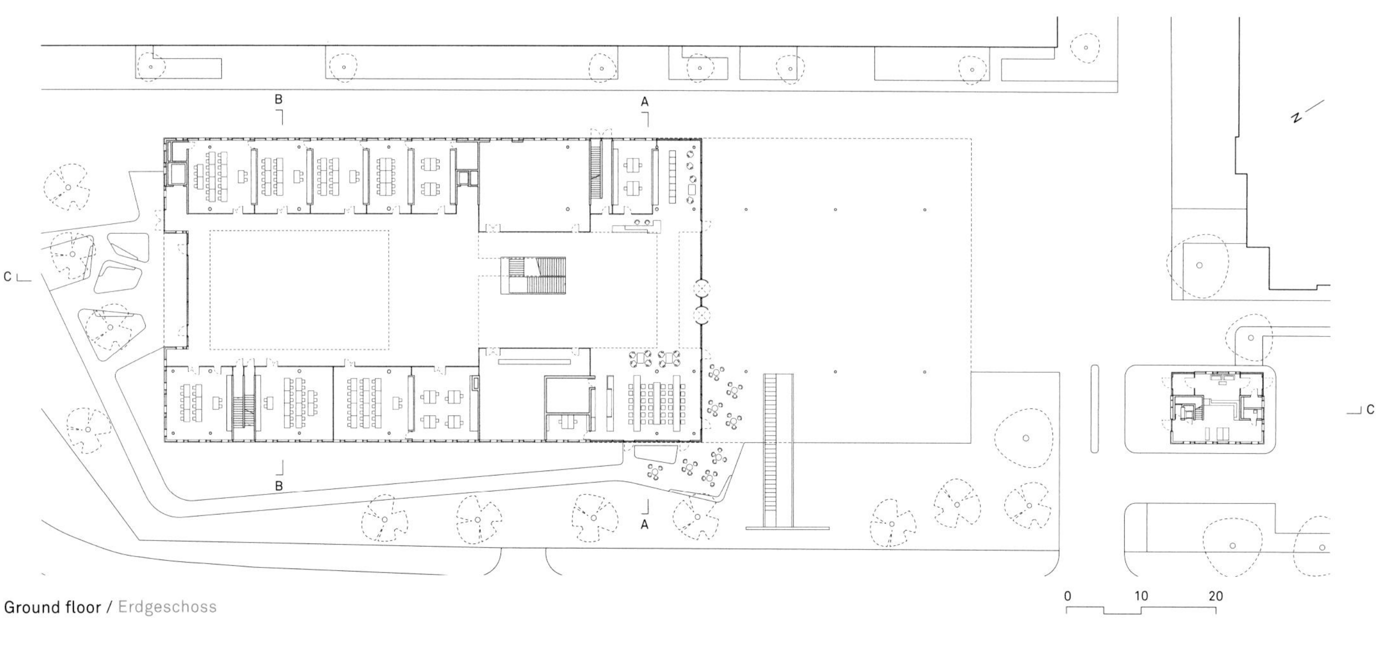

Ground floor / Erdgeschoss

2015

Haus 9, Berlin

Haus 9, Berlin

This residential building for a cohousing group in Berlin stands among trees at the edge of a dense group of buildings that were erected for the Prussian army at the end of the 19th century. The ensemble has been occupied by artists and craftspeople since the end of the Second World War, and since the beginning of the 21st century there have been various additions in the form of a large studio building and various rooftop extensions.

Haus 9 has adopted the high ceilings and generous windows from its historic neighbours, as well as the simple, repetitive structure with which they have accommodated a wide variety of uses over some 120 turbulent years. Its exterior massing is a response to the planning regulations that govern the development of the plot. Its interior layout, however – and the consequent façade variations – changes from floor to floor depending on the kind of living and working spaces preferred by individual members of the cohousing group.

The differentiation of the outer skin into exposed concrete and a rendered finish expresses the variation in the amount of load borne by the outer wall, which functions continuously as a supporting structure.

Overall, Haus 9 is a building that addresses a number of parameters: the legal limitations of the site; the adoption of a simple structure that yields maximum flexibility; the provision of robust materials; and a high degree of individuality for each occupant. It does so with a new realism that achieves a consistently strong and elegant appearance.

Dieses Wohngebäude für eine Baugruppe in Berlin steht umgeben von Bäumen am Rande eines dichten Ensembles von Bauten, die Ende des 19. Jahrhunderts für das preußische Militär errichtet wurden. Seit Ende des Zweiten Weltkriegs wurde der Bestand fremdgenutzt und seit Beginn des 21. Jahrhunderts bereits durch ein Ateliergebäude und verschiedene Aufbauten ergänzt.

Von den historischen Nachbarn hat das Haus die hohen Decken, die großzügigen Fenster und die einfache Grundstruktur geerbt, mit der diese bereits seit rund 120 turbulenten Jahren unterschiedlichste Nutzungen beherbergt haben. Sein Außenvolumen ist einerseits ein Resultat der Bauregeln des Grundstücks vor Ort. Andererseits sind seine von Etage zu Etage wechselnden inneren Räumlichkeiten (und die daraus folgenden Fassadenvariationen) das Produkt der individuellen Vorstellungen, die die verschiedenen Mitglieder der Baugruppe vom Wohnen und Arbeiten haben.

Die Differenzierung der Außenhaut in Putz- und Sichtbetonflächen vermittelt ein Bild der unterschiedlichen Belastung der durchgehend als Tragstruktur funktionierenden Außenwand.

Insgesamt ist das Haus 9 ein Gebäude, das mit neuem Realismus zwischen Ausnutzung der baurechtlichen Möglichkeiten des Grundstücks, einfachem Tragwerk bei höchster Offenheit des Grundrisses – und damit Flexibilität –, robuster Materialität und hoher Individualität der einzelnen Parteien ein starkes und elegantes Gesamtbild erzielt.

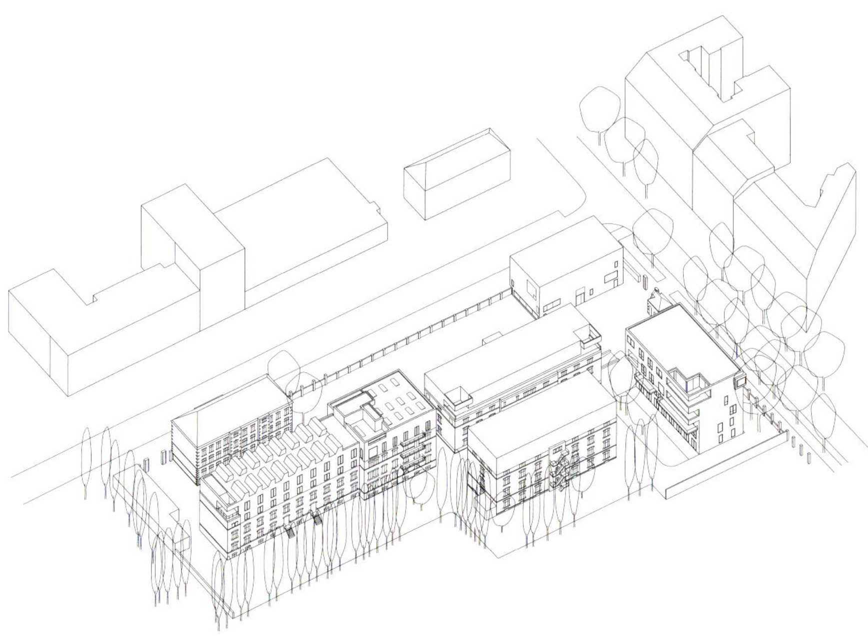

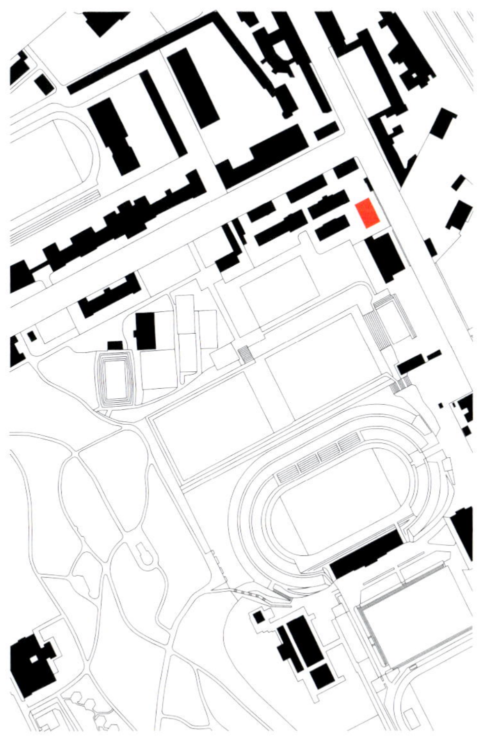

North elevation / Ansicht Nord

East elevation / Ansicht Ost

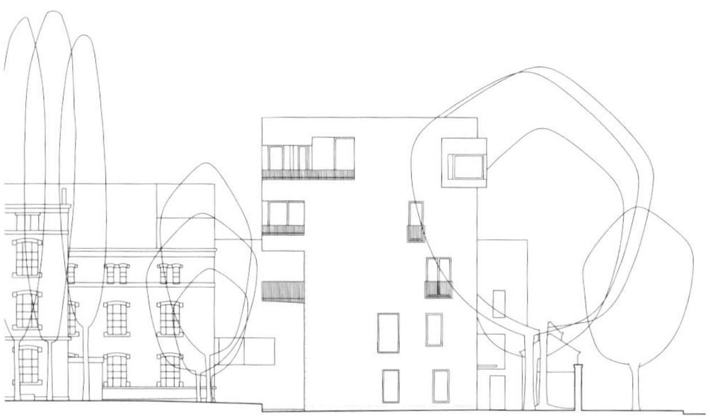

South elevation / Ansicht Süd

West elevation / Ansicht West

Section A / Schnitt A

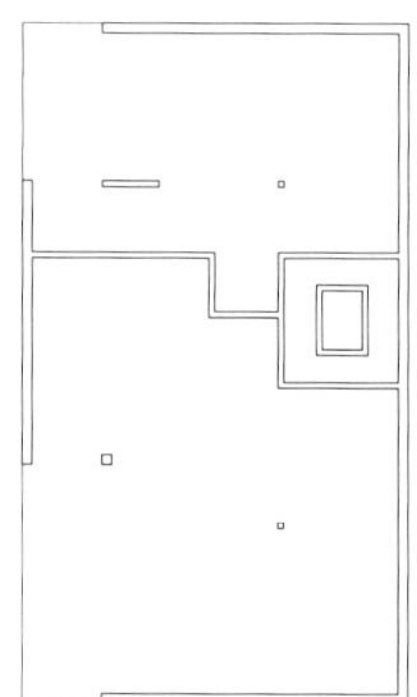

Structural concept
Tragwerkskonzept

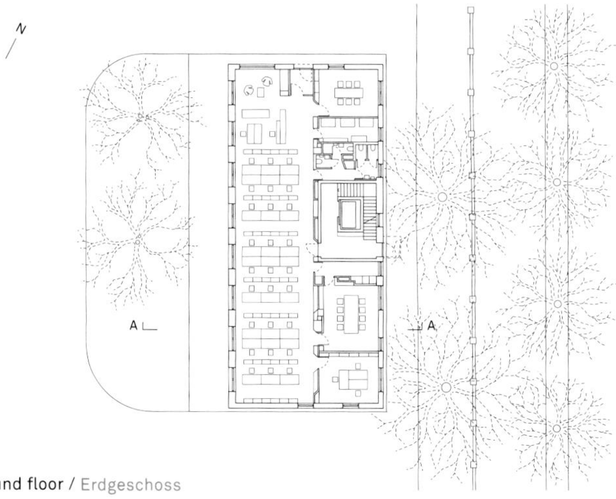

Ground floor / Erdgeschoss

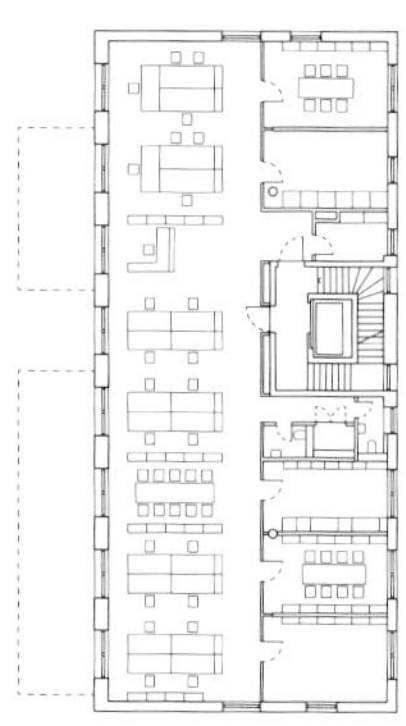

1st floor / 1. Obergeschoss

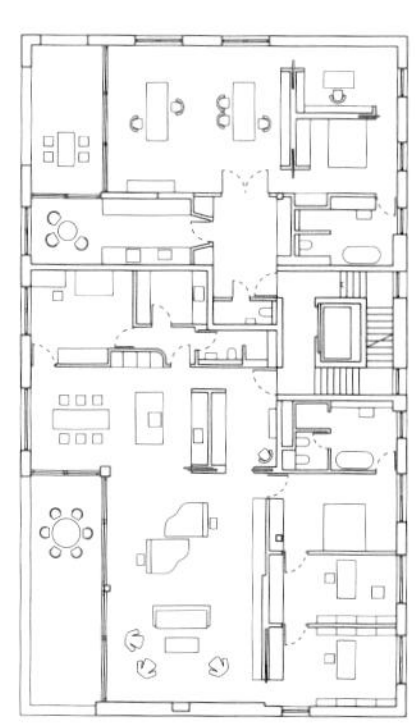

3rd floor / 3. Obergeschoss

0 5 10

Epilogue

Epilog

This book has dual purpose: to document Sauerbruch Hutton's most significant works within the period from 2006 to 2015 and to expose the patterns of thought that underlie the respective design processes. It documents the project goals, along with the strategies and techniques that we chose to achieve them. Essays that were written more or less in parallel for various conferences offer an intellectual counterpart to the material content of the office's architectural production. The resulting dialogue between thought and matter roughly reflects the reality of our practice and thus supports the documentary character of the book.

We would like to use this epilogue to complete the picture. We have catalogued the core concerns of our work from general to specific and laid out a 'family tree' of our ideas for the reader to consider.

Das vorliegende Buch hat zwei Anliegen: Es möchte die wichtigsten Arbeiten von Sauerbruch Hutton aus der Zeit von 2006 bis 2015 dokumentieren und darüber hinaus die Muster herausarbeiten, die den dazugehörigen Entwurfsprozessen zugrunde lagen. Die Ziele werden ebenso zur Diskussion gestellt wie die Strategien und Techniken, die wir gewählt haben, um diese zu erreichen. Die Projektdokumentation wird durch thematische Essays begleitet, die aus Anlass diverser Konferenzen ungefähr zeitgleich entstanden sind und die der ästhetisch-baulichen Produktion eine theoretisch-sprachliche Reflexion gegenüberstellen. Dies entspricht in etwa der gelebten Praxis und weicht somit nicht vom dokumentarischen Charakter des Buches ab.

Mit diesem Epilog soll das Bild vervollständigt werden. Hier ordnen wir die wichtigsten Motive unserer Arbeiten vom Allgemeinen zum Spezifischen – wie ein Stammbaum von Ideen, der die eigene Sichtweise offenlegt, ohne zu werten.

The urban condition is everywhere

If one were to ask what has united our projects during the past ten years, one would find that almost all of them are concerned with the urban condition in a broad sense. This is, however, not any more a territorial qualification, as ubiquitous mobility and telecommunication deliver urban culture, modes of thought and behaviour into every corner of our living environment. This leads us to ask in each new project how the urban condition should be redefined – even within the context of the historical city.

Das Städtische ist überall

Lässt man die letzten zehn Jahre unserer Arbeit Revue passieren und sucht nach dem verbindenden Ganzen, so wird deutlich, dass sich fast alle Projekte mit dem „Städtischen" im weiteren Sinne auseinandergesetzt haben. Dabei fällt es zunehmend schwer, dieses Städtische territorial einzugrenzen, denn ubiquitäre Mobilität und Telekommunikation transportieren städtische Kultur sowie städtische Denk- und Handlungsweisen auch in den letzten Winkel unserer Lebenswelten. Das „Städtische" muss in jedem Projektkontext von Neuem definiert und konstruiert werden – selbst im Kontext der historischen Stadt.

The city as palimpsest
The whole of post-industrial Europe is undergoing a structural transformation. In the process of allowing new ways of life to find their place within various existing urban forms, one constantly encounters, modifies and literally builds on the more or less conspicuous traces of previous inhabitations. The accumulation of history and histories is one of the fundamental characteristics of urbanity itself – as is the simultaneity of a multitude of mindsets and lifestyles.

Stadt als Palimpsest
Europa befindet sich im postindustriellen Strukturwandel. Bei dem Versuch, neue Lebensmodelle in vorgefundenen Formen der Stadt zu verankern, baut man zwangsläufig ständig auf mehr oder weniger sichtbaren Spuren vorhergegangener Bewohnung auf. Das Städtische nährt sich wesentlich aus der spürbaren Häufung von Geschichte und Geschichten sowie der (latenten und buchstäblichen) Gleichzeitigkeit einer Vielzahl von Denk- und Lebensweisen.

Rediscovering vital urbanity
Having achieved the transformation to a financial and service-based economy, the city offers itself as an object of commodification. Its architecture runs the danger of becoming a mere simulacrum, whose sole purpose is to create and increase exchange value. In this context, it must be our goal to preserve and again and again rediscover the city as a vital place to live.

Lebendige Urbanität
Ist der Wandel zur Finanz- und Dienstleistungsgesellschaft erst vollzogen, wird die Stadt selbst zum Objekt der Kommodifizierung. Ihre Architektur läuft Gefahr, zu ihrem eigenen Simulacrum zu werden, dessen Hauptaufgabe nur noch darin besteht, Tauschwert zu erzeugen beziehungsweise zu steigern. In diesem Kontext muss es unsere Aufgabe sein, die Stadt als lebendigen Wohn- und Lebensort zu erhalten und immer wieder neu zu entdecken.

Density as an opportunity for sustainability
In the face of an expanding world population and the undeniable increase in global temperatures, we are in urgent need of a drastic change in lifestyle that will help to conserve the planet's resources and reduce the output of global CO_2. As it offers many economic and social benefits as well as the potential for technical efficiencies on account of its density, the city offers the only environment in which the necessary goals may be achieved. However, urban technologies will only succeed if the city can sustain meaningful lifestyles with equal opportunities and social harmony for everybody.

Dichte als Chance für Nachhaltigkeit
Dazu kommt, dass es angesichts der expandierenden Erdbevölkerung und des offensichtlichen Klimawandels dringend veränderter Lebensweisen bedarf, die mit den Ressourcen des Planeten sparsamer umgehen und den CO_2-Ausstoß reduzieren. Da die Stadt wegen ihrer Verdichtung ein Siedlungsmodell verkörpert, das viele wirtschaftliche und soziale Vorteile und darüber hinaus auch das Potenzial für wirksame Effizienzsteigerungen bietet, ist die notwendige Reduktion des CO_2-Ausstoßes nur in der Stadt zu erreichen. Dabei können neue urbane Techniken und Technologien nur dann erfolgreich sein, wenn im gesamten Gefüge die Voraussetzungen für Gleichberechtigung, sozialen Frieden und Sinnstiftung sichergestellt werden können.

The city as the stage of the collective
The physical city that we perceive with all our senses remains the place where we meet with other people – despite the growing significance of social networks. Hence all forms of social interaction and the ideas of a shared existence in the public sphere are indivisibly associated with the spaces of the city.

Stadt als Ort des Gemeinsamen
Die physische, mit allen Sinnen erlebte Stadt bleibt der Ort des tatsächlichen Zusammentreffens von Menschen – trotz sozialer Netzwerke. Dementsprechend sind das Soziale und die Vorstellung vom Gemeinsamen und Öffentlichen nach wie vor stark an städtische Räume gebunden.

The city as the horizon of our existence
Generally speaking, the city is the all-encompassing environment of our existence. It furnishes the repertoire of our perceptions and experiences, the raw material of our imagination. Whatever we add to the city ought to enrich and expand this horizon. This is not only a question of increased choice; it is also about the preservation and enrichment of the sensory environment that we absorb consciously or unconsciously, day in, day out.

Stadt als Horizont unserer Existenz
Allgemein gesprochen ist die Stadt der allumfassende Ort unserer Existenz. Sie bildet das Repertoire unserer Eindrücke und Erfahrungen, den Horizont unserer Vorstellungswelten. Was immer wir der Stadt hinzufügen, muss diesen Horizont schützen und erweitern. Dabei geht es nicht nur um ein Mehr an Möglichkeiten, sondern auch um den Erhalt und die Bereicherung der sinnlichen Umgebung, die wir bewusst oder unbewusst tagtäglich in uns aufnehmen.

The city as a continuum of architecture and nature
Since the fundamental distinction between nature and city has become more difficult to identify due to the sheer expansion of

Stadt als Kontinuum aus Architektur und Natur
Wenn der grundsätzliche Gegensatz von Natur und Stadt aufgrund der schieren Expansion des Städtischen in alle erreichbaren Räume

urbanity into all available spaces, one might regard the natural and built environments as a continuum of organic and inorganic architecture. Thus architecture itself becomes the material of our individual and collective existence – it is stage, determining force and resulting product at the same time. Its success is measured by the intelligence, the originality and the sensual richness with which it moulds and forms this material.

nur mehr schwer auszumachen ist, könnte man die natürliche und die gebaute Umwelt als ein Kontinuum aus organischer und anorganischer Architektur betrachten. Damit wird die Architektur selbst das Material unserer individuellen und kollektiven Existenz – sie ist Schauplatz, gestaltende Form und resultierendes Produkt zugleich. Ihr Erfolg misst sich an der Intelligenz, der Originalität und dem Sinnesreichtum, mit der sie geformt und gestaltet wird.

The individual intervention in service of the whole
Statistically speaking, the demand for buildings in European cities has actually been met. Nevertheless, on closer inspection, new interventions to meet changing requirements often make sense. Every single project must, however, make a change for the better for the city as a whole – be it through the optimisation of energy efficiency, densification, programmatic diversification, or through spatial reorganisation and atmospheric enhancement.

Der einzelne Eingriff im Dienst des Ganzen
Statistisch gesprochen ist der Bedarf an Gebäuden in europäischen Städten eigentlich gedeckt. Im Detail sind jedoch in vielen Fällen neue Interventionen sinnvoll, um veränderte Bedarfe erfüllen zu können. Jede einzelne Intervention muss dabei ihren Beitrag zur positiven Veränderung der Stadt als Ganzem leisten – sei es durch energetische Optimierung, durch Verdichtung und programmatische Ergänzung, sei es durch räumliche Neuordnung oder atmosphärische Aufwertung.

Bigness as multiplicity
The iterative manner in which the urban tissue develops out of individual interventions makes the fragmentary, the patchwork and the ambiguous into a constituting principle of emerging figurations. This corresponds with a cultural situation in which it is difficult to believe in the singularity of a few ideas. In an age of individualism, a large-scale form is composed of many individual forms. Bigness is defined in terms of multiplicity; the whole must be able to accept the simultaneous existence of its parts.

Das Große als Vielheit
Die iterative Entstehungsweise von Stadtzusammenhängen aus individuellen Interventionen macht das Fragmentarische, das Patchwork und die Vieldeutigkeit zu einem konstituierenden Grundprinzip der entstehenden Figurationen. Dies entspricht einer kulturellen Situation, in der es schwer fällt, einige wenige Ideen als ausschließlich zu verstehen. Im Zeitalter des Individualismus setzt sich die große Form aus vielen Einzelformen zusammen. Das Große definiert sich aus der Vielheit, das Ganze muss die Gleichzeitigkeit mit seinen Teilen ertragen können.

Merging city and house
A city is like a house just as a house is like a city. This structural formula, attributed to Leon Battista Alberti, can also be applied to the interconnections between the territories of the private and the public. We question the boundaries between the traditional realms and – to a degree – dissolve the building in the city and discover the city in every building.

Haus und Stadt verschränken
Ein Haus ist wie eine Stadt und eine Stadt ist wie ein Haus. Diese strukturelle Formel, die Leon Battista Alberti zugeschrieben wird, lässt auch die Verschränkung der klassischen Territorien des Privaten und des Öffentlichen assoziieren. Wir hinterfragen die Grenzen zwischen den traditionellen Sphären, lösen das Haus in der Stadt auf und finden die Stadt in jedem Haus.

The liberated box
The box is the most frequently used form of architectural space. Buildings are usually boxes that in turn contain clusters of further boxes. If you release this cluster and show it as a set of differentiated volumes, the interior is turned inside out. The building can expose its constituent parts while these parts gain a certain independence from the whole.

Die befreite Kiste
Die „Kiste“ ist die am häufigsten verwendete Form architektonischen Raums. Häuser sind normalerweise Kisten, die wiederum kistenförmige Raumgruppierungen enthalten. Wenn man diesen Verband von Kisten „aus der Kiste befreit“ und ihn als ein Cluster von differenzierten Volumen zeigt, dreht man das Innere nach außen, lässt die konstituierenden Teile eines Gebäudes nachvollziehbar werden und deklariert eine gewisse Unabhängigkeit der Teile vom Ganzen.

The activated roof
If you consider a roof not only as the top of a building but also as a level that can be actively used, this produces something more than just additional space; an architectural constellation emerges that

Das bespielte Dach
Betrachtet man ein Dach nicht nur als obersten Abschluss eines Gebäudes, sondern als bespielbare Ebene, entsteht sowohl ein zusätzliches Flächenangebot als auch eine architektonische Konstellation,

opens up into the third dimension, combining inside and outside, the envelope and the structure, the cave and the tent.

The roof as artificial sky
The roof of a building is normally exposed to the climate. If it is used as an interface with the weather it becomes an artificial sky for the interior space it shelters that can make use of daylight as well as wind and solar energy.

Architecture as an agent of change
The idea of an individual project as an agent of change opens up great potential. An individual building can manifest a visible and tangible position in its relation to climate, materiality, in its function, its adaptability and its role as a forerunner of new conventions of use. Its aesthetic principles are, in our view, to be sought in a strict economy of means combined with emotive power and a certain generosity towards future generations.

Aesthetics as a criterion of sustainability
Longevity is also a question of emotional attachment. We believe that loveable buildings have a greater chance of survival than those that just try to impress. Elegance in the sense of effortlessness, a certain implicity and lightness of touch helps to reduce barriers and establish connections.

Demand reduction instead of technology
The necessity for the intelligent use of fossil resources has, in Germany and Europe, principally led to a broad development of new technologies. We complement such technological approaches with simple design techniques that from the outset avoid new energy needs and make use of existing sources of energy.

Climatomorphic architecture
By continuing humanity's millennia-long tradition of responding to environmental phenomena such as sunlight, wind and rain while considering urban context, current needs and the latest technologies, we arrive at precise architectural forms that we refer to as climatomorphic.

Chromotopes
Notwithstanding ecological correctness, the built environment must never be boring. We have discovered polychromy as a simple and direct means of reaching people. In the popular media, colour is used to attract maximum attention to a message. In painting, colour is used to suggest space and atmosphere on a canvas. In sculpture, colour can help to define a form or to call it into question. We design

die sich in die dritte Dimension öffnet und Innen mit Außen, Umhüllen und Aufbauen, Höhle und Zelt miteinander verbindet.

Das Dach als künstlicher Himmel
Auch bietet das Dach eines Gebäudes normalerweise die offensichtlichste Ausrichtung zum Klima. Wird das Dach als eine Schnittstelle zum Wetter eingesetzt, wird es für den anschließenden Innenraum zum künstlichen Himmel, der vor allem das Tageslicht, aber auch Wind- und Sonnenenergie für ein Gebäude nutzbar macht.

Architektur als Motor der Veränderung
Die Vorstellung eines individuellen Projekts als Motor der Veränderung eröffnet ein großes Potenzial. Einzelne Gebäude können durchaus sicht- und erfahrbar Stellung beziehen in ihrem Verhältnis zum Klima, in ihrer Machart, ihrer Funktion, ihrer Anpassungsfähigkeit und ihrer Rolle als Wegbereiter veränderter Nutzungskonventionen. Ihre ästhetischen Prinzipien liegen für uns in der strikten Ökonomie der Mittel bei gleichzeitigem Affekt sowie einer gewissen Großzügigkeit gegenüber zukünftigen Generationen.

Ästhetik als Nachhaltigkeitskriterium
Langlebigkeit ist auch eine Frage von emotionaler Bindung. Wir meinen, dass Häuser, die sich lieben lassen, größere Überlebenschancen haben als solche, die nur versuchen zu beeindrucken. Eleganz im Sinne des Unangestrengten, des scheinbar Selbstverständlichen und des Schwerelosen hilft, Schwellen ab- und Kontakte aufzubauen.

Bedarfsreduktion statt Technologie
Die Notwendigkeit des intelligenten Umgangs mit fossilen Ressourcen hat in Deutschland und Europa in erster Linie zu einer breiten Entwicklung von neuen Technologien geführt. Solche technologischen Lösungsansätze flankieren wir mit einfachen Entwurfstechniken, die neue Energiebedarfe von vorne herein vermeiden und bestehende Energiequellen nutzen.

Klimatomorphe Architektur
Aus dem seit Jahrtausenden praktizierten Eingehen auf Umweltphänomene wie Sonneneinstrahlung, Wind und Regen sowie der gleichzeitigen Berücksichtigung des städtischen Kontextes und aktueller Bedarfe und Technologien entstehen präzise architektonische Formen, die wir als klimatomorph bezeichnen.

Chromotope
Bei aller ökologischen Korrektheit darf die gebaute Umwelt niemals langweilig sein. Wir haben für uns die Polychromie entdeckt als ein einfaches und direktes Mittel, um die Menschen anzusprechen. In den populären Medien werden Farben eingesetzt, um maximale Aufmerksamkeit für eine Botschaft herzustellen. In der Malerei ist die Farbe ein Mittel, auf der Leinwand Raum und Stimmung erscheinen

and build places that employ coloured architecture to establish an initial relationship with the context – no part of which is ever colourless. Chromotopes also generate atmospheres and spatiality; they expand physical space into the realm of the imagination.

zu lassen. In der Skulptur kann Farbe helfen, einen Körper zu definieren oder ihn infrage zu stellen. Wir entwerfen und bauen Orte, die sich farbiger Architektur bedienen, um zunächst ein Verhältnis zum Kontext zu etablieren, der ja an keiner Stelle jemals farblos ist. Chromotope stellen darüber hinaus Stimmungen und Raumeindrücke her; sie erweitern den physischen Raum in die Vorstellung hinein.

Colour as material and materiality

In the past, we have explained that colour is like a material for us, just as concrete or masonry are for other architects: we use colour structurally, spatially and architecturally, not merely as an element of decoration. However, the materiality of the colour itself is indeed another aspect that concerns us, because coloured surfaces have their own material quality, both in their outward appearance and in their robustness and permanence. Consideration must be given to the effects of ageing on any coating or paint, especially in outdoor areas. Colour behind glass is more stable and intense, even though its appearance is affected by the inherent hue of the glass itself. We value glazed ceramic despite its idiosyncrasies, because it combines lucid colour with permanence like no other material.

Farbe als Material und Materialität

Wir haben in der Vergangenheit erklärt, Farbe sei für uns ein Material, so wie Beton oder Mauerwerk es für andere Architekten sind. Wir setzen Farbe eher strukturell, räumlich und architektonisch ein, weniger als ein Element der Dekoration. Tatsächlich ist die Materialität der Farbe an sich jedoch ein weiteres Thema, das uns beschäftigt, denn Farboberflächen haben ihre eigene Materialqualität sowohl in ihrer Erscheinung als auch in ihrer Robustheit und Dauerhaftigkeit. Anstriche müssen, vor allem im Außenbereich, mit ihrer Alterung gedacht werden. Farbe hinter Glas ist beständiger und intensiver, wenngleich eingeschränkt wegen der Eigenfarbigkeit des Glases selbst. Glasierte Keramik schätzen wir trotz ihrer Eigenheiten in der Verarbeitung, weil sie wie kein anderes Material luzide Farbigkeit mit Dauerhaftigkeit verbindet.

Colour and material

Every building material has its own physical characteristics, which are mostly derived from its origins; in addition it also carries a visual message on account of its cultural connotations. By contrast, colour has first and foremost a visual presence with minimal materiality. Next to a coloured surface materials are highlighted in their physicality; even simple materials such as wood, stone or concrete appear refined and strengthened by the contrasting effect.

Farbe und Material

Jedes Baumaterial hat einen körperlichen Charakter, der aus seiner Herkunft oder Herstellung hervorgeht. Darüber hinaus birgt es je nach kulturellem Kontext auch eine visuelle Botschaft. Farbe ist im Gegensatz dazu zunächst nur bildliche Oberfläche ohne wesentliche körperliche Eigenschaften. Wenn Farbe im bewussten Kontrast eingesetzt wird, tritt der körperliche Charakter eines Materials in den Vordergrund; so kann Farbe auch einfachen Materialien wie Holz, Stein oder Beton durch Kontrast eine veredelte und kraftvolle Erscheinung verleihen.

The textile and the concrete

Today more than ever, a building's appearance is autonomous. Given the layered construction of exterior walls, there is no longer necessarily a link between the structure and the sculptural presence of a building. Nor is there a connection between its interior and exterior, beyond an interface with the weather and specific views of the surroundings. Hence, in designing the exterior of a building, one can follow the primacy of the senses. The affinity to Gottfried Semper's theory of dressing is obvious; we are interested in his theme of the textile, the woven, the enveloping and harbouring. But we also see the affect of materiality itself, the liberation from any obligation to signify and the potential to develop spatial poetry out of the interplay of form, material, colour and light.

Das Textile und das Konkrete

Das Erscheinungsbild eines Hauses ist heute autarker denn je. Angesichts der mehrschichtigen Konstruktion von Außenwänden besteht keine notwendige Verbindung mehr zwischen der Struktur und der Skulptur eines Hauses, zwischen Innen und Außen jenseits der Schnittstelle zum Klima und etwaiger räumlicher Bezüge zum Umraum. In ihrer Gestaltung kann die Außenerscheinung ganz dem Primat des Sinnlichen folgen. Die Nähe zu Gottfried Sempers Bekleidungstheorien ist offensichtlich. Wir sehen das Textile, das Gewobene, das Bergende und Umhüllende. Wir sehen aber auch das Konkrete, die Befreiung von jeder Mitteilungspflicht, die Möglichkeit der Entfaltung räumlicher Poesie aus dem Zusammenspiel von Form, Material, Farbe und Licht.

Film as a perceptual pattern in the space of mobility

Mobility has become an indispensable part of our daily lives; it greatly influences how we find ourselves in the built environment and how we perceive it. The inhabitants of today's cities are never stationary. Spaces are part of a path, and objects are always seen in movement. Spatial hierarchies are never unambiguous; the architectural moment

Film als Wahrnehmungsmuster im Raum der Mobilität

Mobilität ist ein unverzichtbarer Teil unseres alltäglichen Lebens geworden, der die Befindlichkeit in und die Wahrnehmung unserer Umwelt stark beeinflusst. Der Bewohner der zeitgenössischen Stadt ist immer unterwegs. Räume sind Teil seines Weges, und Objekte werden aus der Bewegung heraus verstanden. In den räumlichen

remains diffuse. Our largely mediated experiences of daily life are no longer reflected solely in the medium of the stationary image; our modes of perception increasingly feed upon the experience of film. In our design of urban spaces and buildings we thus try to respond to the changed perceptual conventions of their users, for instance with kinetic polychromy, which proposes coloured spaces organised with a quasi-cinematographic logic.

Star, ring and spiral

A centripetal plan focuses the communication of the individual parts of a building on one point. A ring-shaped circulation pattern suggests the spatial link of all the individual parts of a building, encircling a void that can potentially be seen as common to them all. The path itself and its linear experience becomes an architectural theme. With a spiral-shaped circulation system we use the path as a continuous three-dimensional element to organise a building and its spaces within an ambulatory, cinematic logic.

The plan as a choreography of everyday life

A floor plan can be read as a form of notation of possible patterns of movement and behaviour in a building. It determines separations and connections, hierarchies and sequences, distances and proximities, as well as paths, spatial relationships, views and proportions. With a floor plan, we establish the choreography of future daily routines. Structural flexibility opens up the possibility of adapting this choreography again and again to circumstances and ways of life hitherto unknown.

Organic prisms

Seen with the naked eye, there is almost no absolute uniformity in the natural world. A face is only superficially symmetrical, the surface of a lake is never really level. Hence architecture with its precise geometries traditionally plays the role of the man-made counterpart to nature. With the concept of organic prisms, we seek to register the tension between the organic and inorganic dimensions of the built environment. We aim to unite the rational logic of construction with an environment that is – in terms of its structure and its appearance – ever-changing.

All projects have clients; fulfilling their needs is generally the prime reason for creating any piece of architecture. We believe it to be a top priority to meet our clients' demands in an optimal way. However, it is precisely in addressing the question of what 'optimal' might mean and, of course, in weighing the project's individual requirements against those of the community that architecture emerges as a cultural project. This cultural project is ultimately the subject of this book and the special contribution that architecture can make as the most complex of all artistic practices.

Bezügen sind Hierarchien niemals eindeutig, der architektonische Moment bleibt unscharf. Unsere weithin medialisierte Lebenserfahrung spiegelt sich nicht mehr nur im Medium des Bildes, unsere Wahrnehmung speist sich zunehmend auch aus der Erfahrung des Films. Deshalb versuchen wir in der Konzeption von Stadträumen und Gebäuden auf die veränderte Wahrnehmungskonvention ihrer Benutzer einzugehen, zum Beispiel mit kinetischer Polychromie, die den farbigen Raum in einer quasi cinematografischen Logik ordnet.

Stern, Ring und Spirale

Ein zentripetaler Grundriss fokussiert die Kommunikation der Einzelteile eines Gebäudes auf einen Punkt. Eine ringförmige Erschließung schlägt eine raumgreifende Verbindung aller Einzelteile eines Gebäudes vor, die sich um einen Leerraum lagert, der potenziell als gemeinsam zu sehen ist. Der Weg – als linearer Erlebnisraum – wird selbst zu einem architektonischen Thema. Mit einer spiralförmigen Erschließung machen wir den Weg zum kontinuierlichen dreidimensionalen Ordnungselement in einem Gebäude und bringen alle Räume in eine ambulatorische, cinematografische Ordnung.

Der Grundriss als Choreograf des Alltags

Einen Grundriss kann man als eine Form der Notation der zu erwartenden Bewegungs- und Verhaltensmuster in einem Gebäude lesen. Er entscheidet über Trennung und Verbindung, über Hierarchien und Reihenfolgen, über Distanzen und Proximitäten, über Wege, Bezüge, Blicke, Proportionen. Mit einem Grundriss planen wir die Choreografie zukünftiger Alltage. Strukturelle Flexibilität eröffnet die Möglichkeit, diese Choreografie immer wieder an bisher nicht bekannte Lebensumstände und -vorstellungen anzupassen.

Organische Prismen

In der mit bloßem Auge wahrnehmbaren Natur gibt es fast keine vollständige Ebenmäßigkeit. Ein Gesicht ist nur oberflächlich symmetrisch, ein See selten wirklich eben. Mit ihren präzisen Geometrien spielt Architektur klassischerweise die Rolle des menschengemachten Gegenpols zur Natur. Mit dem Konzept des organischen Prismas wollen wir das Spannungsfeld der organischen und anorganischen Dimensionen der gebauten Umwelt erfassen, die rationale Logik der Konstruktion mit einer sich in Wahrnehmung und Konstitution ständig verändernden, instabilen Umgebung vereinen.

Jedes Projekt hat einen Bauherrn; dessen Bedürfnisse zu erfüllen, ist normalerweise zunächst der Hauptgrund für das Entstehen von Architektur. Auch für uns steht außer Frage, dass die bestmögliche Erfüllung eines Bedarfs an oberster Stelle unserer Aufgaben steht. Jedoch gerade in der Frage, was denn das Bestmögliche sei, und natürlich in der Überlagerung individueller Bedürfnisse mit denen der Gemeinschaft erscheint die Qualität der Architektur als kulturelles Projekt. Von diesem kulturellen Projekt handelt schlussendlich dieses Buch, und von dem speziellen Beitrag der Architektur als komplexester aller künstlerischen Handlungsweisen.

p: project type and date
Art des Projekts und Datum
c: client / Bauherr
pr: programme / Programm
sqm: gross floor area / BGF
cert: sustainability certification
Zertifizierung für nachhaltiges Bauen
ca: contact architect / Kontaktarchitekt
pm: project management
Projektsteuerung
qs: quantities, site supervision
Ausschreibung, Bauüberwachung
l: landscape / Landschaftsarchitektur
st: structure / Tragwerksplanung
en: environmental engineering
Energiekonzept
s: services / Haustechnik
li: lighting / Lichtplanung
dli: daylight / Tageslichtplanung
f: fire protection / Brandschutz
ph: building physics / Bauphysik
a: acoustics / Schallschutz, Akustik
fa: façade consulting / Fassadenberatung
t: traffic consulting / Verkehrsplanung
ar: artist, artisan
Künstler, Kunsthandwerker
ex: exhibition planning
Ausstellungskonzept
sc: scenography / Szenografie
cons: conservation consulting
Denkmalschutzberatung
gr: graphic design / Grafik

1992–2005

L House, London
L House, London
p: 1990–1992
c: Private
pr: Conversion of a Victorian house
Umbau eines viktorianischen Hauses
sqm: 170

H House, London
H House, London
p: 1994–1995
c: Private
pr: Conversion of a 1960s residence
Umbau eines Wohnhauses aus den 1960er-Jahren
sqm: 300

Photonics Centre, Berlin
Photonikzentrum, Berlin
p: Competition, 1st prize
Wettbewerb, 1. Preis
1995–1998
c: WISTA Management GmbH, Berlin
pr: Multifunctional building for laboratories, workshops, production facilities and offices / Gewerbebau für Büros, Labore, Werk- und Produktionsstätten
sqm: 11,000

N House, London
N House, London
p: 1998–1999
c: Private
pr: Conversion of a listed building
Umbau eines denkmalgeschützten Wohnhauses
sqm: 330

Zumtobel Staff Showroom, Berlin
Zumtobel Staff Showroom, Berlin
p: 1998–1999
c: Zumtobel Staff
pr: Information centre with company showroom, offices, conference room
Beratungszentrum mit Showroom, Büros, Konferenzraum
sqm: 630

GSW Headquarters, Berlin
GSW Hauptverwaltung, Berlin
p: Competition, 1st prize
Wettbewerb, 1. Preis
1990–1999
c: Gemeinnützige Siedlungs- und Wohnungsbau-Gesellschaft mbH, Berlin
pr: Extension and renovation of a 1950s office high-rise / Erweiterung und Sanierung eines bestehenden Bürohochhauses der 1950er-Jahre
sqm: 50,000

The British Council, Berlin
The British Council, Berlin
p: 1999–2000
c: The British Council
pr: Head office with information centre, media centre, language school
Informationszentrum, Mediathek, Sprachschule, Büros
sqm: 2,100

Experimental Factory, Magdeburg
Experimentelle Fabrik, Magdeburg
p: 2000–2001
c: Zentrum für Produkt-, Verfahrens- und Prozessinnovations GmbH, Magdeburg
pr: Multifunctional building with laboratories, offices, conference area, production facilities / Multifunktionales Gebäude mit Laboren, Büros, Konferenzräumen, Fabrikation
sqm: 6,800

Pharmacological Research Laboratories, Biberach
Pharmakologische Forschung, Biberach
p: Competition, 1st prize
Wettbewerb, 1. Preis
2000–2002
c: Boehringer Ingelheim Pharma KG
pr: Laboratories and offices / Labor- und Bürogebäude
sqm: 10,000

Sedus High-Bay Warehouse, Dogern
Sedus Hochregallager, Dogern
p: 2002–2003
c: Sedus Stoll AG
pr: Façade for a high-bay warehouse
Fassade für ein Hochregallager

Town Hall, Hennigsdorf
Rathaus, Hennigsdorf
p: 2002–2003
c: Stadt Hennigsdorf
pr: Citizen's forum, offices, assembly hall
Bürgerberatung, Büros, Ratssaal
sqm: 5,900

Fire and Police Station, Berlin
Feuer- und Polizeiwache, Berlin
p: Competition, 1st prize
Wettbewerb, 1. Preis
1999–2004
c: Senatsverwaltung für Bauen und Wohnen, Berlin
pr: Renovation and extension of a former goods yard building / Umbau und Erweiterung eines ehemaligen Frachthofgebäudes
sqm: 6,900

Federal Environment Agency, Dessau
Umweltbundesamt, Dessau
p: Competition, 1st prize
Wettbewerb, 1. Preis
1998–2005
c: Bundesrepublik Deutschland
pr: Office building with public auditorium, library and restaurant / Büro- und Verwaltungsgebäude mit öffentlichem Hörsaal, Bibliothek und Restaurant
sqm: 41,000

2006

1234, Pinakothek der Moderne, Munich
1234, Pinakothek der Moderne, München
p: Exhibition / Ausstellung
2006 (→ p. 9)
pr: Exhibition covering 15 years of design practice at Sauerbruch Hutton / Werkschau aus 15 Jahren Entwurfspraxis von Sauerbruch Hutton
site: Pinakothek der Moderne, München
ar: Ute Adamczewski; Ola Kolehmainen

Kvadrat Exhibition Stand, Cologne
Kvadrat Messestand, Köln
p: Exhibition / Ausstellung
2006
c: Kvadrat GmbH
pr: Exhibition stand for a textile design company / Messestand für einen Textilhersteller
site: Orgatec 2006, Köln
a: Akustik-Ingenieurbüro Moll GmbH, Berlin

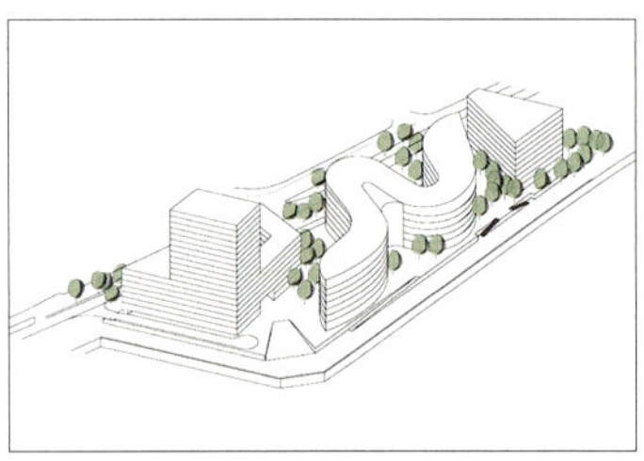

HafenCity University, Hamburg
HafenCity Universität, Hamburg
p: Competition / Wettbewerb
c: Freie und Hansestadt Hamburg / Behörde für Wissenschaft und Forschung Hamburg; HafenCity Hamburg GmbH
pr: University campus with laboratories, seminar rooms, lecture theatres, studios, canteen, offices / Universitätscampus mit Labor-, Seminar- und Vorlesungsräumen, Studios, Mensa, Büros
sqm: 63,000
l: Sörensen Landschaftsarchitektur, Hamburg

Zumtobel Light Centre, Berlin
Zumtobel Lichtzentrum, Berlin
p: 2006
c: Zumtobel Licht GmbH
pr: Conversion of a company showroom with offices, conference room
Umbau eines Showrooms mit Büros, Konferenzraum
sqm: 630
a: Akustik-Ingenieurbüro Moll GmbH, Berlin

Museum of Modern Art, Warsaw
Museum für moderne Kunst, Warschau
p: Competition / Wettbewerb
c: Municipality of Warsaw
pr: Art Museum with library, teaching workshops, lecture theatres and retail units, as well as an adjacent hotel
Kunstmuseum mit Bibliothek, pädagogischem Atelier, Vorlesungsräumen und Einzelhandelsflächen sowie einem angrenzenden Hotel
sqm: 60,000
st + s: Arup Group Ltd, London
f: hhpberlin Ingenieure für Brandschutz GmbH, Berlin

City Dress
City Dress
p: Exhibition / Ausstellung
2006 (→ p. 12)
c: The British Council
pr: Installation for the British Pavilion, Venice Architecture Biennale
Installation als Teil des Britischen Pavillons auf der Architekturbiennale Venedig
site: British Pavilion, 10th Architecture Biennale, Venice
ar: Anna von Griesheim; Ina Herbert

Overseas Quarter, Hamburg
Überseequartier, Hamburg
p: Competition / Wettbewerb
c: HafenCity Hamburg GmbH
pr: Renovation of a historic port authority building and addition of a market hall
Umbau eines historischen Verwaltungsgebäudes und Neubau einer Markthalle
sqm: 5,800

Lehrter Quarter, Berlin
Lehrter Stadtquartier, Berlin
p: Competition / Wettbewerb
c: Vivico Real Estate GmbH
pr: Cluster of commercial and office buildings / Gruppe von Büro- und Geschäftsgebäuden
sqm: 84,000
s: Transsolar Energietechnik GmbH, München
f: hhpberlin Ingenieure für Brandschutz GmbH, Berlin

Shanghai Center Tower
Shanghai Center Tower
p: Competition / Wettbewerb
c: Municipality of Shanghai
pr: Office tower with retail space and a hotel / Bürohochhaus mit Einzelhandel und Hotel
sqm: 460,000
st: Werner Sobek Stuttgart GmbH, Stuttgart
st + en: Transsolar Energietechnik GmbH, München

2007

Energy Dome, Soria
Cúpula de la Energía, Soria
p: Competition / Wettbewerb (→ p. 14)
c: Regional Goverment of Castilla y León
pr: Environmental visitor centre for the Castilla y León region, including spaces for exhibition, education and administration / Repräsentanz der Umweltagenda der Region Kastilien und León, mit Ausstellungsflächen, Schulungsräumen, Verwaltung
sqm: 18,000
l: ST raum a. Gesellschaft von Landschaftsarchitekten mbH, Berlin
st: Arup GmbH, Berlin
en + s: Centro Nacional de Energías Renovables CENER, Sarriguren

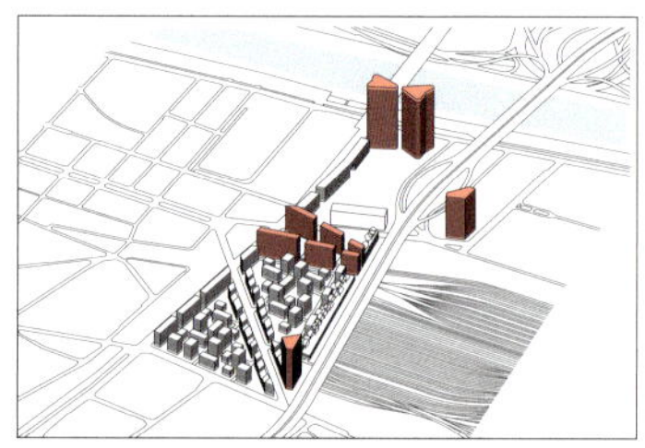

Masséna Bruneseau, Paris
Masséna Bruneseau, Paris
p: Study / Studie (→ p. 16)
c: Ville de Paris
pr: Master plan for a mixed-use quarter adjacent to the boulevard périphérique
Städtebaulicher Masterplan für ein durchmischtes Wohnquartier am Boulevard périphérique
sqm: 400,000
en: Transsolar Energietechnik GmbH, Stuttgart

Bridewell Island, Bristol
Bridewell Island, Bristol
p: Competition / Wettbewerb
c: Municipality of Bristol / Bristol City Council
pr: Complex of buildings with housing, retail units, exhibition spaces, recreational facilities and a hotel; conversion and reuse of listed buildings / Gebäudekomplex mit Mischnutzung aus Wohnen, Einzelhandel, Ausstellungsflächen, Freizeiteinrichtungen sowie einem Hotel; unter Einbezug denkmalgeschützter Bausubstanz
sqm: 28,000
st + en: Arup Group Ltd, London

Tower 185, Frankfurt am Main
Tower 185, Frankfurt am Main
p: Competition / Wettbewerb
c: Vivico Real Estate GmbH
pr: Office tower / Bürohochhaus
sqm: 80,000
st: Werner Sobek Frankfurt GmbH & Co. KG, Frankfurt a. M.
s: ZWP Ingenieur-AG, Berlin; Lüsebrink Ingenieure, Hamburg
f: hhpberlin Ingenieure für Brandschutz GmbH, Berlin
ph: Müller-BBM GmbH, Berlin
fa: Mosbacher + Roll GmbH, Friedrichshafen

Het Laar City Entrance, Tilburg
Het Laar, Stadteingang Tilburg
p: Competition, 1st prize
Wettbewerb, 1. Preis (→ p. 18)
c: Municipality of Tilburg; BAM Vastgoed bv; AM Vastgoed bv; Volker Wessels Vastgoed
pr: Master plan for the southern entrance to Tilburg / Städtebaulicher Masterplan für den südlichen Stadteingang
sqm: 216,000
l: Karres + Brands Landscape Architecture and Urban Planning bv, Hilversum; Bureau B+B Urbanism and Landscape Architecture, Amsterdam

Hardturm Area, Zurich
Hardturm-Areal, Zürich
p: Competition / Wettbewerb (→ p. 20)
c: Konsortium Pfingstweid / Hardturm AG, Zürich
pr: Mixed-use high-rise with housing, offices, retail / Hochhaus mit Mischnutzung aus Wohnen, Büros, Einzelhandel
sqm: 31,500
l: ST raum a. Gesellschaft von Landschaftsarchitekten mbH, Berlin
st + s: Arup GmbH, Berlin
f: hhpberlin Ingenieure für Brandschutz GmbH, Berlin

Kulturforum Foyer, Berlin
Foyer des Berliner Kulturforums
p: Exhibition proposal / Ausstellungskonzept (→ p. 23)
pr: Spatial intervention / Rauminstallation
site: Kulturforum Berlin

University of Music, Karlsruhe
Hochschule für Musik Karlsruhe
p: Competition / Wettbewerb (→ p. 24)
c: Land Baden-Württemberg / Vermögen und Bau Baden-Württemberg, Amt Karlsruhe
pr: University building with multipurpose concert hall and stage / Universitätsgebäude mit multifunktionalem Konzertsaal und Bühne
sqm: 5,400
li + sc: dUCKS scéno, Villeurbanne
a: Yasuhisa Toyota, Tokyo

Plaza de la Cebada, Madrid
Plaza de la Cebada, Madrid
p: Competition / Wettbewerb (→ p. 27)
c: Municipality of Madrid
pr: Covered market and sports hall
Markthalle und Sporthalle
sqm: 40,000
ca: Gerardo Mingo Arquitectos, Madrid
l: Maremoto Paisajes SL, Madrid
st: Dewhurst Macfarlane and Partners, London
en: Transsolar Energietechnik GmbH, Stuttgart

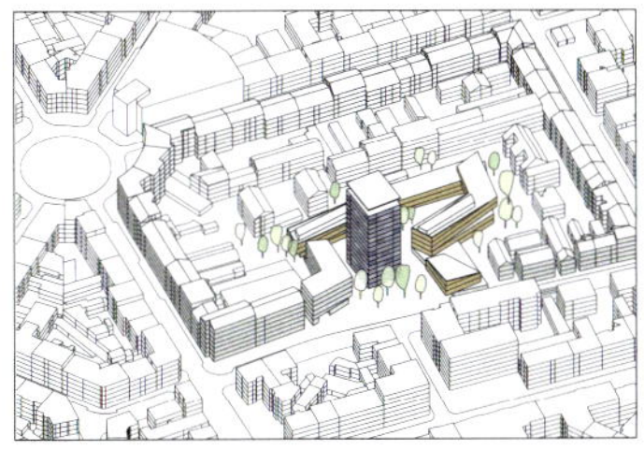

Müllerstraße, Munich
Müllerstraße, München
p: Competition / Wettbewerb
c: aiP Gärtnerplatz GmbH & Co. KG / alpha invest Projekt GmbH
pr: Conversion of a former district heating power station's premises to accommodate housing, retail, offices, childcare centre, café, sky bar / Umnutzung des Areals eines ehemaligen Fernheizkraftwerks mit Mischnutzung aus Wohnen, Einzelhandel, Büros, Kindertagesstätte, Café, Skybar
sqm: 22,700
l: ST raum a. Gesellschaft von Landschaftsarchitekten mbH, Berlin
st: Ingenieurbüro für Bauwesen Dipl.-Ing. Herbert Fink GmbH, Berlin

Leipziger Platz, Berlin
Leipziger Platz, Berlin
p: Competition / Wettbewerb
c: ORCO Leipziger Platz GmbH / Viterra Development GmbH
pr: Commercial building with retail, housing, offices, recreational facilities, restaurants / Geschäftshaus mit Einzelhandel, Wohnen, Büros, Freizeiteinrichtungen, Gastronomie
sqm: 118,500
st: Arup GmbH, Berlin
f: hhpberlin Ingenieure für Brandschutz GmbH, Berlin

Office Complex near la Nueva Condomina, Murcia
Oficinas en la Nueva Condomina, Murcia
p: Competition / Wettbewerb
c: Grupo Alianza Corp. Inm.
pr: Office tower with retail space
Bürohochhaus mit Einzelhandel
sqm: 55,000
ca: Gerardo Mingo Arquitectos, Madrid
st: Arup GmbH, Berlin
en: Centro Nacional de Energías Renovables CENER, Sarriguren

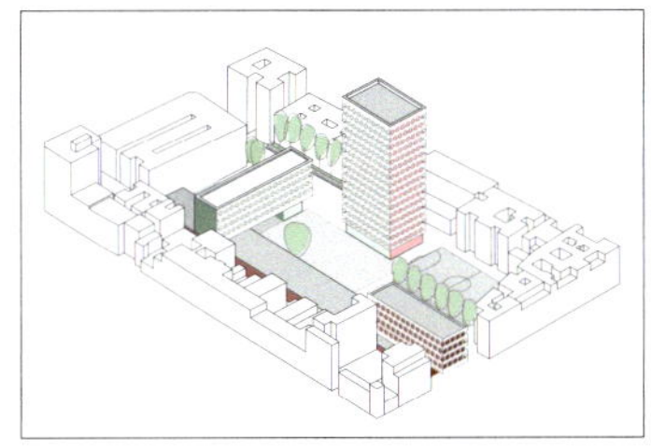

Cocheras de Bravo Murillo, Madrid
Cocheras de Bravo Murillo, Madrid
p: Competition / Wettbewerb
c: Municipality of Madrid / Empresa Municipal de la Vivienda y Suelo
pr: Social housing with public recreational facilities / Sozialer Wohnungsbau mit öffentlicher Sportanlage
sqm: 8,600
l: Vogt Landschaftsarchitekten AG, Zürich
en: Transsolar Energietechnik GmbH, Stuttgart

Block V, Boulogne-Billancourt
Îlot V, Boulogne-Billancourt
p: Competition / Wettbewerb
c: ING Real Estate Development
pr: Office building / Bürogebäude
sqm: 17,000
l: agence d'ici là, Paris
st: RFR Gros Œuvre +, Paris
en: Transsolar Energietechnik, Stuttgart
s: Thor Ingénierie, Thiais
f: Casso & Associés, Paris

Serralves Foundation, Porto
Fundação de Serralves, Porto
p: Competition / Wettbewerb (→ p. 30)
c: Fundação de Serralves
pr: Museum with multipurpose event spaces / Museum mit multifunktionalen Veranstaltungsräumen
sqm: 20,000
l: ST raum a. Gesellschaft von Landschaftsarchitekten mbH, Berlin
st: Arup Group Ltd, London

2008

Jessop West, Sheffield
Jessop West, Sheffield
p: 2005–2008 (→ p. 34)
c: The University of Sheffield
pr: University building with offices, seminar rooms, visitor centre, exhibition spaces, café / Universitätsgebäude mit Büros, Seminarräumen, Besucherzentrum, Ausstellungsflächen, Café
sqm: 5,900
ca: RMJM London Ltd, Cambridge
pm: Turner & Townsend, Sheffield
qs: Gleeds, Cambridge
l: Weidinger Landschaftsarchitekten, Berlin; LAND, Edinburgh
st + s + f + a: Arup Group Ltd, London / Sheffield
gr: Florencia Young, Berlin

Extension to the Kunsthaus Zurich
Erweiterung Kunsthaus Zürich
p: Competition / Wettbewerb (→ p. 50)
c: Stadt Zürich, Amt für Hochbauten
pr: Art museum with auditorium, restaurant, café / Kunstmuseum mit Auditorium und Gastronomie
sqm: 18,000
l: Adelheid Schönborn Gartenarchitektin, München
st + s: Arup GmbH, Berlin
li + dli: Arup Lighting, London

Langelinie, Copenhagen
Langelinie, Kopenhagen
p: Competition, 1st prize
Wettbewerb, 1. Preis (→ p. 54)
c: ATP Ejendomme A/S
pr: Office building with public facilities
Bürogebäude mit öffentlichen Nutzungen
sqm: 20,000
st + en: Grontmij Carl Bro A/S, Glostrup

Municipal Savings Bank, Oberhausen
Stadtsparkasse Oberhausen
p: Competition, 1st prize
Wettbewerb, 1. Preis
2004–2008 (→ p. 56)
c: Stadtsparkasse Oberhausen
pr: Headquarters, main branch and customer centre for the Municipal Savings Bank / Hauptverwaltung, Hauptstelle und Kundenhalle der Stadtsparkasse
sqm: 24,000
pm: Assmann Beraten + Planen GmbH, Dortmund
l: Weidinger Landschaftsarchitekten, Berlin
st: Arup GmbH, Berlin
en + s: ZWP Ingenieur-AG, Berlin
li + dli: ag Licht GbR, Bonn
f: hhpberlin Ingenieure für Brandschutz GmbH, Berlin
ph: Müller-BBM GmbH, Berlin
a: Akustik-Ingenieurbüro Moll GmbH, Berlin
ar: Olaf Nicolai, Berlin

Munch Stenersen Museum, Oslo
Munch-Stenersen-Museum, Oslo
p: Competition / Wettbewerb (→ p. 64)
c: HAV Eiendom AS; Municipality of Oslo
pr: Art museum with auditorium, restaurant, café / Kunstmuseum mit Auditorium und Gastronomie
sqm: 16,000
l: Hager Partner AG, Zürich / Berlin
st + s: Arup GmbH, Berlin
li: Arup GmbH, Berlin

Casa de las Cosas
Casa de las Cosas
p: Exhibition / Ausstellung
2008–2009 (→ p. 68)
pr: Prototype apartment for a 70-year-old
Musterwohnung für eine ältere Person
site: Construmat 2008, Barcelona
ca: Pich Aguilera Arquitectos SL, Barcelona

Northwest Railway Station Quarter, Vienna
Quartier am Nordwestbahnhof, Wien
p: Competition, 3rd prize
Wettbewerb, 3. Preis
c: Stadt Wien; ÖBB-Immobilien-management GmbH
pr: Conversion of a former freight yard into a mixed-use quarter / Städtebaulicher Masterplan für ein durchmischtes Wohnquartier auf einem ehemaligen Güterbahnhofs-Areal
sqm: 800,000
l: Hager Partner AG, Zürich / Berlin
en: Transsolar Energietechnik GmbH, München
t: Durth Roos Consulting GmbH, Darmstadt

High-Rise Mercedesstraße, Düsseldorf
Hochhaus Mercedesstraße, Düsseldorf
p: Competition, 1st prize
Wettbewerb, 1. Preis
2008–2019 (→ p. 70)
c: Fishman Holdings Germany GmbH
pr: Multipurpose high-rise suitable for housing, hotel or offices / Multifunktionales Hochhaus, gleichermaßen geeignet für Wohnnutzung, Hotel oder Büros
sqm: 38,000
l: ST raum a. Gesellschaft von Landschaftsarchitekten mbH, Berlin
st: Werner Sobek Stuttgart GmbH, Stuttgart
en: Transsolar Energietechnik GmbH, Stuttgart
s: ZWP Ingenieur-AG, Berlin

International Criminal Court, The Hague
Internationaler Strafgerichtshof, Den Haag
p: Competition / Wettbewerb
c: International Criminal Court (ICC)
pr: High court and office buildings with auditoria, conference area, restaurants
Gerichtshof und Verwaltungsgebäude mit Büros, Auditorien, Konferenzräumen, Gastronomie
sqm: 48,600
l: Hager Partner AG, Zürich / Berlin
st + f: Arup GmbH, Berlin

Thu Thiem Bridge, Ho Chi Minh City
Thu Thiem Brücke, Ho-Chi-Minh-Stadt
p: Competition, 2nd prize
Wettbewerb, 2. Preis
c: Ho Chi Minh City People's Committee
pr: Footbridge over the Saigon River, including a covered market and retail units / Fußgängerbrücke über den Saigon, belebt durch Einzelhandelsflächen und eine Markthalle
sqm: 130,000
l: Hager Partner AG, Zürich / Berlin
st: Walt Galmarini AG, Zürich
f: hhpberlin Ingenieure für Brandschutz GmbH, Berlin

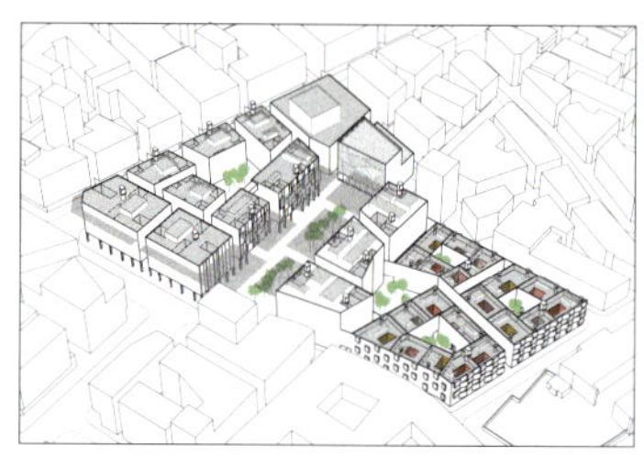

Heart of Doha
Heart of Doha
p: Competition / Wettbewerb (→ p. 72)
c: DohaLand Co.
pr: City square and mixed-use quarter with cultural centre, museum, housing, offices / Zentraler Stadtplatz und urbanes Quartier mit Mischnutzung aus Kulturzentrum, Museum, Wohnen, Büros
sqm: 139,000
l: Hager Partner AG, Zürich / Berlin
st+en: Ove Arup and Partners Ltd, London

2009

ADACH Pavilion for Venice
ADACH Pavillon für Venedig
p: Exhibition / Ausstellung
2009
c: Abu Dhabi Authority for Culture and Heritage (ADACH); Catherine David
pr: Exhibition design for ADACH Pavilion, Venice Art Biennale / Ausstellungsdesign für den Pavillon der ADACH auf der Biennale di Venezia
site: 53rd Art Biennale, Venice
ca: Clemens F. Kusch, Venezia
gr: Florencia Young, Berlin

Brandhorst Museum, Munich
Museum Brandhorst, München
p: Competition, 1st prize
Wettbewerb, 1. Preis
2002–2009 (→ p. 76)
c: Freistaat Bayern / Staatliches Bauamt München; Bayerisches Staatsministerium für Wissenschaft, Forschung und Kunst
pr: Museum for a private art collection
Museum für eine private Kunstsammlung
sqm: 12,100
l: Adelheid Schönborn Gartenarchitektin, München
st: Ingenieurbüro für Bauwesen Dipl.-Ing. Herbert Fink GmbH, Berlin
s: Ingenieurbüro Ottitsch GmbH & Co. KG, München; ZWP Ingenieur-AG, Berlin
dli: Arup Lighting, London
f: hhpberlin Ingenieure für Brandschutz GmbH, Berlin
ex: Doerner Institut, München

Munich Family
Munich Family
p: 2009–2012 (→ p. 90)
c: Bayerische Staatsgemäldesammlungen; ClassiCon GmbH
pr: *Munich Family* product series comprising Chair, Armchair, Lounge Chair, Sofa, Stool, Coffee Table / Produktserie *Munich Family*, bestehend aus Chair, Armchair, Lounge Chair, Sofa, Stool, Coffee Table

German School, Madrid
Deutsche Schule Madrid
p: Competition, 3rd prize
Wettbewerb, 3. Preis (→ p. 92)
c: Bundesrepublik Deutschland; Bundesministerium für Verkehr, Bau und Stadtentwicklung; Bundesamt für Bauwesen und Raumordnung
pr: School complex for 1,700 pupils, comprising primary school, secondary school, assembly hall, gymnasium, canteen, preschool / Ganztagsschule für 1700 Schüler mit Grundschule, Oberschule, Aula, Sporthalle, Mensa, Kindergarten
sqm: 22,000
l: Ecosistema Urbano, Madrid
st: fd Ingenieure Dipl.-Ing. Frank Dröse, Berlin
s: Reuter Rührgartner GmbH, Rosbach v. d. Höhe
f: hhpberlin Ingenieure für Brandschutz GmbH, Berlin

Olympic Park, Munich
Olympiapark, München
p: Study / Studie
c: Landeshauptstadt München / Referat für Stadtplanung und Bauordnung
pr: Master plan for sports campus and recreational facility / Masterplan zur Entwicklung des Ensembles als Sport-, Freizeit- und Naherholungspark
l: Mahl Gebhard Konzepte Landschaftsarchitekten, München

Low2No, Helsinki
Low2No, Helsinki
p: Competition, 1st prize
Wettbewerb, 1. Preis
2009–2018 (→ p. 96)
c: SRV Group Plc; VVO-yhtymä Oyj; Sitra
pr: Low-carbon mixed-use quarter with housing, offices, retail, recreational facilities / Ökologisches Stadtviertel mit Mischnutzung aus Wohnen, Büros, Einzelhandel, Freizeiteinrichtungen
sqm: 29,400
ca: SARC Architects Ltd, Helsinki
l: sinai Gesellschaft von Landschaftsarchitekten mbH, Berlin
st: Arup Group Ltd, London; Vahanen Group, Helsinki
en: Experientia S.r.l., Torino
s: Insinööritoimisto Olof Granlund Oy, Helsinki
f: L2 Paloturvallisuus Oy, Helsinki

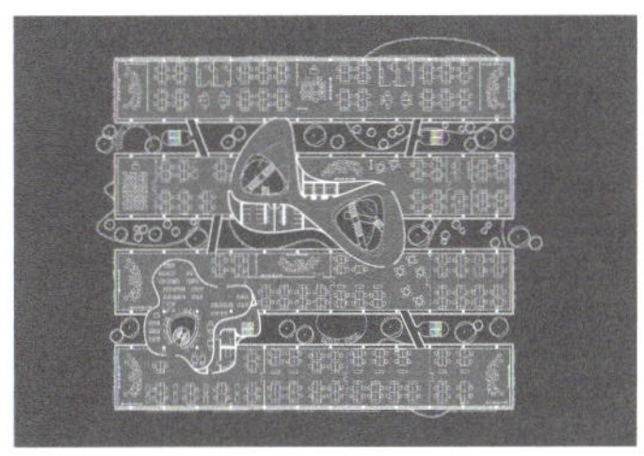

Faculty of Architecture, Building and Planning, University of Melbourne
Faculty of Architecture, Building and Planning, University of Melbourne
p: Competition / Wettbewerb (→ p. 100)
c: University of Melbourne
pr: University building with studios, seminar rooms, lecture theatres, exhibition spaces, café / Universitätsgebäude mit Studios, Seminar- und Vorlesungsräumen, Ausstellungsflächen, Café
sqm: 20,000
ca: NH Architecture, Melbourne
l: Rush Wright Associates Pty Ltd, Melbourne
st: Arup Group Ltd, London

Museum of Contemporary Art, Perm
Museum für Zeitgenössische Kunst, Perm
p: Competition, 1st prize
Wettbewerb, 1. Preis
c: Municipality of Perm
pr: Art museum with lecture hall, cinema, artists' residences, café / Kunstmuseum mit Vortragssaal, Kino, Künstlerwohnungen, Café
sqm: 9,600
l: Hager Partner AG, Zürich / Berlin
st + s + f: Arup GmbH, Berlin

John H. Daniels School of Architecture, Toronto
John H. Daniels School of Architecture, Toronto
p: Competition / Wettbewerb (→ p. 104)
c: University of Toronto / John H. Daniels Faculty of Architecture, Landscape, and Design
pr: Conversion and extension of a university building with studios, seminar rooms, lecture theatres, café / Umbau und Erweiterung eines Universitätsgebäudes mit Studios, Seminar- und Vorlesungsräumen, Café
sqm: 6,000
ca: Quadrangle Architects Ltd, Toronto
l: Stoss Landscape Urbanism, Boston
st + en + s: Arup Group Ltd, London

2010

Otto Bock Academy, Duderstadt
Otto Bock Akademie, Duderstadt
p: Competition, 2nd prize
Wettbewerb, 2. Preis
c: Otto Bock Health Care GmbH
pr: Office building with visitor centre, seminar rooms, exhibition spaces, medical facilities / Verwaltungsgebäude mit Besucher-, Seminar- und Ausstellungsbereichen, medizinischen Serviceeinrichtungen
sqm: 12,000
l: Hager Partner AG, Zürich / Berlin
st: Werner Sobek Stuttgart GmbH, Stuttgart
s: Reuter Rührgartner GmbH, Rosbach v. d. Höhe
f: hhpberlin Ingenieure für Brandschutz GmbH, Berlin

Stavanger Forum
Stavanger Forum
p: Competition / Wettbewerb
c: Municipality of Stavanger
pr: Exhibition hall / Messe- und Ausstellungshalle
sqm: 63,000
st + f + a: Grontmij Carl Bro A/S, Glostrup

Studio Sauerbruch Hutton, Berlin
Studio Sauerbruch Hutton, Berlin
p: 2007–2009 (→ p. 108)
c: Private
pr: Conversion and extension of a former barracks / Umnutzung und Aufstockung eines ehemaligen Kasernengebäudes
sqm: 980
st: Andreas Külich Ingenieurbüro für Tragwerksplanung, Berlin
f: Weistplan, Berlin
a: Akustik-Ingenieurbüro Moll GmbH, Berlin

Studio and Loft Karin Sander, Berlin
Studio und Loft Karin Sander, Berlin
p: 2008–2010 (→ p. 114)
c: Private
pr: Conversion and extension of a former barracks / Umnutzung und Aufstockung eines ehemaligen Kasernengebäudes
sqm: 420
st: Andreas Külich Ingenieurbüro für Tragwerksplanung, Berlin
s: HDH Ingenieurgesellschaft für technische Gebäudeausrüstung mbH, Berlin
f: Weistplan, Berlin

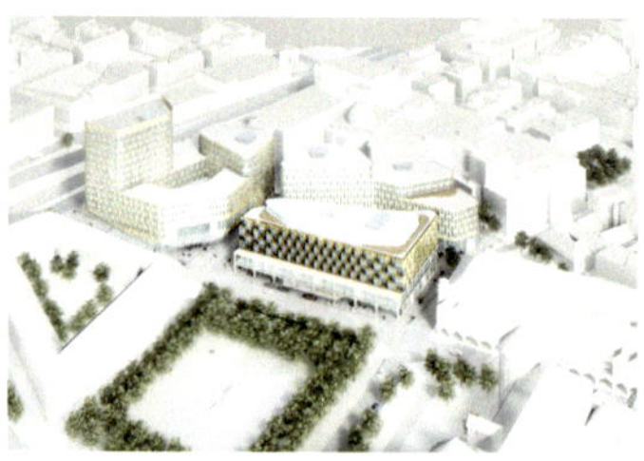

Karlsplatz Quarter, Stuttgart
Quartier am Karlsplatz, Stuttgart
p: Competition, 3rd prize
Wettbewerb, 3. Preis
c: E. Breuninger GmbH & Co.; Land Baden-Württemberg
pr: Office building with public facilities and hotel / Bürogebäude mit öffentlichen Nutzungen und Hotel
sqm: 49,000
st: Werner Sobek Frankfurt GmbH & Co. KG, Frankfurt a. M.
s: Reuter Rührgartner GmbH, Rosbach v. d. Höhe

Brandhorst at the Royal Academy, London
Brandhorst in der Royal Academy, London
p: Exhibition / Ausstellung
2010
pr: Exhibition of drawings and photographs of the Brandhorst Museum / Ausstellung von Zeichnungen und Fotos zum Museum Brandhorst
site: Architecture Space, Royal Academy of Arts, London

M9 Museum, Mestre, Venice
M9 Museum, Venedig-Mestre
p: Competition, 1st prize
Wettbewerb, 1. Preis
2010–2017 (→ p. 120)
c: Fondazione di Venezia
pr: Museum with media centre and auditorium as well as offices, conference centre, retail, restaurants / Museumsneubau mit Mediathek und Auditorium sowie Umnutzung von Bestandsgebäuden zu Büros, Konferenzzentrum, Einzelhandel, Gastronomie
sqm: 25,600
st: SCE Project S.r.l., Milano
en: Ambiente Italia S.r.l., Milano
s: Tomaselli Engineering, Fontanafredda; Hospital Engineering Group S.r.l., Pordenone; Studio Tecnico Giorgio Destefani, Monza
f: GAE Engineering S.r.l., Torino

Cologne Oval Offices
Cologne Oval Offices
p: Competition, 1st prize
Wettbewerb, 1. Preis
2000–2010 (→ p. 132)
c: MEAG Munich Ergo Asset Management GmbH
pr: Office buildings / Bürogebäude
sqm: 43,000
cert: EU Green Building Certificate
qs: Sauerbruch Hutton; GPG Ulrich Griebel Planungsgesellschaft mbH, Köln
pm: Drees & Sommer GmbH, Köln
l: Weidinger Landschaftsarchitekten, Berlin
st: AWD Ingenieurgemeinschaft Agne-Wahlen-Daubenbüchel, Köln
en: Transsolar Energietechnik GmbH, Stuttgart
s: ZWP Ingenieur-AG, Berlin
li: ag Licht GbR, Bonn
dli: Transsolar Energietechnik GmbH, Stuttgart
f: Hagen Ingenieurgesellschaft für Brandschutz mbH, Kleve
ph: Müller-BBM GmbH, Berlin

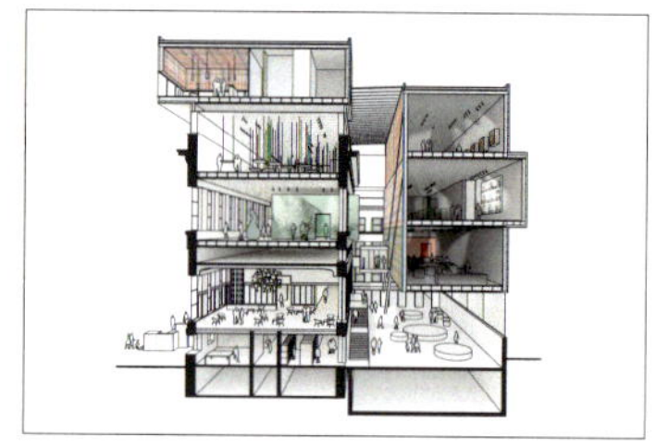

House of European History, Brussels
Haus der Europäischen Geschichte, Brüssel
p: Competition / Wettbewerb (→ p. 142)
c: The European Parliament
pr: Museum with media and documentation centre, teaching workshops, conference centre, café / Museum mit Medien- und Dokumentationszentrum, pädagogischem Atelier, Konferenzzentrum, Café
sqm: 10,000
st: Arup GmbH, Berlin
en + s + li: Arup Group Ltd, London
sc: dUCKS scéno, Paris

Türkentor, Munich
Türkentor, München
p: 2007–2010 (→ p. 146)
c: Freistaat Bayern / Staatliches Bauamt München; Stiftung der Freunde der Pinakothek der Moderne
pr: Renovation and alteration of a listed structure for a permanent installation by artist Walter De Maria / Umbau eines denkmalgeschützten Gebäudefragments für eine dauerhafte Installation von Walter De Maria
sqm: 140
ar: Walter De Maria
l: Adelheid Schönborn Gartenarchitektin, München
st: Ingenieurbüro für Bauwesen Dipl.-Ing. Herbert Fink GmbH, Berlin
s: IBH Ingenieurbüro Honisch, Berlin
f: hhpberlin Ingenieure für Brandschutz GmbH, München
ph: Müller-BBM GmbH, Berlin

Picasso Artist's Books
Picasso Künstlerbücher
p: Exhibition / Ausstellung
2010–2011 (→ p.152)
c: Bayerische Staatsgemäldesammlungen
pr: Design for an exhibition presenting eighty-five books by Picasso / Ausstellungsdesign für die Sonderausstellung *Picasso Künstlerbücher*
site: Brandhorst Museum, München; Kupferstichkabinett, Dresden

Maciachini, Milan
Maciachini, Mailand
p: Competition, 1st prize
Wettbewerb, 1. Preis
2006–2010 (→ p.154)
c: Europa Risorse; Doughty Hanson & Co. Real Estate
pr: Office buildings with commercial units
Bürogebäude mit Gewerbeeinheiten
sqm: 43,000
cert: BREEAM 'Good'
ca: Camera & Partners, Milano
qs: C & M Consultancy & Management, Treviglio; Planning S.r.l., Bologna
st: SCE Project S.r.l., Milano
s: Tomaselli Engineering, Fontanafredda; Studio Tecnico Giorgio Destefani, Monza
f: CITI, Cremnago d'Inverigo

Amorepacific Headquarters, Seoul
Amorepacific Hauptverwaltung, Seoul
p: Competition / Wettbewerb (→ p.162)
c: Amorepacific Corporation
pr: Office building with retail, art museum, auditorium, restaurants / Bürogebäude mit Einzelhandel, Kunstmuseum, Auditorium, Gastronomie
sqm: 168,000
l: Hager Partner AG, Zürich / Berlin
st + s: Arup Group Ltd, London
f: Arup Fire, London

Olympic Village and Media Centre, Munich
Olympisches Dorf und Mediendorf, München
p: Competition / Wettbewerb (→ p.166)
c: Landeshauptstadt München; Freistaat Bayern
pr: Olympic Village and media centre for the Olympic and Paralympic Winter Games 2018 / Olympisches Dorf und Mediendorf für die Olympischen und Paralympischen Winterspiele 2018
sqm: 99,000
l: Mahl Gebhard Konzepte Landschaftsarchitekten, München
en: Happold Ingenieurbüro GmbH, Berlin

Block A11, Paris
Îlot A11, Paris
p: Study / Studie
c: Vinci Immobilier
pr: Office building with public facilities
Bürogebäude mit öffentlichen Nutzungen
sqm: 11,000

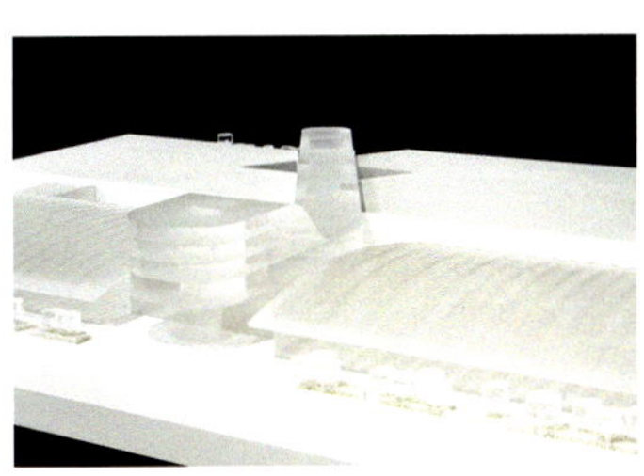

Extension to Nuremberg Trade Fair
Erweiterung Messe Nürnberg
p: Study / Studie
c: Nürnberg Messe GmbH
pr: Extension to the trade fair premises with conference centre and exhibition halls / Erweiterung des Messegeländes mit Tagungszentrum und Ausstellungshallen
sqm: 71,000
l: sinai Gesellschaft von Landschaftsarchitekten mbH, Berlin
st: Arup GmbH, Berlin
s: Willner Ingenieure GmbH, Berlin; Arup GmbH, Berlin
f: hhpberlin Ingenieure für Brandschutz GmbH, Berlin

KfW Westarkade, Frankfurt am Main
KfW Westarkade, Frankfurt am Main
p: Competition, 1st prize
Wettbewerb, 1. Preis
2004–2010 (→ p.170)
c: KfW Bankengruppe
pr: Office complex with a conference centre / Verwaltungskomplex mit Büros und Konferenzzentrum
sqm: 39,000
pm: Architekten Theiss Planungsgesellschaft mbH, Frankfurt a. M.
qs: Sauerbruch Hutton; SOE Stinner & Von der Oelsnitz Architektengesellschaft mbH, Weingarten
l: Sommerlad Haase Kuhli, Gießen
st: Werner Sobek Frankfurt GmbH & Co. KG, Frankfurt a. M.
en: Transsolar Energietechnik GmbH, Stuttgart
s: ZWP Ingenieur-AG, Köln; Reuter Rührgartner GmbH, Rosbach v. d. Höhe
li: Licht Kunst Licht AG, Berlin / Bonn
f: hhpberlin Ingenieure für Brandschutz GmbH, Berlin
ph + a: Müller-BBM GmbH, Berlin
fa: Werner Sobek Stuttgart GmbH, Stuttgart; Mosbacher + Roll GmbH, Friedrichshafen
t: Durth Roos Consulting GmbH, Darmstadt

Studio Luzia Simons, Berlin
Studio Luzia Simons, Berlin
p: 2010–2011
c: Private
pr: Loft conversion / Umbau einer ehemaligen Fabriketage
sqm: 130
st: Andreas Külich Ingenieurbüro für Tragwerksplanung, Berlin

Museum of Concrete Art and Design, Ingolstadt
Museum für Konkrete Kunst und Design, Ingolstadt
p: Competition / Wettbewerb
c: Stadt Ingolstadt
pr: Renovation, conversion and extension of a 19th-century foundry plant
Sanierung, Umbau und Erweiterung einer Gießereihalle aus dem 19. Jahrhundert
sqm: 5,700
st: Werner Sobek Frankfurt GmbH & Co. KG, Frankfurt a. M.
en + s: Innius RR GmbH, Rosbach v. d. Höhe
f: hhpberlin Ingenieure für Brandschutz GmbH, Berlin
ph: Müller-BBM GmbH, Berlin

Stadtmauer Quarter, Bamberg
Quartier an der Stadtmauer, Bamberg
p: Competition / Wettbewerb
c: Multi Vesta Bamberg GmbH
pr: Mixed-use quarter with retail, offices, housing / Ladengasse im historischen Stadtkern mit Mischnutzung aus Einzelhandel, Büros, Wohnen
sqm: 12,000
st: Werner Sobek Frankfurt GmbH & Co. KG, Frankfurt a. M.
s: Innius RR GmbH, Rosbach v. d. Höhe
f: hhpberlin Ingenieure für Brandschutz GmbH, Berlin

Allianz Auditorium, Munich
Allianz Auditorium, München
p: Competition / Wettbewerb
c: Allianz Real Estate Germany GmbH
pr: Extension of an office complex: auditorium, foyer, conference area, café
Erweiterungsbau mit Auditorium, Foyer, Konferenzräumen, Café
sqm: 2,900
li: Ingo Maurer GmbH, München
a: Müller-BBM GmbH, Berlin

2012

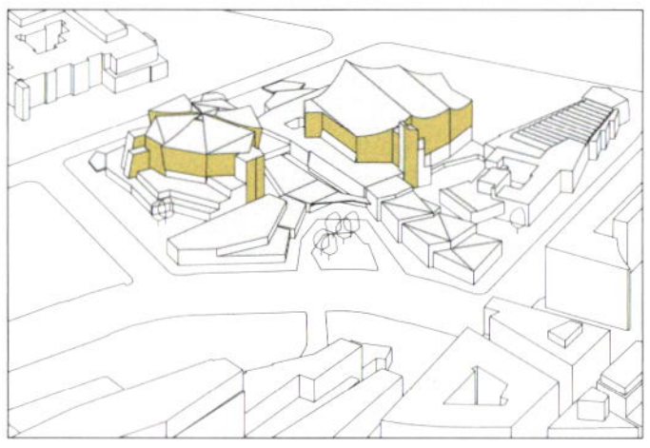

Berlin Philharmonic Hall, Eastern Entrance
Berliner Philharmonie, Osteingang
p: Study / Studie (→ p. 182)
c: Stiftung Berliner Philharmoniker
pr: Upgrade of the Philharmonic Hall's eastern entrance, with ticket hall, retail, rehearsal rooms / Neuarrondierung des Osteingangs von Philharmonie und Kammermusiksaal mit Tickethalle, Ladenflächen, Musikerräumen, Probensaal
sqm: 12,000
f: hhpberlin Ingenieure für Brandschutz GmbH, Berlin

City Life, Milan
City Life, Mailand
p: Competition / Wettbewerb
c: City Life S.r.l.
pr: Housing project / Wohnungsbau
sqm: 122,000
st+en+s: Arup GmbH, Berlin
f: hhpberlin Ingenieure für Brandschutz GmbH, Berlin

Europaallee, Zurich
Europaallee, Zürich
p: Competition / Wettbewerb
c: SBB
pr: Mixed-use building with housing, offices, retail, restaurants / Mischnutzung mit Wohnen, Büros, Einzelhandel, Gastronomie
sqm: 37,000
ca: Atelier WW Architekten SIA AG, Zürich
l: Hager Partner AG, Zürich / Berlin
st: Walther Mory Maier Ingenieure AG, Münchenstein
en: Amstein + Walthert AG, Zürich
s: Waldhauser + Hermann AG Ingenieurbüro, Münchenstein
li: Mettler + Partner Licht AG, Zürich
f: Gruner AG, Zürich

City Life Rehrlplatz, Salzburg
City Life Rehrlplatz, Salzburg
p: Competition / Wettbewerb
c: AH Projektentwicklung GmbH
pr: Commercial building with housing, offices, boarding house / Geschäftshaus mit Wohnen, Büros, Pension
sqm: 18,600
l: sinai Gesellschaft von Landschaftsarchitekten mbH, Berlin
st+en+s+f: Vasko + Partner Ingenieure GmbH, Wien

ADAC Headquarters, Munich
ADAC Hauptverwaltung, München
p: Competition, 1st prize
Wettbewerb, 1. Preis
2004–2012 (→ p. 184)
c: ADAC, Allgemeiner Deutscher Automobil-Club
pr: Office building with conference centre, exhibition space, printing plant, restaurant / Büro- und Verwaltungsgebäude mit Tagungszentrum, Ausstellungsbereich, Druckerei, Gastronomie
sqm: 130,000
l: Schmelzer + Friedemann, Ostfildern
st: Werner Sobek Stuttgart GmbH, Stuttgart
en: Transsolar Energietechnik GmbH, München
s: NEK Beraten + Planen GmbH, Berlin; Von zur Mühlen'sche GmbH, Bonn
li: ag Licht GbR, Bonn
f: hhpberlin Ingenieure für Brandschutz GmbH, Berlin
ph: Müller-BBM GmbH, Berlin
t: Ingenieurbüro Vössing GmbH, München
gr: Florencia Young, Berlin

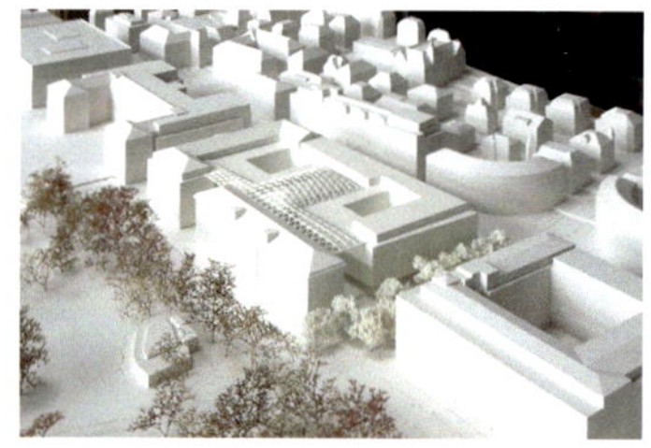

Zurich Corporate Center, Zurich
Zurich Corporate Center, Zürich
p: Competition, 3rd prize
Wettbewerb, 3. Preis (→ p. 194)
c: Zurich Insurance Company Ltd
pr: Headquarters for an insurance company; new building and alteration of existing structures / Neubau einer Hauptverwaltung unter Einbezug von Bestandsgebäuden
sqm: 44,300
l: Hager Partner AG, Zürich / Berlin
st: Walther Mory Maier Ingenieure AG, Münchenstein; Schlaich Bergermann und Partner GmbH, Berlin
en: Amstein + Walthert AG, Zürich
s: Waldhauser + Hermann AG Ingenieurbüro, Münchenstein
f: Gruner AG, Basel / Zürich
cons: Dr. Theresa Gürtler-Berger, Zürich

Bachstraße, Berlin
Bachstraße, Berlin
p: Competition / Wettbewerb
c: Hilfswerk-Siedlung GmbH
pr: Housing project / Wohnungsbau
sqm: 21,500
l: Weidinger Landschaftsarchitekten, Berlin
st: Andreas Külich Ingenieurbüro für Tragwerksplanung, Berlin
f: hhpberlin Ingenieure für Brandschutz GmbH, Berlin

Wood Wharf, London
Wood Wharf, London
p: Competition / Wettbewerb
c: Canary Wharf Group; Wood Wharf Ltd
pr: Two office buildings within a new high-density, mixed-use quarter / Zwei Bürogebäude als Teil eines neuen hochverdichteten Quartiers
sqm: 17,500

Water Police Station Mythenquai, Zurich
Wasserschutzpolizei Mythenquai, Zürich
p: Competition / Wettbewerb
c: Stadt Zürich, Amt für Hochbauten
pr: Service building with duty rooms, covered parking for vessels, helicopter pad / Dienstgebäude mit Dienst- und Aufenthaltsräumen, überdachten Parkplätzen für Fahrzeuge und Boote sowie Hubschrauberlandeplatz
sqm: 1,800
st: Walther Mory Maier Ingenieure AG, Münchenstein
en+s: Amstein + Walthert AG, Zürich

Vulcano Area, Zurich
Vulcanogelände, Zürich
p: Competition / Wettbewerb
c: Credit Suisse AG, Steiner AG
pr: Mixed-use building with housing, offices, commercial units / Geschäftshaus mit Wohnen, Büros, Gewerbeeinheiten
sqm: 37,105
l: Hager Partner AG, Zürich / Berlin
ca: mépp Ménard Partner Projekte AG, Zürich
st: Werner Sobek Frankfurt GmbH & Co. KG, Frankfurt a. M.
s: Amstein + Walthert AG, Zürich
f: hhpberlin Ingenieure für Brandschutz GmbH, München

European Patent Office, The Hague
Europäisches Patentamt, Den Haag
p: Competition / Wettbewerb
c: VolkerWessels Bouw & Vastgoedontwikkeling West bv
pr: Office building with public facilities Büro- und Verwaltungsgebäude mit öffentlichen Nutzungen
sqm: 80,000
ca: Architectenbureau Paul de Ruiter, Amsterdam
l: Karres + Brands Landscape Architecture and Urban Planning bv, Hilversum
f: hhpberlin Ingenieure für Brandschutz GmbH, Berlin

School of Economics and Statistics, Paris-Saclay
École Nationale d'Economique et Statistique, Paris-Saclay
p: Competition, 3rd prize
Wettbewerb, 3. Preis
c: École Nationale de la Statistique et de l'Administration (ENSAE) / Centre de Recherche en Économie et Statistique (CREST)
pr: University building with research units, seminar rooms, lecture theatres, administration / Universitätsgebäude mit Forschungseinrichtungen, Seminar- und Vorlesungsräumen, Verwaltung
sqm: 21,000
ca: TVAA Thierry Van de Wyngaert, Paris
l: Pasodoble, Ursula Kurz, Mantes-la-Ville
st + s: Setec, Paris
en: Tribu, Paris

Nomos, Glashütte
Nomos, Glashütte
p: Study / Studie (→ p. 198)
c: Nomos Glashütte
pr: Precision mechanics manufacturing plant with company offices, showroom, café / Produktionsstätte für einen Manufakturbetrieb mit Verwaltung, Verkaufsräumen, Café
sqm: 3,700

ZAC Claude Bernard, Paris
ZAC Claude Bernard, Paris
p: 2007–2012 (→ p. 200)
c: BNP Paribas Immobilier
pr: Office building / Bürogebäude
sqm: 15,700
l: ST raum a. Gesellschaft von Landschaftsarchitekten mbH, Berlin
cert: HQE RT 2005 minus 25%
qs: BNP Paribas Immobilier / SCO, Paris
st + s: Iosis Bâtiments, Montreuil
fa: Elioth, Paris

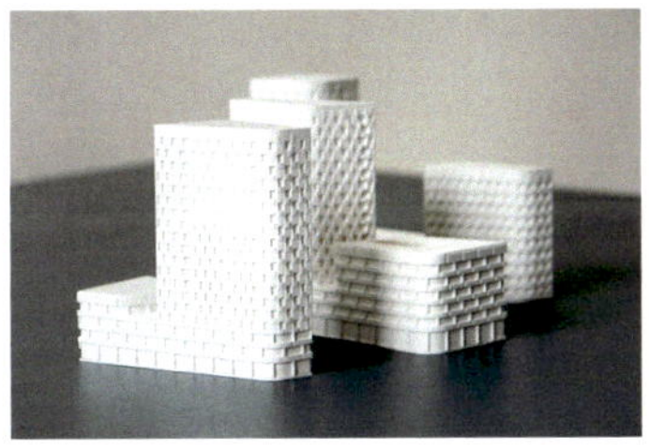

Port d'Austerlitz, Strasbourg
Port d'Austerlitz, Straßburg
p: Competition, 2nd prize
Wettbewerb, 2. Preis (→ p. 208)
c: Société Icade Promotion
pr: Mixed-use building with retail, service, housing, offices / Mischnutzung mit Einzelhandel, Dienstleistung, Wohnen, Büros
sqm: 30,000
ca: MGD Architecture, Strasbourg
l: TN+ Paysagistes Associés, Paris
st: RFR Gros Œuvre +, Paris
en: RFR éléments, Paris
s: Espace Temps, Paris
f: Est Control, Nancy
a: Euro Sound Project, Strasbourg

Learning Center, Lille
Learning Center, Lille
p: Competition, 2nd prize
Wettbewerb, 2. Preis
c: La Région Nord-Pas-de-Calais
pr: Renovation and alteration of a 1960s library, accommodating book stacks, reading rooms, seminar rooms, lecture theatres, exhibition space, studios, café
Renovierung und Umbau einer Bibliothek aus den 1960er-Jahren zur Freihand- und Magazinbibliothek mit Lesesälen, Seminar- und Vorlesungsräumen, Ausstellungsbereich, Werkstätten, Café
sqm: 8,300
ca: Trace Architectes, Hem
l: Cabinet Tesson Paysagistes, Douai
st + s: Ingérop Conseil et Ingénierie, Courbevoie
en: Energelio, Lille
a: AAB J. Stryjenski & H. Monti, Paris

Kunst Kubus, Berlin
Kunst Kubus, Berlin
p: Competition, 2nd prize
Wettbewerb, 2. Preis (→ p. 211)
c: Edel AG
pr: Mixed-use building with retail, housing, offices, art gallery, café
Mischnutzung mit Einzelhandel, Wohnen, Büros, Galerie, Café
sqm: 6,700
st: Andreas Külich Ingenieurbüro für Tragwerksplanung, Berlin
s: Plan B Beratende Ingenieure GmbH, Berlin
f: hhpberlin Ingenieure für Brandschutz GmbH, Berlin

City of Virtual Reality, Laval
Cité de la Réalité Virtuelle, Laval
p: Competition / Wettbewerb
c: La Région des Pays de la Loire
pr: Visitor centre with auditorium, offices, studios, laboratories, seminar and conference rooms, canteen / Besucherzentrum mit Auditorium, Büros, Studios, Labor-, Seminar- und Konferenzräumen, Mensa
sqm: 7,200
ca: Hertweck Devernois Architectes, Versailles
l: OLM, Paris
st: Bollinger und Grohmann GmbH, Berlin
en: Franck Boutté Consultants, Paris
s: Louis Choulet Ingénierie, Paris
a: ACV Pujes & Ronteau SA, Paris

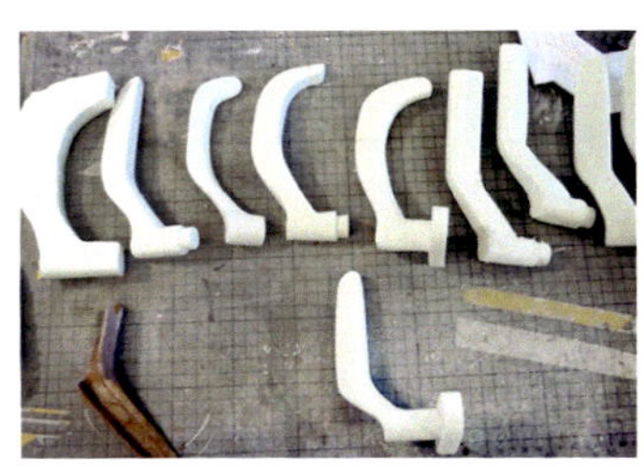

Door Handles for FSB
Türdrücker für FSB
p: 2012–2013 (→ p. 214)
c: Franz Schneider Brakel GmbH + Co. KG
pr: Product design: a series of door and window handles / Produktentwicklung einer Serie von Türdrückern und Fenstergriffen

Works for Munich
Arbeiten für München
p: Exhibition / Ausstellung 2012 (→ p. 215)
pr: Exhibition of models presenting projects in Munich / Ausstellung von Modellen der Münchner Projekte
site: Architekturgalerie München

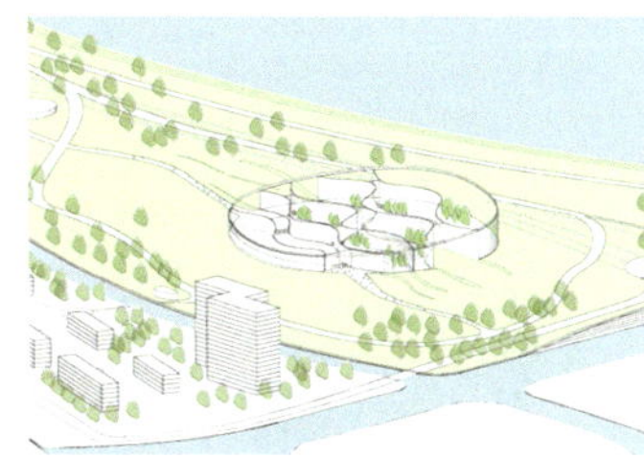

Peony Culture Museum, Luoyang
Pfingstrosenmuseum, Luoyang
p: Study / Studie
c: Bureau of Parks and Woods of Luoyang
pr: Exhibition hall with botanical garden / Kombination aus Ausstellungshalle und Botanischem Garten
sqm: 35,000
l: Valentien + Valentien Landschaftsarchitekten und Stadtplaner SRL, Weßling
st+en: Happold Ingenieurbüro GmbH, Berlin

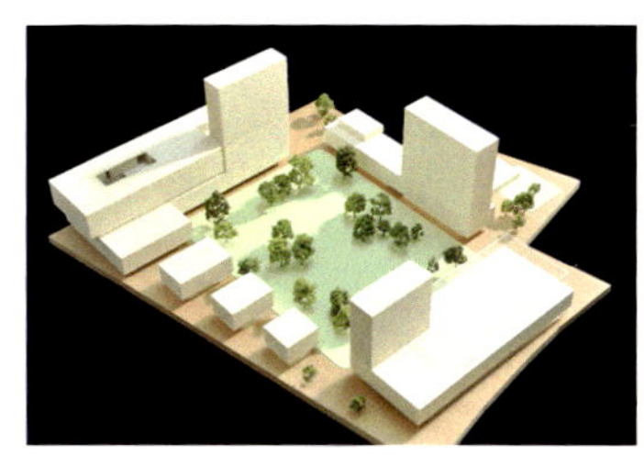

Bocconi Campus, Milan
Bocconi Campus, Mailand
p: Competition / Wettbewerb (→ p. 216)
c: Università Commerciale Luigi Bocconi
pr: University campus with seminar rooms, lecture theatres, student housing, recreational facilities, restaurant
Universitätscampus mit Seminar- und Vorlesungsräumen, Wohnheim, Sportzentrum, Gastronomie
sqm: 70,000
l: Hager Partner AG, Zürich / Berlin
st: SCE Project S.r.l., Milano
s: Studio TI, Rimini

2013

La Brossette, Nantes
La Brossette, Nantes
p: Competition / Wettbewerb
c: Kaufman & Broad Nantes
pr: Housing, offices, school of hotel management with hotel, restaurant, student housing / Wohnen und Büros sowie eine Hotelfachschule mit Hotel, Restaurant, Wohnheim
sqm: 37,000
l: Agence Ter, Paris
st + s: OTE Ingénierie, Nantes

Saint-Georges Center, Geneva
Saint-Georges Center, Genf
p: Competition, 1st prize
Wettbewerb, 1. Preis
2004–2012 (→ p. 220)
c: SI St Georges Center SA
pr: Office building / Bürogebäude
sqm: 9,600
cert: Label Minergie
ca: Fabio Fossati Architectes, Chêne-Bougeries
pm: SPG Asset Development, Genève
qs: Pillet SA, Bernex
st: Arup GmbH, Berlin; Pillet SA, Bernex
s: Arup GmbH, Berlin; Wintsch & Cie SA, Bernex; Rhône-Electra, Genève
f: Rigot + Rieben Domotique SA, Genève
a: Architecture & Acoustique SA, Genève

K House, Munich
K House, München
p: 2010–2013 (→ p. 228)
c: Private
pr: Private residence with office spaces
Villa mit Büroräumen
sqm: 2,500
l: Hager Partner AG, Zürich / Berlin
st: Ingenieurgesellschaft Albrecht + Brettfeld mbh, Ebenhausen
s: IBS Planungsgesellschaft Haustechnik mbH, Germering; VS Planen + Beraten GbR, Peiting
li: ag Licht GbR, Bonn
f: hhpberlin Ingenieure für Brandschutz GmbH, Berlin

Culture:City
Kultur:Stadt
p: Exhibition / Ausstellung
2013 (→ p. 236)
c: Akademie der Künste, Berlin
pr: Exhibition design for a mixed-media group show / Gestaltung einer multimedialen Ausstellung
site: Akademie der Künste, Berlin; Kunsthaus Graz
gr: Heimann und Schwantes, Berlin

Tors Towers, Stockholm
Tors Towers, Stockholm
p: Competition / Wettbewerb
c: AFA Fastigheter; ByggVesta AB; Skanska Fastigheter Stockholm AB
pr: Office tower constituting part of a high-rise ensemble / Bürohochhaus als Teil eines Ensembles
sqm: 19,000
ca: Byrån för Arkitektur och Urbanism, Stockholm; Wingårdh Arkitektkontor AB, Göteborg
st: Byggnadstekniska Byrån AB, Stockholm; ELU Konsult, Stockholm
f: Brandkonsulten AB, Stockholm
a: Åkerlöf Hallin Akustikkonsult AB, Kungens Kurva

Ministry for Urban Development and the Environment, Hamburg
Behörde für Stadtentwicklung und Umwelt, Hamburg
p: Competition, 1st prize
Wettbewerb, 1. Preis
2009–2013 (→ p. 244)
c: GGV Grundstücksgesellschaft Verwaltungsgebäude Neuenfelder Straße mbH / Sprinkenhof AG
pr: Office building with exhibition space, conference area, restaurant / Büro- und Verwaltungsgebäude mit Ausstellungsbereich, Konferenzräumen, Gastronomie
sqm: 61,400
cert: DGNB Certificate 'Gold'; IBA-Exzellenz
ca + qs: Obermeyer Planen + Beraten GmbH, Hamburg
l: Schaper + Steffen + Runtsch Garten- und Landschaftsarchitekten, Hamburg; Landschaftsarchitektur+ Felix Holzapfel-Herziger, Hamburg; Agence Ter, Karlsruhe
st: WTM Engineers GmbH, Hamburg
s: Innius RR GmbH, Rosbach v. d. Höhe
f: hhpberlin Ingenieure für Brandschutz GmbH, Hamburg
ph: Müller-BBM GmbH, Berlin
a: Lärmkontor GmbH, Hamburg

Zaryadye Park, Moscow
Zaryadye Park, Moskau
p: Competition / Wettbewerb
c: Moscow City Government
pr: Design for a public park with educational facilities, exhibition spaces, retail, service, restaurants / Gestaltung einer öffentlichen Parkanlage mit Räumen für Didaktik und Ausstellungen, Einzelhandel, Dienstleistung, Gastronomie
sqm: 137,000
l: Gustafson Porter, London
st + s + t: Arup Group Ltd, London
li: Speirs & Major, London

Stockholm One
Stockholm One
p: 2015–2017 (→ p. 256)
c: Skanska
pr: Office building with retail space, cafés and a public sky bar / Bürogebäude mit Einzelhandel, Gastronomie und öffentlicher Skybar
sqm: 33,000
l: sinai Gesellschaft von Landschaftsarchitekten mbH, Berlin

Sächsische Aufbaubank, Leipzig
Sächsische Aufbaubank, Leipzig
p: Competition, 3rd prize
Wettbewerb, 3. Preis
c: Sächsische Aufbaubank
pr: Office building with customer centre, auditorium, conference area, canteen
Büro- und Verwaltungsgebäude mit Kundenhalle, Auditorium, Konferenzbereich, Kantine
sqm: 22,500
l: sinai Gesellschaft von Landschaftsarchitekten mbH, Berlin
st: Werner Sobek Frankfurt GmbH & Co. KG, Frankfurt a. M.
s: Innius RR GmbH, Rosbach v. d. Höhe
f: hhpberlin Ingenieure für Brandschutz GmbH, Berlin

Lehrter Straße Quarter, Berlin
Quartier Lehrter Straße, Berlin
p: Competition, 1st prize
Wettbewerb, 1. Preis
2013–2018 (→ p. 258)
c: Groth Development GmbH
pr: Master plan for a mixed-use quarter with housing, retail space and recreational facilities / Städtebaulicher Masterplan für ein durchmischtes Wohnquartier mit Einzelhandel und Freizeiteinrichtungen
sqm: 110,000
l: Lützow 7 Garten- und Landschaftsarchitekten, Berlin
st: Frankenstein Consult GmbH, Berlin
en: Energieberatung Preiß, Berlin

Parkstadt Freimann, Munich
Parkstadt Freimann, München
p: Competition / Wettbewerb (→ p. 262)
c: Landeshauptstadt München / Referat für Stadtplanung und Bauordnung
pr: Conversion of former barracks premises to become a mixed-use quarter with housing, retail, commercial units, educational and recreational facilities
Masterplan für ein durchmischtes Wohnquartier mit Gewerbe- und Einzelhandelsflächen sowie Schul- und Freizeiteinrichtungen auf dem Gelände der ehemaligen Bayernkaserne
sqm: 582,000
l: Mahl Gebhard Konzepte Landschaftsarchitekten, München
en: Transsolar Energietechnik GmbH, München

Hotel Königshof, Munich
Hotel Königshof, München
p: Competition, 1st prize
Wettbewerb, 1. Preis (→ p. 265)
c: Hotel Königshof München GmbH & Co. KG
pr: Hotel with retail space / Hotel mit Einzelhandelsflächen
sqm: 16,500
l: Mahl Gebhard Konzepte Landschaftsarchitekten, München
st: Werner Sobek Frankfurt GmbH & Co. KG, Frankfurt a. M.
en + s: Innius RR GmbH, Rosbach v. d. Höhe
f: hhpberlin Ingenieure für Brandschutz GmbH, München

University Building, Potsdam
Universitätsgebäude, Potsdam
p: 2009–2013 (→ p. 268)
c: Land Brandenburg / Brandenburgischer Landesbetrieb für Liegenschaften und Bauen
pr: University building with seminar rooms and offices / Universitätsgebäude mit Seminarräumen und Büros
sqm: 4,200
qs: Sauerbruch Hutton; Holtz Gostomzyk Architekten GbR, Berlin
l: Standke Landschaftsarchitekten GmbH, Berlin
st + en + s: Happold Ingenieurbüro GmbH, Berlin
f: hhpberlin Ingenieure für Brandschutz GmbH, Berlin
ph + a: Müller-BBM GmbH, Berlin

Montagne du Parc, Brussels
Montagne du Parc, Brüssel
p: Competition / Wettbewerb
c: BNP Paribas Fortis
pr: Office building with public facilities
Büro- und Verwaltungsgebäude mit öffentlichen Nutzungen
sqm: 96,000
ca: De Bouwerij Architects, Ternat
l: Hager Partner AG, Zürich / Berlin
st + s: Arup GmbH, Berlin

Wine Dome, Valbuena de Duero
Cúpula del Vino, Valbuena de Duero
p: Competition / Wettbewerb (→ p. 278)
c: Regional Goverment of Castilla y León
pr: Visitor centre for the Ribera del Duero wine industry, including spaces for exhibition, education and administration
Repräsentanz der Weinindustrie in Ribera del Duero mit Ausstellungsflächen, Schulungsräumen, Verwaltung
sqm: 10,000
ca: Emilio Miguel Mitre, Alia Arquitectura, Valladolid
st + en + s: Indus, Barcelona

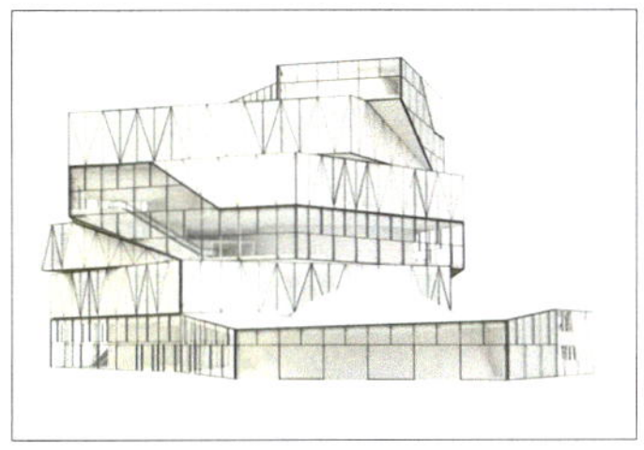

Experimenta, Heilbronn
Experimenta, Heilbronn
p: Competition, 1st prize
Wettbewerb, 1. Preis
2013–2018 (→ p. 282)
c: Dieter Schwarz Stiftung
pr: Extension of a Science Centre with spaces for exhibition, education, café and a 360° theatre / Erweiterung eines Science-Centers mit Ausstellungs- und Lernbereichen, Café, 360°-Kuppelkino
sqm: 18,000
l: Hager Partner AG, Zürich / Berlin
st: Schlaich Bergermann und Partner GmbH, Berlin
s: Rentschler und Riedesser Ingenieurgesellschaft mbH, Filderstadt
f: hhpberlin Ingenieure für Brandschutz GmbH, Berlin

Immanuel Church and Parish Centre, Cologne
Immanuelkirche und Gemeindezentrum, Köln
p: Competition, 1st prize
Wettbewerb, 1. Preis
2009–2013 (→ p. 286)
c: Evangelische Brückenschlag-Gemeinde Köln-Flittard / Stammheim
pr: Protestant church and community centre / Evangelische Kirche und Gemeindezentrum
sqm: 840
pm: Volker Langenbach, Architektur + Projektsteuerung (lb)², Köln; Antoniter Siedlungsgesellschaft mbH im Evangelischen Stadtkirchenverband Köln
qs: Sauerbruch Hutton; GPG Ulrich Griebel Planungsgesellschaft mbH, Köln
l: Hager Partner AG, Zürich / Berlin
st: Horz + Ladewig Ingenieurgesellschaft für Baukonstruktionen mbH, Köln
s: HDH Ingenieurgesellschaft für technische Gebäudeausrüstung mbH, Berlin
li: Studio Dinnebier, Berlin
f: hhpberlin Ingenieure für Brandschutz GmbH, Frankfurt a. M.
ph + a: TOHR Bauphysik GmbH & Co. KG, Bergisch-Gladbach

Liturgical Objects, Immanuel Church, Cologne
Liturgische Objekte, Immanuelkirche, Köln
p: 2013–2014 (→ p. 310)
c: Evangelische Brückenschlag-Gemeinde Köln-Flittard / Stammheim
pr: Altar cross, Bible stand, candlestick
Altarkreuz, Bibelstand, Leuchter
ar: Christian Rudolph, Irsee

New Max, Hagenholzstraße, Zurich
New Max, Hagenholzstraße, Zürich
p: Competition, 1st prize
Wettbewerb, 1. Preis
2014–2018 (→ p. 312)
c: Hagenholz Immobilien AG; Steiner AG
pr: Office building with restaurant, retail, childcare centre / Bürogebäude mit Gastronomie, Einzelhandel, Kindertagesstätte
sqm: 17,000
l: Mavo GmbH, Zürich
st: Henauer Gugler AG, Zürich
s: Polke Ziege von Moos, Zürich; R+B Engineering AG, St. Gallen
f: BDS Security Design AG, Bern
ph + a: FEAG Facility Engineering AG, Dietlikon
t: Enz & Partner GmbH, Zürich

Könneritzstraße, Dresden
Könneritzstraße, Dresden
p: Competition / Wettbewerb
c: Landeshauptstadt Dresden / Geschäftsbereich Stadtentwicklung Stadtplanungsamt; Schützenplatz GmbH & Co. KG
pr: Housing with commercial units and childcare centre / Wohnungsbau mit Gewerbeeinheiten und Kindertagesstätte
sqm: 55,000
l: sinai Gesellschaft von Landschaftsarchitekten mbH, Berlin

Kinetik, Boulogne-Billancourt
Kinetik, Boulogne-Billancourt
p: Competition, 1st prize
Wettbewerb, 1. Preis
2009–2014 (→ p. 314)
c: Vinci Immobilier; Nexity Enterprises
pr: Office building / Bürogebäude
sqm: 26,600
cert: HQE Label BBC-Effinergie; BREEAM 'Very Good'
l: TN+ Paysagistes Associés, Paris
st + s: Egis Bâtiments, Montreuil

Ola Kolehmainen. Geometric Light
Ola Kolehmainen. Geometric Light
p: Exhibition / Ausstellung
2014–2015 (→ p. 324)
c: Ola Kolehmainen
pr: Exhibition design, colour concept
Ausstellungsdesign, Farbkonzept
site: Haus am Waldsee, Berlin

Berlin Metropolitan School
Berlin Metropolitan School
p: Study / Studie
c: BM-Service
pr: Conversion and extension of a GDR-era prefabricated building / Umbau und Aufstockung eines DDR-Plattenbaus
sqm: 4,700
l: sinai Gesellschaft von Landschafts-architekten mbH, Berlin
st: Andreas Külich Ingenieurbüro für Tragwerksplanung, Berlin
s: PHA Planungsbüro für haustechnische Anlagen GmbH, Breuna
f: hhpberlin Ingenieure für Brandschutz GmbH, Berlin
ph: Müller-BBM GmbH, Berlin

Frankfurt Trade Fair Exhibition Hall 7
Messehalle 7, Messe Frankfurt
p: Competition, 2nd prize
Wettbewerb, 2. Preis
c: Messe Frankfurt Venue GmbH
pr: Exhibition hall with foyers, offices, restaurant / Messehalle mit Foyers, Büros, Gastronomie
sqm: 90,000
st: Werner Sobek Frankfurt GmbH & Co. KG, Frankfurt a. M.
s: Innius RR GmbH, Rosbach v. d. Höhe
f: hhpberlin Ingenieure für Brandschutz GmbH, München

Volt, Berlin
Volt, Berlin
p: Competition, 3rd prize
Wettbewerb, 3. Preis
c: Volt Berlin GmbH & Co. KG
pr: Mixed-use building with retail, recreational facilities, hotel, restaurants
Mischnutzung mit Einzelhandel, Freizeiteinrichtungen, Hotel, Gastronomie
sqm: 29,100
st: Bollinger und Grohmann GmbH, Berlin

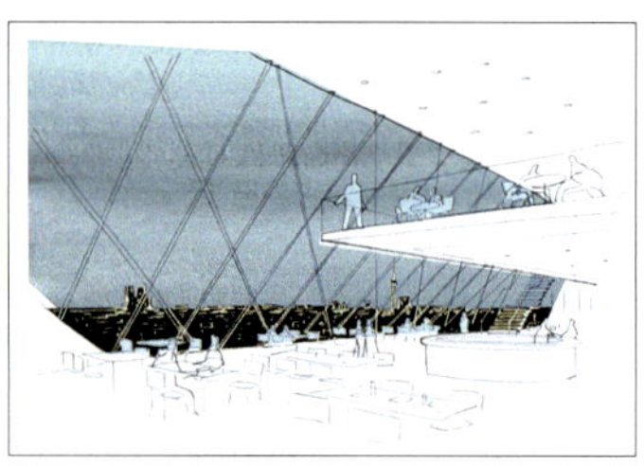

Estrel Tower, Berlin
Estrel Tower, Berlin
p: Competition / Wettbewerb
c: Estrel Hotel-Betriebs-GmbH; KMC GmbH; Bezirksamt Neukölln von Berlin / Stadtentwicklungsamt Fachbereich Stadtplanung
pr: Hotel, events centre, open-air theatre
Hotel, Veranstaltungshallen, Freilichtbühne
sqm: 98,500
l: ST raum a. Gesellschaft von Land-schaftsarchitekten mbH, Berlin
st: Werner Sobek Frankfurt GmbH & Co. KG, Frankfurt a. M.
en + s: Innius RR GmbH, Rosbach v. d. Höhe
f: hhpberlin Ingenieure für Brandschutz

Munich Re, Munich
Munich Re, München
p: Competition, 1st prize
Wettbewerb, 1. Preis
2009–2014 (→ p. 326)
c: Münchener Rückversicherungs-Gesell-schaft Aktiengesellschaft in München
pr: General refurbishment and energy upgrade of a 1980s office building
Energetische und gestalterische Generalsanierung eines Bürogebäudes der 1980er-Jahre
sqm: 49,800
pm: Obermeyer Project Management GmbH, München
qs: CL MAP GmbH, München
l: Adelheid Schönborn Gartenarchitektin, Muhr am See
st: Werner Sobek Stuttgart GmbH, Stuttgart
s: ZWP Ingenieur-AG, Berlin
f: hhpberlin Ingenieure für Brandschutz GmbH, München
ph: Müller-BBM GmbH, Berlin

Alea 101, Berlin
Alea 101, Berlin
p: Competition, 1st prize
Wettbewerb, 1. Preis
2009–2014 (→ p. 344)
c: REDEVCO Services Deutschland GmbH
pr: Mixed-use building with retail, housing, offices / Mischnutzung mit Einzelhandel, Wohnen, Büros
sqm: 22,500
cert: DGNB Pre-certificate 'Platinum'; BREEAM 'Excellent'
pm: ibb Ingenieurbüro für Bauwesen, Berlin
l: GFSL Clausen + Scheil, Leipzig
st: AWD Ingenieure, Köln
s: HTW Hetzel, Tor-Westen + Partner, Düsseldorf
li: Kardorff Ingenieure Lichtplanung, Berlin
f: hhpberlin Ingenieure für Brandschutz GmbH, Berlin
ph: ISRW Dr.-Ing. Klapdor GmbH, Berlin
a: Akustik-Ingenieurbüro Moll GmbH, Berlin
fa: Mosbacher + Roll GmbH, Tettnang

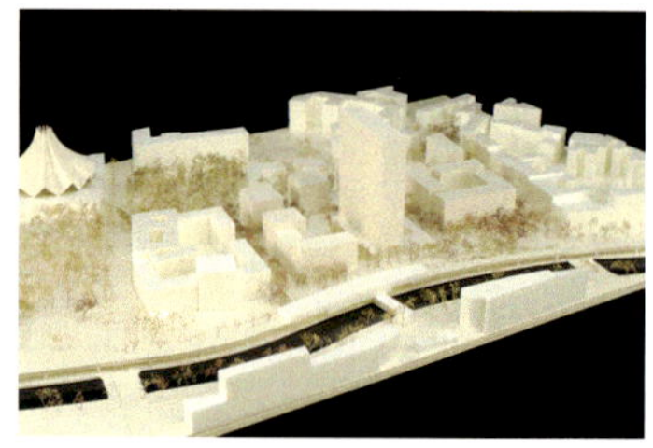

Hallesches Ufer Quarter, Berlin
Quartier am Halleschen Ufer, Berlin
p: Competition, 1st prize
Wettbewerb, 1. Preis
2014–2019 (→ p. 354)
c: CG Immobilien Gruppe GmbH & Co. KG
pr: Redevelopment of a mixed-use quarter around a 1960s tower with new buildings for housing, retail, offices, hotel, childcare centre / Masterplan für ein städtisches Sanierungsgebiet mit Mischnutzung aus Wohnen, Einzelhandel, Büros, Hotel, Kindertagesstätte
sqm: 110,000
l: sinai Gesellschaft von Landschafts-architekten mbH, Berlin
en: Drees & Sommer, Berlin
f: hhpberlin Ingenieure für Brandschutz GmbH, Berlin
a: Kötter Consulting Engineers GmbH & Co. KG, Rheine
t: LK Argus GmbH, Berlin

Universal Design Quarter, Hamburg
Universal Design Quartier, Hamburg
p: Competition, 1st prize
Wettbewerb, 1. Preis
2014–2017 (→ p. 357)
c: Primus Developments GmbH
pr: Master plan for a mixed-use quarter with housing, retail, commercial units, childcare centre, recreational facilities
Städtebaulicher Masterplan für ein durch-mischtes Wohnquartier mit Gewerbe- und Einzelhandelsflächen, Kindertagesstätte, Freizeiteinrichtungen
sqm: 16,000
l: sinai Gesellschaft von Landschafts-architekten mbH

How Soon Is Now
How Soon Is Now
p: Exhibition / Ausstellung
2014 (→ p. 360)
pr: Spatial intervention / Temporäre Rauminstallation
site: Galerie Judin, Berlin

Ernst & Young Headquarters, Luxembourg
Ernst & Young Hauptverwaltung, Luxemburg
p: Competition, 1st prize
Wettbewerb, 1. Preis
2011–2015 (→ p. 362)
c: Kirchberg Property Company SCA
pr: Office building with conference rooms, auditorium, private dining rooms, retail, restaurant / Bürogebäude mit Konferenz- und Empfangsräumen, Auditorium, Einzelhandel, Gastronomie
sqm: 30,500
ca: Steinmetz De Meyer Architectes Urbanistes, Luxembourg
pm: Luxconsult SA, Luxembourg
l: sinai Gesellschaft von Landschaftsarchitekten mbH, Berlin
st: Ingénieurs Conseils Associés Sàrl, Luxembourg; Schlaich Bergermann und Partner GmbH, Berlin
en + s: Goblet Lavandier Associés, Luxembourg
li: Licht Kunst Licht AG, Berlin
a: Betavi Ingénieurs Conseil, Luxembourg

Köpenicker Straße, Berlin
Köpenicker Straße, Berlin
p: Competition, 3rd prize
Wettbewerb, 3. Preis
c: WBM Wohnungsbaugesellschaft Berlin-Mitte mbH
pr: Housing with retail / Wohnungsbau mit Einzelhandel
sqm: 14,400
l: Keller Damm Roser Landschaftsarchitekten Stadtplaner GmbH, München
st: Schlaich Bergermann und Partner GmbH, Berlin
s: Innius RR GmbH, Rosbach v. d. Höhe
f: hhpberlin Ingenieure für Brandschutz GmbH, Berlin

Two New Ludgate, London
Two New Ludgate, London
p: 2011–2015 (→ p. 370)
c: Land Securities Group Plc
pr: Office building with restaurant and retail space / Bürogebäude mit Gastronomie und Einzelhandel
sqm: 30,700
cert: BREEAM 'Excellent'; Energy Performance Certificate Rating B
ca: Fletcher Priest, London
qs: Gleeds, London
l: Gustafson Porter, London
st: Waterman Structures Ltd, London
s: Waterman Building Services, London
li: Speirs & Major, London
f: Arup Fire, London
a: Hann Tucker Associates Ltd, Woking
fa: Net Project Management and Consultancy Ltd, Lincolnshire
gr: Florencia Young, Berlin

Pôle Muséal, Lausanne
Pôle Muséal, Lausanne
p: Competition / Wettbewerb
c: Canton de Vaud
pr: Museum of photography and museum of design / Museum für Fotografie und Museum für Design
sqm: 15,600
ca: Fabio Fossati Architectes, Chêne-Bougeries
l: Vogt Landschaftsarchitekten AG, Zürich
st: Werner Sobek Frankfurt GmbH & Co. KG, Frankfurt a. M.
s: Wintsch & Cie SA, Bernex

Future Living, Köln
Zukunft Wohnen, Köln
p: Competition / Wettbewerb
c: Die Ehrenfelder Gemeinnützige Wohnungsgenossenschaft eG Köln; Stadtplanungsamt der Stadt Köln
pr: Housing project / Wohnungsbau
sqm: 13,600

Hager Forum, Obernai
Hager Forum, Obernai
p: Competition, 1st prize
Wettbewerb, 1. Preis
2012–2015 (→ p. 380)
c: Hager Group
pr: Company showroom with exhibition spaces, education centre, lecture hall, offices, café / Showroom mit Ausstellungsflächen, Schulungsräumen, Vortragsraum, Büros, Café
sqm: 7,400
l: sinai Gesellschaft von Landschaftsarchitekten mbH, Berlin
st: Werner Sobek Frankfurt GmbH & Co. KG, Frankfurt a. M.
en: Innius RR GmbH, Rosbach v. d. Höhe
s: Innius RR GmbH, Rosbach v. d. Höhe; O.T.E. Ingénierie, Strasbourg
li: Licht Kunst Licht AG, Berlin / Bonn
f: O.T.E. Ingénierie, Strasbourg
ex: Milla & Partner, Berlin / Stuttgart

Urban Centre Gleisdreieck, Berlin
Urbane Mitte am Gleisdreieck, Berlin
p: Competition / Wettbewerb
c: COPRO Projektentwicklung GmbH
pr: Urban development of a mixed-use quarter with housing, offices, cultural and recreational facilities and a hotel / Städtebaulicher Entwurf für Quartiersentwicklung mit Mischnutzung aus Wohnen, Büros, kulturellen und Freizeiteinrichtungen sowie einem Hotel
sqm: 115,000
l: Keller Damm Roser Landschaftsarchitekten Stadtplaner GmbH, München
st: Werner Sobek Frankfurt GmbH & Co. KG, Frankfurt a. M.
en: Transsolar Energietechnik GmbH, München
t: MIC Mobility in Chain, Milano

Reinventing Paris
Réinventer Paris
p: Competition / Wettbewerb
c: Foncière des Régions
pr: Mixed-use building with a hotel, shared workspaces for startup companies, retail, restaurants, covered market, greenhouse / Mischnutzung mit Hotel, gemeinschaftlichen Arbeitsbereichen für Startup-Unternehmen, Einzelhandel, Gastronomie, Markthalle, Gewächshaus
sqm: 20,200
l: TN+ Paysagistes Associés, Paris
st: Bollinger + Grohmann Sàrl, Paris; Eiffage Construction, Vélizy-Villacoublay
en: Transsolar SAS, Paris
s: Barbanel, Bagneux; Ingérop, Rueil-Malmaison

Haus 9, Berlin
Haus 9, Berlin
p: 2011–2015 (→ p. 388)
c: Private
pr: Ateliers and apartments
Wohn- und Ateliergebäude
sqm: 2,800
l: sinai Gesellschaft von Landschaftsarchitekten mbH, Berlin
st: Andreas Külich Ingenieurbüro für Tragwerksplanung, Berlin
s: PHA Planungsbüro für haustechnische Anlagen GmbH, Breuna
f: hhpberlin Ingenieure für Brandschutz GmbH, Berlin
ph: Müller-BBM GmbH, Berlin

Solo exhibitions
Einzelausstellungen

2014
M9: Transforming the City, Fondazione di Venezia, 14th Architecture Biennale, Venice
Ola Kolehmainen. Geometric Light – in an installation by Sauerbruch Hutton, Haus am Waldsee, Berlin
sauerbruch hutton arbeiten, Staatsministerium der Finanzen, Dresden

2013
sauerbruch hutton arbeiten, Gottfried-Semper-Award, Schloss Wackerbarth

2012
sauerbruch hutton. works for munich, Architekturgalerie, Munich

2010
The Brandhorst Museum, Royal Academy of Arts, London

2006
1 2 3 4 the architecture of sauerbruch hutton, Architekturmuseum, Pinakothek der Moderne, Munich

2005
sense and sensuality, Harvard Graduate School of Design, Cambridge, MA

2002
plus, multimedia installation, Kunst-Werke, Berlin
WYSIWYG +, forum d'architectures, Lausanne

2001
WYSIWYG +, arc en rêve centre d'architecture, Bordeaux; La Galerie d'Architecture, Paris

2000
WYSIWYG, galeria ras, Barcelona; Aedes Galerie, Berlin
On the way to Dessau, The Federal Environment Agency at Expo 2000, Dessau

1999
WYSIWYG, Architectural Association, London

1998
Photonics Centre Berlin, Architekturgalerie am Weißenhof, Stuttgart

1992
Stadtlandschaften, Berlin Work 1989–1992, Architekturforum, Zurich
sauerbruch hutton projects 1989–1991, Aedes Galerie, Berlin

Group exhibitions (selection)
Gruppenausstellungen (Auswahl)

2015
The Bauhaus #itsalldesign, Vitra Design Museum, Weil am Rhein
Künstler als Auftraggeber von zeitgenössischer Architektur – Artists Commissioning Contemporary Architecture, Bielefelder Kunstverein, Bielefeld
Mies van der Rohe Award 2015, Bozar, Bruxelles/Westival, Szczecin

2014
How Soon Is Now, Galerie Judin, Berlin
Show + Tell, Architekturmuseum, Pinakothek der Moderne, Munich
Behind the Green Door, Danish Architecture Center, Copenhagen

2013
Behind the Green Door, Oslo Architecture Triennial, Oslo
Mies van der Rohe Award 1988–2013, Triennale di Milano, Milan
Culture:City, Akademie der Künste, Berlin; Kunsthaus Graz, Graz

2012
Chromazone. Colour in Contemporary Architecture, V&A Museum, London
MACHEN! The German Winners of the Holcim Awards, Aedes Galerie, Berlin

2011
Building Collections: Recent Acquisitions of Architecture, MoMA, New York
Façade: Through a Glass Darkly, National Glass Centre, Sunderland

2010
Realstadt, Kraftwerk Mitte, Berlin
M9: A New Museum for a New City, 12th Architecture Biennale, Venice
Dreaming Milan, Italian Pavilion, 12th Architecture Biennale, Venice
Biennale Internationale de Céramique, Musée Magnelli, Vallauris
Farbe: Obsession und Spiel, Gewerbemuseum, Winterthur
Designs of the Year 2010, Design Museum, London

2009
Green Architecture for the Future, Louisiana Museum of Modern Art, Humlebæk
Cidade para todos, 8th International Architecture Biennial, São Paulo
Bauen für die 2000-Watt-Gesellschaft, EWZ-Unterwerk, Zurich
The Invention of the European Tower, Pavillon de l'Arsenal, Paris
Significant Colour, ARAM Gallery, London

2008
Architectures for sustainability, Expo 2008, Zaragoza
architecture=durable, Pavillon de l'Arsenal, Paris

2007
Berlin/New York Dialogues, AIA Center for Architecture, New York
ready for take-off, 7th International Architecture Biennial, São Paulo
Mies van der Rohe Award 2007, Deutsches Architektur Museum, Frankfurt am Main
Neu Bau Land, Deutsches Architektur Museum, Frankfurt am Main

2006
Scénographies d'Architectes, Pavillon de l'Arsenal, Paris
Echo/City: An Urban Register, British Pavilion, 10th Architecture Biennale, Venice
Convertible City, German Pavilion, 10th Architecture Biennale, Venice

2005
Mies van der Rohe Award 2005, Cité de l'architecture, Paris
BA05, X Bienal International de Arquitectura, Buenos Aires

2004
eyescape soundscape, Metamorph, 9th Architecture Biennale, Venice
Deutschlandschaft, German Pavilion, 9th Architecture Biennale, Venice
Die Revision der Postmoderne, Deutsches Architektur Museum, Frankfurt am Main
Architecture and Ecology, Barcelona Centro Arquitectura, Barcelona

2003
Berlin – Experimentierfeld der Architektur, Goethe-Institut, Madrid
Metropolis, 5th International Architecture Biennial, São Paulo
sign as surface, Artists Space, New York
mobility, International Architecture Biennale, Rotterdam
Olaf Nicolai. Genius Loci – Kunst und Garten, Stadtpark, Lahr
Die Farbe Weiß, Town Hall, Ulm

2002
plus, multimedia installation, Shanghai Biennale, Shanghai
NEXT, 8th Architecture Biennale, Venice
New German Architecture, Martin Gropius Bau, Berlin
Konstruktion und Raum in der Architektur des 20. Jahrhunderts, Architekturmuseum, Pinakothek der Moderne, Munich
Olaf Nicolai: A Contemporary Apiary, Botanischer Garten, Munich

2001
New Trends of Architecture in Europe and Japan, Art Front Gallery, Tokyo
Made in Berlin, NAi, Rotterdam
Das neue Berlin – Trends einer Metropole, São Paulo

2000
Berlin 1900–2000. Stadt – der Architektur – der Stadt, Neues Museum, Berlin

1999
Children of Berlin, P.S.1, New York
Intimate Space: The House of the 21st Century, Stux Gallery, New York
New Urban Environments, Shinjuku Park Tower Hall, Tokyo

1997
Architekturzeichnungen, Galerie Renate Kammer, Hamburg

1996
Berlin une Cité en Perspectives, La Grande Arche, Paris
Houses for Sale, Galerie Sophia Ungers, Cologne

1995
Architektur Modelle, Galerie Max Hetzler, Berlin

1990
1980/1990, Architectural Association, London

1988
Berlin – Denkmal oder Denkmodell, Berlin, Copenhagen, Paris, Madrid, Krakow

Selected Bibliography
Ausgewählte Bibliografie

StadtBauwelt, issue 207, 36/2015, 25.09.2015, Berlin, Kaye Geipel, Jan Friedrich
Arts.21 – The Cultural Magazine, DW Deutsche Welle, 2015, Berlin, Werner Herzog
Deutschlandradio Kultur, 21.05.2015, Gerwin Zohlen
Sauerbruch Hutton Architekten, documentary, 2013, 3SAT/ARTE, Harun Farocki
xia intelligente architektur, 7–9/2013, Leinfelden-Echterdingen, Friedrich H. Dassler
Culture:City / Kultur:Stadt, 2013, Zürich, ed. Wilfried Wang
Berliner Zeitung, 25.05.2013, Berlin, Nikolaus Bernau
Neue Zürcher Zeitung, 11.05.2013, Zürich, Jürgen Tietz
Der Tagesspiegel, 14.03.2013, Berlin, Bernhard Schulz
Die Zeit, 17.02.2013, Hamburg, Hanno Rauterberg, Helmut Schmidt, Louisa Hutton
greenbuilding, 4/2012, Berlin, Ulf Meyer
Neue Zürcher Zeitung, 17.03.2012, Zürich, Ursula Seibold-Bultmann
Blueprint Magazine, 01.06.2011, London, Tim Abrahams, Erik Spiekermann
Monocle, issue 40, vol. 04, 2/2011, London, Kimberly Bradley
Neue Zürcher Zeitung, 02.09.2010, Zürich, Jürgen Tietz
Süddeutsche Zeitung, 08.07.2009, München, Florian Welle
Berliner Zeitung, 23.05.2009, Berlin, Jan Ahrenberg
Colour in Contemporary Architecture, 2009, Amsterdam, ed. Susanne Komossa
The Wall Street Journal, 25–27.01.2008, Brussels, Jeffrey Scott Marcus
AJ The Architects' Journal, issue 21, vol. 224, 07.12.2006, Murray Fraser
AD architextiles, 11/2006, London, Jayne Merkel
Frankfurter Rundschau, 29.06.2006, Frankfurt a. M., Oliver Herwig
The Architectural Review, issue 1307, 1/2006, London, David Dunster
Gottfried Semper: Griechenland und die lebendige Architektur, 2006, Köln, ed. Sokratis Georgiadis
Design for Sustainability, 2006, Tonji, eds. Yan Ji, Stellios Plainiotis
Patterns: Muster in Design, Kunst und Architektur, 2005, Basel, eds. Petra Schmidt, Annette Tietenberg, Ralf Wollheim
The Wall Street Journal, 24.09.2004, Brussels, Mariana Schroeder
art, 2/2004, Hamburg, Peter M. Bode
The Citizen's Weekly, 25.01.2004, Ottawa, Maria Cook
Neue Zürcher Zeitung, 09.01.2004, Zürich, Hubertus Adam
archithese, 5/2003, Zürich, Hubertus Adam
de Architect, 3/2003, Den Haag, Claus Käpplinger
El País, 18.08.2001, Madrid, Anatxu Zabalbeascoa
L'Architecture d'Aujourd'hui, issue 334, 5/2001, Paris, Sophie Trelcat
archis, 4/2000, Rotterdam, Christian Welzbacher
Süddeutsche Zeitung, 23.03.2000, München, Peter Richter
Der Tagesspiegel, 18.01.2000, Berlin, Falk Jäger
Der Spiegel, 38/1999, 20.09.1999, Hamburg, Simone Kaempf
Children of Berlin: Cultural Developments 1989–1999, 1999, New York, ed. Kunst-Werke Berlin, PS1 New York
bd Building Design, 25.06.1993, London, Kester Rattenbury

ADAC Headquarters, Munich
ADAC Hauptverwaltung, München

Detail, 7–8/2012, München, Heide Wessely
Frankfurter Allgemeine Zeitung, 21.05.2012, Frankfurt a. M., Hannes Hintermeier
Baumeister, 5/2012, München, Karl J. Habermann
Faszination Wolkenkratzer, 11.04.2012, ARTE, Sabine Pollmeier, Joachim Haupt
Süddeutsche Zeitung, 23.03.2012, München, Philipp Crone, Alfred Dürr
greenbuilding, 2/2008, Berlin, Matthias Schuler
ARQ Arquitectura Clarín, issue 113, 19.10.2004, Buenos Aires, Ariel Hendler

Brandhorst Museum, Munich
Museum Brandhorst, München

Detail, 4/2010, München
a+u architecture and urbanism, issue 473, 2/2010, Tokyo, Raymund Ryan
The Plan, issue 037, 10/2009, Bologna, Raymund Ryan
Deutsche Bauzeitschrift, 9/2009, Gütersloh, Benedikt Kraft
md international magazine of design, 9/2009, Leinfelden-Echterdingen, Susanne Tamborini
Arch+, issue 194, 2009, Berlin, Nikolaus Kuhnert, Anh-Linh Ngo
Casabella, issue 780, 8/2009, Milano, Francesco Dal Co
The Architectural Review, issue 1349, 7/2009, London, Kieran Long
The Guardian, 04.06.2009, London, Jonathan Glancey
Neue Zürcher Zeitung, 22.05.2009, Zürich, Ursula Seibold-Bultmann
Die Zeit, 20.05.2009, Hamburg, Hanno Rauterberg
Der Tagesspiegel, 18.05.2009, Berlin, Falk Jaeger
Der Stern, 18.05.2009, Berlin, Anja Lösel
Frankfurter Allgemeine Zeitung, 16.05.2009, Frankfurt a. M., Dieter Bartezko
Süddeutsche Zeitung, 15.05.2009, München, Gerhard Matzig
Architektur Aktuell, issue 348, 3/2009, Wien, Wolfgang Jean Stock
Bauwelt, 7/2009, 13.02.2009, Berlin, Dorothea Parker
Süddeutsche Zeitung, 29.07.2008, München, Gerhard Matzig
Süddeutsche Zeitung, 18.10.2005, München, Alfred Dürr
The Architectural Review, issue 1298, 4/2005, London, Rob Gregory
die tageszeitung, 21.12.2002, Berlin, Ira Mazzoni
Stuttgarter Zeitung, 21.12.2002, Stuttgart, Dorothea Parker
Süddeutsche Zeitung, 21.12.2002, München, Gerhard Matzig

Cologne Oval Offices
Cologne Oval Offices

ARQ Arquitectura Clarín, issue 493, 31.01.2012, Buenos Aires, Ariel Hendler
db deutsche bauzeitung, 7/2011, Stuttgart, Uta Winterhager
Architectural Record, 6/2011, vol. 199, New York, Layla Dawson
AJ The Architects' Journal, issue 9, vol. 233, 10.03.2011, London, Felix Mara
Detail, 6/2009, München, Brigitte Bernhardt

Federal Environment Agency, Dessau
Umweltbundesamt, Dessau

Harvard Design Magazine, issue 35, 2010, Cambridge, Anh-Linh Ngo
Building Envelopes: An Integrated Approach, 2010, New York, Jenny Lovell
Sustainable Administration Buildings, 2009, Bologna, ed. Thomas Herzog
Architecture of Change, 2008, Berlin, eds. Kristin Feireiss, Lukas Feireiss
Key Contemporary Buildings, 2008, London, Rob Gregory
aU Arquitetura & Urbanismo, issue 164, 11/2007, São Paulo, Giovanny Gerolla
The New York Times Magazine, 02.05.2007, New York, Nicolai Ouroussoff
Arketipo, issue 12, 4/2007, Milano, Sebastiano Brandolini
Energie-Atlas, 2007, München, Edition Detail
Rassegna, issue 85, 12/2006, Bologna, François Burkhardt
Architectural Record, 08/2006, New York, Suzanne Stephens
ARQ Arquitectura Clarín, issue 191, 18.04.2006, Buenos Aires, Pablo Raimondi
Deutsche Bauzeitschrift, 11/2005, Gütersloh, Dirk Meyhöfer
Detail, 11/2005, München
Architektur Aktuell, issue 308, 11/2005, Wien, Claus Käpplinger
Casabella, issue 737, 10/2005, Milano, Michele Reboli
Azure, 9/2005, Toronto, Aaron Betsky
L'Architecture d'Aujourd'hui, issue 359, 7–8/2005, Paris, Ursula Baus
The Architectural Review, issue 1301, 7/2005, London, Paul Finch
Baumeister, 7/2005, München, Matthias Grünzig
Bauwelt, 23/2005, 10.06.2005, Berlin, Ulrich Brinkmann
bd building design, 10.06.2005, London, Ellis Woodman
Die Zeit, 09.06.2005, Hamburg, Werner Sewing
Neue Zürcher Zeitung, 27.05.2005, Zürich, Ursula Seibold-Bultmann
Frankfurter Allgemeine Zeitung, 12.05.2005, Frankfurt a. M., Dieter Bartetzko
Stuttgarter Zeitung, 11.05.2005, Stuttgart, Katrin Voermaneck
Frankfurter Rundschau, 11.05.2005, Frankfurt a. M., Christian Thomas
Azure, issue 5/2005, Toronto, Pamela Young
summa+, issue 74, 2005, Buenos Aires, Florencia Rodriguez
Stuttgarter Nachrichten, 29.6.2004, Stuttgart, Falk Jaeger
Daidalos, issue 74, 2000, Berlin, Marco de Michelis
The Architectural Review, issue 1224, 2/1999, London, Layla Dawson
AJ The Architects' Journal, issue 8, vol. 208, 03.09.1998, London, Isabel Allen

Fire and Police Station for the Government District, Berlin
Feuer- und Polizeiwache im Regierungsviertel, Berlin

Build-On: Converted Architecture and Transformed Buildings, 2009, Berlin, eds. Robert Klanten, Lukas Feireiss
Arquitectura Viva, issue 99, 2005, Madrid, Luis Fernandez-Galiano
d'A d'Architectures, issue 149, 10/2005, Paris, Christophe Catsaros
Casabella, issue 737, 10/2005, Milano, Michele Reboli
Neue Zürcher Zeitung, 04.02.2005, Zürich, Andres Lepik
Il Giornale dell'Architettura, issue 25, 1/2005, Torino, Thibaut de Ruyter
The Plan, issue 008, 12/2004–1/2005, Bologna, Davide Cuppini
Architektur Aktuell, issue 297, 12/2004, Wien, Claus Käpplinger
Baumeister, 11/2004, München, Falk Jaeger
Detail, 10/2004, München, Christian Schittich

GSW Headquarters, Berlin
GSW Hauptverwaltung, Berlin

Natural Ventilation in High-Rise Office Buildings, 2013, New York, eds. Antony Woods, Ruba Salib
Fassadenatlas, 2004, München, Edition Detail
Tatlin, issue 15, 6–7/2003, Ekaterinburg, Anastasia Datsko
Konstruktion und Raum, 2002, München, ed. Winfried Nerdinger
Architektur in Deutschland '01, 2001, Stuttgart, Werner Durth
Im Detail: Gebäudehüllen, 2001, Basel, ed. Christian Schittich
Quaderns, issue 229, 2001, Barcelona
Architektura murator, 6/2001, Warsaw
A+D Architecture + Detail, issue 16, 5/2001, Stuttgart
Architecture Today, issue 116, 3/2001, London, Stephen Hodder
The Daily Telegraph, 08.01.2001, London, Giles Worsley
aU Arquitetura & Urbanismo, issue 93, 12/2000–1/2001, São Paulo, Vânia Silvia
The Architectural Review, issue 1246, 12/2000, London
Frankfurter Allgemeine Zeitung, 18.11.2000, Frankfurt a. M., Christian Welzbacher
The Independent, 05.11.2000, London, Marcus Field
L'Architecture d'Aujourd'hui, issue 329, 7/2000, Paris, Axel Sowa
Architectural Record, 6/2000, New York, James S. Russel
Archis, 4/2000, Rotterdam, Christian Welzbacher
die tageszeitung, 15.03.2000, Berlin, Brigitte Werneburg
db deutsche bauzeitung, 3/2000, Stuttgart, Falk Jaeger

archithese, 2/2000, Zürich, Eva Maria Froschauer
Baumeister, 2/2000, München, Amelie Kausch
Frankfurter Allgemeine Zeitung, 19.01.2000, Frankfurt a. M., Werner Jacob
Architektur Aktuell, issue 237–238, 1/2000, Wien, Claus Käpplinger
Bauwelt, 46/1999, 03.12.1999, Berlin, Werner Jacob
Neue Zürcher Zeitung, 03.09.1999, Zürich, Roman Hollenstein
Berliner Zeitung, 01.09.1999, Berlin, Michael Mönninger
Der Tagesspiegel, 26.08.1999, Berlin, Falk Jaeger
Die Zeit, 19.08.1999, Hamburg, Hanno Rauterberg
The Independent, 26.04.1999, London, Nonie Niesewand
ARCH+, issue 122, 1994, Aachen, Louisa Hutton, Matthias Sauerbruch
Quaderns, issue 200, 1993, Barcelona
Werk, Bauen + Wohnen, 11/1992, Zürich, Petra Hodgson
die tageszeitung, 25.01.1992, Berlin, Martin Kieren

Hager Forum, Obernai
Hager Forum, Obernai

Casabella, issue 859, 3/2016, Milano, Peter Blundell Jones
Neue Zürcher Zeitung, 24.09.2015, Zürich
Stylepark, 10.08.2015, Frankfurt a. M., Adeline Seidel
md international magazine of design, 6/2015, Leinfelden-Echterdingen, Susanne Tamborini

Immanuel Church and Parish Centre, Cologne
Immanuelkirche und Gemeindezentrum, Köln

Deutschlandradio Kultur, 21.05.2015, Gerwin Zohlen
Atrium, 3–4/2015, Zürich, Franziska Quandt
Detail, 10/2014, München, Emilia Margaretha
The Architectural Review, issue 1407, 5/2014, London, Peter Blundell Jones
Casabella, issue 835, 3/2014, Milano, Alfredo Zappa
Bauwelt, 9/2014, 28.02.2014, Uta Winterhager
domus (German edition), issue 005, 1–2/2014, Rozzano, Andreas Denk
Frankfurter Allgemeine Zeitung, 01.11.2013, Frankfurt a. M., Andreas Rossmann
Neue Zürcher Zeitung, 26.09.2013, Zürich, Jürgen Tietz

Jessop West, Sheffield
Jessop West, Sheffield

Building Envelopes: An Integrated Approach, 2010, New York, Jenny Lovell
Architecture Today, issue 197, 4/2009, London, Peter Blundell Jones
AJ The Architects' Journal, issue 6, vol. 229, 19.02.2009, London, Kieran Long

K House, Munich
K House, München
Detail, 5/2015, München, Emilia Margaretha
domus (German edition), issue 012, 3–4/2015, Rozzano, Aaron Betsky

KfW Westarkade, Frankfurt am Main
KfW Westarkade, Frankfurt am Main

Natural Ventilation in High-Rise Office Buildings, 2013, New York, eds. Antony Woods, Ruba Salib
The Globe and Mail, 22.09.2011, Toronto, John Bentley Mays
Green Source, 5–6/2011, New York, Ulf Meyer
AJ The Architects' Journal, issue 9, vol. 233, 10.03.2011, London, Felix Mara
The Plan, issue 045, 10/2010, Bologna, Jürgen Tietz
Casabella, issue 792, 8/2010, Milano, Federico Bucci
Architectural Record, 7/2010, New York, Joann Gonchar
The Architectural Review, issue 1335, 5/2008, London, Rob Gregory

M9 Museum, Mestre, Venice
M9 Museum, Venedig-Mestre

M9: Transforming the City, 2014, Milano, ed. Fondazione di Venezia
taz.de, 25.08.2014, Berlin, Renata Stih
OF ARCH, issue 117, 2011, Milano, Elviro Di Meo
StadtBauwelt, issue 187, 36/2010, 24.09.2010, Berlin, Sebastian Redecke
M9: A New Museum for a New City, 2010, Milano, ed. Fondazione di Venezia

Maciachini, Milan
Maciachini, Mailand

Arketipo, issue 72, 4/2013, Milano
Plot, 10/2012, Buenos Aires, Javier Agustín Rojas
The Plan, issue 045, 10/2010, Bologna, Jürgen Tietz
Casabella, issue 789, 5/2010, Milano, Marco Biagi, Federico Bucci

Ministry for Urban Development and the Environment, Hamburg
Behörde für Stadtentwicklung und Umwelt, Hamburg

Architektur Aktuell, issue 411, 6/2014, Wien, Claus Käpplinger
Casabella, issue 833, 1/2014, Milano, Alfredo Zappa

Pharmacological Research Laboratories, Biberach
Pharmakologische Forschung, Biberach

Rassegna, issue 86, 3/2007, Bologna, Hubertus Adam
Frankfurter Allgemeine Zeitung, 31.01.2004, Frankfurt a. M., Timo John
The Architectural Review, issue 1278, 8/2003, London, Emma Jacques
db deutsche bauzeitung, 8/2003, Stuttgart, Wilfried Dechau
Detail, 7–8/2003, München, Christian Schittich
domus, issue 860, 6/2003, Milano, Sebastiano Brandolini
Bauwelt, 19–20/2003, 23.05.2003, Berlin
Architektur Aktuell, issue 276, 3/2003, Wien, Claus Käpplinger

Photonics Centre, Berlin
Photonikzentrum, Berlin

Casabella, issue 683, 11/2000, Milano, Marcella Gallotta
Archis, 4/2000, Rotterdam, Christian Welzbacher
The Independent, 11.06.1999, London, Nonnie Niesewand
Pasajes de arquitectura y crítica, issue 7, 5/1999, Madrid, Andrea Buchner
Quaderns, issue 222, 1999, Barcelona
Neue Zürcher Zeitung Folio, 12/1998, Zürich, Roman Hollenstein
domus, issue 807, 9/1998, Milano, Martin Kieren
Architektur Aktuell, issue 217–218, 8/1998, Wien, Claus Käpplinger
db deutsche bauzeitung, 8/1998, Stuttgart, Werner Jacob
Bauwelt, 28–29/1998, 31.07.1998, Berlin
Baumeister, 7/1998, München, Wolfgang Bachmann
Frankfurter Allgemeine Zeitung, 27.04.1998, Frankfurt a. M., Werner Jacob
archithese, 3/1998, Zürich, Philipp Meuser
de Architect, 10/1996, Den Haag, Harm Tilman

Saint-Georges Center, Geneva
Saint-Georges Center, Genf

Hochparterre, 3/2014, Zürich, Werner Huber
Tracés, 11/2013, 12.06.2013, Bern, Aurélie Buisson

Studio Sauerbruch Hutton + Studio and Loft Karin Sander, Berlin
Studio Sauerbruch Hutton + Studio und Loft Karin Sander, Berlin

Casabella, issue 809, 1/2012, Milano, Francesco Dal Co
Arch+, issue 201–202, 2011, Aachen, Florian Heilmeyer
The New York Times, 13.01.2011, New York, Kimberly Bradley
AD Architectural Digest, issue 113, 2010, München, Stefan Heidenreich

Türkentor, Munich
Türkentor, München

The Guardian, 20.02.2011, London, Jonathan Glancey
The Architectural Review, issue 1367, 1/2011, London, Will Hunter

Two New Ludgate, London
Two New Ludgate, London

Casabella, issue 859, 3/2016, Milano, Peter Blundell Jones
Arts.21 – The Cultural Magazine, DW Deutsche Welle, 2015, Berlin, Werner Herzog
Architecture Today, issue 259, 6/2015, Simon Erridge

Awards
Auszeichnungen

Personal Awards
Persönliche Auszeichnungen

Gottfried Semper Architekturpreis 2013

Energy Performance + Architecture Award 2011

Castilla y León International Honour Award for Sustainable Architecture 2010

Fritz Schumacher Preis für Architektur 2003

Erich Schelling Architekturpreis 1998

Awards
Auszeichnungen

Deutscher Architekturpreis 2015 (Immanuel Church, Cologne)

Deutscher Holzbaupreis 2015 (Immanuel Church, Cologne)

Mies van der Rohe Award 2015, Shortlist (Immanuel Church, Cologne)

Architekturpreis Nordrhein-Westfalen 2015 (Immanuel Church, Cologne)

BDA Hamburg Architektur Preis 2014 (Ministry for Urban Planning and the Environment, Hamburg)

kap Kölner Architekturpreis 2014 (Immanuel Church, Cologne)

Holzbaupreis Nordrhein-Westfalen 2013 (Immanuel Church, Cologne)

Best Tall Building in Europe 2013, Finalist (ADAC Headquarters, Munich)

IBA Excellence 2013 (Ministry for Urban Planning and the Environment, Hamburg)

German Award for Lighting Design 2012 (Cologne Oval Offices)

Best Tall Building Worldwide 2011 (KfW Westarkade, Frankfurt am Main)

Holcim Awards for Sustainable Construction, Acknowledgement Award 2011 (Sitra Headquarters, Low2No, Helsinki)

Mies van der Rohe Award 2011, Selected Work (KfW Westarkade, Frankfurt am Main)

International Prize for Sustainable Architecture 2011, Silver Medal (Brandhorst Museum, Munich)

Mies van der Rohe Award 2011, Nominee (Brandhorst Museum, Munich)

AIT Office Application Award 2011, Best Innovative Concept (Cologne Oval Offices)

Artouro, Bayerischer Tourismus Architektur Preis 2011 (Brandhorst Museum, Munich)

Interior Innovation Award 2011, Best of Best (Munich Lounge Chair)

Designs of the Year 2010, Design Museum London, Shortlist (Brandhorst Museum, Munich)

Stadt Bauen. Stadt Leben. Nationalpreis für integrierte Stadtentwicklung 2009 (Federal Environment Agency)

Lubetkin Prize 2009, Shortlist (Brandhorst Museum, Munich)

Germany – Land of Ideas, Selected Landmark 2009 (Cologne Oval Offices)

Zumtobel Group Award 2007, Honourable Mention (Federal Environment Agency)

Mies van der Rohe Award 2007, Selected Work (Federal Environment Agency)

Holzbaupreis 2006 (Federal Environment Agency)

RIBA Award 2006 (Federal Environment Agency)

Balthasar Neumann Preis 2006, Special Mention (Federal Environment Agency)

Architekturpreis Berlin 2006, High Commendation (Fire and Police Station, Berlin)

Deutscher Architekturpreis 2005, High Commendation (Federal Environment Agency)

RIBA Award 2005 (Fire and Police Station, Berlin)

AIA London / UK Excellence in Design Award 2005, High Commendation (Fire and Police Station, Berlin)

Mies van der Rohe Award 2005, Selected Work (Town Hall, Hennigsdorf)

BDA Auszeichnung guter Bauten 2005, High Commendation (Pharmacological Laboratories, Biberach)

RIBA Award 2004 (Town Hall, Hennigsdorf)

Best of Europe – Colour 2004, Special Mention (Pharmacological Laboratories, Biberach)

Bauphysikpreis 2003 (GSW Headquarters, Berlin)

Benedictus Award 2003 (GSW Headquarters, Berlin)

RIBA Award 2003 (Pharmacological Laboratories, Biberach)

World Architecture Awards 2002, High Commendation (Experimental Factory, Magdeburg)

RIBA Award 2002 (Experimental Factory, Magdeburg)

Mies van der Rohe Award 2001, Finalist (GSW Headquarters, Berlin)

Deutscher Architekturpreis 2001, Special Mention (GSW Headquarters, Berlin)

World Architecture Awards 2001, Shortlist (GSW Headquarters, Berlin)

Deutscher Fassadenpreis VHF 2001 (GSW Headquarters, Berlin)

Architekturpreis Beton 2001, Special Mention (GSW Headquarters, Berlin)

Architekturpreis BDA Berlin 2000 (GSW Headquarters, Berlin)

ar+d Award 2000, High Commendation (GSW Headquarters, Berlin)

RIBA Award 2000 (GSW Headquarters, Berlin)

Stirling Prize 2000, Shortlist (GSW Headquarters, Berlin)

ar+d Award 1999 (Photonics Centre, Berlin)

RIBA Award 1999 (Photonics Centre, Berlin)

Deutscher Architekturpreis 1999, High Commendation (Photonics Centre, Berlin)

Aluminium Imagination Architectural Award 1999 (Photonics Centre, Berlin)

Architekturpreis Beton 1999 (Photonics Centre, Berlin)

Architekturpreis BDA Berlin 1998, Special Mention (Photonics Centre, Berlin)

Architekturpreis der WestHyp Stiftung für vorbildliche Gewerbebauten 1998 (Photonics Centre, Berlin)

Constructec-Preis für Industriearchitektur 1998, Special Mention (Photonics Centre, Berlin)

AIA London / UK Excellence in Design Award 1996, High Commendation (Photonics Centre, Berlin)

Sauerbruch Hutton
2006–2015

2006

Matthias Sauerbruch
Louisa Hutton
Juan Lucas Young
Jens Ludloff
Jürgen Bartenschlag
Andrew Kiel
Carlos Alarcón Allen
Jörg Albeke
Frank Anacker
Peter Apel
Claudia Beger
Marc Broquetas Maduell
Stephanie Davidson
Angelika Fehn-Krestas
Ramiro Forné
Andrea Frensch
Tom Geister
Steffi Gutschwager
Felix Habich
Eva Hartl
Isabelle Hartmann
Vera Hartmann
Marc Havekost
Stephanie Heese
Petra Hellemann
Falco Herrmann
Christian Hertweck
Zachary Hinchliffe
Dorina Hirsch
Maria Horning
Rasmus Jørgensen
Wilhelm Jouaux
Anja Junge
Tanja Kausch-Löchelt
Julia Knaak
Timm Knief
Ken Koch
Christian Konietzke
Yusuke Koshima
Seamus Kowarzik
Michaela Kunze
Inge Kurte
Lina Lahiri
Mareike Lamm
Marie Langen
Ilja Leda
Nils Lindhorst
Andrea Ludwig
Nicole Luyken
Pia Maier-Schriever
Judith Mampe
Claus Marquart
Andrea Mattern
Daniela McCarthy
Patrick McHugh
Christoph Metz
Tom Mival
Annika Moll
Karolin Möllmann
Claus Nannen
Christine Neuhoff
Konrad Opitz
Florian Öttl
Sandra Peters
Markus Pfeifer
Tanja Reiche
Peter Rieder
Linn Runkel
Thomas Sachs
Maria Saffer
Sonia Sandberger
Saskia Schneider
Nicolas Schrabeck
Torsten Schröder
Barbara Sellwig
Claudia Sieper
Nadja Stachowski
Karine Stigt
Wolfgang Thiessen
Tian Tian
Christian Töchterle-Knuth
Tobias Vogel
Anja Vogl
David Wegener
Heiko Weissbach
Maria Zedler
Alexandros Alewa
Konstantin August
Tenna Beck
Adrian Betz
Till Biedermann
Rebekka Bode
Nadine Böve
Martin Buchholz
Oscar Buson
Ufuk Celik
Seth Deeken
Till Degenhardt
Rodrigo del Castillo
Stefan Dierks
Daniel Fernandez
Fabian Getto
Matthias Grabe
Birgit Heuer
Anna-Elisa Jankovics
Asser Simon Jorgensen
Philip Klasing
Christina Köchling
Mads Hovgaard Laursen
Axel Linde
Jakob Luttinger
Vanessa Mader
Hana Michalkova
Miodrag Nerandzic
Anna Als Nielsen
Annika Osteroth
Yves Pasquet
Jae Young Park
Dirk Pause
Marina Rocarols Escobedo
Tobias Roth
Anne-Chantal Rufer
Henning Schipper
Martin Schliefer
Tamara Schubinger
Ana Luisa Silva Fernandes
Sandra Stein
Katherine Sundermann
Benjamin von Schulthess
Mehmet Erden Topuzoglu
Markus Weber
Andree Weißert
David Winzeler
Max Wittkopp
Brett Wolfe
Marcus Wuschinski
Jin Young Sung
Jane Yuet Ping Lee
Lucyna Zawistowska

2007

Matthias Sauerbruch
Louisa Hutton
Juan Lucas Young
Jens Ludloff
Jürgen Bartenschlag
Andrew Kiel
Carlos Alarcón Allen
Jörg Albeke
Frank Anacker
Peter Apel
Nil Aynalı
Gabriela Bachmann
Adrian Betz
Sibylle Bornefeld
Marc Broquetas Maduell
Seth Deeken
Simone Durst
Philipp Eckhoff
Roland Eichhorn
Angelika Fehn-Krestas
Ramiro Forné
Andrea Frensch
Stefan Fuhlrott
Tom Geister
Florence Girod
Cynthia Grieshofer
Steffi Gutschwager
Felix Habich
Isabelle Hartmann
Vera Hartmann
Marc Havekost
Stephanie Heese
Petra Hellemann
Falco Herrmann
Christian Hertweck
Zachary Hinchliffe
Dorina Hirsch
Peter Hoffmann
Maria Horning
Rasmus Jørgensen
Wilhelm Jouaux
Anja Junge
Tanja Kausch-Löchelt
Alfred Klein
Julia Knaak
Timm Knief
Ken Koch
Christian Konietzke
Yusuke Koshima
Seamus Kowarzik
Michaela Kunze
Lina Lahiri
Mareike Lamm
Marie Langen
Ilja Leda
Axel Linde
Nils Lindhorst
Nicole Luyken
Bettina Magistretti
Judith Mampe
Claus Mansbrügge
Claus Marquart
Andrea Mattern
Daniela McCarthy
Patrick McHugh
Christoph Metz
Tom Mival
Karolin Möllmann
Claus Nannen
Christine Neuhoff
Konrad Opitz
Florian Öttl
Norbert Paulick
Sandra Peters
Markus Pfeifer
Tanja Reiche
Peter Rieder
Linn Runkel
Maria Saffer
Sonia Sandberger
Christiane Schmitt
Saskia Schneider
Nicolas Schrabeck
Barbara Sellwig
Claudia Sieper
Nadja Stachowski
Paul Steinbrück
Karine Stigt
Wolfgang Thiessen
Tian Tian
Christian Töchterle-Knuth
Tobias Vogel
Anja Vogl
David Wegener
Heiko Weissbach
Caroline Wolf
Maria Zedler
Sven Achter
Inga Nger
Anne-Marie Rera
Tenna Beck
Henrik Becker
Rebekka Bode
Michael Brand
Martin Bütow
Stefan Dierks
Inga Düchting
Jerzy Elzanowski
Brett Ferguson
Cecilia Fossati
Marta Gonzalez Palacio
Magdalena Gonzalez
Matthias Grabe
Tobias Heide
Birgit Heuer
Masaaki Iwamoto
Anna-Elisa Jankovics
Moritz Kalkum
Mark Dennis Kaul
Lars Kipar
Douglas Kirk
Sebastian Kite
Philip Klasing
Freddy Köhler
Mads Hovgaard Laursen
Erik Levander
Jens Löffler
Jasmina Mandic
Martin Michette
Jason Mrdeza
Marco Neri Dos Santos
Nhi Hoai Anh Nguyen
Marc Andre Nickel
Dominik Ohse
Lars Palsson
Nora Papenfuß
Christian Ptak
Marina Rocarols Escobedo
Signe Marie Rohde
Anne-Chantal Rufer
Aditi Saxena
Anne Schäfer
Henning Schipper
Adam Schreiber
Katrin Schwarz
Ana Luisa Silva Fernandes
Jessica Strandell
Alkisti Thomidou
Mehmet Erden Topuzoglu
Benedikt Tulinius
Tobias Bloh
Sebastian Kroeker
Stephan Weber
Andree Weißert
Sabine Wildrath
Max Wittkopp
Jens Wolter
Marcus Wuschinski
Jane Yuet Ping Lee

2008

Matthias Sauerbruch
Louisa Hutton
Juan Lucas Young
Jürgen Bartenschlag
Andrew Kiel
Carlos Alarcón Allen
Jörg Albeke
Frank Anacker

Peter Apel
Gabriela Bachmann
Adrian Betz
Sibylle Bornefeld
Marc Broquetas Maduell
Seth Deeken
Philipp Eckhoff
Linn Efker
Roland Eichhorn
Angelika Fehn-Krestas
Ramiro Forné
Andrea Frensch
Stefan Fuhlrott
Tom Geister
Florence Girod
Marta Gonzalez Palacio
Cynthia Grieshofer
Steffi Gutschwager
Felix Habich
Isabelle Hartmann
Vera Hartmann
Marc Havekost
Stephanie Heese
Falco Herrmann
Dorina Hirsch
Maria Horning
Ruben Jodar Berraquero
Rasmus Jørgensen
Wilhelm Jouaux
Anja Junge
Tanja Kausch-Löchelt
Philip Klasing
Julia Knaak
Ken Koch
Christian Konietzke
Michaela Kunze
Lina Lahiri
Mareike Lamm
Marie Langen
Ilja Leda
Axel Linde
Nils Lindhorst
Andrea Ludwig
Jonas Luther
Bettina Magistretti
Claus Marquart
Andrea Mattern
Daniela McCarthy
Patrick McHugh
Tom Mival
Karolin Möllmann
Claus Nannen
Christine Neuhoff
Konrad Opitz
Norbert Paulick
Markus Pfeifer
Tanja Reiche
Peter Rieder
Maria Saffer
Sonia Sandberger
Christiane Schmitt
Saskia Schneider
Claudia Sieper
Nadja Stachowski
Paul Steinbrück
Karine Stigt
Simone Telge
Wolfgang Thiessen
Tian Tian
Christian Töchterle-Knuth
Tobias Vogel
Anja Vogl
Markus Weber
David Wegener
Heiko Weissbach
Andree Weißert
Katarzyna Wolak
Caroline Wolf
Sven Achter
Tal Bar On
Henrik Becker
Tobias Bloh
Michael Brand
Ebru Celtikli
Laura Delaney
Michael Edler
Daniel Eguren
Lasse Bruun Eriksen
Tobias Flotow
Cecilia Fossati
Gisa Marie Gellermann
Courtney Healey
Carl Frederik V. Hellberg
Birgit Heuer
Georg-Christoph Holz
Eva Hartl
Lily Hui Huang
Tarek Ibrahim
Masaaki Iwamoto
Tobias Jahn
Rasmus Jorgensen
Ramon Jung
Sebastian Kite
Jan Kühn
Jens Löffler
Jasmina Mandic
Anna Golde Marschall
Dominique Mayer
Martin Michette
Maria Mosquera Escribano
Nhi Hoai Anh Nguyen
Thomas Pohl
Claire Reece
Yvonne Reuter
Margaret Millar Saunders
Aditi Saxena
Anne Schäfer
Stefanie Schleipen
Carolin Seib
Denise Stiebing
Mathias Duro Teipeira
Alkisti-Athanasia Thomidou
Benedikt Tulinius
Philip von Chappuis
Stephan Weber
Michel Werr
Sabine Wildrath
Ina Chun Yee Wong
Maier Yagod

2009

Matthias Sauerbruch
Louisa Hutton
Juan Lucas Young
Jürgen Bartenschlag
Andrew Kiel
Carlos Alarcón Allen
Jörg Albeke
Frank Anacker
Tal Bar On
Peter Apel
Gabriela Bachmann
Adrian Betz
Sibylle Bornefeld
Marc Broquetas Maduell
Philipp Eckhoff
Roland Eichhorn
Angelika Fehn-Krestas
Ramiro Forné
Andrea Frensch
Stefan Fuhlrott
Tom Geister
Florence Girod
Cynthia Grieshofer
Steffi Gutschwager
Felix Habich
Isabelle Hartmann
Vera Hartmann
Marc Havekost
Stephanie Heese
Falco Herrmann
Dorina Hirsch
Maria Horning
Ruben Jodar Berraquero
Rasmus Jørgensen
Wilhelm Jouaux
Anja Junge
Tanja Kausch-Löchelt
Julia Knaak
Ken Koch
Lina Lahiri
Mareike Lamm
Ilja Leda
Axel Linde
Nils Lindhorst
Andrea Louafi
Jonas Luther
Vanessa Mader
Bettina Magistretti
Claus Marquart
Daniela McCarthy
Patrick McHugh
Tom Mival
Claus Nannen
Christine Neuhoff
Konrad Opitz
Aylin Öztürk
Norbert Paulick
Tanja Reiche
Yvonne Reuter
Peter Rieder
Maria Saffer
Sonia Sandberger
Christiane Schmitt
Saskia Schneider
Claudia Sieper
Karine Stigt
Simone Telge
Wolfgang Thiessen
Christian Töchterle-Knuth
Tobias Vogel
Anja Vogl
Markus Weber
David Wegener
Heiko Weissbach
Andree Weißert
Katarzyna Wolak
Caroline Wolf
Aline Amore
Lea Blodig
Ebru Celtikli
Alexander Corvinus
Anna Czigler
Sebastian Donath
Lasse Bruun Eriksen
Tobias Flotow
Phillip Gibb
Anke Haßler
Carl Frederik V. Hellberg
Georg-Christoph Holz
Tarek Ibrahim
Ramon Jung
Despoina Kapodistria
Johanna Mewes
Maria Mosquera Escribano
Anna Pajak
Thomas Pohl
Claire Reece
Amaia Sanchez Velasco
Pauline Schwaab
Carolin Seib
Denise Stiebing
Lars Stierwald
Philip Sträter
Karolina Sznajder
Mitchell Andrew Thompson
Nicolas Valdes Schmidt
Johannes Vetter
Roman Weingardt
Michel Werr

2010

Matthias Sauerbruch
Louisa Hutton
Juan Lucas Young
Jürgen Bartenschlag
Andrew Kiel
Tom Geister
David Wegener
Carlos Alarcón Allen
Jörg Albeke
Peter Apel
Gabriela Bachmann
Sibylle Bornefeld
Marc Broquetas Maduell
Giuseppe Castellaneta
Anna Czigler
Philipp Eckhoff
Roland Eichhorn
Angelika Fehn-Krestas
Ramiro Forné
Andrea Frensch
Stefan Fuhlrott
Florence Girod
Costanza Governale
Steffi Gutschwager
Felix Habich
Isabelle Hartmann
Vera Hartmann
Marc Havekost
Stephanie Heese
Falco Herrmann
Dorina Hirsch
Anna Hollstein
Maria Horning
Tarek Ibrahim
Rasmus Jørgensen
Wilhelm Jouaux
Anja Junge
Julia Knaak
Michaela Kunze
Lina Lahiri
Mareike Lamm
Ilja Leda
Axel Linde
Nils Lindhorst
Jonas Luther
Bettina Magistretti
Claus Marquart
Sebastian Massmann
Daniela McCarthy
Christine Neuhoff
Aylin Öztürk
Konrad Opitz
Norbert Paulick
Tanja Reiche
Yvonne Reuter
Peter Rieder
Maria Saffer
Christiane Schmitt
Mathias Schneider
Saskia Schneider
Nina Sleska
Denise Stiebing
Karine Stigt
Simone Telge
Wolfgang Thiessen
Christian Töchterle-Knuth
Patrick Unger
Tobias Vogel
Anja Vogl
Markus Weber

Roman Weingardt
Heiko Weissbach
Caroline Wolf
Matthias Alder
Aline Amore
Graham Barry
Edward Blake
Veit Burgbacher
Lucia Cano Dato
Yu Chuai
Phillip Gibb
Max Hacke
Christina Haumann
Antje Heymann
Rémi Jalade
Despoina Kapodistria
Eleni Kosmaoglou
Samuel Maire
Andreia Martins
Johanna Mewes
Yannik Neufang
Tatiana Nunes Trindade
Gonzalo Portabella Perez
Emma Reid
Amaia Sanchez Velasco
Jorge Sobejano
Lars Stierwald
Philip Sträter
Karolina Sznajder
Alexer Taganas
Nicolas Valdes Schmidt
Ina-Marie von Mohl
Joséph Yau
Jiachen Zhang

2011

Matthias Sauerbruch
Louisa Hutton
Juan Lucas Young
Jürgen Bartenschlag
Andrew Kiel
Tom Geister
David Wegener
Carlos Alarcón Allen
Jörg Albeke
Peter Apel
Gabriela Bachmann
Adrian Betz
Sibylle Bornefeld
Marc Broquetas Maduell
Giuseppe Castellaneta
Matthias Cremer
Anna Czigler
Philipp Eckhoff
Roland Eichhorn
Ramiro Forné
Anja Frenkel
Andrea Frensch
Stefan Fuhlrott
Phillip Gibb
Florence Girod
Costanza Governale
Sonja Grötzebach
Steffi Gutschwager
Isabelle Hartmann
Vera Hartmann
Marc Havekost
Stephanie Heese
Falco Herrmann
Philipp Hesse
Dorina Hirsch
Anna Hollstein
Maria Horning
Tarek Ibrahim
Rémi Jalade
Rasmus Jørgensen
Wilhelm Jouaux
Anja Junge
Matthias Junge
Julia Knaak
Anke Kraemer
Michaela Kunze
Lina Lahiri
Mareike Lamm
Ilja Leda
Nils Lindhorst
Jonas Luther
Bettina Magistretti
Claus Marquart
Sebastian Massmann
Isabelle McKinnon
Dominik Mohs
Christine Neuhoff
Hiok Hoe Ng
Tatiana Nunes Trindade
Konrad Opitz
Meta Popp
Gonzalo Portabella Perez
Tanja Reiche
Peter Rieder
Sarah Rivière
Maria Saffer
Mathias Schneider
Saskia Schneider
Nina Sleska
Nora Steinhöfel
Denise Stiebing
Karine Stigt
Fabian Süß
Karolina Sznajder
Wolfgang Thiessen
Patrick Unger
Tobias Vogel
Markus Weber
Daniel Wedler
Roman Weingardt
Caroline Wolf
Martin Abbott
Matthias Alder
Alexander Athanassoglou
Nicolas Barrette
Graham Barry
Edward Blake
Veit Burgbacher
Lucia Cano Dato
Mateusz Ceckiewicz
Yu Chuai
Krzysztof Czech
Marcus Czech
Madeleine Daniels
Tomke Fertig
Maele Gajate Tissier
Alex Groza
Yannick Guillen
Max Hacke
Cristina Haumann
Antje Heymann
Hanna Krapp
Stefanos Levides
Samuel Maire
Andreia Martins
Ryan McClanaghan
Ayesha Moghal
Sebastian Müller
Fabien Oulevay
Nuno Pena
Chiara Poletti
José Rodriguez Pastrana
Alice Rosini
Aurélie Sabatier
Anna Schulze
Richard Seymour
Jorge Sobejano
Irene Tassinari
Ina-Marie von Mohl
Anouk Wetli
Xiao Yao
Jiachen Zhang

2012

Matthias Sauerbruch
Louisa Hutton
Juan Lucas Young
Jürgen Bartenschlag
Andrew Kiel
Tom Geister
David Wegener
Carlos Alarcón Allen
Jörg Albeke
Peter Apel
Gabriela Bachmann
Sibylle Bornefeld
Marc Broquetas Maduell
Giuseppe Castellaneta
Anna Czigler
Roland Eichhorn
Ramiro Forné
Anja Frenkel
Andrea Frensch
Stefan Fuhlrott
Florence Girod
Steffi Gutschwager
Isabelle Hartmann
Vera Hartmann
Cristina Haumann
Marc Havekost
Stephanie Heese
Falco Herrmann
Philipp Hesse
Dorina Hirsch
Maria Horning
Tarek Ibrahim
Rémi Jalade
Rasmus Jørgensen
Wilhelm Jouaux
Anja Junge
Matthias Junge
Julia Knaak
Anke Kraemer
Michaela Kunze
Lina Lahiri
Mareike Lamm
Ilja Leda
Axel Linde
Nils Lindhorst
Jonas Luther
Bettina Magistretti
Claus Marquart
Andreia Martins
Isabelle McKinnon
Andreas Möritz
Sebastian Müller
Hiok Hoe Ng
Ian Ollivier
Konrad Opitz
Meta Popp
Gonzalo Portabella Perez
Tanja Reiche
Peter Rieder
Sarah Rivière
Maria Saffer
Saskia Schneider
Nina Sleska
Nora Steinhöfel
Karine Stigt
Fabian Süß
Karolina Sznajder
Wolfgang Thiessen
Tobias Vogel
Markus Weber
Daniel Wedler
Roman Weingardt
Caroline Wolf
Martin Abbott
Lewis Armstrong
Alexander Athanassoglou
Piper Bernbaum
Jane Breske
Mateusz Ceckiewicz
Claire Cybulski
Madeleine Daniels
Ekaterina Galkina
Yangyang Gan
Sara Giorgi
Alex Groza
Yuki Hanfeld
Rene Herzog
Evelyn Hofmann
Eva Hotz
Nathalie Kerschen
Yves Kervoelen
Isabelle Kroll
Darko Krstevski
Ka Ki Lee
Stefanos Levides
Xiao Sunny Li
Veselin Lozanov
Kristin Lück
Ian Ollivier
Fabien Oulevay
Nuno Pena
Elena Petkova
Chiara Poletti
Marie Poth
Georgina Pounds
José Rodriguez Pastrana
Sophie Ross
Anna Schulze
Richard Seymour
James Smith
Diana Sousa
Marina Stoynova
Kristina Taneva
Jack Taylor
Sruti Thakrar
Albrecht von Alvensleben
Anna Maria von Seidlein
Benjamin Wallenschus
Tyler Wilkinson

2013

Matthias Sauerbruch
Louisa Hutton
Juan Lucas Young
Jürgen Bartenschlag
Andrew Kiel
Tom Geister
David Wegener
Carlos Alarcón Allen
Jörg Albeke
Peter Apel
Gabriela Bachmann
Sibylle Bornefeld
Marc Broquetas Maduell
Roland Eichhorn
Ramiro Forné
Andrea Frensch
Stefan Fuhlrott
Sara Giorgi
Florence Girod
Steffi Gutschwager
Isabelle Hartmann
Vera Hartmann
Marc Havekost
Stephanie Heese
Falco Herrmann
Philipp Hesse
Maria Horning
Rémi Jalade
Rasmus Jørgensen

Wilhelm Jouaux
Julia Knaak
Anke Kraemer
Michaela Kunze
Lina Lahiri
Mareike Lamm
Ilja Leda
Erik Levander
Axel Linde
Nils Lindhorst
Jonas Luther
Bettina Magistretti
Claus Marquart
Patrick McHugh
Isabelle McKinnon
Andreas Möritz
Hiok Hoe Ng
Ian Ollivier
Konrad Opitz
Sarah Perackis
Meta Popp
Gonzalo Portabella Perez
Tanja Reiche
Peter Rieder
Sarah Rivière
Maria Saffer
Amaia Sanchez Velasco
Saskia Schneider
Nora Steinhöfel
Karine Stigt
Marina Stoynova
Karolina Sznajder
Wolfgang Thiessen
Markus Weber
Daniel Wedler
Caroline Wolf
Mari Paz Agundez
Thomas Bergerbusch
Federico Biancullo
Elisabeth Boscher
Jane Breske
Markus Bühler
Carolin Franke
Ekaterina Galkina
Yangyang Gan
Pablo Goldin Marcovich
Juan Gonzalez
Yuki Hanfeld
Thomas Hart
Patrick Harvey
Genki Kashiwagi
Yves Kervoelen
Isabelle Kroll
Darko Krstevski
Dana Kummerlöw
Kristin Lück
Duarte Mendia Vieira
Markus Munzig
Katheryne Parzei
Elena Petkova
Alex Pineda
Georgina Pounds
Oleg Pugachev
Sophie Ross
James Smith
Diana Sousa
Frida Stockhaus
Elena Suarez
Jack Taylor
Sruti Thakrar
Benjamin Wallenschus
Michael Weisgerber

2014

Matthias Sauerbruch
Louisa Hutton
Juan Lucas Young
Jürgen Bartenschlag
Andrew Kiel
Tom Geister
David Wegener
Jörg Albeke
Peter Apel
Gabriela Bachmann
Jil Bentz
Sibylle Bornefeld
Jane Breske
Marc Broquetas Maduell
Santiago Caro Robledo
Katja Correll
Simon Davis
Roland Eichhorn
Ramiro Forné
Yvonne Franken
Andrea Frensch
Stefan Fuhlrott
Steffi Gutschwager
Alessa Hansen
Isabelle Hartmann
Vera Hartmann
Marc Havekost
Falco Herrmann
Philipp Hesse
Maria Horning
Viviane Hülsmeier
Amelie Hummel
Axel Ibarroule
Rémi Jalade
Jonathan Janssens
Wilhelm Jouaux
Moritz Maria Karl
Julia Knaak
Anke Kraemer
Michaela Kunze
Lina Lahiri
Mareike Lamm
Nina Lathwesen
Erik Levander
Nils Lindhorst
Jonas Luther
Bettina Magistretti
Claus Marquart
Patrick McHugh
Isabelle McKinnon
Andreas Möritz
Jennifer O'Donnell
Konrad Opitz
Sarah Perackis
Meta Popp
Tanja Reiche
Maria Saffer
Amaia Sanchez Velasco
Christian Seidel
Vesselina Shushulova
Thomas Sibold
Nora Steinhöfel
Karine Stigt
Marina Stoynova
Elisabet Sundin
Karolina Sznajder
Sruti Thakrar
Wolfgang Thiessen
Markus Weber
Daniel Wedler
Waldemar Wilwer
Caroline Wolf
Madeleine Appelros
John Bautista
Thomas Bergerbusch
Federico Biancullo
Markus Bühler
Vivien Cheng
Thea Cuk
Albane de la Villegeorges
Montgomery De Luna
Bin Du
Davide Favaron
Carolin Franke
Alberto Geuna
Juan Gonzalez
Patrick Harvey
Kim Istenic
Jaroslaw Karpik
Jonas Leweke
Rita Marques Almeida
Walid Matar
Duarte Mendia Vieira
Marios Messios
Jing Yi Ng
Hendrik Patzelt
Elena Petkova
Michal Piatek
Violaine Prevost
Oleg Pugachev
Ole Ritter
Jonah Ross-Marrs
Max Rudolph
Nathan Sheppard
Eloi Silva Goncalves
Angus Smith
Frida Stockhaus
Elena Suarez
Jack Taylor
Doris Tinner
Benjamin Wallenschus
Liwei Wang
Jerome Wren

2015

Matthias Sauerbruch
Louisa Hutton
Juan Lucas Young
Jürgen Bartenschlag
Andrew Kiel
Tom Geister
David Wegener
Jörg Albeke
Ahmad Almahairy
Peter Apel
Jil Bentz
Sibylle Bornefeld
Thomas Braun
Marc Broquetas Maduell
Santiago Caro Robledo
Katja Correll
Anna Cwik
Roland Eichhorn
Claire Floquet
Ramiro Forné
Andrea Frensch
Stefan Fuhlrott
Jana Georgi
Steffi Gutschwager
Vera Hagspiel
Alessa Hansen
Ben Hansen
Isabelle Hartmann
Vera Hartmann
Marc Havekost
Falco Herrmann
Sabine Hertwig
Philipp Hesse
Caroline Holzmann
Maria Horning
Viviane Hülsmeier
Amelie Hummel
Axel Ibarroule
Jonathan Janssens
Wilhelm Jouaux
Moritz Maria Karl
Jaroslaw Karpik
Yves Kervoelen
Julia Knaak
Wolfgang König
Anke Kraemer
Michaela Kunze
Lina Lahiri
Mareike Lamm
Nina Lathwesen
José Maria Lavena
Erik Levander
Nils Lindhorst
Jonas Luther
Bettina Magistretti
Jörg Maier
Claus Marquart
Elena Martinez Lamata
Isabelle McKinnon
Andreas Möritz
Jennifer O'Donnell
Konrad Opitz
Miguel Palencia Olavarrieta
Moojin Park
Felix Partzsch
Jacobo Pazos Estevez
Meta Popp
Daniela Quang
Tanja Reiche
Katharina Riedel
Maria Saffer
Sandra Scheffl
Christian Seidel
Vesselina Shushulova
Ana Rita Silvestre Caneira
Marina Stoynova
Elisabet Sundin
Sruti Thakrar
Francesco Tonnarelli
Markus Weber
Daniel Wedler
Waldemar Wilwer
Caroline Wolf
Steffen Zimmermann
Patrick Zöller
Elizabeth Antczak
Madeleine Appelros
James Crookston
Thea Cuk
Sara Czerwinska
Albane de la Villegeorges
Margarita de San Valentin Viton
Quirin Dilling
Dianer Ding
Julien Engelhardt
Christian Hölter
Lee Kennedy
Joanne Lee
Jonas Leweke
Mihael Luneznik
Marios Messios
Walid Matar
Leonardo Ottaviani
Oleg Pugachev
Teresa Ribeiro Boulting
Katharina Rindtorff
Max Rudolph
Fernando Sampietro
Alexandra Sermol
Alexandra Kay Siu
Angus Smith
Ole Petter Steen
Iona-Laura Vrapcea
Liwei Wang
Meiyan Wong
Jerome Wren
Dana Yao Yao Wu
Abigail Yeadon
Luis Young Pesquera
Jin Zhaoyun
Miao Zhou
Felix Zohlen

Matthias Sauerbruch
Prof. Dipl. Ing, AA Dipl., ARB, Hon. FAIA
born 1955 in Constance, Germany

since 2016: Commissioner of the Munich Committee for Urban Design (Kommission für Stadtgestaltung München)
since 2013: Honorary Fellow of the American Institute of Architects
2012–2014: Visiting Professor, Universität der Künste Berlin
2011–2016: Commissioner of the Zurich Committee for Urban Design (Baukollegium der Stadt Zürich)
2011–2013: Chief Curator of the exhibition *Culture:City*, Akademie der Künste, Berlin
since 2009: Head of Advisory Board, Aedes Network Campus Berlin
since 2009: Fellow of the Institute for Urban Design, New York
2008–2012: Jury Member of Villa Massimo, German Academy in Rome
2007–2010: Visiting Professor, Harvard Graduate School of Design, Cambridge, MA
2007: Founding Member of DGNB, German Sustainable Building Council
since 2006: Member of the Akademie der Künste, Berlin
2006: Shure Visiting Professor, University of Virginia, Charlottesville, VA
2005: Kenzo Tange Visiting Design Critic, Harvard Graduate School of Design, Cambridge, MA
2001–2007: Professor, Staatliche Akademie der Bildenden Künste Stuttgart
1995–2001: Professor, Technische Universität Berlin
since 1993: Sauerbruch Hutton, Berlin
1989: Founding Partner of Sauerbruch Hutton, London
1985–1990: Unit Master, Architectural Association, London
1984–1988: Partner at Office for Metropolitan Architecture, London
1984: Diploma from Architectural Association School of Architecture, London
Diploma from Hochschule der Künste Berlin

Louisa Hutton
OBE, RA, BA (Hons.), AA Dipl., RIBA, Hon. FAIA
born 1957 in Norwich, England

since 2016: Honorary Fellow of the American Institute of Architects
2015: Awarded an OBE
2014: Elected a Royal Academician
2012–2015: External Examiner, Centre for Architectural Education, Cork Institute of Technology
2007–2010: Visiting Professor, Harvard Graduate School of Design, Cambridge, MA
since 2007: Member of the Curatorial Board, Erich Schelling Architecture Foundation
2007: External Examiner, Architectural Association, London
2006: Shure Visiting Professor, University of Virginia, Charlottesville, VA
2005: Kenzo Tange Visiting Design Critic, Harvard Graduate School of Design, Cambridge, MA
2005–2007: External Examiner, Architecture Department, University of Westminster
2003–2007: Commissioner for CABE, Commission for Architecture and the Built Environment
2003–2005: Member of First Steering Committee, Bundesstiftung Baukultur
2001–2003: External Examiner, Architecture Department, Oxford Brookes University
1999–2003: External Examiner, Bartlett School of Architecture, London
since 1993: Sauerbruch Hutton, Berlin
1989 Founding Partner of Sauerbruch Hutton, London
1989–1990: Unit Master, Architectural Association, London
1987–1989: Lecturer at Architectural Association, London
1987–1988: Lecturer at Croydon College of Art
1985: Diploma from Architectural Association School of Architecture, London
1984–1988: Worked for Alison & Peter Smithson, London
1980: First Class Honours degree from Bristol University

Juan Lucas Young
Arch. FADU/UBA, Dipl. Ing. Architect
born 1963 in Buenos Aires, Argentina

2015: Co-chairman of Fairtrag e.V.
since 1999: External Examiner at Technische Universität Berlin; lecturer at various universities and forums
1999: Partner at Sauerbruch Hutton
1990–1998: Project Leader at Sauerbruch Hutton (GSW Headquarters, Berlin)
1989: Diploma from Universidad de Buenos Aires

Jürgen Bartenschlag
Dipl. Ing. Architect
born 1962 in Stuttgart, Germany

2010: Senior Associate
2005: Associate
2000: Head of Realisation at Sauerbruch Hutton
1995–2000: Project Manager at Harms + Partner, Berlin
1995: Diploma from Technische Universität Berlin
1990–1994: Architect in various offices in Germany

Andrew Kiel
M. Arch. P., Architect
born 1964 in Flemington, New Jersey

2010: Senior Associate
2005: Associate
1999: Project Architect at Sauerbruch Hutton
1994–1998: Architect in various offices in Germany
1993: Master of Architecture at Princeton University, NJ
1990: Research in the Czech Republic
1987–1993: Architect in various offices in the USA and Germany
1987: Bachelor of Science in Architecture, University of Virginia, Charlottesville, VA

Tom Geister
Dipl. Ing. Architect
born 1971 in Münster, Germany

2012–2015: Assistant Lecturer, Universität der Künste Berlin
2010: Associate
1999: Project Leader at Sauerbruch Hutton
1999: Diploma from Technische Universität Berlin
1996: Diploma from Fachhochschule Dortmund

David Wegener
Dipl. Ing. Architect
born 1971 in Hamburg, Germany

2010: Associate
2001: Project Leader at Sauerbruch Hutton
2000: Project Leader at KPMG Consulting, Berlin
1996: Diploma from Universität Karlsruhe
1994–1995: Universitat Politècnica de Catalunya, Barcelona

Sauerbruch Hutton
Archive 2

Concept:
Matthias Sauerbruch, Louisa Hutton, Isabelle Hartmann, Michael Heimann, Hendrik Schwantes

Graphic design:
Heimann und Schwantes, Berlin, Germany
Haig Walta

Editorial team Sauerbruch Hutton:
Isabelle Hartmann
Caroline Wolf
Patrick Zöller
Detlef Jessen-Klingenberg
Sarah Rivière
Marios Messios
Jane Breske

Translation:
Richard Toovey
David Koralek

Copy editing and proof reading:
Ellen Mey (German)
David Koralek (English)
Richard Toovey (English)
Simon Cowper (English)

Lithography:
Prints Professional, Berlin, Germany
Jan Scheffler, Kathrin Lehmann

Printing and binding:
DZA Druckerei zu Altenburg, Germany

Lars Müller Publishers
Zürich, Switzerland
www.lars-mueller-publishers.com

ISBN 978-3-03778-389-4

Printed in Germany

Photographs:
Hélène Binet: 401 (1, 2, 4)
Jan Bitter: 9–12, 18, 25 (1–3), 34–45, 55, 61 (1), 62–63, 80 (1), 90 (1, 2), 91, 108–113, 132–134, 136–141, 146–150, 154–155, 157, 158 (2, 3), 161, 170–171, 174, 176–181, 184–193, 215 (2–4), 220–227, 237 (1, 2), 244–245, 246 (1), 247–249, 253–254, 268–277, 328 (3), 329–330, 331 (1), 332, 335, 344–348, 349 (1, 3), 350–353, 360–369, 372–389, 390 (2), 391, 393, 401 (10), 402 (1, 2, 6), 403 (2, 11), 405 (2), 406 (3, 8), 407 (2, 8), 408 (5), 409 (9), 410 (2, 4), 411 (3), 412 (7, 8, 11), 413 (1, 3, 6)
Jan Bitter. Artwork by Walter De Maria © Estate of Walter De Maria: 151 (1)
Jan Bitter. Artworks by Ola Kolehmainen: 324–325, 412 (2)
bitterbredt.de: 401 (3, 5, 7, 11, 12, 13)
Luc Boegly: 203, 409 (3)
Sebastian Donath: 13, 90 (3), 405 (3)
Gerrit Engel: 401 (8, 9)
Vincent Fillon: 202 (1)
© Fletcher Priest Architects / M. Grzeskowiak and C. Fry: 370–371
Margot Gottschling: 286–288, 293 (1), 295 (1, 3), 310–311, 411 (7, 8)
Sergio Grazia: 200–201, 204–207, 314–315, 317–323, 412 (1)
Heimann und Schwantes, Berlin: 236, 237 (3, 5)
Michael Hübner: 390 (1), 413 (7)
Frank Kaltenbach: 252
Eckhard Karnauke: 402 (4)
Annette Kisling: 56–57, 61 (2), 84, 116 (1), 117 (1, 2), 119 (2), 289–292, 293 (2), 294, 295 (2), 297, 401 (6)
Annette Kisling. Artworks by John Chamberlain © VG Bild-Kunst, Bonn 2016; Jannis Kounellis © VG Bild-Kunst, Bonn 2016; Mario Merz © VG Bild-Kunst, Bonn 2016: 82 (1)
Annette Kisling. Artworks by Damien Hirst © Damien Hirst and Science Ltd. All rights reserved / VG Bild-Kunst, Bonn 2016: 83 (1, 2, 3)
Annette Kisling. Artworks by Alex Katz © VG Bild-Kunst, Bonn 2016: 82 (2)
Annette Kisling. Artwork by Olaf Nicolai: 58–59, 404 (4)
Annette Kisling. Artworks by Sigmar Polke © The Estate of Sigmar Polke, Cologne / VG Bild-Kunst, Bonn 2016: 82 (3), 83 (2, 3)
Annette Kisling. Artworks by Karin Sander © VG Bild-Kunst, Bonn 2016: 116 (2, 3)
Annette Kisling. Artworks by Cy Twombly © Cy Twombly Foundation: 86–87
Annette Kisling. Artworks by Andy Warhol © 2016 The Andy Warhol Foundation for the Visual Arts, Inc. / Artists Rights Society (ARS), New York: 81, 83 (2, 3)
Haydar Koyupinar / Bayerische Staatsgemäldesammlungen: 151 (2–5)
Haydar Koyupinar / Bayerische Staatsgemäldesammlungen. Artwork by Walter De Maria © Estate of Walter De Maria: 406 (10)
Haydar Koyupinar / Bayerische Staatsgemäldesammlungen. Artworks by Pablo Picasso © Succession Picasso / VG Bild-Kunst, Bonn 2016: 152–153, 407 (1)
Markus Lanz: 215 (1)
Claire Laude: 423
Andreas Lechtape: 85 (1), 255, 410 (6)
Stefan Müller-Naumann: 228–229, 230 (2), 235
Noshe / Andreas Gehrke: 76–79, 80 (2), 89, 119 (1), 135, 156, 158 (1), 159, 172–173, 175, 230 (1), 231–232, 233 (1, 2), 404 (1), 410 (3), 418
Noshe / Andreas Gehrke. Artwork by Andy Warhol © 2016 The Andy Warhol Foundation for the Visual Arts, Inc. / Artists Rights Society (ARS), New York: 233 (3)
© Redevco: 349 (2)
© Atelier Karin Sander / Stefan Rohner: 117 (3)
© Atelier Karin Sander / Stefan Rohner. Artworks by Karin Sander © VG Bild-Kunst, Bonn 2016: 114–115
© Atelier Karin Sander / Andreas Meichsner: 406 (4)
Courtesy of Stadtarchiv München: 148 (photograph 1919)
© Universalmuseum Joanneum / N. Lackner: 237 (4)
Rainer Viertlböck: 326–327, 331 (3), 333–334, 337
Werk5 GmbH, Berlin: 166 (1), 407 (4)
© Wettbewerbe Aktuell: 246 (2)
© Wicona: 407 (7)

Drawings:
Arup Lighting, London: 84 (daylight simulation)
Arup Group Ltd, London; Experientia S.r.l., Torino; Sauerbruch Hutton: 97 (sustainability diagram)
Courtesy of Bayerische Staatsbibliothek, München: 148 (site plan 1852)
© Detail. Zeitschrift für Architektur und Baudetail, 2010/4, p. 334: 84 (detailed section)
© Detail. Zeitschrift für Architektur und Baudetail, 2012/7–8, p. 795: 191 (façade sections)
Hager Partner AG, Zürich / Berlin: 282 (site plan)
© Richard Hamilton. All rights reserved / VG Bild-Kunst, Bonn 2016: 69 (collage 1956)
Hans Scharoun © Akademie der Künste, Berlin: 240 (site plan 1967)
sinai Gesellschaft von Landschaftsarchitekten mbH, Berlin: 256 (site plan)
TN+ Paysagistes Associés, Paris: 209 (site plan)

Visualisations:
Archimation, Berlin: 121–122, 163, 165, 402 (8), 407 (5, 11), 408 (2–4), 410 (1)
bloomimages Berlin GmbH: 194–195, 197 (1), 208, 209 (2), 211, 212, 263–265, 282 (1), 283, 285, 312, 357, 408 (8, 10, 11), 409 (1, 5–7), 410 (7, 9), 411 (4), 412 (5, 10), 413 (2, 4, 8, 9)
on3studio GmbH, Hamburg: 14–15, 31–33, 54, 70–71, 73–75, 96 (1), 99 (1), 168, 169, 402 (10), 403 (1, 8, 9, 12), 404 (3, 8), 405 (8), 406 (1, 2), 407 (9)
quick4D, Shanghai: 20–21, 403 (3)

Unless otherwise indicated, all drawings, diagrams and illustrations were produced by Sauerbruch Hutton.

Every reasonable attempt has been made to identify the owners of copyrights. In the case of error or omission, please contact the editors.